FRANCIS HACKETT

HEINRICH VIII.

FRANCIS HACKETT

HEINRICH VIII.

Bechtermünz Verlag

Titel der amerikanischen Originalausgabe:

Henry the VIIIth

Mit 16 Bildtafeln

Übersetzung aus dem Amerikanischen von Dora Sophie Keller
Genehmigte Lizenzausgabe für
Bechtermünz Verlag im
Weltbild Verlag GmbH, Augsburg 1996

Umschlagbild: Heinrich VIII., Gemälde von Hans Holbein, AKG-Berlin
Umschlaggestaltung: Adolf Bachmann, Reischach
Gesamtherstellung: Bercker Graphischer Betrieb GmbH, Kevelaer
Printed in Germany
ISBN 3-86047-156-2

FÜR

SIGNE TOKSVIG

VORWORT

Falls der Zustand Europas gegen Anfang des XVI. Jahrhunderts dem Geiste des Lesers nicht in Frische oder Klarheit gegenwärtig sein sollte, habe ich eine kurze Zusammenfassung, eine Art historischer Kulisse, an den Anfang des Buches gestellt.

Ein Wort betreffs der Gespräche. Ich habe keinen Dialog erfunden. Dank der erstaunlich vollständigen diplomatischen Korrespondenz war es mir möglich, mich an die Aufzeichnungen zu halten und dennoch die direkte Rede zu zitieren.

Auf die meisten Aufzeichnungen wird der Psychohistoriker in den einundzwanzig Bänden der »Letters and Papers of the Reign of Henry VIII« hingewiesen, die unter der Leitung des Oberarchivars herausgegeben wurden — eine überraschende, über 20000 enggedruckte Seiten umfassende Fülle von Material. Dies ist keineswegs das einzig zugängliche Material. Eine Bibliographie, die für mich in Paris zusammengestellt wurde, beläuft sich auf 67 Seiten in Maschinenschrift.

Sich auf die damalige Zeit einzustellen, Phantasie und Intuition spielen zu lassen, den Eindruck des Lebens zu geben: das ist die Aufgabe des Psychohistorikers. Keine noch so lebendige Wirkung jedoch vermag eine Untreue den Tatsachen gegenüber zu entschuldigen. Ich habe versucht, diese geschichtliche Darstellung allein auf dem Material aufzubauen, das wir der uneigennützigen Arbeit einer Schar von Gelehrten verdanken. Sie sind es, die das letzte Wort sprechen müssen, wenn es sich um die Tatsachen handelt.

F. H.

DER HINTERGRUND

Die großen und herrlichen Meisterwerke des Menschen bestehen darin, daß man mit einem Ziel zu beleben weiß: regieren, Schätze sammeln, bauen sind bestenfalls nur Anhängsel und Stützen.

Michel de Montaigne

I

Heinrich war ein König. Sein Handwerk, das schwierig genug ist, wird uns den Mann nicht vergessen machen; aber man kann nicht behaupten, daß er in jenen privaten Umständen lebte, die uns eine Fülle historischer Einzelheiten ersparen würden: schon ganz früh gehörte er zu der wichtigen Schicht markanter Persönlichkeiten, die mitten im politischen Leben stehen und zum Kern der Gesellschaft gehören, viel mit Männern und Frauen verkehren und durch ihre Stellung in der Öffentlichkeit in ihrem Handeln ähnlich bestimmt werden, wie infolge seiner Lebensweise der Mörtelträger eine Senkschulter und der Büroarbeiter angina pectoris bekommt. Man kann Heinrich von seiner Beschäftigung, ihrer Natur und ihren Krankheiten nicht gesondert betrachten. Er war vor allem ein Mann; daß er ein König war, gibt seinem Drama Farbe und stellt ihm die Kulisse.

Seit dem sechzehnten Jahrhundert hat die Klasse, der er angehörte, sich in wunderbarem Maße erweitert. Die Zahl der neuen Dynastien seit 1500 — die Talgdynastie, die Zinndynastie, die Dynastien des Stahls, der Eisenbahnen, der Zeitungen, der Baumwolle, des Kupfers, der Kohle, des Gummi, des Petroleums, der Motoren sind dem schwindenden Ruhm des Königtums so eng auf den Leib gerückt und haben ihn so vermindert, daß die Magnaten von heute nicht selten gegen ihr Prototyp ungerecht werden: sie sehen Heinrich und seinesgleichen im Lichte einer nur nominellen Monarchie, anstatt sie als Männer und Brüder zu sehen, als Begründer oder Leiter großer Trusts und Korporationen.

Heinrich gehörte als Magnat einem so echten Typ an, daß man seine Bedeutung völlig übersieht, wenn man an ihn herangeht wie an ein Bild auf einer Spielkarte. Was er einsetzte, war nicht Geld. Er war Macht, eine Macht, die andere Gestalt annahm und sich großartiger, weiter auswirkte. Das Öl, das ihn salbte, zog mehr nach sich als Flotten, Stiftungen, Forschungen oder selbst Kriege; es zog die unmittelbare Leitung von drei Millionen Menschen nach sich, deren Sinnbild nicht nur auf Parlament und Münzen sich befand, sondern im Herzen des gesamten Volkes ruhte. Der Glanz einer ganzen Nation mit einer recht langen Geschichte strahlte auf ihn aus, und von ihm kam ein lebendiger Sinn für die Autorität, wenn nicht die Pflicht, der er geweiht war. Aber obwohl Heinrich mit heiligerem Öle gesalbt war als die Rockefeller-Morgan und die Inchcape-Leverhulme, so strebte er auf nicht weniger typische und triebhafte Weise nach Macht. Er war Magnat bis in die Fingerspitzen. Er war Magnat und dann erst König. Um ihn verständlich darzustellen, muß man ihn daher in den vielfachen Wehen der widerstreitenden Kräfte betrachten, die sein persönliches Drama schaffen und ihm seinen ungeheuren Rang verleihen. Im besonderen muß man ihn im Zusammenhang mit dem Europa der Jahre 1500 bis 1550 betrachten, und in der Gesellschaft von Franz und Karl.

Im Jahre 1500 waren Heinrich, Franz und Karl drei kleine Herzöge. Innerhalb der nächsten fünfzehn Jahre sollten sie zur Macht gelangen, und diese Macht sie alle drei in die enge Nähe und gegenseitige Wirkung bringen, die bis zum Fallen des Vorhangs um die Mitte des Jahrhunderts andauern sollte. Bevor wir uns die Throne besehen, die sie einmal erben werden, und das Europa, das sie umgeben wird, wollen wir einen Blick auf die drei Kinder werfen, deren Handlungsweise, ihnen selbst ganz unbewußt, bis zum heutigen Tage ihre Kreise ziehen sollte.

II

Im Jahre 1500 ist Heinrich ein Kind von neun Jahren, ein großer Junge mit einer Gesichtsfarbe wie Milch und Blut, eigensinnig, aber lenkbar. Man kann mit ihm fertig werden, wenn man seine Launen versteht, und sein Hofmeister findet ihn intelligent und sehr fleißig mit der Maßgabe, daß er wie die meisten Menschen sich nicht längere Zeit konzentrieren kann. Er ist der Herzog von York usw. usw., während sein älterer Bruder Arthur König von England sein wird. Den besten Eindruck macht er, wenn er von Tische kommt, wo er gut gespeist hat, und seinem Pagen befiehlt, ihm die Flöte zu reichen. Die Flöte an seinem kleinen Mund, die geschürzte Lippe am Loch, mit tanzenden Fingern und bezaubernd versunkenen, gespannten Augen, verwandelt er sich, wie er so in seinem Wams aus Atlas dasitzt, in einen Künstler: freilich nicht in einen verzückten Italiener, sondern in einen vergnügten Engländer, der erfüllt ist von Wohllaut und Süßigkeit und Eifer, der zur eigenen Erheiterung flötet wie nur irgendein Hirtenknabe auf einer englischen Heide.

Der Knabe Franz fühlt sich am wohlsten bei seiner Mutter. Jetzt, im Jahre 1500, ist er eines jener französischen brünetten Bürschchen, lang wie eine Bohnenschote, bereits ganz kleiner Gentleman und kleiner Satan, mit freimütigem Benehmen, einer Gewandtheit, der sich später blitzartige Gesten und unerschütterlicher Mut gesellen werden, einem Glanz der Sprache, der schon heute Mutter und kleine Schwester ahnen läßt, wie rege sein Verstand ist – ein Verstand, der einmal ganz seiner langen, klugen, neugierigen, sinnlichen Nase gleichen wird. Er ist der Abgott seiner Mutter. Franzens Schwester wurde in einem Alter gezeugt, das zu nennen sich verbietet, und geboren, als die Mutter vierzehn Jahre alt war. Der Knabe wird bei seiner Mutter im Zimmer schlafen, bis er selbst ebenso alt ist. Er vergöttert die Mutter und verläßt sich darauf, daß sie ihn leitet, verwöhnt, errettet, die Rolle Gottes bei ihm spielt und in ihm den Caesar ihrer Träume sieht. Er kommt für die Nachfolge nur in Frage, wenn der jetzige König kinderlos stirbt. Er führt den Namen Herzog von Angoulême, und die kleine Schwester, die ihn ebenfalls anbetet, ist Margarete von Angoulême.

Der jüngste der drei Herzöge ist Karl, ein Kind in der Wiege, das die blauen Augen eben erst auf Gent geöffnet hat. Seine Mutter ist Spanierin, der Vater ein blonder Deutsch-Burgunder, aber die Sprache, die um seine Wiege ertönt, das französische Wallonisch. Er muß ein erstaunlich sanftes Kind gewesen sein, aber schon damals schlief er wahrscheinlich mit offenem Munde und unter unruhigem Gewimmer, nicht, weil er später Kaiser des Heiligen Römischen Reiches werden soll — was mehr oder weniger einen Firmennamen für Deutschland bedeutet —, sondern weil er an Wucherungen leidet. Er wird das schwere Kinn haben, das dafür charakteristisch ist und durch Tizian und Velasquez als Beitrag des Hauses Habsburg-Aragon zur menschlichen Schönheit berühmt werden soll. Er ist ein blondes Baby, und niemand liebt ihn mehr als seine verwitwete Tante, die junge Margarete von Österreich, die in einigen Jahren die Regentschaft für ihn übernehmen wird.

Man wird sich die drei Daten einprägen müssen: Heinrich ist 1491 geboren, Franz 1495, Karl in dem bequemen Jahr 1500. Und es ist der Mühe wert, die drei Knaben auseinanderzuhalten. Heinrich und Franz werden im gleichen Jahre sterben, nämlich 1547; Karl wird sie überleben, wenn auch nur um wenige Jahre. Es sind die wichtigsten europäischen Gestalten der ersten Hälfte des sechzehnten Jahrhunderts in dem Stande, zu dem es Gott gefallen hat, sie zu berufen, wobei Heinrichs Vater der göttlichen Vorsehung persönlich nachhalf.

III

Das Europa, das diesen drei Monarchen zum größten Teil als Erbe zufallen sollte, hatte keinen rein politischen Charakter. Der Lauf seiner Politik war nur einer von mehreren Einflüssen, eine Strömung im Ozean, dessen Gezeiten unter stärkeren Einwirkungen standen — manche von dieser Welt und andere von jener, und außerhalb der Macht von Herrschern, die sich später Kaiser nennen sollten.

Es war die Welt der Jahre 1500—1550; Europa öffnete eben seine erstaunten Augen auf die Seewege nach Amerika, Afrika und Indien; auf die Erweiterung des Reisens, die Wunder von Schiff und Kompaß, die reichen Ernten von Handel und Verkehr, die im wesentlichen der Unternehmungslust der steigenden Mittelschicht entsprangen; die gewalttätigen Meinungsverschiedenheiten der humanistischen Kritik, die Macht der biblischen Offenbarung, die damals von den Priestern auf das Volk, von lateinischer Starrheit auf die lebendige Sprache des Alltags überging; auf die Schwäche des Papsttums und die Stärke der Könige; auf die Verwirrung der Wertbegriffe, die tiefen und gleichzeitig erschreckenden Möglichkeiten geistiger und seelischer Selbstbehauptung, die wachsende persönliche Bedeutung und den zunehmenden Wohlstand der »barbarischen« Nationen und die stärkere Süßigkeit des Lebens an sich.

Dies war ein Europa, in dem starke Impulse neuen Erfindungen und Popularisierungen auf dem Fuße folgten; sie schoben die Grenzen des Ehrgeizes und die Marksteine der Gewohnheit weiter hinaus und trugen doch, wie dies immer geschieht, viel von der Haltung und den Hemmungen der älteren Lebenskunst in dieses erweiterte Bereich hinein. Zu Anfang des sechzehnten Jahrhunderts schwirren über die kühnen Himmel Namen wie wilde Heerscharen der Lüfte – Botticelli, Perugino, Mantegna, da Vinci, Albrecht Dürer, Raffael, Michelangelo, Tizian, Breughel, Holbein, Cellini, Columbus, Cabot, Vasco da Gama, Cortèz, Pizarro, Chevalier Bayard, Gaston de Foix, Gonsalvo de Côrdoba, Pescara, Linacre, Ambroise Paré, Servetus, Bernard Palissy, Erasmus, Budé, Colet, Thomas More, Melanchthon, Martin Luther, Rabelais, Ferdinand, Maximilian, Ludwig XII., die Päpste Julius, Leo X., Hadrian VI., Clemens VII., Isabella, Luise von Savoyen, Margarete von Österreich, Margarete von Navarra, Jakob IV., Jakob V., Karl V., Franz I., Heinrich VIII., Wolsey, Cranmer, Thomas Cromwell, Machiavelli, Ignatius Loyola, Copernicus, Calvin – ein Schwarm, ein Strudel von blendender und verschwenderischer Lebenskraft, der auf dem Firmament pulsierte und schwirrte und selbst in der leuchtenden Entfernung noch immer funkelt und Feuer sprüht. Es war nicht die Belebung des Wissens, denn die Vereinigung Italiens mit der Antike hatte sich bereits vollzogen – es war auch keine bestimmte Wiedergeburt oder Auferstehung, wie der Akt eines Schauspiels; aber es trug mit Ausnahme Spaniens die Kennzeichen eines Niederbrechens der Zucht, einer Erhebung gegen die Elternschaft der Vergangenheit, einer Auflehnung, die mit großen Schritten in eine neue Fülle der Erfahrung strebte, und gleichzeitig einer Unterwerfung unter neue Machtbereiche. Europa wandte sich Italien zu, wie Italien sich Griechenland zugewandt hatte; aber es war das Italien einer neuen Schönheit und einer neuen Wahrheit. Die allgemeine frühere Beherrschtheit war dahin; neue Bindungen lockten inmitten des fieberhaften Reizes, der Unmoral der Emanzipation, die das Herz der Menschen erschauern ließ und entzückte.

In dieses Paradies gehörte die Schlange. Ein Lebenslauf wie der Michelangelos, ein einziger besinnlicher Blick Leonardo da Vincis gab den Menschen die melancholische Suche nach dem Unendlichen wieder, das jenseits der unwichtigen Ekstase junger Hoffnungen steht. Aber zumindest war es nicht mehr die frühe Anhänglichkeit, die naive Folgsamkeit des Kindes. Es war die durchdringende Prüfung des freien Verstandes, der Sonne, die erschlagen wurde und wiederaufersteht.

In den Städten, in der kleinen Welt der Werkstatt wie in den dunklen Winkeln der Nebengassen, fiel dieses Licht, durch verbeulte Fensterscheiben in sein Prisma zerlegt, in seinem ganzen Wunder auf die Verdummten und Geknechteten. Pflanzen streben nach dem Licht: jede Nation dieses aufgerührten und zitternden Europa bebte im geheimen in der Atemlosigkeit eines neuen Erlebens, die dem frohen verborgenen Schauer der ersten Liebe gleicht.

Doch bei aller Neigung, die Theologie zu entthronen, die das reife Leben solange beherrscht hatte, bei aller Gier nach Glück, die neue Hierarchien der Wertungen zu schaffen suchte, stand das Feld der politischen Autorität den am wenigsten begeisterten und beherrschten Führern weit offen. Mit Ausnahme der Schweiz war Europa in diesem Augenblick politisch schwachsinnig. Es war der direkte Vorfahr des heutigen Europa, ein Konzert ohne Kapellmeister, ein Schmettern und Dröhnen kräftiger Klänge von ungeheurer schöpferischer Triebkraft, doch ohne gestaltende Form. In den Jahren 1500—1550 stand Europa an der Schwelle des blutigen Nationalismus, der sich in den Jahren seit 1914 in so außerordentlichem Maße hervortat. Vom Standpunkt der Geschichte aus liegt der Hauptunterschied im deutlicheren dynastischen Charakter der Jahre 1500—1550. Die Völker Europas entthronten in einer plötzlichen Auflehnung des Instinkts die Kirche, überließen jedoch, soweit sie nicht in wenigen Bauernaufständen und einigen unruhigen Kommunen die Macht angriffen, die politische Leitung den hungrigen Dynasten, einer beschränkten und herrschsüchtigen Oberschicht.

Das Europa der Kaiser und Päpste hatte erwiesen, daß es nicht fähig war sich genügend zu strecken, um die sich entwickelnden großen und vielfachen Lebenskräfte in sich aufzunehmen. Der alte Begriff und die alte Praxis der europäischen Gesellschaftsordnung hätte am Leben bleiben können, wären die Kirchenkonzile besonders dehnbar und emanzipiert gewesen; aber da die Italiener in Europa keine wirklichen Interessen besaßen, konnte sich Europa nicht an Italien orientieren. Der Gärungsstoff der neuen Ideen, der Sauerteig des gedruckten Wortes, die Selbstbehauptung der Heeres- und Finanzmacht, die in jedem Lande in der Hand eines Dynasten lag, war zu stark für das Papsttum, das über keine religiöse Überlieferung verfügte, die mächtig genug gewesen wäre, das Volk mitzureißen und so den dynastischen Willen einzufangen.

Das Volk war nicht gänzlich kopflos, schwach und unwissend. Die Zeiten der Kreuzzüge waren vorüber, der Feudalismus dahin, die Gemeinden nicht mehr vom Ausland abgeschnitten, das Meer nicht in der Hand der Barone, und selbst auf dem Festland lastete diese Hand nicht mehr so schwer; trotz Priestern und Adeligen und Richtern und Herren, trotz der Sippe der Greise begann die Bevölkerung, die unter dem mittelalterlichen System nicht so sehr Frieden gehalten, wie gelähmt gewesen war, miteinander in Verkehr zu treten. Gleichsam aus der Luft wurde ein geistiger Stickstoff selbst von den unbeweglichsten der Nationen aufgenommen; das Wachstum nahm zu, es stieg von den Tiefen auf und zerbrach die Fesseln. Aber dieser Ansturm menschlicher Leidenschaft wurde durch nichts besseres geleitet als durch die bestehende Gewohnheit. Die Kirche, die an

Einkünfte und Heer weniger herankonnte als die Dynasten, war in der Tat zum Teil aus ehrlicher Auflehnung gegen ihren zynischen Eigennutz vertrieben worden; von da ab fügten sich jedoch die Völker den Dynasten, wurden also mit einem dem ihren entgegengesetzten Willen nicht fertig.

Europas Denken war noch nicht politisch wirksam. Es war das Denken von Dichtern, Heiligen, Spekulanten, von Gelehrten, Lehrern und Künstlern. Wenn nicht der Heilige sich mit dem Demagogen zusammentat, wurde die Stimme eines neuen Glaubens in diesem aufgerührten, chaotischen, befreiten Europa nicht vernommen; die Stimme des skeptischen und kritischen Verstandes jedoch, der kleine Metronom, der immer weiter tickt, ob nun alle zugleich reden oder schlafen, die Sprache des gerechten Abwägens und der melancholischen Buchführung, sie wurde von den Völkern noch weniger verstanden als von ihren Königen. Und selbst die Könige hörten nur aus Vorsicht zu: es waren Kriegerkönige, noch in ihre Krebspanzer eingeschlossen und mit der alten reizvollen Beschäftigung befaßt, ihre Dynastie auszubauen, ihre eigene Bedeutung zu überschätzen, ihren Ruhm und ihre Macht zu übertreiben.

IV

Es war, hätte man denken mögen, ein prachtvoller Augenblick für Männer von deutlichem Ehrgeiz und angeborener Macht. Dies Europa, in dem Karl und Franz und Heinrich führende Rollen spielen sollten, war ein Europa, das von humanistischen Hoffnungen und Gelegenheiten pulsierte. Das Prestige der Könige, ob nun von ihren Vätern ererbt oder von ihnen selbst erworben, hätte nicht größer sein können. Aber im Mittelpunkt der königlichen Wünsche standen grobe Annektionsgelüste. Sie beherrschten das Leben von Franz, Karl und Heinrich. Sie alle waren Dynasten mit der militärischen Überlieferung des Königtums. Sie waren kriegerische Fürsten. Und sie waren gewöhnlich darauf bedacht, ihren Vorteil durch militärische Methoden wahrzunehmen, während sie den »allgemeinen Frieden« besprachen, befürworteten und verbürgten.

In dem Spiel um die Macht, bei dem das Leben dieser Könige dahinging, war der Magnet nicht ein Kontinent wie Afrika oder eine Goldmine von unentwickelten Möglichkeiten wie China. Es war Italien. Jeder König in Europa war darauf bedacht, seine persönliche Herrschaft auszubauen, und jeder König in Europa hatte Italien im Auge. Seit Jahrhunderten war es Italiens Schwäche und Stärke zugleich gewesen, daß es keinen zentralen König besaß. Als die Dynastenstaaten sich bildeten und jeder König anfing, sich als Herr im eigenen Hause gegen seine Nachbarstaaten und seinen unersättlichen Adel zu sehen, wurde der Wunsch, Italien zu besiegen und zu beherrschen, zum Kern der auswärtigen Politik. Die junge, nackte und strahlende Göttin Italien sollte von dem Einen, der es vermochte, durch Waffengewalt bezwungen werden. Solange jeder Staat imstande war, den andern zu lähmen, indem er einen Grenzstaat aufhetzte (Frankreich und Spanien waren von neidischen Fürstentümern eingerahmt), konnte das Hauptziel jenseits der Grenze nicht verfolgt werden. Sowie jedoch der dynastische Staat sich sicher fühlte, gewann die Gier nach Italien die Oberhand. Es war der Traum von Ferdinand und Isabella. Er berauschte hundert Jahre lang die Könige von Frankreich. Er entzündete Maximilian. Er zog die Türken nach Europa, da Italien das Juwel des Mittelmeeres war. Und in Italien selbst steckte sich das Papsttum an dieser Leidenschaft an und verschacherte seine Autorität, um eine militärische Macht dritten Ranges zu werden.

Aber Italien, das äußere Ziel von Kriegen und Diplomatie, wäre nicht in Reichweite gewesen, bevor jede europäische Nation sich der Vorarbeit unterzogen hätte, ihre eigene Regierung unter einer Dynastie zu festigen und den Adel, der so gierig, so verschwenderisch, so aufrührerisch war, unter eine Herrschaft und einen Führer zu bringen. Diese Arbeit — die Konsolidierung der Trusts — war zu Beginn des sechzehnten Jahrhunderts noch nicht beendet; man muß sie als das konkrete politische Problem begreifen, das der Rivalität und dem Ehrgeiz der folgenden Jahre zugrundeliegt.

In gewissem Sinne ließen sich die Dynasten nicht umgehen. Für jede Nation war der Augenblick gekommen, ihre besonderen Züge zu vereinigen, sich unter einer Leitung zu konzentrieren, als Einheit zu arbeiten. Mehr als jemals wurde der nationale Krieg ein schicksalsmäßiges, wenngleich grobes Maß für die Brände, die darunter fortglommen, für die Kräfte und Möglichkeiten des nationalen Willens. Warf man einen Blick auf Europa, so war es schwer zu sagen, welche Nationen in bezug auf Sprache, Religion, Gemeinschaftsgefühl, Bildung, Handel, Heer, Flotte, Staatskunst, kriegerischen Sinn bereits einen Ansatz zum nationalen Staatsgebilde aufwiesen. Alles trat ins Spiel: der Instinkt, die nationalen Hilfsquellen in Gestalt von Rohmaterialien, wirksames Kapital, tüchtige Führung, Zugang zum Meere. Hatte es geographische Berechtigung, daß Frankreich eine Einheit darstellte, da doch Spanien nicht imstande war, sich Portugal einzuverleiben? War Bedrückung die einzige Macht, die Holland dazu veranlassen konnte, gegen internationale Überflutung Schranken zu errichten? Warum mußten Granada und Bretagne, Navarra und Burgund, Schottland und Mailand unterliegen, während die Schweiz und Schweden sich gerade im Augenblick, da Venedig und Neapel in Ohnmacht versanken, zu Staaten bildeten? Die größeren Einheiten mochten eine vorbestimmte Form zu haben scheinen, aber das nationale Italien war ein ebenso deutlicher Mißerfolg wie das nationale England, das nationale Spanien und das nationale Frankreich sich als Erfolg herausstellen sollten. Das Blutbad von Stockholm führte nicht zu einer Vereinigung von

Dänemark und Schweden. Kurz gesagt, das Problem bot sich den Völkern und Kulturkreisen, fiel aber im einzelnen den einzigartigen Persönlichkeiten zu.

Die Konsolidierungsarbeit, die im Jahre 1500 die einzigartigen Persönlichkeiten beschäftigte, muß daher in einfachen Umrissen betrachtet werden, will man sich das Lebenserbe von Heinrich und seinen Kollegen ins Gedächtnis zurückrufen. Die herrschenden Dynasten waren Ferdinand und Isabella von Spanien, die Eltern von Heinrichs erster Königin; Maximilian von Deutschland, Karls Großvater; Ludwig von Frankreich, Franz' Schwiegervater; Heinrich VII., Heinrichs Vater; und, etwas später, Papst Julius in Italien, der Heilige Vater Aller. Der Türke stand im Begriff, in Europa zu erscheinen, sein Haupt und seine Schultern ragten über den Horizont, sein langer Arm reichte bis Wien. Aber der Türke blieb eine Drohung.

Spanien, ein Land von acht Millionen Einwohnern, ist als Großmacht von entscheidender Bedeutung. Isabella hatte einer verständnislosen Welt gezeigt, daß selbst in einem Lande, wo man den Männern allein gestattet, Pferde zu besteigen, und die Maulesel den unberittenen Geschöpfen wie Priestern und Frauen überläßt, eine Frau ein männlicher Herrscher sein kann. Sie hatte die Regierung von Kastilien nach ihrem Bruder übernommen und heiratete Ferdinand von Aragonien. Ferdinand schmollte, weil er nicht die Hosen anhaben durfte, aber Isabella, die sich seiner als ausführenden Organs bediente, brachte ihn auf das Ideal des geeinigten Spanien. Sie hatte einen klaren Willen, einen ruhigen Verstand und einen unbeugsamen Charakter. Sie schonte sich nie und nirgends. Um ihre Soldaten gegen den Einbruch der Portugiesen zusammenzuziehen, begab sie sich an die Spitze der Truppen, obwohl sie schwanger war; das ungeborene Kind wurde geopfert, aber Portugal geschlagen, und sie machte sich daran, ein zweites Kind zur Welt zu bringen, das Königin von Portugal werden sollte.

Für Isabella und Ferdinand waren ihre Kinder keine Menschen, denen man nachgeben durfte — es waren Werkzeuge der Pflicht und der Macht. Vom Traum, in dem sie ein Spanien der Spanier sahen, schritten die Eltern zum Traum eines Königreiches Spanien vor, und im Banne dieses erschreckenden Ehrgeizes hielten weder Isabella noch Ferdinand es für unrecht, ihre lebenden Kinder in den Bau einzumauern. Für Spanien Kriege zu führen, für Spanien zu terrorisieren, zu lügen, zu versklaven, war nicht nur ein Sieg über den Feind, sondern über die Natur des Spaniers als solcher. Isabella wußte, was ihr als Frau anstand, und wenn sie im silbernen Stuhlsattel auf einem scharlachgezäumten Maulesel ins Lager ritt, während ihr Gatte auf einem Schlachtroß dahintänzelte, nahm sie die Begrüßung durch Trommeln und Trompeten als demütiges Weib in Empfang. Sie hatte sich diese großartigen Demonstrationen und glänzenden Zeremonien verdient, sie hatte sie einem Volke abgerungen, das lieber zugrundegeht, als daß es sich lenken ließe. Aber in ihrer Seele ließ sie sich durch prunkvolle Feste nicht von ihrem Programm ablenken: dazu waren ihr Proviant und Schießpulver, Winterlager und Gottesdienst zu wichtig.

Es war eine Epoche herrischer nationaler Impulse, und die heroischen Expansionsgelüste wurden von Ferdinand und Isabella in die Perspektive ihres dynastischen Willens einbezogen. Erst vor wenigen Monaten, im Jahre 1499, hatte König Manuel von Portugal triumphierend aus Lissabon geschrieben: »Wir haben erfahren, daß unsere Kapitäne Indien und andre Königreiche und Herrschaften, die daran grenzen, erreichten und entdeckten; daß sie seine Meere befuhren und große Städte, hohe Bauten und Ströme fanden sowie starke Bevölkerungen, unter denen Handel mit Gewürzen und Edelsteinen stattfindet, die in Schiffen nach Mekka und von dort nach Kairo gelangen, von wo sie über die ganze Welt zerstreut werden. Wir hoffen mit Gottes Hilfe diesen großen Handel mit Hilfe unserer Vorschriften zu den Einwohnern und Schiffen unseres eigenen Königreiches abgelenkt zu sehen, so daß in Zukunft die ganze Christenheit dieses Teiles von Europa imstande sein wird, sich in hohem Maße mit diesen Gewürzen und Edelsteinen zu versehen.« Ebenso organisierten und betrieben Isabella und Ferdinand alles mit der Hilfe Gottes. Und ebenso stand auch gerade um diese Zeit der dem Untergang geweihte Christoph Columbus im Begriff, mit Ketten beladen über den Ozean heimzukehren, der Gefangene von Monarchen, deren Eifersucht stets schneller und weiter springt als ihr Dank.

Für sie bedeutete Amerika Macht. Isabella und ihr Gatte strebten danach, jeden erwachsenen Spanier zu bewaffnen; um diese Waffen zu bezahlen, brauchten sie einen Strom von Gold, der sich aus Amerika nach Spanien ergießen sollte. Die Entdeckung der Neuen Welt hieß in erster Linie Gold: Gold in Flottenladungen, das sich zu Bergen aufhäufen und in Kanonen schaufeln ließ, das eine Straße von Kastilien nach Burgund sprengen konnte, um Spanien auf dem Landwege mit Österreich zu verbinden und die spanische Vorherrschaft von Antwerpen bis Sizilien zu sichern. Frankreich, ein gefangenes Frankreich, gleichsam in der Zange festzuhalten, das sollte der Höhepunkt einer Union zwischen Spanien und dem Heiligen Römischen Reiche sein. Und bei diesem Versuch, halb Europa in das Geschick Spaniens einzuschließen, waren die Kinder und Enkel Ferdinands und Isabellas, obwohl ihr Fleisch und Blut, doch nichts anderes als die gegebenen Klammern. Daß sie ihre Kinder ausbeuteten, war diesen Herrschern nicht deutlicher bewußt, als einer Bettlerin, die ihren Säugling ausbeutet. Ferdinand und Isabella handelten aus ihren erhitzten Instinkten heraus. Sie arbeiteten für ihren Ruhm, den Ruhm Spaniens und den noch größeren Ruhm Gottes.

Um diese Zeit hatte Portugal mit seiner geradezu archaischen Ritterlichkeit den glänzendsten Hof Europas. Es war für Spanien wichtig. Dank einem päpstlichen Dispens heiratete der portugiesische Herrscher nacheinander zwei von Isabellas Töchtern. Die Kinder des spanischen Hofes, die dazu bestimmt waren, Spanien mit dem Heiligen Römischen Reich zu verbinden, waren ebenso nützlich, als es galt, Portugal, das Schottland von Spanien, zu besänftigen.

Bis zur Heirat Ferdinands mit Isabella, die Spanien zu drei Vierteln vereinigte, hatte sich die Halbinsel durch einen eifersüchtigen Separatismus hervorgetan. Sie bestand aus einer Kette von Staaten, die durch die Umstände verbunden waren, sich aber klirrend aneinander rieben wie die Schellen an einem Maulesel. Ihre Wirtschaft ruhte auf dem Ackerbau. Ihre Bewohner waren in der Hauptsache grobe und unwissende Leibeigene mit prachtvollen persönlichen Eigenschaften; dazu kam eine starke Kirche, eine große Anzahl reicher Mauren und Juden, und riesige Landgüter, auf denen Familien von erstaunlichem Stolz, Selbstgefühl und Selbstbehauptung wie auf Inseln lebten. Das Land hatte viele Gebirge; das Gebirge ist stets konservativ. Es hatte eine Anzahl Sprachen, wenn auch keine Literaturen, eine Überlieferung zäher kommunaler Vorrechte, die mit der kühnen Überlieferung des Adels wetteiferten. Eine Nation dieser Art, die von Individualismus starrte, von Unbotmäßigkeit strotzte, von Temperament überkochte, verlangte geradezu nach der väterlichen Hand.

Bevor Ferdinand starb, hatte er fast die ganze Halbinsel unter seinen Druck gezwungen; er überließ es Karls autokratischer Regierung, sie eng zusammenzuschließen. Ferdinand hatte die Pfänder Roussillon und Cerdagne gewonnen und den bodenständigen König von Navarra vertrieben, wie er früher Granada erobert hatte. Dieser Sieg nahm zehn äußerst blutige, kostspielige und mühevolle Jahre in Anspruch, wobei Ferdinand sich als Soldat und Intrigant gleichzeitig tapfer und aalglatt zeigte. »Ich werde die Kerne dieses Granatapfels einen nach dem anderen herausholen«, hatte er vorausgesagt, und mit Hilfe seiner neuen Artillerie die Mauren vertrieben. Dies war der große Anlaß für ihn und Isabella, ihre Familie zu verschanzen und Spanien zu einigen; und kaum hatte er den Boden gepflügt, als die Geistlichen wie Krähen einfielen. Als Mensch hatte Ferdinand wenig für die Kirche übrig, aber er gab ihr mit guter Miene einen Anteil an seinem Erfolg, interessierte sie am Fortbestehen seines Stammes und köderte sie mit seiner Beute. Er hat jedoch die Fortdauer seiner Familie mit einem Rückgang in der Entwicklung seines Volkes bezahlt. Während der Inquisition wurde das Mißtrauen der Bürger gegeneinander zu einer feststehenden Einrichtung, der Handel war an Monopole gebunden und das Gehirn des Landes verknöcherte. Der Begriff der Freiheit, der so lästig ist, wenn der Staatsmann den Willen zu grundlegenden Anstrengungen erregen muß, ist schließlich so notwendig wie die Federn am Wagen; aber außerhalb ihrer Leistung, eine Dynastie zu gründen, waren Ferdinand und Isabella Dummköpfe. Sie gaben Spanien als homogenem Staat seine größtmögliche Ausdehnung, aber sie gründeten diesen Staat auf das Bajonett. Nur wenn man die Dynastie als Endziel betrachtet, kann man Ferdinand einen Monarchen ersten Ranges nennen; er war gewandt, schlau, findig, geschmeidig und von hochmütiger Skrupellosigkeit. Er wagte Einsätze wie ein Spieler; sein Machtgelüste kannte keine Grenzen. Er verachtete Verschwendung und Prunk. Er fürchtete weder physische noch moralische Blamage. Er prellte den Vatikan, die Franzosen, die Engländer, die Mauren, die Italiener.

Von seinen sämtlichen Allianzen war die wichtigste die bereits angedeutete, die ihn mit Maximilian verband. Maximilian (1459—1519) war beinahe genau der Zeitgenosse Ferdinands (1452—1516). Nicht weniger gewandt und geschmeidig stand Maximilian einer anderen Kette von Umständen gegenüber. Er war gleichzeitig Kaiser und Abenteurer, Magnat und Bettler. In der Theorie war das Papsttum die Achse seines Rades und er der Reifen, aber die Speichen, die ihm ein Heer, greifbare Hilfsmittel, tatsächliches Landgebiet geben sollten, waren von all den großen und kleinen Adeligen und Gemeinden, die sein brüchiges Deutschland bildeten, herausgezogen worden. Er rollte den leeren Reifen der Macht noch weiter, aber es war ein Prestige ohne Bankkonto. Maximilian war infolgedessen stets von einer Art Unkörperlichkeit umgeben; immer streckte er die Hand nach Tributen aus, die zerschmolzen, sobald er sie berührte. Er schien und verschwand mit fast komischer Leichtigkeit. Er hatte etwas Wesenloses an sich — ein Regenbogen, der zu Europa gehörte, aber in seiner vergänglichen Pracht nur sichtbar wurde, wenn Regen und Sonnenschein sich mischten. Aber diese Flüchtigkeit war irreführend im höchsten Maße.

Maximilian war keine Schönheit. Mit Hakennase und tränenden Augen, ziegelroter Gesichtsfarbe, einer feuchten, hervorstehenden Unterlippe, die seine Krokodilstränen aufzufangen schien, »harmlos wie ein ungeborenes Kind«, war er einer der schlauesten Geschäftsleute in einer Welt des Überganges. Er fing damit an, daß er Maria von Burgund heiratete, worüber er romantische Gedichte verfaßte und was ihm Flandern und die Niederlande in die Hände spielte. Es gelang ihm um ein Haar, Karl von Frankreich als Schwiegersohn zu kapern; er bemühte sich um Anna von Bretagne als zweite Gattin. Seine militärische Tätigkeit im Osten Europas verschaffte ihm die tatsächliche Übermacht im Gebiet der Habsburger, und während er nur vorübergehend im Reiche seßhaft schien und im Getäfel Deutschlands herumrumorte, hatte sein Sohn Philipp, Karls Vater, eine ständige Adresse in Brüssel. Da er in die Niederlande, die zu Burgund gehörten, hineingeheiratet hatte, tat er sein möglichstes, den sich bäumenden Bürgern von Gent, Brügge und Lille seinen Sattel aufzuzwingen.

Diese seine Fähigkeit, überall zugleich zu sein, ließ Ferdinand eine Allianz mit ihm verlockend erscheinen, und aus dieser Allianz stammte die mächtige Verbindung der Häuser Habsburg und Aragon.

Karl, der Säugling in der Wiege, das Kind von Maximilians Sohn und Ferdinands Tochter, ist das Geschöpf, um das Ferdinand und Maximilian sich so große Mühe gegeben hatten. Es war ihm bestimmt, in nächster

Zeit am Zusammenfluß zweier großer Erbströme zu stehen — den einen brachte ihm der krampfhaft tätige Maximilian, der andere floß aus den Listen Ferdinands in Italien und Spanien. Karl sollte spanisch-gotisch werden, da Maximilians deutscher Romantizismus sich langsam spanischer Strenge und spanischem Trotz unterordnete. Mit neunzehn Jahren würde er Kaiser sein, im geschichtlichen Sinne dem Papste gleichgestellt, und seine Aufgabe darin sehen, seinen glanzvollen Rivalen Franz. I. auf allen Seiten einzuengen.

Im Zentrum dieses Strudels von Ferdinand und Maximilian lag daher das schöne Frankreich. Ludwig XI. hatte sich bemüht, dieselbe Arbeit der dynastischen Konsolidierung zu leisten wie Ferdinand in Spanien, und da er dieselbe unmögliche Verbindung von kleinlichem Eigennutz und grober adeliger Unersättlichkeit angetroffen hatte, sich ebenso bereit erwiesen, Tücke mit Tücke, Lüge mit Lüge, Mord mit Mord zu begegnen. Aus einem brutalen Durcheinander von Bestrebungen und Energien organisierte er so etwas wie ein zentralisiertes Frankreich. Sein Nachfolger, oder besser seine Nachfolger, heirateten immer wieder Anna von Bretagne, um Maximilian den Eingang zu verwehren und diese wichtigste der keltischen Nationen in die Union einzumauern, so daß — obwohl die Franche-Comté, Navarra, die Picardie und Calais vorerst noch lose am Gewebe hafteten, das Frankreich, wie wir es heute kennen, so gut wie gesichert war. Sein Reichtum, seine Industrie, sein militärisches Feuer, seine Ansprüche auf den Rang einer Weltmacht erregten in England, Spanien und Deutschland Neid und Furcht. Und dies um so mehr, weil Frankreich ein Land von vierzehn Millionen war, die immer wieder bereit waren, in Italien einzufallen, das in seinem Leuchten jedem gierigen Auge zu winken schien.

Ludwigs zwei Nachfolger, einer ein Fantast, der andre ein nüchterner Streber nach Weltmacht, widmeten ihre ganze Kraft der Eroberung Italiens; sie brachten für diese Aufgabe, wie Machiavelli seinerzeit darlegte, keine wirkliche soziale Intelligenz auf. Jeder von ihnen heiratete Anna von Bretagne; um das möglich zu machen, mußte der eine einen Bruch mit seiner Braut herbeiführen und der andre mit Sanktion des Papstes seine Frau verabschieden. Diese beiden königlichen Lebensläufe erhöhten Frankreichs Macht weniger als die entsprechenden dynastischen Lebensläufe der Nachbarländer, aber das Königreich war so gut zusammengefügt, von der Natur so reich bedacht, daß selbst die verschwenderischsten militärischen Expeditionen seine Hilfsmittel nicht aufzehren konnten. Es hatte sich nach dem hundertjährigen Kriege erholt. Es verfügte wieder über seinen scharfen Verstand, seine ausgezeichnete Nervenveranlagung, seinen kühnen Mut, seinen feinen Humor. Eine Tonleiter menschlicher Begabung, die sich von Rabelais bis Calvin erstreckte, war zu diesem Zeitpunkt der Geschichte kaum zu überbieten. Frankreich stand zu Beginn des sechzehnten Jahrhunderts in hohem Flor, und als der hochgemute Franz I.

es im Jahre 1515 erbte, konnte es als die erste Nation Europas gelten und besaß ein Einkommen, das zehnmal so groß war wie das Englands.

Englands Bevölkerung betrug drei Millionen. Der Übergang von Spanien zu England war in diesem Augenblicke der von einem Weltreich im vollen Tempo seines ersten Satzes zu einem neuen Königreich, das erst dabei ist, seine Instrumente zu stimmen. Zu Lande und zur See streckte der Spanier seine Arme aus; er fühlte sich stark in seinem stolzen Willen, seinen mittelalterlichen Überzeugungen, und seiner leidenschaftlichen Sicherheit der Seele, die in ihrem Glauben triumphierte und ihm Blutopfer darbrachte. In diesem Kriege war er erbarmungslos. Von dieser positiven und begrenzten Veranlagung, der sich der junge Heinrich durch Heirat verbinden würde, bis zum Grün und Weiß des Hauses Tudor war ein weiter Weg.

Der kühle und feuchte Norden konnte in seinem dynastischen Trieb nur glimmen und dampfen; wo der Süden in Flammen stand, konnte er nur in Rauchfeuer ausbrechen. Und doch waren mit diesen Trieben, die den Engländer erregten, eine wägende Intelligenz und ein Verstand verbunden, der sich an das Tatsächliche hielt, der auf Vernunft bestand und sich durch keine strahlenden Flüge zur Sonne mitreißen ließ. Die Natur in England konnte mit ihren langsamen und sichtbaren Vorgängen, ihrem milden Wechsel, ihrer warmen Farbe und ungeschickten Kontur, mit ihrer Fülle eines gleichmäßigen, dichten, durchdringenden Lebens die Menschen weniger zu heftigen Entschlüssen begeistern als zu willigen Anstrengungen und den Äußerungen eines herzlichen, frohen, zärtlichen Gefühls. Ein reiches Maß langsamen Geistes, ein Strom unerschütterlichen Lebens, genährt von Rindfleisch und Bier und Blasen sprudelnd wie Schlamm, begrub dann und wann Engländer in betrunkenen Ausschreitungen, aber trieb sie auch wieder auf einer mächtigen Flut von Energie zu tüchtigen Willensäußerungen. Diese Eigenschaft der Nation, die eigensinnig in ihren Einbildungen und praktisch war und sich fürchtete, in der Erkenntnis der Wahrheit irgendeine unbequeme, vielleicht nicht zuträgliche Forderung zu finden, und dabei doch in sich selbst einen eigenartigen Humor, Empfindung und Erneuerung entdeckte, glich dennoch in der eigensinnigen Kraft ihres Lebens durchaus der spanischen Natur.

»Das Land«, schrieb William Morris, »ist ein kleines Land, und zu sehr von engen Meeren eingeschlossen, wie es scheint, um genügend Raum zu haben, sich ins Riesenhafte auszudehnen; hier gibt es keine großen Wüsten, die in ihrer Trostlosigkeit überwältigen, keine große Waldeinsamkeit, keine furchtbaren unbetretenen Gebirgsmauern: alles ist abgemessen, vermischt, abwechslungsreich, alles geht unmerklich ineinander über: kleine Flüsse, kleine Ebenen, geschwungene, schnell wechselnde Hochländer, gänzlich mit schönen gepflegten Bäumen besetzt; kleine Hügel, kleine Berge, vom Netz der eingefriedeten Schafweiden überzogen; weder ein Gefängnis, noch ein Palast, aber eine anständige Heimat.«

Er erinnerte an die »kleinen Städtchen mit schönen Kirchen, oft von Mauern umgeben; die Dörfer, die genau dort lagen, wo sie noch heute sind (mit Ausnahme jener, von denen nichts mehr überdauert und erzählen kann als die Kirche), aber schöner und dichter bevölkert; ihre Kirchen, manche groß und stattlich, andre klein und eigenartig, aber alle vollgestopft mit Altären und Gegenständen und bunt von Bildern und Zieraten; die vielen Klöster mit ihrer herrlichen Architektur; die schönen Landsitze, manche davon frühere Schlösser und aus älteren Zeiten übriggeblieben; manche neu und prächtig; manche unverhältnismäßig klein, wenn man die Bedeutung der Besitzer ins Auge faßt«.

Und »ein bäurisches und gewiß beschränktes, aber ernstes, wahrheitsliebendes Volk von einfachen Gewohnheiten«.

Seit den Tagen Chaucers hatte jedoch dieses kleine England viel Bitteres erfahren. Vor 1500 hatte es vierzig Jahre lang widrige Umstände, zermürbende Kriegsnot, Willkür, Königswechsel, Stock und Galgen, plötzlichen Tod erduldet.

Im blutigen Schnee von Towton hatten die Herolde achtundzwanzigtausend Leichen gezählt; und dies war nur eine der fünf oder sechs furchtbaren Schlachten in einem Lande von drei Millionen. Der Gemeindebesitz war beschlagnahmt worden. Ihres Bodens beraubt, waren die Leute beunruhigt in die Stadt gezogen. Soldaten wurden zu Räubern und Mördern und machten die Gegend unsicher, die Bewohner von Cornwall waren durch die Steuern zu wildem Aufruhr erregt und nach ihrer Niederlage in die Sklaverei verkauft worden. Es war ein England der unsicheren Aussichten und häßlichen Gerüchte, des schlechten Wetters und der Schrekkensmeldungen. Immer wieder waren neue Thronprätendenten in England gelandet, hatten die alte Treue erweckt und den Ehrgeiz geschärft, hatten die Grundfesten erschüttert, während das Land noch in den Wehen nach Heinrichs VII. Kronraub sich wand.

Heinrich VII. war listig. Er gehörte mit Ferdinand, mit Maximilian, Ludwig XI., Cosimo de Medici zum neuen Typ des Staatengründers; er war habgierig bis ins Mark; nicht der Löwe, sondern die geringere Wildkatze, die schnell anspringt und ebenso schnell zurückweicht, die verschlagen und schlau ist; ein Intrigant, fruchtbar an Plänen, regsamen Geistes, scharf an Klaue und Geist, unerbittlich, einsam. Männer dieses Schlages machen sich nichts aus Wirkung und alles aus Erfolg. Wie der Urtyp der Millionäre im frühen Chicago, die selbst bescheiden ihre Rindfleisch- und Pflugschardynastien, ihre Dynastien der Schnittwaren, der Wäscheklammern und der Abführmittel gründeten, waren diese europäischen Herrscher, die eine neue Organisation der menschlichen Kraft erschufen, gleichzeitig von kleinlichen Gewohnheiten und gierigem Appetit, eiserner Selbstdisziplin und geschmeidiger Aalglätte bei Verhandlungen; Männer von solcher Einfachheit im Privatleben, daß sie weniger bedrohlich schienen als fünfzig ihrer luxuriös lebenden kleinen Konkurrenten.

Im Jahre 1500 war Heinrich einer der gewitztesten Herrscher Europas. Von seinem melodramatischen Gegner Richard III. als »jener große Rebell Heinrich Tudor« gebrandmarkt, wurde doch das Wort »Rebell«, ein Auswuchs Richards glühender Fantasie, nie unrichtiger angewendet. Heinrichs Leidenschaft war nicht Auflehnung sondern Sicherheit.

Er war, dem althergebrachten Beispiel der Rosenkriege gemäß, an der Spitze von zweitausend der gefährlichsten Burschen, die er in der Bretagne zusammenbringen konnte, in England gelandet. Er tötete Richard III. Die Krone Englands, die sich so lange auf den Schlachtfeldern herumgetrieben hatte, wurde von Stanley aufgehoben und auf das Haupt dieses Tudor gesetzt. Die Weisen, die wie Morton und Fox Heinrich im Unglück beigestanden und unterstützt hatten, umgaben nun den jungen Sieger und bekamen ihren Lohn.

Aber für Heinrich VII. war dieser Sieg kein Melodrama. Er war ein notwendiger Staatsstreich. Er war nichts als einfaches, tatsächliches Geschäft für einen Mann, der den festen englischen Willen, ohne Reibung weiterzukommen, mit der französischen Fähigkeit, die Dinge zu sehen wie sie sind, und der Schläue und Zähigkeit eines keltischen Bauern verband.

Heinrich lag es nicht, Kinder im Tower zu ermorden und sich dann neidischen Alliierten anzuvertrauen. Er vertraute niemand und ermordete nur nach dem Gesetz. Frühes Unglück hatte ihn gewitzigt. Er sah die Welt mit jenem bitteren Verständnis für ihre grausame Feindseligkeit, das dem Ehrgeizigen zur Gewohnheit wird, der in seiner Jugend häufig gehemmt, von einer Zuflucht zur anderen gejagt und zu den gemeineren Listen des verbannten Bettlers getrieben wurde. Er brauchte sich nicht erst das tiefe dynastische Geheimnis klarzumachen, daß Geld Macht bedeutet. Diese Überzeugung war in ihm durch Hunger und Durst, durch den Hunger des unerfüllten Schicksals, den Durst des Mühlrads nach Wasser gezüchtet worden. Aber er war, was freilich schwer zu begreifen ist, ein Raubtier in Menschengestalt mit einem pfiffigen Sinn für Humor. Sein Auge überflog schalkhaft die Außenseite jedes Menschen und jeder Situation, um das Glänzen des Goldes, das sie bargen, zu entdecken; er war einer der wenigen Könige, die jemals begriffen, welche besonderen Möglichkeiten der Monopolausbeutung, des Diebstahls und der Erpressung einem Herrscher offenstehen.

Stanley hatte ihn zum König gemacht, aber beim ersten Verdacht des Verrats ruinierte er Stanley und zog seinen Reichtum ein. Er verschlang das Vermögen der Warwicks. Er verkaufte die Gerechtigkeit und steckte den Preis für jede Begnadigung in die Tasche; noch die einzelne Mark und den einzelnen Gulden schnüffelte er heraus. Er war umsichtig wie ein Pfandleiher, unterrichtet wie ein Bankier, auf dem Posten wie der Gründer eines Trusts, geduldig wie der Besitzer einer Kette von Gemischtwarenläden. Und als leitender Direktor dieser neuen Gattung Geschäft, einer nationalen Monarchie auf der Grundlage des freien Wettbewerbs, verfolgte er seinen Weg, ohne einen Kompagnon ins Vertrauen zu ziehen. Er nahm fremden Rat an, aber nicht fremden Willen. Er schaffte das Parlament so gut wie völlig ab. Er zog dem Gesetz einen Ring durch die Nase und führte es in die Sternkammer. Er machte Bischöfe zu seinen Werkzeugen. Von seiner Thronbesteigung im Jahre 1485 bis fast zur Ankunft Katharinas von Aragon in England mußte er den Thron gegen beinahe jede Art von Prätendenten behaupten. Er hatte sie im Felde geschlagen und im Tower geköpft. Er bediente sich so gern des Spotts wie des Terrors, er verführte so gern wie er einschüchterte. »Die Herren von Irland«, kicherte er, »werden schließlich sogar Affen krönen.«

Sein schwankendes Schicksal hatte Heinrichs Mut nicht erschöpft, aber seine Energie aufgezehrt: es hatte ihn dazu gebracht, daß er die materielle Sicherheit höher stellte als irgend sonst etwas auf der Welt. Er häufte an, was er an Schätzen erraffen konnte; das machte sein Auge scharf, sein Rückgrat krumm, seine Hände zu Vogelklauen. Diese krankhafte Habgier bestimmte, als er sich mit den Einrichtungen Englands umgab, seine Politik, und er betrieb seine Beziehungen zum übrigen Europa aus demselben moralischen Zentrum.

Seine vier heiratsfähigen Kinder Arthur, Heinrich, Margarete und Marie wünschte er genau im gleichen Geiste zu benutzen wie Maximilian und Ferdinand. Kaum saß er auf dem englischen Thron, als sein Schwager Hals über Kopf nach Spanien mußte; aus seinen tapferen Diensten für Ferdinand und Isabella schrieb sich ein gut Teil ihrer Überzeugung her, daß Katharina von Aragon den Prinzen von Wales heiraten müsse. Da Schottland auf der einen und Frankreich auf der anderen Seite so viel Scherereien machten, beabsichtigte Heinrich, Schottland mit Margarete zu besänftigen und Frankreich durch den jungen Heinrich unschädlich zu machen. Marie war das Nesthäkchen, aber bereits mit Maximilians Enkel Karl verlobt. Sie war, heißt das, eine der zehn kleinen europäischen Prinzessinnen, die früher oder später von ihren aufgeregten Eltern diesem Erben des halben Europa angetragen wurden.

So teilten also die Bewohner Englands das gemeinsame Schicksal: sie waren zu Bürgern eines Dynasten, eines engbrüstigen, kalten, ironischen, spöttischen Königs geworden.

Zu dieser Zeit war Schottland ein unabhängiges Königtum. Es hatte eine winzige Bevölkerung von einer halben Million, aber seine Könige waren Monarchen im romantischen Sinne, von hoher Bildung und hervorragenden persönlichen Gaben; sie waren durchaus geneigt, Schottland als unabhängigen Staat zu erhalten. Der Feind war selbstverständlich England. Die Engländer waren nicht damit einverstanden, daß ein so kostspieliger Nachbar wie Schottland an sie grenzte, der immer bereit war, England den Dolchstoß von hinten zu versetzen, wenn England ihn jemand von vorn versetzen wollte. In einer derartigen Lage, wo die kleinere Nation Reibung erzeugt, Allianzen sucht und ihre Unabhängigkeit betont, erfordert die Unternehmungslust der größeren Nation eine kluge Verbindung von Gewalt mit Betrug: und Heinrich VII. bot der königlichen schottischen Familie einen Ehebund an, während er gleichzeitig versuchte, den Adel zu bestechen und innerhalb Schottlands eine englische Partei zu schaffen. Es war genau dieselbe Politik wie die Frankreichs in der Bretagne, und sie war vom gleichen Erfolg begleitet. Der schottische Adel war niemals in Unterwerfung geschweißt worden, wie es dem französischen, spanischen und englischen Adel ergangen war. Die Douglas waren käuflich. Die Campbells waren habgierig. Es ließ sich nach Zeit und Ort bestimmen, wann sie ihre schottische Treue abschwören würden. Erst durch Niederlagen wie die von Flodden sollte die Großherzigkeit der schottischen Könige, die ihr Leben auf den Sieg setzten, aber auch die Oberflächlichkeit ihrer Staatskunst enthüllt werden. Im Unterland gab das Geröll überall nach, wo England einen Druck auf Schottland ausübte, und wo Feuer und Schwert den nationalen Geist nicht im Volke zerstörten, zermürbte schließlich Bestechung und Meuchelmord die Führer und kostete die Nation ihre Autonomie.

Irland mit einer Million Einwohnern war als nationale Einheit noch weniger fest gefügt. Während das englische Gebiet von Calais Frankreich nicht verwirren konnte, war das englische Gebiet von Dublin imstande, Irland völlig zu verwirren. Irland war isoliert. Cork ist von Cherbourg ebensoweit entfernt wie Esbjerg von Harwich, und diese Unerreichbarkeit Irlands vom Kontinent aus machte es politisch bedeutungslos. Es gehörte von Natur aus zur Zone Karls V., aber er benutzte es weit weniger, als die Franzosen Schottland benutzten. Es war arm, rückständig, chaotisch und verzweifelt. Die Fitzgerald hätten es beherrschen können, wären die Butler nicht gewesen. Die Butler hätten es beherrscht, wären die Fitzgerald nicht gewesen. Es besaß keinen Ferdinand, keinen Maximilian, keinen Zentralisator und keinen Reichsgründer. Dank den bewaffneten Einfällen hatte es sich nicht entwickeln können.

Seltsamerweise war auch Italien durch die gleiche Invasion eigennütziger »Barbaren« ebenso gehemmt worden, und seine Anstrengungen, die Barbaren zu vertreiben, waren ebenso unzureichend gewesen. Dieses Gefühl der Bedrückung, das jedem, der es nicht erlebt hat, unverständlich bleiben muß, trieb den Papst Julius in seine Laufbahn als Soldat und gab dem scharfen Verstande Machiavellis die geschliffene Schneide. Alles, was der Papst, was Machiavelli fürchtete, sollte von einem uneinigen Italien, das gezwungen wurde, den Kelch der Ohnmacht bis auf die Neige zu leeren, in späterer Zeit erlebt werden. Die Hemmung seiner Entwicklung zum nationalen Staat kostete es Jahrhunderte einer politischen Normalität. Zum Unglück, wie es jede andre Nation empfunden hätte, kam noch die Schande, die Hoffnungslosigkeit, die entehrende »Friedfertigkeit« der Unterwerfung. Und dieser entehrende Friede wurde Italien von Karl aufgezwungen, weil die Italiener durch die Unstimmigkeit unter ihren kleinen Fürsten, die anderswo durch die Trustgründer in Schach gehalten wurden, sich selbst schwächten.

Man kann daher dem Papsttum aus seiner Nachahmung der emporblühenden Dynasten keinen Vorwurf machen. Das Papsttum war die Herrschaft gewohnt. Es war solange dem kleinen Mann ein Vater gewesen und hatte solange die menschliche Kindheit behütet, daß es nicht widerstehen konnte, als es galt, mit den Dynasten zu ihren eigenen militärischen Bedingungen um die Vorherrschaft zu kämpfen.

Ein derartiger Kampf war jedoch zum Scheitern verurteilt. Die Könige, die hinter dem Prestige des Papsttums, des Erben des römischen Prestiges, standen, hatten das nie aus religiöser Überzeugung getan. Schließlich war der Friede in Europa gewahrt worden, weil es so viel Geld kostete, im Winter Krieg zu führen, und weil es schwer war, sich Kredit zu verschaffen. Mit der Eröffnung neuer Seewege jedoch, mit dem Wachsen von Produktion und Handel, der Entdeckung der Metallurgie, der Vervielfältigung der Schiffe und anderer Entwicklungen, die auf Transport und Mobilisierung Einfluß hatten, waren die Forderungen nach einer nationalen Zentralisierung gebieterisch geworden. Mit Hilfe der internationalen Bankiers, die jetzt eine Daseinsberechtigung hatten, begann die Zukunft, die Gegenwart zu befruchten.

Die päpstliche Tradition mußte im Norden abnehmen, sobald die Möglichkeiten des nationalen Kredits anstiegen. Die Reformation war längst überfällig — Reformationen sind immer überfällig —, aber erst als die Fugger und Welser sich erhoben und der finanzielle Kredit die Gelegenheiten, zu Lande und zu Wasser Krieg zu führen, erweiterte, wurde es für die nördlichen Nationen durchführbar, ihrem Selbstgefühl stärkeren Ausdruck zu geben. Am Kredit ist das Schöne, daß er Führern die Macht verleiht, die natürlichen Rhythmen mit Energie zu laden. Solange man die natürlichen Rhythmen nicht beschleunigen konnte, mußte die Macht bei jenen bleiben, die von der Natur begünstigt wurden — den Anwohnern des Mittelmeers. Erfindungen und Entdeckungen gaben jedoch dem Norden den Spielraum, dessen er bedurfte. Die blonden Monarchen griffen daraufhin nach der Herrschaft, an die sich das dunkle Papsttum gewöhnt hatte. Eine neue »Ideologie«, die nationale, wurde sofort zur menschlichen Infantilität passend entwickelt und die katholische Kirche blieb der Sache wie des Namens beraubt zurück. Erst als Ignatius Loyola auftrat und die Gegenreformation sich ausbreitete, fing die Kirche an, sich mit Hilfe des nationalen Staates erfolgreich um die Herrschaft über menschliche Trägheit, menschliche Nachgiebigkeit und menschliche Unreife zu bemühen.

Machiavelli wandte sich für seinen Fürsten an ein taubes Italien.

Es war dem Papst Julius bestimmt, von seinen eigenen, kleinstaatlichen Angriffen auf die eigennützige Oligarchie Venedigs zur plötzlichen, späten Entdeckung der furchtbaren Lage des Landes, in dem das Papsttum eingebettet liegt, vorzudringen. Er wurde zu einem grimmigen Soldaten, einem grimmigen Italiener, mit siebzig Jahren noch völlig unerschrocken. »Italien für die Italiener« wurde sein Grundsatz und riß ihn in ein Gebiet mit, das jenseits seiner Pflichten als obersten Dieners Gottes lag. Seine Nachfolger, die Abkömmlinge eines Pfandleihers, waren weniger anstoßerregend. Sie sahen sich von weniger furchtbaren Barbaren bedroht als Julius und von geschickteren Unterhändlern umgeben. Sie betrieben ihre Geschäfte weniger als Soldaten denn als Bankiers. Was sie sagten, war nicht Italien für die Italiener, sondern Italien für die Medici. Sie schlossen dynastische Heiraten mit Franz und mit Karl. Sie versuchten, sich durch List aufzudrängen. Aber, wie Machiavelli wußte: Betrug und Gewalt können immer mit Betrug fertig werden. Die mediceischen Päpste gründeten eine ruhmlose kleine Dynastie, die den Barbaren förderlich war.

V

Die ältere Generation der Dynasten, die Väter und Großväter unserer Helden, hatten als liebende und schlaue Eltern sich die größte Mühe gegeben. Sie hatten das Familienvermögen begründet. Nun, da die Religion nicht friedlicher war als der alte Krieger Papst Julius, da der Nationalismus sich schon aus dem Grunde erhob, weil die Völker sich auf ihrer Suche nach Erlösung ihrer Gemeinschaft dem nächsten Führer anvertrauten, konnten die neuen Gemeinschaftsführer kaum etwas andres tun, als den Kampf fortsetzen, ihre eigene, königliche Herrschaft zu einer absoluten machen, sich auf eine Kriegspolitik einlassen und sich dem Appetit nach Ruhm, den ihre Väter geschärft hatten, hingeben.

Das Drama wurde durch Tod vorbereitet. Heinrichs Vater starb im Jahre 1509, Papst Julius 1513, Ludwig XII. 1515, Ferdinand 1516 und Maximilian 1519. Was bedeutet, daß die alten vorsichtigen Männer sich in einer Prozession zum Grabe folgten. In einem einzigen Jahrzehnt war die großartige Verantwortung für Europa der Auseinandersetzung zwischen drei jungen, eifrigen Männern preisgegeben, deren ältester im Jahre 1515 vierundzwanzig Jahre zählte – und dies in einem Augenblick, da statt des Latein die Artillerie die gemeinsame Umgangssprache war, da die Parlamente eingeschüchtert, die Moral verwirrt war, Frauen über ihre Herren und Gebieter so gut wie keinen Einfluß hatten, die Staatsmänner eigentlich Veziere waren und die europäische Diplomatie sich gleichzeitig durch elende Kriecherei und elende Untüchtigkeit auszeichnete.

VI

Der Konflikt, der sich vorbereitete — ein Konflikt, den kein Glauben aufhalten, keine Selbstbeherrschung vermeiden, keine Klugheit besänftigen konnte, war ein doppelter Konflikt, in welchem die Könige dem Leben eine politische Bedeutung gaben, während das Volk versuchte, ihm eine religiöse zu geben. Von den Intellektuellen wurden verzweifelte Anstrengungen gemacht, diese beiden Neigungen zu vereinigen. Erasmus schrieb, wie man sagte, einen Ratgeber für Karl. Budé war in Dienst genommen worden, um für Franz seine Weisheit leuchten zu lassen. Heinrich stand in engster Fühlung mit den geistlichen Ratgebern, die in der Politik die Rolle der philosophischen Könige sahen. Aber diese beiden Neigungen, die politische und religiöse, waren nicht leicht zu verheiraten. Im Gegenteil: Heinrich, Franz und Karl kamen mit geschärftem Appetit an ihr Bankett des Lebens, das zwar seinem Sinn an Verantwortung nach für sie verschieden war, sich aber durchaus glich, wo es ihre Begierde und Absicht galt, absolut zu herrschen, hoch über ihresgleichen sich zu Tisch zu setzen, einen Menschen als Narren und den andern als Fußschemel zu benutzen.

Wie sich herausstellte, war Karl der wichtigste von den dreien, wenn man ihn vom politischen Standpunkt aus betrachtet. Wäre Juan, der älteste Sohn Ferdinands und Isabellas, am Leben geblieben, so hätte Karl vermutlich keinen stärkeren Eindruck gemacht als sein eigener jüngerer Bruder. Aber Maximilian sandte wohl seine blühende Tochter Margarete — bei mir heißt sie nur »Charleys Tante« — nach Spanien, um Juan zu heiraten, doch der kränkliche junge Mann starb innerhalb weniger Monate; er war von schwächlicher Konstitution wie alle aus dem Hause Aragon, wenn er auch nicht, wie sie annahmen, durch seine frühe Heirat ins Grab gebracht wurde.

Margarete, deren nordische Veranlagung sich aus der düsteren Religion, dem unbeugsamen Rituale, dem empfindlichen Stolz, den fixen Ideen, die in dieser spanischen Dynastie an den Orient erinnerten, durchaus nichts machte, kehrte wieder heim in den Norden; sie war selbstbeherrscht und voll Farbe, von den Spaniern so verschieden wie ein Rubens von einem Greco.

Ihr schöner Bruder Philipp jedoch heiratete Juans Schwester Johanna und Karl war ihr ältestes Kind. Johanna war ein Greco, eine feurige, exzentrische, flammensprühende Persönlichkeit. Sie war von so eifersüchtiger Veranlagung und so eigenwilligem Charakter, daß man sie schon vor ihrer Gemütskrankheit mit Recht Johanna die Wahnsinnige hätte nennen können.

Als ihr Gatte plötzlich starb, verlor sie vollkommen den Verstand. Karl war damals, im Jahre 1506, erst sechs Jahre alt; von jener Zeit bis zu ihrem Tode als hochbetagte Greisin wurde Johanna »durch Hexenkunst von Geistern« geplagt.

Obwohl von seiner Tante Margarete in Brüssel erzogen, hatte Karl doch alle trübseligen Züge der Waise. Seine Kindheit war ernst, ja fast düster. Er war ein verschlossener Knabe mit einem langen Gesicht, mit einem sehr schweren Kinn, aber wunderbar eifrigen und brennenden Augen. Er war ein schlechter Schüler, konnte kein Spanisch, fast kein Latein und kein Deutsch, aber er stand seit seinem vierzehnten Jahre zu jeder Stunde der Nacht auf, um die eintreffenden Meldungen zu lesen. Er nahm das Leben scheinbar langsam und schwerfällig; das burgundische Element herrschte in ihm vor. Er jagte ein wenig, aber nur genug, um seinen lebhaften Großvater Maximilian zu der Äußerung zu veranlassen: »Wir freuen uns aufrichtig, daß unser Knabe Karl solche Freude am Jagen hat; die Leute könnten sonst glauben, er sei ein Bastard.« Er hatte wenig Gelegenheit, seinem Temperament die Zügel schießen zu lassen, und erbte die grimmige Kargheit beider Großväter. Aber er war so zäh, daß bei einem Turnier der Jüngling im weißen Friesrock sich ebenso widerstandsfähig und gefährlich erwies wie nur irgendein Athlet. Aus ihm wurde ein tüchtiger Soldat. Seine Lenkbarkeit, auf die seine Erzieher ihr äußerstes Zutrauen setzten, verhüllte starke und glühende Leidenschaften.

Die schwerste Hand, die Karl zu fühlen bekam, war die seines Hofmeisters Hadrian von Utrecht, den er später zum Papst zwischen den beiden Medicis machte. Dies war Hadrian VI., der gern Luther verbrannt hätte und die Renaissance in Sackleinen zu hüllen versuchte. Nach seinem Tode errichteten die Römer seinem Leibarzt ein Monument mit der Inschrift »Dem Befreier des Vaterlandes«.

Im kalten Schatten seiner überragenden Verantwortlichkeit großgezogen, machte Karl selbst den Eindruck der Kälte. Als man ihm zuredete, sich als Don Juan zu benehmen, war er zu gewissenhaft; mit siebzehn Jahren mußte man von ihm zugeben, daß seine »amours kalt seien«. Sein einziges sinnliches Vergnügen war Saufen, die langweiligste aller Todsünden. Er aß sich dumm und trank sich leberkrank. Als Folge davon wandte er der Welt einen bleiernen Blick zu. Aber das Gelüsten, seinen Liter Bier auf einen Zug hinunterzugießen und sich mit Aalen, Krabben, Kuchen und so weiter vollzustopfen, hinderte ihn nicht daran, der lernbegierigste, weitsichtigste und zutiefst zielbewußte Herrscher seiner Zeit zu sein.

Sein Wettkampf mit Franz wäre zu vermeiden gewesen, hätte Franz eine weniger lebhafte Phantasie besessen. Aber Franz machte nicht nur Ansprüche auf Italien, als er den Thron bestieg: er machte sogar Ansprüche auf die Kaiserwahl, die nach dem Tode Maximilians im Jahre 1519 stattfinden mußte. Die französischen Einfälle in Italien entbehrten, so blendend sie als Kriegstaten waren, der Überzeugungskraft. Die Franzosen waren räuberisch, aber auch skeptisch. Hätte Franz die Einwohner Mailands systematisch abgeschlachtet und eine Kolonie von Reitertruppen dort hingesetzt, so wäre der grobe Erfolg seiner Invasion gesichert gewesen. Er besaß jedoch nur den Eifer nach der Weltherrschaft ohne die innere Überzeugung der moralischen Überlegenheit, den Ziegel ohne den Mörtel, die Flut der Impulse ohne das Wehr. Daher mußte die Aufgabe der Eroberung immer wiederholt werden, und der französische Weltbeherrschungsgedanke war in Italien nur ein schäumendes Aufbrausen.

Trotzdem war der Kampf zwischen Franz und Maximilian in Italien so gefährlich, daß Franz, als Maximilian im Januar 1519 starb, und er daraufhin mit Bravour nach der Kaiserwürde strebte, das rücksichtsloseste und aufreibendste aller europäischen Duelle beschleunigte.

VII

Das Heilige Römische Reich war, oberflächlich gesehen, ein Überrest der mittelalterlichen Welt des Kaiser- und Papsttums. Maximilians Reich war hohl, und er selbst war es nicht minder; jede seiner Launen — das Epos, das er in niederländischer Sprache verfaßte, seine Hochschule für Dichter, seine Traumdeutung, seine Geheimnistuerei, seine Ärmlichkeit, der Triumphwagen, den Dürer beauftragt wurde herzustellen und für den er später nicht bezahlt wurde, der Sarg, den er am Ende seiner Tage mit sich führte — all dies befestigte die öffentliche Meinung von seiner Leerheit und Mittelalterlichkeit, seinem Mangel an Voraussicht und seiner Phantasterei. Als aber die Kaiserwahl im Juni 1519 in Frankfurt stattfinden sollte, stellte sich heraus, daß Maximilian seit dem Jahre 1517 für seinen Enkel Wahlpropaganda getrieben hatte. Heinrich und Wolsey waren betrogen. Karl war schon dabei, Maximilians Versprechungen an die Wähler einzulösen, als Franz mit rasenden Händen nach der Trophäe griff.

Die Wahl war eine Orgie katholischer und dynastischer Heuchelei mitten im Herzen des lutherischen Deutschland. Bald sah man in blendender Helle, was sie eigentlich darstellte: ein Spiel von erstaunlichem Interesse, königlicher als das Verschwenden von sechstausend Dukaten an Tennis oder Würfelspiel. Nicht nur Heiliger Römischer Kaiser zu sein, mit allem salbungsvollen Wohlklang dieses Titels, sondern in Europa diese Stoßkraft zu erhalten — Wolsey und Heinrich waren sich dieser Möglichkeiten ebenso fieberhaft bewußt wie Franz, und sie wurden durch den Eifer, mit dem Franz sie um Unterstützung anging, noch mehr angetrieben.

Die Wahl ruhte in der Hand der sieben angesehensten deutschen Fürsten; drei davon waren kirchliche Würdenträger. In dieser kleinen Schar waren die Wähler, bei denen die Entscheidung ruhte, ein Markgraf und ein Erzbischof, beides Hohenzollern. Es war dem Erzbischof, einem hellen Kopf unter dreißig (besonders berühmt durch seine Sammlung von fünfundvierzig Mumien, die alle unter Garantie wundertätig waren) ganz klar, daß die beste Chance für einen Auktionator darin besteht, einen eifrigen und begüterten Bieter gegen den andern aufzuhetzen. Dem Erzbischof selbst gelüstete nach dem Hut des Kardinals, seinem Bruder nach einer Frau aus königlichem Geblüt, und beide hatten es nötig, ihren zeitlichen Gütern aufzuhelfen. In dieser Einsicht näherten sie sich Franz bald nach seiner Einnahme von Mailand und teilten ihm mit, daß sie seine Wahl zum Kaiser unterstützen und ihn auch darin beraten würden, wo er sich zwei weitere Stimmen verschaffen könne.

Kaum war die Unternehmungslust der Hohenzollern in dieser Richtung deutlich geworden, als Maximilian anfing, Karls Anhänger zu bearbeiten und seine Bestechungen anzubieten. Die Auktion wurde bis zum Juni 1519 fortgesetzt. Da die beiden Hauptbieter jung und von Begierde erfüllt, da der Gegenstand, der zu Verkauf stand, ein Kaiserreich und die Wähler nur sieben an der Zahl waren, eilte eine Armee von geschulten Bestechern aus allen Winkeln Europas nach Deutschland, um Börsen zu öffnen, Bargeld anzubieten, Kardinalswürden zu versprechen, Landgebiete zu garantieren, Renten, Beförderungen, Kirchen und Tapeten zuzusichern, bis alle Wähler außer einem einzigen ehrlichen Manne, Friedrich von Sachsen, sich verpflichtet hatten (schriftlich), eine Partei zu ergreifen und dabei zu bleiben.

Franz stand im Nachteil, weil die Fugger ihm Bargeld verweigerten, aber auch er bot seinen Preis. Die Hohenzollern verkauften sich sechsmal, dreimal an Karl und dreimal an Franz; jedesmal, wenn sie angegangen wurden, erhöhten sie den Preis und machten einen neuen Abschluß.

Einer von Franzens Ratgebern bedauerte die Notwendigkeit, die Kurfürsten zu bestechen. Franz stimmte in seinen Kummer mit ein, fügte aber hinzu: »In solchen Zeiten kann jeder, der etwas haben will, sei es nun die Papstwürde oder das Reich, oder sonst etwas, es nur mittels Gewalt oder Betrug erlangen.« Dieser Grundsatz lag so auf der Hand, daß sowohl Wolsey wie Heinrich längst den natürlichsten aller Schlüsse daraus gezogen hatten: daß nämlich, wenn das Reich durch Gewalt oder Betrug zu erlangen war, Heinrich es ebensogut haben könne wie Franz oder Karl. Heinrichs Kandidatur konnte kaum öffentlich ausgesprochen werden, da er sich sowohl Franz wie Karl gegenüber verpflichtet hatte, ihre Ansprüche bei den Kurfürsten zu unterstützen, aber dies hatte Maximilian nicht daran gehindert, im Jahre 1516 Subsidien im Werte von dreißig Millionen Talern einzustecken, und es verhinderte jetzt weder geheime Wahlpropaganda noch Drohungen; und der König von England ließ demnach auch in aller Stille und am richtigen Orte verlautbaren, daß auch er im Treffen sei.

Es war ein sonderbares Unterfangen. Heinrich war wie Karl und Franz in das Wettlaufen um die Vorherrschaft in Europa, und besonders in Italien, eingetreten. Es war ein Beispiel für den unersättlichen Konkurrenztrieb, aber ein ungeschicktes und anspruchvolles. Der einzige Bewerber, den die Kurfürsten ehrlicherweise nach seinen Verdiensten zu beurteilen hätten schwören können, war Heinrich, da seine unmittelbaren Bestechungen nicht viel besagten; Bonnivet, den der gefällige Erzbischof von Mainz hinter einer Tapete versteckt hatte, hörte die stotternde englische Beweisführung. Aber erst gegen Ende begann Franz die abgründige Torheit seiner eigenen Kandidatur zu begreifen. Er hatte sich selbst um die Krone beworben, anstatt seine ganze Kraft dafür einzusetzen, daß Karl behindert wurde, indem man einen deutschen Fürsten aufstellte, der Deutschland und Spanien nicht vereinigen würde. Karl allein hatte die ungeheure Ökonomie dieser Amalgamierung begriffen: er hatte Margarete fast den Kopf abgerissen, als sie demütig die Ansicht äußerte, der jüngere Bruder würde ein sicherer Kandidat sein. Karl war persönlich uninteressant und von nüchterner Hartnäckigkeit, aber in dem bleiernen Schrein brannte ein grenzenloser Ehrgeiz. Erst sechzehn Jahre alt, hatte er mit grausamer Hand die Liebesehe seiner Schwester zerstört. Mit neunzehn enthüllte er Margarete jeden Schritt seines weitsichtigen europäischen Programms. Die Schildkröte Karl war ein besserer Läufer als der Hase Franz.

Die Bürger von Frankfurt nahmen die Wahl so auf, wie der Anschein es erforderte. Sie nickten Beifall, als Recht und Ordnung in Gestalt eines Kanzleibeamten mit vier Trompetern und Bedeckung mit lauter heller Stimme das ausführliche Edikt vorlas, wonach »die Bürger aufgefordert wurden, sich passend zu betragen, wie es den Umständen angemessen sei«. Der Reichsquartiermeister war im Auftrage des Reichserbmarschalls der Sitte entsprechend angekommen, um dem Gefolge der Gesandten seine Wohnungen anzuweisen und vorzubereiten, und Frankfurt rannte schwitzend vor Ergebenheit da und dorthin unter den Rufen: »Der Reichsquartiermeister! Der Reichserbmarschall!« Für diese Stadt der ehrlichen Bürger mit ihrem Marktplatz, ihren Weinstuben, ihrem Saalhof, ihren Metzgerhöfen, ihren Krambuden, ihrem Ghetto, ihren Kirchen, ihrem Stadtgraben, ihren Verschanzungen, ihren Linden, ihrem »vergoldeten Kreuz auf dem alten Kreuz in der Mitte der Brücke« war es etwas wunderbares, plötzlich zu einer Stadt erhoben zu werden, die zusehen durfte, wie jeder einzelne Kurfürst seinen Einzug hielt, wie die Juden in ihrem Viertel eingeschlossen, die Tore gesperrt wurden, die Glocken läuteten, die Kanonen erdröhnten, die Stadtschlüssel auf roten samtenen Kissen lagen, dazu Juwelen, Hofkleidung, Abzeichen, Federn und Pelze. Alle würden sie zu sehen sein, der Erbkämmerer, der Erbtruchseß und Erbmundschenk, dazu das Erbritual und Erbübel.

Bis zuletzt hielt sich die Wahl schwebend im Ungewissen. Die Nacht vor der Abstimmung wurde zu einem schwindelnden Gewühl von Angebot und Versprechungen. Karl bot beinahe dreißig Millionen Taler in heutigem Gelde (1 500 000 Kronen). Die Wahl selbst begann damit, daß unter den feierlichsten Eiden die Unparteilichkeit der Wähler in der Kaiserhalle beschworen wurde, während Tausende von Soldaten in den Vororten Frankfurts auf der Lauer lagen, um die Kurfürsten daran zu erinnern, daß »die deutsche Nation« nicht verraten werden durfte. Und schließlich, ein Hohenzoller als Leithammel an der Spitze, kamen die sieben Stimmen an einen neunzehnjährigen Knaben, von da ab Karl V., der von Seiner Heiligkeit mit einer eisernen Krone gekrönt werden würde.

VIII

Die Korruptheit der Kurfürsten, schamlos trotz aller Heimlichkeit, bedeutet den Zusammenbruch einer europäischen Epoche. Sie zeigte ernsten Männern, daß Eide hohl, das Papsttum ohnmächtig, das Reich nichts als eine dynastische Bequemlichkeit, der Nationalismus eine noch unorganisierte Macht war. Nichts konnte die Notwendigkeit eines allgemeinen Umsturzes der Gesellschaft und einer Belebung der moralischen Wertungen deutlicher und schärfer aufzeigen, als dieses Bild eines Troges, an dem die kleinen Fürsten grunzten und schnoben, während die großen Fürsten ihnen ihr goldenes Futter hinwarfen. Das Naturgesetz war offen zutage getreten: der Mensch war nichts als pure Gefräßigkeit; und außerhalb des Kaisersaals in Frankfurt wiederholten Scharen besorgter Menschen ohne politischen Einfluß die Worte eines der Bestecher, der nach den Verhandlungen mit dem von einem Valois, einem Habsburg und einem Tudor reihum verführten Hohenzollern erklärte: »J'ai honte à sa honte.«

Dies war der blendende Erzbischof von Mainz mit seinem guten Geschmack in Tapeten, der Martin Luthers zündenden Protest gegen das Ablaßwesen in den Wind geschlagen hatte und der tatsächlich für Luthers Abfall in die »Ketzerei« die Verantwortung trug.

IX

Die Kaiserwahl ist der dynastische Eingang zur Reformation. Von Frankfurt kann man besser als von Rom aus das doppelte Problem verstehen, mit dem Karl es zu tun hatte; auf der einen Seite das Reich zusammenzuhalten, auf der andern es katholisch zu erhalten. Er hatte ein herrliches Erbe empfangen — Spanien, die Niederlande, Deutschland, Österreich, Neapel, Sizilien. Aber wenn er dem Türken nach außen Widerstand leisten mußte, ob er nun Selim oder Franz hieß, so gab es für ihn im Innern einen schlimmern Türken. Auf ihm als Kaiser lastete in erster Linie die deutsche Reformation und die religiöse Selbstbehauptung des deutschen Volkes.

Kein Maschinenbauer kann eine Lokomotive herstellen, die auf divergierenden Schienen läuft. Einen so vitalen und ursprünglichen Trieb konnte Karl sich auf einige Zeit vom Leibe halten, ihn aber nicht überwinden. Die rot gedeckten Städtchen Deutschlands, die dicken, wohlgenährten, geschwätzigen, handfesten, lebensbejahenden Gemeinden, wo eine volkstümliche religiöse Anregung in einem Monat zehn junge theologische Schößlinge trieb, waren nicht dazu geschaffen, sich in das leichte Lattenwerk von Karls Kaiserreich einzufügen. Maximilians ganzes Manövrieren hatte nichts als eine baufällige Organisation geschaffen, und als Karl gleichzeitig die kampflustigen Aufrührer in Spanien bekriegen mußte, handelte es sich schließlich darum, wer überdauern würde.

Und doch war es keinem Kaiser bestimmt, bessere Anführer und Legionäre zu haben. In Italien sollten ihm Soldaten dienen, die den Klingen aus Toledo glichen, grimmige, hurtige und geschickte Kehlabschneider, wie sie nur je einen Feldzug mitmachten; geführt wurden sie von abgebrühten Veteranen wie Pescara, Moncada und de Leyva. Solange Franz der Feind war, konnte Karl ihn zügeln und Italien einschließlich des Papstes sowie alles übrige durch einen Griff im Nacken unterkriegen, aber das war nichts als ein Aufenthalt der Entwicklung, das Rollen des Steines vor das Grab. Als Staatsmann, Soldat oder Kaiser war Karl dort machtlos, wo es sich um die höchst komplizierte und schwierige Aufgabe handelte, die aufgerührte und feindliche Vielheit, aus der Deutschland bestand, mit der mittelalterlichen Einheit, die Spanien darstellte, zu vereinigen. Es war eine Aufgabe, der selbst ein Konstantin nicht gewachsen war. Für Karls unfrohes Temperament war sie zu schwer. Er ließ sich nicht wie sein Sohn zu Gewalttätigkeiten hinreißen; er beherrschte die Anfälle furchtbarer Wut, die er von Johanna ererbt hatte. Er wählte die Strategie der Defensive. Er war tapfer, ausdauernd, von merkwürdiger Einfachheit und Bescheidenheit. Aber die Müdigkeit, die dazu führen sollte, daß er auf den Thron verzichtete, war in Wirklichkeit die Müdigkeit einer unzureichenden Phantasie. Es gibt ehrenhafte Menschen, deren Zurückhaltung sie zugrunde richtet; sie wollen das Schloß nicht erbrechen und sind nicht imstande, einen anderen Schlüssel zu finden. Karl konnte seine Feinde mattsetzen; er konnte erhalten. Aber er konnte die Kräfte, die unter ihm brandeten, nicht befreien. Er zeigte sich von seiner besten Seite, wenn er mit dem Türken kämpfte und Italien unterjochte. Aber er versuchte, einem Sammelsurium von Völkern, das sich im größten religiösen Chaos befand, eine politische »Universalität« aufzuzwingen. Seine dynastischen Ansprüche und ihre religiösen Forderungen standen in so tiefem Widerspruch, daß ihm nichts übrig blieb, als an einem toten Punkt angelangt die Angelegenheit seinem unglücklichen Sohne als wenig erfreuliches Erbe zu hinterlassen.

X

Ketzerei ist nur die Brücke zwischen zwei orthodoxen Religionen. Es ist heute nicht schwer, den festen Punkt zu begreifen, an dem der gewölbte Bogen der deutschen Reformation sich verankern sollte. Doch die Reformation war selbst der Aufschrei einer echten menschlichen Würde, eines lebhaften Gefühls für das, was Papst Hadrian in den nächsten fünf Jahren als »gewaltige Greuel« bezeichnete.

Man überlege den Gegensatz zwischen den grundlegenden Ideen des sechzehnten und des siebzehnten Jahrhunderts. Im Mittelalter verzweigte sich der Dom zur Universität und jede Straße mußte durch ihn den Weg nehmen. Er stand im Mittelpunkt der menschlichen Städte, war jederzeit für jeden offen, aus dem Katholizismus gezeugt, der Wächter über Geburt und Tod und Ehe, breit wie sein Schiff, erhaben wie sein Turm. Er wandte sich nicht gegen die menschliche Natur. Er schützte sie. Er bemühte sich um das Wohl der Menschheit im allgemeinen, wie der gereifte Verstand es einsieht, und begnügte sich damit, die Neigungen und Abweichungen, die von sonderbarer Begierde erglänzten, in Schranken zu halten. Er erfüllte ein Bedürfnis, spendete Wohltätigkeit, diente, beriet und sorgte, und war auf nichts so sehr bedacht, wie auf den Willen des Stammes. Er kleidete sich in Schönheit. Das Dach, das den nordischen Schnee auffing, und die kühle schattige Bucht, die eine Zuflucht vor der südlichen Sonne war, sie erfreuten sich der gleichen Beliebtheit und Ehrfurcht. Das Wunder und das Mysterium waren in allen Fällen das glühende Herz des Doms; seine Autorität tröstete und beruhigte die Witwe, den Mörder, den sorgenvollen Heerführer, das Kind. Die Kirche bewies ihre Macht durch die Freistatt, wenn nicht durch die Gerechtigkeit, und die Friedlosen suchten sie in ihren Verbrechen auf wie der Künstler in seinem Schaffen, der König in seiner Majestät, der Bauer in seinen Sünden. Sie war ein Brennpunkt des Willens, gefügig, aber jedenfalls von allgemeiner Gültigkeit. Sie sandte im Kreuzzug, in der Heiligsprechung, in der Scholastik, in der Herrschaft Energie aus wie die freien Ausstrahlungen eines zentralen Fixsterns. Diese doppelte Bewegung: nach außen ins Abenteuer und heim zur Treue, schien die vollendete Zucht mit dem weitesten Flug zu verbinden. Außerhalb gab es nur Ächtung und Verzweiflung, die Leugnung des Wortes, den Stolz und die Verworfenheit Luzifers.

Und doch konnte der ästhetische Mensch diese Sklaverei nicht ertragen. Er empörte sich gegen die Herrschaft der Vernunft. Er behauptete, die mittelalterliche Seele habe den Geist der Infantilität fortgepflanzt, ja sogar hervorgebracht. Diese gegängelte Seele sei mit ihren Spielzeugen und ihren Symbolen glücklich gewesen, aber leichtgläubig, abhängig, von Furcht erfüllt. Sie habe eine Baumgruppe bei Tage als schönen Laubwald, bei Nacht als dunklen Forst gesehen, wo Werwölfe hausten und das Herz des Pilgers bei jedem Heulen des Windes erzitterte. Dies geschah nicht, weil die Phantasie stärkere Schwingen besaß, sondern weil die Kräfte des Weltalls in einem launischen Vater verborgen lagen, der unbekannt und drohend ragte. Es war eine Welt, in der Kinder mit widerlichen Tatsachen vertraut waren, die Skrofulösen, Fallsüchtigen, Aussätzigen, Irrsinnigen auf ohnmächtige Städte losgelassen oder sich ächzend und heulend in einsame

Flecken verbannt sahen. Es gab nichts so Scheußliches in der Natur, daß es den empfindlichsten Geistern nicht aufgezwungen wurde; schließlich war Empfindlichkeit an sich für jene, die ihre Angst bezwungen hatten, ein Gegenstand des Spotts. Der tüchtige Mann war nicht zivilisiert, er war nur verhärtet. Er vergnügte sich ebenso schrecklich wie sein Vater im Alten Testament, nämlich inmitten der heraushängenden Eingeweide und des blutenden Fleisches, das von geschlachteten Tieren gerissen wurde. Das Schlachten der Tiere, der Weg zur Ernährung, war begleitet vom Schlachten der Männer, dem Weg zur Macht. Ein Schlachtfeld war ein Schlachthaus, in dem Blut, Gedärme, Berge roter Glieder ein ebenso gewohnter Anblick waren, wie die Streitaxt und der Speer, die diesen Zwecken dienten. Da sie nur halb zivilisiert waren, gaben sich diese Krieger gänzlich dem Glauben hin; er bestand für sie in einer Sehnsucht nach Gnade, die mit ungesunder Furcht gemischt war. Die Fürsten und Barone unterstützten ohne Ausnahme den Gott des Schreckens, der die Menschheit mit endlosen Kriegen geißelte und sie mit Armut und Pest züchtigte. Furcht war die Angel der mittelalterlichen Religion; und der wesentlichste Impuls der Renaissance bestand darin, sich von dieser Spannung einer menschlicheren Komödie zuzuwenden, die in einer schlechten Regierung nur das Versagen vernünftiger Auskunftsmittel und im Kriege »eine rein tierische Raserei« sahen.

Im Schmelztiegel Rom wurde das mittelalterliche Denken im fünfzehnten Jahrhundert von Furcht befreit, bevor es für die Liebe vorbereitet war, und brach wild ins Waffengeklirr der Freiheit aus. Und doch war dies nicht die seltsamste Folge eines ausgerenkten Glaubens.

Der Versuch, sich der Autorität zu entziehen, war nicht neu. In diesem Kirchenkörper hatte es immer die Bazillen der Ketzerei gegeben. Aber erst als die Lebenskraft der Kirche durch ihre eigene Untreue, ihre Habgier, ihre Weltlichkeit und ihre Sehnsucht nach dynastischer Macht geschwächt und von der beständigen Ergänzung ihrer eigenen metaphysischen Ordnung abgelenkt war, vervielfachten die Ketzer ihre Belagerungstruppen und brachten ihren Wettstreit zum Austrag.

So lange der Staat der Kirche unterworfen werden konnte, so lange konnte die Ketzerei erstickt oder zerschmettert werden. Im Augenblick, da der Staat sich zentralisierte, da Verkehr und Besteuerung, das Münzwesen und ein stehendes Heer, eine nationale Politik und eine nationale Sprache entstanden, konnte die Kirche nicht mehr ihre schwere Hand auf die unbequemen Gedanken der Menschheit legen. Sie hatte ihre frühere Disziplin abgeschüttelt und es half nichts, das Übernatürliche zu beschwören und die Unfehlbarkeit zu proklamieren. Der nationale Staat erwachte zur Erkenntnis, daß er selbst der eifersüchtige Nebenbuhler der Universalkirche sei und fing an, seine eigene Metaphysik zu brauen. Tatsächlich aber war der Staat durchaus nicht eifersüchtiger auf die Kirche, als sie selbst auf den furchtbaren Partikularismus der Kreuzzüge gewesen war, deren Name das Kreuz schändete, wie später der Name Jesus mißbraucht wurde. Die Kreuzzüge waren nicht universal. Sie waren Orgien eines kirchlichen Imperialismus. In Einzelheiten nicht ohne Adel, waren sie doch der häßliche und barbarische Provinzialismus einer europäischen Religion, die sich im Namen des Erlösers der »Menschheit« mit einer asiatischen Religion zu messen versuchte. Von den Türken wie den Juden erklärte und glaubte man, daß sie nicht zur »Menschheit« gehörten. Dies war die schäbige Seite des Christentums als Weltwahrheit. Es war dem offiziellen Christentum vorbehalten, die anderen Arten des Glaubens herabzusetzen. Gerade seine Enge brachte es, sobald das Wissen sich erweiterte, in Gefahr. Der nach Autorität lüsterne Egoismus des Christentums als solchen erzeugte und nährte den anarchistischen Egoismus des nationalen Staates.

XI

Was sollte Papst Julius' Nachfolger in seinem liebenswürdigen Opportunismus und Naturalismus anfangen? Im gleichen Augenblick, da Martin Luther mit dem Teufel rang und mit krampfhafter deutscher Ehrlichkeit danach strebte, den deutschen Nationalismus zur Welt zu bringen — im Grunde der Ausdruck einer neuen Freiheit für Zion —, wurde die Seele Italiens durch die Kunst eines Botticelli, eines Leonardo, eines Raffael, Perugino, Michelangelo erhoben. Während das schlafende Deutschland sich schnarchend auf die andere Seite wälzte, hatte der Mensch in Italien seine Leistung, eine beinahe griechische Individualität, in Kontur und Farbe, in Sonett und in Prosa verherrlicht. Die glühende Natürlichkeit des Deutschen, die trotzige Moral, die Angst vor Sinnlichkeit, die gleichzeitig in reichen rhythmischen Gesängen widerhallte, das alles bildete sich zu einem Dialekt, der sich religiös nannte und eins war mit den dröhnenden, barbarischen, unerbittlichen Massenanrufungen der Bibel. In den warmherzigen Volksmengen Deutschlands schrie etwas nach einer Muttermilch, die Rom ihnen nicht länger geben konnte. Die schwarze Nacht der Pest, die schrecklichen Schatten der Wälder, die Erinnerungen an Wolf und Räuber, an Belagerung und Hungersnot, an Krankheit und Tod, ergossen sich in Scharen durch die deutsche Seele, bis jeder Nerv und jeder Trieb mit herzbrechender Stimme nach dem Trost der Einheit mit Gott, nach der Beruhigung durch den Glauben schrie. Martin Luthers gewöhnlicher Lehm wurde auf dem Töpferrade der Pein geformt und durch das Wort Gottes gebildet. Er wurde zur Stimme eines Volkes; Deutschland hörte in ihm den treuherzigen, zornigen Protest aus ganzer Seele, den Protest eines bislang stummen und verachteten Volkes. Die Wiedertäufer wollten weitergehen als er, sie wollten das volle Erbe zu den Bedingungen der Enterbten übernehmen. Aber Luther begnügte sich damit, zu protestieren und zu reformieren. Es war ein Augenblick, in welchem der Titan den Olymp zerschmetterte. Die katholische Kirche hatte sich seit einem Jahrhundert nicht mehr mit der Nachfolge Christi befaßt, und in ihrer Abneigung gegen die Unfruchtbarkeit der Scholastik war sie gegen das echte religiöse Erlebnis unempfindlich geworden. Das Rad von Rom hatte sich in das Rad von Florenz gefügt, in die entzückende angespannte Suche nach der wahren Natur des Menschen und die Pflege seiner wunderbaren Empfänglichkeit für Schönheit und Genuß. Das Morgenrot auf höchsten Gipfeln einzufangen, war die atemraubende Aufgabe des bildenden Genies geworden. Der Sohn eines deutschen Bergarbeiters sah dieses Theater der Schönheit als scheußlichen Verrat am gekreuzigten Christus. Wie das Dröhnen von Eisen inmitten von Musik, wie das Hämmern groben Metalls an eine vergoldete Tür, wie der Ausbruch eines rauhkehligen Wilden während der flüssigsten und tönendsten Unterhaltung verlangte der aufrührerische, tastende, störrische, gutmütige, aber polternde und höhnische Luther im Namen einer erschreckenden Ewigkeit die Aufhebung dieser Weihe des Geistes zum Ruhme des Menschen.

Dürers Haltung im Jahre 1520 ist beredt genug. Er bat den Kurfürsten von Sachsen »in aller Untertänigkeit, daß er sich den löblichen Doktor Martin Luther befohlen sein lasse, um christlicher Wahrheit wegen, woran uns mehr liegt denn an allen Reichtümern und Gewalt dieser Welt; denn das alles vergeht mit der Zeit, allein die Wahrheit bleibt ewig. Und hilft mir Gott, daß ich zu Doktor Martinus Luther komme, so will ich ihn mit Fleiß abkonterfeien und in Kupfer stechen — zu einem langen Gedächtnis des christlichen Mannes, der mir aus großen Ängsten geholfen hat. Und ich bitte Euer Ehrwürden, wenn Doktor Martinus etwas Neues macht, das d e u t s c h ist, wollet mir's um mein Geld zusenden«.

Der Geist, der aus diesem Briefe atmet, ist derselbe, der Dürers Bildnisse der ihn umgebenden Deutschen bewegt: das Licht auf ihren Gesichtern gleicht dem eines frischen Feuers, das durch den Wind angefacht wird. Der gotische Künstler in Dürer entsprach dem triebhaften Künstler in Dr. Martin Luther; trotzdem paßt auf Luther, was Lombardi von Dürer sagte: »Er wäre viel größer gewesen, hätte er die Antike gekannt.« Aber die Antike, die ausgeglichene, geduldige, war in den tiefen Gewässern, die kein Stern mit seinem Licht durchdrang, völlig unmöglich. Luther fing den Impuls der Erniedrigten und Beleidigten auf. Selbst ein verwirrter und oft inkonsequenter Mensch, kämpfte er mit einer neuen Waffe, der Rom nichts entgegenstellen konnte. Er riß das Volk mit sich fort. Eine volle Generation hindurch erlosch der neue Aufschwung der Renaissance nicht und war die katholische Kirche nicht völlig gerüstet, dem Lutheranertum entgegenzutreten. Ja, es war Italien bestimmt, ausgedörrt und wüst dazuliegen, ein Opfer des Papsttums und Kaiserreiches zur gleichen Zeit; sein Versprechen einer Vereinigung von Hellas und Judäa war durch die gehemmte Renaissance abgeschnitten, sein Nationalismus an Spanien und die endlose, erbarmungslose Gegenreformation preisgegeben. Die Blüte der neuen Synthese hing geknickt am Baum; der Wirbelsturm aus Deutschland hatte sie gebrochen.

XII

Der dynastische Staat konnte unter der Leitung von Männern der Tat nicht die Pflichten, die er übernommen hatte, und die von der gemeinen Menge Religion genannt wurden, erfüllen. Spanien unter der Inquisition, Italien gelähmt, Frankreich am Beginn schrecklicher Religionskriege, Deutschland auf dem Wege zum Dreißigjährigen Krieg, Holland im Begriff, von Philipp zum Tode verurteilt zu werden, England dabei, sich unter Elisabeth der Verantwortung zu entziehen und unter Cromwell zu ernten, was es gesät hatte —, sie alle tragen dazu bei, die Blindheit der dynastischen Verbohrtheit von 1500—1550 zu bezeugen.

Aber die Gedanken von Männern der Tat, die sich mit einer bestimmten Reihenfolge von Fakten befassen, sind einer anderen gegenüber immer blind. Ebenso wie Erasmus, auf Philologie bedacht, die Alpen überschreiten konnte, ohne daß ihm die »Landschaft« auffiel, und durch Florenz hindurchging, ohne Baptisterium oder Dom zu sehen, nahmen auch Wolsey und Heinrich während ihrer Rührigkeit in dynastischen Dingen die religiöse Frage ausschließlich vom politischen Standpunkt.

Danach, vom Jahre 1519—1550, war der Kurs gegeben. Sobald Franz begriff, daß ihm das Reich entgangen war und er sich Leo verscherzt hatte, wußte er auch, daß seine Stunde geschlagen hatte. Er gürtete seine Lenden für das riesenhafte Duell; der Einsatz war Italien, die Feinde Spanien und Deutschland. Franz glaubte durchaus daran, daß er stärker sei als der Kaiser. Machiavelli, der Europa kannte, sagte, daß »unter den bestgeordneten und regierten Königreichen unserer Zeit Frankreich stehe«, und diese Macht, diese Sicherheit verglich Franz begeistert mit Karls Armut in Deutschland und seiner Schwäche in Spanien.

Spanien war besonders schwierig. Der flämische Rat sprach von »unseren Indianern«; »die Flamen behandelten Spanien, wie die Spanier Amerika behandelt hatten«. Und selbst als die große Neuigkeit seiner Wahl Karl in Barcelona erreichte, war er nicht besonders glücklich, denn sowohl Adel wie Gemeinden hatten sich nicht gerade wie Indianer gegen ihn benommen — sie bäumten sich gegen seinen Statthalter Ximenes auf und noch mehr gegen ihn selbst.

Aber wenn dieser Jüngling von neunzehn Jahren aus langsamem, zähem Stoffe gebildet war, so war dieser Stoff auch so geartet, daß sein Haß gegen den Nebenbuhler Franz tief einsank und stecken blieb. Der große Ximenes starb. Karl nahm sich ein Beispiel an Heinrich. Er gab die Statthalterwürde an den treuen Lehrer aus Utrecht, den er bald zum Papst machen sollte; und dann folgte er genau den gleichen Impulsen wie sein Rivale Franz: er versuchte sich bei Heinrich VIII. einzuschmeicheln.

Das Drama, das folgte, und in dem beide Seiten Heinrichs Gunst erstrebten, war mit persönlichem Haß geladen. Während die Ereignisse sich abwickeln, wird das Schicksal des Kaiserreiches und Frankreichs immerfort von den treibenden Leidenschaften Karls und Franz' und von dem Opportunismus Heinrichs bewegt. Als der strahlende und wagemutige Franz von seinem kühnen Unternehmen bei Pavia in die Erniedrigung seiner Gefangenschaft zu Madrid fiel, haßte Karl ihn zu tief, um nicht auf seinem Pfunde Fleisch zu bestehen, und vergab ihm nie seinen unehrenhaften Betrug. Die erstaunlichen Herausforderungen, das Verlangen nach einem Zweikampf, das Jahr um Jahr aus Karl wie eine Flamme züngelte, zeigt deutlich, wie persönlich die Tonart der europäischen Politik war. Und während die Dynasten sich so im Drama um Macht umklammert hielten, ging das Drama um Wertbegriffe von More und Erasmus über Luther und Zwingli an Männer der Tat wie Loyola und Calvin über.

Dies waren die wichtigsten Fragen, die Fragen des Reiches und der Reformation, in die Heinrich eben eintrat. Aber noch war er nicht so weit gekommen. Noch ist er ein jüngerer Sohn, ein bloßer Herzog von York, während sein Bruder Arthur ein Mädchen aus Spanien heiraten soll. Und so wollen wir ihn, einen munteren Jungen, jetzt verlassen, wie er an dem bleigefaßten Fenster sitzt und auf seiner Flöte spielt.

ERSTES BUCH

HEINRICHS KNABENZEIT

Sie erblicken bereits im Osten einen lieblichen Morgen von der Farbe der Rosen, daran alle Sterne erloschen waren außer Venus, der süßen Beherrscherin des Himmels.

Baldassare Castiglione

I

In dem heißen Monat August des Jahres 1501 schiffte sich in Corunna eine ernsthafte kleine Spanierin ein, um in eine englische Familie zu heiraten.

Die Umstände waren eigenartig. Das Mädchen war noch nicht sechzehn Jahre alt, verstand kein Wort Französisch oder Englisch und hatte von dem Knaben, den sie heiraten sollte, nur den persönlichen Eindruck gewonnen, den ein kleines, hölzern-steifes Bildnis ihr vermittelte. Freilich hatte er ihr seit seinem zwölften Jahre Liebesbriefe geschrieben. Besser gesagt, sein Hofmeister hatte sie für ihn geschrieben. Lateinisch verfaßt, waren sie voll klangvoller Worte und gerundeter, passender Phrasen. Das Mädchen hatte sie allein entziffert, denn Latein war ihr durch den Unterricht vertraut. Sie hatte in den gleichen hochtrabenden Ausdrücken geantwortet und wurde jetzt von Vater und Mutter verschifft, um den jungen Mann jenseits des Meeres zu heiraten. Im zwanzigsten Jahrhundert haben Bauernmädchen manchmal noch das gleiche Schicksal.

Catalina aber empfand kein Mitleid mit sich selbst. Von Geburt eine königliche Prinzessin, stammte sie aus dem edlen Blute, das sich seine eigenen Gesetze gibt, und war aus dem harten spanischen Stoff gemacht, der seine Pflicht kennt. Vierzehn Jahre lang hatten Vater und Mutter erwogen, ob sie in das fremde Land und zu dem unbekannten Bräutigam reisen sollte. Es wäre ihr nie in den Sinn gekommen, am Entschluß der Eltern zu zweifeln. Weiß von Gesicht, mit verschlossenem Munde, in Schleier gehüllt, hätte keiner, der mit ihr an Bord ging, ahnen können, was sie hoffte oder fürchtete, mit Ausnahme höchstens ihres italienischen Beichtvaters Geraldino; doch selbst ihm hätte dieses Mädchen niemals mitgeteilt, was es für sie bedeutete, von ihren Leuten, ihrer Gewohnheit, ihren Sitten entfernt zu werden; was der Entschluß bedeutete — obwohl sie es nicht wissen konnte — ihr Vaterland nie mehr mit eigenen Augen zu sehen.

Sie gehörte nicht zum romantischen spanischen Typ. In dem Kranz aufgeregter Mädchen, die, als die Segel gehißt waren, nach der herrlichen Bucht von Corunna zurücksahen, war diese zukünftige Braut, die am aufgeregtesten war und es am wenigsten zeigen wollte, auch die am wenigsten schöne. Der englische König Heinrich VII. hatte den Wunsch ausgesprochen, die anderen Mädchen nach ihrer körperlichen Schönheit auszusuchen, und man hatte ihm, wie es schien, gehorcht. Vor Beobachtung geschützt, funkelten sie von dem Übermut und Feuer, der temperamentvolle junge Mädchen beim Anfang eines großen Abenteuers befällt. Mehr als eine hatte den erstaunlichen Reiz der rassigen Spanierin, den schweifenden schwarzen Blick, der solche Würde mit solch großartiger unterdrückter Leidenschaft vereint. In ihrer Treue und Ergebenheit gegen die Herrin wurden sie jedoch von selbst stiller, wenn sie sich ihr näherten. Catalina war nicht schwerfällig, zumindest nicht mehr als jedes andere ernste, im Kloster erzogene Mädchen ihres Alters, und ihr Stand war von jeher der einer königlichen Prinzessin gewesen, aber sie sah weniger als eine Prinzessin aus als irgendeine ihrer blendenden Hofdamen. Mit ihrer runden alabasterweißen Stirn, ihren Augen wie blauen Rosenkranzperlen, ihrem verborgenen rötlichen Haar, ihrem schweren Kinn hatte sie schon mit ihren schlanken fünfzehneinhalb Jahren das Aussehen einer Laienschwester.

Ihr Ernst rührte teilweise von ihrem Temperament her und teilweise von der Verantwortung, zu Anfang des sechzehnten Jahrhunderts eine spanische Prinzessin zu sein.

Selbst als Kind eines Maultiertreibers hätte Catalina sich ernst genommen, auf ihren Rechten bestanden und ihre Pflichten erfüllt. Als Tochter Ferdinands und Isabellas nahm sie sich nicht weniger ernst. Sie war das jüngste Kind der Familie und inmitten eines großen Feldzugs geboren. Der Heilige Krieg gegen die Mauren hatte ihre frühesten Landschaften mit kühnem Blutrot gefärbt und die Verbannung der Juden während der folgenden Jahre ihr Gefühl für Rasse und Rang, Familie und wahren Glauben noch verstärkt. Sie hatte die ungeheure Ernsthaftigkeit eines unschönen jungen Mädchens, das der Veranlagung nach durchaus gut ist, den Beruf in sich fühlt, sein Leben nationalen Zwecken zu opfern, und in kritischen Zeiten von höchst eigenwilligen und tatkräftigen Eltern erzogen wurde. Schon an und für sich langsam und gewissenhaft, voll Würde und Rückgrat, waren diese Umstände ganz dazu angetan, sie vor der Zeit gesetzt zu machen. Ihr Ernst war durch die Sorge um ihre außerordentliche Mutter, die bald der Wassersucht erliegen sollte, noch vermehrt worden; dazu kam, daß sie selbst im Mai vorher an Malaria gelitten hatte, als sie ihre kranke Mutter in Granada zurücklassen mußte; und da die Reise quer durch Spanien sie einer Unbill nach der anderen ausgesetzt hatte, war es nicht erstaunlich, daß sie mit Sorgen nach dem Norden reiste und nicht nur mit dem Beben der jugendlichen Erwartung.

II

Es traf sich schlecht für Catalina, daß ihre Abreise nach Art der Eltern bestritten wurde, die, nachdem sie sich kürzlich bei einer wichtigen Gelegenheit voll Großzügigkeit ganz ausgegeben haben, nun die nächste Gelegenheit dazu ausersehen, sich einzuschränken und die kleinlichste, säuerlichste Sparsamkeit an den Tag zu legen.

Vier Jahre früher war eine prächtige Doppelhochzeit von Ferdinand und Idabella in Szene gesetzt worden. Johanna für Philipp den Schönen nach Antwerpen zu senden und Margarete von Österreich für Johann einzuholen, hieß die Geschicke auf so symmetrische Art aneinanderketten, daß es die spanische Freigebigkeit reizte. Eine stattliche Flotte von 150 Fahrzeugen war ohne Rücksicht auf Kosten gechartert und mit Ausnahme des Wetters alles vorbereitet worden. Die königliche Prachtlust, die königliche

Kurzsichtigkeit betreffs des Wetters, der Stoß, den der königliche Stolz erhielt, der Schiffbruch, all das hatte dazu geführt, daß Herzen wie Beutel sich zusammenzogen: man zwang Catalina, sich mit einem halben Dutzend von Schiffen zu begnügen. Wäre Johann noch am Leben gewesen, man hätte die neue Hochzeit vielleicht mit mehr Freude veranstaltet. Johann aber, das einzige Kind männlichen Geschlechts, das Ferdinand und Isabella großzogen, hatte seine prunkvolle Hochzeitsfeier nur um wenige Monate überlebt; diese grausame Enttäuschung entmutigte die Eltern.

Außerdem war England nicht das Heilige Römische Reich. Zur Zeit war eine Heirat mit England eine Heirat mit einer Macht zweiten Ranges. Während der vierzehn Jahre, die man diese Heirat erwogen hatte, war die aufsteigende Dynastie der Tudor trotz des Zuredens und der Beruhigungen des Bischofs Fox von Ferdinand und Isabella voll Zweifels beobachtet worden. Heinrich VII. war es geglückt, den Thron zu besteigen, aber an jedes seiner Beine hatte sich ein Kandidat nach dem andern geklammert; und obwohl es seiner unfehlbaren Gewandtheit gelungen war, sie abzuschütteln, war die Monarchie noch nicht gesichert. Viele Jahre lang war Englands Geschichte ausgesprochen wetterwendisch gewesen, und nur seine frühere Beständigkeit und die lange Geschichte seiner nützlichen Feindschaft gegen Frankreich machten Ferdinand und Isabella geneigt, die Heirat überhaupt in Betracht zu ziehen. Unter diesen Umständen schienen sechs Schiffe ein freigebiges Zugeständnis.

Trotzdem wanderte Catalina auf königliche Weise aus. In bescheidenem Ausmaß erhielt sie, was ihr gebührte, wie es sich für eine dynastische Heirat schickt. Ihr unehelicher Bruder, seit seinem sechsten Jahre Erzbischof, war zwar nicht mit von der Partie, aber Bischof Fonseca gab ihr das Geleite. Einer der tapfersten Würdenträger, der den Feldzug von Granada von Anfang bis Ende mitgemacht hatte, war klirrend in seinem vergoldeten Panzer an Bord gegangen. Ihrer Mitgift wegen, — kein geringerer Posten als Catalina selbst, — waren mehrere bleiche Herren von äußerster Förmlichkeit sowie das nötige Kleinzeug der Schreiber und Diplomaten mit dabei. Es gab genügend Herren vom Hofe, um die Fassade des Stolzes aufrechtzuerhalten, einen Zeremonienmeister und die Damen des königlichen Hoflagers, all die Leute, in deren Hände die Regie der königlichen Etikette ruht, die dem Königshaus helfen, seine Rolle zu spielen, ihm einsagen, was es tragen und ausgeben darf, was es zu sagen und wie es zu handeln hat — die Priesterschaft des königlichen Rituals, die Wächter der erhabenen Tradition. Für eine Spanierin wie Catalina war der Wille großartig, auch wenn man die Mittel beschnitten hatte. Der mütterliche Verstand zeigte sich in gewissen Einzelheiten. Da Catalina kein Englisch verstand und letzten Endes zur englischen Kunst der Wirtschaftsführung kein Vertrauen hatte, gab man ihr das ganze Personal mit, das sie brauchte, um in England genau wie zu Hause ihre Wirtschaft einzurichten, darunter einen Haus- und Hofmeister, einen Marschall, einen Mundschenk, einen

Koch, eine Wäscherin, eine Abwaschfrau und einen Schornsteinfeger. Diese Leute und ihr Beichtvater stützten sie bei ihrem tapferen Sprung ins Ungewisse.

III

Aber ihr Sprung ins Ungewisse, ihre Reise nach Southampton, die sie nach Plymouth, ihre Reise zu Arthur, die sie zu Heinrich bringen, ihre Reise mit Heinrich, die sie auf so berghohe graue Wogen verschlagen sollte – man konnte sie nicht danach messen, daß Catalina eine Prinzessin war. Sie war auch eine Spanierin.

An den Gesichtern, die sie auf dem kleinen Fahrzeug umgaben, war nichts Unbestimmtes, nichts Vages zu sehen. Waren die Augen glänzend, so funkelten sie mit der Üppigkeit südlicher Gestirne. Waren sie trübe, so waren sie trübe wie Schlamm. Selbst die Wangen waren von Bedeutung: sie bogen sich wie ein Schlauch aus Ziegenleder voll Weins oder waren platt wie dasselbe Ziegenleder, wenn es geleert ist; für ihre lebensbejahenden Naturen gab es kein Mittelding zwischen starker Sinnlichkeit und starker Askese. Die braunen Gesichter von Catalinas Matrosen hätten von einem Holzschnitzer gebildet sein können: die Unbilden ihres Lebens zur See bedeuteten ihnen nicht mehr als schlechtes Wetter in den kärglichen Bergen, aus denen sie stammten. Die Soldaten, die mit ihr quer durch das Spanien geritten waren, das die Sonne mit eiserner Hand schlägt, schienen in ihren Adern etwas von der mittäglichen Wildheit und aufregenden Kraft dieser Sonne zu tragen. Die Bettler, die ihre gefurchten und narbigen Gesichter der königlichen Kavalkade zuwandten, baten um Almosen mit dem Durst trockener, von Güssen ausgehöhlter Flußbetten.

Im moralischen Drama eines solchen Spaniers gab es immer eine Spur ererbter Schroffheit, eine gewisse elementare Geradheit und Einfachheit. Gelüste von dieser Lebendigkeit, Gefühle von dieser Stärke wollen von Mäßigung, Toleranz, Anpassung nichts wissen. Sie entspringen Trieben der Selbstbehauptung wie der stolze Strahl eines Springbrunnens. In der religiösen Verzückung suchen sie nach einer bezaubernden, mystischen Ekstase. Unter Wollust verstehen sie einen Brand, der das Mark des Mannes frißt. Mit Unvermögen irgendwelcher Art meinen sie etwas über die Maßen Groteskes und Lächerliches. Armut ist für sie nicht der Mangel an Geld, sondern eine Art wirtschaftlichen Aussatzes, eine Unfähigkeit, Geld zu besitzen. Mit Mühe nur lassen sie sich zähmen durch die Lehren, die ihnen das Erlebnis erteilt, denn auch im Erlebnis drängen sie voll Eifer danach, die Reinheit, den Heroismus, der ihrer schnell bereiten Phantasie entspricht, ganz auszukosten. Die Mittelschicht, die damals alles mögliche tat, um in Spanien zu entstehen, konnte sich nicht aus einem Adel erzeugen, der nach unbestrittenen Vorrechten strebte und den Mantel seiner Ehre um diese Vorrechte warf. Ebensowenig konnte sich diese Mittelschicht aus Bauern aufbauen, die den Adeligen brauchten wie der Klöppel die Glocke. Wo die Italiener mit ihrem großen heidnischen Erbe, ihrer weiten und geräumigen Mythologie, ihrem ausgedehnten Humanismus durch ihren geübten Geist sich zum Gefühl einer glücklichen Wirklichkeit oder in die kühle Ruhe des Kompromisses erheben konnten, wo sie, noch vom Äther des Glaubens unbetäubt, die eiskalte Zerstörung der Illusionen atmeten und durch die Gewißheit der Schönheit dem Leben erhalten blieben, konnten die Spanier unter der Last ihres epischen Temperaments nur Ordnung in ihr Leben bringen, indem sie sich an ein unerbittliches Dogma schmiedeten. Im Besitz dieses Glaubens und dieses gerechten Wandels konnten ihre Gedanken sich unabhängig von der sie beirrenden Welt bewegen: und wenn Jude oder Maure ihrer Voreingenommenheit in die Quere kam, war die Entgegnung nicht, die gegenwärtige Welt mit ihnen zu teilen, sondern sie zu hassen, zu verfolgen und auszurotten.

Ein Temperament dieser Art ist anarchisch. Keine Rechtlichkeit ist so eng wie die spanische, weil keine andere Aufrichtigkeit so primitiv ist. Hat sie kein Ziel, so richtet sie sich selbst durch ihre Starre zugrunde, aber wenn man ihr ein Ziel gibt und sie durch religiöse oder nationale Erhitzung zum Streit erregt, wird sie fähig, die innere Erhebung lange Zeit hindurch zu bewahren.

Niemand, der Catalina ansah, hätte sie für innerlich erhoben halten können, und in der Fülle von praktischem Verstand und gesundem Menschenverstand, den ihre Mutter besaß, lag ein Gegenmittel für das nationale Temperament. Aber selbst Isabella stand nicht außer Reichweite der düsteren und tragischen Herausforderungen, die von einem nicht offiziellen Mitglied der Familie, dem geistlichen Vater Thomas Torquemada, ausgingen.

Torquemada ist einer der hervorragenden Spanier, die uns im Glauben an die grenzenlosen Möglichkeiten der menschlichen Natur bestärken. Neffe eines berühmten Kardinals und von stolzer Abstammung, war er durch die Natur dazu bestimmt, der Ratgeber der Königin von Kastilien zu werden. Er war es, der Isabella das Versprechen abzwang, sich, falls sie je auf den Thron käme, zum Ruhme Gottes und zur Erhebung des katholischen Glaubens der Ausrottung der Ketzerei zu weihen. Man kann sagen, daß sie durch Torquemada Isabella die Katholische wurde. Obwohl sie die Juden und Mauren ebenso ins Land trieb, wie sie sie daraus vertrieb, war sie ganz die Frau, sich einer starren Frömmigkeit zu ergeben, daraus Kraft zu schöpfen, ihre Macht durch ihre Demut zu verstärken. Sie war wie geboren zum Kreuzzug oder Heiligen Krieg, und in den Pausen zwischen den Feldzügen stickte sie mit ihren eigenen frommen Händen den Schleier, den die Mönche über das Heilige Grab breiten sollten.

Der Friedensfürst war nicht Torquemadas Erlöser. Mager, asketisch, bedrohlich, mit schwarzer Glut in den hohlen Augen, erinnert Torquemada an gewisse spanische Landschaften, die wie Vororte der Hölle aussehen. Hier hat die Natur nie gelächelt: sie ist entweder bleich oder fahl, von unheimlicher Grelle wie das Ende der Welt und einer traurigen leichenähnlichen Sammlung, als beuge man sich über die blassen Lippen und das wächserne Grinsen des Todes. Der Spanier, der in seine Seele den Anblick dieser trostlosen Berge, bitteren Täler, ironischen Wälder aufgenommen und bis ins Mark die glühende, trotzige Hitze dieser makabren Höhen und sengenden Abgründe gefühlt hat, ist völlig bereit, an einen Gott des Feuers, des Blutes, des Opfers zu glauben; einen Gott, der gar nicht so sehr verschieden ist von dem höchsten Wesen des alten Mexiko, wo dem Geist angesichts der tropischen Verschwendung der Gottheit schwindelt und er schließlich nichts mehr ist als ein Wirrwarr hysterischer Wahnbilder. Torquemada besaß von Geburt an die spanische Verachtung des Schmerzes, die bald nichts anderes ist als eine Verachtung des Mitleids. Er war nicht so sehr böse als gefährlich. Die junge Catalina war ebenso wie die fanatische junge Isabella, der hysterische Johann und die melancholische Johanna im Bereich von Torquemadas Einfluß aufgezogen worden. Ihr Wesen war in früher Jugend mit Bimsstein gesättigt worden, und als sie so weit war, als Mutter ihre Glaubensansichten weiterzugeben, war sie in gewissem Maße noch immer das Kind von früher.

Jedenfalls war sie nicht weniger eine Spanierin, weil es ihr bestimmt war, die heißen Sonnengluten Spaniens und die wollüstigen Winde Afrikas zu verlassen und aus einer Catalina eine Katharina von Aragon zu werden. Positiven und zähen Wesens, von einer Rasse, die so unangenehm sein kann wie asa foetida und von so starker Süße wie Malaga, wahrte sie in ihrem Mark die Markantheit der Züge, die den Spanier entweder hoffnungslos verworren oder ausgesprochen extrem erscheinen lassen. Daß Katharina eine Spanierin war, darf nicht vergessen werden. Neben dem Franzosen, der mit feinster Intelligenz den Norden und Süden verschmolzen hat, wirkt der Spanier wie das Dröhnen der Blechinstrumente oder die rührenden Schwingungen der Gitarre zwischen den gespannten und präzisen Klängen der Violine.

Aus dem innersten Herzen dieser Rasse entsprang Katharina von Aragon, die geradkantige Catalina, die sich in Corunna einschiffte, um zu ihrer Hochzeit nach dem Norden zu reisen, und Spanien niemals wiedersehen sollte, es sei denn durch die Tränen ihrer Phantasie.

IV

Katharinas Ankunft verlief nicht glatt. Ihre Schiffe begegneten Winden, die sie südlich von Corunna abtrieben, und mußten in der Bai von Biscaya gegen einen vernichtenden Orkan ankämpfen; dadurch zog die Reise sich so in die Länge, daß der König von England sie suchen ließ. Es war eine elende, grünlich-bleiche Gesellschaft von Spaniern, die im Oktober aus ihren kleinen Käfigen kroch und endlich das geräumige und ruhige Plymouth erblickte.

Plymouth erhob sich, um sie zu begrüßen. Vor nicht gar zu vielen Jahren hatten die Franzosen die ganze Stadt angezündet; ein Bündnis mit Spanien würde eine starke Front gegen Frankreich und einen gesicherten Handel mit Flandern bedeuten. Was jedoch das Volk entzündete, war der Anblick der jungen Prinzessin. Sie war die Tochter eines großen Königreiches, sie war gekommen, um den ersten englischen Prinzen zu heiraten, in dessen Adern die Weiße und die Rote Rose floß, sie war jung, frisch und Braut. Aus dem herbstroten Lande ringsum kamen die Ritter der Grafschaft, die Äbte, gepanzerten Edelleute und eine Schar schöner, gegen den Regen vermummter Frauen angeritten. Eine freudige und jubelnde Menge, die von jeder Einzelheit der spanischen Tracht entzückt war, strömte mit Katharina in die Kirche, wo sie und ihre Begleitung mit bebender Andacht Gott dankten, daß er ihr Leben erhalten habe. Es war ein großherziger und rührender Augenblick; ein Funken der Sympathie schien alle Herzen zu erwärmen; die Beliebtheit, die Katharina bei ihrer Ankunft errang, hat sie in England nie ganz verloren. Sie sah sich selbst als königlichen Sproß und schenkte sich dem Volke. »Man hätte sie nicht mit größerem Jubel empfangen können«, berichtete ein Spanier stolz, »und wäre sie der Erlöser der Welt gewesen.«

Als Nachricht nach London gekommen war, daß die Braut endlich an Land gegangen sei, wurde in Lambeth ein königlicher Empfang für sie gerüstet. Man kam langsam vorwärts. Früh im November machte sich Heinrich mit seinem Sohne, seinem Rat und mehreren hundert Mann Bedeckung auf. Katharina näherte sich der Grafschaft Hampshire. Wie sollte man sie empfangen? In Winchfield kam der frühere Gesandte Ayala zu Heinrich, ihn zu begrüßen, und teilte ihm mit, daß die Braut vor dem Hochzeitsmorgen für niemand zu sehen sei. Diese erstaunliche Starre der Sitten verärgerte den König. Er besprach sich mit seinem Rat und faßte wie gewöhnlich selbst seinen Entschluß. Trotz der drohenden Mienen voll Mißbilligung, die von den Spaniern aufgesetzt wurden, ritt er voraus zum Hause des Bischofs von Bath. Dort trat er, ohne die Kleider zu wechseln, naß und mit Schmutz bespritzt ein. Das paßte nicht in die spanische Etikette; aber Heinrich war Herr. »Ich werde sie sehen und sprechen«, erklärte er, »auch wenn sie schon zu Bett sein sollte.« Die gänzlich überraschte und verlegene Katharina wurde gerufen. Heinrich meinte es nicht böse. Er strahlte, da er nicht sprechen konnte, und rieb sich die Hände, als sein blonder Junge, der sich nach dem nassen Ritt umgezogen hatte, hustend seiner zukünftigen Frau gegenübertrat.

Arthur, Prinz von Wales, war kaum fünfzehn Jahre alt. Er konnte Katharina nichts sagen. Katharina konnte ihm nichts sagen. Aber sie konnten sich einen steifen Kuß geben, sich anblicken, lächeln, während die Höflinge Artigkeiten wechselten, und schließlich konnte man an das Mädchen aus dem fernen Lande knabenhafte Fragen über Hunde und Vögel stellen, wobei Arthurs Frage von einem Bischof ins Lateinische übertragen, von einem Priester ins Kastilische übersetzt und die Antwort — »Ja, es sind weiße Vögel« — vom Kastilischen wieder zurück ins Latein und auf der Rückfahrt in die Endstation geleitet wurde. Diese Unterhaltung am runden Tisch, die weder ernste Mißverständnisse noch ernste Intimitäten zuließ, wurde endlich von steifen Tänzen abgelöst. Katharina zeigte dem bewundernden Sohn und Vater ihre Tanzschritte; und die Begegnung mit all ihren verborgenen Gefühlen und ihrer erzwungenen Ausdruckslosigkeit war zu Ende.

Der Vater, aus dessen verzerrtem Gesicht mit seinen bläulichen Backen und hohlen Schläfen die Krankheit blickte, sah mit hellen Augen aufmerksam und eifrig zu; sein Lächeln war so dünn wie seine feinen Hände. Kein Bauer hatte je für seinen Sohn eine Heirat mit mehr List vereinbart, kein Hindu zäher um eine kostbare Kinderbraut geschachert. Diese Hochzeit war seit vierzehn Jahren ausgeheckt. Sie bedeutete Englands sicheren Wiedereintritt in Europa, ein starkes Band mit einer großen wachsenden Staatsmacht, einen Schlag gegen Frankreich und eine fürstliche Mitgift. Um die Ansprüche der Tudors für Katharina freizumachen, hatte Heinrich den verrückten Warwick aufs Schafott geschickt und ihn umgehauen wie ein schwächliches Reis, das ihm die Aussicht versperrte. Das Ziel war erreicht, ein Ziel, nach dem er sich abgejagt hatte. Das Bargeld, das Katharina mitbrachte, erfüllte ihn als solches mit wollüstiger Freude. Er umgab sie, die fleischgewordene Mitgift, mit seinem Wohlwollen.

Von dieser Habgier wußte Katharina nichts. Sie hatte sich vorgenommen, den Willen ihrer Eltern und den Willen Spaniens auszuführen und verfolgte ihren Weg, wobei sie sich leise ihre Lektion vorsagte wie ein Kind, das man mit einer Botschaft ausschickt.

War sie jedoch für die Höflinge eine Prinzessin, so war sie für die Frau Heinrichs VII. ein Mitmensch. Die gute Elisabeth sah in dem Mädchen eine dynastische Braut, wie sie selbst eine gewesen war. Eingedenk der Leiden, die sie, als ihre Zeit gekommen war, an ihrem Sohn Heinrich ausgestanden hatte, trotz der Schrift mit dem Magnificat, in die man sie gehüllt hatte, bedachte sie sich, wo sie wohl für die zukünftige Mutter das Mittel finden könne, das ihr die meiste Linderung gewährte. Zu dieser Zeit wurde in England der Gürtel Unserer Lieben Frau an nicht weniger als elf Orten gezeigt, und die Milch Unserer Lieben Frau, in kondensierter Form, an acht Orten. Einen dieser Gürtel verschaffte sich die gute Königin, um ihn Katharina in ihrer schweren Stunde zu schenken. Obwohl die ältere Frau und das Mädchen miteinander nicht ohne Vermittler sprechen konnten, las Katharina in den Augen Elisabeths wahres Mitgefühl. Sie war ihr dankbar.

Ein weiterer Trost war ihr die knabenhafte Ritterlichkeit von Arthurs jungem Bruder Heinrich, der sich so tapfer in die Rolle ihres Beschützers fand.

Heinrich war zehn, aber groß für sein Alter. Er war ein schöner Junge, pausbäckig wie ein italienischer Cherub, mit drolligen erwartungsvollen Augenbrauen und prüfenden Augen. Man hätte ihn sogar schön nennen können, aber das blonde Kind mit dem goldenen Haar und der weißen Haut verdankte der vollkommenen Harmonie des weißen Atlas nicht wenig. Sein Gesicht war in Wirklichkeit so rund wie ein Teller, und auf seinen ausgeprägten kleinen Zügen zeigte sich ein Ernst, der vielleicht aus Trotz und Schmollen rührte, ihn jedoch infolge seiner glücklichen Bildung als kleinen Engel erscheinen ließ. Was ihn noch kindlicher machte, war der Ausdruck der großen Verantwortung. Er sollte Katharina begleiten, wenn sie auf ihrem Maultier ausritt. Das war sein Stichwort, denn er war bereits ein großartiger Reiter und saß mit der angeborenen Sicherheit der Ungezügelten aufrecht im Sattel.

Der junge Prinz war nicht schüchtern. Wenn er in seinem Ernst schweigsam war und sich nichts vergab, so konnte er doch in die plötzliche eigenwillige Dringlichkeit des verwöhnten Kindes ausbrechen. Ein so schöner Knabe, der sich in Ergüssen der Bewunderung gesonnt hatte, konnte Huldigungen nicht anders aufnehmen als mit Stolz und Unschuld zugleich. Ganz offenbar noch ein Kind mit dem Ausdruck des Trotzes auf den geschürzten Lippen, mit dicken Locken und überschäumender Neugier, hatte er die Liebe seiner schlauen Großmutter Margarete Beaufort ganz zu eigen und empfing die besten Bemühungen seines Hofmeisters, des scharf, herb und ungeduldig dreinfahrenden Skelton. In gewissem Sinn eine zärtliche Natur, war er in seiner glücklichen Umgebung ganz geborgen. Während Arthur in Ludlow an der Grenze des unbotmäßigen Wales Hof gehalten und die unangenehme Arbeit geleistet hatte, die traditionsmäßig dem ältesten Sohne zukommt, hatte sich Heinrich an die Jüngeren, an Margarete und Marie und Edmund geschmiegt, und er strahlte nun einen so fürstlichen Glanz aus, als habe er in seiner flaumigen Zartheit und Reife von jeher an einem sonnigen Spalier geleuchtet.

Aber Heinrich war nicht nur der strahlende Knabe. Unter der Leitung seiner energischen, beschränkten Großmutter hatte er ohne Zweifel die »konventionsmäßigen Maximen, althergebrachten Gefühle und theologischen Grundsätze« empfangen, die man Erziehung nannte; trotzdem war sein Geist kräftig bestellt worden. Als man ihn zwei Jahre früher More und Erasmus vorgestellt hatte, war er geistesgegenwärtig genug gewesen, Erasmus um einen Beitrag aus seiner Feder zu bitten. Mit einem Fleiß, der die gelehrte Margarete entzückte, hatte er gute Fortschritte im Lateinischen gemacht; und da Französisch die Sprache seines Vaters war, war er mit Englisch und Französisch vertraut. Sein geheimer Ehrgeiz wird jedoch wohl gewesen sein, den Ritter ohne Furcht und Tadel darzustellen. Seine Gedanken waren noch betaut von den rosigen Idealen des Mittelalters; er kannte Herkules, Hektor, Troilus, Bevis von Hampton, Robin Hood, Amadis und Lanzelot, »tausend Historien und Fabeln von Liebe und Lüsternheit und Zotenreißerei«. Wenn er Katharina durch London begleitete, geschah es sicherlich als ihr Ritter. Ihren breitkrämpigen Hut schief auf dem Kopfe, war sie mit ihrer Kardinalshaube und ihren spanischen Farben in London eine auffallende Erscheinung; die vergnügte Bevölkerung lief auf dem unebenen Pflaster zusammen, um ihre zukünftige Königin zu sehen, und der Knabe an ihrer Seite schlürfte stolz wie ein Pfau den Weihrauch und die Hochrufe.

V

Die Zeremonie war alles, was Menschenherz wünschen konnte. Sie begann in der Kathedrale von St. Paul und endete im Hochzeitslager. Der Wein floß in Strömen. Ganz London, das entzückt war von Katharina in ihrer spanischen Tracht und dem Knaben Heinrich, der als ihr Kavalier stets an ihrer Seite war, wurde noch mehr erregt durch den Anblick der Braut, die mit wallendem rötlichem Haar und in weißen Atlas gekleidet sich zeigte. Die Hochzeitsgesellschaft schwebte vom Bankettsaal in Westminster zum Hochzeitsgemach beim Bischof von London. Es war sonst üblich, daß freche Burschen der Braut die Strumpfbänder, die zu diesem Zwecke vorher gelöst waren, vom Bein zogen, aber dies war keine ausgelassene Hochzeit. Im Brautgemach, das von den roten Flammen der vielen Kerzen glühte, das vollgestopft war mit Adel und Geistlichkeit und von lateinischen Reden widerhallte, wurden die jugendliche Braut und der noch jugendlichere Bräutigam hinter den Bettvorhängen verborgen und dort bis auf die Haut entkleidet, bevor sie niederknieten, wie es der fromme Brauch vorschrieb. Nachdem das Lager gesegnet und ihnen der letzte Becher warmen süßen Weins gereicht worden war, entfernte sich die Horde und Arthur wurde mit Katharina bis zum Morgen eingeschlossen, nicht um ihre Heirat zu vollziehen, was nicht hergebracht war, sondern um die erste Nacht unter Gottes heiligem Segen zu verbringen.

Im Vorzimmer, in Rufweite, wachten das flüsternde Gefolge des Prinzen und der Prinzessin von Wales.

Während der Feste, die auf die Hochzeit folgten, entzückte Katharina ihre Höflinge durch die Würde, mit der sie und ihre errötenden Hofdamen die Tänze ausführten und dem englischen Hofe all die brokatne Zeremonie der Alhambra vor Augen stellten. König wie Königin waren entsprechend begeistert und sahen weiter zu, wie ihr eigener Arthur mit seiner Tante tanzte; was aber jeden entzückte, war die knabenhafte Lebendigkeit, mit der Heinrich, der Tanzherr seiner Schwester, plötzlich »sein Gewand abwarf und in seinem Wamse mit der besagten Lady Margarete so schön und angenehm tanzte, daß König Heinrich und Königin Elisabeth großes und besonderes Wohlgefallen daran empfanden«. Heinrich und

Elisabeth waren noch jung genug, das Temperament ihres Sprößlings gern zu sehen, und der Hof noch einfach genug, aus einem Knaben einen Abgott zu machen.

VI

Als die Feste vorüber waren, hatte Heinrich Muße, sich den Bart zu streichen. Er und der spanische Gesandte Puebla hatten einen ausgezeichneten Einfall ausgeheckt, der es ihm ermöglichen würde, Arthur weder Silber noch Juwelen kaufen zu müssen. Katharina sollte sie mitbringen und sie sollten ihr als Teil ihrer Aussteuer gutgeschrieben werden; aber sobald sie von dem jungen Paar gebraucht worden waren, sollte man sie als nicht mehr neu zurückweisen. Heinrich und Puebla hatten die Köpfe zusammengesteckt und alles besprochen.

»Señor«, sagte Puebla, »wenn die Prinzessin all dies jetzt in Gebrauch nimmt und Ihr Euch später weigert, es anzunehmen, werden meine hohen Gebieter sich scheuen, ihr das zu nehmen, was sie als ihr Eigentum an ihrer Person und in ihrem Haushalt gebraucht hat. Sie müssen es ihr dann lassen und trotzdem ihre Verpflichtungen Euch gegenüber erfüllen!«

Puebla intrigierte also, um Arthur die spanischen Perlen, Juwelen, die goldenen und silbernen Geschirre und die Tapeten zukommen zu lassen, die sonst Heinrich die Summe von einer halben Million Taler gekostet hätten. Heinrich kicherte und stimmte bei. Seinen Bruder Ferdinand zu überlisten, schien ihm süß.

Nachdem Puebla Heinrich überredet hatte, die Kostbarkeiten bei Katharina zu lassen, bis sie gebraucht waren, wandte er jedoch den Spieß um. Er behauptete, seine Instruktionen nochmals durchgelesen und daraus ersehen zu haben, daß Heinrich eine Quittung über den vollen Wert der Gegenstände in Katharinas Händen ausstellen müsse.

Heinrich sah sich in seiner eigenen Falle gefangen. Geizig bis ins Mark, konnte er es nicht ertragen, seine Krankheit verraten zu sehen. Er ergriff seine Mütze und kam wie irgendein Privatmann in Katharinas Wohnung, wo er vor ihrem Kämmerer und ihrer Duenna voll Bitterkeit die Lage erklärte.

»Ich sehe, daß ein Komplott vorliegt«, behauptete er, »und ich werde nicht zugeben, daß man es mir zuschreibt. Ich möchte nicht für einen Menschen gelten, der das, was ihm zukommt, vor der Zeit verlangt. Gott sei Dank bin ich nicht in Not, und wenn es nötig wäre, könnte ich aus Liebe zu den Majestäten und zu Dir, Señora meine Tochter, eine Million in Gold ausgeben ohne Schulden zu machen.«

Bei Erwähnung der Majestäten nahm Heinrich die Mütze ab, wie es seine Gewohnheit war. Da er es jedoch noch immer nicht über sich gewinnen konnte, »auch nur eine Stecknadel beizusteuern«, mußte er sich einen Ausweg überlegen, der Ehre mit Sparsamkeit verband. Als die Spanier erfuhren, daß Arthur es auf der Brust hatte und sich an Johann erinnerten, erklärten sie, »Isabella und Ferdinand würden eher erfreut als ungehalten sein, wenn das junge Paar eine Zeitlang nicht zusammen lebte«. Heinrich bewog jedoch Katharinas Beichtvater, etwas anderes zu sagen. Er begab sich zu seinen Räten mit halbgeschlossenen, forschenden Augen. Und nach wenigen Tagen gab er bekannt, daß er aus Mitgefühl mit den jungen verliebten Menschen das Brautpaar nicht trennen wolle. Er befahl, daß sie an den Hof nach Ludlow gehen, zusammen leben und speisen sollten »und daß Arthur das Eigentum der Prinzessin in Gebrauch nehmen müsse«.

»Obgleich die Ansicht vieler diesem Vorgehen entgegengesetzt lief«, schrieb er persönlich voll Zärtlichkeit nach Spanien, »waren Wir doch abgeneigt zu gestatten, daß der Prinz und die Prinzessin voneinander entfernt würden. Dies wollten wir Euch im Briefe kundtun, damit Ihr die übergroße Liebe begreifet, die Wir für die hochgeborene Lady Katharina, Unser beider Tochter, selbst auf Gefahr Unseres eigenen Sohnes im Herzen tragen.«

Das Eheschifflein war also flottgemacht, und Heinrich wandte sich zu anderen Sorgen. Seine eigene Frau, die jetzt sechsunddreißig Jahre alt war, sollte ihr siebentes Kind bekommen, und man mußte die Mitgift für die kleine Margarete, die den König von Schottland heiraten sollte, vom Parlament erpressen. Ein bartloser Knabe, Thomas More mit Namen, hatte die Frechheit gehabt, gegen diese Bewilligung Opposition zu machen. Mores Vater die Daumschrauben anzulegen, ihn ins Gefängnis zu werfen und mit Geldbußen zu bestrafen, war der Tadel, der natürlicherweise auf diese Opposition folgte.

VII

Zu Ludlow war der Puppenhof eingerichtet. Wenige Dinge auf der Welt sind sozial so symbolisch wie ein Schloß – Stolz, der von stagnierendem Wasser umgeben ist. Katharina und Arthur wurden zum Mittelpunkt eines festen Kreises der gesetztesten und treuesten Standartenträger englischer und spanischer Nationalität, und der Knabe fing an, zu turnieren und sich in Ritterkünsten zu üben. Es war eine Gemeinde von äußerstem Konservatismus, hoher Frömmigkeit und feierlicher Umgangsformen, in der die mit Tradition gesättigten Höflinge den Prinzen und die Prinzessin gängelten. Und dabei aß Arthur von den Schüsseln, die Katharina gehörten.

Fünf Monate lang wurde das königliche Leben nachgeahmt, als plötzlich eine Schreckensbotschaft den kleinen Hof erschütterte. Arthur war zusammengebrochen. War es die Schwindsucht oder eine geheimnisvolle Krankheit? Die Höflinge standen sorgenvoll und hilflos um den Knaben herum, während die offiziellen Medizinmänner in ihren Folianten nachschlugen. Arthurs Gattin, die nur mit Hilfe der Dolmetscher mit ihm sprechen konnte, war durch ein Ereignis, über das sie nichts vermochte, von ihrem Gatten getrennt. Der Knabe war krank bis auf den Tod. Einige Tage lang wartete man in Spannung und Furcht. Dann starb der Thronerbe.

VIII

Hätte es sich um eine Bürgerliche gehandelt, so wäre Katharina von Aragons Witwenschaft mit siebzehn Jahren eine rein persönliche Angelegenheit gewesen; man hätte ihr Schicksal nunmehr dem Zufall und der Liebe überlassen. Vielleicht hätte sie wieder geheiratet und ihre Wangen sich mit neuen Rosen bedeckt, oder sie wäre als Erbtante, weiß von Gesicht und etwas rot von Nase, auf einer Tournee von Familienbesuchen als Mittelpunkt des kritischen Interesses oder der zärtlichen Gefühle rundum von einem zum anderen gewandert. Diese Laufbahn, die rein persönlich gewesen wäre, stand ihr nicht offen. Sie war eine Dynastin. Sie war ein Bauer in dem neuen Spiel um Europa und ihr Schicksal hing eng damit zusammen. Sie sah sich im Mittelpunkt eines kreisenden Ringes von Königen und Königsmachern, die sich um sie drehten, wo sie verwirrt und einsam stand. Die Eigenart dieses Spieles, zu dem sie geboren war und für das sie sich mit der Kraft ihres Fleisches und dem Eifer ihres Blutes vorbereitet hatte, war gleichzeitig ihrem Fassungsvermögen gänzlich entrückt. Sie spielte mit, sie war eifrig bemüht, ihre Rolle auszufüllen, und hatte doch keine Ahnung von den Zielen des Spieles, so daß sie gleich einem Kinde mit verbundenen Augen an alle Ecken anrannte. Selbst wenn sie Augen gehabt hätte, um zu sehen, selbst wenn sie mutig gewesen wäre wie eine Heilige, ist es doch fraglich, ob Katharina einen Ausweg gefunden hätte. So aber trug sie die Binde eng um die Augen und führte die Rolle durch, die man ihr aufgetragen hatte.

Durch Arthurs Tod wurde ihr Glück verdunkelt. Während die Spanier an Arthurs Sarg trauerten und sich um die bleiche Witwe bemühten, hing die Zukunft grau und schwer von Wolken. Nach Spanien zurückzukehren, da eine riesige Mitgift zur Hälfte bezahlt, eine so mühselige Reise nach England glücklich beendet und England selbst dem spanischen Königreich genau so nötig war wie früher, war ein zu bitteres Ende der Hoffnungen. Die Tragödie von Ludlow gab den Spaniern eher unendlich zu denken, als daß sie sie niederschmetterte. Noch gab es den jungen Heinrich, der in Kürze Prinz von Wales werden mußte. Er war sechs Jahre jünger als Katharina, aber kein kranker Leib wie Arthur. Heinrich war das Bild der Gesundheit, so groß, so stark, so schön. Der verstorbene Prinz von Wales verblich wie der letzte Stern einer kurzen Nacht, und über dem Horizont erglänzte die noch ungesehene Sonne.

Es gab jedoch eine Schwierigkeit. Man mußte zehn Monate warten. War Katharina tatsächlich mit Arthur vermählt gewesen? Es erfolgte ein großes Geflüster und Getue zwischen der spanischen Hofdame, dem spanischen Kämmerer, dem spanischen Beichtvater, dem sich lange Konferenzen bei geschlossenen Türen anschlossen, all dies mit einer Geheimtuerei, die von Bedeutung strotzte.

Der Grund dieser Aufregung war das Buch Leviticus. Die ganze Zukunft des jungen Weibes sowie die Zukunft des Königs und der Königin von England spitzte sich zu dem einen entscheidenden Punkte zu, zu dem die Spanier offen Stellung nehmen mußten. Wenn Katharina und der arme Junge, der jetzt tot war, wirklich als Mann und Frau zusammen gelebt hatten, dann konnten eher die Sterne in ihrem Lauf aufgehalten als die Tatsache dieser Umarmung ausgelöscht werden. War Katharina noch Jungfrau? Diese Frage stellte der gewandte Italiener Geraldino voll Ernst dem Juan de Cuero, und dieser voll Aufregung der Donna Elvira Manuel. War sie keine Jungfrau mehr, dann konnte nur das Achselzucken, die Gesten, die erhobenen Augenbrauen der Spanier das ganze Unglück, das darin lag, zum Ausdruck bringen. Hatte sie zwischen sich und Heinrich eine mystische Schranke aufgerichtet oder nicht? Auf beiden Seiten dieser mystischen Schranke lief die spanische Abteilung auf und ab und raufte sich das Haar. In der Bibel steht geschrieben: »Du sollst die Blöße der Gattin Deines Bruders nicht aufdecken; es ist die Blöße Deines Bruders.« Und an anderer Stelle: »Wenn ein Mann die Frau seines Bruders zur Gattin nimmt, ist es unrein; er hat die Blöße seines Bruders aufgedeckt; sie sollen kinderlos sein.« Diese Verwünschungen trafen das Herz der Spanier schwer. Kein furchtbareres Schicksal konnte über einen Dynasten ausgesprochen werden, als »sie sollen kinderlos sein«. Es war richtig, daß Manuel von Portugal zwei Schwestern von Katharina geheiratet hatte und die zweite Verbindung weit davon entfernt war, kinderlos zu sein; aber die Worte der Bibel richteten sich an Brüder, nicht an Schwestern. Katharina hatte schon am Rande ihrer Heirat mit Arthur gezittert, weil König Heinrich, der den Grafen Warwick gefangengehalten hatte, bis er halb verrückt wurde, sich vor der Hochzeit entschloß, ihn zu enthaupten, um Arthurs Ansprüche auf den Thron sicherzustellen. Katharina war vor dieser häßlichen Notwendigkeit zurückgeschaudert. Sie fürchtete Gottes Rache. Und wer würde es nun wagen, ihrem jungen Sinn diese Frage aus Leviticus aufzugeben — einen vernichtenden Fluch, wenn sie nicht die Wahrheit sagte, auf sie herabzubeschwören?

Man kann sich vorstellen, daß diese Frage in Katharinas Seele eine schreckliche Furcht erzeugte, und daß sie ihrem Gewissen voll Qual gegenüberstand. Wenn ein Spanier sich fürchtet, dann fürchtet er sich: man sieht sie auf den bloßen Steinen knien, ihr Gesicht von der Farbe grauen Papiers. Ihr ganzer Körper zittert; sie fühlt, wie ihre Beine zittern, wie ihre Arme zittern, wie ihre Zähne klappern, als hätte sie das Fieber. Ihre Seele gerinnt in ihrem Leibe und ihre sterblichen Teile schaudern vor den unsterblichen zurück, als sei sie besessen. Sie lehnt an ihrem Betstuhl, ohnmächtig, und bemüht sich zu beten. Aber sie findet keine Worte. Sie denkt an ihre Mutter, die tapfer ist. Sie klammert sich an ihre Mutter mit einer Heftigkeit, die etwas Primitives an sich hat wie die Höhlen der ersten Menschen. Endlich fängt ihr Blut, das von ihrem Herzen wie von einem Schwamm aufgesogen war und den übrigen Teil ihres armen Körpers verlassen hatte, bei diesem phrenetischen Anrufen ihrer Mutter an, sich in die Glieder zu ergießen, die sich ihrer Schwäche schämen und wieder etwas Leben annehmen. Ihr Gesicht verliert den Ausdruck starräugigen Schreckens. Ihre Zähne hören auf zu klappern. Sie steht auf den Füßen, atmet tief und schließt die Augen. »Kommt«, ruft sie Donna Elvira zu. »Ich bin bereit.«

Eine triumphierende Hofdame verläßt Katharina, um zum Beichtvater und Kämmerer zu rauschen. »Unberührt wie am Tage, da ihre Mutter sie gebar!«

»Der Barmherzige sei gepriesen«, jubelt der Beichtvater.

»Es trifft sich mehr als glücklich«, haucht der Kämmerer.

IX

Die Nachricht von Katharinas Verlust kam mit vernichtender Schnelligkeit nach Spanien. Bevor Isabella eine Zeile des Beileids schrieb, bevor sie überhaupt an Katharinas Verzweiflung oder Elend dachte, überlegte sie die dynastische Lage und beeilte sich, den nächsten Schachzug zu tun. Es bestand die brennende Notwendigkeit, auf Heinrich von England mit jedem erdenklichen Druck zu wirken, damit er seinen jüngeren Sohn mit Katharina vermählte. War Isabella einmal tot, so würde Spanien zerfallen. Ferdinand würde nach Aragon zurückkehren und Johanna Kastilien erhalten. Bevor Spanien auf diese Weise geschwächt wurde, mußte Katharinas Zukunft gesichert werden.

In diesem Feldzug stellte sich Isabella jeder Schritt mit militärischer Klarheit dar. Sie war stoisch genug, von ihrer Tochter völligen Gehorsam zu erwarten. Die Taktik war ihr klar, sie hielt alle Fäden in der Hand wie ein Heerführer.

Sie schrieb nach England und befahl ihrem Geschäftsträger auszusprengen, daß in einem solchen Augenblicke der richtige Ort für eine ihres Gatten beraubte Jungvermählte wie Katharina der tröstende Busen ihrer Mutter sei. Gleichzeitig gab sie den Spaniern in England Weisung, Katharina unausgesetzt dem König vorzuführen, damit er sie für Heinrich annähme. Sie sagte ihnen, wann sie sich unterwürfig und wann fest, wann liebenswürdig und wann entrüstet zeigen, und wann sie das Schiff bestellen sollten. Sie schrieb ausführliche Briefe, in denen sie alle Empfindungen vorschrieb. Es war eine schwere Prüfung, daß Arthur gestorben war, aber Spanien hatte immer noch nötig, England zu heiraten, und dies um so mehr, als Frankreich gerade Perpignan angriff. Da Frankreich Perpignan angriff, war es deutlicher als je, daß Katharina eine Jungfrau war. Isabella sah dies ohne Zeitverlust ein. Sollte aber der geringste Zweifel, der geringste Verdacht sich erheben, und es gab in diesen höchst intimen Fällen immer Gerüchte, so mußte Papst Alexander aufgefordert werden, einen carteblanche-Ablaß zu gewähren, wonach es Heinrich gestattet sein sollte, die Frau seines toten Bruders zu ehelichen. Es war im Fall Marias bereits geschehen. Der Vater des Cesare Borgia, ein spanischer Italiener, würde Gründe der Staatsräson verstehen. Isabella konnte es sich nicht leisten, daß aus Katharinas Heirat nichts wurde, solange Frankreich Frankreich blieb. Sie konnte Katharina den Engländern nicht an den Kopf werfen, aber die Gründe, die dafür sprachen, erglänzten hell vor ihrem fiebrigen und wassersüchtigen Gehirn.

Auch der englische Adel, der die junge Witwe gut leiden mochte, kümmerte sich um den Stand der Angelegenheit. War sie wirklich Arthurs Frau gewesen? Es war eine der Fragen, deren Behandlung viel Geschmack erfordern, da sie zum Besprechen zu heikel, zum Beschönigen zu wichtig, zum Beurteilen zu unsicher, zum Anzweifeln zu entscheidend, zu furchtbar oder zu interessant scheinen, je nachdem man jenem gewaltigen Gebot im Leviticus das blinde oder allsehende Auge zuwendet. Die Höflinge, die in der Hochzeitsnacht das junge Paar ins Brautgemach begleitet hatten, teilten niemand laut mit, was geschehen war. Aber sie erzählten es in getäfelten Zimmern, Gartenlauben, aus Fenstern und hinter Stallmauern wieder. Die allerersten Worte, die der junge Prinz am Morgen gesagt hatte, sollten die folgenden gewesen sein: »Meine Herren, das Heiraten ist ein Zeitvertreib, der durstig macht!« Und als man dem Knaben durch die Vorhänge einen goldenen Becher mit Wein reichte, lächelte er den Diener an und sagte mit einer Stimme wie an der Tafelrunde: »Heute nacht war ich in Spanien.« Diese Worte, die einzigen, die Prinz Arthur zur Geschichte beigetragen hat, sollten später von einer Anzahl Adeliger beschworen werden. Ob Prinz Arthur sie wirklich sprach oder ob man später nur der Ansicht war, er hätte sie sprechen müssen, jedenfalls beschwor eine Reihe von Adeligen, sie gehört zu haben!

X

Solange Isabella lebte, erwähnte sie niemand. Die Liebe, die Isabella zu ihren Kindern fühlte, war mit Energie geladen, wie alles andere an ihr. Aber mit ihren dogmatischen Prinzipien betreffs Recht und Unrecht, ihrer bejahenden Religion und gesellschaftlichen Zucht verband sie einen anspruchsvollen Sinn dafür, was eine Prinzessin ihrem Volke schuldig ist. Katharina blickte mit Liebe und Ehrfurcht zu ihrer Mutter empor. Für sie war ihre Witwenschaft nur eine Pause vor einer neuen Verlobung, und diese Verlobung wurde von Isabella mit der Zähigkeit, die ihrer Natur eigentümlich war, befürwortet, diktiert, erzwungen. Da die Engländer der Ansicht waren, die Hochzeit sei vollzogen worden, baten Isabella und Ferdinand, obwohl sie sagten: »Es ist in England nur zu gut bekannt, daß die Prinzessin noch Jungfrau ist«, doch den Papst um einen Dispens mit Rücksicht darauf, daß sie vollzogen sei. Kein Hindernis konnte Isabella schrekken, keine List sie abstoßen. Im Jahre 1503 wurde endlich ihre Diplomatie gekrönt. Ein oder zwei Tage, bevor Heinrich zwölf Jahre alt wurde, brachte man ihn in den Palast eines Bischofs in der Fleet Street und verlobte ihn dort persönlich mit Katharina. Er nahm diese Verlobung mit ebenso großer Sanftmut auf wie sie. Sie bedeutete jedoch einem Mädchen von achtzehn Jahren mehr als einem helläugigen Knaben von zwölf.

Sobald Isabella gestorben war, im Jahre 1504, begann ein Drama, an welchem ganz Europa Anteil nahm, und in welchem Katharinas Schicksal auf einem Strudel von Wogen, der für ihren Blick zu hoch und für ihre Ruder zu stark war, hin und her tanzte.

Obwohl die Gunstbezeugungen und äußeren Gebärden des Rittertums noch in Blüte standen, war Heinrich VII., der von dem angeklagten Adel Bestechungen verlangte, mehr in Einklang mit seiner Zeit als Isabella, die stolz einen Adeligen bestrafte, der ihr eine anbot. Das Spiel der Dynastien war das Spiel, wie es immer um die Macht geführt wird — begrenzt im Ausblick aber unbegrenzt in seinen Gelüsten. In diesem Spiel mußte England der Falschspieler sein. Man hatte es nach dem atemraubenden Vordringen der Jungfrau von Orleans auf demütigende Weise aus Frankreich vertrieben. Später war es durch den Bürgerkrieg geschwächt worden, und obwohl der Fremde durch den Anblick des Reichtums in jeder Goldschmiedeauslage von Cheapside geblendet wurde, lauerte die Yorkpartei noch immer auf dem Kontinent, war die Dynastie der Tudors noch jung. Heinrich VII. war selbst Witwer und hatte nur noch einen einzigen Sohn, den dreizehnjährigen Heinrich. In dem dichten Gewebe seines Verstandes war die einzige festgewachsene Idee das Glück seiner Familie. Er zerrte England hinter sich her wie einen Handwagen. Der Lohn war die Vorherrschaft der Tudors, und wenn Ferdinand in Spanien sparsam und kühl wirtschaftete und Ludwig XI. in Frankreich ein Geizhals gewesen war, so gehörte dieser ihr Zeitgenosse, der die Kerzen mit seinen eigenen Fingern ausdrückte, um dem Mond einen halben Penny zu stehlen, zu derselben Sippe.

Menschlicher Geiz war ein geringer Preis für die Herrlichkeit einer Dynastie, und in seinem Knaben sah er den zukünftigen König. Jung-Heinrich war nun schon größer als sein Vater, mit kräftigen Farben, rot und golden, einer süßen Stimme, die gerade anfing zu mutieren; man hatte ihn unterwiesen, seine Buchgelehrsamkeit, für die er begabt war, aufzugeben, um die Gangart des Fürsten zu erlernen. Er war nicht mager wie sein Vater. Er geriet seinem Großvater Eduard IV. nach und hatte das Zeug dazu, ebenso sorglos, heiter und beliebt zu sein wie dieser großgewachsene und eigenwillige Fürst. Wer sich an Heinrichs Großvater besann, bevor er dick wurde, erinnerte sich auch daran, wie schön er gewesen war, wie er mehr als jeder lebende Fürst sein Leben genossen und an nichts gedacht hatte als an die Damen, und zwar maßlos, an Jagden und ein lustiges Leben. Sie sagten, daß der Prinz das Ebenbild seines Großvaters sei, der sehr gut gewachsen war und in seinen kostbaren Gewändern und mönchähnlichen, neumodischen, mit den teuersten Fellen gefütterten Mänteln alle anderen überragte.

Der schlaue Heinrich VII. jedoch wollte für seinen begabten Sprößling mehr als nur einen behaglichen Luxus. Der ältere Tudor runzelte die Stirn über des jüngeren Wildjagden und Brautjagden, Armbrustschießen und Politik, Theologie, Tennis und Lautenspiel. Dem Knaben die Mittel zu verschaffen, die ihm einen uneinnehmbaren Platz in Europa sichern würden, war der Ehrgeiz des Vaters, während er es sich gleichzeitig nicht leisten konnte, ihn sofort heiraten zu lassen; denn man hatte Beispiele von Söhnen, die ihre Väter aus dem Sattel gehoben hatten. In der Ferne schimmerte die Renaissance und vergoldete mit ihrem Licht einige schöne Türme auf englischem Boden, aber König Heinrich hatte kein Auge für die Renaissance. Er nahm Europa in seine hohlen Hände und brütete darüber, um für sich und seinen Sohn das gemeinsame Beste herauszusuchen. Man konnte daran Schikane und Unterbieten, Konsolidierung und Monopol studieren. Es war die Hofmeisterei eines Experten, der für und auf sein eigenes geliebtes Fleisch und Blut eifersüchtig war.

War der Knabe auch im Jahre 1503 feierlich mit Katharina verlobt worden, so war doch nach dem Tode Isabellas Katharina kein gutes Geschäft mehr. Sie war nicht mehr die Tochter der spanischen Monarchen. Ihr Vater hatte seine Königin verloren und war nur noch Ferdinand, König von Aragon. Kastilien war an Johanna die Wahnsinnige übergegangen, die mit dem schönen Habsburger verheiratet war und, obwohl sie so eifersüchtig war, daß sie Philipps Geliebte vor dem ganzen Hof an den Haaren zog, doch nur zu froh sein mußte, ihren schönen Philipp in Kastilien zur Macht zu bringen. Die Aktien der Habsburger stiegen; Heinrichs VII. habgierige Augen folgten ihnen.

Ein tüchtiger Mensch findet leicht einen Präzedenzfall. Margarete von Österreich war als leicht beeindruckbares Kind für den Dauphin nach Paris gebracht worden. Sie war für ihn erzogen worden. Aber als sich eine Gelegenheit für Karl bot, die Erbin der Bretagne zu heiraten, hatte man Margarete sang- und klanglos nach Hause geschickt. Katharina konnte in England keine besseren Ansprüche geltend machen. König Heinrich wußte, daß Papst Julius nach dem Tode des Papstes Alexander den Heiratsdispens gewährt hatte, wobei ausdrücklich festgestellt wurde, daß Arthur und Katharina Mann und Frau gewesen waren. Doch warum mußte man auf der spanischen Heirat bestehen? Der nächste Ratgeber des Königs war

Bischof Fox, derselbe, der sein Ehrenwort gegeben hatte, Tyrrell in Calais kein Haar zu krümmen, und ihn, sobald er ihn an Bord hatte, in den Tod schickte. »Um den Willen des Königs zu erfüllen, würde er selbst in den Tod seines eigenen Vaters willigen.« Da der Erzbischof Warham immer in der Kulisse bereitstand, um zu sagen, daß der Dispens des Papstes nicht gültig sei, konnte man jederzeit den Bischof Fox erklären lassen, er sei gültig. Das kanonische Gesetz war gehorsam. Es stand auf einer Drehbühne. Mit einer Drehung konnte man Katharina anerkennen und mit zwei Drehungen verstoßen. Daher breitete Heinrich die Karte von Europa aus und fragte nach der geschicktesten, strategischsten, gewinnbringendsten Heirat.

XI

Er verursachte dadurch viel Kummer. Katharinas Stellung am Hofe war unerträglich. Jedesmal, wenn der König sie erblickte, sagte er: »Warum hält Seine Majestät nicht Sein Ehrenwort und bezahlt die Mitgift? Ihr verdankt es nur Unserem guten Willen, daß Wir Euch zu essen geben; Ihr habt keinen Anspruch an Uns.« Auf diese schneidenden Vorwürfe konnte keine Antwort erfolgen, denn die junge Frau befand sich in einer schiefen Lage. Sie ging mit zitternden Lippen zum alten Puebla, aber jedes Wort, das sie dem alten Schurken sagte, wurde Heinrich wieder hinterbracht. Sie beklagte sich bei ihrem Kämmerer, der ihr trocken erwiderte, daß sie ihre Dienstboten nicht bezahle. Vier Monate lang, während welcher Zeit sie im gleichen Hause in Clapham wohnte wie der junge Heinrich, gestattete man ihr nicht, das Wort an ihn zu richten. Ihre einzige Hoffnung auf Erlösung war ihr Vater, aber ihr Vater war in der gleichen Lage wie Heinrich VII. Auch er war ein Mann in gesetzten Jahren, der sich eben erst in seine Witwerschaft gefunden hatte, und die Sorgen seiner Tochter waren ihm lästig. Er mußte sich in Neapel besser festsetzen und interessierte sich daher für Germaine de Foix, die lebenslustige Dame aus Navarra, die er später heiratete; seine Tage wurden verkürzt durch seine Bemühungen, einen Erben zu erzielen.

Katharina schrieb Briefe, in denen jede Zeile lautete: »Ich beschwöre Eure Majestät«, »ich beschwöre Eure Majestät«. »Um unseres Heilands willen«, bat sie, »bedenken Eure Majestät doch, daß ich Eure Tochter bin.« Seit sie Spanien verlassen hatte, war ihr Vater ihr nicht mit einem einzigen Maravedi zu Hilfe gekommen, ihre Dienstboten hatten bei ihr ausgeharrt, obwohl sie in Lumpen gingen, und sie hatte keinen Pfennig für Almosen. »Ich habe nichts für Hemden; daher, beim Leben Eurer Majestät, ich nun einige Armbänder verkauft habe, um ein Kleid aus schwarzem Sammet zu erstehen, denn ich war nahezu nackend: seit ich von Spanien abgereist bin, habe ich nichts erhalten als zwei neue Kleider, denn bis heute haben, die ich mitbrachte, mir ausgereicht; jetzt freilich habe ich nichts als die Brokatgewänder. Aus diesem Grunde flehe ich Eure Majestät an, Befehl zu geben, daß diesem abgeholfen werde; denn gewiß werde ich nicht imstande sein, auf diese Weise zu leben.«

Ebensogut hätte Katharina versuchen können, Erz zu erweichen. Die Geldsorgen seiner Tochter, die mit Schnellpost dreißig Tage entfernt war, erfüllten Ferdinand mit Ärger und Gleichgültigkeit. Sie unterschrieb: »Die demütige Dienerin Eurer Majestät, die Eure Hände küßt, die Prinzessin von Wales.« Aber der Prinz von Wales, dem sie verlobt war, wurde von ihr getrennt gehalten. Katharina hörte Gerüchte, wonach er Margarete, die Schwester Franzens, heiraten sollte. Sie hörte Gerüchte, wonach ihr eigener Vater nicht glaubte, daß sie schließlich den Prinzen heiraten werde. Da sie wußte, daß sie wenig schön und um sechs Jahre älter war als Heinrich, daß ihre Mitgift noch nicht bezahlt, ihr Geschäftsträger ein Schurke und ihre Dienstboten aufsässig waren, fing Katharina an, ihre Selbstbeherrschung zu verlieren. »Ich bin in der größten Sorge und Pein, die sich denken läßt«, brach sie aus. Bleich und zitternd lief sie zu König Heinrich und seinem Rat und bat dort unter Tränen um ein wenig Hilfe. Aber die Männer, Heinrich Fox, Warham, machten böse Mienen und befahlen ihr, auf ihre Ehre und Würde zu achten. Sie suchte anderswo nach menschlichem Beistand in ihrem Elend, aber sie war noch immer allein. Ihr Schurke von Geschäftsträger Puebla, der Doyen der Gesandten, der so schwach war, daß er sich in der Sänfte herumtragen ließ, obwohl er noch in einem übel beleumundeten Hause lebte, konnte in aller Rechtlichkeit an Ferdinand berichten: »Sie glaubt, nicht mehr die Ordnung und Zurückgezogenheit bewahren zu müssen, wie es bei Hofe nötig ist, sondern Anspruch auf größere Freiheit machen zu dürfen.«

In diesem Augenblick und inmitten dieser Entmutigung wurde ihr »Gatte« Heinrich am Tage, da er vierzehn Jahre alt wurde, im Geheimen zu Bischof Fox gebracht, um dort einen Protest gegen seine Verlobung mit Katharina zu unterschreiben. Der Dispens war bei den Akten. Die Verlobung war bei den Akten. Auch der Protest war bei den Akten. Wie immer der Wind blies, der Tudor war bereit, seinen Mantel danach zu hängen. Heinrich war kein Kind mehr: er mußte schließlich das System durchschauen, in das er von seinem Vater und den geistlichen Ratgebern, auf die sein Vater sich stützte, eingeführt wurde.

XII

Katharina, eine königliche Prinzessin und die zukünftige Königin von England, glaubte ihre Todesstunde gekommen. Ihre Malaria hielt sie seit sieben Jahren in ihrem Bann, aber schlimmer als ihre Malaria war die Demütigung. Sie war zwanzig Jahre alt und in ihrer Verzweiflung allein; sie biß sich vor Zorn und Sorge die Fingernägel ab; sie besaß nicht die leiseste Spur von Koketterie oder irgendeinen Kunstgriff, mit dem sie die traurige Fassade ihres Schicksals hätte erheitern können. Und doch trat eine Veränderung ein; eine Veränderung wie die Wyatts, als seine Katze ihm, der im Gefängnis verhungerte, eine Taube brachte. Katharinas Hunger galt einem Menschen, der sie achten und dem sie vertrauen konnte. Sie fand ihn in einem jungen Beichtvater. Ein spanischer Würdenträger beschrieb ihn mit folgenden Worten: »Möge Gott mich verderben, wenn ich in dem Frater irgend etwas sehe, was ihrer so großen Neigung würdig wäre, denn er besitzt weder Gelehrsamkeit noch Äußeres, weder Fähigkeiten noch Ansehen.« Diese Worte hätten auf Fray Diego Fernandez vielleicht ebensogut gepaßt wie auf Seine Majestät Heinrich VII., aber da er »jung, leicht, hochmütig und äußerst skandalös war«, stellte dieser Frater genau das vor, was die Frau brauchte, einen feurigen Parteigänger. Er war von Zorn über den Stand von Katharinas Angelegenheit erfüllt. Als erster Spanier, den sie bereit fand, in ihrem Interesse zu handeln, schärfte er seinen Verstand und nahm ihre Sache in die Hand.

Tatsächlich war die Lage durchaus nicht hoffnungslos. Der Tod hatte Katharinas Wert gesenkt; er sollte ihn wieder erheben. Im Jahre 1505 waren Philipp und Johanna die Wahnsinnige nach Spanien aufgebrochen. In dem Sturm, der sie zwang in England zu landen, war es Johannas einzige Sorge gewesen, ihr bestes Kleid anzulegen, damit man ihrer Leiche die gebührenden königlichen Ehren erweise, aber anstatt eines Schiffbruchs erfuhren sie und Philipp eine königliche Aufnahme, und unter dem Daumen der Gastfreundschaft König Heinrichs versprach Philipp für die englischen Kaufleute in Flandern goldene Bedingungen, gab sein Wort, den Yorkisten Pole auszuliefern und versprach dem greisen Heinrich VII. seine eigene Schwester Margarete von Österreich zur Braut. Kaum waren diese Vereinbarungen, die Katharina auf traurige Weise in den Hintergrund drängten, getroffen, als Philipp sich beim Ballspiel erhitzte und an einem Schlaganfall in Burgos starb. Noch einmal ließ Heinrich sich von Kastilien blenden. Er mußte es haben, und sollte er Johanna die Wahnsinnige heiraten.

Hierin sah der falkenäugige Frater eine Chance für Katharina. Heinrichs Heirat mit Johanna war ein Köder, den sie zu ihrem eigenen Vorteil auswerfen konnte, und in dieser Richtung unterwies er sie.

Katharina, die mit wenig Takt ihren Gefühlen gegen den König vor Puebla Luft gemacht hatte, änderte nun überlegtermaßen mit der schwerfälligen Treue, die ihr eigen war, ihren Ton. »Sie glauben, daß nicht mehr in mir liegt, als nach außen erscheint«, sagte sie verächtlich, »und daß ich nicht imstande sein werde, seine Intrigen zu durchschauen — sondern mich mit Versprechungen abspeisen lassen werde, als hätte ich nicht schon meine Erfahrungen damit gemacht. Aber ich werde mich ihm gegenüber verstellen und alles, was er tut, loben.« Sie hatte ihre diplomatische Lektion gelernt und schrieb in diesem Sinn an ihren Vater.

Es war jetzt die Reihe an Heinrich, etwas durch Katharina erreichen zu wollen, und zwar die Hand ihrer verrückten Schwester. Heinrich war kahl, zahnlos, asthmatisch. Er war einer der ältlichen Potentaten, die nach der Hintertreppe riechen. Seit Jahren hatte er die Aussicht auf eine Wiederverheiratung mit Gier erwogen. Sobald Arthur tot war, hatte er sich sofort um Katharina bemüht. Nach Isabellas Tod hatte er die kernfeste Dame Luise von Savoyen in Betracht gezogen, nachdem Johanna von Neapel seine Bewerbung zurückgewiesen hatte. Dann hatte er sein Auge auf Luisens Tochter Margarete geworfen. Inzwischen war Philipps Lebenslicht erloschen, und so stand er denn mit einem leisen Lächeln an der Schwelle Kastiliens und verlangte Johanna die Wahnsinnige. Diese Aussicht war die beste von allen.

Puebla führte seine Sache. »Es gibt keinen König auf der Welt«, schrieb er an Johannas Vater, »der für die Königin von Kastilien ein so guter Gatte wäre wie der König von England, sei sie nun wahnsinnig oder gesund.« Sie würde, wäre sie erst einem Gatten wie Heinrich vermählt, sehr bald wieder zu Verstand kommen, und König Ferdinand auf alle Fälle die Regentschaft über Kastilien behalten. Sollte der Wahnsinn der Königin unheilbar sein, so würde es, fügte Puebla hinzu, vielleicht nicht unbequem sein, sie in England wohnen zu lassen, da sich die Engländer anscheinend wenig an ihrem Wahnsinn stießen, besonders da man ihnen versichert habe, »daß ihre Gemütskrankheit sie nicht daran hindern würde, Kinder zur Welt zu bringen.«

Unter Leitung ihres Fraters stimmte Katharina in den Chor mit ein.

XIII

Ferdinand war durch die militärischen Erfolge seines Kommandanten in Italien nun nichts weniger als bloß ein König von Aragon. Mit einem Zynismus und einer Ironie, die geschickter waren als selbst die Heinrichs, gab er ausdrücklich die Erlaubnis zu Heinrichs Heirat mit seiner wahnsinnigen Tochter und ließ sich gleichzeitig über den Geisteszustand der Dame, die zu ehelichen Heinrich erpicht war, ausführlich aus.

»Ich werde nie einwilligen, daß sie jemand anderen heirate als meinen Bruder, den König von England, und werde mit der größten Liebe und dem besten Willen all meinen Fleiß und meine Energie einsetzen, dies zu befördern. Dennoch müßt Ihr wissen, daß besagte Königin, meine Tochter, noch immer den Leichnam Philipps, ihres verstorbenen Gatten, mit sich führt. Bevor ich ankam, konnte sie niemand überreden, ihn zu begraben, und seit meiner Ankunft hat sie rundheraus erklärt, daß sie ihn nicht zu begrüßen wünsche... Ich berührte diesen Gegenstand, um zu erfahren, ob sie geneigt sei, wieder zu heiraten, ohne jedoch eine Person zu nennen. Sie antwortete mir, sie würde in allen Stücken tun, wozu ich ihr riete oder was ich befehle, sie bäte mich aber, keine Antwort auf meine Frage zu fordern, bevor der Leichnam ihres Gatten bestattet sei. Sei dies geschehen, so würde sie mir antworten. Unter diesen Umständen dringe ich nicht auf die Antwort, ehe der besagte Leichnam bestattet ist, weil ich glaube, es würde einen unangenehmen Eindruck hervorrufen. Ich habe um ein Breve nach Rom gesandt, um so zu erfahren, ob sie sich vielleicht zu einer früheren Beerdigung überreden ließe. Ist der Leichnam begraben, so werde ich wieder mit ihr sprechen, um ihre Absichten betreffs einer Heirat zu erfahren; und finde ich sie dazu geneigt, so werde ich keine andere Heirat zugeben als mit dem König von England, meinem Bruder.«

Der Leichnam Philipps war ein Hindernis für das eheliche Wohlbehagen, weshalb Heinrich diese Heirat mit der linken Hand verfolgte, während er mit der rechten nach Margarete von Österreich griff. Margarete würde ihren Zweck genau so erfüllen wie Johanna. Durch Heirat mit Margarete vereinigt, würde er Philipps Erben, dem zukünftigen Karl V., der 1500 geboren war, sehr nahestehen. Margarete war begehrenswert und sah gut aus. Sie war aber auch tüchtig und vernünftig. Sie wußte genau, was für eine Partie man ihr anbot. Ein ältlicher Käufer betrachtete sie, wie ein Juwelenhändler einen Diamanten kauft, eine adelige Witwe einen Schaffner prüft, eine Bäuerin ein Stück Wollstoff betastet. In all seiner List, seinen Teller bespeichelnd, obwohl jede Schüssel ihm aus der hornigen Hand gerissen wurde, hatte Heinrich keine Ahnung von der Verachtung, die sein aufgeschlagener Blick erregte. Er war ein König. Er hatte das Parlament dahin erzogen, ihm auf Schritt und Tritt zu folgen. Er hatte die Yorkisten ausgerottet, um seine Ansprüche zu sichern. Er hatte mit einer Frau, deren Wahlspruch lautete: »Demütig und reuig« seine Familie erzeugt. Er konnte sich nicht im mindesten vorstellen, welchen Eindruck er auf die sprühenden und leidenschaftlichen Frauen machte, die wie Margarete und Marguerite die zivilisierten Geschöpfe des königlichen Europa waren. Und doch waren die Schwierigkeiten, die sie ihm machten, kaum so ernst zu nehmen wie das schüchterne Zögern des habgierigen Menschen selbst.

XIV

Trotzdem verhandelte er. Und der glänzendste Vorfall bei seinen Verhandlungen wurde durch einen jungen Priester ermöglicht. An seinen Hof kam ein Kaplan von geringer Bedeutung, ein großgewachsener, blonder Mensch Anfang der Dreißig, Thomas Wolsey von Ipswich, der Sohn eines Schlächters und Viehhändlers. Er las jeden Tag vor Seiner Majestät im Privatkabinett die Messe und trat so in Berührung mit seinem Herrn, aber natürlich gewann dieser Wolsey oder Wulcy durch seine Stellung als Kaplan keine Bedeutung. Wolsey war sich jedoch genau bewußt, daß er an der obersten Quelle der Macht in England stand, und er war von Natur aus äußerst gewandt. Am frühen Morgen noch ein guter Priester, wurde er beim Frühstück ein Höfling und »suchte die auf, die im Rate am meisten zu sagen hatten und beim König am meisten in Gunst zu stehen schienen«. Eines dieser schnellen, mutigen, energischen Wesen, deren Wille von unsichtbaren Peitschen angetrieben wird, machte er sich dem Bischof Fox und Lovell nützlich, bewies ihnen, wie »geeignet und geschickt« er war, und behandelte sie mit samtener Ehrfurcht.

Der König hatte eine Botschaft für Margaretens Vater, wegen der er auf seine gewöhnliche Weise mit Fox und Lovell Fühlung nahm. Es handelte sich nicht nur um den Brief, sondern um den richtigen Boten. Beide ältlichen Räte empfahlen den trefflichen Kaplan in einem Atem. Heinrich ließ ihn kommen, befahl ihm, seine Depeschen nach Flandern zu bringen, und fügte seine Weisungen hinzu.

Dies war der Augenblick, auf den der Kaplan gewartet hatte. Er verließ Richmond zu Mittag, erreichte in Gravesend um vier Uhr die Barke, war am nächsten Morgen früh in Dover, erwischte ein Boot nach Calais, traf nach drei Stunden dort ein, reiste unverzüglich ab und war nachts beim Kaiser. Maximilian, der letzte Ritter, ließ ihn sofort vor sich kommen. Wolsey, der vor Begierde glühte und durch Hoffnung geschärft war, gewann Maximilian auf alles ein Ja ab, erreichte ohne den Aufenthalt eines Augenblicks Calais am Abend, Dover um zehn Uhr in der Frühe und war nachts in Richmond. Dort überschlief er sich's.

Als ihn der König am nächsten Morgen, im Begriff von seinem Schlafzimmer zur Messe zu gehen, zu Gesicht bekam, rief er aus: »Warum habt Ihr Eure Reise nicht angetreten?«

»Sire«, erwiderte Wolsey, »so es Euerer Majestät gefällt, habe ich den Kaiser bereits gesehen und Eure Angelegenheiten bereinigt, wie ich hoffe, zur Zufriedenheit Eurer Majestät.«

»Und der Bote, den ich Euch nachsandte?«

»Ich traf ihn unterwegs, Sire«, sagte Wolsey. »Und ich war so kühn ihn auf eigene Verantwortung zurückzusenden, Eure Majestät. Und soweit ich den Auftrag Eurer Majestät überschritten habe, bitte ich demütigst um gnädige Verzeihung und Entschuldigung.«

Heinrich freute sich im Stillen; er zeigte kein Erstaunen, sondern sagte: »Nicht nur verzeihen Wir Euch, sondern Wir statten Euch Unseren königlichen Dank ab, sowohl für Euer Vorgehen, als auch für Eure gute und geschwinde Tat.« Worauf Wolsey, dessen Kopf vor Aufregung schwindelte, sich bemühte, die Messe zu lesen.

Die Ratgeber taten sich nicht wenig darauf zugute. Wolsey erzählte seine Geschichte vor dem Rat mit solchem Ernste, daß seine Klugheit und besonders seine Schnelligkeit ihnen den Atem benahm. Er wurde sofort zum Diakonus von Lincoln bestellt, und später zum Almosenmeister des Königs. Seine Laufbahn hatte begonnen.

XV

Katharinas Frater Fray Diego hatte weniger Glück. Je enger Heinrich sich an die Habsburger anschloß, desto strenger betrachtete er Katharina. Man fing an sich zu erzählen, daß Katharinas Beichtvater sich in die Politik mische. »Ich schwöre beim Leben Eurer Majestät«, widersprach Katharina in einem Briefe an ihren Vater, »und dies ist der höchste Schwur, den ich leisten kann, daß dies nicht der Fall ist.« Der Hof lauschte jedoch voll Hohn. Auch der spanische Frater hatte in einem Vorfall eine Rolle gespielt. Der König hatte seiner Tochter Marie befohlen, auf Katharina zu warten und mit ihr nach Richmond zu reiten. Während die junge Marie wartete, kam der Frater zu Katharina und sagte ihr: »Heute sollt Ihr nicht fort.« In der Nacht hatte Katharina, wie der Frater wußte, Brechanfälle gehabt. »Aber ich bin gesund«, sagte sie, »ich möchte nicht allein hier bleiben.«

»Und ich sage Euch, daß Ihr bei Gefahr einer Todsünde heute nicht fort dürft«, wiederholte er.

Die Prinzessin behauptete, sie sei gesund, aber Fray Diego war so hartnäckig, daß sie schließlich nachgab, um ihn nicht zu verstimmen.

Jeder, der Katharina bei der Messe und bei Tisch gesehen hatte, teilte dem König den Vorfall mit und bedauerte die Tatsache, daß die arme Marie, die auf Katharina gewartet hatte, zwei Stunden aufgehalten worden war. König Heinrich selbst, der mit Katharina böse und doppelt erzürnt auf sie war, weil sie den Heiratskontrakt zu sehen verlangt hatte, knurrte ihr zu, der Beichtvater sei ihr Liebhaber.

»So weit ließ er sich hinreißen«, schrieb die zitternde Katharina an ihren Vater. Aber der alte Bauer konnte sie nicht beugen; er konnte sie nur hungern lassen. »Im Hause des Königs«, äußerte sie mit Bitterkeit, »würden sie keinem Speise geben, und wenn er im Sterben läge.«

Die spanischen Adeligen waren entrüstet über Katharinas Widerstand, aber seit der Ankunft ihres Beichtigers war sie nicht mehr die Verbannte, die um Hilfe flehte. Diesem Wesen lag die zähe Einbildung, die Starrheit und Unbeugsamkeit zugrunde, die in dickköpfigen, eigensinnigen Naturen durch Enttäuschung stets hervorgerufen wird. Nur ein Eingehen auf ihre Treue konnte einen Charakter wie den Katharinas erheben, nur Sonnenschein ihn zur Süße reifen lassen. Zu lange hatte sie um die Sicherheit ihrer Heirat mit Heinrich gezittert. Die sieben Jahre unter dem kalten Schatten des englischen Hofes konnten ihre Grundsätze nicht untergraben, sie weder gemein noch findig machen. Sie stärkten ganz einfach ihren trotzigen Glauben an sich selbst und ihr animalisches Mißtrauen gegen alles, was von ihr verschieden war. Sie glich endlich einem steinernen Turm ohne Fenster, dessen Tür hoch oben sitzt. Sie war nicht unbezwinglich wie ihre von Intelligenz strahlende Mutter. Sie war in ihrer Passivität unerbittlich. Ihre Überzeugungen, die so lange Zeit nach innen gedrängt waren, wieder aus ihr herauszubekommen, lag nicht einmal in der Macht ihres Beichtvaters. Sie besaß außerhalb ihrer selbst keine Hilfsmittel, weder die Gabe zu entwaffnen oder zu erweichen, noch Nachgiebigkeit oder Takt. Belagert konnte sie werden, aber sie war eine Natur, die an sich glaubte, die hielt, was sie versprach, und sich nicht ergeben konnte. Kein Ausfall konnte sie retten, kein Mauerbrecher sie zerstören. Katharina war in ihrer eigenen vierschrötigen Selbstgerechtigkeit gefangen. Sie forderte ihre Umgebung auf, sich ihr anzupassen, und wenn sie eine Absage erhielt, hielt sie die Belagerung aus, bis ihre Mauern zu ihrem Leichenstein wurden.

XVI

Der Jüngling, für den Katharina bestimmt war, hatte nicht mehr die Sorglosigkeit eines Knaben. In wenigen Jahren war er zu einem erstaunlichen Manne erwachsen, der sechs Fuß maß, wenn auch noch nicht sechs Fuß und vier Zoll, und zugleich mit dieser Größe auch Stärke versprach. Von dem älteren Tudor, der sich ins Grab hustete, wandten sich die Augen der aufmerksamen Engländer unwiderstehlich dem jüngeren zu. Hier war wirklich ein Gegensatz zwischen Sproß und Erzeuger.

Wenige wußten besser als die Ratgeber des Königs, wie schlau er regiert hatte. Die Besten unter ihnen waren vor vierundzwanzig Jahren mit ihm aus der Verbannung heimgekehrt. Von seinen ersten Anfängen aus der Niedrigkeit empor hatten sie treu an ihm festgehalten. Hätte er versagt, er wäre ebenso lächerlich geworden wie ein Lambert Simnel oder ein Perkin Warbeck, oder so unbekannt wie ein Warwick oder ein Edmund Pole. Aber er hielt durch. Er hatte sich um glänzende Abenteuer nie gekümmert. Er hatte es vorgezogen, dem Lauf der Täler zu folgen, den Staub des Alltags zu schlucken, niederträchtige Verträge abzuschließen, Intrigen auf lange Sicht anzuzetteln und den schmählichsten Frieden anzunehmen, den Handel zu begünstigen, aber durch Empson und Dudley seine Untertanen zur Ader zu lassen; mit einer Hand die Beute zu ergreifen und mit der anderen den Widerspruch des Rechts zu ersticken, nicht so sehr ein König wie ein Marketender, oder im besten Fall der Vorläufer eines Königs. Und doch lag für ihn Musik im Traben der schmutzigen Hufe und im Ächzen der Räder. Der Zug der Maultiere war länger und länger geworden, die Last des Schatzes schwerer, der Staub süßer. Und für den Fall, daß Gott erzürnt war, schlug sich der ältere Heinrich auf die Brust, sprach »mea culpa«, zahlte für ein Hospiz und bestellte das herrlichste der Grabmäler.

Von einer Weisheit dieses Schlages wandten sie sich dem Sohne zu. Er war von anderer Art als der Vater in Pantoffeln. Sie sahen ihn bei Spiel und Sport, erhitzt von seinen Siegen bei einem Wettkampf um den andern, mit Schmeichelei von seinen Kameraden überhäuft, seine Börse offen, um zu wetten oder Almosen auszustreuen. Viele Augen achteten auf ihn: die vorsichtigen, die kühnen, die ängstlichen, die hoffnungsvollen. Seine Kindheit war, wie seine Großmutter wußte, vorbei; aber nicht die Zeit der Überwachung. War er eigenwillig? Ließ er sich leiten? Hatte er Charakter? Hatte er Verstand?

Niemand, am wenigsten der Vater, konnte an der Haltung des Jünglings anders als Gefallen finden. Er ließ sich in keinem Sinn durch mittelalterliche Grenzen beschränken. Er stand auf einem höheren Ausgangspunkt und nahm neue Gegenden in sich auf. Die traurige, graue Seite in der steifen Handschrift seines Vaters erkannte er beim ersten Hinsehen. Er wandte sich schnell bunteren Seiten zu, goldenen Initialen und rosenfarbenen Marginalien, die sich der Renaissance öffneten und die neue Gelehrsamkeit behandelten. Aber es war nicht nur die Lebensfreude, die ihn anzog. Die Zeit der Hofmeister war vorbei, nicht aber der Tag der immer erneuten Leistung. Er hatte die französischen Manuskripte, die sein Vater Caxton geschenkt hatte, entführt; er kannte seinen Malory, seinen Froissart. Er erntete die Weisheit älterer Höfe. Aber ihm bedeutete höfisches Wesen nur den schönen Einband eines der Staatskunst geweihten Lebens, und diese Staatskunst bestand aus Beherrschung, aus Beherrschung des Körpers, des Geistes, des Rates, der Kultur. Mit einer fast ängstlichen Begierde und einer fast drolligen Jugendlichkeit machte er sich mit dem Leben von allen Seiten vertraut. Während er voll Belustigung und Verachtung auf die Beschränktheit des Vaters zurückblickte, konnte die Generation seines Vaters nicht darüber ins reine kommen, ob sein Fortschritt schwindelnd und oberflächlich oder blendend und imposant sei. Allen sichtbar vervollkommnete er sich sowohl für die Gesellschaft als für die Monarchie, aber erst wenn er sich lebhaft irgend jemand zuwandte, dem er zu gefallen wünschte, enthüllten sich seine ganzen Möglichkeiten, wie eine Frühlingslandschaft, die plötzlich von Sonnenschein überströmt wird. In solchen Augenblicken vereinten sich seine körperliche Kraft, seine eigenartige Unruhe und Ungewißheit, seine tatsächliche physische Rastlosigkeit zu einem Ganzen, und es begann eine überzeugende Wirkung, die einen gleichzeitig persönlichen und schüchternen Reiz ausübte. Dieser Reiz wankte, wenn man ihm Widerstand leistete. Er brach vor und zog sich zurück, wenn die Aussicht nicht günstig war. Aber Heinrich besaß ihn. Er konnte ihn sogar gelegentlich großartig verschwenden. Die Offenheit seines Blicks und die Wärme seines Lächelns waren seine körperlichen Zeichen, aber er war außerdem eine innere Beseeltheit, die Beseeltheit einer jungen Seele, die sich öffnet, wenn sie sich begriffen und anerkannt weiß. In solchen Stunden war er mehr als der junge Prinz, der sich vor dem Spiegel aufbläht. Er war die innere Wesenheit seines England, die Seele, die England bejahte, der Wächter seines Gewissens, der Schutzherr seiner Interessen, sein wirklicher König.

Und Heinrich war für sein Königtum nicht unvorbereitet. Obwohl man nicht wissen konnte, wie ähnlich er mit seinem schönen Körper und lebendigen Blicke seinem Großvater Eduard sein würde, obwohl er Compton und Brandon zu seinen Vertrauten zählte und mit den Boleyns scherzte, sah seine aufmerksame Großmutter Margarete Beaufort in der großen Anspruchslosigkeit und Niedrigkeit dieser Beziehungen gerade eine Sicherheit dagegen, daß sie ihn je gänzlich in Anspruch nehmen würden. Wenn er seinen Kopf eilends hob, auf der Lauer wie ein schnellhöriges Tier, dann geschah es als Erwiderung auf eine Frage, die die Staatskunst betraf, auf ein Wort über das Papsttum, die Rechtsprechung, die Sternkammer. Und im Glauben, der der ehrwürdigen Margarete alles bedeutete, war er gehorsam wie ein Kind. Er war ausgesprochen fromm. Er widmete sich dem Ritual mit richtigem Eifer. War sein Geist aufnahmebegierig, so war er doch nicht skeptisch oder unsicher. Mit siebzehn oder achtzehn war er über das Gewohnte hinaus konservativ. Außerhalb der Staatskunst und des Sports war er sicher festgelegt.

Und doch konnte ein Blick auf den jungen Prinzen, der, das Bild der Gesundheit, bereit war, in den süßen saftigen Pfirsich zu beißen, den das Leben ihm reichte, nur die Erwartung, die glückliche oder unglückliche Erwartung, einer Veränderung erwecken. Sein Vater hatte erworben; er würde ausgeben. Sein Vater hatte eingeschränkt; er würde erweitern. Sein Vater hatte verschlossen; er würde öffnen. Zwischen dem alten Mann und dem jungen stand eine schweigende, stillverstandene Erbitterung. Wie weit er im Verschwenden der aufgehäuften Schätze des Geizhalses gehen würde, konnte niemand voraussagen; aber Heinrich VII., an dessen erstarrten Zweigen die vergilbten Blätter noch in welker Fülle hingen, konnte nur als abgeschlossenes Kapitel erscheinen, wenn man sich dem jungen Heinrich zuwandte, der im Überfluß grünte, gekrönt von der geschlossenen Knospe des Versprechens und reich am Safte der Jugend.

XVII

Bis zum Jahre 1509 blieb Heinrich übermächtig. Katharinas Eigensinn hatte nur die Folge, daß Heinrich und Ferdinand an einen toten Punkt kamen und Leidenschaft erzeugt wurde. Im Jahre 1508 waren Ferdinand, Ludwig und Papst Julius II. zu der einfachen Feier der Aufteilung Venedigs zusammengekommen und diese Leistung machte Ferdinands Ton noch hochfahrender. Er schrieb: entweder müsse der junge Heinrich Katharina heiraten, oder er würde mit einer Armee erscheinen und die Engländer züchtigen. Diese Drohung erledigte nichts, da der ausgediente Heinrich noch immer über seine eigene Wiederverheiratung grübelte. Aber ihm war anderes bestimmt: im Jahre 1509 nahm ihn der Tod beim Kragen, und er vereinigte sich wieder mit Elisabeth der Guten.

Als er fühlte, daß der Tod herannahte, fing er an sich zu fürchten. Er war erst zweiundfünfzig Jahre alt. Er hatte zu Unserer Lieben Frau von

Walsingham und zu Thomas von Canterbury Wallfahrten unternommen; er hatte das Savoy-Spital für hundert Kranke aus der unzähligen Menge jener, die kein Spital hatten, gestiftet. Als er im Sterben lag, keuchte er seinem Gefolge zu, »wenn es Gott gefiele, ihn am Leben zu lassen, würden sie einen veränderten Menschen in ihm finden«. Aber seine Tuberkulose war schon zu weit vorgeschritten.

Er hauchte am 21. April den Geist aus. Aber erst am 9. Mai wurde er von Richmond nach Westminster gebracht. Die Zwischenzeit war nicht zu lang: man mußte eine Wachsfigur von ihm anfertigen und mit Staatsgewändern bekleiden, die während der Beisetzung auf dem Sarge liegen, den Reichsapfel und das Zepter in ihren Drahtfingern halten und später unter den Wachsbildnissen in der Westminster-Abtei ihren Platz finden sollte; man mußte sich den schwarzen Goldstoff für den Leichenwagen verschaffen; Chor und Geistliche mußten eingeübt, in London für die kleinen Kinder, die Wachskerzen halten sollten, Estraden erbaut werden; der Bürgermeister mußte seine schwarze Robe bestellen; den großen Familien in den Grafschaften mußte Zeit gelassen werden, um mitsamt ihren Bettstellen und allem übrigen nach London zu kommen, und das Trauergewand für das Begräbnis sowie die bunten Kleider für die Krönung, ihre Banner, Fahnen, Waffen, Wappen mitzubringen – der Apparat, mit dem Könige verschwinden und auftreten, mußte für eine dankbare Welt organisiert werden, und inzwischen mußte sich der junge Heinrich in den Tower zurückziehen, damit Jubel über den jungen König nicht die Trauer um den alten hemme.

Auf seinem Totenbette hatte Heinrich VII. seinem Sohne mit quäkender Stimme Klugheit angeraten und ihm das Versprechen abgenommen, Katharina von Aragon zu heiraten. Er hinterließ eine Stiftung, für deren Betrag für seine Seele Messen zu lesen waren, bis die Welt untergehen würde – nach den Berechnungen des Christoph Columbus sollte das in 155 Jahren eintreten.

Das Begräbnis war königlich. Es gelangte zur erwartungsvollen Hauptstadt durch Southwark, kreuzte die Parks der Adeligen, die neuen Häuser der reichen Kaufleute, die lustigen Kneipen, das Hurenviertel, den kleinen Friedhof der namenlosen Frauen. An der London Bridge empfing der Bürgermeister den Zug unter Bedeckung der Stadtsoldaten, und aus jedem Torbogen und Loch in der Stadtmauer von London krochen seltsame Beutelschneider und Taugenichtse, die sich unter die ehrlichen Schiffer von Stadttor und Hafen, die korpulenten Fuhrleute und ihre Hausfrauen, die sonnverbrannten und muskulösen Seeleute mischten. Die stolze Prozession wandte sich fort von der Themse und stieg zu der großen gotischen Kathedrale von St. Paul bergan. Überall waren die Häuser von Kerzen erhellt, und durch den engen, glühenden Kanal dieser dichten Straßen murmelten und sangen die Leidtragenden hinter dem Wagen her, der über das unebene Pflaster holperte. Die drosselartigen Stimmen der Knaben und die elsterartigen der Geistlichen stiegen und fielen in einem vielfachen Jargon, der durch das Himmelsgewölbe gedämpft wurde. Tausende von Trauernden in weichen Schuhen tappten Reihe um Reihe hinter dem Sarg mit dem wächsernen Bildnis her, während das Flackern und der Rauch von sechshundert Fackeln sich mit dem Leichenwagen bewegte und tanzende Schatten in die verzückten Augen der Londoner warf.

Das großmütige Herz Londons machte dem Dynasten, der seinem Grabe zustrebte, keinen Vorwurf. Noch kein Reich innerhalb eines Reiches, aber bereits der Anwärter auf eine eigene Seele, konnte London seinen König mit Gleichmut betrachten. Er trug bereits die verhüllende Würde, die der Tod verleiht. Neugierige, nüchterne, beleuchtete Gesichter spähten durch die Glut nach dem unendlichen Pathos des gemeinsamen Geschicks. Der bleichsüchtige Botengänger, der stämmige Brauer, der Schuster, der magere Schneider, der Grobschmied, der Gerber, der Küfer, der Barbier, der deutsche Kaufmann vom Stahlhof, der französische Sticker, der flämische Weber, der Steinschneider aus Italien, die gedrängten Urlondoner Lehrlinge mit ihren spizent Nasen und schnellen Zungen, sie waren heiß und zuckend zu einer empfänglichen und neugierigen Masse geschweißt. Selbst im Tode hielt der Monarch noch die Herrschaft in Händen.

Während die Menge sich an die Fersen des sich schlängelnden Zuges heftete, der bald in klangvollem Latein erdröhnte, bald in rauchigem Rot erglühte, öffnete St. Pauls Kathedrale ihre weiten Arme, um den Leib eines Königs zu empfangen. Langsam zog sie die Wogen des Lebens an ihre Brust. Langsam gewann der Frühling in den fernen Gassen unter Tower Hill und bei der Themse seinen Frieden wieder, daß die Straßen in sinnender Leere dalagen. Von den Wiesen um Finsbury kam ein frischer Wind. Wieder waren die verlassenen Häuser im Licht des Abends, dem matten blauen Kristall, gebadet. Blaue Schatten bespülten die schwarzbalkigen Wände. Über einem strohgedeckten Dach ging ein Stern auf. In der Kathetrale waren sie wohl beim Beten. Morgen würden in Westminster die hohen Würdenträger ihre weißen Stäbe zerbrechen und sie in Heinrichs Grab schleudern... Und wenn alle Könige begraben waren, würde immer noch eines Abends der Monat Mai erscheinen und in einer Londoner Straße von Ewigkeit flüstern.

ZWEITES BUCH
HEINRICH UND KATHARINA

Fürsten heiraten nicht aus Liebe: nur um Kinder
zu zeugen nehmen sie Frauen.

Mercurino Gattinara

I

Heinrich VIII. war bis in den Tower von London gelangt. Während der alte König inmitten einer Glut von Kerzen, vom Schweigen des Todes umgeben, in seinem Sarge lag, entfernte sich der junge König dorthin, wo die Erregung am höchsten war. Zur Zeit summte sie erst noch, aber sie wartete nur das Ende des Begräbnisses ab, um in stürmischen Beifall auszubrechen.

Der Beifall würde ein nationaler sein. Das ganze Reich außerhalb des Rates pulsierte von Heinrichs Jugend. Ein System, das unter mancher Anspannung um den Vater gekreist war, sah sich mit einem Schlag befreit und schwang rhythmisch um den Sohn. Die riesige Zahl von Engländern, die sich einer politischen Veränderung bewußt waren, fühlten, daß mit dem Tode des Vaters wirklich eine Amnestie ausgesprochen, ein veralteter Wille belebt und ein ermüdetes Herz erfrischt werden konnte. Es war der Wechsel vom Alter zur Jugend. Wogen des Willkomms rollten Heinrich von überall entgegen, wo Anerkennung gefühlt und erstrebt wurde. Die Soldaten, die Gelehrten, die Priester, die Höflinge, das Volk, die während einer mißgünstigen Regierung verdurstet waren, sehnten sich nach dieser Spendung und gaben sich ihr hin, noch ehe der oberste Herold laut ausrief: »Vive le Roy Henry le Huitième!«

Der Jüngling, auf den all diese Hoffnungen sich vereinigten, und dem man all diese Macht zuschrieb, hatte im Tower seine Ratgeber getroffen. Er war hingekommen, wie alle Könige hinkamen, um sich für seine Krönung vorzubereiten.

Er wohnte im White Tower. Es war kein festlicher Aufenthalt. Obwohl eifrige Hände ihn geziert hatten, frisches Stroh auf dem Boden lag und Tapeten an den Wänden hingen, der Bankettsaal aufgeputzt und das Ratzimmer ausgeräuchert war, wußten diese dicken Mauern doch um Geheimnisse, die keine Tapeten verbergen konnten. Die Vergangenheit spähte düster von Decken und hohen Fenstern, tropfte zu Augenblicken des Schweigens und sammelte sich unter dem sinnenden Auge zu kleinen Lachen blutroter Erinnerung. Hier waren Heinrichs Onkel als Knaben für seinen Großonkel ermordet, ihre Leichen unter den Treppen, die er betrat, versteckt worden. Unter diesen Fenstern hatte sein Vater Warwick geköpft, hier sein Großvater Eduard Heinrich VI. umbringen lassen. Solcher Art waren die Erinnerungen, die im Tower lauerten. Und doch wurde ihr Aroma, das zu stark war, um ausgelüftet zu werden, für Heinrich von berauschendem Weihrauch erstickt. Er war in den Tower gekommen wie zu einem monarchischen Sakrament. Heimtückisch durch Meuchelmord, beladen mit Verrat, geschärft von Martern, trug er doch bei allem Düster und aller Verworfenheit in seinem dunklen Busen noch anderes als das Verbrechen: er sprach von Mitteln, die man weißglühend ergriffen, von schrecklichen Gefahren, die man überwunden hatte; er hielt die Axt der Autorität bereit, die Waffen des Königtums, die erste und letzte Auskunft einer Monarchie, die sich in Gefahr sieht. Er war finster, aber beruhigend; widerwärtig und schön zugleich. Die berauschende Mischung aus seinem Schrecken und seiner Pracht prickelte in Heinrichs Adern als der neue und wunderbare Wein der Macht.

II

Er stand unter seinen Räten, die er alle überragte, breitschultrig, erhitzt, stark parfümiert, leicht schwitzend, höflich gegen jedermann, doch mit Abstufungen, wie es sich für einen König geziemt.

Der Rat, der sich um ihn versammelte und von seiner weisen und unerschrockenen Großmutter ausgesucht war, stellte in Wirklichkeit sein Kabinett vor. Es hatte von dem neuen Monarchen keine so einfache oder begeisterte Meinung wie die Außenwelt. Dies waren die Ältesten; vorsichtige, gereifte Männer, die an den Vater, an sein weitblickendes Tempo, seine schlauen Berechnungen, seinen trockenen Witz gewohnt waren. Manche waren Soldaten, andere Geistliche. Margarete Beaufort war nicht zum Alten Adel gegangen. Sie hatte ihre Auswahl unter erprobten Anhängern der Tudors getroffen, und sie hatte in Heinrich das Mißtrauen gegen den alten Adel gesät, das sie gelernt hatte, bevor die Schlacht von Bosworth entschieden und Richard III. getötet war. Niemand konnte an der Treue seines Kabinetts zweifeln; die Zeit der Bürgerkriege war vorüber. Aber die Zeit der nationalen Kriege war nicht vorüber, und alles drehte sich darum, die Zugbrücke zu Heinrichs Absichten zu finden. Er war ein prachtvoller Jüngling. Aber wenn ein Knabe von achtzehn Jahren zum reichsten Manne von England, zu einem der reichsten der ganzen Welt wird, das Ziel jedes Abenteurers, der Magnet jedes Plänemachers und Träumers, der Lenker von Geschicken, dann werden politische Zusammenstöße unvermeidlich. Man konnte sie vor Heinrich nicht verbergen. Gestern war er vielleicht noch ein knabenhafter Prinz gewesen; heute war er das Haupt einer Nation. Sobald sich irgend etwas noch so leise um ihn regte, war sofort ein unmittelbares, bereites Aufmerken an ihm zu spüren. Seine Ohren waren offen, seine weißen Wimpern zuckten. Seine Achtsamkeit war übernatürlich. Aber er war eine Achtsamkeit ohne Verwirrung; er war bereits der junge Herrscher, der seine Welt richtig abschätzte.

Die Männer, die ihn am richtigsten beurteilten, waren die Soldaten. Keiner von ihnen hatte einen besonderen Einfluß auf ihn, und er legte sich nicht fest; aber ein einziger Blick auf seine wunderbare körperliche Form, seine blühende Gesichtsfarbe, sein offenes, doch ruhiges Lächeln, ließ jeden sagen: »Aus ihm könnte man einen Soldaten machen!« Die ihn am besten kannten, wußten außerdem, daß er einige wenige einfache und vierkantige Vorurteile besaß. Körperlich ganz augenfällig der Normanne, verachtete er doch die Franzosen wie nur irgendein englischer Schuljunge. Wie jeder Knabe hatte er für den Sport eine religiöse Verehrung. Er fürchtete sich vor Frauen. Er wußte, daß er, um ein altes Wort zu gebrauchen, eine ehrliche Haut war. Er war bereit, Gott anzubeten und seine eigenen Ziele mit denen Gottes gleichzusetzen.

Trotzdem war der jugendliche König nicht durchsichtig. Wenn er die Macht, die ihm von allen Seiten zugeschrieben wurde, wirklich besaß, so zeigte sie sich nicht in einer Raserei der Überzeugungen. Die Soldaten wußten, daß er von Kindheit an frisch und kräftig gewesen war. Die Prälaten wußten, daß er zum Erzbischof von Canterbury erzogen war, seit sein Vater zuerst das Wesen der Kircheneinkünfte entdeckt hatte. Welches war der wirkliche Kern von Heinrichs Wesen?

Im Augenblick hätte er selbst es kaum sagen können. Er fühlte, daß England sich nach ihm sehnte, und das erweckte in ihm großherzige Empfindungen. Er wußte, daß sein Volk eine Monarchie wollte, die von der seines Vaters ganz verschieden war; er wußte das um so besser, als auch er sie wollte. Er hatte seine Mutter geliebt, aber die Gemeinheit, mit der sein Vater regierte, hatte ihn gedemütigt. Er hatte die schlaue Sanftmut des Alten gehaßt, seine Habgier mißbilligt, unter dem Mangel an Volkstümlichkeit, der sich von Empson und Dudley herschrieb, gelitten. Die Rückständigkeit, das Provinzlertum, die stickige Luft des englischen Hofes hatten seinen Verdruß und seine Ungeduld gereizt. Das war kein Geheimnis. Heinrich VII. in dem lyrischen Grab der Westminsterabtei zu bestatten, würde keinem eine so große Erleichterung bedeuten wie seinem Sohn, der sich nach Pracht und Herzlichkeit sehnte, der die Schranken niederzureißen und die große Prozession anzuführen wünschte. Ein Geizhals, heißt es, ist das Wehr quer über dem Fluß, das die Strömung aufhält. Für Heinrich war das Wehr zerfallen, und er war bereit, den goldenen Strom zu entfesseln.

III

Es war der Augenblick, nach dem Katharina sich Tag und Nacht gesehnt hatte. Sie war nun vierundzwanzig. Auf seinem Totenbett hatte Heinrich den Sohn gedrängt, die Heirat zu vollziehen, und alles hing vom Rat ab. Soweit Katharina in Frage kam, wußte der junge Mann, daß sie sich nichts Besseres wünschte als ihn zu heiraten; was ihn selbst anging, so fühlte er, daß der Instinkt hier von geringerer Bedeutung sei, und hatte nicht die Absicht, die Sache weiter hinauszuziehen. Der Altersunterschied würde sich durch den Ablauf der Zeit nicht ändern. Er wußte, daß Katharina mit seinem Bruder vermählt gewesen war, und er wußte auch, daß die Folgerungen aus Leviticus und Deuteronomium sich seit dem Jahre 1502 nicht gewandelt hatten, aber die Hochzeit war lange in der Schwebe gewesen,

Ferdinand wurde dringend, die Franzosen standen in Italien, die Krönung sollte stattfinden.

Die Meinung des Rates war geteilt. Die Soldaten waren mit ihrem Entschluß schnell fertig. Surrey, ein tüchtiger Krieger der alten Schule, der zähe und fähige Poynings, der treue und verständige Shrewsbury, der alte Lovell, Darcy, Wyatt, Marny und Herbert warfen alle ihr edles Metall gegen den altgewohnten Feind Frankreich in die Waagschale. Bischof Fox und Winchester waren immer für die Heirat gewesen, während Ruthal von Durham, ohne Bedeutung abgesehen von seinem ungeheuren Reichtum, sicher mit der Mehrzahl gehen würde. Nur der Erzbischof von Canterbury widersprach. Er war ein Freund Frankreichs und vertraute auf die väterliche Politik der Sparsamkeit und des Friedens. Er war für die Krone tätig gewesen, bevor Heinrich auf der Welt war, ein geschickter und einflußreicher Unterhändler, der die Reliquien des Heiligen Thomas liebte, während er es gleichzeitig fertig brachte, Erasmus auf milde Art zu protegieren. Er wehrte sich gegen die Heirat und griff den Dispens des Papstes an. Aber Warham war kein Herkules, und so wurde Warham überstimmt.

Von seinem Instinkt und dem positiven Gefühl für die wirklichen Kräfte seines Rats getrieben, kam Heinrich der Opposition entgegen, sobald sie sich isoliert sah. Es war das erstemal, daß er sich moralischen Skrupeln gegenübersah, die mit der Politik in Widerstreit geraten konnten, und er sparte keine Mühe, den Erzbischof zu überzeugen, wieviel auf loyale Zusammenarbeit ankam. Er hat Warham jedenfalls unter vier Augen gesprochen. Er wußte so genau, was er selbst wollte, brachte seine Gründe auf so natürliche Weise vor, überwand die fremde Meinung auf so liebenswürdige Art, daß der Erzbischof es nicht über sich brachte, ihm Widerstand zu leisten. Als er sich dem Willen seines Herrn beugte, besiegelte Heinrich die Angelegenheit, indem er ihn bat, die Zeremonie selbst auszuführen. Nochmals gab Warham nach.

Mit einem Mangel an Rücksicht auf die öffentlichen Erwartungen, die durch seine Trauer entschuldigt wurde, aber in Wirklichkeit einer sonderbaren Unaufrichtigkeit entsprang, ließ Heinrich Vorbereitungen für eine geheime Hochzeit treffen. Er brachte Katharina nach der Kapelle der Observanten Franziskaner, die sie beide vorzogen, und wurde dort unter Ausschluß der Welt von Warham in den ersten Tagen des Juni mit ihr verbunden.

Für Katharina bedeutete das keine Selbstentäußerung. Obwohl sie das lang ersehnte Gelobte Land nur durch eine Seitenpforte betrat, sah sie in ihrer Heirat mit Heinrich ihre Rechtfertigung und ihr Glück. Sie blickte mit Stolz zu ihm empor und mit Liebe auf ihn nieder. Er schien ihr jung, lenkbar, und von rührender Unreife. Und war die Hochzeit geheim gewesen, so würde die Krönung nicht geheim sein. Königin Katharina stürzte sich mit funkelnden Augen und geschäftigen Händen in alle Einzelheiten.

IV

Zwischen den Männern der neuen Gelehrsamkeit herrschte Brüderschaft im besten Sinne. Sie besaßen Weite, Weisheit, Lebenslust, Unschuld des Geistes, und eine fremdartige, ritterliche Unabhängigkeit. Sie hießen Heinrich über die Maßen willkommen. Linacre hatte ihn lateinische Grammatik gelehrt (in sechs Wochen). Erasmus hatte mit ihm Briefe gewechselt. John Colet rechnete auf seine Hilfe für die Griechen und gegen die Trojaner. Bischof Fisher sah in ihm eine erfreuliche Veränderung gegenüber dem älteren Monarchen, der sich mit einem kriecherischen Realismus, einem schaumschlägerischen Geschichtsschreiber und Tanzbären begnügt hatte. Und Thomas More begrüßte ihn in einem Gedicht, das er mit Juwelen besetzen und auf Pergament übertragen ließ.

Katharinas Kämmerer Mountjoy jedoch, der sofort an Erasmus nach Rom schrieb, er möge eilends nach England kommen, konnte von Heinrich mit mehr als glücklicher Erwartung sprechen. Er sprach aus seiner Kenntnis Heinrichs.

Heinrich hatte Mountjoy plötzlich sein Herz geöffnet und ihm anvertraut, wie wenig Gelehrsamkeit er besaß. Latein konnte er ziemlich gut. Die Tröstungen des Boëthius lagen auf seinem Nachttisch. Er hatte Theologie studiert. Er war von Duns Scotus zu Thomas von Aquino entronnen. Aber der Pfad, den Erasmus emporstieg, verwirrte und eine Welle jugendlicher Niedergeschlagenheit erfaßte ihn, als er an den Abgrund zwischen sich und den Gelehrten dachte.

»Ich wünschte, ich wäre gelehrter«, sagte er Mountjoy.

Mountjoy wollte davon nichts wissen. »Das wünschen wir nicht von Euch, Majestät, sondern daß Ihr jene, die es sind, willkommen heißt und für sie sorgt.«

»Warum denn nicht«, antwortete Heinrich demütig; »ohne sie würden wir ja kaum existieren.«

Diese Unterhaltung berichtete Mountjoy an Erasmus. »Oh, mein Erasmus«, schrieb er im *style noble*, »wenn Ihr sehen könntet, wie alle Welt hier erfreut ist, einen so großen Fürsten zu besitzen, wie all ihre Wünsche nur seinem Leben gelten, Ihr könntet Eure Tränen vor Freude nicht zurückhalten. Die Himmel lächeln, die Erde jubelt, alles träuft von Milch, Honig, Nektar! Die Habgier ist aus dem Lande verbannt. Die Freigebigkeit streut Reichtum mit spendenden Händen aus. Unser König trägt keine Begier nach Gold, Juwelen, oder kostbaren Metallen, sondern nach Tugend, Ruhm und Unsterblichkeit... Entschließet Euch einzusehen, daß der letzte Tag Eures Elends angebrochen ist. Ihr werdet zu einem Fürsten kommen, der sagen wird: »Nehmt Unseren Reichtum an und werdet Unser größter Weiser.«

Erasmus brauchte wenig Zeit, um sich zu entschließen. Er war ein Europäer, der weder englisch noch italienisch sprach, sich des Lateinischen als der Zunge seines Humanismus bediente und sein Leben damit zubrachte, die Druckerpresse mit den Klassikern, die Erzieher mit liberalen Ideen zu beschenken, die Zivilisation durch den Geist zu bilden. Gebrechlich und schlank, besaß er außerordentliche Nervenkräfte. Er verfolgte seine Arbeit, gewann Bundesgenossen, gab seine Energie her, kämpfte heiter für die Wahrheit, war leicht beleidigt, und schuf, seiner Zeit weit voraus, seinen Hilfsmitteln weit überlegen, die Mode des guten Europäers. Er diente keinem bestimmten Herrn und verfügte darum über kein bestimmtes Einkommen. Der meistgekaufte Autor Europas, verdiente er doch wenig an seinen Büchern. Er hatte sich die Mittel zu einer Reise nach Rom verschafft, indem er zwei reiche Knaben unterwies und ihnen, sowie dem Sohne des Königs von Schottland – einem jugendlichen Erzbischof – den ersten Anspruch auf seine Aufmerksamkeit zugestand. Seine Reisen waren beschwerlich, aber trotz seiner schwachen Gesundheit und unterbrochenen Tageseinteilung arbeitete er unablässig und traf überall mit den Humanisten, die ihn verehrten, zusammen. Sicherlich war er nach Rom in der Erwartung gekommen, daß sich auf diesem Boden seine Hoffnungen als Priester und Gelehrter verwirklichen würden. »Die Weisheit des Schriftkundigen entspringt aus der Gelegenheit zur Muße.«

Es war ein strahlendes Rom. Helle Köpfe, schlanke Kardinäle, schöne Kurtisanen bildeten eine blendende Gesellschaft, deren Herz nach »altem Gold, jungen Mädchen, kurzen Messen« stand. Man achtete Christus weniger als ein Epigramm. Der Papst Julius II. war ein ergrauter Held, der von Kriegslust dampfte und die Franzosen haßte, die seine Michelangelostatue zu einer Kanone umgegossen hatten. Erasmus war als entzückender Gesellschafter bei Tafel höchst willkommen. Aber Erasmus war kein Nachtisch. Seine Heiterkeit war ernst. Seine Komödie war beschwert. Sein Geist konnte, ohne daß er revolutionär war, doch nie in eine schöne lateinische Vase passen.

Er erstickte, und er litt nicht geduldig. Er hatte Heimweh nach einer neuen Welt, der Art Welt, die er in Cambridge mit Thomas More, Colet, Linacre, Latimer und Grocyn besprochen hatte. Das gegenwärtige Europa, das verrückt war durch Kriege, krank von Haß, heiter aus Leichtsinn, erweckte in ihm den tragikomischen Philosophen, der als Idealist und Außenseiter geboren wird.

Als sein alter Freund Mountjoy ihn berief, gehorchte er. Er eilte nach Norden, einem begüterten Hintergrund, »Octavius« und dem goldenen Zeitalter entgegen.

V

Aber Heinrichs bevorzugte Höflinge ließen die edlen Metalle nicht für Tugend und Unsterblichkeit fahren. Mountjoy hatte es zu eilig gehabt. Diese Höflinge waren seit langem gewohnt, über Schulmeister zu lächeln. Das Ideal, das sie für Heinrich hegten, war ein anderes. Sie versuchten ihm einzuflößen, was sie nannten: »eine gewisse Größe, mit jener fürstlichen Großherzigkeit und Bereitschaft des Mutes, und unbesiegbarer Tüchtigkeit unter Waffen, die ihn von allen Menschen geliebt und geachtet machen soll, so daß er gerade in diesen Dingen berühmt und der Welt bekannt sei... er sollte voll Freigebigkeit und Großherzigkeit sein, und jedem ohne Mißgunst geben, denn Gott ist, wie man sagt, der Schatzmeister großmütiger Fürsten; er sollte prächtige Bankette, Feste, Spiele, das Volk erfreuende Aufzüge veranstalten, eine große Menge von Pferden halten, um im Kriege Gewinn, im Frieden Vergnügen zu haben: Falken, Jagdhunde, und alles andere, was zur Zufriedenheit großer Fürsten wie ihrer Völker beiträgt.«

So dachten Brandon und Compton, die Gefährten Heinrichs bei seinen Vergnügungen als Prinz. So dachte Thomas Boleyn. Es waren die Männer, mit welchen der Prinz von Wales turniert und gefochten, gerungen und am Stabe gesprungen, gejagt und gespielt hatte. Es waren die lebenslustigen Gardeoffiziere, die gesagt hatten: »Herr Lehrer, wenn du mich schlägst, schlage ich dich auch«, und die glaubten, daß »Gelehrsamkeit ein großes Hindernis und Mißvergnügen für einen Edelmann bedeutet«. Bastard, Narr, Schurke, Schlafmütze – das waren die ungezogenen Ausdrücke, mit denen sie ihre Hofmeister überhäuften. Aber wer verstand sich besser als sie auf Jagdhunde und Pferde? Von Anfang an hatten sie Heinrich mit Zerstreuungen und sich selbst mit Glücksgütern versehen. Sie gaben keine Schwäche zu, ertrugen Schmerzen, Ermüdung, schlugen kein Buch auf außer dem Stammbuch für Pferde und Hunde und nannten sich selbst mit freundlicher Miene Dummköpfe. Ihr Verstand glänzte mit völliger Helle in einem kleinen Raum. Sie liebten die unmittelbare Erfahrung, liebten das Soldatenhandwerk, verließen sich in nichts auf niemand und hatten auf die guten Dinge dieses Lebens den angemessenen Appetit. Sie hießen den neuen König nicht minder willkommen als die Intellektuellen, und sie verstanden ihn vielleicht besser.

VI

Die Krönung fand am Vorabend des Johannistages statt. Sehr groß, sehr blond, ausgezeichnet proportioniert, war Heinrich ein trefflicher Reiter. Er begab sich zu Pferde in vollem Staat vom Tower nach Westminster, wobei Warham den Salblöffel trug, um auf sein Haupt das heilige Öl zu gießen. Von seinen Schultern fiel eine Robe aus karmoisinrotem Sammet herab, die mit weißem Hermelin besetzt war. Sein Rock war aus getriebenem Golde, sein Brustpanzer erglänzte von Rubinen, großen Perlen, Smaragden und Diamanten. Katharina, demütig in weißem Atlas, »schön und wohlgefällig anzusehen«, ihr Haar lose als Zeichen ihrer Jungfernschaft, wurde auf einer prächtigen Sänfte getragen. Neun Kinder in blauem Sammet stellten, auf hohen Zeltern sprengend, Heinrichs Besitzungen dar – England, Cornwall, Wales, Irland, Gascogne, Guyenne, die Normandie, Anjou und Frankreich. Es war ein Zug, der das Auge füllte, ein Anblick aus einem Märchen, eine Schau aus einem Zauberland.

Bei Heinrichs herrlichem Anblick brauste das Volk vor Hoffnung und Freude. Er hatte seine Regierung damit begonnen, daß er die grausamen Blutsauger, die sein Vater beschäftigt hatte, verhaften ließ, und dennoch öffneten sich aus der Puppe des väterlichen Geizes seine goldenen Flügel. Das Volk konnte nur jubeln über diesen Überfluß an Schätzen, diese Fülle von auszugebendem und überflüssigem Gelde. Sie hatten schwere Zeiten durchgemacht. Sie wollten auf ihren König rechnen können, sie wollten Schutz, gesicherte Straßen für ihre Reisen, die Möglichkeit, fest zu schlafen und leicht zu atmen, sein Ohr zu erreichen, an sein Herz zu gelangen, mit ihm zu liebäugeln und ihn zu lieben. Die Geschichte der Geizhälse auf dem Thron reichte weit zurück – das gebrandmarkte Andenken Ludwig XI. mit seinem alten Filzdeckel, der draußen elf Apostel zeigte und den Geldmann verdeckte; Cosimo de Medici mit den drei Kugeln des Pfandleihers; der flüchtige Schatten Maximilians, der kaum ein eigenes Hemd besaß; Ferdinand, der mit spöttischer Miene sein Wams glattstrich und sich rühmte, daß es noch immer drei Paar Ärmel überdauern würde. Nicht nach dieser gemeinen und engen Richtung blickte Heinrich, sondern nach der Großherzigkeit, nach der Sonne. Er war im Begriff, sich mit der Renaissance zu vereinigen, den Rhythmus des neuen Europa zu übernehmen, von den Höflingen als Muster, den Intellektuellen als Bundesgenosse, den Kaufleuten als Beschützer begrüßt.

Die Königin an seiner Seite, sah der eben erst gekrönte König dieser Anhänglichkeit mit Rührung zu. Kein Lebender konnte ihm abstreiten, daß er zu einer Macht gelangt war, die man in ihrer Absolutheit orientalisch nennen durfte. Sein England war nicht mehr das der Magna Charta: ein starkes Regiment von Edelleuten und Gutsherren, eine zuversichtliche Kirche und eine unbeirrbare öffentliche Meinung. Es war in seinem Wesen nicht mehr ein Land von Geschworenengerichten, von Parlament, Ordnung und Gleichgewicht. Einigen wenigen einfachen und sorgenvollen Leuten und einer Handvoll unbekannter Juristen, die sich in den Gerichtsgebäuden über die menschlichen Rechte den Kopf zerbrachen, war das nicht verborgen. Aber Heinrich wirkte auf den Instinkt des Volkes; er sah aus wie ein Mann, er sah gut aus und schlau und freigebig, er entzückte ihr angeborenes Gelüsten nach Kraft und Energie und er beruhigte die Dummheit. Sogar sein Leib verkündete, daß er ihnen Stetigkeit geben und Stetigkeit garantieren würde. Und dieses Vertrauen, das er der Menge einflößte, verfehlte nicht, zu ihm zurückzukehren und ihn zu erheben.

Jene ersten Tage entbehrten nicht der schweigenden Gelübde und edlen Freuden. Er erbte ein England, das seiner Größe beraubt war; und dieses England sah ihn an und spendete ihm Beifall. Er gab seiner Antwort nicht in Worten Ausdruck, sondern in Ausbrüchen der Freigebigkeit. Sie floß von ihm wie der Sonnenschein auf die kleinen zitternden Wellen. Katharina war in seiner Nähe, als er sich großherzig genug zeigte, Herz und Beutel dem Reginald Pole zu öffnen, dessen Bruder sein Vater und dessen Großvater sein Großvater getötet hatte. Empson und Dudley verschonte er nicht, aber er teilte von ihren Gütern freigebig aus. Am Rande dieser Wohltätigkeit stand sein Kaplan Wolsey, bereit sein Almosenmeister zu sein. Wolsey würde bald ein prächtiges Haus haben, dessen Obstgärten sich bis zur Themse erstreckten.

VII

Auf kurze Zeit wurden die Festlichkeiten wegen Margarete Beaufort unterbrochen. Sie starb ausgedient und befriedigt zugleich mit der Krönung. Katharinas Herrschaft war des größten Anstands voll; sowohl sie wie Heinrich verdankten seiner Großmutter sehr viel. Auf alle Fälle begannen sie so fromm wie zwei Pilger. Selbst an den Tagen, da er auf die Jagd ging, hörte Heinrich dreimal die Messe, und bisweilen an anderen Tagen fünfmal, obwohl die fünf Messen entgegenkommenderweise sehr verkürzt wurden. Jeden Abend hörte er im Gemach der Königin die Vesper und Komplete. Katharina war nach strenger spanischer Art gewohnt, sechs Stunden täglich sich mit ihrem Schöpfer zu unterhalten. Unter ihren königlichen Gewändern trug sie die Ordenstracht der Tertiarier. Sie betete um Mitternacht und um fünf Uhr morgens; schon war der Erbe, den sie Heinrich schenken wollte, der zeitliche Gegenstand ihres religiösen Lebens. Aber der Jüngling, der sich nach dem Ritter ohne Furcht und Tadel bildete, der seine frühen Briefe anfing: »Jesus ist meine Zuversicht«, der sich der »Frömmigkeit, Tapferkeit, Höflichkeit, Tüchtigkeit, der Gaben der Beredsamkeit und der Dichtkunst, der Geschicklichkeit im Pferdelenken, im Führen des Schwertes, der Lanze und des Bogens« befleißigte – mit einem Wort, eine Mischung aus Jesus und Hektor – lag nicht immer betend auf den Knien.

Er liebte das Leben, das prächtige Spielzeug Monarchie zu sehr, um nicht damit zu spielen wie der heranwachsende Gargantua. Dies erweckte und belebte das Herz jedes Herrn. Es zog jede Familie, die über gesellschaftliche Kunst verfügte, heran; es regte die Alten an, sich anzustrengen, die jungen, sich zu behaupten. Und mitten drin stand der junge König. Er wollte mit jedem seiner Höflinge eine Lanze brechen, mit jedem seiner Doktoren disputieren, ein Wappen entwerfen, sich auf die Heraldik verstehen, die Frage des Vortritts und der Erbansprüche entscheiden. Er wollte auch als der romantische Kavalier bekannt sein. Er fand ein kindisches Vergnügen an den heftigeren Formen des Tanzes, an ungeheuren Sprüngen und Pirouetten. Die ganze Welt hielt vor Bewunderung den Atem an, wenn Heinrich hüpfte und hopste und seine Absätze hochschleuderte. Wenn er vor den Damen ritt, ließ er sein Pferd tanzen und galoppieren, sich bäumen und Kapriolen machen. Seine Tüchtigkeit im Sattel trug ihm eine Fülle von Komplimenten ein. Und so unersättlich war er in seinem Bedürfnis, Eindruck zu machen und zu blenden, daß er von theologischen Disputationen und Triumphen im Ring sich dem Komponieren von Hymnen und dem Singen seiner eigenen Lieder zuwandte. Heinrich war der Sohn seines Vaters und Walliser genug, um wirklichen Geschmack für Musik zu besitzen. Er schrieb zwei Messen und suchte die besten Lautenspieler, die ihn unterrichten und ihm vorspielen mußten. Und auch hier machte seine Tatkraft nicht halt: er schrieb Balladen und Verse.

Bei all den Maskenfesten und Aufzügen, die in den ersten Jahren seiner Regierung so häufig waren, ging die Lust, die Hartnäckigkeit, die Idee von Heinrich aus. Sein Geschmack war es, der sich durch diese eigenartigen Versuche, den ungestillten Trieb nach Drama und Schauspielerei in eine Form zu bringen, am meisten befriedigt fühlte. Seine Hand war ungeschickt und seine Erfindungsgabe seicht, aber auch dies war wieder nur ein ungeheurer Versuch, dem Gesetz der Schwere zu trotzen und sich zur Stimmung der Renaissance zu erheben. Über diesen ganzen frühen Jahren schwebte das Mittelalter wie ein zerrissener Nebel nach Sonnenaufgang: kalte Förmlichkeiten hefteten sich an den Stand und klebten an Vorrechten: die unfruchtbaren Regeln des Grammatikers, die Mysterien, die Ausführlichkeiten, die Beschwörungen, der erstickende Glanz, die unendlichen Pedanterien und Geziertheiten behinderten die Bewegung und verschleierten das Licht der Vernunft. Aus diesem Nebel aber schritten, prangend und halb befreit, Heinrich und sein königlicher Zug.

Das Bargeld, das sein Vater aufgehäuft hatte, erweckte die erfreuliche Illusion unerschöpflichen Reichtums. Zwei Jahrhunderte, bevor die Bank von England entstand, hatte Heinrich den ungeheuren tatsächlichen Reichtum, den wirklichen Schatz, durch den das Selbstbewußtsein gestärkt wird, in eigener Verwahrung. Er war der Gläubiger seines eigenen Hofes, ein Bankier und Geldverleiher. Nach der Kirche war er der größte Grundbesitzer Englands. Ihm gehörte eine unendliche Anzahl von Gutshöfen, Wäldern, Flüssen, Mühlen, Fischereien, Häfen, Märkten, Städten und Palästen. Dies bedeutete, daß er ein Heer von Dienern besaß, die seine Rüstungen trugen und unter seinem Banner kämpften. Sein Absolutismus warf dem Gesetz gegenüber das Gewicht seines edlen Metalls in die Waagschale. Es war natürlich, daß die Begüterten ihn unterstützten. Es war weniger der Adelige, der ihn liebte, als der »Neureiche«. Die »Neureichen« sahen in ihm einen Kollegen. Und während er sich in seinem Stand und seinem Gehaben königlich gab, blühte er in erster Reihe als der Fürst, dessen Gold unbezwinglich war. Sein Reichtum verkündete allen Untertanen, Laien und Geistlichen, Adeligen und Bürgern, daß er sich an Reichtum genau so hoch über alle anderen Engländer erhob, wie an Stand und Tüchtigkeit. Dadurch fühlten seine Untertanen sich nicht beleidigt. Sie fühlten, daß mit seiner Größe ihre Größe, mit seinem Wohlstand ihr Wohlstand, mit seiner Herrschaft ihre Herrschaft wuchs. Sie betrachteten sich als kleine Könige und schwelgten in seiner Überlegenheit.

In einem so intimen Kreise wie in dem Heinrichs, in dem er die führende Persönlichkeit war, die jungen Schönheiten wie die Kavaliere alle nur zu sehr darauf bedacht schienen, ihm zu gefallen, und selbst die Alten nicht gern der strahlenden und hochgemuten Jugend Schwierigkeiten machten, mußte das Leben des Hofes zwischen Venus und Mars wählen. Höflinge und Hofdamen waren während der neuartigen und kostspieligen Bankette zusammen. Manchmal saßen die Frauen auf der Galerie, aber meistens machte man bunte Reihe. Die Atmosphäre war eine festliche. Soweit es tätige waren, beherrschten die Glaubensübungen den Hof; der Körper ächzte von langem Knien und ermüdenden Stillstehen. Und doch erklärten diese Bußübungen, wieso die Feste eine so königliche Belohnung waren. Die Männer, die sie überstanden, waren nicht vom Schlage des bleichen Arthur: es waren die Helden der Turniere, des Lanzenbrechens, des Armbrustschießens und der Trinkgelage. Eine Kette unaufhörlicher Unterhaltungen beschäftigte die frische und unternehmungslustige Gesellschaft; draußen waren die Bürger von London, die sich bei den öffentlichen Schauspielen einfanden, um sich zerstreuen und verblüffen zu lassen. Schmeichler, die sich an den Resten gütlich taten, Handwerker, die mit ihrem Sonntagsputz den Hof amüsierten, und Krämer, die sich über den flüssigen Wohlstand freuten, und noch dahinter Hans und Grete im Alltagsgewand, ernst oder lustig, freundlich oder verbittert, denen der König ein so seltener Anblick war wie die Münze, auf die er geprägt war, die der bloße Anblick seines Festkleides so berauschte, daß man sich an ihn drängte und ihm seinen Putz entriß, die ihre Kämpfe ums tägliche Brot in vollgestopften Straßen ausfochten, vergnügt und beherzt inmitten des Dreckes und Gestanks, und die wie die Schildkröte, die man lebendig ihrer Schale beraubt, gerade durch ihre Zähigkeit den Wohlstand Englands begründen sollten.

Es war schwer für jeden, selbst für Heinrich, einzusehen, daß ein Hof so prächtig sein konnte. Beim Anblick seines goldenen Saumzeugs drängten sich die Fremden näher heran, da sie es nicht für möglich hielten, aber Heinrich gestattete ihnen lächelnd, sich selbst davon zu überzeugen, und es erwies sich, daß Ketten wie Gebiß aus jenem wunderbaren Magneten, dem lauteren Gold bestanden. Englands goldener Ellbogen stieß Europa gegen die Rippen. Alles, was aus Gold sein konnte, war aus Gold, die Kannen und Krüge, Griffe, Brokate, die Hosen, Vorhänge und Quasten. Heinrichs Speerträger, eine Elitekompanie, trugen Goldbrokat. Bisher waren Portugal und Burgund die blendendsten Höfe Europas gewesen, aber England stellte sie in den Schatten. Heinrich galt für den bestgekleideten Monarchen der Welt. Wenn er ein Bankett gab, überließ man das gewöhnliche Fleisch der niedrig geborenen Gier der städtischen Ratsherren, mit Ausnahme von Schweinefleisch, das in Bouillon gesotten war, und Wildbraten mit saurer Sahne; Schwäne und Pfauen, Kraniche und Möwen flogen vom Himmel auf die königliche Tafel. Hippokras und Malvasier, die üppigen Weine, begleiteten die herablassenden Vögel, und der Luxus schrieb Gelees und Süßspeisen jeder Gestalt und Größe vor. Das Prassen wurde zur stehenden Einrichtung. Die Howards, Bryans, Carews, Guilfords, die Boleyns, Seymour, Brandon, Compton, Sandys erschienen wieder und wieder. Da die Kunst der Unterhaltung diese Ritter nicht lockte, endete jedes Bankett mit Kartenspiel und Tanz, Scherz und Charaden. Man reichte den Gästen ganze Schüsseln voll Dukaten im Werte von Tausenden von Pfund, damit sie sich beim Würfelspiel zerstreuten. Die Maskenkostüme, jedes ein Kunstwerk an Ausführung und Reichtum der Erfindung, wurde den Höflingen und ihren Damen zum Geschenk gemacht. Kein Kreis hätte sich besser unterhalten, fröhlichere Gesichter zeigen oder mehr Getränke vertragen können.

Ein Hof dieser Art, so reich, so frei, so natürlich, und gleichzeitig so überreizt und wetteifernd, mußte des Sports müde werden und nach dem Ventil des Krieges verlangen. »Er war jung und kräftig«, sagte ein Besucher, »geneigt zu Lustbarkeit und Vergnügen sowie seiner Begier und seinen Gelüsten zu folgen, nicht bedacht, sich mit den schwierigen Geschäften des Reiches zu befassen.« Ein solcher König, mit dem Schwert in der Hand, konnte kaum im Frieden alt werden.

VIII

Selbstverständlich war es kein seltener Instinkt, der am Hofe Heinrichs den Ton angab. Es war das Muster, wonach zur gleichen Zeit alle anderen lebten. Wer das Handwerk eines Königs ausübte, pflegte sein Benehmen nicht aus dem Stegreif zu gestalten. Es gab nichts, was bis in die winzigste Einzelheit mehr durchgesprochen wurde. Es war als Überlieferung von Persien oder Arabien auf dem Wege über Spanien und Portugal, Urbino und Mantua, Dijon, Paris und Madrid gekommen. Man tanzte damals in England nach der Flöte, der Harfe, der Viola und der Pfeife. Zu Urbino sagte man damals: »Alle Saiteninstrumente sind voll Harmonie, und die Musik von einer Reihe Violen erfreut einen Menschen nicht minder, da sie süß und künstlich klingt.« Heinrichs Künste und Zerstreuungen waren nicht durch sein Temperament die seinen, sondern durch Unterricht und Beruf. Er war darin eifrig, weil er an der Spitze seines Berufes stand. Er spielte niemals Fußball, da kein adliger Herr sich mit dem schmierigen Spiele einließ. Aber er rang, »weil Ringen am Anfang der Jugend eine sehr gute Übung ist«. Er ritt, Gott behüte, auf keinem Maulesel, aber er wußte, daß ein Herr »ein großes und feuriges Roß zu reiten lernen muß, während er noch zarten Leibes ist und die Muskeln und Sehnen seiner Schenkel noch nicht ganz hart geworden sind«. Heinrich ließ seine Schenkel nach Elyots Vorschriften hart werden. Im England der damaligen Zeit war das elegante Benehmen der eleganten Sprache nicht unähnlich – reich, aber unrein und unbestimmt. Es glich zum Teil der Überlieferung des Chevaliers Bayard, zum Teil Castigliones Höfling, und ein wenig dem Säufer Gargantua. Die älteren Familien, die Percys, Staffords, Poles, hatten ihre eigene Ansicht von Heinrichs Vornehmheit, obwohl sie Katharina von Aragon für eine vollendete Dame hielten. Aber der Mythos von Heinrichs Persönlichkeit war im Wachsen, und er war bereits bemüht, ihn durch seine Lebensweise zu erreichen. Die Besten fanden sich bei ihren Versuchen, ihn zu beeinflussen, in Konkurrenz mit den Schlechtesten. Jede Macht Englands war in Bewegung gesetzt worden, um ihn einzufangen. Und wenn im Duett zwischen dem Menschen und seinem Mythos Heinrich das Unglück hatte, einen falschen Ton zu singen so wurde er sofort von der begleitenden Propaganda übertönt.

Katharina jedoch kannte ihn. Wie sie so neben ihm stand, »eher häßlich zu nennen«, und mit ihren vorstehenden starren blauen Augen festen Blickes um sich sah, betrachtete sie die juwelengeschmückten Adligen, die seidenen Prälaten, die buntgekleideten Gesandten, die »schönen Mädchen von üppigem Aussehen« daraufhin, wer wohl ihrem jungen Gatten die meiste Gerechtigkeit widerfahren ließe. Ihre Hoffnung, ihm einen Erben zu schenken, sollte innerhalb weniger Monate eine schreckliche Enttäuschung erfahren. Ihr erstes Kind kam tot zur Welt. Ihrem Vater schrieb sie: »Zürnet mir nicht, es ist Gottes Wille.« Aber sie konnte die Enttäuschung, die sie Heinrich verursachte, nicht ermessen. Sie war sich der vielen hübschen Gesichter um ihn wohl bewußt, und doch hatte sie allen Grund anzunehmen, daß er glücklich sei. Seine und ihre Politik gingen Hand in Hand und hielten gleichen Schritt, und sich davor zu scheuen, daß sie ihn zugunsten ihres Vaters beeinflußte, lag nicht in ihrer Natur. Im Gegenteil: sie hatte sich offen zu Ferdinands Gesandtin erklärt.

Heinrich war keine sechs Monate König gewesen, als er bereits bewies, daß er sich mit Spanien verstand. Von Ferdinand und Maximilian hatte er die väterliche Ermutigung erhalten, die sein Feuer verlangte, und Papst Julius II. hatte ihm die Goldene Rose verliehen, die nach Moschus duftete. Diese Aufmerksamkeiten kamen seinen Wünschen entgegen. Die überraschenden Siege Ludwigs XII. in Italien hatten jeden Soldaten seiner

Umgebung in Aufregung versetzt, und die Gefahren seitens eines übermütigen Frankreichs nicht weniger heraufbeschworen als die historische Mission, die Normandie und Guyenne wieder zu erobern.

In diesem Augenblicke beantwortete Ludwig XII., ein ermüdeter Krieger, einen höflichen englischen Brief, den er bekommen hatte, und sprach von Frieden und Freundschaft.

Der junge König warf den Kopf hoch.

»Wer hat diesen Brief geschrieben?« herrschte er den Abgesandten an. »Ich den König von Frankreich um Frieden bitten? Er wagt es nicht, mir ins Gesicht zu sehen, geschweige mir den Krieg zu erklären!«

Unter diesen Worten verließ Heinrich mit großen Schritten das Audienzzimmer, während der französische Abt seine Komplimente in die leere Luft machte.

Es war Heinrichs eigene grobe Art, seine Politik kundzugeben: er wollte sich mit Spanien und Deutschland und Papst Julius verbinden, um die »grausame Tyrannei« Frankreichs zu unterdrücken.

Katharina durfte sich einen Anteil an dieser Einigkeit zuschreiben. Eine andere, persönlichere Uneinigkeit mußte sie selbst in Ordnung bringen. Sie erhielt von den Leuten, die sich damit befaßten, im Palast jede unbeobachtete Bewegung auszuspionieren, Kunde, daß Compton unter dem Einfluß des Königs mit einer von Buckinghams verheirateten Schwestern eine Affäre hatte. Die andre Schwester die der Königin ergeben war, teilte Katharina bald mit, wie weit der muntere Compton für sich und wie weit er für Heinrich handelte. Der Herzog von Buckingham, ein Dummkopf, griff Compton unverzüglich an, während Katharina auf Rat ihres Fraters den hochfahrenden spanischen Ton anschlug und gleichzeitig Heinrich eine Szene wegen seines Busenfreundes machte.

Heinrich beherrschte seinen Zorn. Er verteidigte Compton nicht zu heftig, aber in Kürze waren alle Buckinghams von Hofe entfernt worden. Katharinas Beichtvater, der die Hochzeit überdauert hatte, war auch gezeichnet. In Gegenwart einer kleinen Zahl von Freunden ließ ihn Heinrich eines Tages kommen. »Ihr seid ein Buhler!« griff er ihn an. Die Höflinge waren mit Freuden dabei; sie glaubten nicht ungern daran, daß Mönche unartig sind. Trotz starken Widerspruchs und einer Verteidigung, die Monate lang grollte, wurde der Frater nach Spanien zurückgeschickt.

Keine Bewegung ging den Hofdamen, die demütig Katharinas Garnstrang hielten, noch den Herren von Heinrichs Leibwache verloren. Katharina aber hielt den Kopf hoch. Sie zählte auf den Erben, den sie Heinrich schenken würde, und auf eine ruhmvolle Verbindung des englischen und spanischen Wappens.

IX

In den frühen Tagen der Regierung glänzte der Humanismus. Heinrich hatte Thomas More nicht übersehen. Er hatte ihn an Stelle Dudleys zum Untersheriff von London gemacht. More war auch als Jurist tätig und lebte in Bucklersbury, im Herzen der Stadt; ein naher Nachbar John Colets, der ebensosehr beschäftigt war, in St. Paul seine Schule zu gründen. Die beiden engen Freunde hießen Erasmus bei seiner Ankunft aus Italien aufs wärmste willkommen. Erasmus kam geladen und Funken sprühend. Er hatte Rom gesehen. Er hatte den gewaltigen Eisenfresser Papst Julius gesehen. Er hatte sich vor Maximilians hunderttausend Halsabschneidern gedrückt, die gerade im Begriff waren, sich über die Ebenen zu ergießen. Zwischen dröhnendem Gelächter über die Not, der sein Glauben in Italien, seine Börse bei den Räubern in Dover, sein Magen in den Gasthöfen von Deutschland ausgesetzt war, bewegte er More sowohl wie Colet mit seiner Geschichte der schlimmen Wunden, die an Europas Körper und Seele fraßen. Es handelte sich nicht nur um die Narbe, die die Borgias in das Gesicht Italiens gerissen hatten, um die Verschwendung, die Schändung, den Schmerz des gemeinen Volkes. Auch nicht um St. Peter, der bereit war, Millionen zu verschlingen. Es handelte sich darum, daß die Menschen ihren eigenen Verstand vergifteten. Sie waren verrückt. Seit sechshundert Jahren war die Zukunft nicht so schwarz gewesen. Nur im Schutze des Englands Heinrichs VIII. würde er es wagen, seine Aufrichtigkeit in so unbeherrschten Worten sprudeln zu lassen.

Sie lauschten mit der eigenartigen Ehrfurcht des bescheidenen und weniger kritischen Engländers. Schreibt es, baten sie ihn, schreibt es nieder. Er nahm sich eine Woche Zeit und schrieb es. Er nannte es »Lob der Torheit«. More griff danach wie ein Jünger und sandte es nach dem Ausland, wo es gedruckt werden sollte, da man es den neuerrichteten Pressen in England nicht anvertrauen wollte.

Was diese Menschen auf verschiedene Weise bewegte, war die Aussicht auf bessere Tage in England. More war von Natur hoffnungsfreudig. Colet war älter und beschränkte sich enger auf die Kirchenreform, Erasmus distanzierter und ironischer. Alle drei jedoch waren einig, was das Moralgenie, die heroische Gültigkeit von Christi Lehre betraf, und gerade die Blindheit und Heuchelei, die sie in Europa erblickten, erregten in ihnen die leidenschaftliche Sehnsucht nach gesunder Offenheit. Sie waren keine Höflinge. Und doch mußte ihnen klarwerden, daß sie Protektion brauchten. Colet und Erasmus genossen beide das Vertrauen des Erzbischofs von Canterbury. Sie durften beide nach Lambeth, wann sie wollten. Sie kannten und bewunderten John Fisher. Wolsey konnten sie natürlich nur als tüchtigen Politiker ansehen. Auf die Soldaten im Rate setzten sie keine Hoffnungen, aber aus der ganzen Haltung des Rates entnahmen sie die Wahl, die vor dem jungen König lag, und dieser König hatte ausreichende Beweise seiner Zugänglichkeit und seines guten Willens gegeben.

Die Gefahr eines kriegerischen Nationalismus gab Erasmus zu denken. »Es ist die Pflicht eines Fürsten«, schrieb er, »den öffentlichen und nicht seinen persönlichen Vorteil anzustreben.« Aber er sah, daß Torheit die Fürsten leitete. »Sie glauben ihr Amt gut zu versehen, wenn sie fleißig jagen, gute Pferde halten, Gewinn für sich davontragen.« Er machte sich über die Dynasten, die sich an der Macht berauschten, lustig, als sei er der Geist des Marc Aurel.

Das Buch, das Erasmus veröffentlichte, hatte sein Gegenstück in einer Predigt, die Colet hielt, nur daß Colet vom tätigen Eifer des Reformierers loderte.

Fünf Jahre, bevor Luther den Mund auftat, stand Colet vor der halben versammelten Kirche – der Kirchenversammlung von Canterbury – und sagte: »Die Kirche, die Braut Christi, ist siech und ungestalt geworden.« »Die getreue Stadt ist zur Hure worden.« »Sie hat mit vielen Liebhabern Hurerei getrieben.« »Was immer in der Kirche ist, das ist entweder die Gier des Fleisches, oder die Gier der Augen, oder der Hochmut des Lebens.« »Die Priester geben sich dem Prassen und Bankettieren hin; sie verschwenden sich in eitlem Geschwätz, nehmen teil an Sport und Spiel, widmen sich dem Jagen und Beizen; sie ertrinken in den Freuden dieser Welt und beschützen jene, die für ihr Vergnügen sorgen.«

Hier sprach ein echter Anhänger des Zölibats; ein Mann, der sein Vermögen hergegeben hatte, um die Schule von St. Paul zu gründen. »Habgier«, sagte er der Klerisei, »ist die Mutter aller Schändlichkeit.« – »Von dir kommen die lästigen Visitationen der Bischöfe; von dir die Bestechung der Gerichte und die täglich erneuten Erfindungen, durch die der arme Mann gequält wird; von dir die Frechheit und Überhebung der Beamten.«

»Die Magnaten der Kirche«, erklärte er, »sind mit irdischen und niedrigen Dingen beschäftigt, und an ihrer Statt mischen niedrige und gemeine Menschen sich in hohe und geistige Dinge.«

»Die Wurzel allen geistigen Lebens – die Liebe – ist vernichtet.« – »Wir werden in diesen Tagen durch Ketzer beunruhigt – durch Menschen mit sonderbarem Wahnsinn – aber ihre Ketzerei ist nicht so pestilenzialisch und verderblich für uns und die Priesterschaft wie die lasterhafte und entartete Lebensführung der Geistlichkeit.«

»Bedenket den elenden Zustand und die Lage der Kirche, und wendet all Euren Sinn darauf, sie zu reformieren!«

Colet konnte sich, wie er vorausgesehen hatte, den Folgen dieses Lanzenstiches nicht entziehen. Er wurde auf Betreiben des Bischofs von London der Ketzerei angeklagt. Aber er erwiderte nicht auf die schwächlichen Bezichtigungen, und sein Freund Warham wies sie mit Verachtung zurück.

Der junge König ließ ihn kommen. Er sagte ihm unter vier Augen, daß er mit ihm zufrieden sei, daß er immer weiter darin fortfahren solle, die korrupte Moral seiner Zeit anzugreifen, daß er in so dunklen Zeiten sein Licht nicht unter den Scheffel stellen solle, und daß er jeden hindern würde, ihm zu schaden.

X

Erasmus dagegen, der den Staat angriff, erging es nicht so gut wie Colet, der die Kirche angriff. Trotz Mountjoy, der eine von Katharinas reizenden Spanierinnen geheiratet hatte, wurde der Weise nicht zur Audienz zugelassen. Vielleicht konnte Heinrich sich auf Latein nicht ungezwungen mit ihm unterhalten, vielleicht fühlte er, daß er ihm nicht sagen konnte, was ein späterer König einem späteren Weisen sagte: »Ihr müßt Euch in den Geist meines Berufs hineinversetzen.« Dieser Geist war es jedenfalls, der Heinrich zum Kriege trieb.

Katharina und er hatten ein großes Glück erfahren. Ihr erster Sohn wurde zu Beginn des Jahres 1511 geboren und Heinrich genannt. Aber das Glück wurde in sechs Wochen zunichte: das Kind starb. Dieses Unglück entfremdete Heinrich nicht, und er wandte sich sogar mit Erleichterung dem großen Programm der Heiligen Liga zu. Der greise Ferdinand hatte ihm eingeredet, daß die bösen Franzosen Christus in Gestalt des Papstes Julius Trotz boten, und Heinrich sondierte die Lage, um unter Umständen einen Heiligen Krieg anzufangen. Er wandte sich an Ferdinand. Er wandte sich an Maximilian. In Wahrheit hatte Ferdinand sich Navarra versprochen, und es war ihm ein leichtes, Heinrich Guyenne zu versprechen. Das ist das schöne Gebiet Südwestfrankreichs, das sich zusammen mit der Gascogne von Bordeaux über das ganze Flußbett von Rotwein erstreckt und durch lachende Ebenen nach den Pyrenäen hinzieht, wobei es eine Krümmung nach Bayonne zu macht. Es war mit Heinrich II. durch Heirat an England gefallen, und ein vollblütiger junger Herrscher konnte sich nichts Besseres wünschen, als es wiederzuerlangen. Ferdinand bewies ihm, daß es abenteuerlich, großherzig und wenig kostspielig sein würde. Es sah aus wie ein gutes Geschäft und zog Heinrich an, da er es für möglich hielt.

Demzufolge wurde eine große englische Expedition nach Pasajes, dem Eingang nach Nordspanien bei St. Sebastian entsendet.

Aber mit großen Herren ist schlecht Kirschen essen. Ferdinand fiel es gar nicht ein, den Engländern zu helfen. Er brauchte sie nur als Rückendeckung in St. Sebastian, während er selbst nach Navarra vordrang.

Die englischen Heerführer saßen auf Kohlen. Ihre Streitkräfte konnten ohne Ferdinand nicht auf Bayonne losmarschieren und sich nur als Ferdinands Marionetten nach Pampeluna wenden. Sie waren mit einem Riesendurst auf Bier angekommen, den sie mit viel rotem Wein und baskischem Most stillten. Sie bekamen Diarrhöe. Sie konnten das Klima mit seiner rücksichtslosen Hitze und seinem heftigen Regen nicht leiden. Die Eingeborenen verlangten ihnen höhere Preise ab. Daraufhin verlangten sie höhere Löhnung von ihren gequälten Offizieren. Sie schrien nach Bier. Die Offiziere schrieben an Heinrich nach Hause. Heinrich verstand die Lage völlig falsch; er vertraute seinem Schwiegervater noch immer und schrieb Ferdinand einen heftigen Brief, in dem er ihn beauftragte, die Soldaten umzubringen.

Aber es war zu spät. Die Krieger gaben es auf. Sie wollten »niemand zuliebe« länger bleiben als bis Michaelis. Sie schifften sich ohne Urlaub nach Hause ein, heim zu Herd und Bierkrug.

Heinrich war entrüstet und wütend. Er verlangte ihr Blut. Aber sein Rat überredete ihn, daß dies nur bedeuten würde, den Fehler einzugestehen, und so erstickte er seinen Zorn und verkündete öffentlich, sie seien auf seinen Befehl und mit Erlaubnis Ferdinands wieder heimgekehrt.

Die Europäer kicherten mit der Bosheit gerissener alter Kartenspieler, die mit einem neuen zu tun haben. Die Franzosen veröffentlichten ein satirisches Gedicht, auf das Thomas More hitzig erwiderte. Maximilians Tochter Margarete wagte die Meinung, daß die Engländer aus Mangel an Übung das Kämpfen verlernt hätten. Sie empfand, sagte sie, dabei »den Schmerz einer kleinen Melancholie in der Magengegend«.

XI

Das Mißlingen dieser Expedition war die erste öffentliche Schlappe, die Heinrich erlitt. Sie ging ihm durch und durch. Er war lächerlich gemacht worden, was er auf der Welt am meisten haßte. Er hatte einen geringen Einsatz gewagt und ihn verloren. Er war auf den schlauen Ferdinand wütend und beschloß, nun einen hohen Einsatz zu wagen. Zusammen mit Maximilian, der in Italien Pech gehabt hatte, faßte er den Plan, seine kriegerische Laufbahn persönlich anzutreten, indem er an der Spitze einer Riesenarmee in Nordfrankreich eindrang, während Katharina als Regentin dreißig- bis vierzigtausend Mann gegen Schottland in Bereitschaft halten sollte. Es war ein Krieg ohne Herausforderung, eine Art aggressiver Selbsterhaltung. Nach Guyenne betrachtete man Frankreich als Feind.

Diese offene Politik stieß auf die geteilte Meinung des Rates. Die Soldaten waren dafür, die Prälaten dagegen. Und der Riß ließ sich nicht heilen.

Dies war Wolseys Chance. Seit dem Tode des Siebenten Heinrich hatte es ihn gejuckt, das Steuer zu ergreifen. Er war Heinrichs Kanonikus von Windsor, und Heinrich hatte ihm den schönen Palast geschenkt, der früher Empson gehört hatte. Er war in Heinrichs Rat der Jüngste. Heinrich gegenüber war er nicht der Priester in der Soutane; sondern der erfahrene Weltmann, der einzige Geistliche, der sich wirklich in den Geist von Heinrichs Beruf hineinversetzte, in dessen Haus Heinrich sich ungezwungen geben konnte.

Ein Blick auf den zukünftigen Kardinal enthüllte einen Kleriker von großer Tatkraft, einen Mann mit der Phantasie eines Schauspielers. Wolsey träumte unermüdlich von der Rolle, die England auf der größeren Bühne von Europa spielen konnte. Wolsey war genau um zwanzig Jahre älter als der König; er las seine Gier nach Macht wie aus einem offenen Buche, kannte bis ins einzelne die Hilfsmittel und Möglichkeiten der Insel, setzte sich über die Tatsache hinweg, daß England als neunte europäische Macht galt, fühlte in sich eine unerschöpfliche Fülle der Gesundheit, die persönliche Gabe, Tatsachen zu erfassen und die Kraft, sie zu zähmen und zu reiten, aus der das konstruktive Genie besteht, und empfand in leidenschaftlichem Maße den Haß gegen die dumme adlige Kaste, die auf den Einfluß eines Priesters in England so eifersüchtig gewesen war. Von dieser Art war Wolsey; er wünschte sich nichts Besseres, als Heinrichs rechte Hand zu werden.

Der Rat enthielt schwere Hindernisse in der Gestalt eifersüchtiger Geistlicher. Er enthielt Warham, einen rückständigen Menschen ohne Ehrgeiz, den er beiseiteschieben würde. Er enthielt Fox, den er schon einmal gewonnen hatte. Er enthielt Ruthal, der »Diskant zu seinem Baß« singen würde. Diese Priester würden die Soldaten nicht benutzen; aber er, Wolsey, würde sie benutzen. Er war bereit, ihnen zu geben, was sie verlangten.

Es gab einen Gegner. Thomas Wolsey war bürgerlich. Er fühlte in dem greisen Surrey und seinem ältesten Sohn die Art Feindschaft, vor der sich die Haare sträuben. Wolsey wußte, daß er es in diesen frostigen und unverschämten, diesen flachwangigen und langkiefrigen Howards mit der starrsten Überlieferung des Erobererblutes zu tun hatte. Die Howards trugen in ihrem Herzen den eisigen Kern des Stolzes. Diesen Edelstein erhielten sie sich durch unbeugsamen Mut, grimmigen Eifer, glattes Wesen und kühle Verachtung. Sie glänzten nicht; sie funkelten. Keine Verderbnis war zu tief, kein Verrat zu unmenschlich für den Stolz, den zu pflegen ihr Lebensziel war. Wolsey konnte sich vielleicht der Howards bedienen, aber nur in dem Grade, in dem er sie überlisten konnte, denn ihre Wachsamkeit war von der Art, die weder von Ruhe noch Großmut weiß und in sich die Zähigkeit trägt, die keinen Wechsel anerkennt. Der Grund für diese unerbittliche Zähigkeit war zureichend: die Howards waren die am tiefsten triebhaften all der großen Familien, in denen das königliche oder päpstliche Prinzip wie in einem Element schwimmt. Es ist ihnen nicht gegeben, sich zu verändern, wohl aber das Zellenplasma einer eingeführten Ordnung zu überliefern, und außer Revolution oder Ausrottung kann nichts Familien dieser Art zerstören. Ihr Lehm ist so starr, daß sie nicht nur für die Welt, sondern, was wichtiger ist, für die Ordnung des Königtums an sich den Rahmen um das königliche Porträt bedeuten.

Wolsey sah sich also dieser angeborenen Funktion der Howards gegenüber. Er war bereit, ihre Legende anschwellen zu lassen. Er war Priester, sie Soldaten. Er trug die Soutane, sie das Schwert. Sobald aber der Howardsche Rahmen dazu gelangte, das königliche Porträt nach ihren eigenen dummen Grenzen einzuschränken, wie es seiner Zähigkeit nun einmal bestimmt war, dann würde Wolsey einen Kampf wagen, den er bis zum letzten Blutstropfen ausfechten wollte. Es würde ein Kampf werden zwischen Wechsel und Starre, zwischen Emporkömmling und Samurai, zwischen dem England, das säte, und dem anderen England, das nur erntete. Das krasse und großherzige Leben warf den Sohn eines Schlächters mitten in den grimmigen Kampf mit den Söhnen kriegerischer Schlächter. In diesem hohen Kampfe hing alles an der Laune des eifersüchtigen Instinkts, wie ihn der junge Autokrat fühlte. An diesen Instinkt wandte sich Wolsey.

Er nahm sein Schicksal in die Hand. Zu Greenwich wartete Wolsey mit brennenden Lippen auf Heinrich; seine Augen waren von sonderbarem, leuchtendem Glanze. Wenige Männer waren einer hohen Erregung fähiger als dieser Priester trotz seiner massigen Gestalt, und er runzelte abwechselnd die Brauen und lächelte, während Gedanken durch seinen Sinn strömten wie Wolken im Sturm. Er faßte nach dem Stuhlrücken, um sich zu beruhigen und schloß beim Hinuntersehen ein Auge. Das Spiel war in seiner Hand, aber besaß er Macht genug, es zu spielen? Er hatte bereits unter Gelächter und Zoten den König in seinem Hause bewirtet. Er war bereit, alles aufs Spiel zu setzen, seine Geliebte, seine Ehre, seine Gesundheit, seinen Frieden, wenn sich ihm nur diese Laufbahn öffnete. Er sah sie beginnen, wo er stand, und blendend ansteigen, bis sein wie rasend klopfendes Herz ihm sagte, daß sie den Blicken entschwand. Bischof, Erzbischof, Kardinal, Papst, dazu Heinrich Kaiser des Heiligen Römischen Reiches und England Herr Europas. Der Traum ließ Wolsey die starken Muskeln seines entschlossenen Kiefers aufeinanderpressen. Er erinnerte sich an die Selbstbeherrschung, die er üben mußte. Einmal, auf einem Jahrmarkt in Hampshire, hatte er den Kopf verloren; der Streit, der folgte, hatte ihn in den Stock gebracht. Der Gedanke an diese Erniedrigung, der Gedanke an den Menschen, der ihn gedemütigt hatte, ließ ihn erstarren. Er würde es büßen. Aber konnte er Heinrich beherrschen?

Wolsey gehörte dem besiegten angelsächsischen Stamme an. In ihm funkelte die letzte Leidenschaft, die Leidenschaft, seinen eigenen, echten Willen zu erreichen; aber er verbarg die Schwierigkeiten hinter dem Vertrauen auf seine Fähigkeit, Heinrich zu beeinflussen. Er stellte sich nicht außerhalb seines Herrn. Innerhalb seiner würde er sein Schicksal erfüllen, als Heinrichs Gehirn und Steuermann. Auf seine Gabe zu steuern würde er alles setzen.

Er wurde vor den König geführt. In seinem warmen Bariton legte Wolsey nach Art der Schulen, denen er niemals entronnen war, seinen Plan dar. Wie sollte ein König seine Macht behalten, wenn er sie teilte und gleichzeitig auf verschiedene untergeordnete Personen übertrug? Geheimhaltung der Geschäfte ist das Leben des Rates, doch wie soll man sie bei so vielen Köpfen erzielen? Es gehört zum Wesen des Rats, daß Widersprüche eintreten; und doch ist es gefährlich, der einen Partei, und unmöglich, beiden zu glauben. »Warum nicht jemand wählen, der uninteressiert ist und keine Leidenschaft, keinen Gedanken kennt, als Eurer Majestät zu dienen?« – »Könige dürfen sich immer nur stufenweise herablassen. Je mehr Grade unter ihnen, desto höher stehen sie selbst.« – »Wenn Eure Majestät Anlaß sehen, Euren Höflingen nur einen Teil Eurer Absichten kundzutun, welches Werkzeug ist geeigneter als ein Günstling?« Er kann die Geheimnisse bewahren oder verlautbaren. Durch ihn kann das Volk seine Bitten vorbringen. Aber würde Seine Majestät nicht dem Günstling preisgegeben sein? »Sire, niemals würde ich Eurer Majestät raten, nur durch die Augen und Ohren des Günstlings zu sehen und zu hören. Das würde bedeuten, Euch in Dunkelheit und Abhängigkeit zu erhalten. Lasset ihn im geheimen überwachen. Auf solche Weise wird Eure Majestät Sorge tragen, daß Ihr nicht hintergangen werdet. Ziehet drei oder vier Personen in Euer Vertrauen, die aber noch nicht dem Ratskörper angehören, und beratet Euch einzeln mit Ihnen. Wird jedoch irgendein Entschluß gefaßt, so lasset Euren Günstling stets die Hauptrolle bei der Ausführung übernehmen.«

»Auch möchte ich nicht wagen, mich selbst vorzuschlagen; doch bitte ich um Verlaub, dies sagen zu dürfen: daß, wenn Eure Majestät aus eigener Wahl gut befinden sollten, sich meiner besten Dienste zu versichern, ich nicht daran zweifeln könnte, Eurer Majestät Autorität so zu sichern und zu bewahren, daß ich Eure Majestät zum größten und glücklichsten aller lebenden Fürsten machen würde. Auch würde ich keinen Sturz fürchten, wenn Eurer Majestät daraus ein Vorteil erwüchse.«

Für den jungen König, der durch einen Rat gehemmt, der vielen Menschen und Verzögerungen überdrüssig, durch Mittelmäßigkeit ermüdet, heiß von Willen und schnell von Temperament war, erschien Wolseys Angebot verführerisch. Es nahm ihm keinen Zollbreit und machte sich doch anheischig, die wirkliche Last mitzutragen. Es stellte keinen Anspruch, setzte kein Vertrauen voraus. Was Wolsey sagte, war einfach: »Ihr seid der Herr, Ihr müßt um jeden Preis gerettet werden. Gebt mir die Zugbrücke; und wenn ich versage, laßt mich in den Graben werfen.«

Heinrich konnte diesem Bittenden, der ihm in die Augen sah und ruhig sprach, vertrauen. Hier gab es keinen Zensor. Er konnte vor Wolsey seinen Plan aufrollen und mußte sich nicht fürchten, anzudeuten, was er im Sinn hatte.

Als er aufstand und seine Hand auf Wolseys Arm legte, muß das bewegliche Gesicht des Älteren in seiner bebenden Gespanntheit enthüllt haben, daß er seinen Herrn gefunden hatte, daß sein Fuß im Steigbügel war, daß er sich aufs Pferd schwingen konnte. Er durfte in tiefgefühlter Dankbarkeit niederknien und die edelsteingeschmückten Hände seines Herrn küssen.

XII

Krieg lag in der Luft. Am Karfreitag des Jahres 1513 predigte Diakonus Colet vor dem König, und er predigte vom Kriege. Aber es war die Rede vom Siege Christi. Wie konnte, so fragte er, ein Mensch, der seinen Bruder liebte, sein Schwert ins Blut seines Bruders stoßen? Böse Menschen führen aus Haß und Ehrgeiz Krieg, und wenige unternehmen einen weltlichen Krieg ohne Haß und Ehrgeiz. Der Christ sollte unterm Banner seines himmlischen Königs kämpfen und siegen. Statt einem Caesar und Alexander sollte er dem Beispiel seines Fürsten Christus nacheifern.

Kaum hatte sich der Diakonus ins Franziskanerkloster, das an den Palast in Greenwich stieß, zurückgezogen, als er Botschaft empfing, der König wünsche ihn im Klostergarten zu sprechen.

Heinrich entließ sein Gefolge mit der gewohnten Kürze: er wünsche sich allein zu unterhalten. Er behandelte Colet mit größter Freundlichkeit und bat ihn, sich zu bedecken und zwanglos zu bewegen. Dann kam er zur Sache.

»Ich habe Euch nicht rufen lassen, Diakonus«, sagte er, »um Eure heilige Arbeit zu unterbrechen, denn mit dieser bin ich durchaus einverstanden, sondern um mein Gewissen gewisser Skrupel vor Euch zu erleichtern, auf daß ich mit Eurem Rat desto eher imstande sei, meine Pflicht zu erfüllen.«

Der asketische Diakonus lauschte beunruhigt den Worten des jungen Königs, während sie im Klostergarten auf und ab gingen. Es war noch winterlich, denn es ging gegen Ende März, aber es war die Zeit des Jahres, in der England zum erstenmal den Frühling verspricht. Die Bäume sind unbelaubt, aber die Gebüsche glänzen, die Vögel schießen dahin und dorthin, der gepflügte Boden funkelt, die Erde atmet, selbst der Leib des Menschen ist von Hoffnung und Heiterkeit umfangen. In der frischen freien Luft, von deren Schärfe ihre Gesichter brannten, legte der König im Gehen seine Skrupel dar. Er war der Mann der Tat, der nach Leitung suchte. An jenem Tage hatte er auf den Knien die Leidensstationen durchwandert. Nun wollte er, männlich und geradezu wie er war, belehrt sein. Er hatte Colets Predigt gebilligt. Er war mit dem, was er vom Haß, vom Ehrgeiz, von der Schlechtigkeit des Krieges gehört hatte, einverstanden.

Aber wollte der Diakonus damit sagen, daß es durchaus keinen gerechten Krieg geben könnte?

Die Flotte hatte bereits Befehl, in See zu stechen. Die Themse, auf der sie schwamm, floß am Garten vorbei. Heinrich sprach vom Kriege und legte seine Gründe dar. Die Franzosen waren offenbar zum Abfall geneigt. Ludwig hatte zu diesem Zweck nach Pisa ein Konzil einberufen.

Dachte Colet einen Augenblick an Pisa und seine eigenen Erinnerungen an diese Stadt und an Florenz? Als junger Mann war er brennend vor Neugier auf der Suche nach Plato und Plotin nach dem Florenz der Männer gegangen, die alles aufgegeben hatten, um Christus nachzufolgen, nach dem Florenz Savonarolas, der dem sterbenden Lorenzo il Magnifico getrotzt hatte. Aber wenn sein Sinn zu Savonarola schweifte, so kehrte er doch nach St. Paul zurück. Dies war kein Olivenhain. Unter dem Blick der klaren blauen Augen, die Heinrich auf ihn gerichtet hielt, mäßigte Colet sich. Er bestand nicht darauf, daß jeder Krieg für den Christen gegen das Gesetz sei.

Der Gartenpfad wandte sich, und mit ihm wandten sich Heinrich und Colet. Der König freute sich zu hören, daß Colet nicht die Absicht gehabt habe, mit Bestimmtheit gegen den gerechten Krieg zu predigen. Er und der Diakonus waren einer Ansicht. Aber um zu verhüten, daß die ungebildeten Soldaten mit falschen Begriffen auszögen und der Meinung blieben, er habe wirklich gesagt, daß für den Christen jeder Krieg gegen das Gesetz sei, — würde Colet Anlaß nehmen, sich in einer späteren Predigt noch deutlicher zu erklären?

Es blieb Colet nichts übrig, als Seiner Majestät zu versichern, daß er sich deutlicher erklären würde. Das Gespräch dauerte einundeinehalbe Stunde. Der junge König nahm Colet endlich am Arm und führte ihn in den Palast. Inmitten seiner Höflinge trank er die Gesundheit des Diakonus, umarmte ihn herzlich und versprach ihm alle Gunstbezeigungen, die ein »sehr geneigter Fürst« gewähren konnte.

Diakonus Colet zog sich zurück.

»Jeder mag seinen Arzt haben«, rief Heinrich mit seiner munteren Stimme, »und auf ihn schwören; dies ist der Arzt für mich.«

XIII

Der Krieg war in Sicht. Diakonus Wolsey, der Almosenmeister, machte nicht viel Umstände. Unter dem Priesterrock zeigte er sich als scharf beschlagener Organisator mit eisernem Willen. Er nahm die Zügel des schläfrigen England in seine Hände — Heeresdienst, Transporte, Waffenamt, Budget, Gesundheitsamt. Ihm bedeutete der Krieg die Ausübung einer nationalen Ökonomie. Er schuf eine nationale Werkstatt. Er brachte sechzigtausend Taler zusammen und gab sie aus. Wenn es keinen Wind für die Windmühlen gab, dachte er an Wassermühlen, denn Kommisbrot mußte sein. Er beaufsichtigte Bäckereien, Brauereien, Eisengießereien, Gerbereien, Schmieden. Er sorgte für Lotsen und Chirurgen, für Baracken und Docks. Er bestellte Stockfisch, Klippfisch, Käse, Rindfleisch und Speck. Trinity House und die ärztliche Hochschule waren in gewissem Sinn seine Kriegskinder. Er unterschrieb persönlich die Kontrakte über alles, angefangen von fünfundzwanzigtausend fetten Ochsen zum Einsalzen bis zur Miete von vierzehn Stuten als Vorspann für eine Feldschlange. Da er jähzornig und phantasievoll war, sah man ihm die Arbeit an. Fox drängte ihn, sich Ruhe zu gönnen.

Aber es war dieser stürmischen Natur nicht gegeben, sich zu schonen. Wolsey arbeitete mit der Raserei eines Künstlers. Er nahm sich nicht die Zeit zu essen. Wenn er die vorliegende Arbeit beendet hatte, war gerade noch Zeit übrig, um sein kirchliches Amt zu erfüllen und zu Bett zu gehen. Daß er Lebenskraft, die warme Dringlichkeit des schöpferischen Menschen, einen Springquell unbekümmerter, verschwenderischer Phantasie besaß, war selbst seinen Feinden klar, obwohl sie glaubten, daß sein Einfluß auf den König sich auf Hexerei und Zauberkunst gründe.

Heinrich sah diesen Krieg wie das ruhmvollste seiner vielen Spiele an. Er ging jeden Tag zu den Docks, um die Flotte anzutreiben. Er kaufte sich eine Pfeife, eine riesige Goldpfeife mit Edelsteinen von Warzengröße, und trug sie an einer dicken goldenen Kette um den Hals. Auf diesem Instrument »blies er so laut wie eine Drommete oder Klarinette«, zur Bestürzung und zum Entzücken seiner Matrosen. Als Oberstes Haupt der Königlichen Marine kleidete er sich »marinemäßig« in einen Rock aus Goldbrokat, der bis zur halben Hüfte reichte, Hosen aus Goldstoff und scharlachfarbene Strümpfe. Er ließ Salut für sich abschießen. Er ließ sein Bildnis auf das Deck eines Schlachtschiffes malen. Die schneidigen kleinen Schiffe vervielfachten sich – die Mary-Rose, die Mary-John, die Mary-George, der Peter Pomegranate, der Drache, der Löwe, die Aenne von Greenwich, die Barbara, der Georg von Falmouth. Ein kleines Boot wurde nach Erasmus genannt. Und da Heinrich sich erinnerte, daß dies ein Heiliger Krieg sei, ließ er seine großen Kanonen in der Form der Apostelstatuen gießen.

XIV

Heinrich war zweiundzwanzig Jahre alt und zog in den Krieg. Das war die Tätigkeit, nach der er verlangt hatte. Sein Streit mit Frankreich war »Gottes Streit«. Nicht nur war sein Feind Ludwig von einer »unverhüllten Herrschlust« erfüllt, nicht nur begünstigte er »abscheuliche Schismen«, nicht nur hatte er das arme kleine Venedig unter furchtbaren Greueltaten zerstört, sondern Heinrich brannte darauf, die Kirche zu verteidigen, sie von der »grausamen Tyrannei des Königs der Franzosen, des gemeinsamen Feindes aller christlichen Fürsten« zu befreien; und ebenso brannte er darauf, »die Herrschaft Frankreichs, sein wahres väterliches Gut und Erbe zurückzuerlangen und es unter seinen Gehorsam zu zwingen«. Den Schotten, die »von den Franzosen verführt waren«, konnte man den Frieden nicht gewähren. Kurz, es war, wie Heinrich es ausdrückte, »ein gerechter, heiliger und in etwas notwendiger Krieg«.

Wir haben die Leute, wir haben die Vorräte, wir haben die Werkzeuge des Krieges — so lauteten Heinrichs offene Gründe. Wenn wir den Franzosenkönig jetzt, da er »beinahe überwältigt« ist, schonen sollten, würde er sich vor Stolz und Ehrgeiz nicht zu lassen wissen. »Wir müssen ihm mit Waffengewalt weisen, wer er ist«, schrieb Heinrich an den Vatikan.

Ludwig XII. wäre in der Tat beinahe überwältigt worden. Er hatte bei Ravenna gesiegt, um kurz danach eine niederschmetternde Schlappe zu erleiden. Kaum hatte er sich bis Paris geschleppt, als dieser neue Krieg ihm bevorstand. Der Krieg war sein Handwerk; als solcher war er ihm nicht schrecklicher als einer Hebamme die Geburtshilfe. Aber es war der jüngere König, der den Krieg noch im Strahlenkranze sah und wie Montaigne fühlte, daß »es keinen Beruf gibt, der angenehmer ist als der des Soldaten, ein Beruf, der sowohl in der Ausführung vornehm ist (denn Tapferkeit ist die stärkste, stolzeste und großherzigste aller Tugenden), als vornehm im Anlaß: es gibt keine allgemeinere und gerechtere Notwendigkeit, als den Schutz des Friedens und der Größe des eigenen Landes Die Gesellschaft so vieler vornehmer, junger, tätiger Männer entzückt; der alltägliche Anblick so vieler tragischer Vorfälle, die Freiheit und Ungezwungenheit der Unterhaltung, die männliche und unzeremonielle Lebensführung gefällt; die Abwechslung tausend verschiedener Handlungen, die ermutigende Harmonie der Ohren wie Seelen bezaubernden und entflammenden kriegerischen Musik, die Ehrenhaftigkeit dieser Beschäftigung, nein, selbst ihre Schrecken und Schwierigkeiten, die Plato so gering achtet, daß er in seinem »Staat« sie von Kindern und Frauen teilen läßt: sie alle sind angenehm ... »Leben, lieber Lucilius, heißt Krieg führen.«

Ohne Zweifel waren dies Heinrichs Empfindungen. Er besaß die Heiterkeit des guten Gewissens, war prachtvoll in Form und aufs großartigste vorbereitet. Und da er unter dem Deckmantel des Abschiedslärms seinen Gefangenen Edmund de la Pole hingerichtet hatte, verließ er die Hauptstadt unter der ermutigenden Harmonie der kriegerischen Musik mit glänzender Rüstung, wallendem Hauptschmuck, tanzendem Roß; im Hintergrund wartete Maximilian mit achttausend deutschen Lanzen, um ihn zu verstärken.

Katharina und Heinrich nahmen mit dem gebührenden liebevollen Ernst Abschied. Die Segel, die den jungen Krieger nach Calais brachten, waren aus Goldstoff, und vor ihm zogen zwölf Saumpferde in Calais ein, alle mit seiner glänzenden persönlichen Ausrüstung beladen. Er sah aus wie eine

Kreuzung von St. Georg mit Herkules. Hundert Priester begleiteten ihn zu seiner ersten Hohen Messe und Einsegnung.

Heinrich begann wie ein alter Krieger die Runde zu machen, indem er in nassen Nächten herumritt. »Kameraden«, sagte er munter, »wir haben am Anfang gelitten, darum verspricht das Schicksal uns heute Besseres, so es Gott gefällt.« Er übte in einem sonnigen Garten das Schießen mit der Armbrust, spaltete das Ziel mitten durch und übertraf jeden an Körperbildung und persönlicher Anmut. Kaiser Maximilian, der im voraus hunderttausend Kronen empfangen hatte, kam in den unscheinbarsten schwarzen Fries gekleidet an, da er wegen seiner zweiten Frau Trauer trug. Seine Landsknechte, vierschrötige Grobiane, sahen genau aus, wie Dürer sie gemalt hatte. Maximilian gebärdete sich als gemeiner Soldat, er begrüßte Heinrich als Sohn, Bruder und König. Es gab viel Feste in den reich geschmückten Zelten vor Terouanne, einer Stadt, die Maximilians angrenzendem Gebiet ein Dorn im Auge war. König Heinrich hatte vielleicht zwanzigtausend Mann, obwohl er und Wolsey Zahlen angegeben hatten, die sich bis sechzigtausend bewegten. Die zwölf großen Belagerungsgeschütze erregten größtes Interesse; eines der Gewehre, St. Johannes, erhielt seine militärische Taufe, indem es in einen Teich stürzte; hundert Arbeiter wurden entsendet, um es herauszuziehen, aber da sie keine Wache stellten, wurden sie durch plänkelnde Franzosen angegriffen und zum größten Teil getötet oder verwundet. Dies war die größte Kriegstat, deren sich die Franzosen rühmen konnten. Sie weigerten sich, ein Gefecht anzunehmen. Bei der »Schlacht der Sporen« liefen sie ganz offenkundig davon und erhöhten so den Ruf der gens d'armes als »Angsthasen«. Chevalier Bayard, ein so edler Mensch, wie er nur je einem Cervantes als Vorbild diente, fiel in die Hände der Engländer. Heinrich war sehr erregt. Er benahm sich seinem Gefangenen gegenüber in einer angenehmen Unterredung sehr ritterlich und höflich, und er sagte Bayard, wie sehr er es bedaure, daß er den Thronfolger Franz, der in diesem ausweichenden Kriege sich irgendwo im Hintergrund hielt, nicht zu Gesicht bekommen könne. Bayard brachte Franzens Entschuldigungen dar. Nach etwa hundert Tagen ergab sich Terouanne, das »Hundeloch«, wie Cromwell es später im Unterhaus voll Verachtung nannte, den Waffen Heinrichs. Schnellere Erfolge erzielte er bei der jungfräulichen Stadt Tournai, die ihm nach einer Woche zufiel, wobei Wolsey anwesend war, um das Einkommen des Bistums in Empfang zu nehmen.

Es war in der Tat ein unruhiger Feldzug. Heinrich wollte »an der Spitze seiner Reiterei« ins Feuer, aber »sein Rat überredete ihn zum Gegenteil«. Wie Wolsey und die Franzosen wußten, würde eine Entscheidungsschlacht zu ernsthafte Folgen haben. Es war eine Art der Kriegführung, wie sie die Chinesen mehrere tausend Jahre vor der christlichen Zeitrechnung patentiert hatten. Jeder Teilnehmer unternahm Scheinangriffe; man konnte es sich nicht leisten, Ernst zu machen.

Heinrich und Maximilian hätten auf Paris marschieren können, da der Schweizer bis Dijon vorgedrungen war und Ludwig nicht über Reserven verfügte. Aber weder Maximilian noch Ludwig kam es darauf an, Entscheidungen zu erzwingen. Maximilian hatte die Grenze bereinigt, und das genügte ihm. Ludwig wußte, daß England auf der Karte von Europa wieder eine bestimmte Bedeutung besaß. Er sorgte für die Zukunft vor, indem er die Engländer nicht verärgerte, ihre Wunden nicht aufriß, sondern davonlief und sich in seinen Handlungen danach richtete, daß sowohl Ferdinand wie Maximilian hinter Heinrichs Rücken, was Ludwig wohl wußte, sich um den Frieden bemühten. Es traf sich glücklich für ihn, daß die Engländer keinen Mann besaßen, der auf den Titel eines Generals den geringsten Anspruch erheben konnte.

Heinrich zog den Krieg vor. Er wollte den Franzosen ein knock-out versetzen. Aber Maximilian zog ihn nach Lille, wo seine Tochter Margarete und sein Enkel Karl darauf warteten, Heinrichs Bekanntschaft zu machen.

Da Heinrichs junge Schwester Marie sich bald mit Karl vermählen sollte, war dieser Besuch in Lille äußerst prächtig. Margarete von Österreich war schlau, jovial, dicklich und etwas stupsnäsig. Kavaliere wie Heinrich und Brandon gefielen ihr ausgezeichnet; Heinrich bemühte sich, zwischen ihr und Brandon eine Partie zustande zu bringen, vielleicht weil seine Schwester Marie in den schönen Brandon verschossen war. »Warum wollt Ihr ihn nicht heiraten?« fragte Heinrich immer wieder neckend. Marie war von ihm bezaubert, aber sie fürchtete die Heirat. Sie war bereits zweimal vermählt gewesen und hatte genügend Unglück dieser Art erlitten.

»Eines Nachts in Tournay«, erzählte sie ihrem Vater, »kniete Brandon vor mir nieder, und unter Sprechen und Scherzen zog er mir den Ring vom Finger und steckte ihn an seinen eigenen, worauf er ihn mir zeigte; ich begann zu lachen und sagte ihm, er sei ein Dieb, und ich hätte nicht gewußt, daß der König Diebe aus seinem Lande mitgebracht.« Heinrich mußte herbeigerufen werden, um seinem strahlenden Gefährten zu erklären, daß »larron« kein Kosenamen sei, und daß sie ihn einen so bekannten Ring nicht behalten lassen konnte. Er gab nach, stahl ihn aber wieder, und Margarete ließ es zu; sie wußte nicht, daß ihr Verehrer zwei Frauen hatte, die beide noch am Leben waren, und der Augapfel der Lady Marie war. Dieses Zwischenspiel paßte jedoch zu dem ganzen glorreichen Überfall, der endlich wegen der Septemberregen beendet werden mußte.

Während Heinrich sich so einen guten Tag machte, führte Königin Katharina mannhaft die Regentschaft und dankte Gott, daß sie gegen die Schotten gerüstet sei. »Es macht mir die größte Freude«, schrieb sie an Wolsey, »und ich habe immerfort damit zu tun, Standarten, Banner und Feldbinden zu verfertigen.« Aber sie vertraute Wolsey ihre Sorge um Heinrichs Sicherheit. »Ich danke Gott, daß Ihr mich der Sorgfalt versichert habt, womit der König alle Gefahren vermeidet.« »Ich werde nicht ruhig sein, ehe ich oft von Euch Briefe erhalte.« So wie sie Heinrichs Nachthemden ausgebessert hatte, sorgte sie sich jetzt um seine Gesundheit, seine Zerstreuungen, seine Bequemlichkeit, und freute sich, daß in der weisen Gesellschaft des trefflichen Maximilian und im Genuß seines klugen Rates »Seine Majestät nicht so viel wagt, als ich vordem befürchtete«.

Aber sie vergaß ihre Sorge, als sie ihm zitternd vor Stolz die blutige Nachricht von Flodden mitteilen konnte. Jacob IV. hatte keinen Ratgeber, der ihn daran gehindert hätte, seine Reiterei selbst anzuführen. Er hatte sich bei Flodden ungeschickt geschlagen und war mit Dutzenden seiner Grafen, Barone und zehntausend Schotten getötet worden. In Katharina kam stark und prahlerisch die Spanierin zum Vorschein. Sie frohlockte und sandte durch Boten einen zerrissenen Überrock, der von Jacobs Blut befleckt war. »Wie mir scheint«, erklärte sie, »ist diese Schlacht für Eure Majestät und das ganze Reich die größte Ehre, die man sich denken kann, eine größere, als würdet Ihr die Krone von ganz Frankreich gewinnen.« Sie gedachte sogar Jacobs Leiche zu senden, »aber die Herzen unserer Engländer würden es nicht zugeben«. Sie pries den »großen Sieg, den der Herr Euren Untertanen in Eurer Abwesenheit verliehen hat«.

Katharinas Ton, »ich allein hab's geschafft«, war nicht dazu angetan, ihren Heinrich milder zu stimmen. Sie hatte Jacobs Leiche als Beweis der Tapferkeit zu Hause; Heinrich konnte nur Tournai und den netten Herzog von Longueville vorweisen. Es war nicht die richtige Art, ihn zur Zusammenarbeit mit ihrem Vater zu stimmen.

XV

Der flandrische Straßenschlamm machte es unmöglich, Krieg zu führen, und Wolsey, der von seinem Aufenthalt in Calais her den Kanal genau kannte, befahl mit meisterhafter Geschicklichkeit den Rückzug. Heinrichs Heimkehr im Oktober war ein Triumphzug. Er hatte Städte genommen und mit seinen Truppen manövriert. Sein eigener Ruhm vermischte sich mit dem von Flodden, der von den Howards gewonnen, aber, wie Bischof Ruthal erklärte, »durch die Fürbitte des Heiligen Cuthbert zustande gekommen war, der noch nie zugelassen hat, daß seine Kirche ungestraft beleidigt wurde«.

Die Männer aus den Grafschaften, die im Alter von sechzehn bis sechzig ausgehoben waren, hatten sich als Bürgersoldaten anständig und ernsthaft betragen; nun gab es auf dem Dorfanger Freudenfeuer, Bratäpfel, Freibier, das frohe Geläute der Kirchenglocken und glückliche Schlagen der Herzen. Die Mädchen von Lille waren Heinrich mit Girlanden entgegengelaufen, aber es war süß zu Hause zu sein, durch Triumphbögen zu einem aufrichtigen Willkomm zu reiten. Katharina strahlte vor Glück. »Die Liebe zum König«, schrieb ein Venezianer, der in Heinrich den Rächer

Venedigs sah, »ist allen gemein, die ihn sehen, denn Seine Majestät scheint nicht dieser Welt anzugehören, sondern vom Himmel herabgestiegen.«

Leider läßt sich der Abstieg vom Himmel, wenn er erst einmal begonnen hat, schwer aufhalten. Trotz des öffentlichen Jubels befand Heinrich sich in einer schiefen Lage.

Er war in diesen selbstlosen und heiligen Krieg unter der Voraussetzung gezogen, daß er andauern würde, bis Frankreich gedemütigt war. Und inzwischen war Papst Julius so ungefällig gewesen zu sterben. Er war bei der Rückkehr mit heroischen Klängen gefeiert worden. »Mögen alle anderen christlichen Fürsten sich an diesem unbesiegten König ein Beispiel nehmen«, schrieb ein Enthusiast, »und bereit sein, Reichtum und Blut zu vergießen zur Verteidigung der Kirche gleich ihm, auf daß sie von Gott und Menschen den gleichen Lohn für ihre Mühe ernten.« Dies waren die Lobsprüche, die Heinrich anregten, dies die Weise, die er zu hören wünschte. Sein Ehrgeiz war durch diese Kostprobe des Krieges befeuert. Statt nach Art der alten Schlachtrosse besänftigt zurückzukehren wie Ludwig, war er sich bewußt, daß mit ihm wie dem Kriege nicht alles zum Besten stand. Noch einmal wollte er sich an dem Feinde und an der Welt messen, seine Mannheit prüfen und sein Rückgrat beweisen, sein Spiel fortsetzen. Offiziell beriet er sich nicht mit den Astrologen, aber als Kriegsherr ließ er sich dadurch beeinflussen, daß man ihm sagte, dem türkischen Tyrannen sei es bestimmt, vom König von England besiegt zu werden. Bei seiner Rückkehr trat das Parlament im Kriegsfieber zusammen, stimmte für hohe Kriegssubsidien, und so begann er mit »unglaublichen Vorbereitungen« den Feldzug wieder aufzunehmen.

Maximilian und Ferdinand waren alt und gerissen. Ihre Ansicht vom Papst war nicht die der frommen Großmutter Heinrichs. Ihre Ansicht vom Kriege war völlig unsentimental. Sie hielten es nicht für nötig, das zu glauben, was sie öffentlich behaupteten. Worauf wollte Heinrich hinaus? Dachte er, sie würden bis Paris marschieren? Ferdinand hatte sich Navarras versichert. Maximilian hatte in Flandern Ordnung geschaffen und von Heinrich hundertzwanzigtausend Kronen einkassiert. Weder Ferdinand noch Maximilian sahen die Notwendigkeit ein, beim augenblicklichen Zustand Europas den Krieg zu verlängern. Und anstatt des letzten Papstes, der als Genueser Hühnchen zu rupfen und Adler zu zähmen hatte und dessen Motto lautete: »Erlöse uns, o Herr, von den Barbaren«, war der geschmeidige Sohn Lorenzo Il Magnificos dran, der den Petersdom zu erbauen und eine friedliche Politik zu verfolgen wünschte und Heinrich aufs liebenswürdigste bat, ihn nicht weiter zu rächen. Maximilian wollte Heinrich nicht verleugnen, aber er konnte ihn nicht ernst nehmen.

Seine Tochter Margarete hatte jedoch ihre eigene persönliche Ansicht von Heinrich und sie drängte ihren Vater, sich Heinrich zu verpflichten. »Monseigneur«, schrieb sie ihrem schlauen Erzeuger, »solange Ihr ihm nicht Ursache zum Gegenteil gebt, wird er Euch ohne Hinterlist mit seinem

Gelde und seiner Person zur Verfügung stehen; denn ich versichere Euch, daß er keine Heuchelei besitzt; darum muß er ebenso behandelt und ihm gegebene Versprechungen nicht gebrochen werden.«

Aber sie waren bereits gebrochen. Heinrichs Bundesgenossen Maximilian und Ferdinand hatten ihn mitten im Zuge seiner Kriegsvorbereitungen im Stich gelassen und auf ein Jahr mit Ludwig ein geheimes Bündnis geschlossen.

Das war ein schlimmer Verrat, und er kam in einem schlimmen Augenblick.

XVI

Kaum war Heinrich in England zurück, als er sich bösen Nachrichten gegenübersah. Katharina war schwanger gewesen, aber im September schon mußte sie ihre Hoffnungen aufgeben; es war die dritte bittre Enttäuschung ihres ehelichen Lebens. Und dies war noch nicht genug: Heinrich selbst wurde kurz nach der Rückkehr krank. »Der König von England«, hieß es, »hat das Fieber gehabt, und seine Ärzte fürchteten, es könne zu jenen Pusteln werden, die man die Blattern nennt.« »Heinrich von England«, lautete ein anderes Gerücht, »hat ein Fieber gehabt; die Ärzte fürchteten für sein Leben, aber es wurden die Blattern daraus.« Anscheinend hatte er die Krankheit aus Frankreich mitgebracht. Vielleicht wurde sie völlig geheilt, vielleicht erschien sie aber auch als chronisches Leiden in Gestalt eines schwürigen Beines wieder, das zwei Jahre später erwähnt wird und ihn bis zu seinem Tode quälen sollte. Diese Krankheit erregte sein persönliches, fieberhaftes Interesse an Umschlägen. Er wurde sein eigener Apotheker, verfertigte die kompliziertesten Salben, zerrieb Zauberperlen und behandelte das Geschwür seines Freundes Will Compton, das im Jahre 1514 auftrat. Aber diesmal hatte sich Heinrich schon im Februar erholt. »Er ist nun wieder gesund und vom Bett aufgestanden, voll Zornes gegen Frankreich.«

Kaum war er auf und im Begriff, sich nun ernstlich den Kriegsvorbereitungen zu widmen, als einer der Boten, die wegen des Lösegelds für die französischen Gefangenen am Hofe waren, im Geheimen zu ihm kam. Er war von Ludwig gesandt und legte Heinrich gültige Beweise vor, »daß Ferdinand ihn nur betrüge«.

Die Wut, in die Heinrich dadurch versetzt wurde, brachte eine bis dahin unbekannte Seite seines Charakters ans Licht. Es war der Zorn, wie ihn jeder fühlen kann, der plötzlich erfährt, daß er ungetreue Freunde besitzt, aber die Heftigkeit, die er erzeugte, der Haß, den er erweckte, ging über die furchtbare Raserei des gutmütigen Menschen, der mißbraucht wurde, hinaus und bewies das Dasein einer anderen Art von Wut, die fast zu tief war um erforscht zu werden. Dieser blühende, mannhafte Jüngling konnte finster blicken. Sein Zorn lief weiter wie ein roter Funke, der sich ins Schwarze einfrißt; sein ganzes Wesen war zugleich verdunkelt und entzündet.

»Heinrich war sehr bitter gegen Ferdinand«, lautete die Nachricht, die nach Spanien gelangte. Er »schwur, er sei verraten, und beklagte die verlorene Gelegenheit, den Stolz Frankreichs zu lähmen. Er sagt, Ferdinand habe ihn bewogen, den Krieg anzufangen und den Papst dazu getrieben, seinen Einfluß dahin geltend zu machen; daß er viel Kosten gehabt, Maximilian beigestanden, Tournai genommen und Frankreich in eine üble Lage gebracht habe; und daß jetzt, da der Feind ihm preisgegeben sei, Ferdinand vom Frieden spreche. Er werde keinem mehr Vertrauen schenken.

Daß Ferdinand ihn schwer gereizt hatte, war klar, aber in Heinrich wurden dadurch Illusionen erzeugt. Er vergaß, daß er einer von drei Bundesgenossen war; er vergaß die große Schlacht in Italien, für die Venedig den Schweizer bezahlte und nach der Ludwig gelähmt und hinkend nach Hause gehumpelt war. Er sah sich als einzigen Kämpfer, der durch die Einnahme von Tournai Frankreich in eine üble Lage gebracht hatte. Franz war nicht allen preisgegeben, sondern nur ihm. Diese Selbsttäuschung, als sei er von besonderer Wichtigkeit, hatte Maximilian mit allen Mitteln großgezogen. Er und Ferdinand gaben vor, keinen anderen Gedanken zu haben als Heinrichs persönliche Verherrlichung, und indem er des Papstes wegen, aber mit einem Seitenblick auf seine eigenen Eroberungen sich zu ihnen gesellte, hatte Heinrich Ferdinands allgemeinen Ruf als gerissener Betrüger übersehen. Nun, da er unzweifelhafte Beweise für Ferdinands Gaunerei in Händen hatte, Navarra an Ferdinand gefallen und ohne Heinrich zu befragen ein Bündnis geschlossen war, konnte er seine Wut kaum bändigen. Und es war nicht das Schlimmste, daß sein eigener Schwiegervater ihn wie eine Marionette behandelte: schlimmer war, daß ihm gerade in dem Augenblick Widerstand geleistet wurde, da die köstliche Frucht des Sieges im Begriff war, ihm reif in den Schoß zu fallen.

Heinrichs Gekränktheit und Enttäuschung ließ mit dem ersten Brennen nicht nach. Von Wolsey aufgehetzt, fing er an, jeder Möglichkeit einer Rache nachzugrübeln. Er fürchtete sich nicht länger, sich mit Ludwig, dem »grausamen Tyrannen«, zu versöhnen. Das war ein sehr einfacher erster Schritt. Aber wie sollte er Ferdinand bestrafen, ihm die Beleidigung ins Gedächtnis graben? Er zerbrach sich nur den Kopf, welche Mittel ihm zur Verfügung standen.

Das nächste war seine Frau. Katharina schien kaum ein würdiger Gegenstand für die Rache eines kräftigen Mannes, aber seine Selbstliebe war durch ihren Vater gekränkt worden und Heinrich hatte viele Klagen in der Reserve. Er goß seinen Zorn über sie aus, da er wußte, daß sie zu Ferdinand hielt, und genau so ungern die Wahrheit über ihn hörte, wie er selbst sich die inneren Gründe für die Allianz mit ihrem Vater zugestand. In der Tat war ihre Lage nichts weniger als stark. Von Anfang an hatte sie angesichts Heinrichs liebenswürdiger Trägheit ihn als Ferdinands Hab und Gut behandelt. Mit der »eitlen und prahlerischen Gewohnheit der Spanier« hatte sie während der ersten Jahre an ihren Vater geschrieben: »Die Königreiche Eurer Majestät sind ganz ruhig und zeigen große Anhänglichkeit an meinen Herrn und mich. Man bringt die Zeit mit unausgesetztem Festefeiern zu.« Diese Schilderung zeigte Heinrich als harmlosen Erben reicher Königtümer, die Ferdinand sein nennen konnte! Nun war das Festefeiern zu Ende. Aber daß es im Zorn enden sollte, daß man ihr den Verrat des Vaters unter die Nase rieb, daß man Heinrichs Ausgaben und Opfer und Dienste und Eroberungen ihr solange vorwarf, bis sie nur mit Flodden antworten konnte, trieb den jungen Gatten und seine etwas ältere Frau bis zu der krassen, keuchenden Offenheit, die alle anständigen und unanständigen Geheimnisse einer Konvenienzheirat bis in die Tiefen preisgibt. Zwischen ihnen stand der düsterste aller Mißerfolge: sie konnte kein gesundes Kind zur Welt bringen, er keins erzeugen. Es war für sie beide als Dynasten eine unaussprechliche Demütigung, und Katharina sah darin die gefürchtete Flammenschrift an der Wand. Von Anfang an hatte diese traurige Tatsache sie bis ins Mark verletzt. Ihn nicht weniger. Ihr erstes totgebornes Kind hatten sie mit einem Gefühl des Schreckens, der Schande betrachtet. »Nie war der Bastard eines Bettlers, in Schande gezeugt und im Elend geboren, vor den Augen der Menschen verstohlener verborgen worden als diese Tochter einer Reihe von Königen.« Jetzt, da ihr Vater ihn verraten hatte, zeigte Heinrich kein Mitleid mit ihr. Er vergaß alle Zärtlichkeit. Mit einer Raserei, die an Heftigkeit nur von seiner kranken Selbstliebe erreicht wurde, höhnte er sie mit ihren totgebornen Kindern. Sie war wieder schwanger, aber in der Wut des Augenblicks schonte er sie nicht. Sie schlug zurück und begegnete seinen Vorwürfen mit bitterem Tadel. Sie wußte, daß »junge Männer voll der sinnlichen Liebe sind«. Er drehte den Spieß um und teilte ihr mit, daß sie gar nicht richtig verheiratet seien, und daß er sie verstoßen könne.

»Man spricht davon«, schrieb ein Venezianer im August aus Rom — der Vatikan hatte scharfe Ohren in England —, »daß der König von England die Absicht hat, seine gegenwärtige Frau, die Tochter des Königs von Spanien und Witwe seines Bruders, zu verstoßen, weil er nicht imstande ist, von ihr Kinder zu haben, und daß er im Sinn hat, eine Tochter des französischen Herzogs von Bourbon zu ehelichen.«

Inmitten dieser Gehässigkeit wurde vorzeitig ein Sohn geboren, woran, wie die Spanier behaupteten, Heinrichs Roheit und Katharinas Angst die Schuld trugen.

XVII

Der Tätigkeitstrieb seines mächtigen Leibes war nun gezügelt. Er sah Ferdinand, Maximilian, Margarete, den Knaben Karl, Katharina, die ganze Verbindung zwischen Spanien und dem Reich durch die rote Glut des Zorns. Wolsey stimmte ihm bei. Marie war mit Karl verlobt, und Heinrich hatte tatsächlich ins Auge gefaßt, die Hochzeit im Frühling in Calais zu feiern. Die Allianz war den landbegüterten Adligen willkommen, da all ihre Neigung dem Flandern, das ihnen die Wolle abkaufte, und ihre Gewohnheit dem Kriege mit Frankreich galt. Wolsey konnte jedoch das Mißtrauen seiner Edelleute benutzen, das sie auf Heinrich übertragen hatten. Der Bruch mit Ferdinand war genau die Gelegenheit, die Wolsey herbeigesehnt hatte. Er nahm sich nun vor, seinen jungen Herrn zu einem ruhmvollen Frieden zu führen.

Der Herzog von Longueville wurde herangezogen, ein »Kriegsgefangener«, der sehr gut Tennis spielte und Heinrich hohe Einsätze abgewann. König Ludwigs Gattin war eben gestorben. Warum sollte der Franzosenkönig nicht Marie heiraten? Dadurch würde der Frieden gesichert, ein Tribut beschafft, eine Allianz zustande gebracht werden. England würde sich bis ins letzte gerächt sehen. Der Vorschlag war reich an Möglichkeiten, er war interessant und überraschend. Man würde den greisen Sündern den Spieß umdrehen und ihnen zeigen, was es bedeutete, England leicht zu nehmen. Heinrich begriff die grausame Befriedigung, die darin lag; es war eine Tat, die beredter sprach als Worte.

Diese politische Umkehr aber, die so kalt und überlegt klingt, wurde von Wolsey und Heinrich nicht in kalter Überlegung ausgeklügelt. Es war erst wenige Monate her, daß Wolsey zum Kriege gerüstet hatte und Heinrich, der von Ludwigs Exkommunikation wußte und sich selbst als Werkzeug in »Gottes Streit« betrachtete, mit fliegenden Fahnen ausgezogen war, um die Kirche zu verteidigen und einen Abtrünnigen zu bestrafen. Nun war er im Begriffe zuzustimmen, daß seine junge Schwester den grausamen Tyrannen heirate, und dadurch seine natürlichen Bundesgenossen zu verletzen. Wie konnte Heinrich sich zu einem so einschneidenden Gesinnungswechsel entschließen?

Der Wechsel wurde ihm durch die Mischung von Stolz, Erbitterung, Angst und Mißtrauen eingegeben, mit welcher der dynastische Alpdruck gesättigt war. Venedig, einmal eine ebenso starke Macht wie England, war in einer einzigen Zuckung zugrunde gegangen. Navarra hatte soeben aufgehört zu existieren. Burgund war weggewischt und die Rüstung Karls des Kühnen Heinrich tatsächlich als Pfand angeboten worden. Die Welt, in welcher die Schlacht von Flodden und die Schlacht der Sporen ausgefochten wurde, stand halb im Licht des Tages, halb im Dunkel des Wahnsinns; die Krieger, die voll prahlerischer Ruhmsucht auszogen, konnten jeden Augenblick von hysterischer Angst erfaßt werden. St. Cuthbert konnte ganze Horden von Schotten hindern, am Gefecht teilzunehmen. Die Erinnerung an Azincourt konnte plötzlich die tapfersten Franzosen wie mit Peitschenhieben überfallen. Die Menschen waren gleichzeitig grimmig und leichtgläubig, nachsichtig und streng. Daß Heinrich seinen ergebenen Gefangenen Edmund de la Pole vor seiner Abreise von London hinrichten ließ, entsprang der Stumpfheit, die von der Angst erzeugt wird; umgekehrt ließ ihn die Gutmütigkeit, die der Kameradschaft entspringt, nach Jacobs Tod bei Flodden ausrufen, »es sei eine schwerere Strafe für den Verrat, als Wir gewünscht hätten«. Heinrichs Gefühle waren ängstlich, stoßweise, krampfartig. Er besaß nicht das Phlegma des Soldaten, obwohl er seinen Hals in den heftigsten Sportkämpfen aufs Spiel setzte. Er war mit einer ungeheuren Armee nach Frankreich gezogen, hatte sechstausend Mann vorausgeschickt, neuntausend selbst hingeführt, und im ganzen eine schäbige Woche an der Front zugebracht. Er fürchtete sich vor den Franzosen genau so wie die Franzosen vor ihm. Der Don Quichotte in ihm war bereit, die Windmühlen, die des Nachts ächzten, anzugreifen; der Sancho Pansa in ihm zitterte in kindischer Angst. Er ließ Te Deums beten, sich das Abendmahl reichen, trug Reliquien und beschwor böse Geister. Er sah ruhig und unerbittlich aus, aber er lebte in einer Welt von ungeheuren Schreckgespenstern, gegen die Maximilian und Ferdinand ihm den Rücken deckten. Als sie ihn im Stich ließen und er Frankreich drohend über sich fühlte, verlor er keine Zeit, sich einem Defensivbündnis in die Arme zu werfen.

Sich derartig kindische Regungen einzugestehen, wäre ihm selbstredend unmöglich gewesen. Er war dreiundzwanzig Jahre alt, ein Ritter mit wallendem Federbusch. Das Äußere, wie es ihm selbst erschien, war das eines Monarchen. Er sah sich, wie ihn alle Personen seiner Umgebung sahen, als jungen Herrscher, der von Gott berufen war, um seine Mission zu erfüllen. Wie Wolsey sich dem höchsten Wesen zuwenden und ihm die ganze Skala der übernatürlichen Werte zuschreiben konnte, so konnte sich Heinrich der dynastischen Politik zuwenden und sich selbst seine natürlichen Werte zuschreiben. Diese natürlichen Werte wurden ihm teilweise durch die Erfahrung und teilweise durch die Theologie geliefert. Aber seine Lebensaufgabe war einfach die eines Dynasten. Und er erschien sich selbst in dieser großartigen Rolle nicht unvorteilhaft.

Seine Eitelkeit war nicht überwältigend. Er hatte bald heraus, daß Wolsey ein Mann von weiterem Blick war als er selbst, und er war großherzig und klug genug, die Elastizität von Wolseys Verstand zu bewundern, obwohl er trotz seiner Jugend in gewissen Beziehungen klarer und schneller dachte als dieser. Er sah ohne Zweifel ein, daß er heißblütig und jähzornig, impulsiv und von gefährlicher Heftigkeit war. Sein Weg krümmte sich so oft, daß er sich selbst im eigenen Profil bei einem Ausdruck ertappen konnte, den er manchmal einem schöneren zuliebe aufgab. Er durfte sich ohne Übertreibung sagen, daß er liberal und durchaus nicht beschränkt sei; er hörte Wolsey wirklich zu, wenn sie über Thomas von Aquino diskutierten, und er mißbilligte bigotte Ansichten wie die Fitzjames, des Bischofs von London. Was die dynastische Politik betraf, sah er sich ebenso gerecht und treu und furchtlos, und innerhalb des kleinen Kreises derer, denen er in politischen Dingen sein Vertrauen schenken durfte, konnte er sich für aufrichtig und gerade halten. Wie er der Außenwelt erschien, wußte er, wie wir es alle wissen. Er fühlte sich so stark, daß er an seiner Unbeugsamkeit Freude hatte. Seine Erziehung hatte ihn mannhaft gemacht, darum machte ihm die Empfindung der Macht als solche ein natürliches Vergnügen. Er ließ nur Gott über sich gelten. Gott gegenüber war er gewissenhaft. Vor Gott demütigte er sich. Auf Gott vertraute er; das nahm ihm eine schwere Last ab.

Etwas aber konnte Heinrich nicht wissen: daß er, von Geburt an zur Rolle des Dynasten bestimmt, im Begriff stand, sich in die Rolle des vollendeten Egoisten zu verwandeln. Wenn die Außenwelt ihm etwas versagte und ihn nicht so hoch bewertete, wie er es sich wünschte, erwiderte er instinktiv und persönlich; er spielte auf beleidigende Weise den Beleidigten, wurde eigenwillig und gefiel sich in seiner Gerechtigkeit. Seine Begierde, sich der Außenwelt aufzudrängen und sie mit Gewalt zur Erkenntnis seines Wertes zu zwingen, machte ihn hartnäckig. Er hatte ein Gewerbe geerbt, daß ausschließlich dem Ehrgeiz geweiht ist; er machte daraus einen persönlichen Widerspruch gegen die Anklage, daß er nicht mannhaft sei, obwohl er diesen Zweifel selbst im verarmten Herzen trug. Er hatte keine Liebe zu seinen Mitmenschen, wie sie den Humanisten ihre Heiterkeit gab, obwohl er versuchte, sich mit Hilfe der Humanisten aufzuschwingen. Er stand im Begriff, das freundliche und gutmütige Temperament, das er von seinem Großvater Eduard ererbt hatte, durch einen krankhaften Sinn für Gefahr, durch ein Mißtrauen, das ebenso schnell war, wie das eines Feiglings, zu verunstalten; er prahlte und bramarbasierte, um seine Stärke zu zeigen.

Dies hatte seine rührende Seite, obwohl Heinrich davon nichts ahnte. In Gegenwart von Männern wie Maximilian war er steif und pompös und spielte sich auf den Männlichen heraus. Bei Frauen dagegen appellierte er an das Mitleid. Frauen brauchen nicht zu verheimlichen, daß sie manchmal Angst haben, und in Heinrich fühlten sie die Seele, die sich fürchtete, obwohl den Königen der Luxus der Furcht versagt ist. Margarete von Österreich wurde durch seine Aufrichtigkeit gerührt und nahm seine Partei gegen ihren Vater. In ihrer Gegenwart hatte er sich gehen lassen und seine wahre Natur gezeigt. »Er verbrachte drei Tage in ihrer Gesellschaft und in der ihrer vielen holden Hofdamen; als er sich erinnerte, daß es an der Zeit sei, das Heer aufzusuchen, nahm er Abschied von den Damen.« Die Damen statteten ihm in Tournai die Gegenvisite ab. Und noch einmal kam er mit Brandon und seinem übrigen Gefolge nach Lille zu den Damen, wo in einem großen Gemach, das mit schwarzen Steinquadraten gepflastert war, auf Pferden, die mit Filz beschuht waren, ein neuartiges und amüsantes Turnier abgehalten wurde. »Danach tanzten die Herren und Damen die ganze Nacht.«

Fand Heinrich Gefallen an den Damen? Wenn ja, so besaß er einen Beichtvater, der es wieder in Ordnung bringen konnte. Er war nie prinzipienlos. Wenn die Tatsachen seines Benehmens nicht mit seinen Prinzipien übereinstimmten, so drehte er die Tatsachen so lange, bis sie zu den Prinzipien paßten. Und er war sofort bereit, jedem tüchtig die Meinung zu sagen, der sich seiner Darstellung der Tatsachen nicht anschloß.

Dieses Festhalten am Prinzip verwirrte Ferdinand und Maximilian. Sie verstanden den Knaben nicht. Er gehörte einer anderen Sippe an.

XVIII

Heinrichs Schwester Marie war ein leidenschaftliches junges Geschöpf mit einem hübschen Lärvchen. Sie war bereit gewesen, den jungen Karl zu heiraten, dessen Bild sie jedem zeigte, der es sehen wollte, und sie würde sich der Heirat mit dem alten Ludwig unterwerfen; würde sie, wenn Ludwig stürbe, »nach meinem Wunsch« heiraten dürfen? Danach fragte sie den älteren Bruder mit einem unglücklichen, hilflosen, weinerlichen Gesichtsausdruck, wie man ihn auf ihrem Bildnis sehen kann. Er wußte, daß sie Brandon liebte, den er zum Herzog von Suffolk gemacht hatte, und er gab ihr sein königliches Wort. Dadurch hatte er seine Trumpfkarte in der Hand.

Ludwig war kein Abtrünniger mehr. Er hatte die Schwierigkeiten mit Papst Leo ins reine gebracht. Und Papst Leo hatte bereits vom Tiber zur Themse ein Schiff gesandt, das mit Agnus Dei, Schinken, Würsten und Wein beladen war. Nunmehr sandte er Heinrich ein Schwert und eine geweihte Schirmhaube. Diese Zeichen der Macht, ein riesenhaftes Schwert und eine Haube wie ein Baldachin aus veilchenfarbenem Atlas, einen Fuß hoch und ungeheuer breit, mit Hermelinschwänzen, waren dazu bestimmt, gesehen, nicht getragen zu werden. Heinrich kam in die Paulskirche auf einem Zelter; er trug eine karrierte Robe aus veilchenfarbenem Atlas und Gold, »einen Halsschmuck mit Edelsteinen, der einen Brunnen voll Gold gekostet hatte«, einer Haube aus veilchenfarbigem Samt und war von einer Menge von dreißigtausend Köpfen begleitet. An seiner Seite ritten seine Edelleute, die »so schwere Goldketten trugen, daß man einige als Fesseln an den Füßen eines Sträflings hätte verwenden können«. Da man ihm die päpstlichen Embleme darbrachte und niemand wagte, dem jungen Herrn zu sagen, daß es sich nur um Symbole handle, setzte er die Schirmhaube auf, die sein Gesicht völlig bedeckte, gürtete sich mit dem Schwert und machte feierlich die Runde um die Paulskirche.

Dies geschah im Juni. Im Juli spielte er seine Trumpfkarte aus: Marie wurde in Vertretung an Ludwig verheiratet. Es war ein Glück für sie, daß sie ihren zukünftigen Gatten nie erblickt hatte: »einen greisen Mann, sehr gebrechlich und siech»; er war gichtisch, voll Pockennarben und Skrofeln. Die Zeremonie wurde aufs prächtigste gefeiert. »Die Braut legte die Gewänder ab und ging in Gegenwart vieler Zeugen zu Bett. Der Marquis von Rothelin, Longueville, trat in seinem Wamse und einem Paar roten Strümpfen, aber mit einem nackten Beine ans Bett und berührte die Prinzessin mit seinem nackten Bein. Daraufhin erklärte man die Heirat für vollzogen.«

Für Katharina, die alles auf die Allianz mit ihrem Vater und Maximilian gesetzt hatte, war dies ein niederschmetternder Schlag. Aber sie begleitete Heinrich, als das junge Mädchen sich mit Suffolk nach Frankreich einschiffte. Am Rande des Meeres flüsterte das Mädchen Heinrich zu, er solle sein Versprechen nicht vergessen. Er erwiderte, er würde daran denken.

Inzwischen wurde in Brüssel der Knabe Karl vor seinen Rat geführt, um von den Alten zu erfahren, daß er Marie nicht heiraten könne. Der Rat, der für Frankreich war, übermittelte die Botschaft nicht ungern.

Er war erst vierzehn Jahre alt, aber es fehlte ihm nicht an einer Tante, die einen Begriff seiner Bedeutung hatte. Er trat voll kalten Zorns vor seine Räte.

»Soll ich also die Frau bekommen, die Ihr mir versprochen habt?«

»Ihr seid jung, der König von Frankreich aber ist der erste König der Christenheit, und es steht ihm frei, zur Königin zu machen, wen es ihm beliebt.«

Der Knabe sah, wie ein Venezianer berichtet, durch das Fenster einen Mann mit einem Falken. Er rief einen Rat, der ihm wohlgesinnt war. »Ich bitt' Euch, kauft mir den Falken.«

»Ich kenne den Falken«, erwiderte der Rat. »Es ist ein junger Vogel und versteht noch nicht zu stoßen; das ist kein Vogel für Eure Hoheit.«

»Ich bitt' Euch, kauft ihn mir.«

Der Rat zögerte und Karl rief aus: »Kommt mit mir!« Er stieg hinab und kam mit dem Falken zurück. Er setzte sich ans Fenster und fing an, den lebenden Vogel zu rupfen.

»Sire, was tut Ihr?«

Er fuhr in seiner Beschäftigung fort und antwortete, als es ihm paßte: »Ihr fragt mich, warum ich den Falken rupfe; er ist jung, wie Ihr seht, und noch nicht abgerichtet; da er jung ist, gilt er wenig, und da er jung ist, schrie er nicht, als ich ihn rupfte. Also habt Ihr an mir gehandelt: ich bin jung, Ihr habt mich nach Gefallen gerupft; und da ich jung war, verstand ich nicht mich zu beklagen; doch vergeßt nicht: später einmal werde ich Euch rupfen.«

Margarete war über die rachsüchtige Diplomatie Heinrichs ebenso erstaunt und gekränkt wie Katharina. »Die Strafe«, brach sie los, »ist zu groß für unser Vergehen gegen England.« Sie war beleidigt, fühlte sich betrogen und legte sich zu Bett. Sie hatte keine Ahnung, daß Heinrich, ein so freundlicher und liebenswürdiger Mensch, so grausam zurückschlagen konnte, wenn die Welt ihm nicht seinen Willen tat.

Im Hintergrund stand Wolsey, der in diesem großartigen Manöver die erste Gelegenheit sah, zu beweisen, daß Europa sich um England als um seine Achse drehte und daß dieser Staat imstande war, die europäische Politik in wenigen Monaten völlig umzukehren.

XIX

Marie war kaum in Paris abgestiegen, als ihr Gatte sichtlich verfiel. Er konnte »sein Entzücken über die junge Frau nicht genügend in Worten ausdrücken«. Er schickte die englischen Matronen, die bei ihr bleiben wollten, fort, ließ nur ein paar kleine Hofdamen, wie Marie Boleyn, dableiben und zeigte sich galant und väterlich zugleich. Marie war genau so alt wie seine Tochter Claudia. Aber der neue Flug ging über seine Kraft. Der Wechsel vom Veteranen zum Kavalier, der ihn zwang, Oden über sich ergehen zu lassen, wobei er beinahe einschlief, Feste mitzumachen und zu einer so liederlichen Stunde, wie sechs Uhr abends, zu dinieren, war für den müden *Pere du peuple* zuviel. Von einem Ruhebett aus sah er den Turnieren in der Rue St. Antoine zu, bei denen sein Schwiegersohn glänzte, und blickte kummervoll auf Franz: »Der dicke Bengel wird alles zugrunde richten.« Mit dem alten Jahr schloß er auf immer seine Augen.

XX

In derselben Woche, in der Ludwig, von Kriegsmüdigkeit und Krankheit zermürbt, im Sterben lag, sandte ihm Heinrich Vorschläge, einen neuen Krieg gegen seinen früheren Bundesgenossen zu beginnen. Sein Zorn auf Ferdinand hatte sich nicht vermindert. Er gab ihm so sehr nach, daß er mehrere geheime Vorschläge machte, wonach Ferdinand aus Navarra vertrieben werden und er selbst Kastilien erhalten sollte. Das sollte eine weitere Strafe für Ferdinands Untreue sein und gleichzeitig aufs deutlichste den Beweis liefern, daß Heinrich sich von seiner Gattin oder seinem Schwiegervater nicht länger gängeln ließ.

Dies war gerade die Politik, die Erasmus fürchtete. Seine eigene Arbeit in Cambridge war durch den Krieg vernichtet worden: man hatte ihn durch Hunger aus dem kriegführenden England vertrieben. »Welcher Wahnsinn!« rief er aus. »Die Kriege der christlichen Fürsten entstehen meist entweder aus Ehrgeiz oder aus Haß oder aus Gelüst oder aber wie Gemütskrankheiten. Man überlege also, wer sie führt: Mörder, Verbannte, Spieler, Vergewaltiger, die schmutzigsten habgierigsten Truppen, die auf ein wenig Sold mehr Wert legen als auf ihr Leben... Zu unseren Zeiten sind es die Völker, die Städte bauen und verschönern, während der Wahnsinn der Fürsten sie zerstört... In diesem Hexenkessel menschlicher Geschäfte, in der Verwirrung so vieler Bündnisse und Verträge gibt es keinen, der nicht auf das, was er wünscht, einen Anspruch geltend machen könnte. Inzwischen werden diese Kriege nicht zum Wohl des Volkes geführt, sondern um die Frage zu erledigen, wer sich seinen Fürsten nennen soll.«

Erasmus erfuhr in Basel, wohin er gereist war, um die Drucklegung seines Griechischen Testaments zu beaufsichtigen, daß die Erbitterung in Europa im Wachsen war. Er schwieg nicht dazu. Sein Herz wurde zerfleischt durch die Heuchelei der Staatskunst, durch die »großartigen« Lügen, welche die Monarchie vergoldeten, und durch das Elend der Völker. Während des Krieges war das Leben in England unsicher gewesen, aber auf dem Festland war es doppelt unsicher, da »Schwarze Banden«, Plünderer, Räuber wie von Sickingen, zur »unmenschlichen Kriegführung auf eigne Faust« bereit waren, während das vergewaltigte Gesetz in seiner Ohnmacht verharrte. Erasmus schilderte die Könige als Adler, die ihre Jungen mit dem Fleische unschuldiger Vögel mästen. »Wie furchtbar sind die Drohungen der Fürsten, auch wenn sie nur im Scherz geäußert werden... Beim Schrei des Adlers erzittert das Volk, der Senat gibt nach, der Adel kriecht, die Richter stimmen bei, die Geistlichkeit ist stumm, die Anwälte widersprechen nicht, Gesetz und Verfassung räumen das Feld; weder Recht noch Glauben, weder Gerechtigkeit noch Menschlichkeit haben das Geringste zu sagen.«

Königliche Heiraten und Bündnisse behandelte er mit einer Verachtung, die nicht mehr launig, sondern leidenschaftlich offen und geißelnd war. »Wenn Fürsten ein Komplott machen, um ein Reich zu bedrücken und auszusaugen, nennen sie das einen »gerechten Krieg«. Wenn sie sich zu diesem Zwecke vereinigen, sprechen sie von Frieden... Das Amt eines Fürsten nennt man Herrschaft, da doch ein Fürst nichts zu tun hat als die Angelegenheiten des Staates zu verwalten.«

Nicht aus der ästhetischen Renaissance, der nur die Schönheit heilig war, sondern aus dem germanischen Gewissen, das sich mit klassischem Gleichmaß gesättigt hatte, entsprang diese klare, vorwurfsvolle Stimme. Erasmus glaubte mit Feuer daran, daß alles gerettet werden könne, wenn Christus zu frommen und bereiten Herzen spräche. »Ich möchte, daß selbst die schwächste Frau die Schrift – die Episteln Pauli läse«, sagte er. »Und ich wollte, sie wären in alle Sprachen übersetzt, damit sie nicht nur von Schotten und Iren, sondern auch von Türken und Sarazenen gelesen und verstanden würden. Sie verständlich zu machen, ist sicherlich der erste Schritt. Mag sein, daß viele sie verspotten werden, aber einige würden sie sich zu Herzen nehmen. Ich sehne mich danach, daß der Bauer sich Teile davon vorsagt, während er dem Pfluge folgt, daß der Weber sie zur Melodie seines Schiffchens summt und daß der Reisende mit ihren Geschichten die Langeweile seiner Fahrt verkürze.« So sprach der christliche Humanist, der sich von den Königen fort zu den Völkern sehnte. Er war nach England gereist, da er begierig war, Heinrich zu seinem Glauben, der großen antiken Überlieferung des Universalismus, zu bekehren. Während des Krieges hatte man sich nicht um ihn gekümmert, und nun schien ihm der geringste Bauer mehr zu versprechen als jeder Fürst. Trotzdem hielt er Heinrich noch für gut, von »besonderer Höflichkeit und ungetrübtem Gleichmut«. Noch hoffte er ihn zu beeinflussen. Noch rechnete er mit dem guten Beispiel Englands.

XXI

Heinrichs Gleichmut war jedoch zu Anfang des Jahres 1515 nicht ungetrübt. Der herrliche Bau, den er und Wolsey errichtet hatten, war auf ein armseliges, zerbrochenes Leben gegründet und brach mit Ludwigs Tod schmählich zusammen, sie blieben mit geschwächtem Ansehen, geschwächtem Beutel, geschwächter Haltung zurück. Ludwigs Tod bestätigte Heinrichs angeborene Empfindung, daß man sich auf einen Franzosen nicht verlassen könne, aber er war gezwungen, mit einem jungen Caesar zu verhandeln, der sich der grenzenlosesten Beliebtheit bei seinem Volke erfreute.

Der langnasige Jüngling hatte Marie, die der königlichen Etikette gemäß allein in ihrem dunklen Zimmer saß, bald aufgesucht und galante Reden auf sie losgelassen, die ihr Furcht einjagten. Er machte ihr den Vorschlag, Claudia zu verstoßen und sie zu behalten – natürlich nicht nur sie, sondern auch ihre Mitgift von zweihunderttausend Pfund und ihre Juwelen. Das war Maries eigenen Vaters würdig. Da sie tatsächlich eine Gefangene war, konnte das kleine Mädchen nur an Heinrich schreiben: »Eure Majestät sind der einzige Trost, den ich auf der Welt besitze.« »Ich leide sehr an Zahnschmerzen und an der Mutterkrankheit (Hysterie), so daß ich oft nicht weiß, was ich tun soll!« Mönche besuchten sie in dem dunklen Zimmer; sie waren von Wolseys Feinden im Rat entsendet, um ihr zu sagen, wie böse er sei, und daß er mit dem Teufel Verkehr pflege. Es war eines jeden Ziel, auch Heinrichs, sie für eine neue dynastische Heirat aufzusparen, sei es mit Maximilian, sei es mit Savoyen. Von Heinrich empfing sie keinen Brief.

Dagegen traf Suffolk ein, um mit Franz zu verhandeln; sie klammerte sich verzweifelt wie ein Kind an ihren tapferen Engländer und schwur, er müsse sie jetzt heiraten oder nie. Suffolk fürchtete sich vor seinem Herrn und versuchte es hinauszuschieben, aber das junge Mädchen besaß die ganze Hartnäckigkeit der Tudors: sie machte ihrem Geliebten Vorwürfe, bis er sie im Geheimen heiratete, und darauf legten beide ihr Geschick in die Hände Wolseys.

»Die Königin«, schrieb Suffolk an Wolsey, »ließ mich nicht in Ruhe, bis ich nachgab und sie heiratete; und um mit Euch offen zu sein: ich habe sie von Herzen gern geheiratet und habe bei ihr gelegen, so daß ich fürchte, sie könne schwanger sein.« — »Es kann mich den Kopf kosten, wenn die Sache an meinen Herrn den König kommt.«

Wolsey rang die Hände. Aber für den herrischen Menschen waren das alles nur Kinder; er schrieb sofort an Suffolk: »Heinrich hat die Nachricht mit Kummer und Unfreundlichkeit aufgenommen«, — »Ihr habt ihm, der Euch aus niedrigem Stand erhob, schwere Enttäuschung bereitet«, »Ihr habt Euch in die ärgste Gefahr begeben, in der jemals ein Mensch sich befand.« Um ihr zu entrinnen und Heinrich zu besänftigen, würde man ihm Maries Mitgift geben und die ganzen Kosten der französischen Hochzeit übernehmen, kurz zahlen, zahlen und wieder zahlen müssen.

Suffolk war nicht stolz. Was er wünschte, war nur aus Paris, diesem »stinkenden Gefängnis« zu entkommen. »Ich bin Euch nach meinem Gott und meinem Herrn verbunden«, sagte er Wolsey. Und er schrieb demütig an Heinrich, dem er seinen Leib überantwortete, da er wohl wußte, daß er hingerichtet, ins Gefängnis geworfen oder »vernichtet« werden konnte.

Heinrich hatte Marie sein Wort gegeben, sie dürfe nach Ludwigs Tod heiraten, wen sie wolle, aber sein Zorn — den der Rat teilte — kannte keine Grenzen. Die Bitten Franzens mußten sich mit dem schwesterlichen Schmeicheln Maries vereinigen, und Maries Schmeicheln von Wolsey umgeschrieben werden, damit es demütiger klinge, und außerdem mußte Suffolk versprechen, Mitgift und Juwelen herzugeben und mit Franz um bessere Bedingungen zu schachern, bevor Heinrich sich seinem besten Freunde gegenüber erweichen ließ.

Und doch galt Heinrichs wirklicher Zorn nicht Suffolk und Marie, die er wieder in Ehren aufnahm. Er galt dem Streich, den das Schicksal ihm gespielt hatte. Ein Konkurrenz-Caesar hatte seine Schwester enteignet und sagte sich bereits die berauschenden Worte: »Jenseits der Alpen liegt Italien.«

XXII

Franz war der menschgewordene Champagner. Von ihm erwarten, daß er nach dem Tode seines Schwiegervaters irgendeinen Ehrgeiz zügle, hieß vom Champagnerpfropfen verlangen, daß er in die Flasche zurückkehre. Der lebendige und sprühende Fürst mit seinen langen Beinen, seiner langen Nase, seinen schnellen Augen, seiner schnellen Zunge hatte Wünsche, die galoppierten und über Mauern setzten. Er war nicht *chaste et pur:* er war etwas beleibt und hatte Augen, die leicht Feuer fingen. Ihn zogen Frauen als solche an, und die meisten fühlten sich von ihm angezogen. Er besaß die schäumende Energie, das bernsteinfarbene Feuer, die zarte und neckende Kunst, die Pikanterie, die durch die Begeisterung und den Kopfschmerz und durch einen schwarzen Abgrund hindurch wieder zur Begeisterung zurückträgt. Kein König war besser als Franz begabt, den Reigen der Ritterlichkeit anzuführen. Aber wenn er auch als Krieger so wagemutig und behende war wie nur irgendein Franzose, war er dennoch nicht der französische Edelmann der Überlieferung.

»Die Franzosen«, klagte man in Italien, »kennen nur den Adel der Waffen und lassen sonst nichts gelten; so daß sie nicht nur kein Gewicht auf das Wissen legen, sondern es sogar verabscheuen und alle gelehrten Männer als Schurken betrachten, und sie halten es für ein Verbrechen, wenn irgendeiner von ihnen ein Schreiber genannt wird.«

Diesen Ruf genoß Ludwigs Generation, und es war der gleiche wie der, in dem die adligen Barbaren Englands standen. Franz dagegen wollte ein Sohn der Renaissance sein. »Wenn Monseigneur d' Angoulême das Glück haben sollte«, sagte Giulano de Medici, »die Krone zu erben, wird der Ruhm der Waffen in Frankreich nicht so gedeihen wie die Schätzung der Wissenschaften, meine ich. Denn vor nicht langer Zeit war ich in Frankreich und sah dort den Prinzen am Hofe, und schien er mir nicht nur stattlich an Gestalt und schön von Angesicht, sondern er trug im Antlitz einen so majestätischen Ausdruck, der aber von so liebreicher Höflichkeit begleitet war, daß mir scheint, die Herrschaft über Frankreich könne ihm nur eine Kleinigkeit bedeuten... unter anderem sagte man mir, daß er die Wissenschaften aufs höchste liebe und schätze.« So zitierte Papst Leos Gesandter Papst Leos Bruder. So pries er »die Größe des Mutes, der Tüchtigkeit und Freigebigkeit, die ihm innewohne«.

Wenn Heinrich jetzt Franz begrüßte, so geschah es nicht als Teilhaber dieser schönen Eigenschaften, sondern als Rivale. Seine eigene stattliche Gestalt und sein schönes Gesicht, seinen eigenen Mut, seine Schätzung der Wissenschaften fühlte er durch diesen neu aufgegangenen jüngeren Stern dumpf beeinträchtigt. Heinrich hatte vom Honig der Unsterblichen gekostet und sich selbst im Strahlenkranz gesehen. Jede Silbe, mit der Franz gepriesen und er im Vergleich mit Franz an sich selbst erinnert wurde, träufelte einen Tropfen Kummer in Heinrichs Herz. Als Kind war er der Zweite gewesen. Er war ein jüngerer Sohn. Der neue Glanz, der von Franz ausging, war ihm zu nahe. Er litt.

XXIII

Die neue Lage machte Heinrich unruhig. Er wurde leiblich und seelisch nervös. Bei einem moralischen Stück von Henry Medwall, das ohne Zweifel sehr langweilig war, stand er mittendrin auf und ging hinaus. Wenn er mit Gesandten verhandelte, kochte er vor Ungeduld. Er konnte sich durch Einzelheiten nicht durcharbeiten. »Das Schreiben ist mir langweilig und mühsam«, sagte er und ließ Wolsey in seinem Namen lange Briefe aufsetzen. Selbst das Lesen war ihm unmöglich. Er reiste so früh wie möglich aufs Land, stürzte sich in den Sport, stand um vier oder fünf Uhr morgens auf und jagte bis neun oder zehn Uhr abends. Die sanften, nüchternen und trübseligen Schreiber aus dem Auslande, die ihn von dieser Seite kennen lernten, konnten nicht glauben, daß er es ernst meine. »Der König ist ein Knabe, der sich nur aus Mädchen und der Jagd etwas macht und das Erbteil seines Vaters verschwendet.«

Während jedoch Wolsey sein möglichstes tat, den Rat auszuschalten, gab Heinrich nicht eine Sekunde lang nach, wo es sich um sein wirkliches Prestige handelte. Er hatte nichts dagegen, daß Wolsey ihn, wenn er es konnte, zum Kaiser machte; inzwischen aber gab er kein Jota seiner Macht aus den Händen. Daran hielt er mit dem Eigensinn fest, der in seinem Selbsterhaltungstrieb wurzelte, der daher äußerst unvernünftig und äußerst mißtraurisch war, und der in sich die ursprüngliche Kraft der Tudors trug.

Unwissentlich kam die Kirche mit Heinrich auf Grund dieses ruhenden aber mächtigen Triebes in Konflikt, und Wolsey empfing die Warnung, daß er in diesen heimatlichen Gewässern niemals Heinrichs Lotse sein würde.

Ein geringfügiger örtlicher Vorfall gab Anlaß zu den Unstimmigkeiten. Gegen Ende des Jahres 1514 wurde von den geistlichen Behörden bekanntgegeben, daß einer ihrer Gefangenen, ein gewisser Richard Hunne, Selbstmord begangen und sich im Lollardsturm der Paulskathedrale erhängt hatte. Über diese Eröffnung erhob sich sofort ein Sturm der Entrüstung. Richard Hunne war ein Bürger, der die verbotene Bibel las. Er war ein Freidenker. Er hatte die Geistlichkeit verärgert, indem er beim Tode seines Kindes sich weigerte, das Leichentuch wie üblich als Sportel herzugeben. Er behielt das Leichentuch, wurde von der Geistlichkeit gefangengenommen und gefoltert. Die Bürger hatten schon seine Verhaftung übelgenommen: die Nachricht vom Tode des braven Mannes erbitterte sie, und die Jury des Leichenbeschauers erklärte erhitzt von Mißtrauen, daß Hunne sich nicht, wie behauptet wurde, erhängt haben konnte, sondern daß er von der Geistlichkeit ermordet worden sei. Man zielte damit auf den Bischof von London, denselben, der Colet angegriffen und ihn zu unterdrücken versucht hatte. Der Bischof erwiderte, die Geschworenen seien »falsche, meineidige Lumpen«. Der erbitterte Klerus ging gegen den Leichnam Hunnes wegen Ketzerei vor, verurteilte ihn und ließ ihn öffentlich verbrennen. Es sah aus, als hätte er den Sieg davongetragen, besonders da Heinrich und sein Rat den Verdacht der Geschworenen nicht bestätigen konnten. Aber die Bürger waren davon überzeugt, daß diese reaktionären Geistlichen im Lollardsturm zu Mördern geworden waren, und die ganze Frage des geistlichen Privilegs wurde sofort vor das Parlament gebracht. Bald war es nicht mehr ein Konflikt zwischen dem Stolz der Londoner und dem kanonischen Gesetz: es wuchs zu der Streitfrage an, ob ein Geistlicher das Recht habe, vor sein geistliches Gericht gezogen zu werden, wenn er sich bürgerlich vergangen hatte. In dieser Sache hatte Heinrich ganz besonders entschiedene Ansichten. Er hatte immer selbst gefunden, daß »die Religion bei der Verwaltung öffentlicher Angelegenheiten den größten Einfluß besitzt und auch im Reiche von nicht geringer Bedeutung ist«. Er berief alle Parteien nach Blackfriars, um die Angelegenheit neu aufzurollen.

In der Kirche, jener Kirche, die Thomas More, Colet und Erasmus so offen kritisierten, erblickte Heinrich die stärkste Nebenbuhlerin um seine Macht im Lande; in seiner gegenwärtigen Stimmung erbitterten ihn ihre Anmaßungen aufs äußerste. Er war ein treuer Sohn der Heiligen Kirche. Sein Gott war jenes geheimnisvolle Wesen, das allein größer war als er selbst, »durch dessen Gnade er sich erheben konnte«. Die Wurzel der primitiven Religion, »das Gefühl der völligen Abhängigkeit von etwas, das nicht mit einem selbst identisch ist«, lag sowohl in Katharina wie in Heinrich. Aber dies bedeutete nicht, daß ihn die Kirche als Einrichtung seines Landes mit Demut erfüllte. Die Kirche in England besaß zwei Drittel der Stimmen im Oberhaus, besaß ein Drittel des Bodens und verfügte über ein Einkommen, das zweiundeinhalbmal so groß war wie das Heinrichs. Sie umfaßte zwischen dreißig- und vierzigtausend Personen. Wo seine persönliche Macht auf dem Spiele stand, war Heinrichs Verstand nie untätig, und er umgab sich mit seinen eigenen Laienrichtern, die entscheiden sollten, ob ein Angestellter der Geistlichkeit vor ein Laiengericht gezogen werden könne. Es war eine Kraftprobe. Der Lord Oberrichter, der genau wußte, was Heinrichs Ansicht, was die Ansicht der Bürger und die Ansicht des Adels war, erklärte sich endgültig für das Supremat der Krone. England, nicht Rom, besaß die letzte Entscheidung. Der Klerus wurde des *praemunire*, oder des Versuches, die päpstliche Gerichtsbarkeit in England sich angemaßt zu haben, schuldig erklärt.

Wolsey versuchte kniend seiner Priesterschaft die Treue zu halten, während er seinem König diente. Doch so jung Heinrich und so überzeugend Wolsey war, blieb der Wille des Königs unerbittlich. In seiner Außenpolitik war er als Vorkämpfer der Kirche ausgezogen, in der Innenpolitik jedoch kam er in Konflikt mit Wolsey, mit Bischof Fox, mit dem Erzbischof von Canterbury. Die alten Freistattrechte, das Vorrecht des Klerus, wegen bürgerlicher Vergehen von einem kanonischen Gericht abgeurteilt zu werden – diese Ansprüche auf Oberherrschaft, die seit Thomas Becket immer wieder umstritten worden waren, erregten Heinrich bis ins Mark.

»Wolsey kniete vor dem König und versicherte ihm, daß der Klerus nicht die Absicht habe, irgend etwas gegen die Krone zu unternehmen.«

Heinrich erwiderte: »Die Könige von England haben niemals jemand über sich gehabt als Gott allein. Wisset also, daß Wir stets das Recht Unserer Krone und Unserer zeitlichen Gerichtsbarkeit aufrechterhalten werden.«

Dieser Sieg, nicht von den Bürgern errungen, die mit dem Klerus in Konflikt gekommen waren, sondern von dem Mönch, der gegen den Klerus für die Krone Partei ergriffen hatte, brachte Wolsey nicht dazu, aus seinem Amt zu scheiden. Während Warham und Fox in Erkenntnis der Tendenz, die Heinrich enthüllt hatte, bald die Stellen in seinem Rat aufgaben, stellte Wolsey sich mit prachtvoller Frechheit, als bemerke er sie nicht, und bediente sich Heinrichs trotzdem, um Kardinal zu werden.

XXIV

Denn Wolsey war seinem Wesen nach der optimistische Unterhändler, und bei der Aussicht, die Europa bot, glänzten seine Augen. Er ließ seiner Phantasie freien Lauf. Er unterhielt sich des längeren mit Papst Leos geheimem Abgesandten; Canossa glaubte bestimmt zu wissen, daß Leo ein Gegner Frankreichs sei und so stark auf England baue, daß er Wolsey sofort den Kardinalshut senden werde. Sein Glaube an eine neue Liga, die sich um England drehen sollte, erinnerte den weniger hoffnungsfreudigen Heinrich an Maximilian – und sogar an Ferdinand. Wolsey mußte vorsichtig auftreten, so weit es den Schwiegervater betraf. Aber alles war möglich. Der junge Ehemann sah, daß er im ersten Zorn zu weit gegangen war. Katharina verzieh ihm. Sie versöhnten sich.

Papst Leo schlug tatsächlich wenige Monate später Wolsey zum Kardinal vor. Er sandte ihm den Hut, das höchste Symbol, durch gewöhnlichen Boten. Aber dies paßte Wolsey nicht. Er ließ den Boten vor London aufhalten, in die feinste Seide kleiden, auf Blackheath von einer feierlichen Prozession empfangen und stolz nach Westminster führen.

»Darauf wurde der Hut prunkvoll auf einen Tisch gelegt, Kerzen darum angezündet, ein leerer Anzug dahinter, und der oberste Herzog des Landes gezwungen, sich vor ihm zu verneigen.«

So hieß es damals. Dies war jedoch von Wolsey keine knabenhafte Eitelkeit, sondern seine überlegte und freudige Art, seine Macht zu verkünden. Indem er seine Wichtigkeit zu Hause ausposaunte, stellte er ganz Europa klar vor Augen, daß er mit Recht für einen der wenigen lebenden Staatsmänner gelten könne, die imstande waren, das Gleichgewicht der Kräfte zu schaffen, zu bewahren und zu beeinflussen. »Wollt Ihr die Menschheit gewinnen«, sagte Maximilian zu Karl, »so müßt Ihr um einen hohen Einsatz spielen.« Auch Wolsey sah das ein.

XXV

Während Franz Vorbereitungen traf, im Sommer Italien zu überfallen, verließen gewisse Gesandte der Republik Venedig seinen Hof, um sich nach London zu begeben. Sowohl Heinrich wie Wolsey betrachteten diesen Besuch als gottgesandte Gelegenheit, auf die Venezianer Eindruck zu machen und sie von Frankreich wegzulocken. Sie waren auf dem Wege nach England in Paris gastlich aufgenommen worden. Nun sollten sie sehen, was England ihnen bieten konnte und wie England aussah, selbst wenn sie aus ihrer eigenen großen Stadt kamen, die damals, im Jahre 1515, so reich bevölkert war wie heute, die in mildes Licht getaucht von istrianischem Marmor erglänzte, ein Juwel, das kein Nebenbuhler je geschändet hatte, obwohl es zwischen den zerstörungswütigen Feinden der Menschheit auf dem Wasser schwamm; eine Seerose von solcher Üppigkeit und lieblicher Pracht, daß der Versuch, einen venezianischen Gesandten fern der Heimat zu blenden, ungefähr so ausfallen mußte, als liebäugle man mit einem Verbannten der Venus; einer Venus, die sich aus dem Meere erhebt.

Die Venezianer kamen honigsüß daher. Sie waren selbst Oligarchen, Mitglieder der Dreitausend, die über die Republik herrschten, und den Organismus gegen jeden Feind und jedes Prinzip verteidigten. Sie kamen als alte Herrscher zu rohen jungen Herrschern, die in Wahrheit dazu bestimmt waren, sie auf dem Meere zu verdrängen und in ihrer eigenen unerschütterlichen jugendlichen Arroganz die Venezianer als »verdammte Fischer« betrachteten.

Die venezianische Politik Frankreich gegenüber war außerordentlich einfach. Ihre Existenz hatte immer auf dem Transitverkehr ihrer Waren beruht, und seit den alten Zeiten, da ihre Nachbarn auf dem Festland ungeheure Zahlungen von ihnen erpreßten, hatten sie längst nach allen Seiten schlaue und mächtige Greifarme ausgestreckt, um sich die Durchfahrt zu erleichtern. Diese Greifarme hatten Papst Julius und seine Bundesgenossen im Jahre 1510 durchschnitten. Maximilian hatte sich Verona angeeignet. Die Venezianer hatten sich jedoch an Ludwig derart revanchiert, daß er seine französische Politik verändert hatte, da er richtig einsah, daß er auf der lombardischen Tiefebene nur durch ein Bündnis mit Venedig eine gewisse Macht erlangen konnte. Bis Venedig also sein Verona wiedererlangte, paßte die Entente mit Frankreich ihnen beiden ausgezeichnet in den Kram. Diese Entente wünschten Wolsey und Heinrich zu erschüttern, während die Venezianer ihrerseits wünschten, daß England mit Frankreich Freundschaft halte. Sie begünstigten besonders Frankreichs Einfall in die Lombardei, da sie hofften, es würde Maximilian dadurch so heiß werden, daß er Verona aus den Tatzen fallen ließe.

Zuerst aber mußten sie den Hof von England sehen und selbst darüber urteilen.

Früh an einem Märzmorgen holte sie eine reich geschmückte Barke ab, um sie nach Richmond zu bringen; sie faßte zweihundert Edelleute und Würdenträger. Bei der Ankunft reichte man ihnen Brot und Wein, damit sie während der Messe sich nicht schwach fühlten. Dann kamen sie durch ein Zimmer nach dem andern, die alle mit Gold- und Silbertapeten behangen waren und in denen dreihundert Hellebardiere in silbernem Brustharnisch mit Lanzen Parade standen — »Bei Gott«, äußerte später einer der Venezianer, »sie waren alle so groß wie Riesen« — und wurden zum Empfang vor Heinrich geführt.

Als sie eintraten, lehnte er an seinem Throne; er war der schönste Potentat, den sie je erblickt hatten, jung, blühend, von heller anmutiger Gesichtsfarbe, mit glattgekämmtem, kurzgeschnittenem rötlichem Haar und »einer sehr schönen Wade am Bein«. Rechts von ihm standen acht Edelleute, die so gekleidet waren wie er. Links standen die Prälaten in ihren weißen Chorhemden. Als er sie erblickte, ging ihnen der König sofort entgegen, reichte ihnen lächelnd die Hand zum Kuß und umarmte sie voll Zärtlichkeit. Sie waren überwältigt, aber doch nicht bis zu dem Grade, daß sie nicht den Baldachin aus Florentiner Goldstoff bemerkt hätten, »das Kostbarste, was ich je gesehen«. Was aber Heinrichs Anzug betraf, so nahmen sie noch vor dem Frühstück sofort ein Inventar davon auf — es war ein veilchenfarbener, mit weißem Atlas gefütterter Mantel, eine Schleppe »in Wahrheit mehr als vier venezianische Ellen lang«, ein Wams aus geschlitztem weißem und karmoisinrotem Atlas, eine Mütze aus karmoisinfarbenem Samt; der Mantel wurde von einer »dicken goldenen Kordel gehalten, an der große Eicheln aus lauterem Golde hingen«. Sie ließen sich nichts entgehen. Besonders gefielen ihnen die Juwelen. Sie schrieben an die Signoria nach Hause, daß er einen dicken goldenen Halsschmuck besäße, auf dem der heilige Georg in Diamanten prange, und einen zweiten, goldenen, von dem ein Diamant hinge, »so groß wie die größte Walnuß, die ich je erblickte.« — »Eine äußerst schöne und sehr große runde Perle« tropfte von der diamantenen Walnuß. Außerdem hatte er noch einen Zierdolch in einer Scheide aus Goldstoff. »Und seine Finger sah man nicht vor der Menge edelsteingeschmückter Ringe!«

Diese Pracht, über die sich im nächsten Jahre More's »Utopia« lustig machte, war nicht auf Seine Majestät beschränkt. Die Edelleute waren prunkhaft gekleidet. Zehn Herolde mit Röcken aus Goldstoff und sechs Diener, deren jeder ein goldenes Zepter trug, ließen die Venezianer in ein Gemurmel der Bewunderung ausbrechen. Ihr Beifall machte Heinrich so viel Vergnügen, daß er »sich in Wahrheit höchst leutselig zeigte« und sie »aufforderte, das Auftragen der Gänge zu betrachten, die in sechzehn Schüsseln aus purem Golde mit sechzehn Deckeln« enthalten waren.

Und rings um Heinrich war in Seide und Goldbrokat der Stolz Englands versammelt. Sie gehörten einer jüngeren und frischeren Rasse an als die Venezianer; zur Hälfte waren sie beinahe Analphabeten, stumpf von Veranlagung und mit harten Schädeln. Aber sie gehörten der Klasse an, die Herrscher erzeugt. Sie trugen sich wie Soldaten. Sie hatten den klaren Blick, die edle Kraft und den körperlichen Glanz, der zeigte, wie unbesiegbar sie sich fühlten und wie sie, nach ihrem Maß gemessen, nicht ohne Ränke und heroischen Einschlag waren. Ein oder der andere würde später Venedig besuchen und bei einem stolzen venezianischen Maler Familienbilder bestellen. An die zwanzig von ihnen wußten bereits, was ein Sonett sei, alle aber kannten sie eine Muskete. Die zähesten unter ihnen, der alte, grundehrliche Wyatt etwa oder der ewig fluchende und schimpfende Surrey, würden Söhne mit überreizten Nerven haben. Der zart rosa Riegelbau, in dem die Compton Wynyates lebten, bewies, daß der gute Geschmack von ihrem Wesen nicht ausgeschlossen war, obwohl die äußere Schale dieses Wesens ihrem eigenen Panzer glich: sie war dazu geschaffen, Widerstand zu leisten, den Träger zu beschützen, und sie stammte aus einem brutalen Begriff von Gesetz und Ordnung, der durch zweitausend Hinrichtungen jährlich aufrechterhalten wurde. Es waren männermordende Gestalten mit breiten Schultern, dickem Nacken, gewölbter Brust, die es als ihre erste Pflicht ansahen, gut zu essen und zu trinken und dennoch gut auszusehen. Sie scharten sich um Heinrich als um ihren natürlichen Führer; keine Gilde in London und keine Clique am Vatikan konnte eine engere Gemeinschaft bilden. Hier gab es blaues Blut mit einem Schuß roten Blutes; der Besitz adelte die Habgier; und Heinrich, der gleichzeitig besitzen und erwerben wollte, war der ihnen gemäße König.

Er war es sogar mehr, als sie zum Teil ahnten. Hier sah man Sir Johann Seymour, dessen Tochter Johanna erst ein artiges kleines Mädchen von fünf Jahren war; Sir Thomas Parr, dessen Tochter Katharina noch zu jung war, um an ihre erste Heirat zu denken; Sir Thomas Boleyn, der immer geschäftige, Vater der jetzt achtjährigen Anna; und Edmund Howard, dessen Tochter Katrin noch nicht geboren war. Am Rande der glänzenden Versammlung stand ein geringerer Sterblicher, Johann Blount, der bald zum Ritter geschlagen werden und dessen Kind Elisabeth ebenfalls Heinrich zufallen sollte. Vier davon, Seymour, Parr, Blount und Boleyn, hatten mit Heinrich in Frankreich gekämpft und waren es gewohnt, Blut fließen zu sehen. An diesem schönen Morgen stand der Lenker ihres Schicksals unter dem kostbaren Baldachin aus Florenz. Weder Edmund Howard noch Thomas Boleyn hätten das Drama ihrer Kinder voraussehen können; aber selbst wenn sie es vermocht hätten, wenn man das Pergament hätte aufrollen können, wäre ihren tiefsten Wünschen doch dadurch Genüge geschehen, daß sie in dieser Gesellschaft stehen durften. Sie waren mit auf der königlichen Barke, und die übrige Welt war dazu da, sie ergeben zu tragen. Das Pergament mochte blutig sein — aber es war das

Pergament der nationalen Ehre und Erfüllung. Dafür würden sie, verstümmelt, noch die Stümpfe ihrer Hände erheben.

Eine derartig aufrichtige Liebe zur Macht, zur Macht des Geldes und der Waffen, war im Wesen der Liebe Venedigs ähnlich: sie war weniger geläutert und adlig, besaß aber dieselbe oligarchische Zähigkeit, dieselbe schöpferische Energie und denselben ausgesprochenen Mangel an Gewissensbissen. All dies tat freilich dem Gottesdienst keinen Abbruch. Die ganze Schar ergoß sich folgsam wie Kinder früh an diesem Märzmorgen in die Kirche. Nach einem großen Umzug, bei dem die allerhöchste Königin zusah, wurde das Hochamt gesungen. Heinrichs Chorknaben sangen wie die Engel, »mit Stimmen, die eher himmlisch als menschlich erklangen«. »Was die Baßstimmen angeht, so glaube ich nicht, daß sie ihresgleichen auf der Welt haben.« Und Heinrich lauschte ihnen; er war nicht weniger bis ins tiefste Herz entzückt als die Venezianer.

XXVI

Man hatte die Venezianer noch nicht genügend gefeiert. Man bestellte sie für den Maitag, an dem sie »zu sehr früher Stunde«, um sieben Uhr morgens, nach Greenwich kommen sollten.

Heinrich liebte den Maitag. »Am Maitag«, sagte einer seiner Bürger, »pflegte morgens jeder in den lieblichen Wiesen und grünen Wäldern zu spazieren, um seine Seele mit der Schönheit und dem Duft der süßen Blumen und der Harmonie der Vögel, die auf ihre Weise zu Gott beteten, zu erquicken.« Das war das Fest, das Heinrichs Seele erfrischte. Und die Venezianer ritten aufs Land hinaus, um den König zu treffen.

Ein Triumphwagen voll von Sängern und Musikanten, von Greifen mit Menschengesichtern gezogen, führte die glückhafte Prozession an; es folgte die Leibwache des Königs, Hunderte an der Zahl, alle in Grün gekleidet.

Heinrich, der ganz mit grünem Samt angetan war, »Mütze, Wams, Strümpfe, Schuhe, alles«, kam ihnen leutselig entgegen und kurbettierte auf dem schönen Goldfuchs, den ihm der Marquis von Mantua gesandt hatte; »er machte solche Kunststücke, daß ich glaubte, Mars zu sehen«.

Aber das Lob der venezianischen Gesandten, die in Heinrichs Laube saßen, genügte seinem verzärtelten Herzen nicht.

»Sprecht ein Weilchen mit mir!« befahl er plötzlich in der Laube. »Sagt«, fuhr er auf französisch fort, »ist der König von Frankreich so groß wie ich?«

»Majestät, es besteht wenig Unterschied.«

»Ist er ebenso stark?«

»Nein, Sire.«

»Wie sind seine Beine?«

Der Venezianer runzelte die Stirn. »Majestät, er hat magere Beine.«

»Seht her«, sagte Heinrich; er öffnete sein Wams und zeigte ihm den Schenkel, wobei er das Gesicht des Venezianers beobachtete. Dann rief er aus: »Und meine Wade ist ebenso gut gebaut!«

Er fügte hinzu: »Ich habe diesen König von Frankreich sehr gern.«

Sie kehrten in lustigem Zuge von Greenwich zurück; die Musiker sangen, die Trompeten klangen, Gog und Magog, die Riesen aus Pappe, grinsten bezaubernd von ihrem Wagen. Der König ritt stolz am Ende des Zuges, gefolgt von der Königin mit ihren fünfundzwanzig Jungfrauen, während Tausende und aber Tausende aus dem Gedränge, das London am Maitag erfüllt, im goldenen Staub nachschoben und keuchten.

Dann kleidete sich Heinrich in ein neues schönes Gewand aus grünem Samt mit einem neuen Halsschmuck aus geschliffenen Diamanten und empfing seine Venezianer in Audienz. Ein Festmahl, das »mit unglaublichem Prunk« aufgetragen wurde, folgte auf das »schöne und gute Frühstück« in der Laube. Nach Tisch erfrischten sie sich am Waschbecken; dann »bliesen die Drometen in die Schranken die frischen jungen Ritter und Edelleute, die prächtig gekleidet waren und auf Röcken wie auf Zaumzeug der Pferde sonderbaren Zierat, geschlitzt und gestickt in Gold, in Silber, in Brokat und in Goldschmiedearbeit trugen; was schön anzusehen war«.

Im grasbewachsenen Hofe hielten sie das Turnier ab. Der junge König, der von Tatkraft überschäumte, saß schnell im Sattel; jedes Fenster starrte von seinen Bewunderern. Dies war der Mittelpunkt von allem, was in England höfisch war; jedes Fenster, jeder Balkon bewegt von Blick und Stimme. Es war kein Stiergefecht, wie es Spanien oder Italien gesehen hätten. Es war Sport mit einem Schuß Krieg darin und dem immerwährenden Beben der Gefahr. Die Luft wurde plötzlich durchschnitten vom hellen silbernen Prasseln der Trompeten, die selbst fast atemlos schienen vor Erregung und aufpeitschten wie eiskalter Wein. Die Trommeln ließen jedes Herz schneller schlagen. Im Ansturm blitzten die Zelter in ihren Schabracken, zehn auf jeder Seite, blendend an die Schranken, ein stolzes Zusammentreffen von Stahl und Lanzen, von Kunst und Kraft und Mut, das Farbe vergoß und Licht ausschüttete. Über dreißigmal schrillten die fieberigen Trompeten, hämmerten die Trommeln aufs Herz; Heinrich lief wie ein Donnerschlag seine Bahn; er zerbrach manche Lanze und brachte Wilhelm Kingston mitsamt dem Pferde zu Fall. Das hitzige Spiel hielt drei atemlose Stunden lang an. Dann nahm Heinrich den Helm ab; »er trat unter die Fenster, wo wir saßen, und sprach und lachte mit uns zu unserer großen Ehre und zur Verwunderung aller Zuschauer. Danach ging er die Waffen ablegen, und inzwischen besuchten wir die Königin.«

Die Venezianer hatten guten Grund, die Spanier zu hassen, aber der Gesandte war ein weiser Diplomat von großer Erfahrung: er sprach die Königin auf spanisch an, was ihr unendliche Freude bereitete. Diese Musik traf nur selten an ihr Ohr. »Sie begann von spanischen Angelegenheiten mit mir zu sprechen und von ihrer Mutter, wobei sie mir viele artige Dinge sagte.« Die Mutter stand ihr in ihrer Einsamkeit noch immer lebendig vor Augen, obwohl es elf Jahre her war, daß Isabella nicht mehr lebte.

Heinrichs Triumphe beim Turnieren waren für Katharina errungen. Sie hatten sich versöhnt.

XXVII

Heinrich glaubte nicht, daß Franz die Alpen überschreiten werde. »Bei Gott«, sagte er dem venezianischen Gesandten, »er gibt den Franzosen wenig Ursach, ihn zu lieben, da er jetzt, wo seine Herrschaft kaum angefangen, in die Mühen und Lasten des Krieges hineinstürmt.« Heinrich sprach aus Erfahrung. »Er ist ein Franzose«, warnte er den Venezianer, ohne daran zu denken, daß er selbst seine Schwester an Ludwig vermählt hatte, »und ich kann nicht sagen, wie weit Ihr ihm vertrauen solltet.« Und er fügte mit einem Anflug von Offenheit hinzu: »Ich werde Euch die Wahrheit gestehen: seine Furcht vor mir, daß ich in sein Reich einfallen könnte, wird ihn hindern, die Alpen zu überschreiten. Ich glaube, daß er sie nicht überschreiten wird, wenn ich es so will, und sie überschreiten wird, wenn ich es wünsche.«

Als diese Worte gesprochen wurden, war Franz bereits aufgebrochen. Er hatte mit zwanzigtausend Mann die Alpen von Barcelonnette bis Saluzzo auf einem Saumpfad überschritten, dem sie manchmal auf Händen und Knien folgen mußten. Es war eine der schneidigsten, der haarsträubendsten, der unbezwinglichsten Taten, die je das Herz eines jungen Kriegers erhoben. Sie endete mit einer Schlacht, die nicht weniger wunderbar war, mit dem Sieg von Marignano am 13. und 14. September.

Heinrich war so elend in seiner Eifersucht und dem Bewußtsein seines eigenen hohlen ersten Auftretens, daß es nicht in seiner Macht lag, seinen Kummer über Franzens persönliche Tapferkeit, seinen großartigen Sieg und den königlichen Einzug in Mailand zu verbergen.

Der französische Bote berichtete: »Sah man ihn an, so schien es, als würden die Tränen ihm aus den Augen springen, so rot waren sie von dem Schmerz, den er litt, als er die frohe Botschaft und das Glück meines Herrn erfuhr und begriff.«

»Hat er das Konkordat mit dem Papst abgeschlossen?« fragte Heinrich.

»Ja, Sire.«

»Das weiß ich besser. Der Papst muß noch unterschreiben. Wo ist der Kaiser Maximilian? Was tut er?«

»Ich habe keine Nachricht von ihm, Eure Majestät, aber ich höre, daß er die Freundschaft meines Herren sucht.«

»Ich weiß, wo er ist«, fuhr Heinrich heraus, »und was er tut; und was das angeht, daß er die Freundschaft Eures Herren sucht, so ist das Gegenteil wahr.«

Er hielt ein. Dann fragte er: »Wieviel Schweizer sind gefallen?«

»An die zwanzigtausend, Eure Majestät.«

»Zwanzigtausend! Nicht mehr als zehntausend. Ich habe es von solchen gehört, die in der Schlacht waren; die Nachhut nahm am Gefecht nicht teil. Sie führten keinen Streich. Nicht, daß ich die Schweizer bedauerte; sie sind nichts als Schurken und nicht halb so tapfer wie die Deutschen.«

XXVIII

Die Tiefen, bis in welche Franzens Triumph Heinrich erschütterte, wurden nicht geringer, als er vom Konkordat erfuhr. Im Augenblick wurde Franz von der Woge hochgetragen. Er war alles, was ihn seine Mutter nennen konnte, »mein ruhmreicher Sohn und triumphierender Caesar, der Sieger über die Helveter«. Die Krone dieses Sieges war die Begegnung mit Papst Leo, die im Dezember in Bologna stattfand. Der Papst gestattete Franz nicht, ihm den Fuß zu küssen; er stand auf und umarmte ihn. »Der Papst Leo X. hatte das Aussehen eines sehr ehrlichen und würdigen Mannes. Er war sehr ängstlich, sah nicht gut und liebte die Musik. Er sang jeden Tag in großem Pomp und Triumph die Messe, wobei alle französischen Fürsten ihm beistanden. Er schenkte dem König ein wunderbares echtes Kreuz, das einen Fuß lang war und am Jahrestage der kürzlich gelieferten Schlacht in der Prozession getragen werden sollte. Meist nahmen sie zusammen die Mahlzeiten ein; waren oft allein im Kabinett zusammen; und trennten sich nach acht Tagen mit gegenseitigen Beteuerungen von Freundschaft und Frieden.«

Worüber unterhielten sich Franz und der Sohn Lorenzo il Magnificos? Leo fand im Sieger von Marignano einen jungen Caesar von großem und beweglichem Reiz. Sie besprachen die Erledigung der Sforzas von Mailand — die Leonardo da Vinci vor nicht gar so langer Zeit in Reiterstatuen aus Bronze geehrt hatte. Der regierende Sforza sollte mit einem Kardinalshut pensioniert werden. Sie besprachen Italien, das Reich, das Schicksal der Medici und die französische oder gallische Kirche. Leo versprach, Franz bei der Kaiserwahl nach dem Tode Maximilians zu unterstützen, und Franz versprach, gegen den feindlichen und angreifenden Türken zu ziehen. Nebenbei bereitete er mit Leo das Konkordat vor, in welchem sein königlicher Absolutismus und der Absolutismus des Papsttums in Frankreich gemeinsame Sache machten. Als Dank dafür, daß Franz die demokratische Arbeit der Räte wieder vernichtete, ließ der Papst dem Franzosenkönig das ungeheuer wichtige Patronat über die Prioreien, die Bischofstümer und die Abteien. Dies verlieh Franz ein erhöhtes Supremat; er reiste nach Hause ab, um sein Parlament zu tyrannisieren. »Ich werde es genau so klein kriegen wie meinen Rat«, drohte er dem Ausschuß. Das Konkordat war kein gelegentlicher Vertrag, wie sie Franz jetzt mit

Schnörkeln rechts und links unterschrieb, mit Karl, mit Maximilian, mit Heinrich VIII. Das Konkordat trug die Zukunft im Schoße: es trieb den Liberalismus zur Freidenkerei.

Es bedeutete, daß Franz es nie nötig haben würde, das Papsttum zu vertreiben, um die Kirche zu seinem Geschöpf zu machen. Es war ein Kompromiß zwischen zwei absoluten Regierungen.

Inzwischen aber blieb Franz als Sieger in Mailand, gefeiert und umschmeichelt, mit hoch und niedrig verkehrend; seine größten Freuden genoß er verkleidet mit dem Venezianer Coppo, einem Herrn, der Zunge und Degen gleich gewandt zu führen wußte und erst von Franz getrennt wurde, als man entdeckte, daß er ebenso gewandt mit Giften umzugehen verstand.

XXIX

Während diese Triumphe gefeiert wurden, war Wolsey von fieberhaftem Eifer erfaßt, Franz entgegenzuarbeiten. Dies war das Stichwort für Ferdinand, mit Gaben in der Hand zu erscheinen. Er sandte Heinrich einen sehr kostbaren edelsteinbesetzten Halsschmuck, zwei treffliche Pferde mit Schabracken und ein äußerst reiches Schwert. Manche behaupteten, er wünsche Geld auf diese Dinge zu leihen, da man ihn noch nie ein Geschenk hatte machen sehen. Andere sagten, Ferdinand habe den Verstand verloren. Aber all diese leichtfertigen Erklärungen wurden durch die Nachricht abgeschnitten, daß der katholische König, bis zuletzt mit der Jagd beschäftigt, in einem kleinen Dorfe in Spanien im Januar 1516 in seinem vierundsechzigsten Jahr gestorben war. Im Augenblick jedoch konnte man Katharina die Nachricht nicht melden. Nach so vielen Enttäuschungen brachte sie endlich am 18. Februar 1516 glücklich ein Kind zur Welt. Dies war die Prinzessin Marie, die später als Königin Marie aus dem Hause Tudor bekannt werden sollte. Ihre Paten waren Wolsey und die Herzogin von Norfolk (Surrey war nach der Schlacht von Flodden zum zweiten Herzog von Norfolk gemacht worden). Der vorsichtige venezianische Gesandte wußte nicht, ob er Blumen oder einen Kranz schicken sollte, als er erfuhr, daß das Kind ein Mädchen sei. Er besuchte Heinrich und als er ihm zuflüsterte, daß der Mensch sich in den Willen Gottes ergeben müsse, erwiderte Heinrich munter: »Wir sind beide jung; war es diesmal eine Tochter, so werden die Söhne mit Gottes Gnade noch nachkommen!«

XXX

Der Tod Ferdinands bedeutete, daß Katharinas Neffe Karl König von Spanien sein und Neapel besitzen würde. Dies erinnerte an die Worte, die Ferdinand zu Beginn des Jahrhunderts gesprochen hatte: »Sollte der König von Frankreich, was Gott verhüten möge, Neapel gewinnen, so wäre er Alleinherrscher von Italien; und sollte Italien sich mit Frankreich vereinigen, so kann man leicht einsehen, in welche Gefahr alle Fürsten kämen, ganz abgesehen von dem Nachteil, der uns allen davon erwüchse.« Obwohl Ferdinand tot war, regierte doch noch seine Politik in England, und Wolsey wie Heinrich hatten nur den einen Gedanken, Frankreich zu schwächen.

Erasmus hatte die Schweizer beschrieben, wie sie von Marignano nach Hause zurückkehrten: »zerlumpt, hager, verunstaltet und mit Wunden bedeckt, ihre Banner zerrissen, ihre Festgesänge in Leichenklagen verwandelt.« Wie aber, wenn man die Macht des Geldes einsetzte und zehntausend Landsknechte nach der Lombardei schickte? Wolsey würde Maximilian das Geld verschaffen, um einen Schlag gegen die Franzosen zu führen.

Der venezianische Gesandte kam beunruhigt zu Wolsey. Er hatte gehört, daß Schatullen mit Geld nach Antwerpen unterwegs seien; Wechsel waren gezogen worden.

Wolsey hörte aufmerksam und geduldig eine Viertelstunde lang seinen gekränkten Fragen zu.

»Ich werde in aller Aufrichtigkeit und Wahrheit sprechen«, erwiderte er, »und Euch antworten, wie es einem Kardinal bei der Ehre seiner Kardinalswürde zukommt«, dabei legte er die Hand auf die Brust. »Es ist wahr: der König hat Geld nach Flandern überwiesen, das nach Deutschland und vielleicht auch Italien gelangen wird, und dies aus zwei Gründen: erstens zum Ankauf eingelegter Panzer und anderer kostbarer Gegenstände; ferner aber haben gewisse notleidende Fürsten eine Anzahl sehr schöner Juwelen zum Pfand gegeben, die wir mit geringen Kosten zu erstehen hoffen. Wer immer Euch gesagt hat, dieses Geld sei zur Unterstützung Maximilians bestimmt, lügt in seinen Hals.«

Der Venezianer hörte ernsthaft zu. Er hatte mit vielen Orientalen verhandelt. Und er schrieb der Signoria: »Der Kardinal strebt und zielt auf nichts, als auf Seiner Majestät Gewinn, da er sich bei ihr in großen Ehren erhält.«

Früher aber hatte Wolsey mit Aufrichtigkeit aufs bitterste darüber Beschwerde geführt, daß der Franzosenkönig sich nicht um Heinrich schere und daß er selbst, der »Stifter des Friedens« mit Ludwig »entgegen der Meinung vieler Herren im Rate« sein »eigenes Gewebe zerstören« würde, wenn Franz so arrogant bliebe. Der Venezianer wandte sich also an diese Herren, über die Wolsey ihm gegenüber triumphiert hatte. Er fragte Norfolk, Warham und Ruthal, ob man an Maximilian Unterstützungen sende. Sie erklärten ihm, es sei nichts Wahres daran. Warham leistete ihm darauf den Eid.

Wolsey ergriff die Offensive. »Ihr seid recht bigott in dem Glauben, den Ihr auf diesen Euren König von Frankreich setzt.« Und Heinrich tat desgleichen. »Domine Orator, ich liebe Euch heiß, und auch Eure Herren vom Rate liebe ich. Aber ich weiß, daß man Euch täuscht. Der König von Frankreich verhandelt mit dem Kaiser um einen Frieden, der Euch ausschließt. Denkt daran, wie Ihr in die Enge getrieben seid. Ich habe für recht befunden Euch zu warnen, daß Ihr Euren Herren die Augen öffnet.«

»Ich dankte Seiner Majestät für seine so liebreichen und wichtigen Mitteilungen«, sagte der ermüdete Venezianer; »es schien mir richtig, dies alles Eurer Herrlichkeit zu hinterbringen, weil ich das Wort der Könige der Beachtung wert halte; nicht als ob ich irgend etwas von dem, was er mir sagte, auch glaubte; denn ich bin der Ansicht, daß es von den beiden Gesandten des Kaisers und Spaniens ausgeht, die darauf abzielen, Geld zu erpressen, wie Egel Blut saugen.«

Der Venezianer hatte recht. Aber er entdeckte, daß nicht nur der Kaiser und Spanien Blut haben wollten. Wolsey, schrieb er auf gut Venezianisch, müsse von der Gelbsucht geheilt werden, bevor er den Venezianern gestatten könne, Wein von Kandia nach England einzuführen; und die Kur für Gelbsucht sei schwierig für einen Venezianer. »Es ist nicht unsre Gewohnheit«, bemerkte er, »Bestechungen zu geben oder zu empfangen.«

Maximilian kannte keine derartigen Skrupel. Er war eben wieder im Begriff, englischen Sold zu nehmen. Man unterstützte ihn so gut, daß er immer weiter pumpte und pumpte, bis er auf die unterste Schicht von Kies und Sand gekommen war. Dann endlich machte er sich, dem stärksten Druck nachgebend, mit dreißigtausend Mann nach der Lombardei auf. Aber Mailand war noch nicht in seiner Hand: während Wolsey seine Geschicklichkeit bewährt hatte, indem er den Franzosen, mit denen England noch im Bündnis stand, hinterrücks diesen Schlag versetzte, hatte er sich den Zorn seiner älteren Kollegen zugezogen, weil er ein so launisches Werkzeug benutzte. Maximilian war unberechenbar. Er trödelte und machte halt, bis er endlich mit seiner ganzen Streitmacht im März nach Mailand kam; aber siehe da: am Abend vor dem Angriff erklärte er, ihm habe geträumt: zwei alte Männer seines Stammes, Karl der Kühne und noch ein zweiter, seien in Blut gebadet vor ihm erschienen und hätten ihn gewarnt und beschworen, nicht im Vertrauen auf seine Schweizer in den Kampf zu gehen. Sofort gehorchte der gute Kaiser seinen Freunden aus der anderen Welt: er machte mit seinen sämtlichen Truppen Rechtsumkehrt und verschwand wie ein Gespenst. Es ist nicht bekannt, ob Karl der Kühne im Verlaufe der eindrucksvollen Erscheinung Maximilian verstohlen ein Zeichen gab, oder ob von Bourbon oder den Venezianern ein Bote mit der Nachricht eingetroffen war, daß man für Maximilians eigene Städte in der Lombardei einen Preis zahlen würde; fest steht, daß er innerhalb eines Jahres tatsächlich 200000 Dukaten für Verona empfing.

So verstand es der Heilige Römische Kaiser, seine Groschen einzuheimsen ... Er empfand so wenig Scham darüber, sich die Gelegenheit zunutze zu machen, wie er sich scheute, andere zu bestechen; bald war es so weit, daß er die Kurfürsten des Reiches aufsuchte und auf sie dahin einwirkte, daß sie seinem Enkel als seinem eigenen Nachfolger ihre Stimmen versprächen. »Mon filz«, sagte er jenem Habsburger mit der schweren Unterlippe, »vous alez trumper les François, et moy je va trumper les Angloise.« (Mein Sohn, du wirst die Franzosen hereinlegen und ich die Engländer.)

XXXI

Bevor bekannt wurde, daß Maximilian vor Mailand versagt hatte, als aber die Nachricht von seinem verstohlenen Vordringen nicht länger verheimlicht werden konnte, suchte Sebastian Giustinian, der venezianische Gesandte, Heinrich aufs neue auf.

Heinrich war drei Tage lang etwas unwohl gewesen und empfing Giustinian allein in einem Privatzimmer.

Heinrich versuchte nicht länger, seine Gefühle zu verbergen. Der Kaiser, sagte er mit einem gewissen selbstzufriedenen Humor, steht jetzt zwischen Verona und Mailand, und die Franzosen sind auf dem Rückzug. »Ihr seht also«, sagte der König unter Lachen, »wie Ihr steht!« Sollte Frankreich siegen, so würde Venedig geplündert werden. »Verliert Frankreich«, wiederholte er, »so wißt Ihr auch, wie Ihr steht!« Während er diese Worte sprach, schien der König zu triumphieren, »ja, etwas in Hitze zu geraten«.

Der Venezianer gedachte zu erklären, warum Venedig zu Frankreich hielt, aber Heinrich unterbrach ihn mit den Worten: »Es wäre nicht nötig gewesen, daß Ihr Eure Freunde im Stich ließet, von denen einige willens und auch imstande gewesen wären, Euch zu helfen.« (Damit meinte er sich.) »Es konnte keine Notwendigkeit geben, die Euch gezwungen hätte, zu einem Verrat Eure Zuflucht zu nehmen«; dies sprach er mit etwas Erbitterung und »wurde bleich im Gesicht.«

»Als ich bemerkte, daß er gereizter sei, als ich mir hätte vorstellen können«, berichtete der Venezianer seinen Herren, »und daß er offener als früher seine Feindseligkeit gegen Frankreich zugäbe, hielt ich's für richtig, ihn zu besänftigen.« Er sprach daraufhin von dem Dank, den Venedig dem mächtigen England in so vielen Fällen schulde.

»Ihr sprecht die Wahrheit«, sagte Heinrich, »denn ich habe mehr für Euch getan, als mein Vater je tat, oder irgendein Fürst, der Euer Freund gewesen sein mag.«

Der Venezianer sprach noch viele besänftigende Worte, aber Heinrich war nicht zu besänftigen.

»Seid versichert, Domine Orator«, sagte er geradezu, »daß ich jetzt mehr Geld, größere Macht und Autorität besitze, als ich oder meine Vorfahren je besaßen; was ich von anderen Fürsten haben will, kann ich darum auch erlangen.«

Während er dies sagte, schien er zornig; ich erwiderte also, daß ich, der ich anwesend sei, dies wisse und wohl sehen könne, wie sein Königreich das mächtigste sei; wie es Überfluß an Geld habe; wie reich begabt Seine Majestät sei; und wie er größten Einfluß auf alle Fürsten der Christenheit habe, die sich alle vor ihm erniedrigten und mit Recht bei ihm Zuflucht suchten; daß aber höher als seine Macht oder seinen Reichtum ich seine Gerechtigkeit, seine Güte und Milde schätzte, die, des sei ich gewiß, einem Freunde wie Venedig gegenüber nie versagen werde. Ich beschwor ihn daher, in seinen freundschaftlichen Gesinnungen auszuharren und die Signoria als seinen ergebensten Bundesgenossen zu erachten.

»Während ich diese Worte aussprach«, fügt Giustinian hinzu, »verbeugte ich mich in aller Ehrfurcht bis zum Boden.«

Das Wort »Verrat« saß jedoch wie ein Stachel in der Brust des Venezianers. Und er ging damit zu Kardinal Wolsey.

Wolsey sagte: »Ihr habt Euch getäuscht und seine Anwendung mißverstanden. Seine Majestät schalt nicht den Verrat der Signoria, sondern den Verrat des Königs von Frankreich.«

»Ich tat, als sei ich überzeugt«, berichtete der Venezianer, »und gab zu verstehen, daß ich zufriedengestellt sei. Die Zeiten, Eure Herrlichkeit, erfordern dies, wenn man ein altes Sprichwort beachtet, das uns aufträgt, die Hand zu küssen, die wir nicht abhauen können.«

XXXII

Es war nicht Heinrichs Gewohnheit, sich Fremden gegenüber in Wutausbrüchen gehen zu lassen. So leicht er in Siedehitze geriet und von mächtigen Antrieben bewegt wurde, zu hoch zu bieten und über das Ziel hinauszuschießen, so sah man doch seinem Munde an, daß er imstande war, sich vorsichtig zu beherrschen; viele Besucher berichteten, wie liebenswürdig und höflich sie ihn gefunden hatten. Dem guten Venezianer gegenüber jedoch hatte er sich überrumpeln lassen. Wenige Menschen sind freundlich, wenn sie starken körperlichen Schmerz empfinden, und dies war gerade eines der ersten Male, wo sein eiterndes Bein ihn zu Bette zwang und der furchtbare Schmerz sich mit einem Trompetenstoß ankündigte. Wie er in Hitze und Qual, mit gepeinigten Nerven dalag, hatte er sich bereits Mailands Einnahme vorgestellt; als er die Botschaft von Franzens Triumph empfing, konnte er nicht mehr an sich halten.

Heinrichs Erbitterung gegen Franz ging tiefer als die Politik. Der Franzosenkönig war auf noch schwankenderer Brücke zum Throne gelangt als Heinrich; er hatte ihn in indirekter Linie von Ludwig empfangen, der selbst auf indirektem Wege dazu gelangt war. Trotz dieser schwankenden Nachfolge jedoch, trotz einer Mutter und Schwester, die ihn vergötterten, trotz vernünftiger Ratschläge, wie sie Heinrich als Krieger selbst befolgt hatte, war es Franz beschieden gewesen, über sechzigtausend Mann nach Italien zu führen und immer mitten im Feuer zu stehen. Diese Leistung herabzusetzen fruchtete nichts. Es war die alte königliche Tradition, das »noblesse oblige« der Maximilian, Ferdinand, Ludwig, Julius, Jakob IV. — Franz und seine Genossen fochten wie »wütende Eber«. Sie hatten den besten Stoßtruppen Europas standgehalten, und als am zweiten Tage die Sonne sich senkte und vierzehntausend Schweizerleichen von den Siegern in eine einzige schauerliche Grube versenkt waren, kniete Franz auf dem Schlachtfeld nieder, und Bayard, der edelste Mann Europas, der Mann, über dessen Tod selbst die Feinde weinen sollten, nahm sein Schwert und nannte den jungen König einen Ritter. Das war es, was Heinrichs Herz von unsagbaren Gefühlen erzittern ließ. Er hatte nie eine wirkliche Schlacht erlebt. Sein Vater war schlau gewesen, und er selbst durch seine schlauen Vorfahren auf Wege gezwungen worden, die man kaum ruhmreich nennen konnte. Eben jetzt etwa hatte er Maximilian dafür bezahlt, daß er für ihn kämpfe. Aber während Heinrichs Intelligenz sich der gangbarsten Methode bemächtigte und er sehr wohl imstande war, im Rate schlichte Entschlüsse zu fassen und starrsinnig an seiner Meinung festzuhalten, auch sich selbst herzhaft zu versichern, daß der schneidige und beherzte Teufelskerl nur sein Schicksal herausfordere, war er doch noch jung genug, um einen so wagemutigen und freien Nachbarn als persönlichen Vorwurf zu empfinden. Er war sich bewußt, daß er im Kriege ängstlich, mit Frauen ungeschickt, übereifrig und tolpatschig war. Sein Fleisch bedrückte seinen Geist. Sein unhöfisch großer Wuchs fiel ihm zur Last. Dies mehr als Staatskunst war es, was seine Seele geißelte und aufpeitschte.

Schon der Anblick Giustinians war daher zu viel für ihn gewesen. Sofort brach seine krasse Genugtuung über den Streich durch, den er Venedig spielte; es war der herzlose und boshafte, aber im Grunde jungenhafte Wunsch, dem andern ein Schnippchen zu schlagen. Der Gedanke an Venedig und Mailand jedoch erinnerte an Marignano und Franz, und die dunkleren Gefühle, die Heinrich bewegten, der Ärger und Zorn und Neid, die unter seinem Wunsch zu triumphieren im Verborgenen glommen, ließen ihn poltern und prahlen, so daß der Venezianer sich bemüßigt sah, ihn zu besänftigen und versöhnlich zu stimmen.

Heinrich versöhnlich zu stimmen, erforderte freilich stärkeren Tobak als die sanften Worte eines Diplomaten. Heinrich fürchtete Franz und mißtraute ihm. Schottland hatte ihm einen Schrecken eingejagt. Der Herzog von Albany war von dort nach Frankreich gereist und hatte auf Befehl der schottischen Stände Heinrichs Schwester vertrieben. Die Schotten hätten nicht das Recht, mit den Franzosen gemeinsam vorzugehen, war die Meinung des englischen Rates, ja überhaupt nicht das Recht, mit irgend jemand außerhalb Englands gemeinsame Sache zu machen. »Wir werden es nicht dulden, es sei denn, der König von Frankreich setze die

Königin wieder in ihre Rechte ein«, erklärten sie; »und wir werden gegen Euren König auf jede mögliche Weise Krieg führen.« Dies erklärte die Schiffe, die Heinrich baute, und die er dem Venezianer zu zeigen nicht verfehlte. Wolsey beklagte, daß Königin Margarete, die heißen Blutes sei, nach Flodden sogleich wieder eine neue Ehe eingegangen war. Er hätte »gern auf den Kardinalshut verzichtet«, erklärte er mit der alkoholgenährten Beherztheit des 16. Jahrhunderts, »oder einen Finger der rechten Hand verloren, wenn es ihm gelungen wäre, Margarete an Maximilian zu verheiraten«. Margarete aber war ihres zweiten Gatten bereits müde. Bald würde sie einen dritten nehmen. Ihr eignete nichts von dem streitbaren Ehrgeiz ihres Bruders. Schottland bedeutete ihr nichts als eine angeheiratete Verwandtschaft.

Albany aber war nicht zu ertragen. Franzens Nachlässigkeit war nicht zu ertragen. »Er schreibt nie hierher«, schrie Wolsey den Venezianer an, »er teilt keines seiner Geheimnisse mit!« Nichts war zu ertragen als ein gemeinsames Bündnis gegen Frankreich.

Hinter diesem Druck, der auch für Verona wichtig war, stand das unausgesetzte schlaue Intrigieren des alten Jago, der sich Maximilian nannte. Er hatte Heinrich im Jahre 1513 genau studiert und seine Achillesferse entdeckt. Er sah, daß Heinrich sich selbst etwas vormachte, daß er mit Heftigkeit das Schlechteste von den Franzosen glaubte und bereits auf Franz eifersüchtig war. Daß Maximilian sich vor Mailand gedrückt hatte, hätte er einem Veteranen, wie er selbst es war, nicht plausibel machen können; Heinrich und Wolsey gegenüber beschönigte er es schnell. Er machte Heinrich andauernd den Mund damit wässerig, daß er ihm versprach, aus seinem Hut das Kaninchen des Heiligen Römischen Reiches hervorzuzaubern, und obwohl Heinrich einen Schwindel argwöhnte, konnte Maximilian an seinen hervortretenden Augen erkennen, welch große Lust er auf das Kaninchen hatte. Wäre nur mehr Geld da, sagte er Wolsey mit Nachdruck, nur ein bißchen mehr Geld, so könnte er Franz in der Lombardei vernichten. Seine greise Habgier machte Eindruck auf ihre junge. Indem er unter dem Deckmantel phantastischer und komplizierter Versprechungen eine goldene und eine eiserne Krone vor Heinrichs Augen schwenkte, erpreßte er ganze Kisten voll gewichtiger Dukaten. Und während dieses Kuddelmuddels und dieser Mystifikationen, die sich alle auf Franzens »ungeheure Herrschgier« gründeten, steckten Maximilian und sein Enkel mit den französischen Agenten unter einer Decke; Karl sicherte sich Neapel um den Preis, daß er Franz als Oberherrn anerkannte, ihm eine Jahresrente zahlte und versprach, eine Französin heimzuführen; Maximilian traf Vorbereitungen, greifbare Gulden für Verona zu beschaffen.

XXXIII

Heinrich verhehlte nicht, daß er Franz fürchte, und Wolsey wiederholte dasselbe Lied mit seiner weittragenden Stimme. In diesem Duett war der Dirigent zwar nicht sichtbar, aber drei Jahre lang schwang Maximilian den Taktstock.

Wann immer Giustinian Heinrich überraschende Nachrichten vom Türken brachte — und die Venezianer, die ihre »Augen und Ohren überall« hatten, wußten genau, daß Europa nicht verschont bleiben würde — schien Heinrich »sich wenig drum zu scheren«. Schon im Jahre 1516 sagte der Venezianer: »Aber Syrien ist von der größten Wichtigkeit. Wenn er den Sultan schlägt und Ägypten besetzt, wenn er Persien besiegt, bedeutet das einen ungeheuren Zuwachs an Gebiet. Ich sehe keine Hilfe gegen den Untergang des Christentums!« Der Türke ließ Heinrich gänzlich kalt. Zwei Jahre zu spät erfuhr er von Giustinian die Nachrichten aus Ungarn, die »Seine Majestät so wenig betrafen, als handle es sich um die Angelegenheiten Indiens«. Wenn es aber um Frankreich und Italien ging, stand es ganz anders. In diesem Fall war der König ganz Ohr und ganz Nerven. Vom Kaiser angetrieben, versuchte er auf jede mögliche Weise, das Vertrauen der Venezianer auf Franzens Ehre und guten Glauben zu zerstören.

»In Eurem Glauben an diesen Euren König von Frankreich seid Ihr in der Tat recht bigott«, höhnte Wolsey; er wies auf ein Kruzifix auf dem Altar seines Zimmers und schwor pathetisch beim Leibe des Erlösers, daß er greifbare Beweise für Franzens Doppelzüngigkeit besitze.

Heinrich wandte eine unmittelbare Taktik an. »Ich warne Euch: immer steht hinter seiner Tür der Knüppel, mit dem er Euch züchtigen kann.« — »Er zielt auf Eure Zerstörung ab.« — »Bei Gott«, lachte er grimmig, »sie verschwören sich zu Eurem Schaden.«

Als Giustinian Beweise hatte, daß Franz Venedig nicht betrog, legte er sie Heinrich vor. Heinrich »war von großem Erstaunen erfaßt und wiederholte mehrere Male: Wie kann das sein?«

Fast hätte er seinen Jago verdächtigt, aber da er von Franz das glaubte, was er zu glauben wünschte, war er der Vernunft nicht zugänglich. Er verriet seine Gedanken. »Wahrlich, der Kaiser ist vom König von Frankreich getäuscht worden, und ich weiß auch, auf welche Weise«; diese Worte jedoch sprach er sehr zögernd aus.

Giustinian fragte, worin diese Täuschung bestehen könne.

»Ich weiß es nicht gewiß«, tadelten Heinrichs weiße Wimpern die Frage, »sondern ich vermute es; ungewisse Dinge aber sollten nicht über die Lippen eines Königs kommen.«

Franzens »ungeheure Herrschgier« war der ständige Refrain, und wenige Wochen später sagte Heinrich Giustinian bereits, er wüßte, daß

Franz mit dem Kaiser und Spanien verhandelt habe; »sie haben ganz besonders, besonders, besonders gegen Euch verhandelt! Ich habe es von einem, der dabei war; wer weiß, ob es nicht ein Franzose war!«

Ein Franzose war es nicht, wie Giustinian bald erfuhr. Verona wurde an Venedig zurückgegeben, trotz der aufs Kruzifix geschworenen Eide, und der sammetpfotige Giustinian kam wieder, um auf Heinrich zugunsten der allgemeinen Friedensverhandlungen einen Druck auszuüben.

»Ich habe Euch gesagt, nichts derartiges sei möglich, solange auf dem französischen Throne jemand sitzt, der völlig treulos ist, der sich zu tun rühmt, was weit ab ist von seinen Gedanken, alles um Geld zu gewinnen und seine Intrigen auszuführen.«

Heinrich war sich nicht bewußt, daß bei ungerechten Verdächtigungen jeder aus sich selbst die Farben holt, mit denen er den andern malt. Er fuhr fort: »Ich kann keinem vertrauen, der sich so bemüht hat, seinen Nebenmenschen zu täuschen; auch sehe ich auf der Welt keine Treue, außer in meiner Person; Gott der Allmächtige, der dies weiß, läßt darum meine Geschäfte gedeihen.«

Nach vielen Reden dieser Art, in welchen er »den Verrat der anderen geißelte und seine eigne Treue pries«, fügte Heinrich gutgelaunt hinzu, »indem er mir die Hände auf die Schultern legte und lachte: ‚Ich weiß es ja: jetzt, da Ihr Euer Gebiet wieder habt, kümmert Euch dies alles nichts, und Ihr dankt nur Gott, daß Ihr glücklich der Gefahr entronnen seid'.«

Heinrich konnte Giustinian wegen seines unerschütterten Glaubens an Franz und seiner ruhigen Milde nicht in Ruhe lassen. Manchmal war er düster gestimmt, zu andern Zeiten aber freimütig und aufrichtig; so gefiel er Giustinian.

»Wie kann ihm jemand vertrauen?« fragte Heinrich offen mit Bezug auf Franz.

Giustinian sagte mit Betonung, »es gäbe Personen, die nie aufhörten beide Fürsten anzustacheln, um Zwietracht unter sie zu säen«; damit spielte er auf Maximilian an.

Darauf »zog mich der König näher an sich heran, und nahm auch meinen Sekretär bei der Hand, eine Geste, die er mehrere Male während der Unterredung wiederholte, wobei er sagte:

‚Soll ich Euch augenscheinliche Beweise vom Betrug dieses Königs von Frankreich geben? Er sagt jedermann, daß er die Absicht habe, gegen die Türken zu ziehen; allein; aber laßt ihn einmal in Italien sein, und er wird es sich unterwerfen.'

Darauf erwiderte ich, dies sei ein höchst geistreicher und weiser Gedanke, vorausgesetzt, der König von Frankreich habe je gesagt, daß er allein gegen die Ungläubigen ziehen werde.

Wiederum sagte Seine Majestät: ‚Soll ich Euch beweisen, daß dieser König nur aus der Verstellung heraus handelt? Ich weiß gewiß, daß er mir Übleres wünscht als dem Bösen, und dennoch gebraucht er mir gegenüber die freundschaftlichen Worte, die Ihr kennt...'«

Giustinian antwortete Heinrich auf seine besänftigende, mandarinhafte Art. Er sagte, da es Heinrichs Hauptziel sei, »geliebt und nicht gehaßt zu werden«, und da er allen gegenüber so treffliche Absichten habe, müsse er auch glauben, daß die andern ebenso gegen ihn gesinnt seien.

»Laßt mich Euch die eine Frage stellen«, gab Heinrich zurück. »Wenn der König von Frankreich aufrichtig gegen Uns handelt: warum läßt er Unseren Untertanen nicht Gerechtigkeit erweisen?... Und dann: wer könnte ertragen, daß er für gut befunden hat, den Herzog von Albany nach Schottland zu senden, wo Unser Neffe König ist und das Königtum von rechtens wegen Uns zukommt, da Wir Uns König von England und Schottland nennen?... Wahre Freundschaft verbietet einem Freunde zu tun, was der Gefährte übel empfinden könnte. Ich bin König dieser Insel, und das genügt mir völlig; und doch scheint es mir, als täte ich nicht meine Pflicht und regierte meine Untertanen nicht richtig; und könnte ich eine größere Herrschaft besitzen, ja Herr der Welt sein, so schwöre ich, ich nähme es nicht an, da ich wohl wüßte, wie wenig ich es vermöchte, und fürchten müßte, von Gott für meine Unterlassungen gerichtet zu werden; dieser König aber«, und sofort veränderte sich Heinrichs Stimme und wurde rauh, »dieser König ist ein größerer Herr als ich; er hat ein größeres Königreich und mehr Gebiet, und doch ist er nicht zufrieden, sondern befindet gut, sich in Dinge zu mischen, die mich angehen, wie Schottland; aber dies wird ihm nie gelingen, denn ich habe mehr Geld als er und werde mehr Truppen haben, sowie es mir gefällt.«

Giustinian hörte aus diesen Worten die Drohung. »Ich hätte zwei Argumente anführen können«, berichtete er an seine Signoria über die Unterredung, »aber ich wußte, daß eine Antwort dieser Art ihn bis ins Herz getroffen hätte, und so vermied ich sie und wechselte den Gesprächsstoff.« Er tat es auf die menschlichste Art. Er machte Heinrich den Hof. Er erklärte öffentlich, »es müßte, wo die Bande die gleichen seien, auch die Zuneigung sich die Waage halten«, so auch zwischen der Signoria und Frankreich und England; »ich selbst aber, als Einzelperson, und aus meiner Kenntnis des Charakters, der Aufrichtigkeit, der Weisheit, und der anderen seltenen Gaben Eurer Majestät, fühle für Euch eine ungleich größere Zuneigung als für den König von Frankreich.«

Heinrich gab ihm zu verstehen, daß er dies wohl wüßte. »Daher«, sagte er wahrheitsgemäß, »spreche ich freimütig mit Euch.«

XXXIV

Während Heinrich polterte und Wolsey donnerte, hatten sich die Gezeiten der Diplomatie in aller Stille geändert. Franzens neue Verträge und neue Allianzen hatten sich hinter den Kulissen vervielfacht, und im gleichen Augenblicke, da Wolsey in Gegenwart des spanischen Gesandten Giustinian sagte: »Ihr seid in sehr gefährlicher Lage, aber hütet Euch mehr vor dem christlichen Türken als vor dem wirklichen«, war er gerade dabei, mit Frankreich selbst ein Bündnis vorzubereiten. Sobald er mit Giustinian allein war, hörte er auf zu schauspielern und sagte mit völlig ruhiger Stimme: »Wenn ich bemerke, daß der König von Frankreich es mit Seiner Majestät gut meint und unseren Untertanen Gerechtigkeit widerfahren läßt, werde ich dieses Bündnis um jeden Preis zustande bringen«, und er fügte noch hinzu: »Der König von Frankreich hat jetzt einen Sohn, und Seine Majestät hat eine Tochter — ich werde sie vereinigen!«

Dieser Entschluß war nachgehinkt. Lange bevor Heinrich und Wolsey Maximilian die Zuschüsse sperrten und sich vorsetzten, »was vergangen sei, klug zu verschweigen und in Zukunft die Börse des Königs fest verschlossen zu halten«, hatte sich ganz Europa um den frisch vergoldeten Dom der französischen Vorherrschaft neu gruppiert. Während Wolsey, um Karls Räte zu bestechen, Geld geschickt und Heinrich sich gerühmt hatte: »Der Papst ist mein«, hatte der Papst bereits mit Frankreich paktiert. Beim Versuche, Franz zu betrügen, war England selbst durch Maximilian betrogen worden, und der Spaß hatte einundeinehalbe Million Kronen gekostet.

Die älteren Magnaten der Kirche hatten sich dem Abenteuer durchaus widersetzt; es sei ungeheuer kostspielig, England könne es nicht ertragen, es sei sinnlos, allein den Krieg fortzusetzen, da die Flotte erst halb fertig und der Krieg aus wirtschaftlichen Gründen nicht gern gesehen sei. Es hatte den Anschein, als treibe Wolsey einer Katastrophe zu, und Heinrich mit ihm.

Als Maximilians doppeltes Spiel sich nicht länger verbergen ließ, schrieb Heinrich ihm wütende Briefe, die jedoch der gemäßigte Cuthbert Tunstall ihn nicht abzusenden bewog. Und als Wolsey mit der Elastizität eines Schaubudenbesitzers eine Schwenkung machte und den »allgemeinen Frieden« verkündete, waren die älteren Kirchenfürsten entzückt. Bischof Fox schrieb an Wolsey: »Das ist die beste Tat, die je in England getan wurde, und nach dem König gebührt Euch das Lob dafür.«

XXXV

Mit dem »allgemeinen Frieden« kam Wolsey erst in sein richtiges Element. Er war mit dem Lateinischen, der Sprache des Internationalismus, vertraut. Er war mit der Sprache der Kirche vertraut. Und er hatte genug vom Geistlichen an sich, um dem Krieg den Frieden vorzuziehen.

Er war in der Tat kein Internationalist wie Erasmus. Da er Heinrichs streitbaren Ehrgeiz alle Tage neu kennenlernte, da er sah, wie verwandt dieser Ehrgeiz dem der wappenführenden Barone wie Norfolk und Surrey war, deren Gehirn von reichen Vorurteilen überschäumte und die als entscheidendes Argument mit der gewappneten Faust auf den Tisch schlugen, verachtete Wolsey voll Mitleid die pazifistischen Idealisten auf der einen Seite ebenso wie die kriegslustigen Polterer auf der anderen. »Ich möchte nicht, daß Ihr über den Mond nachsinnt«, fuhr er einen seiner zum Disputieren aufgelegten Agenten an, »sondern daß Ihr Euch geradewegs und klug an meine Geschäfte macht.« Diese »Geschäfte« waren nicht platonischer Art, und Wolsey lächelte über Plato.

Wenn der Frieden seinen Zielen nicht dienlich war, so war es vielleicht der Krieg. Für Wolsey machte das wenig Unterschied. Aber während er bereit gewesen war, Gold und Stahl zu gebrauchen, war er im Herzen kirchlich gesinnt und bevorzugte die Methoden der Kirche, indem er durch geschickte Verwertung der Vorurteile seines königlichen Herrn aus den Rivalitäten Europas Gewinn und Bedeutung zu ziehen suchte.

Unter allen Umständen war es eine Rolle, die Wagemut verlangte. Einen großartigen Plan für ein so kleines Land wie England auszuarbeiten, ihm europäischen Einfluß und tönenden Ruhm zu verschaffen und gleichzeitig einen Herrn zufriedenzustellen, dessen Selbstliebe dringende Forderungen vorbrachte, erforderte mehr Verständnis für ihr Amt, als die älteren Magnaten aufbrachten. Weder Fox noch Warham konnten Heinrich leiten. Sie besaßen nicht die dazu gehörige Frechheit. Aber Wolsey besaß Frechheit und Unterwürfigkeit zugleich; während er zu Heinrich sprach, als gehöre er Heinrich, benahm er sich der Welt gegenüber, als gehörten ihm sowohl Heinrich wie England.

Diese herrische Art verfehlte nicht ihre Wirkung. Außer dem König und dem Papst achtete er keine Einzelperson, und die Schroffheit, mit der er sich Menschen gegenüber betrug, erweckte den Eindruck unbegrenzter Macht. Er beleidigte den Erzbischof von Canterbury so offenkundig, daß dieser vor Wut über die Anmaßung zitterte. Er erzürnte den alten Stamm der Edelleute, indem er Northumberland, Buckinghams Schwiegersohn, ins Gefängnis schickte, weil er zu viele livrierte Diener unterhielte – dabei besaß er selbst Hunderte von Leuten in Livree. Niemand war vor seinem Anschnauzen sicher. Er fing Meldungen ab, ohne sich im geringsten zu genieren, und mißachtete die Regeln der Etikette. Seine Launen, seine

»außerordentliche Heftigkeit und geistige Erregung« waren so berüchtigt wie seine Anfälle ehrlicher Leutseligkeit und seine berechnete Unnahbarkeit. Aber diese Exzesse, diese Einfälle waren nicht die Folge eines außer Rand und Band geratenen Temperaments. Es waren die Funken vom Amboß, auf dem er hämmerte.

Sein Amboß war Europa. Da er für die Staatskunst die große Theatertradition der Kirche mitbrachte, sah er sie mehr als eine Regieangelegenheit und als ein großartiges Spiel an, das man leiten und zustande bringen mußte, denn als Drama von moralischer oder sozialer Bedeutung. Ob er nun einen Krieg oder einen »allgemeinen Frieden« improvisierte, einen Palast baute oder eine Hochschule, mit Herzögen oder Päpsten, Kaisern oder Sultanen spielte: Wolsey hatte keinen Sinn für die dritte oder vierte Dimension. Er interessierte sich für die Front, für die Fassade. Er sah das Leben, wie der Spekulant es sieht; sein Gehirn schäumte von unerreicht malerischen Projekten, sein Geist war mit einem unerschöpflichen Schatz von Unternehmungslust begabt, er war ebenso bereit, sich mit einem neuen Gerichtshof zu beschäftigen wie mit einer neuen Besteuerung, mit einer neuen Schiebung, die ihn zum päpstlichen Legaten, wie mit einer anderen, die ihn zum Papst machen sollte. Hätte er es sich leisten können, er wäre vielleicht der Architekt eines Staates geworden, aber die vornehmste Forderung, die an seine Mittel gestellt wurde, war Heinrichs Mißtrauen und Heinrichs Eitelkeit, und er entwickelte bald das offne Wesen des Hausabreißers. Hätte er sich gezwungen gesehen, ganz Europa in einen Schiffbruch zu locken, so wäre es ihm als einfache Notwendigkeit erschienen, wenn nur die Trümmer zu Heinrichs Füßen angeschwemmt wurden. Es hatte natürlich den Anschein, als sei er mit dem »Gleichgewicht der Kräfte« beschäftigt. Aber während er die Energie besaß, aus England ein diplomatisches Clearing-House zu machen und Prozente davon zu nehmen, war seine Tätigkeit nicht die eines Staatsmannes. Es war die großartige, freche und unberechenbare Tätigkeit eines blendenden Spekulanten, eines temperamentvollen und ausgezeichneten Opportunisten.

Sein Schauspiel, das als »allgemeiner Frieden« begann, sollte fast ein Jahrzehnt lang weiterlaufen, wobei drei Kriege zu gleicher Zeit ihm Abwechslung liehen. Im Zentrum der europäischen Manege sollte dieser prächtige Kardinal, den roten Hut auf dem Kopfe, mit der Peitsche knallen und mit dröhnender Stimme seine Befehle erteilen. Durch die Papierreifen, die er hochhielt: papierne Verträge und papierne Allianzen, Papierbullen und Papierdispense, würde ein gekröntes Haupt nach dem anderen mit geziemender und bewunderungswürdiger Geschicklichkeit springen und eine königliche Verlobung der anderen folgen, während kleine leutselige Prinzen und Prinzessinnen sich wippend wie Schmetterlinge auf seiner kirchlichen Hüfte niederließen. Aber diese prächtige Darbietung mit ihrer Kasse und ihrem hohen Eintrittspreis, ihrer Menagerie und ihrem Käfig voll diplomatischer Affen konnte nur ein gutes Ende nehmen, wenn der jugendliche Besitzer sich zufrieden gab, ohne das Papsttum in das Zirkusgeschäft einzubeziehen. Sehr viel würde auf den jugendlichen Besitzer mit seinen enggepreßten schmalen Lippen und seinem schweren Unterkiefer ankommen. Ein Weniges auch auf das Wetter.

XXXVI

Im Augenblick war er außerordentlich rege. Fast täglich erfüllte er seine religiösen Pflichten, während er seine Geliebte dezent im Hintergrunde hielt, und täglich rauschte er zu Gericht, wo er, ohne rechtsgelehrt zu sein, reich und arm gleicherweise anhörte. Er trotzte dem Neid, verachtete die Konkurrenz, beleidigte den Stolz, verspottete Präzedenzfälle und kümmerte sich nicht um Ja und Nein. Daß er dies fertigbrachte, obwohl er ein Emporkömmling war und außer Heinrichs Gunst keine Fuge für seinen Zapfen hatte, zeigt deutlich, in wie hohem Maße er nur in der Gegenwart lebte und ihren Forderungen nachkam, indem er innerhalb der Tudormonarchie und des Mediceischen Papsttums wirkte, völlig geblendet vom Reichtum der einen und von der Größe des anderen.

Eine derartige Laufbahn erforderte bares Geld. Wenn er es ihm nicht selbst liefern mußte, war es dem König gleich, wo Wolsey es hernahm; und Wolsey nahm es her, wo er es kriegen konnte. Er stand am Kreuzweg jeder Verhandlung und forderte offen sein Teil. Sforza bestach ihn, damit er ihm später bei der Rückgabe Mailands zur Seite stehe. Karl versprach ihm bald eine Leibrente. Sein Anspruch auf Tournai sollte in eine Jahresrente umgewandelt werden. Er erwartete zu Neujahr kostbare Geschenke, wie der König, und er nahm alle Gaben an, die sein Gerichtshof ihm lieferte. Der Papst verlieh ihm das Recht, gewisse kleine Klöster aufzuheben und daraus die Mittel zu ziehen, das Kardinals-College in Oxford zu gründen. Wurde in England — oder auch in Spanien — ein Bistum frei, so konnte man wetten, daß seine Habgier rege wurde. Einen Ring, einen Edelstein zu bewundern, war seine Art, ein Geschenk zu verlangen. Er forderte hundert Damaszenerteppiche von den Venezianern. Und in wenigen Jahren hatte dieser armselige Geistliche sein Hampton Court eingerichtet, wo er so reiche Feste gab, daß selbst die Venezianer erstarrten. Diese Pracht kostete Heinrichs Rivalen sehr viel und Heinrich sehr wenig; es war tatsächlich ein Lösegeld, das unter Heinrichs Augen wuchs. Außerhalb Italiens hatte kein Priester versucht, eine Dynastie zu gründen, so daß Wolsey in den Augen Heinrichs ein Eunuch war, obwohl er einen Sohn und eine Tochter hatte. Sein Reichtum wurzelte nicht in einer stolzen Familie. Er stellte nicht wie Buckinghams Vermögen in England oder das des Bourbonen in Frankreich eine Bedrohung des königlichen Herrn dar. Er war ein Juwel, das Licht auf den Herrn zurückstrahlte, ein Juwel, das ihm schmeichelte und ihn lockte.

Leider war ein gewisser Konflikt bei Wolseys Jagd nach Geld unvermeidlich; aber nie hat jemand grimmiger gekämpft, um seinen Willen durchzusetzen. So etwa im Fall des Bistums Bath, das zehntausend Dukaten jährlich einbrachte. Es gehörte zu den Sporteln eines Italieners, des Kardinals Adrian, eines der Freunde Englands am Vatikan. Im Mai des Jahres 1517 jedoch fiel Adrian in Ungnade. Er plauderte einmal mit einem anderen Kardinal namens Petrucci, als dieser bemerkte, daß ein Chirurg des Vatikans gerade vorüberging, und sagte: »Der Kerl da wird das Kollegium von Sorgen befreien.« Da er zum Kollegium der Kardinäle gehörte, fragte Adrian nach dem Sinn der Rede, und Petrucci erklärte, daß »der Kerl da«, der Leos Fistel behandelte, sie mit Gift kurieren würde. Dieser Einfall, einen Papst auf so neuartige und einfache Weise zu beseitigen, war zu viel für Adrian: er brach in Lachen aus und zuckte die Achseln. In den Augen Leos war das jedoch keine lächerliche Sache. Er ließ Petrucci den Prozeß machen und in der Engelsburg hinrichten. Auf dem Höhepunkte seines Zorns hatte er eine Unterredung mit Adrian und legte ihm eine Geldstrafe von zwölftausendfünfhundert Dukaten auf. Adrian fürchtete sich so sehr vor weiteren Folgen, daß er nach Venedig durchging, wo er mit fast zu offenen Armen empfangen wurde.

Die Einkünfte von Bath wurden vom Papst Leo sofort an Wolsey verliehen. Als Parteigänger Adrians waren die Venezianer aufgebracht und ließen Giustinian Botschaft zugehen, er möge Wolsey beeinflussen, die Einkünfte nicht anzunehmen.

Der König spottete über den Gedanken einer Einmischung. »Ich verstehe die Angelegenheit besser als ihr Venezianer«, sagte er Giustinian. Bischof Fox hielt es für hoffnungslos. »Wir haben es mit dem Kardinal zu tun«, sagte er, »der nicht Kardinal ist, sondern König; in diesem Reich wagt niemand, irgend etwas gegen seine Interessen zu unternehmen.«

Wolsey war außer sich vor Wut. Als Giustinians Sekretär ihn um eine Audienz bat, »hielt er einen Stock in der Hand und nagte fortwährend mit den Zähnen daran«. »Euer Herr hat es gewagt«, brüllte er, »Briefe gegen mich zu schicken und gegen mich zu intrigieren, und das auf Wunsch eines Rebellen gegen Seine Heiligkeit.«

Giustinian hastete zu ihm. Man ließ ihn drei Stunden warten und verweigerte ihm dann die Audienz. Zwei Tage später sprach er Wolsey wirklich, aber er mußte schwer gegen den »widrigen Wind« ankämpfen. Seine Verteidigungsrede wurde durch »wütende und freche Worte« unterbrochen. »Fahret so fort, schreibt dem Staate, er möge nur weiter Rebellen gegen mich begünstigen, dann wird er sehen, welchen Sieg er davonträgt.« Der Rebell und Giftmischer, »der auch den Papst Alexander vergiftete«, wurde nicht geschont. Giustinian stellte sich, als höre er den größeren Teil von Wolseys »bitteren« und hochfahrenden Reden nicht. Noch einen Monat später ließ Wolsey ihn seine Ungnade fühlen, immer noch »mit erregtem Gesicht und gerunzelten Brauen«. »Bedenket, welche Liebe ich für Euch empfand!« sagte Wolsey vorwurfsvoll; »ich hätte von jedem Menschen in der Welt eher als von Euch eine solche Kränkung erwartet.«

Endlich jedoch überwand ihn der Venezianer, »ohne daß ich meinerseits die Grenzen des Takts überschritten hätte. Nach einer Weile überwand meine Sanftmut seine Arroganz.«

»Domine Orator«, sagte Wolsey schließlich, »ich bekenne mich überwunden und empfange Euch als den guten und lieben Freund, der Ihr mir immer gewesen seid.« Er reichte ihm die Hand zum Kuß und umarmte ihn. Und er behielt die zehntausend Dukaten jährlich.

XXXVII

Was geschah, während Wolsey um seinen orientalischen Prunk einen so verzweifelten Kampf führte, inzwischen mit den »Eingebornen«? Wie erging es dem gemeinen Mann und der neuen Bibel, dem Virus des neuen Wissens?

Wolsey war ein Mann der Tat. Die Nervenkraft, mit der er agitierte, die Geschicklichkeit, mit der er Heinrich leitete, brachte ihm großen Nutzen, wenn die Tatsachen ein regelrechtes Abzeichen oder eine Livree trugen. Begriffe jedoch, die nicht zur Truppe gehörten, jene unbequeme Eskadron unkonventioneller und noch nicht allgemein verbreiteter Ideen, der Aufruhr, der später zu einer Revolution wird, aber als Geschrei auf der Straße anfängt — all diesem wich er aus. Ihm war ein Geschrei auf der Straße eine Sache, die nur die Polizei anging. Er ließ die Schreienden abstrafen.

Während der »allgemeine Friede« formuliert wurde, hatte er es daher mit den Londoner Lehrlingen zu tun.

Mit dem Scharfsinn von Lehrlingen suchten sie sich für ihren Ausbruch eine Regierung aus, die freie Bahn hatte und mit beiden Händen zupacken konnte. Was sie bewegte, war freilich keine Staatskunst; es war Raserei. Ihr London war das London der tausend Gewerbe, ein London der Gold- und Silberschmiede, der Zinngießer, Huf- und Panzerschmiede; der Gürtler, Messerschmiede und Sattler; der Dachdecker, Klempner, Maurer, Pflasterer, Glaser und Maler; der Rauchwarenhändler, Kürschner, Lederverkäufer, Färber und Gerber; der Nadler auf London-Bridge, der Drahtzieher und Spornmacher; der Pfeil- und Bogenmacher, der Verfertiger von Bogensehnen für den Krieg; der Tischler, Seiler, Drucker; der Zapfkellner und Brauer und Bierprüfer; der Wurstmacher, Schlächter, Viktualienhändler, Kerzenzieher, Gemischtwarenverschleißer, Winzer, Träger, Wasserverkäufer; der Mützenmacher und Taschner, Schnittwaren- und Tuchhändler, der Posamentierer; der Weber und Walkmüller und Färber, Tuchscherer und Zeughändler und Schneider; und zehntausend anderer Beschäftigungen, die sich langsam zu einer »breiten Mittelschicht reicher Händler und gut gestellter Handwerker« entwickeln sollten.

Dieser Vorgang verlief jedoch nicht glatt. Die Lebenskosten waren im Jahre 1517 hoch gestiegen. Wolsey war im Jahre 1515 das Parlament losgeworden und hatte den Rat an seiner Statt acht Jahre lang amtieren lassen. Nach den Berichten Gleichgesinnter konnten »die armen englischen Handwerker kaum ihren Lebensunterhalt erwerben; vor allem waren die Fremden so stolz, daß sie die Engländer verachteten, höhnten und bedrückten«. — Der entgegengesetzten Ansicht nach waren »die fremden Handwerker im allgemeinen den Engländern an Geschicklichkeit, Fleiß und Anspruchslosigkeit überlegen«. Und sie waren mächtig. Die Flamen, die im Besitz der Webetechnik waren, zählten an fünftausend. Die französischen Handwerker bildeten eine weitere Kolonie. Die italienischen Bankiers, Seidenimporteure, Hersteller kostbarer Schwerter und Panzer, die Holz- und Steinarbeiter waren wohlhabend und zahlreich. Die Hanseaten des Stahlhofs, die Eisen, Leder, Holz, Nägel, Teer, Tische, Kisten, Seile und Wachs einführten, waren als Monopolinhaber eifersüchtig und als Menschen unbeliebt. Es war eines der Kennzeichen eines im wesentlichen noch ländlichen Agrikulturstaates, daß trotz der wachsenden Mittelschicht die Hauptstadt von Ausländern voll war. In Florenz gab es keine horizontalen Schranken, durch die Lehrlinge ausgeschlossen wurden. Die ganze Stadt pulsierte vom Leben des Handwerkers: es war eine schöpferische Gemeinde. In London waren die schönen Gegenstände, die Erzeugnisse trefflichen Handwerks in steigendem Maße ausländisch; die englische Bevölkerung kannte keine Blüte der Gemeinde, keine Freude am Künstler, kein leidenschaftliches Leben, wie es Brügge und Gent und Lyon und Nürnberg und Venedig kannten. Ihre Seele war verarmt, und diese Diener der Kaufmannskaste, zweitausend an der Zahl, von einem Volksprediger aufgehetzt und von Armut angestachelt, drohten unter Leitung eines gewissen Lincoln den Ausländern, sie am 1. Mai in Stücke zu reißen und ihre Häuser zu schleifen.

In dieser Krise des bösen Maitags vom Jahre 1517 zeigten vier Engländer ihre Eigenheit. Als man die Unruhen voraussah, machte Surrey sich als Soldat auf, um die Aufständischen zu töten; Wolsey war derjenige, der dafür sorgte, daß Surrey die Botschaft empfing; Thomas More, bis vor kurzem Unter-Sheriff, trat vor, um mit der Menge zu sprechen und ihr zuzureden, und Heinrich, dem man von den bevorstehenden Unannehmlichkeiten Meldung gemacht hatte, hielt sich in sicherer Entfernung. »Da er Nachricht empfangen hatte, daß die Londoner in Waffen stünden und den Fremden große Unbill zufügten, stand er um Mitternacht auf und umgab sich mit einer stattlichen Anzahl von Personen; es wurden Boten nach London gesandt, seine Ankunft an der Spitze einer großen Armee anzuzeigen; aber in Wirklichkeit verließ er Richmond überhaupt nicht.«

Die Lehrlinge töteten niemand, erschreckten aber jedermann. In der ganzen Stadt waren Galgen errichtet, vierzig wurden »grausam gehängt und gevierteilt«, so daß es »schauerlich war, nahe an den Stadttoren vorbeizukommen. Viertausend Gepanzerte bewachten die Zugänge, während Hunderte von Arbeitern ins Gefängnis geworfen wurden.

Dann erschien Heinrich in erzürnter Majestät. Elf Tage später bestieg er in vollem Ornat mit Kardinal und Rat, Bürgermeister und Stadträten, mit Königin Katharina, Königin Margarete von Schottland, Königin Marie, jetzt Herzogin von Suffolk, eine hohe Estrade in dem Saal von Westminster. »Der König ließ alle Gefangenen vor sich bringen. Da kamen sie denn, die armen Jünglinge und alten falschen Schurken, mit Stricken gefesselt, einer nach dem andern, im bloßen Hemde und mit einem Joch um den Hals, und es waren im ganzen vierhundert Männer und elf Frauen.«

Der Kardinal flehte um Mitleid für sie. Der König schlug es ab. Als die Gefangenen dies hörten, fielen sie auf die Knie und riefen: »Gnade! Gnade!« Die drei Königinnen Katharina, Margarete und Marie waren so gerührt, daß auch sie auf die Knie fielen. Noch immer weigerte Heinrich sich, aber er wandte sich an Wolsey, und der Kardinal, dem nun die Tränen in den Augen standen, versicherte dem König, daß die Gefangenen von nun ab seine gehorsamen Untertanen sein würden. Endlich gab Seine Majestät nach. »Und als der Kardinal es ihnen sagte«, berichtet der Venezianer, »war es ein herrlicher Anblick, wie jeder Mann das Joch vom Halse nahm und es in die Luft warf; und wie sie vor Freude hüpften und ihrem Jubel solchen Ausdruck gaben, wie es sich für Menschen geziemt, die der äußersten Gefahr entronnen sind.«

Daß sie der äußersten Gefahr entronnen waren, stand fest; daß sie das Vorhandensein des abstoßendsten Elends enthüllt hatten, war nicht weniger gewiß. Trotz der vielen glücklichen Anzeichen einer neuen Welt, wie der offenen Zurschaustellung des Reichstums und der nationalen Stärke, einer stolzen neuen Armee und prunkvoller Aufzüge, war der Zustand Londons rückständig und in sein Elend oft grauenvoll. Und wie immer in Ländern mit schrecklichen Gegensätzen, schwang das Pendel zwischen Mangel und Orgien, zwischen äußerstem Luxus und scheußlicher Not.

Männer wie Thomas More konnten nicht Plato lesen oder an die goldene Mittelstraße denken, ohne England als brutalen, barbarischen Staat mit einem beklagenswerten Mangel an Grundsätzen zu betrachten. Und selbst die selbstzufriedensten Menschen zitterten vor Angst, als die Londoner Lehrlinge aufständisch wurden.

Weder Hinrichtungen noch Begnadigungen beendeten jedoch den Aufstand. Im September drohten sie wieder mit Repressalien. London war völlig verängstigt. Dreitausend »Hausväter und öffentliche Beamte waren zur Schlacht gerüstet«, und die Anführer wurden verhaftet. Der venezianische Gesandte, der von diesen Vorfällen Bericht erstattete, bat um Rückberufung.

Was diesen trotzigen Aufstand noch erschwerte und seinen Schrecken vertiefte, war der Totentanz, der in London begonnen hatte. Die »Schweißkrankheit« wütete. »Diese Seuche schreitet sehr schnell fort und ist nach längstens vierundzwanzig Stunden tödlich; viele werden in vier bis fünf Stunden dahingerafft. Die Kranken fühlen nichts als einen starken Schweiß, der den Körper auflöst; sind einmal die vierundzwanzig Stunden vorbei, so ist alle Gefahr vorüber.« — »Wenige Fremde sind gestorben, aber eine ungeheure Anzahl von Eingeborenen.« Es war eine Schmutzkrankheit, von der nach Osler noch im 19. Jahrhundert Fälle vorkamen, die aber während Heinrichs Regierung mit äußerster Virulenz auftrat.

Heinrich begegnete ihr mit dem gleichen Takt, den er am »Bösen Maitag« bewiesen hatte. Er zog sich mit »einigen seiner Begleitung in eine gewisse entlegene und ungewohnte Behausung infolge dieser Krankheit zurück.« Wolsey blieb in London, erkrankte dreimal daran und erholte sich endlich. Heinrichs Pagen und sein lateinischer Schreiber steckten sich an und starben.

XXXVIII

Heinrichs Gemütsverfassung war im Jahre 1518 die eines kriegsmüden jungen Herrschers. Eben war er den Gefahren entronnen, mit denen ihn die inneren Unruhen bedroht hatten. Er machte sich nun daran, dem furchtbaren türkischen Problem auszuweichen.

Papst Leo hatte einen Krieg geplant, um die christlichen Nationen in einem »allgemeinen Frieden« zu vereinigen. Dies war der Krieg, den der Vatikan so oft besprochen hatte, der Krieg gegen die Türken.

Der Türke war kein Phantasiegebilde. Über die Venezianer kamen aus Kairo, aus Aleppo, aus Damaskus, aus Alexandria, aus Joppe, aus Beirut unwiderlegbare Nachrichten vom erschreckenden Vordringen des Eroberers mit seinen zwanzigtausend christlichen Janitscharen und noch weiteren hunderttausend Mann. Rußland und Venedig bemühten sich beide im Geheimen um seine Gunst, und es würde nicht mehr lange dauern, bis der neue Sultan wie eine Naturgewalt die ganze östliche Flanke Europas angreifen und sich mit einer schweigenden Unerbittlichkeit seinen Weg bahnen würde, die alle, die nah genug waren, sie zu beobachten, gleichzeitig erschrecken und lähmen mußte. Es war eine militärische Gefahr ersten Ranges und so gewaltig, daß die Menschen nicht imstande sein sollten, ihr zu begegnen. Sie sollte mit dem Eifer eines Waldbrandes vordringen, mit Todesflammen nach Ungarn züngeln, die Küste des Mittelmeers belecken, die Inseln einhüllen, die Ebenen entblößen, die Berge kahl brennen, ihre Brände auf die Mauern der Städte schleudern, über die heldenhaften Zwerge, die sich ihr entgegenstellten, hinwegbrausen, und mit düsterer Schönheit das Gewölbe des ganzen östlichen Himmels vergolden. Nicht dem Christentum sollte es bestimmt sein, Europa zu retten, sondern nur dem abkühlenden Wettersturz der Umstände, dem Dauerregen des Mißgeschicks, der Rauch und Flammen in verkohlende und triefende Verheerung verwandeln sollte.

In Frankreich kaum fühlbar, in England unsichtbar, schimmerte dennoch der Türkensäbel in deutlicher Drohung über dem Horizont des Deutschen Reiches, und Papst Leo hielt die Gefahr für wirklich genug. Franz, der Allerchristlichste König, war einverstanden. Maximilian, der Heilige Römische Kaiser, wollte Geld sehen. Karl, der Katholische König, betrachtete diesen Kreuzzug als seine besondere Aufgabe. Und Heinrich bat den Vatikan, ihn dazu auszurüsten, indem er ihm einen Titel verlieh wie etwa Apostolische oder Orthodoxe Majestät, oder Verteidiger des Glaubens. Dies geschah bereits im Jahre 1516.

Bevor Europa vom Türken gerettet werden konnte, mußten jedoch die Dynasten als Vorbereitung noch einige Siege erkämpfen. Papst Leo, ein kranker Mann, der sein Dasein gleichzeitig mit Tanagra und Gorgonzola erheiterte, war durch zweierlei beunruhigt. Erstens durch den Ausbruch Martin Luthers in Deutschland. Zweitens durch das Komplott, ihn im Vatikan zu vergiften. Franz hatte seine eigenen Sorgen. Seine unangenehme Mutter war nie auf seine Frau eifersüchtig gewesen, aber sie wurde es auf seine Geliebte. Grund genug hatte sie dazu: Franz hatte soeben mir nichts, dir nichts die drei obersten Befehlshaberposten der französischen Armee den Brüdern seiner Geliebten verliehen. Er hatte die erfahrensten und treuesten Veteranen um der schneidigen Gelbschnäbel Lautrec, Lescun und Lesparre willen, die später ihn und die französische Armee ins Unglück bringen sollten, abgesetzt. Und während Franz und Leo so beschäftigt waren, hatte sich der junge Karl mit seinem flämischen Rate nach Spanien aufgemacht, um einen Aufstand zu unterdrücken, wozu er sich die Kriegskosten von Onkel Heinrich borgte; die Flamen hatten gleich ihre Frauen mitgebracht, um die Beute auszusuchen, zu überwachen und nach Hause zu bringen.

Dies war der Geist des Friedens, wie ihn die Dynasten auslegten; und sobald Heinrich gewiß war, daß die Franzosen einen Angriff auf die englische Küste nur vorhatten, um Mariens Hand zu erbitten, machte er sich diesen Geist voll Feuers zu eigen. Seit dem Jahre 1511 hatte er mit dem Kriege getändelt. Er war jetzt sechsundzwanzig Jahre alt. Er nahm sich vor, auszuspannen. Wolsey war da, um für ihn zu arbeiten, ja sogar für ihn zu denken, während er sich der Nachkriegsstimmung überließ.

XXXIX

Sie war ein Mädchen von siebzehn Jahren. Aber dies sollte keine Affäre werden wie jene, von der Blois widerhallte, die von der Gesellschaft offen akzeptiert wurde, wobei die Frau unangenehmerweise darauf bestand, am Leben ihres königlichen Geliebten vollen Anteil zu haben. Diese Affäre sollte anständig verlaufen; hatte Heinrich genug, so würde Wolsey ihr einen netten Gatten verschaffen, der sein eigenes Mündel war, einen etwas schwachsinnigen, aber ganz gefügigen jungen Mann. Katharina würde sich im Geheimen grämen, aber der kostbare Idealismus, an dem Heinrich festhielt, die Heiligkeit des Ehegelübdes, würde nicht dadurch beeinträchtigt werden. »Wer zittert nicht«, schrieb er, als die Angelegenheit in vollem Gange war, »wer zittert nicht, wenn er darüber nachdenkt, wie er seine Frau behandeln soll; da er nicht nur verpflichtet ist, sie zu lieben, sondern so mit ihr zu leben, daß er sie Gott rein und ohne Makel wiedergibt, wenn Gott, der gegeben hat, das Seine zurückfordert.«

Heinrich war ungewöhnlich gut gelaunt und liebenswürdig und von ungewohnter Heiterkeit erfüllt. Die glänzenden Aufzüge der Jahre 1517 und 1518 sahen ihn glücklich in seiner Aufmerksamkeit für Katharina, und dies um so mehr, als sie Mutter geworden und Ferdinand gestorben war. Was ihm aber am meisten ermöglichte, sich reizend gegen seine Frau zu benehmen, war die Entdeckung, daß er für eine andre Frau Reize besaß. Die Feste, mit denen er seine Regierung angetreten hatte, wurden in lebhafteren Farben und mit größerem Aufwand wiederholt, wobei Goldbrokat und Pferdegeschirr aus Silberketten, Schabracken »halb in Gold gestickt und zur anderen Hälfte aus veilchenfarbenem Sammet mit Goldsternen bestickt« den Anblick von Turnier und Parade verschönten.

Als die Friedensboten eintrafen, sahen sie Heinrich in seinem ganzen Glanze. »In der Rennbahn vollbrachten König und Pagen sowie die anderen Ritter erstaunliche Kunststücke; sie ritten auf prächtigen Pferden, die sie springen und andre Reiterstückchen zeigen ließen, all dies unter den Fenstern, daran Ihre Majestät die Königin von England und die Königinwitwe von Frankreich saßen, dazu alle die anderen holdseligen und lieblichen und reichgekleideten Jungfrauen. Daran stieß ein Zimmer, das vom Kardinal, seinen Herren und seiner Begleitung eingenommen war; auch die Gesandten befanden sich dort einschließlich meiner. Der König verrichtete übernatürliche Taten, er wechselte die Pferde und ließ sie nicht so sehr springen als fliegen, zur Freude und zum Entzücken aller.«

Des Morgens warb er zu Pferde. Des Abends durch die Musik. »Inmitten des Saales befand sich eine Bühne mit einigen Knaben, von denen etwelche sangen, andre die Flöte bliesen, wieder andre die Stockfiedel und Harfe spielten und süße Melodien hervorzauberten. Nach dem Bankett begaben sich der König und die erwähnten Gäste in einen anderen Saal, wo die Frauen Ihrer Majestät der Königin sich aufhielten, und dort wurde zwei Stunden lang getanzt, wobei der König Erstaunliches leistete, sowohl im Tanzen wie im Springen, und sich, wie es in Wahrheit der Fall ist, unermüdlich erwies.«

Nicht nur als Springer setzte Heinrich diese Werbung fort. Auch als Dandy. Er trug »steifen Brokat nach ungarischer Mode«. Er war in »weißen Damast gekleidet nach der türkischen Mode«. Er trug »königliche Gewänder bis zum Boden herab«, während der »übrige Hof von Gold und Juwelen und Silber erglänzte, in einem Prunk, der vordem nicht erhört war«.

Das Mädchen war Engländerin; sie hieß Elisabeth Blount und gehörte zu den »Jungfrauen Ihrer Majestät der Königin«. Wie viele Mädchen aus guter Familie war sie als kleine Hofdame mit zwölf Jahren an den Hof gekommen. Mit sechzehn oder siebzehn, als sie die Gedanken des Königs beschäftigte, war sie bereits eine der Hauptfiguren bei Maskenball und Bankett, ein Mitglied des innersten Kreises in der königlichen Hofhaltung; sie lebte unter Heinrichs Augen, knickste vor ihm, lächelte ihn an, tanzte mit ihm, plauderte mit ihm und flatterte in seinem Bewußtsein wie der Duft einer Teerose oder ein Kornfeld, das am Meeresufer glänzt. Diese bezaubernden Jungfrauen mit blondem oder brünettem Haar waren Heinrich nichts Neues. Der Königspalast sah sie mit entzückender Herausforderung kommen und gehen, und die Höflinge verhehlten niemals die Jagd nach der Gunst oder den Stolz auf die Eroberung. Heinrich ließ sich herab, seine Günstlinge um Rat zu fragen, wie die Beute am besten zur Strecke zu bringen sei, und die jungen Damen konnten jederzeit leicht durch ein kühnes Scherzwort aufgescheucht werden, wenn Seine Majestät mit Francis Bryan, Nicholas Carew, William Compton oder Suffolk die Köpfe zusammensteckte und eine der pfiffigen Bemerkungen machte, die einer Clique stets so unwiderstehlich unterhaltsam scheinen. Daß seine Witze belacht wurden, bevor sie dieses Lachen verdienten, war so gewiß, wie das zufriedene Erröten, das in seine Wangen stieg. Heinrich stand vor seinem geräumigen Kamin und beherrschte alle an Körper und Seele. Seine Hunde konnten aus seiner königlichen Haltung erraten, ob es klug war, sich ihm zu nähern. Lachte er, so wandten sie ihm einen ernsten, feuchten Blick zu und setzten ihre Schwänze vorsichtig in Bewegung. Ähnlich hielten es die Höflinge. Und wenn er sich gehen ließ, lief die Flut der Erwartung warm in jedes Bachbett, jeden Flußlauf bei Hofe. Die Jungfrauen, der Sitte nach abseits sitzend, horchten aus ihrer Gruppe um die Königin Katharina auf das bedeutungsvolle Lachen der Männer und dachten in ihrem innersten Herzen über ihren Platz an der Sonne nach. Selbst Kardinal Wolsey mit seinem glänzenden Auftreten und seiner würdigen Baßstimme, seiner prächtigen Erscheinung, verstand es, an einem Wort, das er nebenbei erhaschte, zu erkennen, nach welcher Richtung die Stimmung seines Herrn sich drehte. War das Wort scharf, so verabschiedete der Kardinal sich schnell in einer Wolke gewissenhafter Geschäftigkeit, war es dagegen günstig, so verfügte keiner über mehr Muße, spendete keiner leichter Beifall, trug keiner zur frohen Laune mehr bei als der Kardinal mit seinem raschen Witz, seinem herzlichen Freimut, seiner Höflichkeit, seiner lebhaften Beobachtungsgabe, seiner schallenden Fröhlichkeit.

Wie er so den König betrachtete, war es Wolsey bald klar, daß dessen Wahl auf eine Hofdame gefallen war. Er gab sofort seine Zustimmung. Der Vater des Mädchens war bei Hofe, er war einer der Lanzenträger des Königs und wurde auf der Stelle zum Ritter der Leibwache ernannt.

Die Blounts waren eine alte Familie und mit den Mountjoys verwandt. Ihre Rolle bei Hofe war die der winzigen Goldfische, deren Mäuler auf- und zuklappen, während die größeren Goldfische tatsächlich gespeist werden. Es war kriegerisches Blut von der Grenze gegen Wales, edles Blut wie das der Pastons. »Krieg und Gesetz gingen Hand in Hand ... Selbst das Liebeswerben hat mehr vom Geschäft an sich als von der Liebe; die Politik besteht zum größten Teil darin, daß man für sich und seine Familie so gut wie möglich sorgt; Eltern sind streng und brutal gegen ihre Kinder; Vormünder betrachten ihre Mündel beinahe wie Waren, die man kaufen und verschachern kann.« In Friedenszeiten zeugten sie Kinder und lebten wie Großgrundbesitzer zu tun pflegen; sie spielten und jagten, schossen und tranken reichlich. Kam ein Krieg, so legte das Haupt der Familie seinen Panzerrock an, nahm seine Lanze zur Hand, sammelte sein Gefolge von zwanzig oder dreißig Köpfen und ritt hinter seiner Ritterstandarte mit hocherhobenem Kopfe davon. Ihr Mut auf dem Schlachtfeld war zäh, und sie träumten von Beute wie ein Hund von Knochen. Manchmal, wenn ihr Gefolge zu ungebärdig wurde, hingen sie einen Mann an den nächsten Baum. War der Krieg à l'outrance, was manchmal vorkam, so schnitten sie Kehlen durch, ermordeten Säuglinge, gaben Verwundeten den Rest, schändeten Frauen gemäß der Sitte, die der »Soldatenwillkür« entspricht. Doch wurden die Kriege wegen ihrer Ungesetzlichkeit nicht etwa gemieden. Soldaten mochten eine schutzlose Stadt überfallen wie Schakale ein gefallenes Pferd; Knaben mit dem ersten Flaum am Kinn von wortkargen Veteranen in einen sinnlosen Tod geschickt werden; die Zyniker mochten die Ritterlichkeit geschickt zur Ader lassen; dennoch war der Glanz, der sie umgab, unzerstörbar. Die Kriege waren ein Gemisch von Heldenhaftigkeit und Verbrechen, Schurkerei und Beherztheit. Selbst wenn der seidne Ritter schließlich den prächtigsten Höfling abgab, behielt der Mann vom Schlachtfeld doch die Illusion bei, die er von seinem Fürsten hatte. Durch den Krieg geschrumpft war der alte Soldat ebenso unfähig, das Knie zu beugen, wie er imstande war, mit seiner heiseren Stimme ein Kompliment zu lispeln. Nur ein König, der selbst ein Krieger war, konnte die ganze Romantik dieser Veteranen begreifen. Heinrich war nur in seinem eigenen Schloßhof ein Ritter, aber kaum ein Anführer: er setzte diese Tradition nicht fort.

Es traf sich indessen gut für die Blounts, daß höfische Weise von Männern und Frauen aus guter Familie erlernt werden konnte. Bessie Blounts Bildnis ist nicht erhalten und kein Wort aus ihrem Munde ist in die Geschichte eingegangen; aber nach ihrer Familie zu schließen war sie nicht eine Blondine mit Haar von der matten Farbe alten Goldes, sondern von normannisch-englischem Rotgold, mit Sonnenschein angetuscht. Nach zehn Jahren würde sie eine stattliche Matrone sein, aber jetzt sah sie aus wie geschmolzener Marmor, der von Lockung erglühte. In ihrer Stimme klang der Drosselschlag des ländlichen England. Sie tanzte und sang

»höchst trefflich« bei Maskenaufzug und Mummenschanz am Hofe, und man kann sich vorstellen, daß sie in Heinrich verliebt war, bevor er sie noch sah, und daß sie bei seiner Werbung mit dem weichen Schweigen eines Blumenblattes fiel. Hätte sie Heinrich kein Kind geboren, so wäre diese Hofdame verschwunden, ohne auf dem gefegten Sand der Geschichte einen Abdruck zu hinterlassen. Aber sie wurde durch Heinrich nicht zugrunde gerichtet. Sie hatte die bäurischen Begriffe ihrer Zeit und ihres Standes. Das schöne Mädchen des 16. Jahrhunderts vertraute nicht der »Ehre« eines Mannes und sprach nicht von »Schande«. Mit neunzehn Jahren wurde Bessie Blount in eine Priorei geschickt, wo ihr Kind zur Welt kam; glücklicherweise hatte es das richtige Geschlecht. Es wurde Henry Fitzroy getauft und seiner Mutter weggenommen, um in halb königlicher Abgeschlossenheit erzogen zu werden.

Katharina aber empfing die Botschaft, ihr Gatte sei endlich Vater eines Knaben geworden.

XL

Das Jahr dieser Werbung sah Heinrich von seiner leutseligsten und liebenswürdigsten Seite. Das Königreich »war dank unserem Schöpfer niemals so friedlich und ruhig«. Allerdings wurde London von der Pest heimgesucht, aber Heinrich ging nach Abingdon, wo, wie er sagte, man nicht täglich mit der Meldung von Todesfällen zu ihm kam, wie in London. Sein Glück mit Elisabeth floß auf Katharina über. Er freute sich darüber, daß seine Frau wieder ein Kind erwartete. Und er freute sich über Marie, die nun zwei Jahre alt war. Im Jahre 1518 stellte er seine Tochter mit vergötternder Vaterliebe zur Schau.

»Seine Majestät«, schrieb der Venezianer, »ließ die Prinzessin, seine Tochter, die nun zwei Jahre alt ist, in die Gemächer bringen, wo wir waren, worauf der ehrwürdige Kardinal und ich ihr formell die Hand küßten, und dies mehr als der Königin.«

Sobald das Kind Memo erblickte, der Organist von St. Markus und ein Schatz an Heinrichs Hofe war, beugte sie sich aus Heinrichs Armen vor und rief auf Englisch: »Priester, Priester!« so daß er mit ihr spielen mußte.

»Domine Orator«, rief Heinrich aus, »beim Ewigen: dies kleine Mädchen weint niemals!«

»Eure Majestät«, erwiderte der Gesandte, »das hat seinen Grund darin, daß ihr Schicksal sie nicht zu Tränen bewegt; sie wird sogar Königin von Frankreich werden.«

Dies war nicht das einzige zärtliche eheliche Band. Während der König in Elisabeth verliebt war, zeigte er sich heiterer und freigebiger als je. Solange er seine Kriegspolitik verfolgte, war es ihm nicht möglich gewesen, Thomas More an den Hof zu ziehen, aber einer der ersten, an die er und Wolsey sich wandten, als der Wind in der Richtung des Friedens blies, war der Autor der »Utopia«, und er bediente sich Mores als eines der Diplomaten, als die Rede darauf kam, Tournai wieder an Frankreich zu verkaufen. Cuthbert Tunstall und Richard Pace waren Freunde des neuen Wissens; Heinrich berief sie in seine Nähe. Er nahm von Erasmus als Geschenk das für den jungen Karl geschriebene Buch »Der christliche Fürst« entgegen. Als er sich von der Pest nach Abingdon rettete, ließ er sich von More und Pace bereden, Oxford die Weisung zu schicken, »die Studenten würden gut tun, sich mit Energie und Feuer dem Studium der griechischen Literatur zu widmen«. Öffentlich tadelte er einen Priester, der in seiner Gegenwart auf das Griechische schimpfte. »Das ist nicht der Geist Christi, sondern der Geist des Unverstandes«, verwies er es ihm. Der Priester bat um Verzeihung. »Ich bin den griechischen Buchstaben nicht sehr feindlich gesinnt«, sagte er, »denn sie haben Ähnlichkeit mit den hebräischen.«

Es war der Augenblick, in dem sich eben Martin Luther geäußert hatte und Thomas More beständig an Heinrichs Seite war. Sobald der König seine eigenen Betübungen beendet hatte, berichtet Mores Schwiegersohn, hatte er die Gewohnheit, More »in sein Privatzimmer kommen zu lassen, und sich dort eine Zeitlang über Gegenstände wie Astronomie, Geometrie, Theologie und ähnliche Fakultäten und eine Zeitlang über weltliche Angelegenheiten zu unterhalten und sich mit ihm zu beraten; zu anderen Zeiten pflegte er ihn des Nachts auf das Dach zu führen, um dort mit ihm den Lauf, die Verschiedenheiten, die Bewegungen und das Verhalten der Sterne und Planeten zu studieren.

Und da er eine freundliche Gemütsart hatte, gefiel es dem König und der Königin, nachdem der Rat sein Abendbrot eingenommen hatte und sie selbst aßen, ihn zu ihrem Vergnügen kommen zu lassen und mit ihm fröhlich zu sein.«

Während er Umgang mit More pflegte, besprach Heinrich auch mit Wolsey die Ketzereien Martin Luthers und entschloß sich bald, mit dem Deutschen eine Lanze zu brechen. Auch dies beschäftigte ihn also zu Beginn des »allgemeinen Friedens«, aber er legte es beiseite, in dem Maße beiseite, als seine Beziehung zu Elisabeth fortschritt.

Es läßt sich nur Katharinas Einfluß zuschreiben, daß Heinrich seine Verhandlungen mit Maximilian fortführte und weiter mit der Idee kokettierte, Heiliger Römischer Kaiser zu werden. Es traf sich nicht gut für Katharina, daß sich die Friedenspolitik mit ihren eigenen Wünschen nicht vereinbaren ließ. Sie mußte auch im Jahre 1518 den Kummer erleben, zu erfahren, daß Tournay für sechshunderttausend Kronen an die Franzosen verkauft werden sollte, also für unendlich weniger, als seine Einnahme verschlungen hatte, und außerdem als Folge von Wolseys Klugheit, daß ihre Tochter Marie wirklich dem französischen Dauphin verlobt werden sollte.

Dies bedeutete die Rückkehr zur anglo-französischen Allianz, die sie verabscheut hatte. Sie brachte Heinrich und Franz zusammen. Sie war gegen Spanien, gegen den Papst und gegen die Moral gerichtet. Katharina zog sich von den prächtigen Festen, die Wolsey für die französischen Gäste vorbereitete, zurück. Sie mied Heinrichs jüngere Gefährten, die offensichtlich unter französischem Einfluß standen. Sie ärgerte sich, daß er mit ihnen spielte und Sport trieb, besonders wenn er an einem Abend nicht weniger als sechs- bis siebentausend Dukaten verlor und mehr trank, als ihm bekömmlich war. Sie beklagte die Verlobung ihrer erst zweijährigen Tochter. Es stand nicht in ihrer Macht, sie zu verhindern, aber wenigstens konnte sie ihr Mißfallen äußern. Und sie konnte Wolsey als ihren Erzfeind betrachten.

Die »französische Clique« war jedenfalls Katharina durchaus feind. Und Heinrich besann sich seiner Treue für Katharina und seines Rufes als »scheuer, ernster und trauriger König«, um im nächsten Augenblick sich zu den »jungen Rittern« hingezogen zu fühlen, — »übelberatenen Jünglingen, die nur auf ihren eigenen Vorteil bedacht waren, zum Schaden, Nachteil und zur Abträglichkeit des Rufes Seiner Majestät«.

Soweit war es nur Katharina, die daran Mißfallen fand. Im Januar des Jahres 1519 jedoch erlitt Maximilian einen Schlaganfall. In Tirol, wo er Gemsen jagte, wie er so lange Zeit hindurch alles gejagt hatte, was flüchtig und nicht zu fassen war, schied dieser merkwürdig unkonventionelle Kaiser aus dem Leben. Windbeutel, Romantiker und wahrer Aristokrat, hinterließ Maximilian im Reich eine leere Stelle, die er nie richtig ausgefüllt hatte. Die Wahl sollte im Juni in Frankfurt stattfinden. Es ziemte sich für Heinrich als einen der kommenden Kandidaten, seine lustigen Freunde aufzugeben und sich auf die Ausgießung des Heiligen Geistes vorzubereiten.

XLI

»Dann bezogen vier traurige und greise Ritter das Privatzimmer des Königs, von Namen Sir Richard Wingfield, Sir Richard Jernyngham, Sir Richard Weston und Sir William Kingston: und überall wurden die Beamten gewechselt.«

Die Kandidatur zum Kaiser erforderte ein solches Aufschütteln. Wingfield, Jernyngham, Weston und Kingston waren sittenstrenge Herren der alten Schule. Aber nicht nur auf diese Weise bemühte sich Heinrich um seinen Ruf. Im Jahre 1518 hatte Pace an seinen alten Freund Erasmus geschrieben: »Die freundliche Gesinnung des Königs gegen Euch nimmt täglich zu, und oft spricht er Worte zu Eurem Lobe.« More stand, wie Erasmus wußte, nun in den Diensten des Königs; er empfing ein schönes Gehalt und bekam »ein prächtiges Geschenk«. Erasmus selbst waren eine schöne Wohnung und sechshundert Gulden jährlich von Heinrich und

Wolsey angeboten worden. Dies konnte er nicht annehmen, aber am Vorabend der Kaiserwahl, als sein Freund Pace sich als Heinrichs Agent in Deutschland aufhielt, sandte Erasmus von Antwerpen Briefe ab, die warmes Zeugnis für Heinrichs Charakter ablegten; einer von ihnen war an Heinrich persönlich gerichtet. »Der Hof des Königs weist mehr Männer auf, die an Gelehrsamkeit hervorragen, als jede Akademie.« — »Der gelehrte Kreis am Tische des Königs.« »Es erfreut ihn mehr, sich mit diesen zu umgeben, als mit jungen, vom Wohlleben verweichlichten Männern; oder mit Frauen; oder mit Edelleuten im Schmuck ihrer goldenen Ketten.« — »Der König, der selbst nicht ungebildet ist und über hervorragende Gaben verfügt, beschützt öffentlich die wahre Gelehrsamkeit und heißt die Schwätzer schweigen.«

Diese anerkennenden Sätze, denen man anmerkt, daß Pace oder Thomas More Erasmus zuredeten, sie zu schreiben, waren besonders darauf berechnet, Heinrich als Mustergatten darzustellen. »Wer unter allen Privatpersonen«, schrieb ihm Erasmus sechs Wochen vor der Wahl, »beobachtet die Gesetze besser als Ihr es tut? Wer ist weniger bestechlich? Wer hält zäher an seinem Wort fest; wer ist beständiger in der Freundschaft; wer trägt größere Liebe zum Billigen und Gerechten im Herzen? Welches Haus unter all Euren Untertanen gibt ein solches Beispiel einer keuschen und harmonischen Ehe wie das Eure? Man findet dort eine Frau, die sich bemüht, es dem besten aller Gatten gleichzutun.«

Und als wäre es an diesem Lobe nicht genug, schrieb Erasmus drei Jahre nach seiner schneidenden Anprangerung des Krieges mit honigsüßen Worten: »Wer ist im Kriege tüchtiger als Heinrich VIII.? O wahrhaft königliches Herz, o erhabener Geist, würdig eines christlichen Monarchen! Obwohl kein König besser ausgerüstet ist mit allen Kriegsmitteln, setzet Ihr doch all Euer Trachten, all Eure Kräfte daran, der Welt den Frieden zu geben.«

Erasmus legte stark auf, obwohl, was er sagte, glaubwürdig klang und vielleicht einen Hauch von Aufrichtigkeit trägt. Sein Lob der »keuschen und harmonischen Ehe« ertönte etwa einen Monat, bevor Heinrichs illegitimes Kind geboren wurde. Sein Lob für Heinrichs Bemühungen um den Weltfrieden ertönte mehrere Jahre vor dem größten aller Kriege. Es war jedoch der Augenblick, da Ulrich von Hutten, selbst der Don Quichotte des Lutheranismus, unter dem Schutz des verderbtesten Kirchenfürsten in Deutschland stand, und Erasmus hatte die Schrift »Zum Lobe der Torheit« ebenso vergessen wie seinen eigenen strengen Freund John Colet. Er sollte wenige Monate später beim Tode Colets bittre Tränen vergießen.

Wolsey teilte jedoch Pace mit, daß Heinrich nicht als Kandidat für die Kaiserwürde auftreten würde. Vielleicht würde er aber dennoch aufgestellt werden. »Saget«, wies Wolsey Pace an, »daß ich ohne große Mühe den Kaiser ermahne und ermutige, sich wählen zu lassen, und dies nur aus seinem Wunsche heraus, für das Wohl der anderen zu sorgen.«

Karls Tante Margarete war weniger schwierig. Sie verpfändete den Fuggern von Augsburg ganz Antwerpen und erhielt dafür von ihnen die nötigen Bestechungsgelder vorgestreckt. Ihrem Fleiß und ihrer Umsicht, ihrer Bereitschaft und ihrer Fähigkeit, die Kurfürsten zu bestechen, war es zuzuschreiben, daß das von Maximilian im Jahre 1517 begonnene Werk vollendet wurde und ganz Spanien sowie Österreich und Deutschland dem schweigsamen, erst neunzehnjährigen Karl zufielen.

XLII

Für Heinrich war das amouröse Zwischenspiel vorüber. Mit der Kaiserwahl des Jahres 1519 hatten sich alle europäischen Wertungen geändert. Karl, bisher nur eine niedrige schwarze Karte, war durch diese Wahl zu einem höheren und unbestimmten Wert aufgestiegen, einer Art von kaiserlichem »Sans Atout«. Franz, um den sich alles gedreht hatte, ertappte sich bei dem Gedanken, wieviel Unterstützung er eigentlich von seinem Partner zu erhoffen habe; Papst Leo und Wolsey dagegen sahen jeden Buben und König in ihrem Blatt im günstigsten Lichte.

In diesem Augenblick wurde der müde Giustinian von seiner Fron in England erlöst; mit einer goldenen Kette geschmückt, die man ihm an eine dankbare aber sparsame Signora abzuliefern gestattete, unterbrach er seine Reise auf ein paar Tage in Paris, um dem französischen König seine Aufwartung zu machen.

Franz hieß ihn herzlich willkommen und fragte nach den neuesten Nachrichten aus England. Zuerst wollte er wissen: »Gedenkt er, den Frieden aufrechtzuerhalten?«

Giustinian erwiderte, daß Heinrich ihn nicht nur aufrechtzuerhalten beabsichtige, sondern mit aller Macht gegen den Krieg führen werde, der ihn zuerst verletzen würde. Der König, und noch mehr der Kardinal, bemerkte er, »der sich für den Urheber und Förderer des Friedens hält, führen ihn fortwährend im Munde«.

Damit gab Franz sich zufrieden. Er machte sich nun daran, den »Gesandten über die Persönlichkeit des Königs Stück um Stück auszufragen«, wobei er ihn außerordentlich pries. Dann fragte er: »Was für einen Staatsmann gibt er ab?«

Giustinian hätte lieber nicht darauf geantwortet. »Denn ihn um dieser Sache willen zu loben wäre unmöglich, ihn aber zu tadeln erschiene ihm ungeziemend.«

Franz drang in ihn. »Er sagte schließlich, daß König Heinrich sich dem Vergnügen und den Zerstreuungen widme, und die Staatssorgen dem Kardinal überließe.«

Darauf erwiderte König Franz: »Bei meinem Glauben, der Kardinal muß nur geringen guten Willen für seinen König im Herzen tragen, denn es ist nicht eines guten Dieners Amt, die Ehre seines Herrn zu stehlen.«

Zweifellos ließ Giustinian diese Bemerkung unerwidert. Aber seine große Höflichkeit hinderte ihn nicht, die traurige Tatsache zu begreifen, daß der König und seine Mutter »in ganz Frankreich unbeliebter waren, als Worte auszudrücken vermögen«. *Le roi champagne* war ein kostspieliger Luxus, und die Mutter, die ihren Sohn kannte, stritt mit jedermann um jeden Sou. »Sie war darauf versessen, Geld zusammenzuscharren, wohl zu dem Zwecke, heißt es, um dem König im plötzlichen Notfalle beizustehen.«

So die wahrheitsgetreuen Worte des weisen Venezianers, der über Franzens Gattin die Bemerkung hinzufügte: »Die Königin von Frankreich wird allgemein so geliebt, daß man sich eine größere Anhänglichkeit weder vorstellen noch sie schildern kann.«

XLIII

Franz war sich dunkel seiner Unbeliebtheit bewußt, aber er verbrachte sein Leben damit, eine Blumengirlande der Feste zu winden, wobei jede Blume eine *fête champêtre* war, die das Lösegeld eines Fürsten verschlang. Er und dreitausend mit ihm galoppierten von einem Schlosse zum andern, um Lustigkeit zu finden, der Langeweile zu entfliehen, eine neue Illusion zu entdecken. Durch den nahenden Konflikt mit Karl ließ er sich nicht beunruhigen. Da er seine Reserven kannte und wußte, wie schwach Karl in Deutschland und wie arm er in Spanien war, hielt er sich für den Stärkeren und stellte sich, als verachte er seinen jungen Nebenbuhler. Und doch konnte er sich auf den Papst nicht verlassen. Die Restauration der Medici in Florenz, die Heirat, die bereits die Geburt der Katharina von Medici zur Folge gehabt hatte, die Sanktion Urbinos für einen Medici, der Plan, Karl aus Neapel zu vertreiben — all dies bildete kein Band mit einem Papst, der den Kirchenstaat ererbt hatte, nur daran dachte, ihn zu vergrößern, und für Italien eine Vorherrschaft der Medici wünschte. Es war, wie sich deutlich zeigte, eine neue Partie. Aber der Sieger von Marignano fühlte sich dafür gerüstet; er fing endlich an, die ganze Bedeutung der Allianz mit England einzusehen, die ihn Wolsey in die Arme führen sollte.

Seit mehreren Jahren sprach Wolsey von einem prächtigen Liebesmahl mit Franz, bei welchem er die beiden jungen Könige zusammenbringen würde, und Franz ihm die »Geheimnisse seiner Seele« offenbaren sollte.

Nun aber war Karl Kaiser geworden; wieder einmal bat er Heinrich, ihm etwas Geld vorzustrecken, nämlich hundertfünfzigtausend Dukaten, da er nach Spanien unterwegs sei.

Dies war die Lage, um die Wolsey sich bemüht hatte: Karl und Franz bewarben sich beide um Englands Gunst. Was konnte England nicht aus dieser kopflosen und verderblichen Rivalität für Nutzen ziehen?

Für einen Mann von Wolseys sanguinischem Temperament, der dafür gesorgt hatte, daß es Englands Sache war, den Frieden aufrechtzuerhalten und der daher von Amts wegen ein Interesse an dieser Rivalität hatte, schien die Chance, die Freundschaft Englands teuer zu verkaufen, außerordentlich hoch. Wenn Franz sich ihrer versichern wollte, mußte er mehr bieten als nur Guyenne und die Normandie. Wollte Karl mit seiner Bewerbung Glück haben, so würde er mit einer dreifachen Krone zahlen müssen. Heinrich ahnte die riesigen Möglichkeiten ebenso wie er selbst. Franz hatte eben seinen zweiten Sohn dem König von England zu Ehren »Heinrich« genannt. Das war bezeichnend. Und Karl, der gerade in Spanien in den furchtbarsten Schwierigkeiten steckte, da der große Ximenes tot und in jeder Provinz der Aufruhr losgebrochen war, war bereit, alles zu verlassen, das tobende Land seinem alten Hofmeister Adrian von Utrecht anzuvertrauen, damit er nur nach England käme, bevor Heinrich sich mit Franz traf.

Man schrieb den Mai 1520. Obwohl alles für das Fest des Goldbrokats bereitet war, hätten Heinrich und Wolsey es gern Karls wegen hinausgeschoben, aber leider sollte Königin Claudia wieder niederkommen, und jedes weitere Hinauszögern hätte eine offene Erklärung erfordert. Daher wurde es notwendig, höchst ungeschickt zu manövrieren: Karl mußte sich beeilen, um nach England zu kommen, wo er trotzdem erst fünf Tage vor dem Liebesmahl in der Picardie eintraf. Seine Tante Katharina war entzückt, ihn zu sehen. Suffolks Gattin Marie, mit der er verlobt gewesen war (freilich nicht anders als mit Claudia, Renée, Charlotte, Luise und noch fünf anderen), wartete klopfenden Herzens darauf, den Kaiser zu betrachten, dem sie um eines triefäugigen Königs willen den Laufpaß hatte geben müssen. Der Besuch war zu gedrängt, zu eilig, zu kompliziert für die bevorstehenden Verhandlungen, und der Kaiser hielt es mit seiner Würde für sehr wohl vereinbar, für Heinrich noch zur Stelle zu sein, wenn das kommende Fest des Goldbrokatfeldes, das einen Monat dauern sollte, vorüber sei.

XLIV

Schon der Name ist gleißend. Die Wirklichkeit war in jenem Juni des Jahres 1520 von einer Pracht, die man sich nicht vorstellen kann. Es wäre falsch zu behaupten, daß jene erstaunlichen Schaustellungen jedes Anflugs von Phantasie entbehrten. Als Franz und Leonardo da Vinci im Jahre 1516 durch Leos Vermittlung in Bologna zusammentrafen und der Funken gegenseitiger Anerkennung von dem Greise mit dem stolzen und eigenartigen Blick auf den ritterlichen und verständigen Jüngling übergesprungen war, durfte man nicht vergessen, daß viele Jahre lang Leonardo sich dazu hergegeben hatte, die verschwenderischen und hochfliegenden Zeremonien der Sforza in Mailand zu entwerfen. Sie waren ebenso flüchtig wie die Dekorationen des Velasquez auf der Fasaneninsel, wie die Gesten und Bewegungen großer Mimen, die Stimmen großer Sänger und der Gesang der Vögel. Im Jahre 1519 war Leonardo nicht mehr am Leben, aber derselbe

Franz, der jetzt an dem Schauspiel teilnahm, hatte durch das leidenschaftliche Entzücken, mit dem er Leonardo nach Frankreich brachte, durch das Feuer, mit dem er und das Genie sich unterhielten, klar bewiesen, daß er mehr war als ein Freund von Puppenspielen. Er entführte Leonardo aus Italien, aber er hatte die Mona Lisa gekauft und ehrlich seine viertausend Gulden dafür bezahlt. Es lag ein Trieb der groben aber natürlichen Prunkliebe, der krassen aber wirklichen Größe, der rein königlichen Pracht diesen Festen unter freiem Himmel zugrunde, die tausende glitzernder Teilnehmer umfaßten und dem Wetter die Zumutung stellten, einen Monat lang auf sie herabzulächeln. Leider wurde diese Pracht durch Wolsey im Widerspruch zu jedem wirtschaftlichen Grundsatz gefördert. Martin du Bellay bemerkte trocken, daß »viele auf ihren Schultern ihre Mühlen, Wälder und Wiesen trugen«. Nur durch die Kriege, die schon ihren Schatten warfen, nur indem man Städte in Schlachthäuser und lebende Menschen in Aas verwandelte, konnte dieser Sonnenaufgang wieder Ritter mit gefüllten Taschen erblicken. Man hätte mit einer geringen Ecke dieses Goldbrokats hundertmal die Mona Lisa in Auftrag geben, hundert Männer wie Erasmus auf ein halbes Jahrhundert vom Schmarotzen und Betteln erlösen können. Wolsey jedoch trieb kein andrer Grund zu solch unerhörter Verschwendung als die Staatsräson. Er sah die Politik wie auf einem Theater, er war gewohnt an ungeheure stinkende und elende Horden gemeiner Leute, die auf den Grabsteinen ihrer Vorfahren knieten und den Geruch von Leichen einatmeten, während der Gesang engelhafter Stimmen durch Wolken von Weihrauch gen Himmel stieg und Licht sich wie Edelsteine in die emporgerichteten Augen ergoß. Das Fest des Goldbrokats war das letzte Zucken des kirchlichen Zeremoniells: noch viele Jahre danach schüttelte Manchester seinen graugesprenkelten Kopf über diese beklagenswerte Orgie, die in der Tat beklagenswert war, und den erschreckten Franz, noch bevor sie stattfand, zu der Frage veranlaßte, ob »Heinrich es sich leisten könne, so reiche Zelte und Pavillons herzustellen«.

Der kommende Aufzug bedeutete Wolsey viel: es war der goldene Rahmen um die hohe Politik. Er fühlte endlich Europa zu seinen Füßen, und bewies das durch seine ungeheuer gute Laune. Er war kein Diplomat der Bühne: wenn er sich ärgerte, stellte er »ein erregtes Gesicht und eine gerunzelte Stirne« zur Schau; war er erfreut, so kannte er keine Grenzen. »Kommet und ihr werdet willkommen sein«, rief er den Flamen zu, »fordert und ihr werdet erhalten, sprecht offen und frei und wir werden zu allem, was ihr brauchet, ja und Amen sagen.« Seine gute Laune wurde noch lärmender. Den kurzsichtigen Papst, der fünfundvierzig Jahre zählte, nannte er den »blinden Greis«. »Blinde brauchen einen Führer«, lachte er und klopfte sich auf die seidne Brust.

Wer so geartet ist, zeigt als Sieger eine herrische Haltung, und Heinrich schlug den gleichen anmaßenden Ton an. »Ich werde alles tun, um die Schwierigkeiten zwischen den beiden Fürsten zu beheben; denn geschieht es nicht jetzt, so habe ich wenig Hoffnung, daß es später zustande komme. Ich rechne jedoch darauf, daß Gott, der meine gute Absicht kennt, unsre Wünsche erfüllt. Ich möchte den Frieden für die Christenheit gewinnen und Gelegenheit haben, Gott Ehre zu erweisen und den Glauben zu fördern, indem wir unsere vereinigten Waffen gegen die Ungläubigen erheben.«

Auf Karls zynischen Geschäftsträger machte das wenig Eindruck. »Wenn Ihr glaubt, die Engländer würden hier für uns tätig sein, nur um unserer schönen Augen willen, und den andern nicht Gehör geben, dann, Herr, seid Ihr stark im Irrtum befangen.« — »Zweifellos«, gab er zu, »ist die Unterredung gegen den Willen der Königin und aller Edelleute, obwohl einige vielleicht ‚aus der Flasche getrunken haben'.« Es könne, regte er an, nichts schaden, wenn man den Kardinal auch daran nippen ließe; »aber es dürfe nicht weniger sein als fünf- oder sechstausend Dukaten jährlich, sonst würde er es nicht schätzen.« Karl verstand sich zu siebentausend.

Das Stelldichein konnte nichts anders als Katharina mißfallen. Als zuerst die Sprache darauf kam, hatte Heinrich Sir Thomas Boleyn erklärt, er würde sich nicht den Bart scheren lassen, ehe er Franz getroffen. »Und ich«, hatte Franz eifrig erklärt, »schwöre, daß ich meinen nicht berühren werde, bis ich den König von England gesehen.« Katharina jedoch war nichts daran gelegen, zu Ehren Frankreichs diesen Wettbewerb im Bartwachsen mit anzusehen. Jeden Tag beklagte sie sich bei Heinrich über seinen Bart. Nachdem sie »ihm täglich dringend zugesprochen, bat sie, ihn um ihretwillen abzulegen«. Heinrich ließ sich rasieren. Als Franzens loyale Mutter hörte, daß ein internationaler Vertrag so gebrochen worden sei, schrieb sie an Boleyn. »Sie fragte mich«, schrieb Boleyn, »wieso mein Herr der König sich seines Bartes entledigt habe.« Er erklärte Luise die Situation. »Ihre Liebe zueinander«, behauptete er, »liegt ja nicht in ihren Bärten, sondern in ihren Herzen.«

Und doch hatte sich Heinrich im letzten Augenblick zum Behaartsein entschlossen. Er sah jetzt aus wie zur Zeit, als Giustinian ihn verließ, »als er hörte, Franz trage einen Bart, ließ er sich den seinigen wachsen, und da er rötliches Haar hat, besitzt er nun einen Bart, der wie Gold aussieht.«

In Canterbury trug Heinrich dem Kaiser seine kleine Marie an; »er möge auf sie warten und sie heiraten, so bald sie reif sei«. Und nachdem er ihm diesen Vorschlag eingepflanzt hatte, obwohl Marie den Ring des Dauphins auf ihrem Kinderfinger trug, machte er sich auf zu seinem großen Stelldichein.

Das Goldbrokatfeld war dem Namen nach ein Fest, das jede Art ritterlichen Turniers, königlicher Höflichkeit und höfischer Sitte umfaßte, tatsächlich aber nichts anderes als ein halb religiöser, halb politischer Zirkus. Das Publikum war ausgiebig verwarnt worden, daß es keinen Einlaß finden würde, und die Franzosen drohten jeden, der sich auf sechs Meilen Entfernung nähern würde, aufzuknüpfen. Aber der Magnet war zu mächtig. In einer Zeit, da jeder Hof noch einfältig genug war, sich Jongleure, seine eigenen Akrobaten, Sänger, Clowns und Menagerien zu halten, war die Anziehungskraft einer derartigen Versammlung für jede Art Städter und Bauernkerl, für Vagabund und Lump, Würfelspieler, Wahrsager, Spaßmacher, Beutelabschneider, Bänkelsänger, Bettler, Hausierer und Höker zu groß, als daß selbst ein Vogt wie Wolsey imstande gewesen wäre, sie zu unterdrücken oder auch nur in Zaum zu halten.

Niemals kam den Tausenden und aber Tausenden aufgeregter Zuschauer der Gedanke, daß diese prächtige Schaustellung das Vorspiel zu einem europäischen Kriege sei, der achtunddreißig Jahre dauern und eine halbe Million Mann kosten sollte. Was sie im trockenen Sonnenlicht, das selbst ihre nüchterne Ebene mit Reizen umhüllte, tatsächlich erblickten, war ein zauberhafter Palast mit Fenstern, der hundert Yards im Geviert maß und von englischen Tischlern und Glasern errichtet worden war, die große Einfriedung für die Schranken mit Tribünen ringsum, die zweitausendachthundert weißen Zelte der Engländer, die bunt waren von Ritterfähnlein und Standarten, die französischen Pavillons (mit dem sternbesäten Baldachin, den man, wie es scheint, im Jahre 1518 in Gebrauch genommen hatte), die goldene Statue des Heiligen Michael auf einem Felsgipfel und die Hunderte von französischen Zelten, die in jedem Luftzug blitzten und schimmerten.

Die Menge konnte nicht wissen, wie schwer es Buckingham und Abergavenny und Dorset geworden sein mochte, sich unter die von ihnen herzlich verabscheuten Franzosen zu begeben. Was sie auffaßte, war nur das berauschende Klingeln und Brausen von Heinrichs Ankunft mit viertausend Mann Begleitung, von Katharinas mit zwölfhundert Personen Bedeckung und von Kardinal Wolseys mit seinen stämmigen Bogenschützen und anmutigen Herolden, mit fünfzig ernsthaften Riesen, die goldne Stäbe mit Knöpfen von Manneskopfgröße führten, und einem Diener in Scharlach, der ein Kruzifix mit kostbaren Juwelen trug. Kaum weniger interessant waren für das gemeine Volk wohl die bäenden Schafe, zweitausendzweihundert an der Zahl, die achthundert diesjährigen Kälber, die dreihundertvierzig Ochsen und der Wein, der in solcher Fülle vorhanden war, daß der altertümliche Springbrunnen einen Monat lang Rotwein und Hippocras spenden konnte. Wenn auch die Allgemeinheit keinen Teil hatte an diesem Glanz, so genoß sie ihn doch von weitem, zechte und tollte, tobte und tanzte, während Franz und Heinrich sich trafen, sich gegenseitig abschätzten und jeder nach der günstigsten Stellung strebte.

An dem frischen, tauglänzenden Morgen ergossen sich die beiden Heerscharen auf das Zeichen eines Böllers in die weite Ebene; und sie glichen auf beiden Seiten so sehr der prächtigsten Kriegsparade mit ihrem »Goldbrokat, Silberbrokat, Sammet, Flitter, karmoisingesticktem Atlas«, mit ihren wehenden Standarten, flimmernden Lanzen, daß ein Zittern der Furcht und Panik plötzlich die primitiveren unter den Adeligen durchfuhr.

»Sire«, platzte Abergavenny los, »haltet ein! Ich habe die französische Seite aufgesucht, und sie sind zahlreicher als Ihr — doppelt so zahlreich vielleicht!«

»Sire«, brummte der ehrliche Shrewsbury, »was immer Mylord sagt, so bin ich auch dort gewesen und die Franzosen stehen mehr in Angst vor Euch und Euren Untertanen als Eure Untertanen vor ihnen. Eure Majestät sollte vorrücken.«

»Das beabsichtigen Wir auch, Mylord«, erwiderte der König.

Die Offiziere sahen sein Kopfnicken. »Vor, meine Herren!« riefen sie, und die beiden Kompanien, der Stolz Englands und der Stolz Frankreichs, gingen gegeneinander vor, bis auf ein Zeichen alle halt machten außer Heinrich und Franz.

Die Könige spornten ihre großen Renner an und brausten im Galopp aufeinander zu. Die Welt, und das Auge der Welt, gehörten ihnen allein. Heinrich in Silber und Gold, Franz in Gold und Juwelen: sie zügelten ihre Pferde und entblößten gleichzeitig ihr Haupt, umarmten sich, sprachen das Begrüßungswort, stiegen ab, umarmten sich nochmals und gingen zu Fuß in einen kleinen Pavillon, während das Gefolge befreit und lachend sich untereinander mengte, und die Engländer die Franzosen einluden, etwas zu sich zu nehmen; »Bons amys, Françoys et Angloys, bon courage, good luck, have a drink.«

Endlich konnte Heinrich den König sehen, auf den er so neugierig gewesen war. Franz war etwa so groß wie er selbst, »ein ansehnlicher Fürst, stattlich von Angesicht, heiter von Laune, braun an Farbe, mit großen Augen, Adlernase, starken Lippen, annehmbarer Brust und Schultern, dünnen Beinen und langen Füßen«.

Den Augen der Franzosen erschien Heinrich königlich. »Le roi d'Angleterre est moult beau prince, et honneste, hault et droit; sa manière douce et benigne; un peu grasset, et une barbe rousse, assez grande, qui lui advient très bien.«

Nach Heinrichs Auffassung war das Stelldichein vor allem ein Turnier. Es war die Gelegenheit, einen Reichtum, eine Männlichkeit, eine Tapferkeit und Geschicklichkeit zu zeigen, wie sie die Franzosen im vorhinein kaum als Kennzeichen Englands unter den Tudors erwartet haben konnten. Die Einkünfte Englands mochten nur achthunderttausend Dukaten betragen, während sie sich in Frankreich auf sechs Millionen beliefen; die Bevölkerung Englands mochte nur drei Millionen zählen, während die Frankreichs vierzehn Millionen betrug; aber das Goldbrokatfeld konnte zeigen, daß der König von England, seine Adligen, Höflinge, Landedelleute und Ritter von einem furchtbaren Stolze beseelt waren, den eine andere Staatsmacht höchstens erreichen konnte. Während Karl es zufrieden war, in flämischer Wolle ins Ausland zu reisen, wünschte Heinrich, daß die Franzosen ihn bestaunten und seine kleinen Augen blitzten, als er zum Turnier ritt, wo er seinen Gegner bald mit benommenen Sinnen in den Sand streckte und später eines seiner eigenen Pferde durch Überanstrengung umbrachte. Die Chronik Froissarts, die Lord Berners für ihn übersetzen sollte, gab Heinrich die Tonart an für die Erhabenheit, mit der er seinem Nachbar Franz imponieren konnte. Auf die Franzosen mit einem Aufwand zu stoßen, den sie kaum parieren konnten, schien ihm eine denkwürdige Prachtentfaltung.

Er hatte recht. Er verblüffte die Franzosen völlig. Aber Franz war bereit, sich imponieren zu lassen. Er glühte vom Entschluß, wonach der Krieg zwischen ihm und Karl unvermeidlich und jetzt die Zeit zum Losschlagen gekommen sei. Er wußte, daß es lebensnotwendig war, Heinrich zu gewinnen. Da er glaubte, die Verlobung der Prinzessin Marie mit dem Dauphin sei noch gültig und überzeugt war, daß Heinrich außerhalb seines Gebiets in Frankreich keine Interessen habe, und da er es für überflüssig hielt, Heinrichs Wünsche zu studieren, wie er die des »spröden und veränderlichen« Leo zu Bologna studiert hatte, vergönnte er es sich, nicht als politischer Unterhändler, sondern als bloßer Höfling aufzutreten. Er tat es mit vollendeter Anmut. Von Natur Künstler und Liebhaber, stürzte er sich in die Eroberung des englischen Bruders mit der natürlichen Verve, der dandyhaften Heiterkeit, die Heinrich für den Augenblick so mitriß, daß er ihm ebenbürtig wurde. Früh am Morgen, ehe Seine Majestät sich noch rührte, kam Franz mit einem Pagen an, schritt unbewaffnet durch die Leibwache und betrat Heinrichs Zimmer, um ihn zu wecken. »Ich bin Euer Kammerdiener«, rief er, wärmte mit eignen Händen Heinrichs Hemd und reichte es ihm, als Seine Majestät nackt aufstand. »Und ich bin Euer Gefangener«, erwiderte Heinrich und legte Franz seinen Halsschmuck um. Das Geschenk wurde angenommen und sofort ein Armband dagegen angeboten. Es war die Huldigung eines Königs an den anderen.

Sie machten so viele Umstände, wer unhöflich genug sein könne, vor dem andern in der Kapelle die Bibel zu küssen, daß Katharina und Claudia die Bibel übersehen und statt dessen einander küssen mußten. Obgleich das Menuett noch nicht erfunden war, führten Heinrich und Franz von einem Schloß zum andern die vorgeschriebenen Schritte mit rhythmischer Genauigkeit aus, und aus den Reihen der Hofdamen, die glühend vor Treue ihre Könige betrachteten, sah ein schlankes englisches Reis, ein Mädchen, das kein Kind mehr und doch für die große Welt noch nicht alt genug war, mit großen Augen und ernstem weißem Gesicht zu Heinrich hinüber. Es war das kleine englische Mädchen, das seit zwei Jahren bei den französischen Prinzessinnen lebte, die zarte Anna Boleyn.

Die Franzosen sahen sich gezwungen, Heinrichs Geschicklichkeit und Geistesgegenwart zu bewundern. »Er ist ein erstaunlich guter Bogenschütze und sehr stark. Es tut einem gut, ihn zu sehen!« Aber es gab einen Augenblick, da Heinrich sich im Übermut seiner Triumphe als Schütze zu Franz wandte, als sie gerade das Zelt betraten, um sich zu stärken, vor Katharina und Claudia den langbeinigen Franzosen am Kragen faßte und ausrief: »Bruder! Ich will mit Euch ringen.« Franz war darauf nicht vorbereitet; bei der Plötzlichkeit des Angriffs gab es einen wirklichen Kampf, eine Drehung, und Heinrich wurde ins Gras geschleudert. Er erhob sich dunkelrot vor Zorn. Das Eis war gesprungen. Auf jedem Gesicht zeigte sich die furchtsame Angst, die man während des ganzen Liebesmahls gefühlt hatte, und bevor Heinrich von neuem anfangen konnte, wurden sie von ihren Damen zu Tische gerufen.

Es war die Spannung des kommenden Kampfes. In einer Stunde, die Geduld erforderte, ärgerte Franz sich über die Ungewißheit. Er verstellte sich nicht. Er suchte Heinrichs Gunst zu gewinnen, ein Band zwischen ihm und sich zu stiften, seine Treue zu verpflichten. Aber obwohl Heinrich zu Anfang lachend gesagt hatte: »Während Ihr hier seid, werde ich mich nicht ‚König von Frankreich' nennen, denn das wäre unwahr«, bedeutete die Gutmütigkeit, mit der er auf die althergebrachte Prahlerei des »rechtmäßigen Erbes« verzichtete, doch keineswegs, daß irgendeine persönliche Bindung existierte. Er eilte von Ardres zu seiner post-mortem-Verabredung mit Karl, und Franz blieb nur die Hoffnung, Wolsey zu beeinflussen.

XLV

Diese Franzosen! Das große Zusammentreffen hatte Heinrich und Franz einander nicht näher gebracht. Der Franzose hatte sich in der Nähe noch unbegreiflicher ausgenommen als von England aus. Er war ungezogen, wo Heinrich artig war, er riß Witze über Katharinas portugiesischen Schwager, den »König der Gewürze«, den »Gemischtwarenkönig«, und turnierte in Leichenbitterschwarz mit einem scherzhaften Wahlspruch, während Heinrich sich anständigerweise »cœr loyal« nannte. Schlimmer aber als die anstößige Leichtfertigkeit, mit der er kürzlich Bonnivet auf seiner Reise nach England die Weisung mitgegeben hatte, den englischen Mädchen tüchtig »einzuheizen«, war seine Fähigkeit, plötzlich einen verrückten donquichottehaften Ernst anzunehmen, so etwa, wenn er drei Millionen Kronen auf der Jagd nach dem Kaisertitel vergeudete und Sir Thomas Boleyn »hart beim Handgelenk faßte und die andre Hand mit den Worten auf die Brust legte, er schwöre mir bei seinem Glauben, wenn er Kaiser würde, drei Jahre später in Konstantinopel zu sein oder auf dem Wege dahin zu sterben«.

Derartige gefühlvolle Reden konnte er führen, während er den kleingewachsenen Boleyn überragte, aber wenn es dazu kam, Heinrich und Wolsey zu gewinnen, schreckte er zurück und beschränkte sich auf lächelnde, vorsichtige Einzelheiten; er sprach hochtrabende Worte, aber nie von Geschäften, und benutzte nie einen Köder, der seine Aufrichtigkeit wirklich erwiesen hätte – Wein etwa, oder Salz, oder Alaun. Er hatte sich vorgenommen, zu gewinnen, aber er dachte nicht praktisch genug. Er hatte seine Fliegen sehr nett ausgesucht, »die Schmeicheleien der schönsten Frauen Frankreichs«, aber sie paßten nicht zu den Fischen, die er angeln wollte.

Als Heinrich und Wolsey endlich Muße hatten, sich darüber auszusprechen, übten sie Zurückhaltung, aber sie strömten von dem, was sie erfahren hatten, über. Ein Krieg war, wie Franz deutlich gesagt hatte, unvermeidlich. Sie hatten Bourbon, seinen Connétable, genauestens beobachtet; Franz hatte ihn beleidigt und er hatte sein galliges Temperament in bösen und zornigen Blicken gezeigt. Sie hatten die »Dreifaltigkeit« gesehen — die cholerische Luise, die sanftäugige Margarete und die stille Claudia. Sie hatten Franzens üppige Geliebte besucht. Den kecken Bonnivet, de Longueville, die Bellays, die jungen Feldherren — alle hatten sie genau betrachtet. Und Wolsey hatte einen Blick in die Geheimnisse von Franzens Seele getan, um später Heinrich mitzuteilen, was er gesehen, während Heinrich, dem von der Sierra Nevada seines Ehegesponses ein kalter Wind blies, dennoch den warmen, tröstlichen Blick eines englischen Mädchens aufgefangen und gebannt hatte — den Blick Mariens, der ältesten Tochter seiner alten Freunde, der Boleyns.

Während es in Heinrichs Kopf siedete, schwindelte es Wolsey. Welchen Kurs sollte man zwischen dem feurigen Franzosenkönig und dem wortkargen jungen Kaiser einschlagen? Es schadete nichts, wenn man zögerte, da Franz so erpicht war. Was aber sollte man tun?

Das Liebesmahl hatte keine Wunder gewirkt. Täglich hatte ein Venezianer bemerkt: »Die Fürsten sind nicht friedlich gesinnt. Sie fügen sich den Umständen, aber sie hassen einander herzlich.« Darin war keine Änderung eingetreten.

Trotzdem war England durch gewisse Bande an Frankreich gefesselt. Da war die jährliche Rente, bis die Million gezahlt war. Wolsey bekam zwölftausend Livres für Tournai und zweitausendachthundert für sein Wohlwollen. Norfolk, Suffolk und Shrewsbury bekamen jeder eintausendsiebenhundertundfünfzig, Fox, von jeher ein guter Freund, hatte seine eintausendundfünfzig und selbst Lovell und Compton bezogen jährlich kleinere Beträge. Mit Ausnahme von Richard Wingfield zahlte die kaiserliche Partei wenige Renten außer den Bezügen Wolseys; freilich war Karl persönlich ein großer Schuldner. Soweit hatte Frankreich die Honneurs in der Hand.

Eine Freundschaft mit Frankreich aber konnte zu einem Bruch mit Spanien und Flandern führen und den Export an Wolle unterbinden. Diese aber war Englands einziger Exportartikel und die Grundlage seines Wohlstands. Nach Flandern gingen beinahe hunderttausend Stück Wolltuch, ganz abgesehen von der Rohwolle — auf Tuch erhoben die Niederlande auf Kosten der Staatsbürger aus Gründen der politischen Sicherung keinen Zoll. Was konnte Frankreich dagegen bieten?

Das Papsttum? Leo war unheilbar krank, und es war gar nicht so lange her, daß Franz – noch vor der Kaiserwahl – Wolsey die Würde direkt angeboten hatte. Selbst Heinrich wußte nicht, wie weit die Verhandlungen darüber gediehen waren.

Besaß aber Franz eine starke römische Partei, die er bezahlte, und konnte er mit vierzehn Kardinälen aufwarten, so verfügte Karl über siebzehn oder achtzehn. Selbst hierin war er also Franz vorzuziehen.

Katharina, die eine zwölfjährige Ehe gelehrt hatte, jederzeit in den Hintergrund zu treten, hatte einen Wutausbruch, »den man ihr nicht zugetraut hätte, nicht einmal in Gedanken«. Ihr einziger Schatz war ihr Kind, und der Gedanke, sie an den französischen Hof zu verheiraten, brachte sie zur Verzweiflung.

Karl wartete treu in Gravelines. Er begleitete sie nach Calais, wo eine höchst vertrauliche Unterredung stattfand; und als er Calais verließ, war er befriedigt.

Heinrich gab darauf seinen Gesandten Weisung, Franz mitzuteilen, daß Karl versucht habe, ihn ihm zu entfremden, daß er sich bemüht habe, die Hände nach Mailand auszustrecken und Marie dem Dauphin wegzunehmen. Gegen all diese Angriffe habe er jedoch seine Tugend erfolgreich verteidigt, »liebster Bruder, Bundesgenosse und Kamerad«.

»Nehmt Euch wohl in acht, was Ihr mit Heinrich anfanget«, riet Bonnivet bald darauf Franz, »und vertrauet ihm nicht zu sehr.«

XLVI

Es ließ sich nicht leugnen, daß Spannung in der Luft lag. Nach außen herrschte Frieden. Der Türke hielt sich ruhig, seit Selim mit bluttriefenden Händen vor Allah getreten war; Soliman der Prächtige hatte seine Hände noch nicht befleckt. Ein Zittern lief jedoch durch jede Nation und zischte bei jeder zufälligen Berührung Elektrizität, feuerte seine Signale ab, erweckte die wunderbare Täuschung des Unabänderlichen und zog in sein Blutbad jedes Land von Stockholm bis Peru, wo eine Handvoll Spanier die Hilflosen in ihre Schafhürde einschlossen und – durch das Beispiel Selims nicht eingeschüchtert – solange, bis sie die Arme nicht mehr rühren konnten, Zehntausende der sanften, bäenden, ungläubigen Schuldlosen hinschlachteten, um sie so dem Jesus der Liebe ans Herz zu legen. Selims Mittel war Opium. Die Mandragora der Christen war ein leuchtendes Metall, mit welchem Wolsey seine Diplomatie verhüllt, seine Monstranz erhellt, sein Meßgewand erhöht, sein Tabernakel vergoldet und seinen Sakramentskelch erhoben hatte. Europa hatte die bösen Mauren enteignet und die bösen Juden zerstreut; seine Augen waren durch diesen neuen Spiegel für seine Einbildungskraft geblendet. Nicht durch das Blutbad wurde es gelockt, wie es von Selim hieß. Was das junge Europa zur Nachfolge reizte, war die goldene Fata Morgana. Vor seinen grimmigen

Söldnern einher stolzierten die Kardinäle, die ihr die Weihe gaben, ihre Wolsey und Schinner und Medici, wobei das Traratata die Musik Palestrinas übertönte, Schwerter gegen stählerne Brustpanzer klirrten, eschene Lanzenschäfte starrten, die erhobenen christlichen Angesichter vom Kriegsfanal sich röteten, während unterm Gedröhne der Trompeten das Priestertum seinen Arm aus der Kutte streckte und das stolze Kreuz in die Höhe hielt.

Irdische Fürsten jedoch konnten keine Frechheit dulden. Bourbon war der reichste Adlige Europas. Buckingham war der reichste Adlige Englands. Wenn Bourbon für den Augenblick überdauerte, geschah es nicht aus Mangel an Gehässigkeit. Gehässigkeit fing Buckingham in der Schlinge wie ein Lasso, das von weitem geworfen wird und ein anmutiges, stolzes Tier, dessen Hilflosigkeit an der Erwünschtheit seines Felles nichts ändert, auf die Knie zwingt.

Wolsey hatte den Herzog von Buckingham geärgert, und Buckingham hatte sich revanchiert, indem er Wolseys Schuhe mit Wasser bespritzte. Er stammte aus stolzem und trotzigem Geschlecht. Einer seiner Schwiegersöhne war Northumberland, der andre Norfolks Sohn. Er war steif und spröde. Beim Gespräch mit seinem Kaplan oder Haushofmeister hatte er seiner Wut unvorsichtig Luft gemacht. Wolsey warnte ihn, was seine Unvorsichtigkeit noch erhöhte. Er war um Katharinas willen über das Liebesmahl in Frankreich erzürnt. Er gebrauchte hochfahrende Worte, und ein eben entlassener Diener steckte es Wolsey, der es Heinrich sagte, der sich den Diener kommen ließ. Ein Ankläger berief sich auf den anderen. Ein Mönch, der alles unmittelbar von Gott wußte, wurde zur Verantwortung gezogen. Er gab zu, prophezeit zu haben, daß Buckingham »alles erhalten« würde. Buckingham hatte andern Ortes erklärt, wenn »dem König etwas zustieße, sei er durch sein Blut der Krone am nächsten«. Diese dunklen Worte stammten aus dem Jahre 1514.

Der Fall kam unmittelbar in Heinrichs Hände. Buckingham wußte so wenig, was für Wetter um ihn herrschte, wie eines der französischen Gemüse, die man unter einer Glasglocke zieht. Heinrich aber war das Wetter: in diesem Augenblick geladen und verrückt vor Elektrizität, verlangte er nur danach, daß Buckingham ihm eine einzige scharfe Spitze darbot, um ihn zu zersplittern und zu vernichten. Mit der Plötzlichkeit einer längst übermäßig geladenen Natur, berief Heinrich Buckingham, der ahnungslos nach London geritten kam. Als man ihn in den Tower schickte, wo er seinen Prozeß erwarten sollte, konnte er nichts tun, als sich plötzlich niedersetzen und einen Becher Wein verlangen. Die Zeugen waren bereits im Tower, und Männer mit schwerem Kiefer und groben Händen waren dabei, den Saft des Beweismaterials Tropfen um Tropfen aus ihnen herauszupressen. Am 13. Mai war alles für die offeneren Wege der Justiz bereitet. Buckingham trat vor ein Gericht seiner Pairs, wobei der Oberrichter zur Hand war, um sie zu beraten. Krieg lag in der Luft. Schon das Wort

»Verrat« ließ die Menschen erzittern. Man hatte die Ankläger drei Wochen lang eingeübt; Gerücht, Eid, Prahlerei, verrückte Prophezeiungen waren zu einem Irrgarten geworden, in dem kein Sterblicher sich zurechtfinden konnte. Buckingham hatte keinen Verteidiger. Einen schweren Atem, den sie nicht hörten, aber wohl fühlten, im Rücken, erkannten sie auf Schuldig.

Der alte Norfolk sprach unter Tränen das Urteil über den Verräter aus, der sich mit wenigen Worten verteidigte.

»Ihr habt gesagt, Mylord: wie man zu einem Verräter sprechen muß. Ich aber war nie einer. Ich verdamme niemand um dessentwillen, was ihr getan habt, Mylords; aber der Ewige verzeihe euch meinen Tod, und auch ich tue also. Niemals werde ich den König um mein Leben bitten; doch er ist ein gnädiger Fürst; mag sein, daß mehr Gnade mir von ihm kommt, als ich ersehne.«

Buckinghams »gnädiger Fürst« rührte keinen Finger. Katharina versuchte für ihn zu bitten, begegnete aber einer derartigen Entrüstung, daß sie sich fügte. Der Henker auf dem Platz vor dem Tower tat mit einem Holzfällerbeil seine Pflicht.

XLVII

Der Prozeß Buckingham übte auf Heinrich eine erstaunliche Wirkung aus. Er konnte nicht verdauen. Er konnte nicht essen. Er legte sich zu Bett. Am Tage vor der Hinrichtung schrieb Fitzwilliam an Wolsey, der König sei durch ein Fieber »schwer betroffen«, habe aber »solche Mäßigung, Abstinenz und Diät beobachtet, daß Fieber wie Krankheit völlig geschwunden seien«. Als Buckingham tot war, konnte er wieder aufstehen.

Heinrichs Entrüstung über Buckinghams Vorgehen hatte alle mitgerissen. Wer wie Katharina wußte, wie gutmütig und wohlwollend er sein konnte, begriff kaum den Anfall von Erbitterung, der ihn schüttelte, als er von der »Verschwörung« Buckinghams hörte, noch die Unerbittlichkeit, mit der er den Prozeß beschleunigte. Man wußte nicht mehr, wie er als erste Regierungshandlung sich auf Buckinghams Bruder gestürzt und wie er auf den letzten Schachzug der adligen Nebenbuhler, die er fürchtete, gewartet hatte. Sobald Heinrich sich einmal betrogen oder bedroht glaubte, verlor er seinen Gleichmut und jeden Zug seiner Mutter, der »Demütigen und Reuigen«, der er glich, wenn es ihm gut ging. Er, der tolerant, lächelnd und königlich dreinblickte, mit fröhlichen Augen und warmem Herzen aus seiner jovialen Höhe auf die kleineren Leute seiner Umgebung herabsah und von der Sonne seiner großartigen Laune erglänzte, er zog sich plötzlich zusammen, verhärtete sich, wurde argwöhnisch, voll scharfen Verstandes, abrupter Bewegungen, triebmäßiger Strategie, erdrückender Gewalt, so daß er einem gänzlich verschiedenen Menschen glich. Im Augenblick, da er sich in Gefahr fühlte, wandelte sich seine Stärke von großherziger

Freundlichkeit zu bittrer Selbsterhaltung. Bei Heinrich war das kein normaler Instinkt, der von der Vernunft regiert und dem Mut unterstützt wird. Es war ein schlauer Trieb, der seinen Charakter völlig zu beherrschen drohte. Dieser Trieb konnte sich bis zur Krankhaftigkeit steigern und mit der Geschicklichkeit aller krankhaften Züge fertigbringen, in der gewundenen Sprache seines Ranges, dem vornehmsten Tonfall seines Landes und Glaubens zu ihm zu sprechen.

Manchmal machte seine Sehnsucht nach Sicherheit ihn ausgesprochen schüchtern. Niemals konnte er seine furchtbare Angst vor der Schweißseuche überwinden. Als Menschen um ihn herum starben, dachte er nur an seine eigne Sicherheit und floh die Betroffenen ohne Scham. Mitleid mit anderen fühlte er wenig, dagegen viel Mitleid mit sich selbst. Als er den »Bösen Maitag« vom Schutze seines Palastes in Richmond aus erlebte, konnte er verzagt sein. Er war ängstlich, wenn er Verrat erwartete, und das veranlaßte ihn zu einem ungewöhnlichen Maß von Selbstschutz. Trotzdem aber war sein erster Impuls, Sicherheit zu suchen, indem er seinen Feinden entgegenstürzte. Wer ihn für weich oder leicht zu beschwindeln hielt, wer im Ausland verbreitete, »er steht unter Wolseys Faust«, begriff nicht den schweigenden Widerwillen, mit dem er jede Geringschätzung, jeden Zwang, der ihm auferlegt wurde, aufnahm. Wäre er wirklich untätig gewesen, hätte es ihm genügt, seine Sinne zu zerstreuen und seine Nerven zu unterhalten, so hätte er den Strom hinunterschwimmen können, ohne seine Oberfläche zu kräuseln. Das Blut der Tudors aber war scharf und ganz verschieden von der milden Flüssigkeit, die das schlaffe Gehirn seines Großvaters Eduard wenig behelligt hatte. Heinrich war ruhelos geboren. Er war körperlich allen voran. Während Franz sich den ganzen Morgen im Bett hielt, stand Heinrich bei Morgengrauen auf. Es machte ihm noch immer nichts aus, den ganzen Tag im Sattel zu verbringen, und kein Sport war ihm zu mühselig oder zu gefährlich. Er führte den Zweihänder. Er verlor beinahe beim Stabhochsprung das Leben. Er stürzte gefährlich vom Pferde. Er turnierte mit brutaler Heftigkeit. Er war kräftig, tätig und erregbar, von großer Zähigkeit und fester Muskelstärke. Er jagte und schoß mit Freuden. Blutvergießen widerte ihn nicht an. Bären- und Stierkämpfe machten ihm Vergnügen, denn er besaß keine Spur der Weichherzigkeit, die Thomas More und Erasmus auszeichnete. Er konnte sogar über die Not des gejagten Wildes lachen und dem Schicksal der Schwachen ohne Mitleid zusehen.

Wie Wolsey jedoch begriff, war diese körperliche Widerstandskraft kein Beweis, daß Heinrich auch seelisch widerstandskräftig sei. Wären die Fundamente des Hauses Tudor festere oder seine Kindheit ruhiger gewesen, so hätte der König Nebenbuhler weniger gefürchtet. So aber fühlte er sich im Zentrum seiner Macht unsicher, hatte wenig Vertrauen und unausgesetzten Verdacht. Er war nicht imstande, wie sein Vater sein eigenes Erbe zu bewachen, nichts als geizig und habgierig zu sein. Dazu ging mit Heinrichs wenig tiefem Fonds von Ruhe ein zu starker Begriff seines eigenen Wertes Hand in Hand. Er war streitbar, wetteifernd, konkurrenzlustig, lauter Eigenschaften, die aus Kraft und Energie entspringen, und verlangte, wie Wolsey wußte, vom Leben eine tätige Rechtfertigung der Persönlichkeit, die zu gefährden oder preiszugeben ihn ängstigte. Ein sanfterer Mensch hätte sich dem Trunk ergeben, um sein inneres Feuer zu löschen. Ein heldenhafter Mensch hätte seine Nerven beherrscht. Ein demütigerer Mensch hätte sich mit der Schätzung, die er empfing, zufrieden gegeben. Heinrichs ungewöhnlicher Begriff von seinem eigenen Wert nahm ihn jedoch ganz ein und trieb ihn zu Umwegen und Krümmungen des Ehrgeizes. Von seinen Machtgelüsten und seiner Sorge um Selbsterhaltung zugleich angetrieben, setzte er seinem Wunsch nach Auszeichnung auf dem Festlande so wenig Schranken, wie seiner grimmigen Angst vor Gefahr zu Hause. Diese aufrichtige Besorgnis um sein Wohl, die gewöhnlich zolltief in dem Fett der Schmeichelei saß, ließ ihn zuzeiten, da er unstimmig mit sich selber wurde, mit plötzlicher Wildheit handeln.

Und doch hatte Wolsey, um ihn zu beherrschen, seinen Ehrgeiz angefeuert. Er hatte ihn gedrängt, seine Hand nach Guyenne, der Normandie, nach Kastilien, Schottland und Mailand auszustrecken. Er hatte seinen Wunsch, Kaiser zu werden, angefacht. Er hatte die Idee genährt, daß es Heinrich sei, der Karl gewählt habe. Aber der Schüler konnte, wenn er einmal geweckt war, den Lehrer übertreffen. Er hatte anfangs der Hinrichtung Empsons und Dudleys zugestimmt und im Geheimen Edmund de la Pole umbringen lassen. Nun hatte er bei all seiner Ängstlichkeit Buckingham reibungslos in den Tod geschickt. Es war ein Triumph für sein Ego, aber, wie Wolsey bald einsehen mußte, ein gefährlicher. Denn alles, was dieses Ego verlangte, um seine Mitmenschen wie bloße Gegenstände zu behandeln, war die Gewißheit, daß er Unstimmigkeiten mit Beihilfe seiner Untertanen und unter dem Beifall Gottes unterdrücken konnte.

Die wenigen, die den »Fürsten« bereits gelesen hatten, hätten in der Ermordung Buckinghams eine Tat von teuflischer Berechnung erblicken können. Dies hätte bedeutet, daß sie Heinrich nicht kannten. Der Italiener und der Engländer waren polar entgegengesetzt. Machiavelli hielt ein Ding heilig, nämlich die menschliche Erfahrung, und erzog sich dazu, auf alles, was zur menschlichen Handlungsweise gehörte, Wert zu legen. Heinrich aber war von zarterer Gemütsart. So haarsträubend sein plötzliches Handeln dem Adel auch erscheinen, so herzlos er sich zeigen, so streng er seine Räte drängen mochte, seinen Spielraum zu erweitern und ihm Platz zu schaffen, damit er sich besser rühren konnte, so hielt er doch an den reinlichen mittelalterlichen Sanktionen fest und wachte eifersüchtig darüber, daß unrühmliche Taten ausgeschlossen blieben.

Zugeben, daß er selbst schimpflich handeln könne, war für Heinrich so unwahrscheinlich, als eine Armee aus England entsenden, der jemand geringerer vorstand als ein Graf. Er konnte sich zu Bett legen, aber nur weil er in den Wehen einer neuen Idee lag. Er verlangte offizielle Gutheißung seiner Willkür. Er brauchte den legalen Weg des Gerichts. Er forderte vom Theologen, daß er sein Verhalten in eine moralische Kategorie zwänge, und vom Richter, daß er ihn mit den Werkzeugen des Rechts versorge. Es war für seine krankhafte Natur Gesetz, »nach der einen Seite zu rudern und nach der andern zu blicken«.

Der Fall Buckingham war ihm also eine moralische Episode. Er hatte seine Macht nicht nur mit der des alten Adels gemessen, sondern auch mit dem rechtmäßigen Verlauf des Gesetzes. Er hatte einer Kaste und einer Überlieferung Trotz geboten. Er hatte gesiegt. Das Gesetz war unter dem angeklagten Adligen taktvoll zusammengebrochen. Norfolk hatte geweint, aber er hatte das Wort »schuldig« ausgesprochen, und niemand hatte gewagt, Heinrich zu widersprechen. Obwohl der Prozeß seine Nerven bös angegriffen hatte, konnte er doch von dem sauberen Resultat gereinigt und befriedigt aufstehen. Sein Wille war moralisch; sein Wille war Gesetz. Als Sieger und Champion hob er wieder den Kopf.

XLVIII

Es war derselbe streitbare und unsichere Heinrich, der bis zum Zeitpunkt des Prozesses mit dem Schreiben eines Buches beschäftigt war. Er war längst von Martin Luther beleidigt worden; Luther hatte seine Mutter angegriffen! »Wollte Gott, meine Fähigkeiten kämen meinem guten Willen gleich«, schrieb er, »aber ich kann nicht anders als mich verpflichtet fühlen, meine Mutter, die Braut Christi, zu verteidigen.«

Seine Mutter war die Kirche. Die Kirche war auf einem Felsen gegründet, und Luther, ihr Prometheus, erregte Heinrich zu einer so aufrichtigen Empfindung, daß er dem Wunsch nicht widerstehen konnte, den Rebellen zu zerschmettern. Es war die »Babylonische Gefangenschaft«, die in Heinrich die Begierde erweckte, die sieben Sakramente zu rechtfertigen. Er sah nicht, wie Luther, die Sakramente als Erfindungen einer menschlichen Einrichtung, mit den die Mitglieder durch ein feierliches Ritual in Abhängigkeit erhalten werden sollten, indem man sie bei ihrem ersten Auftreten durch die Taufe einfing, sie Monat um Monat durch Buße und Kommunion fesselte, sie, wenn sie heirateten, durch die Ehe festhielt, die Priester durch den heiligen Orden anband und sie aus der Einrichtung mit äußerster Salbung entließ; zur vollkommenen Zucht war eigentlich nichts weiter nötig als ein Sakrament des Zehent. Diese Erfindungen, für Luther, der nach unmittelbarem göttlichen Erlebnis dürstete, nur ein Bestandteil der »Gefangenschaft«, bedeuteten Heinrich das Wesen des Glaubens an sich. Er beschimpfte Luther. Eine Schlange, eine Pest, ein toller rasender Hund, ein höllischer Wolf, ein »Trompeter des Hochmuts, der Lästerung und des Schisma«, »wandelt den Namen des Hochheiligen Bischofs zu Rom in den des Antichristen«. »Welch großes Teufelsglied ist er«, brach Heinrich aus, »der sich bemüht, die christlichen Glieder Christi von ihrem Haupte zu trennen!« »Dieses Ungeheuer«, nannte er ihn, »dieses Mönchlein.« Er konnte nichts anderes glauben, als daß Luther einen niedrigen Lebenswandel führe. »Verlust des Glaubens rührt von einem Verlust der Moral her.« — »Er bemüht sich, Uneinigkeit zu erregen.«

Heinrich ging so weit in seiner Verteidigung der päpstlichen Autorität, daß selbst Thomas More widersprach. »Ich halte es für richtig, die Stelle zu ändern«, wagte er vorzuschlagen, »und seine Autorität weniger stark zu betonen.«

Heinrich lächelte. »Nein, das soll nicht geschehen, wir sind dem Römischen Stuhl so verpflichtet, daß wir ihm nicht Ehre genug erweisen können.«

More war Jurist genug, Heinrich ans Praemunire zu erinnern. Aber der König bestand darauf. »Welch Hindernisses immer ungeachtet, werden Wir jene Autorität aufs äußerste stützen, denn von jenem Stuhle erhalten Wir Unsere Kaiserkrone.«

Seinen wahren Grund für die Erhebung des Papsttums gab er nicht zu — daß er hoffte, Wolsey dazu gewählt zu sehen. Wenn er sagte, »alle Gläubigen ehren den Heiligen Römischen Stuhl und erkennen ihn als ihre Mutter und letzte Autorität«, so geschah dies in der Erwartung, daß Thomas Wolsey dieser Heilige Bischof werden und sein Versprechen halten würde, das Papsttum »zur Erhöhung Eurer Majestät« zu benutzen. Nur dies konnte den guten Grundsatz vergessen machen, daß die »Könige von England in vergangenen Zeiten niemand über sich hatten als Gott«.

Heinrichs »Assertio Septum Sacramentorum« war eine Erklärung, daß er das Papsttum gegen alle Angriffe schützen würde, besonders wenn »Luther den Papst zu einem einfachen Priester macht«. Beim mühseligen Abfassen des Buches beriet er sich mit Fisher, Pace, Edward Lee, Stefan Gardiner, Tunstall, Wolsey. Die Spanier behaupteten, »alle Gelehrten Englands haben bei der Abfassung mitgeholfen«. Auf Thomas More verließ er sich am meisten, sowohl was die Theologie, als auch was das Latein betraf. »Seiner Majestät Anweisung und die Zustimmung der Hersteller überließen mir das Aussuchen und Anordnen der wichtigsten Materien, die darin enthalten sind«, behauptete More viele Jahre später. Für den Augenblick jedoch war der »aureus libellus« Heinrichs eigen. Er war stolz darauf, Er wollte, daß der Papst ihn sähe, ihn lese, und ihm dafür einen Titel verleihe — Apostolische, Orthodoxe, Gläubige, Ruhmreiche, Angelische Majestät, Verteidiger des Glaubens, oder vielleicht sogar Franzens Titel einer Allerchristlichsten Majestät.

Die Nettigkeit von Heinrichs Weltbild zeigte sich nirgend so deutlich wie in diesem Buch über die Sieben Sakramente. Er war einer der glücklichen Menschen, die nach der Lektüre des Heiligen Thomas und nach der Diskussion der Summa mit den Thomisten die Wahrheit verbreiten konnten.

Er hatte lange genug an dieser Aufgabe gearbeitet, um sich mit den Kirchenvätern vertraut zu machen und um unter Unkenntnis seiner eigenen Natur und seines eigenen Verhaltens die erhebende Wahrheit zu verkünden. Er war nun dreißig Jahre alt, auf der Höhe seines intellektuellen Stolzes, obwohl noch keineswegs auf der Höhe seiner intellektuellen Kraft. Auf Luther im Namen der Heiligen Kirche loszuschlagen gab ihm das Gefühl moralischer Unbescholtenheit. Er sandte zwei Dedikationsexemplare nach Rom, die aus Pergament bestanden und in Goldbrokat gebunden waren, und ließ sie dem Papst zu Füßen legen.

Der englische Geschäftsträger am Vatikan war ein gewisser Johann Clark, ein treues altes Möbel, dem nichts so heilig war wie ein Gemeinplatz und nichts so ehrfurchtgebietend wie die »allgemeine Meinung«. Clark brachte Heinrichs Buch mit atemloser Ehrfurcht in den Vatikan, und man gestattete ihm, selbst eine Ansprache zu halten, als er es vor dem versammelten Konsistorium überreichte. Es war noch nicht lange her, daß Leo, der »doppelte Florentiner«, Machiavelli gutgeheißen hatte, der von allen Italienern am wenigsten über sich selbst im Unklaren war. Aber der Intellekt ist dem Instinkt nicht gewachsen. Ein so einfacher Engländer wie Johann Clark, der in Fragen des Alltags aufging und jeder Selbstkritik unfähig war, konnte viel besser zu Heinrichs Sache reden als irgendein Machiavelli, dessen Ablehnung der »allgemeinen Meinung« auf der geschärften Empfindlichkeit für Gut und Böse beruht.

Clark machte sich ein Vergnügen daraus, dem Papst von neuem zu erzählen, welch giftige Natter Luther sei. »Dieser Mensch«, sagte er voll frommen Abscheus, »setzt die Sakramente nach seinem eignen Gutdünken ein und vermindert ihre Zahl auf drei, auf zwei, auf eins; und dies eine behandelt er so schmählich, daß er im Begriffe steht, es schließlich auf gar nichts zu vermindern. O Gipfel der Unfrömmigkeit! O abscheulichste und verdammenswürdigste Schurkerei auf Erden!

Welch unerträgliche Gotteslästerungen stößt er in einem Haufen von Verdächtigungen und Lügen ohne Gesetz, ohne Methode noch Ordnung, gegen Gott und seine Diener in diesem Buche aus!

Sokrates, den Apollons Orakel als weisesten der Menschen pries, wurde von den Athenern vergiftet, weil er gegen die allgemeine Meinung sprach, die sie von Gott hatten, und gegen die Religion, die man damals auf Erden als beste lehrte. Darf dieser Zerstörer der christlichen Religion als Lohn seiner äußersten Bosheit gegen Gott von wahren Christen besseres erwarten?«

Papst Leo dankte Clark für seine »höchst geistreiche Rede« und für Heinrichs Bereitschaft, dem Heiligen Stuhl mit »Schwert und Feder« zu Hilfe zu kommen. »Es fehlt nicht viel«, sagte er mit seinem reizenden Lächeln, »so würden wir Luthers Verbrechen begrüßen, da es zu Eurer edelmütigen Verteidigung den Anlaß bot.« Er nahm den schönen Band zur Hand, ließ seinen kurzsichtigen Blick über die beiden Zeilen schweifen, die

Wolsey für Heinrich als Widmung verfaßt hatte, und nickte voll Zufriedenheit, wobei er sie dreimal laut vorlas:

> Anglorum Rex Henricus, Leo Decime, mittit
> hoc opus, et fidei testem et amicitiae.
>
> Henricus.

»Es war schön zu hören, mit welchem Feuer Papst und Kardinäle in Heinrichs Lob ausbrachen.«

Deutschland aber sowohl wie Italien bekamen Heinrichs Buch zu Gesicht. Die Assertio, wie sie genannt wurde, erreichte Martin Luther fast augenblicklich nach seiner offenen Empörung gegen Rom. Er hatte längst den Thomismus als Abschaum abgestandener theologischer Gemeinplätze verdammt und sah nun in Heinrichs Ausarbeitung die Abflüsse dieses stehenden Gewässers. In einem kurzen Pamphlet faßte er einen Band, nicht der Argumente, sondern solch gemeiner und herzhafter Beschimpfungen zusammen, wie sie in dem wimmelnden Bergarbeiterdorf zu Hause waren, wo er selbst zuerst gelernt hatte, auf Schlackehaufen und im Rinnstein seine Schlachten zu schlagen. Die Tatsache, daß Heinrich ein irdischer Fürst war, erregte in ihm überströmenden Jubel: er warf ihm mit einem Eifer Stinkbomben entgegen, der die weitgehende mönchische Verwandtschaft zwischen ihm und Rabelais zeigte. Die königliche Antwort erfolgte nicht unmittelbar. Sie wurde Thomas More anvertraut. Wer diesen Austausch schwarzer Beleidigungen liest, muß zur Einsicht kommen, daß More ordinär wurde, ohne witzig zu sein.

Ein Einziger schien mit der Leistung, die Heinrich den Titel »Fidei Defensor« eintrug, nicht einverstanden.

»Guter Heinz«, kam von den Lippen des Hofnarren Heinrichs, »laß uns beide, du und ich, einander verteidigen, und überlasse es dem Glauben, daß er sich selbst verteidige.«

XLIX

Während Heinrich sein Buch gegen den Rebellen beendete und damit bewies, wie sehr sein Autoritätsgefühl gewachsen war, schritt das Duell zwischen Karl und Franz von geheimer Diplomatie zum offenen Waffenkampf vor. Es war die Fortsetzung des Goldbrokatfeldes, die natürliche Wirkung von Wolseys Politik des »Weltfriedens, und er bereitete sich im Sommer 1521 darauf vor, von dem kommenden Kriege, der bereits seine Donnerwolken am Horizont zeigte, seine Dividenden einzuziehen.

Dieser europäische Krieg sollte vier Jahre dauern. Er fand im Jahre 1521 ein freies Frankreich vor; er sollte es umklammern und es gebunden verlassen. Die Worte Ludwigs, »ce gros garçon gâtera tout«, sollten ihre volle Rechtfertigung finden; Franz sollte auf den Spuren von Ludwigs eigenem italienischen Abenteuer sein Volk bis an den Rand des Verderbens bringen.

Dieser Krieg sollte nicht durch ausgehobene Armeen ausgefochten werden. Die trotzigen blonden Schweizer, die deutschen Veteranen, die Gascogner, die leichtfüßigen Basken, Söldner aus Wales, aus Neapel, widerwillige Flamen, Bauern aus England, neue deutsche protestantische Lanzenträger, Spanier von unerreichtem Wagemut und größter Grausamkeit sollten sich in der Picardie, in der Lombardei, in Burgund, in der Provence und jenseits der Pyrenäen um jedes Schlachtfeld schlagen. Während die Christen so kämpften, um ein gefährliches Frankreich aufzuteilen, sollten die Türken Belgrad und Buda einnehmen und ihren Feldzug bis an die geplünderten Vororte Wiens tragen. Es war diesem Kampf bestimmt, ein Kampf der Belagerungen und Ausfälle, der Intrigen und Verschwörungen, des Mißtrauens, der Verzögerungen, der Unschlüssigkeit, des Verrats und der Erbitterung zu sein. Und als er in einer französischen Katastrophe endete, die den ironischen Gegensatz zu Marignano bedeutete, sollte der Frieden, der folgte, dem entblößten Europa nur eine Atempause geben, bis genug Werte und genug Kinder zur Reife gelangt wären, um den Wettkampf dynastischer Konkurrenz fortzusetzen.

Drei mächtige Donnerschläge kündigten den Krieg an. Der Herr von Sedan machte für Franz einen Einfall ins Luxemburgische; Lesparre drang für ihn in Navarra ein; und wenige Monate später sollte Bonnivet die stolze Klinke ergreifen, die als Fuenterrabia die südwestliche Ecke Frankreichs beherrscht.

»Gott sei gelobt«, rief der junge Kaiser aus, »daß ich den Krieg nicht begann und daß der französische König mich mächtiger machen will, als ich bin. In einer kleinen Weile werde ich entweder ein armer Kaiser sein oder er ein armer König von Frankreich.«

Die Einnahme Navarras durch die Franzosen war so leicht wie das Teilen einer Melone; sie war in fünfzehn Tagen beendet, wobei sich nichts Denkwürdigeres ereignete als die Verwundung eines jungen spanischen Ritters, der später St. Ignatius Loyola genannt wurde. Aber die Einnahme war fruchtlos. »Er hat mir ein Königreich genommen«, rief Karl, »aber ich werde mir Genugtuung verschaffen.« Er hatte mit Spanien, wo er die Cortès bekämpfen mußte, die Hände voll, und doch konnte ihn keine Schwierigkeit von diesem Duell zurückhalten. Es war etwas an Franz, ja noch am geringsten Gerücht und Ton, der über ihn verlautete, das Karl den Nacken steifte. Der Mann, der ihm die Kaiserkrone streitig gemacht hatte, war ihm widerwärtig und verächtlich.

»Ich weiß, daß Euer Herr mich nicht liebt«, erklärte Franz Karls Profoß, »und ebenso wenig liebe ich ihn. Ich bin fest entschlossen, sein Feind zu sein und gegen ihn die Mittel anzuwenden, die ich für passend halte.«

Dem englischen Gesandten wiederholte er voll Bitterkeit, Karl habe erklärt, »er würde den König von Frankreich bis aufs Hemd ausziehen.«

L

Vom ersten Ausbruch an wandten sich die Gegner an England. Aber sie bewarben sich nicht um Heinrichs Gunst, sondern um die des Kardinals. »Mon bon ami«, schrieb der Franzosenkönig, »bon et vrai ami«. »Monsieur le Cardinal, mon bon ami«, lautete die Anrede des Kaisers. »Mon fils«, rief Margarete von Brüssel her.

Diesen Liebesworten begegnete die ruhige Stimme der Vermittlung und abwägenden Entscheidung. Franz war es bei seinem Einfall in Navarra so gut ergangen, daß er zuerst alles außer einer offenen Allianz als Beleidigung betrachtete; da aber Navarra den Franzosen mit einer Geschwindigkeit entrissen wurde, die jene erste Schwäche an Erstaunlichkeit noch übertraf, sah Franz die ungeheure Gefahr und die Ungewißheit des großen Kampfes voraus und legte seine Sache in Wolseys Hände.

Es war die strategische Lage, um die Wolsey sich bemüht hatte – er war Schiedsrichter über Europa. Er hatte den Papst, der ihn haßte, verdrängt. Im Besitz der prächtigen Attribute, die jetzt zu seiner Ausrüstung gehörten, schiffte sich Wolsey im August nach Calais ein, um die Ansprüche dieses riesigen internationalen Streits zu entscheiden.

Diese Rolle des Schiedsrichters einzunehmen, war ganz das, was er sich seit dem Jahre 1518 erträumt hatte. Was er vor dem Goldbrokatfeld vorbereitet und mit dem Kaiser und Heinrich in der geheimen Konferenz zu Calais erdacht hatte, war genau die Entwicklung, die jetzt vor ihm lag. Er hielt die beiden Konkurrenten in der Hand. Schiedsrichter zu spielen war jedoch nicht der Gipfel seiner Staatskunst. Zu vermitteln war unmöglich. Den Schiedsrichter zu spielen hätte eine Komödie bedeutet. Was er vorhatte, war: die Waage so zu fälschen, daß England das möglichste dabei herausschlagen mußte. Er mußte das französische Vorgehen durch die Methoden der Verschleppung, in denen er Meister war, solange hinausziehen, bis die Zeit für die Zahlung der nächsten französischen Rate gekommen war. In der glücklichen Stunde, bis zu welcher die Unterredungen aufs vornehmste, »voll Melancholie, mit einer Scheuklappe vor dem Auge«, aufrechterhalten würden, durfte er sich zurückziehen und zugunsten des Kaisers aussprechen, da England inzwischen seine sechstausend Bogenschützen in Bereitschaft und die nötigen Mittel zusammengebracht haben konnte, um als Bundesgenosse auf der richtigen Seite in den Krieg einzutreten.

Karl war in Brügge. Gierig nach jedem Augenblick, der eine Verzögerung seiner Vorbereitungen bedeutete, bat er Wolsey, Calais zu verlassen und zu ihm zu kommen. Wolsey sah seine Verstellungsgabe auf eine harte Probe gestellt. Er überzeugte jedoch die Franzosen, daß er Karl in einer privaten Unterredung schneller beeinflussen könne, als durch eine lange

Korrespondenz. Die Franzosen waren einverstanden, und der Schiedsrichter wurde in Brügge mit allen Ehren und Respekt empfangen.

Wolsey trommelte auf den Ladentisch. Sein Preis war ein dreifacher: das Papsttum für sich; Marie sollte den Kaiser heiraten; und alle französischen Pensionen und Renten sollten ersetzt werden.

Diese Bedingungen brachte er »manchmal mit scharfen Worten und manchmal auf freundliche Art« vor. Sobald Englands Vermittlertätigkeit nicht mehr aufrechtzuerhalten war, würde es bereit sein, mit zehntausend Reitern und dreißigtausend Fußsoldaten in den Krieg einzutreten.

Vierzehn Tage lang stritten die Kaiserlichen mit Wolsey um jeden Zollbreit. Karl stand erst in seinem 21. Jahr und war vor kaum zwei Jahren zum Heiligen Römischen Kaiser gewählt worden. Er kam eben vom Reichstag zu Worms, wo er und Luther aneinandergeraten waren. Wolsey empfing einen sehr guten Eindruck von ihm. Besonders bewunderte er die kühle, überlegte Art, mit der Karl Geschäfte besprach. In diese Geschäfte mußte die Verfolgung der Ketzer eingeschlossen werden, da Luther exkommuniziert worden war. Dem Papst zu Gefallen erklärte sich Wolsey vertraglich gern bereit, in Heinrichs Landen »all und jeden zu verfolgen, der vom katholischen Glauben schlecht zu denken scheint«.

Die Franzosen wurden aus Mailand vertrieben, als Wolsey gerade sein geheimes Abkommen gegen sie abgeschlossen hatte und nach Hause reiste, ohne daß seine Doppelzüngigkeit gegen sie bekanntgeworden wäre.

Heinrich war von seinem fähigen Diener entzückt. »Bei Gott«, sagte er, »Mylord der Kardinal hat auf dieser Reise viele Pflichten erfüllt«, und er belohnte ihn mit der reichen Abtei von St. Albans.

Nur eine einzige Unstimmigkeit von Bedeutung war zwischen dem König und dem Kardinal vorgefallen. Heinrich, der soeben erst Buckingham losgeworden war, schien die beste Art, Feindlichkeiten gegen Franz zu beginnen, einen »geheimen Plan« auszuführen, auf den er ungeheuer stolz war. Dieser Plan bestand darin, daß er und der Kaiser gemeinsam einen überraschenden Angriff machen und so die »Zerstörung der königlichen Flotte bewerkstelligen« sollten. Aber anscheinend hatte Wolsey für diese strategische Idee nicht viel übrig. Heinrich gab nach. Auch ohne dies sah er den Weg zu seinem »rechtmäßigen Erbe« gesichert.

LI

Papst Leos rechte Hand war sein schöner Vetter Kardinal Giulio, ein illegitimer Sprößling der Medici. Giulio hatte die militärischen Angelegenheiten des Papsttums geleitet, aber Leo war mit dem ganzen Herzen dabei, und als die Nachricht, Frankreich habe Mailand verloren, ihm eines Abends in seine reizende Villa gebracht wurde, öffnete er die Fenster, ließ die Herbstluft hereinströmen und beugte sich hinaus, um den erhabenen Traum zu atmen, der ihm die Lombardei in den Händen der Medici zeigte.

Es war ein verhängnisvoller Augenblick; die Erkältung, die ihn erfaßte, ließ seinen groben Körper nicht los; er kehrte in den Vatikan zurück, bekam aber mitten in der Nacht Kongestionen und ächzte in Erstickungsanfällen nach Luft. Sein dicker Hanswurst war das einzige Wesen in seiner Nähe. Vergeblich richtete er Leo auf. Vergeblich rief er, atemlos vor Angst, nach Hilfe, flehte er den Papst an, nur ein Wort zu sagen, Gottes Namen ihm nachzusprechen.

Leo war tot; er hatte am Vatikan ein Defizit von nahezu einer Million Dukaten und in Deutschland das Defizit Luther hinterlassen.

Dies war der Augenblick, in dem Karl seine Rechnung mit Wolsey glattstellen konnte.

»Verschiebet die kaiserlichen Truppen, die jetzt in Italien stehen, nach Rom«, trieb ihn Wolsey an, und beherrschet so das Konklave. Aber es war zu plötzlich, zu eilig. Die Wahl war eine irre Hetze. »Die Kardinäle streiten und schimpfen.« —»Teufel in der Hölle«, nannte sie ein Gesandter. Ihre Hölle sollte sich zu einem Papste entschließen. Kein Medici, erklärten die Ältesten, und niemals der geschmeidige Giulio de Medici. Wolseys Name wurde genannt und er erhielt sieben vorläufige Stimmen, aber der Kampf ging immer zwischen Giulio und dem Gegner der Medici vor sich. Endlich wurde der Name eines völligen Außenseiters, Hadrians von Utrecht, vorgeschlagen. Er war fern und unbekannt, Karls Gesandter in Spanien, ein »Barbar« und gebeugt von der Last der Jahre; sein Ruf von Einfachheit und Heiligkeit warf jedoch auf die vor Ermüdung verzweifelten Gemüter einen Mondregenbogen. Er würde Karl recht sein und sich gegen Luther behaupten. Sie wählten ihn.

Das war ein Verrat an sämtlichen althergebrachten Interessen zu Rom. Leo hatte an über zweitausend Rentenjäger Ämter verkauft. Der Vatikan war zerfressen von Ablaß und Protektion. Die Bevölkerung war so wütend, daß die Kardinäle nicht wagen durften, sich außerhalb ihrer vier Wände zu zeigen.

Hadrian Florentius, der neue Papst, war ein gewissenhafter Holländer, stämmig, untersetzt und rosig. Er war niemandes Vasall. Er hatte es vermieden, seine Reise zu verzögern um Karl zu treffen, und er kam mit flämischem Hauspersonal und einem Diener in Rom an, dem er jeden Abend einen Dukaten für die Bedürfnisse des nächsten Tages auszahlte. Der römischen Bevölkerung blieb er unverständlich, ein Bonze, ein sonderbarer, düsterer Pilger aus irgendeinem wüsten und sonnelosen Hinterland, eine Bildsäule von Priester, bei dessen Ankunft die Pforten der römischen Banken und die Türen zum Belvedere sich instinktiv zu schließen schienen.

Hadrian warf einen einzigen Blick auf den Laokoon. »Heidnische Götzenbilder!«

Aber seine Hausmacherehrlichkeit war nicht am Platze. Die Kardinäle trotzten ihm. Die Beamten widerstanden ihm. Man nannte ihn einen Geizhals, weil er sich weigerte, Kirchengelder zu verschwenden. Er wurde als

Plebejer verspottet, weil er den geringen Bewerbern Gehör gab. Alexanders Sittenlosigkeit, Julius' Heftigkeit, Leos Verschwendungssucht und Doppelzüngigkeit – alles schien besser als diese stumpfe Ehrlichkeit. Die Italiener haßten Hadrian und richteten ihn zugrunde. Innerhalb eines Jahres war er geschlagen. »Als Seine Heiligkeit ankam, war er dick; nun ist er dünn, bleich, mit tränenden Augen.« Er harrte nicht einmal zwei Jahre aus.

LII

Im Frühling des Jahres 1522 hatte Heinrich mehrere Gewissensanfälle. Der erste war persönlich und privat. Er beriet sich mit seinem Beichtvater Longland über seine Beziehung zu Katharina, die keine Kinder mehr gebären konnte. Was unter dem Siegel der Beichte eröffnet wurde, konnte noch nicht bekannt werden. Nur Marie Boleyn durfte vielleicht auf die Folgerungen schließen, aber soweit die große Welt in Frage kam, blieben sie geheim.

Sein Gewissen beschränkte sich nicht auf das Privatleben. Die Engländer, die an Franzens Hofe lebten, eilten bald von Paris nach Hause, unter ihnen ein schwarzäugiges Mädchen, Anna Boleyn, die drei Jahre am französischen Hofe gelebt hatte und nun fünfzehn Jahre alt war. Durch den englischen Gesandten wurde eine formelle Erklärung an Franz abgegeben, Heinrich »werde durch sein Gewissen gezwungen«, sich gegen die Franzosen zu entscheiden.

»So wahr ich ihn einmal verloren habe«, erwiderte der heftige Franz voll Leidenschaft, »schwöre ich jetzt, daß ich ihn nie wieder gewinnen will, solange ich atme.« Er »würde nie wieder einem lebenden Fürsten vertrauen«.

Heinrich und Wolsey ließen sich durch diesen Ausbruch nicht beunruhigen. Hadrians Wahl war vergeben; der Hof schimmerte von dem prächtigsten Besuch, den er je vorbereitet hatte; Karl war mit zweitausend Mann Gefolge und einer Flotte von einhundertachtzig Schiffen in England angekommen.

Der Glanz machte nicht auf jeden Eindruck. Ein kurz angebundener Besucher erklärte, die englische Küche sei »so schlecht wie möglich«. Er fand seine Wohnung schlecht und teuer. Er hielt die Turniere für »nicht sehr prächtig«. Er entdeckte, daß die Unterkunft in den kleinen Dörfern, in welche einige der zweitausend Mann notwendigerweise gewiesen wurden, ganz elend waren, und daß die Lebensmittel zuviel kosteten. Er sprach ungeschminkt von den »kleinen schlechten Pferden, die sie in England gekauft hatten«, und er bemerkte, daß die »Einschiffung der Truppen sehr schlecht organisiert war«.

Offiziell jedoch war alles prunkvoll und prächtig. Im Mittelpunkt stand die Gestalt des jungen Kaisers. Karl war blond, äußerst ernsthaft und litt an Wucherungen, schlechten Zähnen und Bleichsucht. Nur seine blauen Augen, die in der weißen Maske lebendig glühten, und seine hagere Adlernase sprachen von der Anspannung seines geordneten und gewissenhaften Lebens. Man rühmte, er habe Besitzungen, auf denen die Sonne nie untergehe; sein Motto war »Jenseits mehr«.

Gleich dem unberechenbaren Maximilian Impulsen nachzugeben, war das letzte, was dieser müde Jüngling wünschte. Seine Arbeit um des Sports, des Weins, der Liebe, des Gesanges willen zu vernachlässigen, war seiner gehetzten Natur unmöglich. Doch so ruhig er war, so unsichtbar sein undurchdringlicher Panzer, so fühlte er doch Demut nur vor Gott. Er war jedoch ein Stoiker, bei dem das Lorbeerblatt des Humanismus vergessen und dem der religiöse Glaube der wahnsinnigen Johanna fein gehackt beigemengt war. Es war irreführend, daß er die äußere Moral eines anderen Kaisers mit spanischem Blut, des Marc Aurel, besaß, denn während Marc Aurel sich wirklich bemüht hatte, ein moralisches ABC zu bilden, das für einen Kaiser paßte, war dieser junge Mann zu klug, um irgendein anderes als das althergebrachte ABC zu benutzen.

Er kniete vor seiner Tante Katharina. Sie glühte hinter ihrer zarten Haut vor Freude, ihm Marie zu zeigen, die jetzt sechs Jahre alt war und die ihn heiraten sollte. Karls ruhiges Auge gab bei der Begrüßung des Kindes, das ihm verlobt war, kein Geheimnis preis. Er selbst hatte das System nicht erfunden, wonach die Diplomatie von einem Fürsten verlangte, der Tochter seines Kunden ein Eheversprechen zu geben, wie man vor Tische ein Gebet spricht. Aber es lag nicht in Karls Natur, mit irgend etwas plötzlich zu brechen, und sei es auch mit der Unaufrichtigkeit. Er enttäuschte also den törichten Glauben nicht, den seine Tante zu ihm hatte, und verheimlichte die andre Nichte, deren Vater der »König der Gewürze« war, die von der spanischen Stimmung begünstigt wurde und ihm eine Mitgift von einer Million einbringen würde.

Marie, stimmte er zu, würde seine junge Frau sein, und Mariens Vater war mit Karl glücklich. Die Rolle des Onkels brachte diesmal, wo sie sich leiblicher auswirken konnte, in Heinrich alles Großzügige und Liebenswürdige zum Vorschein. Er lächelte seinem Neffen zu. Karl gefiel ihm. Sie waren verwandt. Und nun waren sie außerdem aus ganzem Herzen Bundesgenossen in einem Kriege gegen den natürlichen Feind.

Aber, selbst als der französische Herold die Nachricht überbrachte, die Heinrich und Karl zusammen empfingen, und als der englische Herold (der, wie Luise sagte, vor Angst weiß, völlig weiß aussah) dem französischen König und seiner Mutter in Lyon die Neuigkeit meldete, brauchte der große Krieg ein Jahr, um zum Zug zu kommen. Er fing mit Grenzplänkeleien an, die eine Spezialität der Howards waren. Surrey landete mit siebentausend Mann in Cherbourg und beschoß Morlaix; »die Stadt wurde schnell geschleift und verbrannt, und eine reiche Beute auf unsere Flotte gebracht«. Die Beute wurde auf achthunderttausend Dukaten geschätzt. Boulogne setzte in der anderen Richtung den Operationen ein Hindernis entgegen und empfahl sich so für die Einnahme. Der Feldzug hatte den Wert, daß er dem Feinde lästig war und reiche Beute einbrachte; strategisch war er nicht wichtig. Der große Vorstoß sollte im Jahre 1523 erfolgen.

LIII

Ein »großer Vorstoß« in einem großen Kriege mit einem großen Ziele erfordert entsprechende Opfer. Die Ziffer war, wie Wolsey sie berechnete, nicht atemraubend; sie würde sich auf achthunderttausend Pfund belaufen. Für ein Land von drei Millionen entsprach dies ungefähr sechzehn Millionen Pfund an heutigem Gelde. Es aufzubringen, würde Entbehrungen nach sich ziehen, aber um diesen Preis konnte England sicherlich seinen Stützpunkt in Frankreich wiedergewinnen und mit etwas Glück vielleicht die Normandie und Guyenne erhalten, dazu noch einen Engländer auf den päpstlichen Stuhl setzen. Auf dem Papier, und einhundert Jahre etwa nach Azincourt, waren die Aussichten für eine Verbindung mit dem Kaiser glänzend, besonders da Franz und seine Mutter höchst unbeliebt geworden waren, mit Parlament und Schatzamt bis aufs Messer kämpften und, wie England am besten wissen mußte, im Begriff standen, einen der Aufstände zu erleben, die einem Buckingham den Kopf kosten, wenn er nur von ihrer Möglichkeit flüstert, die aber, wenn ein Bourbon sie beschließt, ihm vom Kaiser eine Frau und finanzielle Unterstützung von Heinrich einbringen.

Zu dieser Zeit bestand ein ungeheurer Unterschied zwischen dem französischen und englischen Absolutismus. Die Adligen Frankreichs und die Juristen Frankreichs machten ihrem Monarchen den Vorrang streitig. Selbst als Franz wußte, daß sein erster Adliger eine Verschwörung anzettelte, um das Land zu zerstückeln, selbst als die Beweise vollgültig vorlagen und Bourbon entwichen war, um der offenkundige Adjutant des Kaisers zu sein, weigerte sich das Parlament, die Anklagen anzuerkennen, weigerte sich, die Untersuchung zu beschleunigen und hatte für Franz nur taube Ohren. Buckingham legte den Weg von seinem Tudorgarten zu seinem Tudorgrab in einem Monat zurück. Franz brachte sechs Monate mit vergeblichem Gepolter zu und sagte: »Ich befehle Euch, ihre Geständnisse beizubringen«, »Ich bestehe darauf, daß sie gefoltert werden, damit sie sprechen«, ohne die Herren vom Gericht um Haaresbreite zum Weichen zu bringen, da ihre Fähigkeit, seine Vorhaltungen zu schlucken, ebenso groß war wie die ihrer schwarzen Roben, das Licht zu schlucken. St. Vallier, der Greis, der ausplauderte, wie der Connetable ihn überredete, wie er am anderen Morgen versucht hatte, den Connetable von dem furchtbaren Verbrechen gegen Frankreich abzubringen, wie sie zusammen geweint hatten, bis der Bourbone sich an Franzens Mutter und ihren Haß, weil er sie nicht heiraten wollte, erinnerte — dieser St. Vallier sollte gemartert werden, schien aber dazu zu alt; sollte hingerichtet werden, kam aber nur bis ans Schafott, und verdankte sein Leben, sagten die einen, der Fürsprache seiner Tochter Diana von Poitiers, wie andre sagten, Franzens Mangel an Entschlußkraft – jedenfalls starb er ein Jahrzehnt später in seinem Bette, etwas behindert in seiner Entwicklung zum Verschwörer, aber nicht so kurz und bündig abgeschnitten wie Buckingham.

Wolsey glaubte die Tasche des Engländers auf ebenso bündige Art angreifen zu können. Das Parlament von 1523 wurde einberufen und er hatte die Absicht, vor ihm zu erscheinen und ihm mitzuteilen, was es zu tun habe.

Sir Thomas More wurde vom König zum Speaker ernannt. Der Verfasser der »Utopia« war kein Rebell; er war auch kein Pazifist. Er teilte dem Unterhaus mit, daß es seine Pflicht sei, den Krieg zu unterstützen und sich mit einer Steuer von vier Schillingen im Pfund einverstanden zu erklären. Als aber Wolsey anfing zu donnern und sagte, »er würde sich eher die Zunge mit Zangen aus dem Kopfe reißen lassen« als den König bewegen, sich mit weniger zufrieden zu geben, und rohe Hand an das Unterhaus legen wollte, wie er sie an den päpstlichen Nuntius gelegt und ihn mit der Marter bedroht hatte, da bewies Thomas More, daß er ebenso mannhaft sei wie das Parlament von Paris. Und es war eine unverfälschte Mannhaftigkeit. »Mir scheint es nicht verfehlt«, sagte er auf seine milde Art vor dem Haus, »ihn in all seinem Prunk zu empfangen, mit seinen Amtsstäben, seinen Säulchen, seinen Streitäxten, seinen Kreuzen, seinem Hut, und sogar seinem großen Siegel«, dabei aber doch auf dem Privileg des Unterhauses zu bestehen, wenn Fremde anwesend sind, »ein erstaunlich hartnäckiges Schweigen« zu bewahren.

Dies war ein wirkungsvoller Schweigestreik. More ließ sich vor dem Eindringling und Kardinal auf die Knie nieder und erklärte ihn. Wolsey zog sich zurück. Heinrich aber, der nichts so sehr studierte wie die Gewohnheiten öffentlicher Körperschaften von Kirchenversammlungen bis zu Gerichtshöfen, stellte fest, daß Wolseys Peitsche und Wolseys Sporn als Reitkünste nicht beliebt seien.

Ein Mann mit einem Kanonenschädel, einem mageren Mund ohne Lippen und funkelnden Augen hielt eine gute Rede gegen den Krieg. Er hieß Thomas Cromwell und war ein »Gemeiner«. In Frankreich einzufallen, behauptete er, sei unwirtschaftlich. Er zitierte das alte Sprichwort: »Wer Frankreich will gewinnen, mit Schottland muß er beginnen.« Seine Rede war schmucklos, praktisch und eindrucksvoll. Sie berührte Krieg und Frieden, Reichtum und Armut, »Wahrheit, Falschheit, Gerechtigkeit, Billigkeit«. Das Licht der zweiten Stunde nach Mittag fiel klar und hart auf den staubigen Sammet von Wolseys Kriegspolitik herab. Cromwell zeigte launig ihre abgenutzten Ellbogen und schäbigen Nähte auf. Er enthüllte sie, aber ohne jede Gehässigkeit – jedenfalls nicht mit so viel Gehässigkeit, daß Wolsey einen so tüchtigen Kritiker nicht sofort in seine Dienste genommen hätte.

Man mußte jedoch in Frankreich einfallen, auch wenn man keine achthunderttausend Pfund zur Verfügung hatte. Sein Rat überredete Heinrich, die Armee nicht zu führen, und Wolsey gab seinen ursprünglichen Plan, wonach er den General vorgestellt hätte, auf. Suffolk erhielt das Kommando. Heinrich war davon überzeugt, daß die Engländer dem Kaiser nicht besser helfen konnten, als indem sie Boulogne für sich besetzten. Wolsey wäre auch damit einverstanden gewesen, aber inzwischen war die Nachricht eingetroffen, daß Papst Hadrian verschieden sei. Margarete, Karls Tante, überredete Wolsey bald, die Beweggründe der kaiserlichen Partei einzusehen und die englische Armee vorzuschicken, um Paris einzunehmen. Heinrich gab widerwillig seine Zustimmung, bestand aber darauf, daß seinen Soldaten gestattet sei, sich durch Beute und Raub schadlos zu halten, da man sie sonst nicht in Zucht halten könne. Und so wurde es denn beschlossen.

LIV

Trotz seiner erfolgreichen Diplomatie war Heinrich mit seinen Bundesgenossen nicht zufrieden. Sie wollten alle Geld von ihm. Sie wollten es in einem Augenblick, da er in England stark in der Klemme war. Und sie erfüllten ihre Verpflichtungen nicht.

Auf dem Papier war die Eroberung Frankreichs leicht genug. Bourbon sollte damit anfangen, daß er Heinrich »als seinen obersten Herrn« anerkannte, »ihm Schwur und Treue als rechtmäßigem Erben der Krone Frankreichs leistete.« War auf diese Weise der Gesetzlichkeit Genüge geschehen, so sollte der Herzog nach Burgund entweichen, wo ein Heer deutscher Landsknechte bereitstand, die er nach Frankreich zurückführen sollte. Karl sollte nicht nur das geliehene Geld zurückzahlen und die Renten, die Wolsey und den anderen gebührten, erstatten, sondern auch an der Spitze seiner Truppen die Pyrenäen überschreiten, während die englischen und flämischen Truppen über die Somme setzen und in Paris zusammentreffen sollten. Während Frankreich so von drei Seiten zugleich überfallen wurde, sollte Franz nicht anwesend, sondern an der Spitze einer riesigen Armee nach Italien unterwegs sein.

Dieser Plan des Jahres 1523 war zu einfach. Franz machte sich nach Italien auf, verzögerte aber die Weiterreise aus Mißtrauen gegen Bourbon, der gezwungen war, nach Süden zu entweichen. Karl hatte keinen Pfennig. Er konnte Heinrich nicht seine Schulden bezahlen. Er überschritt die Pyrenäen, nahm aber nur ein oder zwei Städte ein. Die Franzosen verschanzten sich in Bayonne. Die Landsknechte überquerten die Maas, wurden aber zurückgeschlagen. Eine Anzahl der bourbonischen Verschwörer wurden festgenommen. Und schließlich hing alles von Suffolk ab, der sich Paris näherte, ohne Widerstand zu begegnen.

LV

Inzwischen lag der Papst im Sterben. Wolsey, der auf diese Freudenbotschaft in London wartete, war kaum gieriger danach als die Kardinäle in Rom. Während sich Seine Heiligkeit dem Ende näherte, »begingen viele Kardinäle die größte Grausamkeit, die je erhört war. Als der Papst im Sterben lag, behelligten und drängten sie ihn, zu gestehen, wieviel Geld er habe und wo es verborgen sei. Sie behandelten ihn nicht wie einen Papst, sondern wie eine Privatperson, die gefoltert wird. Der Papst schwor, daß er keine tausend Dukaten besitze.« Der spanische Botschafter fügt hinzu, daß er selbst die Kirchenfürsten forttrieb, daß sie aber auf ihrem Rückzug päpstliche Tapeten, Edelsteine, Juwelen, Tafelsilber und Gewänder mitnahmen.

Diese Schamlosigkeit wurde von Wolsey nicht übertroffen. Er sagte Heinrich, wie »unwürdig« er einer so hohen und großen Würde sei, aber er beabsichtigte, die Kardinäle zu bestechen. »Die jungen Männer«, teilte er seinem Geschäftsträger mit, »die zum größten Teil Not leiden, werden günstigen Angeboten ein geneigtes Ohr leihen.« »Ihr müßt große Geschicklichkeit anwenden.« — »Ihr habt volle Ermächtigung, im Namen des Königs sowohl Geschenke wie Beförderungen und auch große Summen Geldes an so viele Ihr für passend erachtet bindend zu versprechen.«

Bestechung jedoch genügte noch nicht. Die ausschlaggebende Stimme bei dieser Wahl war die Stimme Karls.

Karl hatte in Brügge gesehen, welch »unparteilicher« Schiedsrichter Wolsey war, und er wußte, was er für einen Papst abgeben würde. Darum spielte er ein doppeltes Spiel. Er sandte Wolsey Kopien der Weisungen, die er nach Rom erteilte, in denen er die Wahl Wolseys befürwortete und so gut wie anbefahl. Und im gleichen Augenblick, da er seinen Boten nach Rom sandte, befahl er seinen Behörden in Barcelona, ihm diese Weisungen abzunehmen. Sein eigener Kandidat, dem er eine Leibrente bezahlt hatte, war Kardinal Giulio de Medici. Giulio war Leos Adjutant gewesen und man traute ihm ungeheure Fähigkeiten zu. Er war es, der dem früheren Papst nachwies, daß er durch seinen Ratgeber, den Franzosenfreund Kardinal Soderini, verräterisch getäuscht worden war. Er hatte sogar den ehrlichen alten Holländer bewogen, zum Schlusse mit dem Kaiser zu gehen. Adrian hatte während seiner letzten Monate Franz mit Exkommunikation bedroht, und Franz hatte diesen Stoß auf recht brutale Weise pariert. Man wußte, daß sich auf die Drohung mit dem Bann das Haar des Herzogs von Urbino buchstäblich gesträubt hatte. Franzens Kopfhaut jedoch zog sich nicht so leicht zusammen. Wie er Bourbon aus Frankreich exkommunizieren sollte, machte ihm mehr Kopfzerbrechen, als daß er durch Rom exkommuniziert werden könnte.

Die neue Papstwahl war wesentlich eine politische. Sie begann wie gewöhnlich mit feierlichen Zeremonien. Bestechungen sollten nicht geduldet werden. Die neununddreißig Kardinäle wurden in ihre Zellen eingeschlossen; sie wußten, daß, wenn sie nicht innerhalb vier oder fünf Tagen zu einem Entschluß kämen, die Profose ihren Küchenzettel auf die Wahl zwischen einer einzigen »gebratenen oder gesottenen« Schüssel herabsetzen würden, und daß sie, wenn sie zu lange keinen Papst ernannten, als Gefangene in ihren Zellen von Wein und Brot leben müßten.

Und doch konnten sie sich länger als einen Monat nicht verständigen. Schon das Gerücht, daß man Wolsey, wieder einen »Barbaren«, in Betracht zöge, ließ die Bevölkerung wie ein erregtes Meer um den Vatikan branden; nur die beruhigenden Worte, die einer aus dem Konklave von einem Balkon aus sprach, retteten die Kardinäle und brachten die murrende Menge dazu, sich zurückzuziehen. Wolsey war zu jung, zu fern, zu unbekannt, als daß er eine Chance gehabt hätte, Papst zu werden. Das Papsttum war ein Attribut der Italiener.

Als Stimmung und Manieren sich am toten Punkt abnutzten, kam Kardinal Colonna, »ein Mann von hastiger und sehr stolzer Gemütsart« und Giulios erbitterter Feind, zu ihm und machte ihm Vorwürfe, daß er sich betrage, wie der Hund in der Krippe.

»Was gebt Ihr mir, wenn ich diesmal Euren Kandidaten unterstütze?« fragte Giulio, der wußte, daß Colonna einen italienischen Kardinal, einen gemäßigten Anhänger des Kaisers von ausgezeichnetem Charakter, begünstigen würde.

Der Ältere, der Sprecher der acht »alten« Kardinäle war und glaubte, daß er auf alle französischen Stimmen zählen könne, versprach ihm: »Ich werde Euch die gleiche Anzahl Stimmen leihen, die Ihr mir leiht.«

Sofort gab ihm Giulio ein »Versprechen mit Handschlag«, wonach er ihn zum Kanzler machen und ihm seinen »prächtigsten Palast« geben würde. Er tat das, da er wußte, daß er vier französische Stimmen zurückbehalten konnte. Man versuchte es mit dem gemäßigten Kaiseranhänger, und er kam nicht durch. Und so wütend war Colonna auf die Franzosen, die ihn im Stich gelassen hatten, daß er zu Giulio de Medici kam. »Ihr habt Euer Versprechen gehalten«, sagte er, »und nun will ich ihnen einen Papst geben, mit dem sie nicht gerechnet haben.«

So wurde nach einem fünfzigtägigen Konklave Giulio de Medici gewählt; seine illegitime Geburt hatte man ausgelöscht, damit er den Bestimmungen der Wahl entspreche. Er nannte sich Clemens VII. und war gegen fünfundvierzig Jahre alt.

Als die Nachricht seiner Niederlage zu Wolsey gelangte, hatten die englischen Truppen Montdidier zurückgelassen und die Oise überquert. Sie standen in Reichweite von Paris.

LVI

Wolseys Niederlage bei der Papstwahl verursachte eine der Schwenkungen in der englischen Politik, auf die Heinrich nicht vorbereitet schien. Obwohl er tatsächlich Verstärkungen in Bereitschaft hielt, wurde die Armee, die bis dreißig Meilen vor Paris vorgegangen war, eilends zurückgezogen; es dauerte lange, bis Heinrich soweit besänftigt war, daß er Suffolk und die anderen Befehlshaber aufsuchen konnte.

Wolsey jedoch fiel es nicht schwer, Erklärungen abzugeben. Jeder wußte, daß »strenger Frost herrschte, so daß mancher Soldat an Kälte starb.« — »Die Jahreszeit«, ließ er dem Kaiser sagen, »weise so häufige Fröste und andere ungünstige Witterung auf, daß weder Mann noch Roß es ertragen könnten, lange im Freien zu marschieren, sondern täglich und nächtlich auf beiden Seiten in großer Anzahl starben, und verschiedene ihre Finger, Hände und Füße verloren, die ihnen, während sie schliefen, abstarben, während sie anderen weggeschnitten werden mußten.«

Auf diese Weise entschuldigte man den Rückzug. Die Kaiserlichen jedoch betrachteten den Kardinal mit wachsendem Mißtrauen. »Ein schurkischer Bettler.« Ein Mann von »sehr niedriger Gemütsart«. — »Seine Absichten sind schlecht.« Selbst die Neutralen sprachen von allgemeinem Mißtrauen. »Dieser Mann«, schrieb Guicciardini, «obwohl aus sehr geringem Geschlechte und verächtlichem Blute stammend, fand Mittel, einen solchen Einfluß auf den Fürsten (Heinrich) zu nehmen, daß es jedem klar war, wie die Befehle des Königs ohne Bedeutung seien, während auf der anderen Seite alle Befehle, die er selbst ohne Wissen des Königs erteilte, pünktlich ausgeführt wurden.«

Der Italiener, der selbst mitten im Getriebe stand, begriff, daß Wolsey zu Anfang des Jahres 1524 um den Frieden spielte. »Ehrgeizigerweise verlangte und erwartete er, daß man den König, seinen Herrn, zum Schiedsrichter über alle Umstimmigkeiten mache. Und da er wußte, daß seine Autorität bei der Verhandlung über die Friedensartikel von größtem Gewicht sein würde, gefiel er sich in dem Gedanken, seinen Namen auf der ganzen Welt mit Ruhm zu bedecken, und beabsichtigte gleicherzeit, beim König von Frankreich, zu dem er im geheimen immer geneigt hatte, sich Einfluß zu sichern.«

Dachte Wolsey aus Staatsräson an den Frieden, so forderten die Intellektuellen ihn noch immer aus Gründen der Humanität. Man wandte sich jedoch an den Papst und nicht an Heinrich. Diesmal war es nicht Colet, der gestorben war, noch Erasmus, der sich endlich in seinem Heim in Basel befand, mit seinen guten Büchern, gutem Kaminfeuer und gutem Burgunder. Er befand sich in einer zu tiefgehenden Kontroverse mit Luther über das Thema des freien Willens und war durch die Gewalttätigkeiten auf allen Seiten zu entmutigt, um zu seinen kritischen Ausführungen über die Dynasten zurückzukehren. Thomas More war ebenso behindert: er hatte ein Amt inne. Es erhob sich aber die Stimme des Ludovico Vives, eines Humanisten spanischer Geburt, aus dessen Vorschlägen zur Armenfürsorge eine erstaunliche soziale Einsicht hervorging. Vives war in Löwen, wo Erasmus früher gelebt hatte, und er schrieb an den Papst einen offenen Protest gegen die Menschenverschwendung des europäischen Krieges:

»Ich wünschte«, sagte er voll tiefen Gefühls für das Volk, »ich wünschte, alle Fürsten würden einen Teil ihres Lebens als Privatleute verbringen, damit sie die Bedürfnisse ihrer Untertanen kennen und aus dem eigenen Leiden heraus jene, die leiden, bemitleiden lernten. In königlichem Prunk erzogen, haben sie wenig Gefühl für die Nöte der anderen.

Sie halten es für gering, daß um eines kleinlichen Streites willen oder aus eitlem Ehrgeiz Felder, Dörfer und Städte verwüstet, eine ganze Bevölkerung verbraucht und selbst Nationen zerstört werden.

Wer kann ohne Seufzer zusehen oder ohne Tränen hören, wie ganze Scharen von Greisen und Säuglingen heimatlos gemacht werden und in den Kirchen wehklagen; wie ihnen ihr Besitz durch militärische Gewalt, oft sogar durch die befreundeten Armeen geraubt und, was noch unerträglicher ist, vor ihren Augen vernichtet und verbrannt wird?«

Vives erwähnte die Pest nicht, aber sie wütete bereits in Italien. In Mailand allein sollten im Jahre 1524 fünfzigtausend Personen daran sterben. Der Krieg geißelte Europa, und es war kein Ende davon abzusehen.

LVII

Aber die Sache des europäischen Friedens war nicht ganz verlassen, solange dieser Friede einem Staatsmann Nutzen bringen konnte. Durch seine Verhandlungen mit Karl in Brüssel hatte Wolsey versucht, sich selbst, das Papsttum und Heinrich eine Schlüsselstellung in Frankreich zu sichern. Die Papstwahl hatte gezeigt, wie wertlos Karls Versprechungen waren; sie hatte Wolsey tief verbittert und ihn dem Frieden geneigt gemacht.

Bei seinem großen Prestige war es ihm ein leichtes, Heinrich den Krieg in einem neuen Lichte darzustellen, ihm zu zeigen, wie wenig Hilfe er von Flandern oder von Bourbon erhalte, welch große Ausgaben er habe und welchen Eigennutzes der Kaiser fähig sei. Niemand war so geneigt wie Heinrich, an den Eigennutz anderer zu glauben, und als man ihn erst so weit hatte, daß der Traum von der Eroberung Frankreichs in seiner Vorstellung verblaßte und die Möglichkeit, mit Frankreich ein Kompromiß zu schließen, ihm geschickt und lebendig dargestellt wurde, schien ihm der Krieg weniger einträglich als ein günstiger Frieden. Wolsey war zuversichtlich der Ansicht, die Franzosen seien so sehr in der Klemme, daß sie ein Enklave preisgeben würden, während er und Heinrich jederzeit als moralische Schiedsrichter einen Grund finden konnten, vom Kaiser die

Einstellung des Kampfes zu verlangen. Die Lage war nicht ungünstig. Kriegsvorbereitungen in großem Maßstab waren bis zum Jahre 1525 hinausgeschoben worden, und Wolsey beabsichtigte, die Verbindung mit Karl immer mehr einzuschränken, bis ein billiger Sieg zu haben war.

Seine Enttäuschung beschränkte sich nicht auf Untätigkeit. Als der kaiserliche Gesandte ihn wegen der von Heinrich versprochenen Unterstützungen aufsuchte, gab ihm Wolsey eine Breitseite. »Der Kaiser ist ein Lügner«, sagte er, »ein Lügner, der sich an keinen Glauben und an kein Versprechen hält; die Herzogin Margarete ist eine Kupplerin; Ferdinand, der Bruder des Kaisers, ist ein Kind und wird wie ein Kind behandelt; und der Herzog von Bourbon ist ein Verräter.« Diese Fülle der Worte war an den Gesandten nicht verschwendet; er berichtete alles. Aber Wolsey war das gleichgültig. Er kannte die Meinung des Festlandes, die Papst Leo einmal so ausgedrückt hatte: »Der König von England ist kein mächtiger Fürst; die geographische Lage seines Königreiches ermöglicht es ihm nur, dem König von Frankreich lästig zu werden.« Da dies die bittre Wahrheit war, beabsichtigte Wolsey nicht, an einen Fürsten, der ihn bei dem größten Vorhaben seines Lebens im Stich gelassen hatte, höfliche Redensarten zu verschwenden. Er gab den Franzosen zu verstehen, er sei bereit, mit ihnen zu verhandeln; und bald hatte sein Beichtvater Lark einen geheimen Geschäftsträger, Luise von Savoyens Haushofmeister, als Gast in Blackfriars bei sich.

Dieser geheime Geschäftsträger, ein Genuese, kam gegen Ende Juni 1524 an. Inzwischen war Wolsey mitgeteilt worden, Karl habe mit dem Bourbonen einen prächtigen Plan vor, der unmittelbaren Erfolg verspreche — Marseille sollte belagert werden, und Karl rechnete auf England, eine Ablenkung im Norden zu schaffen. Die Einnahme von Marseille sollte einem Vormarsch auf Lyon vorangehen; darauf sollte Bourbon vorgehen und Heinrich in Reims gekrönt werden. Wolsey hörte zu, ohne seine Ruhe zu verlieren. Die Einnahme von Marseille konnte nur für Karl eine offene Straße zwischen Spanien und Italien bedeuten, ohne daß England daraus entsprechenden Vorteil ziehen würde. Er nahm jede Versicherung, die Bourbon ihm gab, entgegen, aber er hatte nicht die Absicht, ihm eilig Geld zu schicken oder 14000 Engländer zu landen, außer wenn er es selbst für richtig hielt. Er war noch immer ein Bundesgenosse, aber ein Bundesgenosse, der den Finger in den Boden steckte, um zu riechen, wo er sich befände.

LVIII

Der Sommerangriff auf Marseille war in der Tat furchtbar. Zwanzig Jahre früher hätte eine Artillerie wie die Bourbons den Sieg davongetragen, aber zu dieser Zeit hatten neue Angriffsmethoden eine neue Verteidigung hervorgerufen, und es waren solche Festungswerke ausgedacht, solche Redouten und Bastionen aufgeführt, die Zugänge von Gärten oder Häuser derart geräumt worden, und man hatte im voraus Gebäude, die Schutz gewähren konnten, so rücksichtslos niedergelegt, daß die auf dem Rande des herrlichen Amphitheaters, auf dem ihre Stadt liegt, versammelten Bürger darauf rechnen konnten, Bourbon für seinen schamlosen Einfall in Frankreich büßen zu lassen. Alle Frauen, ob jung oder alt, hatten den Männern beim Ausheben der Gräben geholfen. Die schönsten Kirchen waren dem Erdboden gleichgemacht worden, und die berühmten Toten von Marseille waren ausgegraben und als frommes Vorspiel in die Stadt getragen worden, um sie zu beschirmen.

Während die Belagerung begann, kamen Abgesandte zu Franz, um seine Hilfe zu erbitten. Er befand sich in der Nähe von Avignon im Feldlager. Der Spitzbube in ihm war genau so lebendig wie je. Obwohl seine Gattin Claudia erst wenige Wochen tot war, hatte er zu dem Versuch Zeit gefunden, sich bei der Tochter des ihn empfangenden Bürgermeisters einzuschmeicheln; und sein Ruf war so furchtbar, daß sie ihre eigne Schönheit mit Säure zerstört hatte. Aber diese ritterlichen Bedürfnisse ließen ihn die Marseillaner nicht vergessen. Er sandte ihnen ermunternde Worte und Hilfe und versprach, in Kürze mit seiner Armee sich einzufinden.

Vor Marseille wurde eine bizarre Komödie aufgeführt. Der mürrische Bourbone teilte sich in die Anführerschaft mit Pescara, einem glänzenden Krieger von spanischer Herkunft, der mit Vittoria Colonna verheiratet war und von dem ein wohl unterrichteter Italiener gesagt hat, es gäbe in ganz Italien keinen Mann von größerer Bosheit und geringerer Verläßlichkeit. Bourbon hörte, daß eine Bombe aus der Stadt explodierte und in ihrer Mitte einen Priester tötete, der gerade die Messe las. »Was war das?« fragte er. »Das«, erwiderte Pescara, »sind ohne Zweifel die Bürger, die Euch die Schlüssel der Stadt bringen.« Als Bourbon nach achthundert Kanonenschüssen eine zackige Bresche in die Mauern geschlagen hatte und bereit war, sie zu erklimmen und in die Stadt zu gelangen, hielt Pescara an seine Soldaten eine Ansprache. »Der Tisch ist wunderbar gedeckt«, sagte er. »Wollt ihr heute im Paradiese zu Abend speisen, so beeilt euch. Wo nicht, so folget mir nach Italien, das von niemand verteidigt wird und überfallen werden soll.«

Nacheinander weigerten sich die Spanier, die Italiener und die Deutschen, Bourbons Bresche zu ersteigen. Außerstande, den Bundesgenossen, in deren Hand er sein Schicksal gegeben hatte, seinen Willen aufzuzwingen, sah der stolze und unglückliche Mann sich gezwungen, mit Pescara beim Rückzug Schritt zu halten. Sie wandten sich zur Corniche, auf der sie gekommen waren, und legten bis vierzig Meilen am Tage zurück. Franz, dessen große Armee endlich gerüstet war, folgte ihnen auf den Fersen, und bevor sie mehr tun konnten, als sich hinter Pavias Mauern retten, stand er selbst auf der lombardischen Tiefebene und legte Hand an Mailand.

LIX

Das Fiasko von Marseille änderte alles. Nichts hätte Heinrich, Wolsey, Karl oder den neuen Papst mehr in Verwirrung bringen können als dieser Mißerfolg Bourbons, die Provence an der Gurgel zu fassen. Dem jungen Kaiser war so übel, daß er das Fieber bekam, ein Wechselfieber. Heinrich und Wolsey gebärdeten sich wie Winkeladvokaten bei einem zweifelhaften Prozeß. Papst Clemens, der als Leos Adjutant so erfindungsreich gewesen war, sah sich als Papst völlig hilflos, der Zweite in einem Tandem, der gezwungen wird, die Führung zu übernehmen. Er konnte seine Schüchternheit, seine Zweifel, seine Aufregung, seine Nervenzustände nicht verbergen. »Der Papst«, stellte der spanische Gesandte fest, »fürchtet die Franzosen über die Maßen.« Er hatte Angst vor einer Katastrophe. Er teilte seinen panischen Schrecken den Venezianern mit, die sich auf Karls Seite geschlagen hatten. Er hörte dem Vizekönig von Neapel zu, der berichtete, daß Karl kein Geld habe. Als im Dezember der Franzosenkönig das von der Pest heimgesuchte Mailand verlassen hatte und mit einer riesigen Armee vor Pavia stand, so daß die kaiserlichen Streitkräfte sich nicht rühren konnten, fiel Clemens nichts Gescheiteres ein, als mit Franz im Geheimen Frieden zu schließen, ein Bündnis mit den Venezianern zu machen, seine Angst vor den Konsequenzen, die Karl daran knüpfen würde, zu verbergen und abzuwarten.

Dieser Zustand der äußersten Spannung und Panik, erregten Laune und wilder Gerüchte beschränkte sich auf kein bestimmtes Lager. Franz war es nur gelungen, sein eignes Land zu verlassen, indem er sich vor seiner Mutter drückte; »er hatte die Alpen überschritten in der Hoffnung, alles durch den bloßen Anblick«, das heißt auf einen Streich, »zu gewinnen«. Er machte sich daran, den überschwemmten Fluß, der Pavia auf der einen Seite schützte, umzuleiten; als dies mißlang, kostete seine Ungeduld, den entscheidenden Schlag zu führen, ihn Tausende von Menschenleben. Das Gerücht, »Karl sei sehr schwach und gar nicht zum Kriege gerüstet«, ließ Mutmaßungen bis in die fernsten Teile Englands dringen; da es aber schien, als habe Franz die Oberhand, und von Pavia, wo Pescara und de Leyva den Befehl hatten, sich verstohlen die Nachricht verbreitete, »die Lebensmittel begännen auszugehen und die Soldaten untereinander zu streiten, ob Pferdefleisch oder das Fleisch der Lasttiere, die sie aus der Provence mitgeführt hätten, die bessere Nahrung sei«, fühlte Wolsey sich berechtigt, Heinrich zu seiner eigenen Politik des doppelten Spiels zu beglückwünschen. Sollte der Kaiser siegen, sagte er Heinrich, so können wir auf unsre mannigfachen Dienste verweisen; und sollte Franz siegen, so sind wir ihm ebenfalls freundlich gesinnt gewesen. Diese Botschaft sollte Heinrich bedeuten, daß er fröhlich Weihnachten feiern dürfe. Aber sie setzte viel voraus.

Karl jedoch hatte auch tröstliche Nachricht empfangen. Der Abt von Najero schrieb voll schallenden Zutrauens aus Italien: »Seine Anführer in Italien sind überzeugt, daß der König von Frankreich seinen Kredit und seine Armee verlieren und schließlich entweder getötet oder gefangengesetzt werden muß, wie ihm von Astrologen und Wahrsagern prophezeit worden.« — »Alle, vom höchsten Offizier bis zum niedrigsten Soldaten, sind des Sieges gewiß.« Der Abt wollte nichts anderes hören. Er teilte sein Vertrauen Pace mit, der die Botschaft nach England heimsandte.

Franz besaß über 30000 Mann, um Bourbons Armee, die zum Entsatz Pavias heraneilte, Widerstand zu leisten. Er selbst war in der Übermacht und von Plänen und Heiterkeit erfüllt. Im Park, wo er außerhalb der Mauern kampierte, war es so kalt, daß die höheren Offiziere in seine Küche kamen, um sich zu wärmen; ein Huhn kostete beinahe hundert Taler. Franz jedoch war hoffnungsvoll. Er hatte sich gerühmt, daß er Pavia nehmen oder sterben werde, und er hatte die Absicht, sein Wort zu halten. Seine älteren Generale verwiesen ihn auf die Gefahr, die er lief; der junge Bonnivet lachte sie aus, und der König lachte mit Bonnivet. Er war gleichzeitig mit seinen Plänen für den Angriff rasend beschäftigt und von seinen Zerstreuungen eingenommen. Er tanzte und bewirtete, staunte über die Morbidezza der italienischen Frauen und erhaschte den Anblick von herrlichem Blau mitten in dem grauen Winterhimmel.

Karl schrieb voll Vorahnungen an den Papst. Er sagte, er sei ein Freund des Friedens. Er habe mit Franz in Frieden gelebt; hätte er das auch weiterhin getan, so hätte er großen Vorteil davon erworben; Papst Leo aber habe ihn beredet, Franz den Krieg zu erklären, und da Clemens die Staatsgeschäfte während der Regierung Papst Leos geleitet habe, sei er persönlich dafür verantwortlich. Wenngleich er aber dem Krieg den Frieden vorziehe, würde er sich als spröder Gegner erweisen. Er sei nicht schwächlich. Seine Krankheit hindere ihn nicht, sehr unbotmäßige Pferde zu besteigen. Die nicht zu ihm hielten, würden ihre Treulosigkeit bedauern. »Eines Tages werden sie weinen.« Und die schwerste Strafe sei den Venezianern vorbehalten.

»Ich werde nach Italien kommen«, drohte er später, »und mich an allen rächen, die mir Unrecht zugefügt haben, besonders an dem Hasenfuß, dem Papste. Meine Absichten werde ich ausführen, und sollte es mich so Leben wie Krone kosten.«

So stand die Waage, als Bourbon eilte, Pavia zu retten, und Franz die Belagerung fortsetzte, wobei der Papst sich nach beiden Seiten drehte, Karl noch im fernen Spanien sich die fieberhaften Ausreden Clemens' anhörte und sich selbst trotz seiner Bleichsucht und Melancholie zu Vorstellungen von Weltherrschaft zwang.

Inzwischen hatte Wolsey die französischen Verhandlungen so beschleunigt, daß der kaiserliche Gesandte in London von Wut und Hohn erfüllt war. In seinen Briefen an Karl schonte er Wolseys Charakter nicht; aber der Kardinal kannte ihren Inhalt, ließ die Meldungen durch die Nachtwache wie zufällig beschlagnahmen, öffnete sie, berief den Gesandten vor den geheimen Rat und beschimpfte ihn mit unerhörten Ausdrücken.

Die Feindschaft, die er sich durch diese ungesetzliche Handlung zuzog, stellte er Heinrich als Bosheit dar, und er bewog Heinrich zu dem Versprechen, die französischen Abgesandten am neunten März offen zu empfangen.

LX

Am neunten März schlief Heinrich zu einer sehr frühen Stunde noch, als ein Bote aus Windsor ankam, von Lady Margarete direkt abgesandt.

»Ich muß unverzüglich mit dem König sprechen«, erklärte er. »Ich bringe ihm Nachrichten von jenseits der Berge, die sein Herz erfreuen werden.«

Er war ein angesehener Mann, dessen Wort Gewicht hatte. Der König wurde geweckt. Er kannte den Boten dem Namen nach, warf sein Nachtgewandt über und ließ sich die Post bringen.

Der Bote wurde ins Zimmer geführt, übergab Heinrich seine Briefe und grüßte.

Der König dankte. »Was tun meine guten Freunde jenseits der Berge?« fragte er.

»Sire, wenn Ihr die Briefe leset, werdet Ihr deutlich sehen, in welcher Lage sie sich befinden.«

Der König öffnete seine Briefe, fing an sie zu lesen, und beim Lesen vor Freude zu weinen.

»Mein Gott«, sagte er und fiel auf die Knie, »ich danke dir. Du hast mir die Nachricht gesandt, die ich nötig brauchte. Du weißt und verstehst alles.«

Er stolperte auf die Füße. »Mein Freund«, rief er dem Depeschenboten zu, »Ihr seid wie der Engel Gabriel, der das Kommen Jesu Christi anzeigte. Diese Nachricht lehrt mich, was ich den Franzosen auf ihre Fragen antworten soll, wodurch ich sehr beschwert war; und die Nachricht ist der Art, daß ich keine Antwort zu geben brauche.«

Heinrich rief seine Herren. »Wein für den Boten!« Er trank auf seine Gesundheit. »Und habt Ihr den König von Frankreich in den Händen des Vizekönigs von Neapel gesehen, wie dieser Brief bezeugt?« fragte Heinrich mit aufgerissenen Augen.

»Ich half ihn entwaffnen«, gab dieser zu. »Er lag zu Boden. Sein Pferd auf ihm. Die ihn umgaben, waren im Begriff ihn zu töten, als einer der Leute des Bourbonen ihn erkannte und zum Vizekönig lief. Der Vizekönig eilte hin und küßte ihm die Hand. Der König von Frankreich reichte dem Vizekönig sein Schwert, und der Vizekönig gab dem Gefangenen sein eigenes. Er war an Wange und Hand verwundet, aber nur leicht. Während er zu Boden lag, wurde ihm alles von den Siegern genommen, selbst noch die letzten Federn auf seinem Helm.«

»Wie habt Ihr die Armee verlassen?«

Der Bote berichtete. Zehntausend Franzosen gefallen. Von den Kaiserlichen nur fünfzehnhundert. Bonnivet tot und viele Adlige mit ihm; der übrige französische Adel gefangen mit Ausnahme Alençons.

»Und Richard de la Pole?« fragte Heinrich.

»Die Weiße Rose ist auf dem Schlachtfeld geblieben.«

»Habt Ihr ihn tot gesehen?«

»Ich habe ihn tot gesehen, mit den andern.«

»Gott sei seiner Seele gnädig! Alle Feinde Englands sind dahin. Gebt ihm noch mehr Wein. Pflegt ihn gut.«

LXI

Franzens Sturz war die notwendige Folge seiner Kühnheit: er ergriff Heinrich bis ins Mark. Er und Katharina hatten den Feldzug mit gespannter Aufmerksamkeit verfolgt. Sie hatten sich zusammen darüber lustig gemacht, daß Franz hinter dem Rücken seiner Mutter aufgebrochen war, und Thomas More hatte mit Heinrich darüber gescherzt. Katharina hatte über den Rückzug von Marseille, der ruhmlos war, bittere Worte gesprochen, und sie sagte Heinrich, wie froh sie sei, daß die Spanier endlich während der Zeit der Nadelstiche vor Pavia »etwas zustande gebracht« hätten. Die Niederlage selbst aber war größten Maßstabs: sie vernichtete den lästigsten aller Nebenbuhler. Und für die Königin war es ein höchster Triumph der spanischen Partei.

Sie hatte diese Aufmunterung nötig. Sie war vierzig Jahre alt geworden, war kränklich, verschwand immer mehr im Hintergrund und wurde im Leben ihres jungen Gatten zu einer rein offiziellen Einrichtung. Er war unruhig und stand offenbar unter der Peitsche seiner Triebe. Katharina wußte nur zu gut, daß ihre schönen Hofdamen in seinen Augen beunruhigend oft Gnade fanden. Sie saß und strickte oder zählte ihre Stiche, beobachtete ihn, aber sah nicht mehr, als sich ihr zu sehen lohnte. Ihr wirklicher Trost war Marie, deren Wohl und Erziehung sie in Anspruch nahm, und die ein so anhängliches und pflichtgetreues Kind war, wie es sich eine gewissenhafte Mutter nur wünschen konnte. Ludovico Vives war nach Oxford gekommen und hatte den lateinischen Unterricht fortgesetzt, den Katharina selbst eingeleitet hatte. Außerdem besaß Marie etwas von der außerordentlichen musikalischen Begabung ihres Vaters. Die Eltern hatten also zumindest das gemeinsame Interesse an ihrem Kinde. Aber auch Karl war ihnen gemeinsam; er war mit seiner Kusine Marie verlobt. Nach vielen Sorgen, vielen Rückschlägen und Demütigungen sah Katharina endlich den Weg zu dieser Heirat frei. Es war die stolzeste politische Zukunft, die ihr spanisches Herz sich wünschen konnte.

Heinrich strahlte noch, als die flämischen Abgesandten ihn kurz nach der guten Botschaft besuchten. »Jetzt ist die Zeit gekommen, da man überlegen muß, was der Kaiser und was wir haben müssen«, sagte er ihnen. »Nicht eine Stunde darf man verlieren.« Er war der Pläne voll. Er würde die französischen Unterhändler nach Hause schicken. Bereits im Mai würde er persönlich eine große Armee nach Frankreich führen. Er ordnete im ganzen Lande öffentliche Freudenfeiern an. »In der Stadt London wurden große Feuer angezündet und Triumphgeschrei gemacht. Der Bürgermeister und die Ratsherren ritten mit Trompeten durch die Stadt. Viel Wein war an verschiedenen Plätzen der Stadt aufgestellt, daß jeder trinken konnte. Am Tower Hill hatten die Gesandten von Rom, Flandern und Venedig ein großes Bankett in einem prächtigen Zelt, und als sie nach Hause kehrten, waren alle Straßen voll Geharnischter und Fackelträger, die Konstabler zu begleiten.« Am Sonntag hielt Wolsey das Hochamt in der Pauls-Kathedrale ab; Heinrich gab ein zweites Bankett in Bridewell und neue Weinfässer wurden auf den Straßen angeschlagen.

Der Plan, den gefallenen Feind zu tranchieren, verlor sich jedoch sofort in langweiligen und prosaischen Einzelheiten. Viele im Rat sahen in Karls Machtstellung eine Gefahr. Heinrichs Vorschlag, sich mit der Normandie, Guyenne, der Gascogne und Anjou zu bedienen, wurde mit kühlem diplomatischem Schweigen aufgenommen. Die Flamen und Spanier begrüßten ihn nicht als König von Frankreich, und mit seinem geschärften politischen Takt bemerkte er bald, daß dieses Vorgehen sich als kostspielig erweisen würde. Wolsey andrerseits war bereit, das Geld für die große Frühlingsoffensive zu beschaffen. Er machte sich mit viel Dampf und Geschrei daran. Das Parlament einzuberufen, wagte er nicht, aber er konnte ein Drittel seiner eigenen Einkünfte hergeben und allgemeine Beiträge, die halb so groß waren wie seine eigenen, unter dem Titel einer »freiwilligen Beisteuer« verlangen.

Die Engländer hatten nicht den Wunsch, Frankreich zu schonen, aber im Jahre 1523 hatten sie ihre Wolle hergegeben und waren nach vier Jahren unterbrochenen Handels noch kurzgeschoren. Man konnte ihnen weder eine freiwillige noch eine erzwungene Beisteuer abpressen. Was Cromwell beim letzten Parlament gesagt hatte, war wahr. Die Kommissare erzielten durch ihren Druck keine Wirkung. Sir Thomas Boleyn wurde in Kent übel zugerichtet. Die Reichen versprachen ihr Möglichstes zu tun, aber die niedere Geistlichkeit und das gemeine Volk waren eigensinnig und unzugänglich.

»Ihr Herren«, tadelte Kommissar Wolsey die Bürger von London, »weigert Euch in diesem Fall nicht und machet keine Umstände, denn das mag einigen ihre Köpfe kosten.«

Der Bürgermeister von London konnte für seine Bürger nicht einstehen. »Wenn ich die Beisteuer bewillige«, sagte er trocken, »so mag das mich vielleicht mein Leben kosten.«

Wolsey wollte es nicht glauben. »Euer Leben! Ein erstaunliches Wort. Werden Euch die Bürger um Eures Wohlwollens für den König willen in Gefahr Eures Lebens bringen?«

Im allgemeinen sah es so aus. Die Bürger versammelten sich besonders in den betroffenen Weberstädten; in einem einzigen Bezirk kamen ihrer viertausend zum Kampf gewappnet zusammen. Der neue Herzog von Norfolk versuchte sein Glück damit, ihnen eine »freiwillige Beisteuer« abzunehmen. »Klein, mager, mit schwarzem Haar, klug, vorsichtig, freigebig, leutselig, geht mit jedem um«, hatte Thomas Howard in Frankreich und Schottland viel Erfahrung mit grober Arbeit gemacht. Dieser tüchtige Helfer in der Not ritt hinaus, um die Arbeiter zu treffen, die bereit waren, mit der Kommission des Königs zu kämpfen, und verlangte ihren Anführer zu sprechen.

Ein gewisser John Green, ein Mann seines Alters, sprach mit nackten Worten frei heraus: »Mylord, da Ihr fragt, wer unser Anführer sei, so hört: sein Name ist Armut, denn er und seine Base Not haben uns zu diesem Handel gebracht.«

Das war die Wahrheit, an der auch Greens Verhaftung nichts ändern konnte. Die Lehre der Comuneros in Spanien war nicht vergessen, und ebensowenig die Gerüchte von den wilden Wiedertäufern in Deutschland. Heinrich verstand das Murren im Volke sehr gut und änderte geschickt seine Tonart. »Der König erklärte öffentlich, niemals sei es seine Meinung gewesen, von den Gemeinen etwas zu verlangen, was ihm zur Unehre gereichen oder die Gesetze verletzen könne. Er war stark ergriffen von der Unruhe seiner Untertanen und sagte: Ich will von dieser Sorge nichts mehr wissen; lasset Briefe an alle Grafschaften gehen, daß man nicht mehr davon sprechen möge. Ich will allen verzeihen, die der Forderung nicht entsprochen haben.«

Wolsey gab nach. England, sagte er seiner Herde, müsse nun mit Frankreich verhandeln. Sie hörten ihm voll Bitterkeit zu. Das Volk hatte seinen König nie hineingezogen, aber sie betrachteten ihren niedrig geborenen Mitbürger voll dunkler Erbitterung. »Alle fluchten dem Kardinal, der die Gesetze und die Freiheit Englands zerstöre.« – »Nun ist die Kommission abgetan, nicht aber der innere Haß und Abscheu, den der gemeine Mann gegen den Kardinal empfindet.«

LXII

Für Wolsey war mehr zusammengebrochen als die freiwillige Beisteuer. Der bleiche junge Kaiser hatte die Nachricht von Pavia mit Ruhe empfangen, obwohl der Abt von Najera eine Fanfare geblasen hatte: »Eure Majestät ist von diesem Tage an in der Lage, Christen wie Türken nach Belieben Gesetze vorzuschreiben.« Das Letzte, worauf es Karl in der Tat ankam, war sein Belieben. Er war von ernstem Temperament, sein methodisches Gehirn empfing von Norden her Licht, und er nahm Pavia als barmherzige und erstaunliche Bestimmung der Vorsehung hin. Wenn er Caesar war, »der Herr der Welt«, so leitete ihn sein Gefühl der schweren und fast ausschließlichen Verantwortung. Er war Atlas, der puritanische Bruder des Prometheus. »Er glaubte ganz aufrichtig, daß die Unterwerfung der ganzen Christenheit den ‚Interessen des Hauses Österreich ebenso diene wie den Interessen Gottes und der Kirche'.«

Das Orchester, das er dirigiert hatte, was sehr unbotmäßig gewesen, aber Pavia hatte alles erleichtert. Er fiel ernst auf die Knie und dankte Gott. Aber wenn er seiner Stimmung nicht nachgab, wenn er nicht tobte und spuckte, als er hörte, daß Wolsey ihn einen Lügner genannt und seinen Gesandten abgekanzelt hatte, so hatte er doch ein Gedächtnis für Beleidigungen wie das Maultier des Papstes. Als Franz sein Gefangener war, stiegen die Unbotmäßigkeiten, die ihm vom Papste, von Venedig, von Wolsey, von den Mauren in Valencia sowohl als von Franz zugefügt worden waren, eisigkalt und frisch aus der Tiefe seines Stolzes auf. Karl war nicht rachsüchtig. Er bediente sich nicht der Politik, um diese Beleidigungen zu ahnden. Aber bediente sich dieser Beleidigungen aufs energischste im Interesse seiner Politik.

Es war in der Tat seine Anregung gewesen, wonach Wolsey mit brutaler Laune die Venezianer beleidigt hatte, indem er ihre Galeeren internierte und ihre Kanonen beschlagnahmte, um sie zum Kriege zu zwingen. Daran zog Karl es vor, sich nicht zu erinnern. Er erinnerte sich nicht, daß er England gegenüber stets im Zahlungsrückstand gewesen war und kein einziges der an Wolsey betreffs des Papsttums gegebenen Versprechen eingelöst hatte. Bis Pavia war Wolsey »mon bon ami« gewesen. Nun wurde er zum Außenseiter. Karl hatte nicht die Absicht, die Vorteile von Pavia mit dem Manne zu teilen, der sich während des Jahres 1524 im Hintergrund gehalten hatte – den Gattinara als den »schurkischsten Bettler der Welt, den Interessen seines Herrn durchaus ergeben« bezeichnete. Karls Hochmut verband germanisches Phlegma mit spanischem Eigensinn. Er fing keinen Streit mit England an, aber im Laufe von drei Monaten erniedrigte er die Temperatur des Bündnisses bis zu einem Punkt, auf dem es, außer unter Schlangen, sich nicht wirklich liebevoll auswirken konnte.

LXIII

Für einen Europäer von Wolseys schweifender, zugleich kühner und dramatischer Einbildungskraft war ein so verächtliches Benehmen unerträglich. Seinem berechnenden Verstande schien Karls Verweis natürlich und unvermeidlich. Karl hatte England nicht länger nötig: England konnte also ebenso gute Miene dazu machen, sich um die Zukunft bekümmern und die Rechnung mit Frankreich glattstellen.

Die französische Notlage war, wie Wolsey mit scharfer Erkenntnisfähigkeit bereits von England aus erkannt hatte, durchaus nicht so tragisch, wie sie aussah. Der junge Kampfhahn war gefesselt, aber nun trat seine Mutter hervor, »ma mère«, wie Wolsey sie nannte, eine »femme de vertu«, unbezwinglich und unversehrt. Luise von Savoyen liebte ihren ritterlichen Sohn, aber sie selbst war so gerissen wie eine Portiersfrau. Sie hörte viel Gerüchte von den sechzigtausend Engländern, die in die Picardie einfallen sollten, aber sie zuckte nicht mit der Wimper: sie kannte den Stand der europäischen Finanzen; sie wußte, daß der Kaiser die Sieger von Pavia nicht bezahlen konnte; die Flamen waren bis aufs Mark ausgesogen; Wolsey verlangte vergeblich die fünfhunderttausend Kronen von Karl zurück; und der Preis des Friedens hatte zwischen ihr und dem Kardinal sechs Monate lang unter Diskussion gestanden. Robertet, die Spinne der französischen Staatskunst, alt, reich, unermüdlich, stand ihr lautlos zur Seite. Ihre Geheimagenten waren tätig. Was die Dynasten zu Verstand bringen sollte, war nicht Reue, sondern Zerknirschung; sie mußte in dieser schwarzen Stunde ihrem Lande zu Hilfe kommen, und sie blieb ruhig, geschickt und kühl.

Außerdem hatte der Kaiser in Italien Schwierigkeiten. Die Franzosen waren verhaßt gewesen, besonders wegen ihrer Tyrannei in Mailand. Man hielt sie für »arrogant und eingebildet von Natur«, für politisch hinterlistig, und ihren König »für ebenso arm an Taten wie fruchtbar an Worten«. Karl jedoch erschien ihnen plötzlich viel furchtbarer. »Den Spaniern, die wegen ihrer Grausamkeit das bestgehaßte Volk sind, als Beute ausgeliefert zu sein«, erfüllte die Italiener mit Angst. Besonders der Papst war schreckhaft. Er zitterte und bebte wie eine Kompaßnadel, die sich in der Nähe von Schwermetallen befindet. »Der Kaiser, den er jetzt vor allen irdischen Dingen fürchtet«, schrieb ihm ermahnende Briefe. Im Juni war Clemens bereits von panischer Angst erfaßt. »Seine Heiligkeit ist seit kurzem so von Furcht befallen und so entmutigt und eingeschüchtert, daß die Welt darüber staunt.«

Er dachte zuerst daran, Italien zu einigen. Der Wunsch, den Fremdkörper auszustoßen, war überstark. Einen Augenblick hatte selbst der schneidige Pescara, der wütend über Karls Kälte war, dem Schrei nach einem italienischen »Fürsten« Gehör gegeben. Aber der Anschlag ging wie ein unheiliger Odem durch Pescaras Seele, um später, in einem Anfall verhängnisvoller Unbesonnenheit, von ihm an Karl verraten zu werden. Wenige Monate später war er tot – am Wassertrinken gestorben, wie die Italiener naiv erklärten.

Karl war durch ein menschliches Band an England gefesselt, das er nicht ableugnen konnte, ohne an Gewissenhaftigkeit einzubüßen. Dies war seine Verlobung mit Marie. Aber er half sich aus der Klemme. Seine Cortés in Toledo hatten den Auftrag, ihm nahezulegen, daß er Isabella von Portugal heiraten möge. Schon früher hatte er Heinrich an sein der Prinzessin

Marie gegebenes heiliges Versprechen erinnert. Er verlangte sie sofort, im Alter von neun Jahren, und dazu die unerhörte Summe von sechshunderttausend Dukaten. Die Ablehnung dieser beispiellosen Forderung gab ihm die Freiheit, die Portugiesin zu heiraten; sie brachte ihm die Million Dukaten, mit der er seine Soldaten bezahlen und Italien in Zaum halten konnte.

Karls Heirat mit Isabella bedurfte eines päpstlichen Dispenses, den Clemens weder zu verzögern noch zu verweigern wagte. Es war offenbar das, was Karl wünschte, und wenige Monate später heiratete er Isabella: damit endete jeder Schein einer wirklichen Freundschaft mit England.

LXIV

Während eines Zeitraumes von zehn Jahren hatte Wolsey seinen Herrn etwas Politik gelehrt. Er selbst war natürlich ein Priester. Er besaß das große römische Erbe. In Mailand – dessen Kathedrale, halb deutsch und halb französisch gebaut, das Symbol der eifersüchtigen und konkurrierenden Einflüsse darstellt – sah er »den Schlüssel und die Pforte zu Italien«, und in Italien sah er das Schicksal Europas. »Italien«, sagte er seinem Herrn, »ist der wahre Sitz der Regierung, deren Zepter sich die ganze Welt unterordnen wird.« Er hatte sich also bemüht, für die Engländer dort einen Stützpunkt zu schaffen, indem er selbst ein Gebot auf die Papstwürde machte und jede Vorherrschaft bekämpfte. Selbst als er davon absah, Karl durch einen Einfall im Norden zu unterstützen, beschimpfte er Clemens aufs heftigste, weil er mit den Franzosen Frieden geschlossen habe. Wolsey wußte nur zu gut, daß jeder überragende Sieg die Bedeutung Englands zunichte machen und seine Ansprüche auf den Titel des ehrlichen Maklers zerstören mußte. Er verhüllte weder vor sich noch vor Heinrich die Kühnheit seiner eigenen Politik oder die Tatsache, daß »diese Eure Herrschaft die Angel der Welt ist«. Als aber seine kühne Politik durch eine Schlacht, die den Makler überflüssig machte, zunichte wurde, konnte er seinen Herrn noch immer bewegen, seinen eigenwilligen Vorurteilen entgegenzuhandeln. Er konnte ihn zur Einsicht bringen, daß Franz dem Kaiser Widerstand leisten und England der Entscheidung von Pavia gemäß sein Gewicht für Frankreich in die Waagschale werfen müsse. Heinrich fiel diese Schlußfolgerung weder leicht noch war sie ihm natürlich, aber das Mißlingen der »freiwilligen Beisteuer« half ihm sie einzusehen. Wolsey konnte außerdem Karl in so ungünstiger Beleuchtung zeigen, besonders nach Maries Abweisung, daß Heinrichs nächster Schritt sicher war. Ihn nach der gewünschten Richtung zu treiben, war Wolseys Kunst; ihn zu treiben und ihn anzuhalten.

Das erste öffentliche Zeichen der neuen Politik erfolgte gegen Mitte Juni des Jahres 1525. Heinrich brachte seinen sechsjährigen Sohn an den Hof und machte ihn während einer höchst prunkvollen und eindrucksvollen

Feier zum Herzog von Richmond; diesen Titel hatte sein eigner Vater geführt. Es war eine ganz besonders ehrenvolle Auszeichnung, die Katharinas Stolz vernichtete und Maries Aussichten in ihrer Heimat verdüsterten. Der König behandelte das Kind wie seinen männlichen Erben und fing an, sich mit Heiratsmöglichkeiten für ihn zu beschäftigen.

Wie dieses Vorgehen Katharina beeinflussen sollte, wurde nicht ohne weiteres klar. Heinrich handelte mit weit größerer Schlauheit und tieferen Absichten als ein Jahrzehnt früher, da er sich ihrem Vater entgegengestellt hatte. Aber er übersah nicht einen Bruchteil des Prestiges, um das ihn Karl betrogen hatte. Er war mit einer spanischen Politik ins Leben eingetreten. Er hatte den jungen Mann, der jetzt seine Großmut erstickte wie Sand, das auf ein grünendes Feld geweht wird, mit seiner Freundschaft und seinem Gelde unterstützt, ihn aufgenommen und bewirtet und ihm Ehren erwiesen. Im Jahre 1525 gab es keinen Gefühlsausbruch wie im Jahre 1514, als von Scheidung die Rede war. Aber Heinrich war durch Katharinas Neffen verletzt worden. Jede Geldanweisung, die er ihm gegeben, wurde jetzt zum Korn in einer Pulvermine. Welche Katastrophe würde er an ihrem Ende vorbereiten? War Heinrich einmal geladen, so besaß er keine schlechte Begabung für Repressalien. Der Frieden mit Frankreich, den Wolsey vorausgesagt hatte, wurde im August geschlossen. Frankreich weigerte sich tapfer, Boulogne abzutreten, warf aber alte und neue Verpflichtungen in einen Topf und versprach, zwei Millionen Kronen zu zahlen. Wolsey selbst bekam hunderttausend Kronen – etwa zwei Millionen Dollar in heutigem Gelde. Es war eine ungeheure Schenkung, und er hielt es nach einer Weile für richtig, die Verfügung über seinen Palast in Hampton Court an Heinrich zu überschreiben.

Diese harmonischen Verhandlungen mit Frankreich, die nun öffentlich bekanntgegeben wurden, enthielten feinere und subtilere Pläne, die man nicht enthüllen konnte. Die Ärzte hatten Heinrich gesagt, daß Katharina keine Kinder mehr haben könne, und Wolsey hatte Katharina und Katharinas konservative Freunde nie begünstigt. Franzens Schwester Margarete war Witwe geworden. Es ist unmöglich festzustellen, ob Wolsey sich mit Heinrich unterhalten, den Einfall von Jean Joachim, Luisens Agenten in Genua, übernommen oder die glänzende Idee selbst gehabt hatte – jedenfalls beauftragte der alte Robertet Warty und Jean Joachim schon zu Anfang des Jahres 1526, als Franz noch Gefangener und Margarete eben von ihrem Besuch bei ihm zurückgekehrt war, Wolsey Vorschläge betreffs der Heirat Margaretes an Heinrich zu machen, »im Falle er seine Heirat mit Katharina für nichtig erklären lassen sollte«.

Die Vorschläge müssen von Franz selbst gekommen sein. Sie wurden Wolsey im Jahre 1526 unterbreitet. Er antwortete zögernd. Die Heirat mit Katharina für ungültig erklären zu lassen, bedeutete eine Entschließung von größter Wichtigkeit, durch die man es mit Karl und dem Papst zu tun bekam. Wolsey erhob die Frage, ob man diese Heirat und die Heirat

Maries mit dem Herzog von Orleans, die man zur gleichen Zeit vorgeschlagen hatte, nicht zugleich mit einem engeren Bündnis beraten und sie gegenseitig zu Bedingungen machen wolle. Die französischen Diplomaten besaßen nicht die zur Zustimmung nötigen Vollmachten. Sie schlugen vor, sich um weitere Weisungen an Frankreich zu wenden.

LXV

Katharinas Schicksal war in der Alhambra zuerst von ihren Eltern bestimmt worden. Sie war noch fast ein Säugling, als man ihr den Bräutigam ausgesucht hatte; die spanischen Gesandten hatten den kleinen Arthur zuerst angezogen, dann nackt, endlich schlafend besichtigt. Das Motto des Handels war durch einen kahlen Diplomaten in kahle Worte gebracht worden: »Fürsten heiraten nicht aus Liebe; nur um Kinder zu zeugen, nehmen sie Frauen.« Aus menschlichem Instinkt und Anstand heraus erklärte der Knabe Arthur, er habe nie in seinem Leben so viel Freude empfunden, als da er das süße Gesicht seiner Braut zuerst erblickte. Das war zu Beginn des Jahrhunderts geschehen. Nun wurde Katharinas Schicksal noch einmal auf der Waage der Politik in derselben Stadt Madrid gewogen. Warum sollte man ihre Heirat nicht für ungültig erklären? Warum das Band mit dem Kaiser und Spanien nicht zerreißen? Ihr süßes Gesicht war bereits schwer und gefurcht. Sie hatte zehn Jahre der Fehlgeburten hinter sich. Aber sie hatte ihre Aufgabe nicht erfüllt. »Fürsten heiraten nicht aus Liebe; nur um Kinder zu zeugen, nehmen sie Frauen.«

Franz war dabei, Heinrich seine Schwester auf dem Ladentisch anzubieten. Er war selbst bereit, Karls Schwester aus Staatsgründen zu heiraten. Eleonore war nicht schön. »Ihre Magerkeit war so außerordentlich, daß die Frage aufgeworfen wurde, ob sie überhaupt fähig sei zu heiraten.« Aber sie hatte bereits in Portugal bei einer politischen Heirat sehr gute Dienste geleistet und Franz war bereit, sie zu übernehmen, obwohl man sie ursprünglich für einen Herzog von Bourbon zurückgelegt hatte.

Karl fühlte für Eleonore etwas Zärtlichkeit. Als sie ein junges Mädchen war, hatte er ihr den Geliebten fortgenommen, wie Heinrich im Fall der Marie von Suffolk. Nun war er älter und nachgiebiger; er ließ ihr die Wahl zwischen einem Herzog und einem König. Sie wählte den König. Er rechnete Bourbon gegen Mailand auf. Als der Handel abgeschlossen war, fuhr Karl mit seinem Gefangenen hinüber, um ihm seine neue Gattin, die ausgemergelte Eleonore, zu zeigen. Sie tanzte vor Franz, der erklärte, er sei entzückt.

Die Gefangenschaft in Madrid hatte jedoch Franzens Begriffe von Glück und Entzücken beeinträchtigt. Von Marignano bis Pavia hatte er es unternommen, sich adlig zu betragen. Dieses Betragen hatte er mit der Jagd auf die Trophäen, um die sich die Dynasten stritten, zu vereinen versucht;

mit einer Jagd, die darum nicht weniger leidenschaftlich war, weil er nichts davon verstand. Hätte er Pavia genommen, so wäre es ihm möglich gewesen, seinen Leichtsinn mit Ruhm zu bedecken, aber jetzt im Unglück waren die Flitter abgesprungen. Das war kein Spiel, das ein Adliger spielen konnte, und Franz hatte sein möglichstes getan, zu sterben.

Le roi champagne hatte ein bitteres Jahr verbracht. Man hatte ihn in ein Zimmer mit dicken Mauern eingesperrt. Dort war er krank geworden. Dort hatte er mit dem Heizer, einem Neger, die Kleider getauscht und versucht, unter dem Schutz des Kohlenstaubs zu entfliehen. Dort hatte er in Erwartung des Todes mit Margarete die geweihte Hostie geteilt und war durch ihre Zärtlichkeit dem Leben wiedergegeben worden. Dort hatte er bei dem wahren Kreuz, bei der Bibel und seiner Ehre geschworen, seinem königlichen Gefängniswärter alles zu geben, worauf dieser unerbittlich bestand – sein angestammtes Herzogtum Burgund, Navarra, Neapel, Mailand, Genua und unzählige Kleinigkeiten, darauf zu verzichten, daß Karl in Flandern als sein »Vasall« galt, Eleonore zur Frau zu nehmen, und seine beiden kleinen Söhne als Pfänder in die kahle, düstere, dunkle Zelle nach Spanien zu senden. Dies war die »concordia« von Madrid. »Ich will ein Feigling und ein Schurke heißen«, sagte Franz, »wenn ich meinen Schwur nicht halte.« Bevor er die Unterschrift leistete, nahm er einen Landsmann zum Zeugen, daß er den Vertrag in keiner Weise für bindend erachte.

»Lâche et méchant«, bemerkte Karl.

»Lâche et méchant«, wiederholte Franz.

Die herbe Komödie war zu Ende gespielt. Auf einer Barke in der Bidassoa, die genau in der Mitte verankert war, wurde der Austausch von Franz und seinen Söhnen mit einem Gleichmaß vollzogen, das sich einbildete, Gerechtigkeit zu sein. Claudias Kinder hatten Zeit, ihrem Vater die Hand zu küssen. Dann blinzelten sie nach Spanien hinüber, das ihr königlicher Vater eilends verließ.

»Ich werde die Maske abnehmen«, erklärte er, sobald er in Bayonne eingaloppiert war, um die englischen Abgesandten zu begrüßen. Die Engländer waren seine Rettung, seine einzige Hoffnung. »Heinrich ist mein Vater«, erklärte er, »bis an mein Ende bin ich ihm dankbar. Der Kardinal ist mein Großvater!« Und der Großvater Wolsey gab sich aus ganzem Herzen der kanonischen Überzeugung hin, daß Franz nicht verpflichtet sei, den Vertrag von Madrid irgendwie zu halten. Er habe den Eid unter Zwang und Nötigung geleistet.

Franzens Dankbarkeit an Heinrich für seine Zurückhaltung während der Gefangenschaft war tatsächlich das Vorzeichen eines neuen Bündnisses mit England. Abgesehen von dem Bündnis mit den Türken, deren Freundschaft er gesucht hatte, war es dasjenige Bündnis, von dem seine Zukunft abhing. Heinrich nahm es an und hielt es wert. Er hatte sein Antlitz von Karl abgewandt.

Inzwischen war Heinrich der Gedanke gekommen, seine Heirat mit Katharina ungültig erklären zu lassen. Noch war die Idee nicht fruchtbar, denn Margarete von Angoulême war nicht gewillt, eine Gattin nach so langer Ehe zu verdrängen. Ihre Heirat mit Navarra war beschlossene Sache. Heinrich aber tat sich an der Aussicht gütlich. Jede politische Heirat konnte für ungültig erklärt werden.

Er hatte vergessen, daß nur Clemens Heiraten für ungültig erklären konnte und daß Seine Heiligkeit entmutigt und »eingeschüchtert« war und den Kaiser »vor allen irdischen Dingen« fürchtete.

DRITTES BUCH

ANNA BOLEYN

Habt Ihr aber schon über mich beschlossen,
und zwar, daß nicht nur mein Tod,
sondern auch eine schmachvolle Verleumdung
Euch den Genuß Euerer ersehnten Glückseligkeit bringen solle,
dann bitte ich zu Gott, er möge Euch Euere große Sünde
und ebenso meinen Feinden, den Werkzeugen dazu, verzeihen
und wegen Eueres unköniglichen und grausamen Verfahrens
gegen mich nicht allzuscharf mit Euch ins Gericht gehen
an jenem allgemeinen Gerichtstage, an dem Ihr und ich
erscheinen müßt und an dem meine Unschuld, was immer die Welt
von mir denken möge, unzweifelhaft an den Tag kommen
und klar wie die Sonne bewiesen werden wird.

Anna Boleyn an Heinrich VIII.

I

Das Beil des Scharfrichters ist ein ungeselliges Werkzeug. So gesetzlich und ordnungsgemäß man Buckinghams Blut vergossen hatte, war es doch kein Ereignis, das man bei den königlichen Banketten besprach; dem Adel Englands aber war es kalt den Rücken hinuntergelaufen. Im innersten Herzen der Norfolk, Shrewsbury, Pole, Exeter und Northumberland lebte immer eine tiefe Achtung vor Katharina, ihrer orthodox-katholischen und königlichen Abstammung; ihr eigenes Blut aber hielten sie für besser als das der Tudor. Das Gefühl, der König sei in gewissem Sinne ein Außenseiter, das sich unter dem Adel häufig zeigt und auch Buckinghams Vergehen zugrunde lag, hatte nun eine plötzliche, bedrohliche, erbarmungslose Entgegnung erfahren, und wie sehr auch Heinrich in Zukunft lachen und scherzen mochte, würde das Gespenst doch das Fest als Warnung und Erinnerung heimsuchen.

Heinrich selbst fühlte das. Bis zum Goldbrokatfeld waren er und Katharina dem älteren Adel recht nahe gewesen. Nach der Hinrichtung, die man nur als Feigheit betrachten konnte, änderte sich unwillkürlich die Stimmung des Hofes. Heinrich sah sich weniger von der Königin und ihren ernsten Hofdamen umgeben als von dem jüngeren Kreis, der weit davon entfernt war, die feierliche, feudale Überlieferung zu teilen.

Dieser jüngere Kreis gruppierte sich um die Boleyns. Obwohl Lady Boleyn Thomas Howards Schwester war, hielt sich Surrey (wie er damals noch hieß) stets von ihnen zurück und betrachtete das affektierte Gehabe des Höflings mit den Augen des rauhen Soldaten. Außerdem war Surreys Frau die Tochter Buckinghams, eines katholischen Pairs, und eine von Katharinas vertrautesten Freundinnen. Die eigentliche Boleyn-Clique war jünger, munterer, kecker und in gewissem Sinn weniger wert. Howard hatte viele Schwestern, die alle ihrem fluchenden Bruder wenig bedeuteten, und sie hatten eine Reihe von Rittern geheiratet, so daß die Bryans und Wyatts und Boleyns und Ap Rices alle Vettern ersten Grades waren. Der Umschwung in den Manieren der düsteren Schloßhalle trat an diesem lustigen und begabten Kreise in Erscheinung. Heinrich, der sich gern gehen ließ, taufte den einäugigen Franz Bryan den »Höllenprediger«; dieser Franz Bryan, Thomas Wyatt, Georg Boleyn waren alle in Italien und Frankreich gewesen und voll Eifers, sich nicht als schwerfällige Soldaten und Räte, sondern als Höflinge, als Kavaliere, als Dichter zu betätigen, zurückgekehrt. Es war ein Übergang von der religiösen Einstellung der älteren Familien, und rings um den grünen Rasen des Hofes ein erstes Trillern des Vogelsangs, wie ihn die elisabethinische Renaissance kannte. Dies waren vielleicht noch nicht die Nachtigallen, aber die Stare; sie hatten italienischen Sonetten und französischen Liebesliedern gelauscht und versuchten nun in dem milden Klima eines englischen Februar, sich den Refrain wieder zurückzurufen.

Gab es überhaupt einen Ort, wo Heinrich sich zu Hause fühlte, so war es nicht der verschanzte Busen seiner Frau, sondern der zugängliche dieses Kreises. Sie bewunderten ihn. Sie verdankten ihm ihre Beförderung. Sie sonnten sich in seinem Lächeln. Sie bespülten ihn mit jenen kleinen Wellen des Lobes, die dem sterblichen Menschen so lieblich ans Ohr klingen. In diesem See des Beifalls, der Heinrich trug, gab es aber noch eine bestimmte private und bewachte Insel, wo er sich besonders zu Hause fühlte. Indem er Thomas Boleyn zum Schatzmeister des Königlichen Haushalts ernannte, seinen Sohn Georg als Gesandten anstellte, dem Schwiegersohn Boleyns, einem gewissen Wilhelm Carcy, eine kleine Stellung am Hofe verlieh und die andere Tochter sowie die Mutter als Hofdamen beschäftigte, sorgte er für eine so mannigfache Verkettung zwischen sich und der Familie, daß es, was die neugierige Welt betraf, völlig natürlich schien, wenn er die ältere Tochter Marie Boleyn in seiner Nähe hielt und dem Schatzmeister in Hever manchen Besuch abstattete. Als Marie in andre Umstände kam, was zu einem Lächeln Anlaß gab, nahm man an, daß Heinrich in seinen Aufmerksamkeiten gegen die Boleyns nachlassen würde. Er suchte aber ganz im Gegenteil weiter die angenehme Zurückgezogenheit des Schlosses in Kent auf, wo er auf die unterwürfige Herzlichkeit des Vaters und die schweigende Gunst der Mutter rechnen durfte. Die Anziehungskraft konnte aber nicht in Marie liegen. Und der einzige andere Magnet war Anna.

II

Um sich klarzumachen, warum der Hof über diese Vertraulichkeit lächelte, muß man etwas zurückgehen und von den Boleyns berichten.

Die Familie war von Adel, ohne daß ihr Adel geradezu efeubewachsen oder moosüberwuchert war. Man warf Thomas Boleyn vor, sein Großvater habe sich mit dem Handel in Wolle und Seide den Lebensunterhalt verdient. Dieser Herr, der sich noch Bullen schrieb, hatte als Tuchhändler ein Vermögen erworben, war Bürgermeister von London geworden und konnte sich an Lebensstellung nicht zu seinem Schaden mit seinem Zeitgenossen, Heinrichs Walliser Ahnen, vergleichen, der damals gerade Heinrichs IV. französische Witwe tröstete und die Familie Tudor begründete. Die aufblühenden Bullens begnügten sich nicht damit, Handel zu treiben. Der Bürgermeister legte sich eine Tochter des Lord Hoo und Hastings zu; ihr Sohn, ein reicher Mann, heiratete eine Irin, Margarete Butler, die Tochter des Grafen von Ormond.

Durch diese doppelte Reinigung des Kaufmannsblutes hätte man Thomas Boleyn, Annas Vater, beinahe zum Adel rechnen können, aber der Makel einer Erwerbstätigkeit wird an den Kindern der Geadelten bis ins dritte und vierte Geschlecht heimgesucht.

Thomas Boleyn jedoch, ein ernsthafter und pflichtgetreuer Mann, setzte das Karrieremachen fort. Er strebte mehr an als einen Hoo oder Butler und er sah sich vom Geschick begünstigt. Der Herzog von Norfolk setzte auf das falsche Pferd, als Richard III. und Heinrich VII. zum Rennen um den Thron antraten, und konnte von Glück sagen, daß er nicht zu seinem Vermögen und Herzogtum auch noch den Kopf verlor. Trotzdem war er ein gutes Zuchttier und erzeugte viele Kinder. Als Sir Thomas Boleyn mit vier sichtbaren Schlössern auf den Plan trat (Blickling in Norfolk, Hever in Kent, einem Haus in London und einem Palast aus Hooschem Besitz in Middlesex), waren seine Wertpapiere ein voller Gegenwert für eine vom Schicksal gezeichnete Howard. Sie heirateten und zeugten Nachkommenschaft, und von ihren Kindern erreichten drei die Reife: Marie, Georg und Anna Boleyn.

Bevor man zu den Kindern übergeht, muß man einen Blick auf die Eltern werfen. Über einen Zeitraum von vierhundert Jahren hinweg sehen uns Thomas Boleyn und Elisabeth Howard schweigend und rätselhaft an. Thomas' Bildnis wurde von Holbein gemalt, nachdem er Graf von Wiltshire und Ormond geworden war. Holbein, einer der wahrheitsliebenden Geschichtsschreiber, zeigt uns einen so frischen und aufrechten, so schön gekleideten und frisierten Mann, daß man ihm den Grafen und Gesandten von weitem ansieht. Das Gesicht ist kalt. Die Augen sind etwas müde und tragen einen geraden, aber steinernen Ausdruck: sie sind auf einen Herrn gerichtet. Unter einem oft gestrichenen und weich gebürsteten Schnurrbart ist der Mund der eines schwachen und sogar etwas gemeinen Menschen. Eine schwere Nase deutet an, daß dies Geschöpf die Absicht hat, sich seine Fortdauer zu sichern, aber die niedrige Stirne läßt erraten, daß diese Fortdauer eher auf Vorsicht als auf Begabung beruhen wird. Und doch ist es kein schlechtes Gesicht. Der Mann berührt nicht sympathisch, aber er ist geschniegelt und elegant; beschränkt, aber vernünftig. Solche Männer sind für die Diplomatie ebenso nötig wie Türklinken für die Türen. Sie müssen angenehm, glatt, hart und fest sein. Sie müssen in die Hand des Herrn passen. Ein Mann dieser Art hätte eine Seele nötig, wenn er die Politik beeinflussen müßte, aber in einem durchweg subalternen Menschen wäre sie gar nicht am Platze.

Seine Frau ist ein Rätsel. Elisabeth Howard läßt sich nicht schildern, zumindest nicht auf Grund der bekannten Tatsachen. Viel älter als der König kann sie nicht gewesen sein. Es war ihr bestimmt, im gleichen Jahr zu sterben wie ihr Gatte, im Jahre 1539, bald nach der Hinrichtung ihres Sohnes und ihrer Tochter. Das Ereignis öffnete ihr, so viel wir wissen, nicht die Lippen. Sie ist stumm und in gewissem Sinne tragisch. Sie wird noch tragischer, wenn man das Gerücht bedenkt, wonach sie mit freundlichen Augen auf Heinrich blickte, als er noch Prinz von Wales war. Es ist nicht unmöglich, daß sie als junge Frau dem erst siebzehnjährigen Heinrich gefiel. Jedenfalls war Thomas Boleyn einer der ersten, denen Heinrich eine Stelle verlieh. Von Anfang an war er einer der Kammerherrn.

Die Geburtsdaten der drei Kinder, in deren Adern das Blut der Boleyn und Howard sich mischte, sind bis heute nicht gewiß oder nachweisbar. Man kann für Marie das Jahr 1503, für Georg 1505 und für Anna Boleyn 1507 annehmen.

Entsprechend dem strengen Brauch des 16. Jahrhunderts zogen Thomas und Elisabeth Boleyn ihre Kinder nicht zu Hause auf. Wäre Boleyn nichts gewesen als Kammerherr, so hätte er Marie und Anna bei einem anderen Herrn oder Adligen untergebracht, wo sie gute Manieren und Fertigkeiten lernen konnten. Da er ein Adliger war, gab er sich damit nicht zufrieden. Zufälligerweise wurde er im Jahre 1512 auf einer Mission zu der liebenswürdigen Margarete von Österreich geschickt, deren Palast in Brüssel von Dekorationen und Schätzen strotzte, und man gestattete ihm, Marie als kleine Hofdame zu Margarete zu schicken, die sie unter ihre Flügel nahm. Dies war der Anfang der Laufbahn des Kindes außerhalb ihres Heims. Sie war erst neun Jahre alt.

Eine viel bessere Gelegenheit jedoch bot sich zwei Jahre später, und Boleyn ergriff sie mit seinem gewöhnlichen, etwas schamlosen Eifer. Es lag ihm daran, daß seine ältere Tochter eines der Mädchen sei, die Marie Tudor an den blendenden französischen Hof begleiteten. Er schickte also sofort nach Brüssel und platzte vor Margarete von Österreich mit seiner Freude heraus, als sollte sie die Hochzeit, die für sie und ihren Vater eine ausgesprochene Beleidigung bedeutete, begrüßen; dennoch erlaubte man ihm sofort, sein Kind abzuholen und sie in das Gefolge der Prinzessin einzureihen. Die Unreife des kleinen Mädchens war für sie ein Vorteil. Als Ludwig die vielen Engländerinnen, die ihm sein Tête-à-tête störten, wegjagte, war Marie Boleyn noch so jung, daß man ihr zu bleiben gestattete. Innerhalb hundert Tagen starb Ludwig, aber das änderte nichts an Thomas Boleyns Wunsch, sein Kind weiter am französischen Hofe zu haben. Die neue Königin, die kleine Claudia, war erst siebzehn Jahre alt, und sie war mit der »petite Boullain« einverstanden. Es war keine Stellung von großer Vertrautheit, denn die Königin Claudia umgab sich mit dreihundert Mädchen, aber da außerhalb Italiens der französische Hof damals der eleganteste und höfischste war und sich bereits auf Unterhaltung und höfliche Gespräche verstand, die das Barbarische im Menschen verschönern und die Religion der Macht mildern, war Thomas Boleyn sich genau bewußt, welche Vorteile er ihm als Fortbildungsschule für seine Tochter bot.

Er war nach der neu entstandenen freundlichen Gesinnung des Jahres 1517 selbst Gesandter bei Franz und bat um Erlaubnis, auch seine jüngere Tochter Anna, die damals in ihr elftes Jahr ging, an den Hof zu bringen; er versicherte Anna sogar in einem Briefe, daß sie die Königin kennenlernen und daß sie das Wort an sie richten würde.

Anna bedankte sich in einem Brief, der auf Schulmädchen-Französisch verfaßt war, mit angehaltenem Atem für diese herrliche Aussicht.

Boleyns Mädchen lebten also am französischen Hofe, als er am prächtigsten war. Sie waren sechzehn und zwölf Jahre alt, als ihr Vetter Franz Bryan und seine Landsleute mit dem König verkleidet durch die Straßen von Paris bummelten und in der Rolle lustiger, übermütiger junger Adliger den Bürgern Abfälle ins Gesicht warfen.

In einer schönen und blühenden Welt gleich dieser, die erfüllt war von bezaubernden jungen Leuten, in der man eilends von einem Ort zum andern reiste, in dem der nationale Reichtum sich in einem blitzenden Strom ergoß, man ständig Aufzüge und Aufregungen mitmachte, in einer Welt, auf der überall der Glanz von Marignano lag, bewegte sich die Erziehung dieser Schwestern nach Richtlinien, wie sie in den Büchern vom guten Ton durchaus nicht vorgeschrieben sind. Marie Boleyn war um vier Jahre älter als ihre Schwester. Sie hatte ein heiteres, leicht zugängliches Temperament und gehörte zu den Mädchen, die schnell mit Männern vertraut werden, die mürrischen Täler zwischen dem Gipfel ihrer Leidenschaft und den Gipfeln ihrer Verachtung kennen und genau wissen, daß sie diese wilden Tiere anlocken oder ihren Launen nachgeben müssen, wenn sie nicht den kürzeren ziehen wollen. Viel Eisen hatte sie nicht im Blut. In dem langen Brief an Cromwell, aus dem ihr Wesen so gut hervorgeht, liegt etwas Flüssiges, das Glänzen und Zittern des April. Aber es kennt keine Berechnung. Sie war eine der gewinnenden und doch einfachen Frauennaturen, denen es niemals besonders wichtig erscheint, nein zu sagen, die bildsam und bezaubernd sind, sich wie Efeu anschmiegen und ebenso leicht zu entfernen sind.

Mit dem trockenen Realismus des französischen Verstandes nannte man dieses Mädchen, das sich dem glücklichen Augenblick nicht versagte, bald »liederlich«. Wenn Franz sich in späteren Jahren an sie erinnerte, bezeichnete er sie als seine »Hure«; es war die Zeit, in der Herren ihre Küsse nicht verschwiegen. Marie Boleyns Ruf war dahin, bevor sie siebzehn Jahre alt war, und man machte ihr um so mehr Vorwürfe, weil sie die Zinsen ihrer Anlagen nicht einkassiert hatte.

Ihre Bereitschaft, sich lieben zu lassen, war eine unmittelbare Warnung für die jüngere und weit intelligentere Schwester. Niemand war besser imstande, Anna die Gefahren des Lebens am Hofe vor Augen zu führen und ihr als abschreckendes Beispiel zu dienen.

Marie kehrte im Jahre 1520 mit der englischen Gesellschaft, die am Goldbrokatfeld teilgenommen hatte, nach Hause zurück. Sie war damals ein Bündel Leidenschaft, frisch und anziehend; Heinrich wurde durch ihren französischen Ruf auf sie aufmerksam. Heinrich war weder im Kriegführen noch mit Frauen ein Abenteurer. Er war immer vorsichtig, wenn er nicht gepanzert war. Seine Beziehung zu den Boleyns war jedoch genügend vertraulich, um ihn gleich auf Marie hinzulenken. Fast sofort nach ihrer Ankunft heiratete sie Wilhelm Carey, der einen unscheinbaren Posten am königlichen Hof und ein kleines Vermögen bekam; und bald fing sie ein Verhältnis mit Heinrich an, das bis zum Jahre 1526 dauerte.

Thomas Boleyn zog daraus sehr großen Nutzen. Man kann Heinrichs Vergnügen an der Mühe messen, die er sich gab, den bequemen Vater zu befördern. Schon im Frühjahr des Jahres 1522 war er Schatzmeister, und als die Beute nach Buckinghams Hinrichtung verteilt wurde, breitete sich Boleyn von Hever in fast erschreckendem Maße aus: er wurde Steward von Tunbridge, Keeper von Penshurst, Bailiff von Bradsted. Der König fütterte ihn mit immer neuen hohen Ämtern, um schließlich im Jahre 1525 Katharina völlig Trotz zu bieten, seinen sechsjährigen illegitimen Sohn zum Herzog von Richmond zu machen und Boleyn anläßlich dieser Gelegenheit zu ehren, indem er ihn den Titel eines Viscount verlieh.

Die Frage der persönlichen Würde scheint weder Wilhelm Carey, noch dem neuen Viscount Rocheford Kopfzerbrechen gemacht zu haben, vermutlich, weil sie weder Marie, noch Heinrich, ja nicht einmal Katharina Kopfzerbrechen machte. Katharina begriff nun endlich dunkel, daß ihr Gatte entweder im Zölibat leben oder mit irgendeiner Frau am Hofe eine Liaison haben mußte; sonst blieb ihm nur übrig, sich scheiden zu lassen und wieder zu heiraten. Sie machte oft Bemerkungen, aus denen hervorging, daß sie Heinrich für schwach und berechnenden Frauenzimmern für ausgeliefert hielt, aber sie nahm sein Wesen als etwas Unabänderliches hin. Und sie zog Heinrichs verstohlene Liebeleien dem Aufsehen vor, mit dem Franz die üppige Dame, die Königin Claudia überragte, überall zur Schau stellte. Das Kapitel der armen Claudia war jedoch geschlossen. Sie war eben mit fünfundzwanzig Jahren gestorben; sie hatte sieben Kinder zur Welt gebracht.

Die Lehren, von denen die Lage in England und Frankreich strotzte, waren an den heranreifenden Verstand der jüngeren Boleyn nicht verschwendet. Bis man im Jahre 1522 von Krieg munkelte, lebte sie an einem Hofe, wo die einzige wirklich intensive Beschäftigung die Kunst der Beziehung von Frau zu Mann war. Die neue weibliche Generation hatte sich gegen die mittelalterliche Frau empört. Sie hatten kein Verständnis für die Rolle einer Anna Beaujeu, Isabella der Katholischen, Katharina von Aragon, ja selbst einer Königin Claudia. Sie ließen die Gebetbücher liegen und nahmen den Heptameron zur Hand. Da sie nicht aus dem Stoff geschnitzt waren, aus dem man Heldinnen macht, tändelten sie mit der Liebe, sahen die Frau eher als Herrin als den Mann als Herrn und machten sich mehr aus Abwechslung und Auswahl als aus der strengen Selbstzucht und schwerfälligen Mütterlichkeit der alten Schule. Die Renaissance war bewegt und bunt. Sie brachte neue Kühnheiten, neue Werte, neue Freiheiten. Anna hatte einen tiefen Zug vom französischen Hofleben getan und konnte nie wieder die steife und etwas bäurische Einstellung zum Leben annehmen, durch die sich der schwerfälligere englische Adel auszeichnete. Sie gab sich Mühe, die feine Kunst der Erotik zu begreifen, in der Margerete d'Angoulême, freilich auf einem weit höheren Niveau, bereits so entzückende und beunruhigende Nuancen entdeckt hatte. Annas junger

Kopf war von Feinheiten erfüllt, von denen Heinrich sich keinen klaren Begriff machen konnte, und die ihn endlich, ohne ihn ganz zurückzustoßen, dazu zwingen sollten, ihr und sich zu erklären, was für Bedeutung für ihn der Begriff »Liebe« und seine Absichten hätten.

Anna Boleyn kehrte im Jahre 1522 nach England zurück, als sein Verhältnis mit der jungen Marie in vollem Schwange war. Ihr erstes Auftreten wurde weder mit Staatskunst noch Feierlichkeit vorbereitet. Als lachendes Mädchen tanzte sie in die englische Geschichte hinein. Unter den vielen Festen, die Wolsey in seinem prunkvollen Palast an der Stelle, wo jetzt Whitehall steht, für Heinrich gab, fand eines der durch seinen Luxus und seine Schaustellungen berühmtesten kurz vor dem zweiten französischen Kriege statt; und unter den unbekannten Hofdamen, die den Blick des Höflings blendeten, seine Aufmerksamkeiten festhielten, seinen Beifall errangen, war dieses feurige, lockende Mädchen. Sie war fünfzehn Jahre alt. Es war das Alter der Frau, das Satyr und Idealist damals einstimmig als das bei aller Zartheit herausforderndste bezeichneten. In den Gedichten vom Anfang des 16. Jahrhunderts, die unter südlichem Einfluß geschrieben wurden, besingt man die Jungfrau von fünfzehn Jahren zugleich zärtlich und wollüstig. Es war die Lebensspanne, die auf die Phantasie sehr einfacher Leute den größten Reiz ausübte; zumal gegen das Ende jener üppigen Feste, wo alle Welt etwas betrunken war, schien der Anblick der taufrischen Jugend beinahe unwiderstehlich. Im Manne stieg dann eine weinerliche Sentimentalität auf und mischte sich in seine Verliebtheit. Gierig, aber unsicher in der Verfolgung, war er dem Schmetterling, der außer Reichweite flog, nicht gewachsen. Am nüchternen Morgen nach dem Fest ließ das ernste Mädchen ihn vor seiner früheren Kühnheit erschauern und zwang ihn zu lyrischer Liebe.

Noch aber sah Heinrich die junge Boleyn nicht anders denn als Bauer auf dem politischen Schachbrett. Er tändelte mit Marie. Er hätte es gern gesehen, daß Anna einen Iren heiratete. Die Iren waren wie gewöhnlich unbequem und beunruhigend. Sie ließen es sich nicht nehmen, zu den unpassendsten Zeiten die anmutige Einrichtung des Lebens zu stören, wie ein hagerer Disputant, eine Frau mit einem Kind im Umschlagetuch oder ein ertrunkener Wicht, der ohne jeden Sinn für Humor das Wasser verläßt und sich triefend beim Feste zeigt. Thomas Boleyn hatte durch seine Mutter Anspruch auf die Ormondschen Güter, und dieser Anspruch wurde durch einen jungen wilden Butler in Irland aufs heftigste bestritten; ihn auszurotten, würde leider mehr kosten, als es wert war. Ein Kompromiß war nötig. Wolsey und Heinrich waren beide der Ansicht, daß es am einfachsten sei, Anna Boleyn an den Feuerkopf zu verheiraten und die beiden Familien auf immer zu verbinden. Mit der Zeit würde sie dann Lady Ormond werden. Sie würde in dem grauen Schloß von Kilkenny leben, zusehen, wie der Nore zu ihrem Ergötzen vorbeifloß, nach dem strohgedeckten Dublin fahren, wenn das Parlament tagte, und in ruhigen Zeitläuften sich nach England einschiffen, sooft in London eine Krönung oder eine Hochzeit am Königshofe stattfand. Welcher Unterschied gegen Paris! Anna Boleyn wies den Vorschlag schaudernd zurück. Sie wollte lieber Hofdame der Königin Katharina, eine alte Jungfer, eine Nonne sein, als den rothaarigen James Butler heiraten. Sie sollte also am englischen Hofe bleiben und das Leben genießen, wie es sich ihr bot.

III

Es bot sich ihr bald in Gestalt des mageren jungen Percy, des Sohnes und Erben des Grafen von Northumberland. Er gehörte zu Kardinal Wolseys prunkhafter Haushaltung; und wann immer Wolsey den Hof in königlicher Aufmachung besuchte, schlich Percy sich ins Gemach der Königin und »schäkerte dort mit den Jungfrauen der Königin«.

Er war ein schneller, nervöser junger Mann, und er sowie Fräulein Anna unterhielten sich äußerst lebhaft. Von der Lebhaftigkeit gingen sie zum Ernst über. Er und das schwarzäugige, hochbeinige Mädchen hatten sich gefunden und waren dermaßen ineinander verliebt, daß es sich nicht verbergen ließ. Percy hatte keinen Schimmer von der Unvorsichtigkeit, die er begangen hatte, bis man ihm eines schlimmen Abends, als er mit seinem Herrn von Hofe heimkehrte, kurz sagte, der Kardinal erwarte ihn in der großen Galerie. Er traf Wolsey nicht allein an, sondern von seinen Kammerherren umgeben. Als er eintrat, herrschte eisiges Schweigen. Wolsey fuhr ihn mit bitterer Würde auf seine stolzeste und höhnischste Art an.

»Ich staune nicht wenig«, redete er ihn vor allen an, »über Eure ungezogene Dummheit, daß Ihr Euch mit einem törichten Mädchen vom Hofe einlasset; ich meine Anna Boleyn.

Habt Ihr nicht bedacht, in welchen Stand es Gott gefallen hat, Euch zu berufen? Nach dem Tode Eures edlen Vaters werdet Ihr vermutlich eine der wertvollsten Grafschaften dieses Reiches erben und besitzen. Es hätte sich für Euch geziemt und geschickt, die Erlaubnis Eures Vaters einzuholen, und Seine Majestät den König davon in Kenntnis zu setzen; er hätte Euch die Partie verschafft, die zu Eurem Stand und Eurer Ehre passend gewesen wäre, wodurch Ihr durch Eure Weisheit und Euer ehrenhaftes Betragen so sehr in der hohen Achtung des Königs zugenommen hättet, daß Eurer Ehre großer Zuwachs geschehen wäre. Nun aber –« Wolsey maß ihn mit verächtlichen Blicken, und Percy, auf dem jedes Auge ruhte, ließ den Kopf hängen.

»Nun aber seht, was Ihr in Eurem Leichtsinn getan habt! Nicht nur habt Ihr Euren angestammten Vater beleidigt, sondern sogar Euren Allergnädigsten Herrn und König, und Euch einer versprochen, die weder Eurem Vater noch dem König angenehm sein kann.

Ich werde um Euren Vater senden«, fuhr Wolsey kalt fort, »und wenn er hier ist, wird er entweder diesen törichten Vertrag brechen oder Euch auf ewig enterben.«

Percy wartete mit bebenden Lippen auf das Ende des Gewitters, aber Wolsey war unerbittlich. »Seine Majestät der König«, fuhr er drohend fort, »wird selbst bei Eurem Vater über Euch Klage führen, und von ihm nicht weniger fordern, als ich Euch gesagt habe. Seine Majestät hat Anna Boleyn einer anderen Person bestimmt, mit der er schon Rücksprache genommen, und fast zum Ziele gelangt ist, obwohl sie es nicht weiß; dennoch hat der König als höchst weitblickender und vorsichtiger Fürst die Sache so gelenkt, daß sie, wie ich nicht zweifle, recht erfreut und willens sein wird, zu tun, wie er bestimmt hat.«

Der Druck, den man auf Anna ausüben wollte, erschreckte den Jüngling. »Sir«, brach er los und fing an zu weinen, »ich weiß nichts vom Willen des Königs hierin, über dessen Ungehaltenheit ich – ich sehr betrübt bin. Ich dachte, ich sei genügend bei Jahren, und könnte eine Frau wählen, wie es mir am besten gefiele; ich zweifelte nicht, den Lord, meinen Vater, wohl davon zu überzeugen. Sir, obwohl sie nur ein einfaches Fräulein ist und ihr Vater nur ein Ritter, ist sie doch von höchst vornehmer Abstammung.« Percy hörte auf zu weinen. »Von Mutters Seite her«, erklärte er eifrig, »ist sie vom Blute der Norfolks, und von Vaters Seite stammt sie vom Grafen von Ormond, denn ihr Vater ist einer der Anwärter auf das Erbe des Grafen. Warum, Sir, sollte ich darum zögern, sie zu ehelichen, deren Abstammung der meinen ebenbürtig ist, selbst wenn ich meine höchste Würde erreiche?« Er hielt diesen Teil der Partie für gewonnen und fügte hinzu: »Daher bitte ich höchst demütig um Eure Gunst und besondere Gnade, auch, daß Ihr die Majestät des Königs um meiner Niedrigkeit willen beschwören möget in dieser Sache, die ich nicht ableugnen noch aufgeben kann.«

Der Kardinal erhob die Hände. »Da, meine Herren«, höhnte er, »könnt Ihr wohl sehen, wieviel Gehorsam und Weisheit im Kopfe dieses unbotmäßigen Knaben wohnen.«

Er zeigte auf Percy und schrie zornig: »Ich dachte, daß Ihr, sobald ihr höret, wie ich die Absicht und den Willen sowie die Taten des Königs in dieser Sache verkündete, nachgeben und Euch sowie Eure ganze eigensinnige und übel beratene Handlungsweise dem königlichen Willen unterwerfen würdet.«

»Sir, das täte ich auch«, zitterte Percy, »aber in dieser Sache bin ich so weit gegangen, und vor so vielen würdigen Zeugen, daß ich nicht weiß, wie ich mich ihr entziehen noch mein Gewissen entlasten kann.«

Die gesenkten Augenlider des Kardinals hoben sich auf einen Augenblick, um die versteckte Abbitte zu bedenken. Dann begann er wieder zu donnern. »Glaubt Ihr, der König und ich wüßten nicht, was wir in einer so gewichtigen Sache tun müßten? Jawohl, das schwör ich Euch. Dennoch«, wieder verdunkelte sich seine Miene, »sehe ich in Euch keine Unterwerfung unter die Absicht.«

Percys Gesicht nahm einen völlig unglücklichen und beschwörenden Ausdruck an. »Wohl denn, Mylord«, sagte er mit herzzerreißender Bitte, »wenn es Euer Gnaden gefällt, werde ich mich ganz der Majestät des Königs und Euer Gnaden unterwerfen, da mein Gewissen von der gewichtigen Last meines Versprechens befreit ist.«

Der Kardinal atmete tief auf. Der Wille des jungen Mannes war gebrochen. »Nun also«, sagte er mit milder Stimme, »ich werde nach dem Norden um Euren Vater senden, und er wird mit uns solche Schritte tun, Euch die Folgen Eurer voreiligen Tat zu ersparen, als der König für geboten hält. Inzwischen verlange ich und befehle Euch im Namen des Königs, Euch nicht zu unterstehen, auch nur einmal ihre Gesellschaft aufzusuchen, bei Strafe des höchsten Zorns des Königs.«

Er nickte Percy, der mit einer tiefen Verbeugung antwortete, zu, erhob sich dann und ging in sein Kabinett.

Percy machte hysterische Pläne, um den Kardinal, den König und seinen eigenen Vater zu überwinden. Northumberland jedoch landete in York Place, brachte längere Zeit in geheimem Gespräch mit dem Kardinal zu und nahm dann, nachdem er einen Becher Wein mit ihm geleert, seinen Abschied, ging ans Ende der Galerie, setzte sich auf die Wartebank und sprach folgendermaßen vor den Dienern zu seinem Sohn:

»Sohn«, bellte er ihn an, »du bist immer ein stolzer, frecher, unehrerbietiger und höchst unsparsamer Verschwender gewesen.« In diesem mit Wolsey verabredeten Tone ging es eine ganze Weile fort. Percy sei undankbar, leichtsinnig, treulos. Er hätte seinen Vater beinahe zugrunde gerichtet. Nur die fast göttliche Barmherzigkeit und Güte des Königs könne ihm verzeihen. Den versammelten Höflingen und Dienstleuten erklärte Northumberland, welch ein verlorener Sohn und Verschwender dies sei. Er bemerkte jedoch, daß er noch andre Söhne habe, »eine ganze Auswahl von Knaben, die sich, wie ich hoffe, würdiger erweisen sollen«. – »Inzwischen aber bitte ich Euch, daß Ihr alle seine Freunde seid, und ihm, wenn er irrt, seine Fehler weiset.«

Damit verabschiedete er sich und fuhr seinen Knaben an: »Geh an dein Geschäft und warte deinem Herrn, dem Kardinal auf, und sieh zu, daß du deine Pflicht tust.« Der Graf von Northumberland ging mit heiler aber schmerzender Haut durch die Halle und schiffte sich in seiner Barke ein.

Mit der Zeit bekam Anna Boleyn Nachricht, ihr junger Freund sei verlobt. Er sollte eine Talbot heiraten, eine der Töchter des Grafen von Shrewsbury. Er sollte den Hof verlassen, die Ehe vollziehen, und sie nicht wiedersehen.

IV

Für ein Mädchen von Anna Boleyns Alter und Temperament und stolzem Sinn war diese erste Begegnung mit einer Welt voll grausamen Ehrgeizes mehr, als sie ertragen konnte. Sie hatte diesem stolzen, frechen, leichtsinnigen Knaben, der einer der mächtigsten Adligen Nordenglands sein würde, ihr Herz geschenkt, und all ihre Freunde wußten darum; nun wurde ihr befohlen, den Hof zu verlassen, und sie wurde auf eine Saison zu ihrem Vater nach Hause geschickt.

Ein anderes Mädchen hätte sich aus Scheu vor der älteren Generation gefügt, aber Anna Boleyn war leidenschaftlicher Natur, und diese Beleidigung, die man ihrer Persönlichkeit zufügte, erfüllte sie mit Wut. Ihre Liebe war vernichtet. Ihr Stolz war verletzt. Ihr Name hatte gelitten. Sie gab an all diesem nicht dem König die Schuld, sondern dem Manne, dessen breite Schultern die Lasten des Königs auffingen. Jede der Gemeinheiten, die Wolsey vor einer Schar von Zeugen dem jungen Percy angetan hatte, fiel auf sie zurück. Aus einem fünfzehnjährigen Mädchen wurde sie zu einem verhärteten jungen Weibe, das niemals vergessen sollte, was das Leben ihm antun konnte, was es bedeutete, daß »ihr Vater nur ein Ritter« war, und was Seine Eminenz der Kardinal als kaltes und unweigerliches Muß verkündet hatte.

Ihr bleiches Gesicht noch fahler als sonst, ihre schwarzen Brauen gerunzelt, verbrachte Anna Boleyn Monate in Hever und fraß ihren Zorn in sich hinein, bis er ihr Blut wie Schwefel zersetzte. Sie hatte alles von Percy erhofft, und nun ritt er in die Grenzmarken, um eine Shrewsbury zu heiraten. Ihre Liebe für ihn versank in Verachtung und Bitterkeit. Und wie sie litt, litt auch er. Er war tatsächlich krank. Er konnte seine neue Heirat nicht ertragen. Nach zwei Jahren verließ ihn die Frau. Der Tod seines Vaters brachte ihm eine der wertvollsten Grafschaften des Reiches, und er war der unglücklichste der Menschen.

Es dauerte Monate nach Percys Verbannung, bevor »Fräulein Anna Boleyn an den Hof zurückberufen wurde«. Sie verließ England, um wie ihre Schwester Marie Hofdame der Margarete von Österreich zu werden und brachte nach der Schlacht von Pavia ihre Zeit meist auf Hever in Kent zu. Einer ihrer Nachbarn war der Dichter Thomas Wyatt, ein Vetter ersten Grades. Wyatt besaß mehrere Eigenschaften, die ihn zum Hofdichter geeignet machten: er war jung, berauschend schön, er war hochfahrend und unglücklich verheiratet. In der Zeit, die auf Percy folgte, besuchte Wyatt Anna oft und fand das junge Mädchen kühl, aber reizvoll und beunruhigend. Wollte das schlanke junge Ding ihn zur Liebe verlocken? Halb unwillig verfolgte er sie, mit der etwas säuerlichen Leidenschaft eines Menschen, der nicht ganz bei der Sache ist. Wenn man durch die Butzenscheiben der Tudorschen Orthographie und der Tudorschen Übersetzung späht, bekommt man einen Begriff von der Laune, aus der Thomas Wyatt später eine Zauberin besingen sollte, die ihn anzog und ihm entrann:

Who so list to hount: I know where is an hynde
But, as for me: helas, I may no more.
The vayne travail hat weried me so sore,
I ame of theim, that farthest cometh behinde
Yet, may by no means, my weried mynde
Drawe from the Der; but as she fleeth afore
Faynting I folowe. I leve of therefore:
Sins in a nett I seke to hold the wynde.

Who list her hount: I put him oute of dowbte:
As well as I: may spend his tyme in vain.
And graven with Diamonds with letters plain:
There is written, her faier, neck rounde abowte:
Noli me tangere for Caesar's I ame
And wylde for to hold: though I seme tame.

*

(Der da zu jagen wünscht: ich weiß ein Wild;
Nicht mir bestimmt; ach, ich vermag's nicht mehr.
Ermüdet hat vergebliche Beschwer
Mich so, daß ich der Letzte im Gefild.
Doch kann ich, ob der matte Leib auch schilt,
Nicht lassen von der Hindin; vor mir her
Flieht sie, ich folg' erschöpft. O töricht, wer
Im Netz den Wind zu fangen ist gewillt!

Der sie zu jagen wünscht: ihm künd ich's an:
Wie ich gar leicht verschwendet er die Zeit.
Gegraben in Demant und aufgereiht
Um ihren holden Hals er lesen kann:
Noli me tangere; Caesar bin ich geweiht;
Die zahm erscheint, doch wild die Fessel scheut.)

»Caesars« Diamantenhalsband sollte Anna bald umspannen.

V

Erst im Jahre 1526 sah »Caesar« sie zum ersten Male wirklich. Sie war damals neunzehn Jahre alt.

Bis nun war Heinrich auf der glitzernden Flut getrieben; er dachte nicht über seine Sehnsüchte nach und wurde auch zum Nachdenken nicht veranlaßt. Aber diese langen Jahre ehelicher Ruhe, Duldung oder Zustimmung änderten nichts an der Tatsache, daß seine Ehe unvollkommen war. Ohne es zu wollen, erreichte er nun die Krise, die so oft eintritt: er blickte hinaus und sah eine neue und wunderbare Möglichkeit, von der er ausgeschlossen war. Vollblütig, immer unter dem Druck der Begierde stehend, glaubte er zuerst, es handle sich um ein neues angenehmes polygames Zwischenspiel, aber im Maße, wie es sich ihm bot, wurde seinem Herzen klar, daß er noch niemals geliebt hatte. Ein Mann von langsamer Einbildungskraft, aber unbeschreiblich hartnäckig, wenn er ganz erweckt war, kämpfte Heinrich zuerst, wie es nur natürlich war, gegen diese Vorstellung an. Aber sein Körper hatte gesprochen, und sein Herz hatte gesprochen, er hatte der Feenmusik gelauscht, die irgendeinmal auf einem fernen Keltenhügel die Seele eines Ahnen ergriffen haben mußte, und als sie sein Wesen durchdrungen hatte, konnten alle Mächte auf Erden und im Himmel ihn nicht von seinem Wege ablenken. Wie er diesem Wege folgen würde, wenn ein andrer Kreuzweg sich zeigte, stand noch nicht fest. Aber im Augenblick waren ihm die Augen aufgegangen, und er begriff die Not des unvollkommen verheirateten Mannes.

Im Anfang, dem Frühling des Jahres 1526, sah Heinrich beim Werben um Maries Schwester keine großen Schwierigkeiten voraus. Am englischen Hofe gab es immer eine ganze Menge ernstgemeinter Hofmacherei. An trockenen Tagen konnte der Mann jagen, aber an nassen, wenn man des Vergnügens, Pfeile über einen Schirm zu werfen, Kegel zu schieben, oder unausgesetzt zu spielen gesättigt war, konnte man immer einen schnellen Blick erhaschen, einen Kuß einheimsen und ein Abenteuer versuchen. Die königliche Truppe unterschied sich in nichts von einer Schauspielertruppe oder einer Garnison. Heinrichs zufällige Verhältnisse scheinen schwerfällig aber ununterbrochen angedauert zu haben. Trotzdem blieb er unbefriedigt; mit zunehmendem Alter war er zu reich, um sich mit Trivialitäten zu begnügen, und seine Natur trotzdem erfüllt von einer unerbittlichen Unruhe.

Mit dem gleichgültigen Zynismus, der bei einem Mächtigen so oft auftritt, spielte Heinrich mit dem Gedanken an dieses knicksende, Blicke werfende Mädchen. Seine Neigung zu Marie war im Augenblick unbeschäftigt; also betrachtete er Anna mit Wohlwollen. Und plötzlich erlebte er eine Überraschung. Die Luft von Hever, bis nun von heiterer Nachgiebigkeit ohne Strömung oder Welle, wurde geschärft von der Gegenwart eines lebendigen Willens. Schließlich lag in Anna Boleyn doch etwas vom Blute der Howards, etwas von jenem grimmigen Großvater, der für Richard III. gekämpft, Heinrichs Vater eine kühne Rede gehalten, zum Schmerze Schottlands die Schlacht von Flodden gewonnen und sich in seinen Narben und seiner verwitterten Zähigkeit bis in sein achtzigstes Jahr erhalten hatte. Anna Boleyn war Herrin über ihren eigenen Körper. Selbst wenn Heinrichs Augen ihr bis ins Zimmer der Königin folgten, wenn er nur mit der Ausrede, seinen Schatzmeister zu sprechen, nach Hever ritt, mochte das Mädchen zwar zahm aussehen, aber, wie Wyatt gesagt hatte, zu wild sein, als daß es sich greifen ließ.

VI

Der Herr über England wurde in einer Begierde, die ihn überwältigte, gehemmt, und das zum erstenmal in seiner Laufbahn. Siebzehn Jahre lang hatte er sich als König von England treiben lassen. In letzter Zeit hatte Wolseys Leitung ihm oft Grund zum Ärger gegeben, aber im ganzen hatte er sich jener dynastischen Persönlichkeit und deren Ehrgeiz, ihn zur europäischen Großmacht zu machen, gern überantwortet. Befriedigt jedoch hatte dies alles Heinrich nicht. Er hatte zugestimmt, man hatte sich nach ihm gerichtet, aber es war nicht sein eigentlicher Wille. Was ihn im Leben am meisten berührte, waren die engsten persönlichsten Dinge. Er versagte, wo es sich darum handelte, einen Erben zu zeugen. Im Jahre 1510 war eine Tochter tot zur Welt gekommen. Im Jahre 1511 wurde ein Sohn geboren, der nach sieben Wochen starb. Den Knaben hatte man Heinz getauft. Im Jahre 1513 kam ein Sohn tot zur Welt. Im Jahre 1514 wieder einer.Endlich wurde im Jahre 1516 ein Kind geboren, das am Leben blieb, aber es war Marie, ein Mädchen! Wieder gab es im Jahre 1517 Fehlgeburten und im Jahre 1518 eine weitere Totgeburt.

Eines stand bei Heinrich fest: seine Frau hatte versagt. Diese Fehlgeburten, Demütigungen, diese schrecklichen Wiederholungen hatten sich gehäuft, bis sie ihm fast wie ein Zeichen des Himmels erschienen, wie ein Gottesurteil. Seine Ehe war verflucht. Sie war unentrinnbar. Und sie war nicht weniger unentrinnbar seit den Veränderungen, die Europa in den Jahren 1525 und 1526 betrafen.

Heinrich konnte über eine Tatsache nachdenken, ohne ihr in die Augen zu sehen, und hinter der Gestalt der armen Katharina erblickte er ihre wachsende politische Nutzlosigkeit. Er hatte sie wegen Englands Schwäche Frankreich gegenüber geheiratet. Frankreich wiederzuerobern war sein Traum gewesen. Aber die Niederlage von Pavia hatte gleichzeitig die französische Nation entwaffnet und Karl von englischer Gunst höchst unabhängig gemacht. Die europäischen Angelegenheiten standen auf einem toten Punkt, Wolseys Programm erlitt eine Schlappe, und zum erstenmal seit seiner Heirat war dieser unbefriedigte Gatte politisch frei von seiner dynastischen Ehefrau.

Sie war völlig verbraucht. »Trotzdem«, schrieb Thomas More ein Dutzend Jahre früher, »wollen sie (die Utopisten) nicht leiden, daß ein Mann seine Frau wegen keiner anderen Fehler verstoße, als weil irgendein Unglück ihren Leib betroffen habe. Denn sie halten es für eine gewaltige Grausamkeit, daß jemand in seinem äußersten Bedürfnis nach Hilfe und Pflege verstoßen und verlassen werde, und daß das Alter, das an und für sich eine Krankheit sei und noch Krankheit mit sich bringe, unfreundlich und mit Untreue behandelt werde.«

Heinrich war jedoch kein Utopist. Als Anna mit neunzehn Jahren auf den Plan trat, war er fünfunddreißig, und Katharina eine kranke und verbitterte Matrone von einundvierzig. Das junge Mädchen hatte die schlanke, biegsame Figur, die einer Narzisse auf ihrem Stengel gleicht; Katharina war untersetzt, fahl und wassersüchtig. Anna Boleyn hatte ein kluges, ovales Gesicht, einen rasch wechselnden Ausdruck, lange, schöne Finger und war im Augenblick mit einem Witz oder einem Gelächter bei der Hand; Heinrichs Frau lachte nie, denn sie war eine schwerfällige und etwas schläfrige Spanierin, die in Heiligenfesten aufging und sich auf Ablässe verstand, ernsthaft mit ihren Dienstboten sprach und mit Kruzifix und Schlüsseln klirrte. Das neunzehnjährige Mädchen war zum Teil irischer Abstammung, mit schwarzen Haaren, lebhaften, durchdringenden Augen und einem Übermut, der sich mit einem starken Sinn für das Romantische verband; Katharina hatte vorstehende, wäßrige blaue Augen und war blond wie eine Gotin; ihr Hauptvorzug waren ihre Rechtlichkeit, ihre Unterdrückung des unbändigen Ichs und ihre Unterwerfung unter die Pflicht. Sie unterwarf sich. Sie war nie leichtfertig gewesen und ebensowenig temperamentvoll; sie war so ehrlich und langsam und treu wie ihre königliche Barke zu Greenwich. Während der fünfundzwanzig Jahre, die sie in England zugebracht hatte, war ihr einziger Gedanke Heinrich gewesen. Da ihr am Ästhetischen wenig lag, hatte die Schlange ihrer Treue alle anderen Schlangen verschlungen, und die Ergebenheit, die sie schenkte, glich völlig der Liebe.

Freilich hatte sie ihn in Wirklichkeit im Verlauf der dynastischen Pflicht geheiratet. Wäre Arthur am Leben geblieben, so hätte Katharina ihre Treue und Ergebenheit mit der gleichen grausamen Gründlichkeit ins Treffen geführt und ihn unter dem gleichen Hügel der Verpflichtungen begraben. Wäre Arthur König geworden, so hätte sie den dicken jüngeren Bruder Heinrich mit nichts als Angst beobachtet und auf den Augenblick gewartet, da Heinrich *ihren* Gatten angreifen und seine Interessen schädigen würde.

Katharina war in keinem oberflächlichen Sinne eine Person; sie war die Gattin und Mutter, ein Glied in der langen Kette, der Fortdauer des Stammes, die sich auf den Thron gründete, ihren Rückhalt an der Kirche fand, in der Familie verwurzelt war; ein Block aus althergebrachtem Granit, der ihrem schwachen menschlichen Fleische und ihren zitternden Nerven auferlegt war.

Anna Boleyn war in diesem tragischen Sinn weder ernst noch mit Grundsätzen behaftet. Wo die spanische Gattin und Mutter zähflüssig wie Öl alles Spielen der Persönlichkeit, alle Zauberkraft der Verwandlung der Fortdauer der Rasse und dem Heil, das aus dem Ausharren kommt, geopfert hatte, war das englische Mädchen noch nicht so weit, sich ganz ihrem Uterus zu widmen. In Anna Boleyn lag etwas, das Katharina niemals besessen hatte: die aufregende Luft der Veränderung. Katharina war nie jung gewesen; freilich konnte sie äußerst zärtlich und liebevoll sein. Diese frische Nebenbuhlerin jedoch blitzte von Jugend. Und wenige Dinge erregen im reifen Manne ein so tiefes Gefühl wie das temperamentvolle junge Mädchen, das Gefallen an ihm findet. Unter ihrer Keckheit empfindet er eine Gebrechlichkeit, eine Bitte um Mitgefühl, um Verständnis, selbst wenn der Stolz sie abstreitet und der Mut sie unterdrückt. Ihre Seele ist wie ihr Körper etwas eckig und gebrechlich, und selbst der Schritt, mit dem sie ihre Freiheit ausdrückt, ist nicht sicher. Anna trat Heinrich unter das liebende Auge, als sie noch nicht gebunden und festgelegt war; ihre ganze leichte und schlanke Person erklärte, daß sie noch keine Bindung eingegangen sei, ihre großen schwarzen Augen durchfurchten unbefahrene Gewässer und ließen ein Meeresleuchten im Herzen des Mannes zurück.

VII

Ein Mann wie Heinrich, der zwischen einer Frau von einundvierzig und einem Mädchen von neunzehn steht, benimmt sich so, wie man es erwarten würde. Er verliebte sich Hals über Kopf. Und da er bis in die Tiefen von Anna Boleyn erregt, durch das Wogen seines Gefühls aus seiner Gewohnheit geschleudert und in Strömungen mitgerissen wurde, derengleichen er nie geahnt hatte und deren Stärke ihn in weite und unverständliche Kreise trug, änderte er beim Kampf um sein Leben den Kurs seiner Nation. Er nahm sich nicht vor, der Kämpe für den Staat gegen die Kirche zu sein. Das folgte aus seiner Notlage. Da wir alle nur winzige Rädchen sind, die in andre Räder passen und zu einer Ordnung gehören, die wir nicht sehen und kaum begreifen können, gab es Zeiten, da die erstaunliche Disharmonie zwischen Heinrichs Handlungen und der weiteren Wirkung in den tragischen Weltraum ein Zittern gequälten Widerspruchs entließ; aber diese Schreie konnten Heinrich nicht erschüttern oder vom Gehorsam gegen seine massigen Instinkte ablenken. Heinrichs Treue gegen seine Instinkte ist in der Tat die einzige Treue, deren man ihn anklagen kann. Aber es würde viel Mut dazu gehören, ihn deswegen für gerichtet zu halten. Zumindest war er in wenigen Dingen von ergreifenderer Menschlichkeit als in dieser Entdeckung der Anna Boleyn. Es war sein äußerster Flug, der Bogensprung eines geflügelten Stieres. Er sprang hoch und fiel bleiern zur Erde, und er wurde mit der erschreckenden Stärke einer völlig aufrichtigen Katastrophe in die Geschichte zurückgeschleudert. Und aus dieser Katastrophe wurden unter unendlichen Schmerzen zwei mehr oder weniger legitime Kinder geboren, Königin Elisabeth und die Anglikanische Kirche.

Von Cranmer und Latimer, Fisher und Thomas More zum Eigensinn eines neunzehnjährigen Mädchens führt ein weiter Weg. Anna Boleyns Weigerung, die Rolle einer Geliebten Heinrichs anzunehmen, veränderte bedingungslos den Kurs der englischen Geschichte. Wenn je ein zartes Ding von Mädchen es der hergebrachten Gesellschaftsordnung schuldete, ihren Geliebten außerhalb der Ehebande durch eine Vereinigung zu befriedigen, so war dies ein Schulbeispiel; Kardinäle und Gesandte und Blutsverwandte und der Papst fuhren bald aus der Haut in ihrem Eifer, endlich zu hören, daß die Kleine nur Heinrichs Geliebte bleiben würde. Ihr Vater wurde ihres Eigensinns müde. Ihr Onkel Norfolk nahm ihr den Ehrgeiz übel. Ihre Schwester konnte Annas Strenge nicht begreifen. Aber sie war keine Kokette und keine leichtfertige Person. Sie war ein temperamentvolles, herrisches Geschöpf, das sich diese Heirat zur Bedingung ihres Daseins setzte und sich trotzdem der Vernichtung preisgab.

VIII

Harpuniert man einen Walfisch, so versucht er wie rasend zu entfliehen, und auf der Flucht durch das Wasser schleppt er das kühne kleine Geschöpf mit, das in seinem erstaunlichen Mut das verhängnisvolle Geschoß geschleudert hat.

Zuerst konnte Heinrich nicht glauben, daß er ernstlich ins Herz getroffen sei. Er gefiel ihr. Sie empfand Zuneigung für ihn. Ja, sie bekannte sogar »unzerstörbare Zuneigung« für ihn. Er verließ Hever mit diesen Worten im Kopfe.

»Die Unruhe der Abwesenheit ist mir bereits zu schwer«, schrieb er ihr. Sie wäre »beinahe unerträglich«, wenn Anna nicht zugegeben hätte, daß sie Zuneigung für ihn empfände. Zuneigung? Er prüfte das Wort. Von außen glänzte es, von innen blickte es finster. Und was hörte er? Daß sie und ihre Mutter sich schließlich entschieden hätten, nicht an den Hof zu kommen. Ein Schrei beleidigten Widerspruches entrang sich Heinrich und bewies, daß die Harpune – oder, wie er sie zartfühlend nannte, der Pfeil – ihn getroffen hatte.

»Ich habe niemals ein Vergehen gegen Euch begangen«, wütete er unverhüllt, »und es scheint mir eine recht geringe Vergeltung *(bien petite retribution)* für die große Liebe, die ich zu Euch im Herzen trage, daß man mich von der Person und Gegenwart der einzigen Frau entfernt, die ich auf der Welt am meisten schätze.«

Diese rauhen Worte, dieses zornige Schnauben und Peitschen mit dem Schwanz machten den mächtigen Liebhaber nicht frei. Solange die Frage nach Marie, nach dem, was ihrer Schwester begegnet war und jetzt zwischen ihr und Heinrich spielte, in dem Geiste dieses stolzen Mädchens gegenwärtig war, blieb sie außerstande, Heinrichs Werbung anzunehmen.

Das wußte er. Es war eine der unerbittlichen Tatsachen, gegen die er wütete. Eine Frau, der Wächter über die Aufrichtigkeit, wie sie diesem intimsten Verhältnisse zukam, war dabei geblieben, daß sie die volle Wahrheit forderte. Heinrich war nicht dumm. Er wußte, daß Anna recht hatte. Und mit der Taktik des schwer Getroffenen und übel Verletzten machte er den Versuch, Anna die Verantwortung dafür aufzubürden, daß sie ihn aufgab.

»Überlegt Euch wohl, Geliebte«, schrieb er ihr, »wie sehr Eure Abwesenheit mich betrübt; ich hoffe, es sei nicht Euer Wille, daß dies geschehe; doch wenn ich gewiß wüßte, daß Ihr selbst es wünscht, könnte ich nichts anderes mehr tun, als über mein trauriges Schicksal klagen und langsam von meiner Torheit genesen; und so schließe ich aus Zeitmangel meinen schlechten Brief.«

Diese Drohung, die durch ihre Leere komisch wirkt, hätte das ironische Gelächter eines Thomas Wyatt hervorgerufen. Heinrich tobte immer, schwerfälliger im Netz. Er wollte sie gewinnen, ohne sich klarzumachen, wie er mit Marie und mit Katharina stand. Anna aber war von einer aufreizenden und trotzigen Kälte. Ihr vor Augen stand das Beispiel der Schwester. Heinrich erregte sie tief, aber sie bat ihn zu überlegen, was er mit diesen großen Worten, diesen Seufzern, diesen stürmischen Beteuerungen ewiger und unendlicher Liebe eigentlich meine.

Dem Egoisten in Heinrich fiel es schwer zu sterben. Aber im Grunde waren weder er noch sie zynische Naturen. Seine Seele war gewöhnlich und blind, aber er hatte sie ganz eingesetzt. Im äußerster Qual nahm er die Feder zur Hand und schrieb ihr einen Brief, wie ein Mann von seiner großen Schlauheit und unentwegten List ihn nur schreiben konnte, wenn er sich durch die Ungewißheit der Liebe zerrissen fühlte. Er hatte wirklich die Frau gefunden, die er suchte. Er war verhext, besessen, betört. Und so schrieb er ihr schließlich in der Aufrichtigkeit seines Herzens:

»Ich habe in meinen Gedanken den Inhalt Eurer letzten Briefe erwogen und bin dadurch in große Pein geraten, da ich nicht wußte, ob sie zu meinen Gunsten auszulegen, wie ich aus anderen entnahm; ich beschwöre Euch nun mit dem tiefsten Ernst, mir Eure ganze Absicht kundzutun, was die Liebe zwischen uns betrifft.

Denn ich muß notwendigerweise diese Antwort von Euch erhalten, da ich über ein Jahr vom Liebespfeil getroffen und noch immer nicht gewiß bin, ob es mir mißlingen, oder ich einen Platz in Eurem Herzen und Eurer Neigung finden werde.

Diese Ungewißheit hat mich seit kurzem gehindert, Euch meine Geliebte zu nennen, da Ihr mich nur mit einer gewöhnlichen Neigung liebt; aber wenn es Euch gefällt, die Pflicht einer wahren und treuen Geliebten zu erfüllen, und Euch mit Leib und Seele mir hinzugeben, der ich, wie bisher, Euer treuster Diener sein werde (sofern Eure Strenge es mir nicht verbietet), dann verspreche ich Euch, daß ich Euch nicht nur so nennen werde, sondern daß ich Euch zur Geliebten nehmen und allen anderen Nebenbuhlerinnen den Abschied geben will, wie meine Gedanken und meine Neigung mir das gebieten, so daß ich nur Euch allein dienen werde.

Ich bitte Euch, mir auf diesen schlechten Brief ausführliche Antwort zu geben, auf daß ich weiß, worauf und wie weit ich mich verlassen darf.

Sollte es Euch aber nicht gefallen, mir schriftlich zu antworten, so lasset mich einen Ort wissen, wo ich die Antwort mündlich empfangen kann, und ich werde von ganzem Herzen mich daselbst einfinden.

Ich schließe, aus Angst Euch zu ermüden.

Mit eigener Hand geschrieben von einem, der nur zu gern wäre der Eure H. Rex.«

Dieser dringende und aufrichtige Brief war Heinrichs letztes Wort. Er war bereit, Marie Boleyn aufzugeben, Katharina aufzugeben, sie sich aus dem Herzen zu reißen, wenn Anna sich ihm »mit Leib und Seele« hingeben würde.

Das Mädchen war verzweifelt. Obwohl Heinrich in sie verliebt war, fühlte sie hinter den zitternden Worten seinen brutalen Wunsch nach Gewißheit, seine Besitzlust, sein grobes Angebot, einen Handel abzuschließen.

In dieser Ungewißheit las Anna, die seiner so sicher war und doch intuitiv wußte, wessen er fähig, wessen Männer fähig sein konnten, seinen Brief wieder und wieder und suchte nach irgendeiner Möglichkeit, die Entscheidung hinauszuschieben. Er war ein Liebhaber, aber er war auch ein Angreifer; er verlangte, daß sie sich ergab. Und er verlangte es, obwohl er an ihre Schwester gebunden und an Katharina gefesselt war. Wäre er nur frei gewesen! Wenn er frei wäre, sagte sich Anna, hätte sie ihn vielleicht lieben, sich ihm völlig, gänzlich, auf immer geben können. Um Heinrich spielte jenes strahlende Bewußtsein der Stärke, der Liebenswürdigkeit, der bezaubernden Wärme; er war ihr Herz und ihr König. Von diesem Bilde ganz eingenommen, setzte sich das Mädchen hin, um ihm zu eröffnen, daß er, und er allein ihr Herz besitzen würde, aber erst dann, wenn er sich entschließen könnte, sich freizumachen. Dieser Brief war gleichzeitig ein Liebesbrief und die Antwort auf ein Ultimatum; und um mehr auszudrücken, als sie mit Worten sagen konnte, sandte sie ihm ein Geschenk.

Heinrichs Antwort war von Freude erfüllt. Die Ungewißheit, in der er so viele Empfindungen gleichzeitig gefühlt hatte, war jetzt der herrlichen Gewißheit gewichen, daß sie weder Wyatt noch sonst jemand gehörte, und daß sie bald die Seine werden würde.

Zuerst jedoch mußte er auf die schüchterne und steife Art des Herrschers für das Geschenk den Dank abstatten und dabei des Wertes nicht vergessen.

»Für ein Geschenk, so kostbar, daß nichts – wenn man es im ganzen betrachtet – es übertreffen könnte, sende ich Euch meinen herzlichsten

Dank nicht nur um des wertvollen Diamanten und des Schiffes willen, in dem die einsame Jungfrau schwankt; sondern vornehmlich wegen der schönen Bedeutung, der nur zu demütigen Unterwerfung, die Eure Güte mir gewährt hat.

Ich glaube, daß es mir schwierig sein würde, eine Gelegenheit zu finden, sie mir zu verdienen, wenn Eure große Menschlichkeit und Gunst mir nicht zu Hilfe kämen, die zu erhalten ich gesucht habe, suche und stets suchen werde, indem ich Euch diene, soweit es nur in meiner Macht steht: dies ist meine feste Absicht und Hoffnung, dem Grundsatz entsprechend: *aut illic aut nullibi* (entweder hier oder nirgends).

Der Ausdruck Eurer Neigung ist derart, die schönen Gedanken Eures Briefes sind so warm empfunden, daß sie mich auf ewig verpflichten, Euch aufrichtig zu ehren, zu lieben und Euch zu dienen; ich beschwöre Euch in diesem selben festen und beständigen Vorsatz zu beharren; und ich versichere Euch, daß ich meinerseits nicht nur es Euch geziemend vergelten, sondern Euch, wo möglich, an Treue des Herzens noch übertreffen werde.

Auch erbitte ich von Euch, falls ich Euch zu irgendeiner Zeit vor dieser beleidigt haben sollte, daß ihr mir dafür die gleiche Absolution gewähret, die Ihr fordert, und versichere Euch, daß von jetzt ab mein Herz niemand gehören soll als Euch allein; ich wollte, auch mein Leib wäre so Euer; Gott kann es zustande bringen, wenn es ihm so gefällt; weshalb ich täglich einmal zu ihm bete, und hoffe, daß schließlich meine Gebete Erhörung finden werden.

Ich wünschte, die Zeit wäre kurz, doch werde ich sie für lang erachten, bis wir uns wiedersehen.

Geschrieben von der Hand des Sekretärs, der an Herz, Leib und Willen verbleibt

Euer treuer, Euch ganz ergebener Diener

H. Rex, 

der keine
andere ersehnt.

Dieser Brief, der im offiziellen Ton beginnt und im privaten endet, zeigte, wie leidenschaftlich Heinrich verliebt war. Er fing an wie ein König, der an einen niedrigen Untertan schreibt; er schloß wie ein Mann, der an eine Frau schreibt. Dieser Mann war kein Dichter. Selbst wenn die stärksten Ströme durch seine Seele rasten, wurde er nicht strahlend. Er bewegte sich langsam und schwerfällig und war bedeckt mit einer dicken Kruste von Mutter Erde. Kein Liebhaber aber konnte wahrhaft besorgter oder aus ganzem Herzen aufrichtiger sein.

Als er unterschrieb: »Euer treuer, Euch ganz ergebener Diener«, oder, wie es tatsächlich lautete, »*Votre loyale et plus assuré serviture*«, fühlte er

Heinrich VII.

Katharina von Aragon

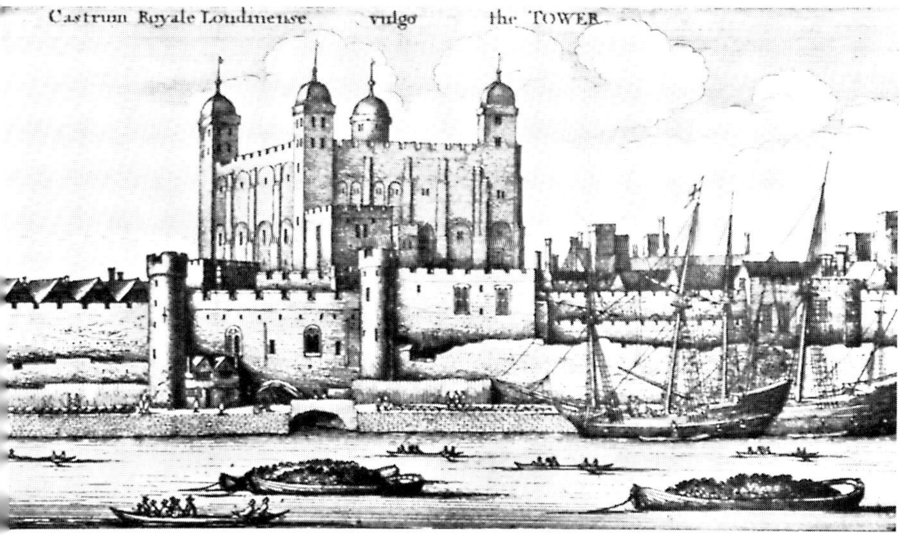

Der Tower in London, nach Wenzel Hollar

Heinrich VIII. und sein Parlament

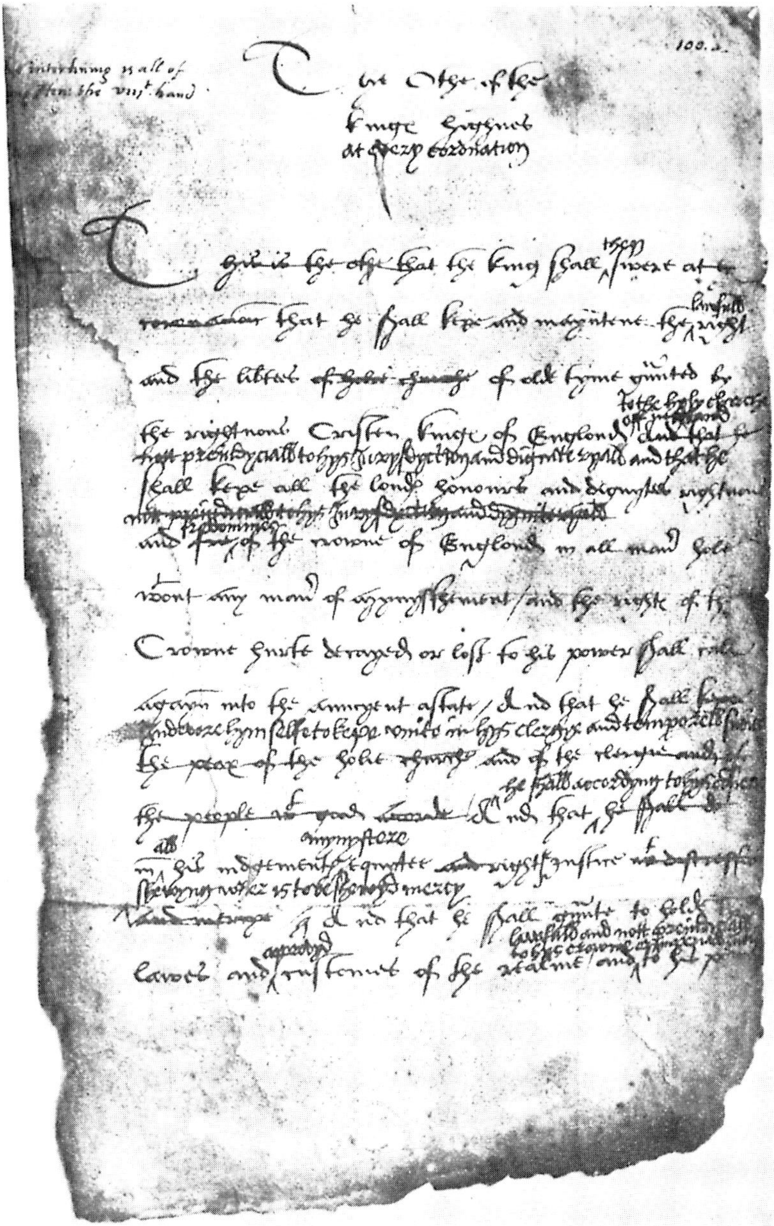
The Othe of the Kinge Henry at theyr coronation

Die Krönungsurkunde Heinrichs VIII.

Heinrich VIII., nach einer Handzeichnung

Anna Boleyn

Kardinal Wolsey

Thomas More

Thomas Cromwell, Earl of Essex

John Fisher, Bischof von Rochester

Erasmus von Rotterdam

Heinrichs VIII. Landung in Dover

Das Goldbrokatfeld

Karl V., Porträtbüste des Zweiundzwanzigjährigen

Franz I., Gemälde von Jean Clouet (Louvre).

Heinrich VIII.

Jane Seymour

Anne von Kleve

Katrin Howard

Katharina Parr

Thomas Cranmer, Erzbischof von Canterbury

Prinz Edward,
der spätere Herzog von Richmond
und König Edward VI.

Sir William Paget
Erster Sekretär des Königs

Prinzessin Mary,
Tochter der Katharina von Aragon,
die spätere Königin Maria „die Blutige“

Prinzessin Elisabeth,
Tochter der Anna Boleyn,
die spätere Königin Elisabeth I.

Thomas Howard, Earl of Norfolk

Henry Howard, Earl of Surrey

Die Rüstung Heinrichs VIII.

Das Lager der englischen Streitkräfte bei Portsmouth

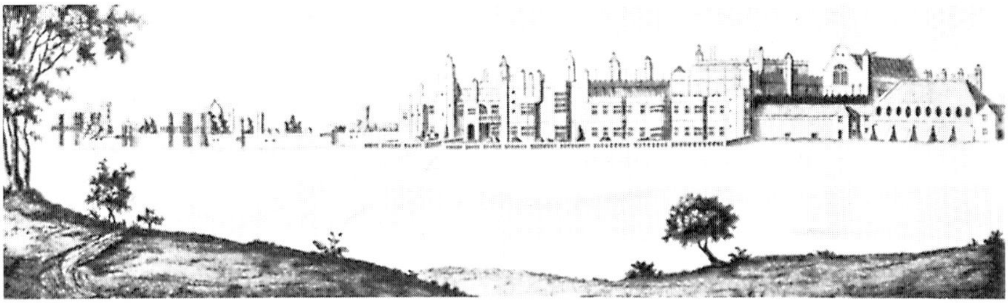

Hampton Court

Whitehall in London

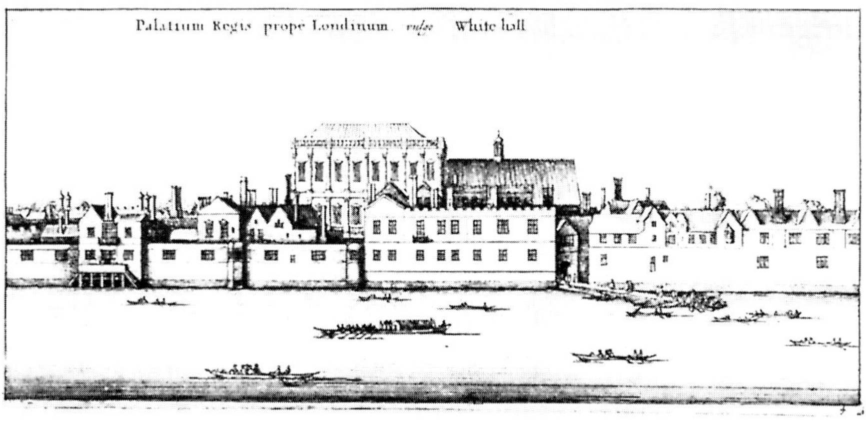

die Kluft zwischen seinen Worten und seinem Triebe, fühlte den verzehrenden Wunsch, Anna die Liebe, die ihn erfüllte, ganz auszudrücken. Er saß vor dem ungeschickten, »schlechten« Brief an seinen Sitz genagelt. Keiner seiner bäurischen Gedankenflüge hätte ihm genügen können; irgendwo in seiner Seele, ein Erbteil vielleicht von seiner Großmutter Margarete oder seiner Mutter Elisabeth, strömte ein kleiner klarer Quell reiner Sehnsucht, die Empfindung des Liebreizenden.

Man kann sich ihn vorstellen: einen kräftigen, schwer atmenden Mann, sein Gesicht feurig vor unterdrückter Glut, seine Finger grimmig entschlossen, sein Körper fleischlich gebunden, seine Seele voll Sehnsucht. So haben viele Athleten bei Kerzenlicht mit der verzweifelten Begierde gerungen, ihrer Träume Herr zu werden. So sind Soldaten, die mit vielen Mädchen gescherzt hatten, zu Kindern geworden, wenn sie ihren ersten schüchternen Ausflug ins Reich der Aufrichtigkeit wagten. Heinrich, der Athlet und Anführer, konnte sich manchmal ins Höfische retten und sich in den gesetzten Herrscher verwandeln, aber ein peinlich linkisches Wesen, eine außerordentliche Blödigkeit überwältigte ihn, wenn er versuchte zärtlich zu sein. In dieser Seelenqual ächzte und stöhnte er, und schließlich zog er gerührten Herzens das Symbol dieses schmerzenden Körperteils und schrieb die Anfangsbuchstaben der Frau, die es erfüllte, hinein: A. B.

Er war nicht mehr der Herrscher, sie nicht mehr der Untertan. Er war ein Landmann im grünen Forst und schnitt in das Fleisch der Buche, die selbst so edel war, sein Herz, in das er den Namen seiner wahrhaft Geliebten setzte wie in einen Heiligenschein. Die kleine Zeichnung von seinem Herzen stellte er inmitten der Beteuerung doppelter Treue, »autre — — ne cerce«, — »keine andre — — ersehnt«, und umkränzte dieses Symbol mit seinem Namen. Es war sein Liebesgruß. Und jenseits, darüber stand der Gegensatz seines ganzen Wesens, die Vision eines Geschöpfes, das aus so unendlich feinerem Stoff gebildet war, das so sehr einem Nebel glich, der ihn durchdrang und nicht zu fassen war, so bezaubernd und ungreifbar, daß er seine Hände auszustrecken scheint, um ihren Leib zu umarmen und ihr in nackten Worten zu sagen, als spiele er Blindekuh und sehne sich nach der körperlichen Gewißheit: »Ach, dich in meinen Armen zu halten, in meinen Armen!«

IX

Heinrich war ein einfacher Mensch. Sobald er den greifbaren Beweis empfangen hatte, daß Anna ihn liebe und sich nach ihm sehne, hielt er sein Wort. Um eine Scheidung zu erzielen, mußte er die Kirche in Bewegung setzen; das bedeutete Kardinal Wolsey und Erzbischof Warham, den *legatus a latere* und den *legatus natus*. Es würde erfordern, daß er Katharina und seine Tochter Marie beiseite schob. Mit der entsetzlichen Herzlosigkeit, die aus einer neuen Liebe geboren wird, sah Heinrich keinen Grund ein, Katharina zu schonen, und keine Schwierigkeit, die Scheidung zu beschleunigen. Denn seit er entdeckt hatte, daß Anna Boleyn die Seine werden konnte, hatte Heinrich angefangen unter Gewissensbissen zu leiden.

Es gibt kein besseres Treibhaus als eine brennende Begierde. Ein kleiner erfrorener Skrupel, der in schneeigem Frieden überwintert hat wie in seinem frommen Grabe, braucht nur durch den Südwind angeweht zu werden um übermächtig zu wachsen. So erging es Heinrich nach seinem langen Leben an Katharinas Seite. Sobald Anna ihm gewiß war, fingen die Gewissensbisse an, in ihm zu rumoren. Ehre und Selbstkritik waren nicht Heinrichs starke Seiten. Er glaubte mehr an Würde und an die Zensur. Er empfand es nicht als komisch, daß seine Skrupel aus ihrem unschuldigen Schlummer im Hintergrund des Käfigs erwachten und mit gesträubtem Haar nach vorn kamen, wenn er an seine unmoralische Heirat mit Katharina dachte, wobei sie mit den alttestamentarischen Schwänzen den Boden peitschten und die Mähnen des Gottesgesetzes hochstellten. Heinrichs hungriges Gewissen brüllte nach Fleisch. Er verlangte nach einer Scheidung, und zwar aus denkbar erhabensten Gründen.

Dazu konnte er auf Wolseys und Warhams Dienste rechnen. Wolsey war sein Werkzeug und Warham hatte, wie er wußte, sich jederzeit seiner Heirat mit Katharina widersetzt. Als hoffnungsvoller und entschlossener Liebhaber sandte er nach Wolsey, um ihm diese aufregenden Pläne im Mai des Jahres 1527 zu eröffnen.

X

Dies sollte der entscheidende Augenblick im Leben der beiden Männer sein, und gerade dieses eine Mal war Wolsey nicht vorbereitet.

An Jahren war er noch kein Greis, denn er war erst fünfundfünfzig — aber er hatte nicht mehr die erstaunliche Elastizität zur Verfügung, die ihren Träger, das Genie, so oft zermürbt. Wolsey war nicht mehr der unermüdliche Kapitän, der in jeder schwierigen Stunde auf seiner Brücke zu finden ist. Er hatte angefangen, seinem Alter nachzugeben, im Lehnstuhl ungeheure Pläne zu ersinnen, sich kühnen und hochfliegenden Projekten zu widmen, die erfüllt waren von der üppigen Reife der Phantasie. Heinrich war so lenkbar gewesen, Wolsey war so leicht mit ihm fertig geworden, daß es dem Diener nie eingefallen war, sich über diese neueste Liaison den Kopf zu zerbrechen. Erst die Mutter, dann Marie, dann Anna — er sah die Sache mit dem nachsichtigen, etwas gelangweilten Zynismus des erfahrenen Weltmannes an und hatte eher eine Antipathie gegen Anna, »jenes törichte Mädchen am Hofe«, wegen ihres Vaters und Onkels; aber er nahm sie nicht wichtiger als irgendeine andere Hofdame.

Außerdem war Heinrichs Heirat mit Katharina eine feststehende Tatsache, die Achse eines ganzen politischen Systems. So wenig er selbst davon eingenommen war, so wußte Wolsey doch, daß zwanzig Jahre lang das Verhalten Englands um diese bestehende Ehe aufgebaut worden war. Die Sache war ernst. Der Handel mit Flandern, der Wunsch, Boulogne zu Calais zu schlagen, die Verhandlungen mit dem Bourbonen, die Politik zu Meere, die Haltung gegenüber dem Vatikan, die Empörung gegen Luther, die wichtige Freundschaft mit Karl gegen Franz — all das hatte Englands Haltung seit dem Jahre 1509 beeinflußt und gefärbt, es hatte zu zwei Kriegen mit Frankreich geführt und war durch die unverrückbare Wirklichkeit von Heinrichs Ehe mit Katharina unmerklich aber beständig verstärkt worden. Es hatte England Millionen gekostet und es in schwere Schulden gestürzt. Es war die zentrale Verpflichtung, um die alles sich drehte, die Treue, zu der man die braven Engländer erzogen hatte und die ihnen zur zweiten Natur geworden war. Als Staatsmann wie als Kirchenfürst betrachtete Wolsey diese Ehe wie eine althergebrachte Einrichtung.

Da plötzlich kam Heinrich beherzt, voll Feuer und überströmender Rede, in der Absicht, Katharina aus der gewohnten Familiengruppe zu entfernen und sie durch die Urenkelin eines Bürgermeisters von London zu ersetzen. Der Vorschlag ließ Wolsey die Wände hinaufklettern.

Nicht vor Spanien hatte er Angst. Er machte sich über Spanien keine Illusionen. Er empfand keine Treue für Karl und hatte nichts für Karls englische Anhänger, die sogenannten Kaiserlichen, übrig. Von dem Tage ab, da Karl sich in Sachen der erledigten Papstwürde so verräterisch benommen hatte, haßte ihn Wolsey, und dieser Haß hatte den Kardinal enger an die Franzosen geheftet, als Heinrich wünschte oder gern sah. Unter dem Einfluß einer Erbitterung, die manchmal stärker war als die Vernunft, und der Jahresrenten, die er nötig brauchte, hatte sich Wolsey bisweilen sogar verleiten lassen, die Politik seines Herrn zu untergraben und seine Befehle zu verdrehen. Es war die Pflicht des Älteren, sein Tempo dem langsameren und ungeschickteren Schritt seines Herrn anzupassen, aber seit dem Jahre 1522 hatte der ungeduldige Wolsey den Unterschied zwischen der Geschwindigkeit, mit der ihre Köpfe arbeiteten, überwunden, indem er immer mehr Sophistereien anwandte und die »Tatsachen« so darstellte, wie es ihm paßte. In Anbetracht seiner Stärke und angebornen Arroganz, der Schärfe seiner Einsicht, der Kühnheit seiner Phantasie und der Schnelligkeit seines Verstandes hatte er es leichter gefunden, während seiner dehnbaren Laufbahn als Minister des Äußeren zuerst zu handeln und dann erst mit Heinrich zu sprechen, wobei er Heinrich stets mit unendlichen Schmeicheleien überhäufte. Hier aber war der König trotz der gerissensten Vorsicht, mit der er sich bemühte, mit den Franzosen um die Spanier herumzutändeln, ihm um Meilen vorausgeeilt und hatte mit einem Mangel an *finesse,* wie ihn nur ein Fürst aufbringt, einen politischen Entschluß von der größten Tragweite gefaßt.

Es benahm Wolsey den Atem. Es war ein Entschluß, der sich um die elementarsten politischen Tatsachen nicht kümmerte. Er ächzte im Stillen. Was sollte aus den Schwierigkeiten am Vatikan werden? Luther wütete, die Wiedertäufer rasten, die Türken rissen Ungarn in Stücke, England hatte keinen roten Heller; und obwohl Karl und Franz noch immer zu beeinflussen waren, sollte England seine Angriffsmöglichkeit preisgeben?

Wolsey verlor die Selbstbeherrschung; er brach in Tränen aus und fiel auf die Knie, und mit der Qual eines Staatsmannes, dessen Instinkte sich getäuscht haben, und dessen Phantasie so wenig wach gewesen ist, daß er nun sein Lebenswerk gefährdet sieht, bat, beschwor, schmeichelte und umwarb er mehr als eine Stunde lang seinen Herrn, um ihn zu bewegen, auf diesen unglaublichen Traum zu verzichten.

Sein Herr unterbrach die Bitten. Ebensogut hätte er Parsifal beschwören können, auf den Heiligen Gral zu verzichten. Er selbst hatte Heinrich gelehrt, rücksichtslos und kühn zu sein, die Venezianer preiszugeben, Bukkingham zu töten, Franz zu täuschen, sich als Schiedsrichter aufzuspielen, während sie dieses Prestige nur brauchten, um den Dolchstoß eines heimtückischen Krieges zu verhüllen. Nun hatte Wolseys Schüler ein Ziel, das ihm teurer war als jeder politische Grundsatz: das Ziel seiner eigenen Wonne.

Auf Grund welcher Argumente hätte der Veteran, und verfügte er auch über einen Strom von Worten, die keine Geste zurückhalten konnte, seinen eigenwilligen Zögling überreden können? Wolsey rang buchstäblich die Hände. Der kühle Tag würde kommen, wo dieses langsame Gehirn, das jetzt durch sein singendes Blut zum Tönen erhitzt war, wieder so nüchtern sein würde wie das eines Wucherers. In wie strahlendem Licht aber sah Heinrich heute alles, wie verschieden erschien ihm die Glasmalerei von dem Fensterglas! Wolsey, der so oft diese Art strahlenden Lichts hervorgezaubert hatte, stolperte von seinen wunden Knien empor und gab sich geschlagen. Sein Kampf hatte nicht nur Heinrich gegolten, den er kannte wie seine Tasche, sondern den unsichtbaren Heerscharen des Ideals — Heinrich als *beau chevalier*. Dieser Kavalier stand im Begriff, in seiner Geliebten die Welt zu erringen, und zum ersten Male sah sich Wolsey voll Ironie und Ungläubigkeit in der Lage, eine Sprache anhören zu müssen, deren Klang allein schon so unwirklich ertönte wie ein Liebeslied aus dem Maul eines Stiers.

Anna Boleyn hatte das vorausgesehen. Sie wußte, daß die einzige Heirat, die dem Kardinal einleuchten würde, die Wiederverheiratung mit einer französischen Prinzessin aus Staatsraison sein würde. Das hätte er verstanden. Was sie durch Wolsey gelitten hatte, schärfte jedoch ihren Verstand. Sie hatte Heinrich klug dahin abgerichtet, wie er dem heftigen Widerspruch begegnen sollte, den Wolsey mit Gewißheit an den Tag legen würde, sie hatte ihn gewarnt, wie fest er bleiben und wie genau er Wolsey sein Vorgehen würde vorschreiben müssen. Und Heinrich hatte alles treu ausgeführt. Er gab Wolsey seine Befehle; Wolsey versprach, sich mit dem Erzbischof in Verbindung zu setzen und küßte seinem Herrn die Hand.

XI

In der Stille der Nacht hielt der Kanzler Zwiesprache mit seiner verwundeten Seele. Er betrachtete sich selbst mit grausigem Freimut. Was ihm bis nun als fruchtbare Erfindungsgabe erschienen war, sah er jetzt an wie den kläglichen Schlamm seiner vermodernden Fähigkeiten. Es war ihm nicht gelungen, Heinrichs Vorgehen vorauszusehen. Diese Erkenntnis peinigte ihn wie die Entdeckung einer tödlichen Krankheit.

Aber wie hatte er auch so begriffsstutzig sein können? Er und ein Staatsmann! Konnte jemand sich Staatsmann nennen, der nicht mit dem Einfluß der Liebe rechnete? Er täte besser, bei Gott, es Heinrich gleichzutun und sich mit Zauberern und Astrologen zu beraten. Wolsey war zu klug für diese Spielereien seines Herrn, und doch fühlte er in der Magengegend die entsetzliche Gewißheit, daß er seine Macht über diesen primitiven Willen verloren habe.

Der Kardinal stieß den schwersten Seufzer seines Lebens aus, während die herrlichen Tapeten und die prachtvolle Einrichtung seines Zimmers beim Auslöschen des Kerzenlüsters verblichen; er blieb liegen, ohne einzuschlafen, um die nackte Zukunft zu überdenken. Sein Luxus — lächerlich! Er hatte vor zwei Jahren Heinrich das Schloß Hampton Court gegeben, ohne einen Gedanken daran zu verschwenden. Das alles bedeutete ihm nicht mehr als Spielmarken, wie seine silbernen Kreuze, seine Chorhemden, sein Kardinalshut, sein Streben nach der Papstwürde. Aber er sah sich einer Veränderung im Mittelpunkt des Geschehens gegenüber. Heinrich war verliebt — das bedeutete, daß er unter einer neuen Herrschaft stand. Anna Boleyn würde Königin sein — das bedeutete, daß Heinrich in einer neuen Bahn kreisen würde, einer Bahn, in dem die Frau eine zentrale Stellung einnehmen und sowohl Papsttum wie Kardinal überflüssig werden mußten.

Wie alle Menschen von schöpferischer Veranlagung, brachte Wolsey sein Leben damit zu, sich Hindernisse vorzustellen und die Mittel zu entwerfen, mit denen er sie überwinden würde. Die Niederlage, die ihm den Schlaf raubte, war die grausame Überraschung, ein Hindernis, das er sich nicht vorgestellt hatte. Sein nervöser Magen, der ihn von jeher quälte, nahm ihm die letzte Möglichkeit, sich nach diesem verdammten Gespräch zu erholen, und während er sich verzweifelt herumwälzte, lächelte Heinrich kaum eine Meile von ihm entfernt im Schlafe, denn er träumte selig von Annas Umarmung.

Einem tapferen Sinn erscheint jedoch der Morgen nie so grausig, und

Wolsey riß sich zusammen, um mit Warham zusammen Heinrich vor ein geheimes und ernsthaftes Tribunal zu laden, wo Heinrich seine Gewissensbisse und sein Entsetzen darüber enthüllen sollte, daß er, wie er plötzlich entdeckt habe, seit achtzehn Jahren mit Katharina in Sünden lebe, und wo die beiden Kirchenfürsten, wie vorher besprochen, es unternehmen sollten, ihn aus dieser fürchterlichen Not zu befreien. Katharina sollte von diesem heiligen Wirken nichts erfahren, bis es vollendete Tatsache war; Heinrich sollte ihr damit auf den Kopf schlagen, wie man einen Ochsen auf der Fleischbank schlägt. Dann würde er imstande sein, Anna Boleyn zu heiraten.

Aber die Kirchenfürsten Wolsey und Warham besaßen nicht die ungeteilte Verantwortung. Sie dienten zwei Herren, Heinrich und Jesus Christus. So sehr sie Heinrich zu helfen wünschten, so schuldeten sie es doch ihrem Herrn im Himmel, seinen Statthalter auf Erden von der Tat, die sie vorhatten, in Kenntnis zu setzen und ihre Gültigkeit zu belegen. Um ihr Vorgehen zu stützen, beschlossen sie, alle Bischöfe zur Hilfe heranzuziehen und England auf diese Weise in Rom unwiderstehlich zu machen, damit Heinrichs Erbe aus seiner Ehe mit Anna die völlige Legitimität empfange. Wenn Heinrich daran lag, daß sein Erbe auf den Thron gelangte, ohne daß seine Ansprüche von den Poles, den Suffolks, den Norfolks bestritten wurden, so hatte er die volle und feierliche Sanktion der Mutter Kirche nötig. Die Heirat würde dadurch etwas verzögert, aber die Sicherheit verdoppelt werden.

XII

Gerade in diesem geschichtlichen Augenblick war es der Mutter Kirche bestimmt, einen schweren Schlag zu empfangen, und das von demselben Manne, der vier Jahre früher von Heinrich bestochen und bewaffnet worden war.

Als am 5. Mai 1527 Wolsey und Warham die Schritte einleiteten, die zum Vatikan führen sollten, war der Vatikan selbst bereits in Sehweite der schrecklichsten Bande von haarsträubenden Abenteuern, die jemals zu plündern, stehlen, schänden sich anschickten. In der Stunde, da Heinrich beteuerte, er sei niemals mit Katharina verheiratet gewesen, zeigten diese Krieger sich gegenseitig die Türme und Dome, die solange einen Chor darstellten, bis man den hochragendsten Dom, das großartige Solo von St. Peter, zu Gesicht bekam; sie hielten ihren Atem an, sie staunten und erzitterten beim Anblick dieser Stadt, die in trägem blauem Dunst schimmernd längs des Tiber lag und sich in anmutiger Faulheit auf sieben Hügeln erstreckte, mit ihren offenen Weinbergen, ihren Gärten unter hohen Zypressen und ihren sonnengelben, schutzlosen Mauern.

Als Heinrich zwei Tage später sich zu seiner Geschicklichkeit beglückwünschte und in glücklicher Unwissenheit ausruhte, gürteten diese Halsabschneider sich in dem kalten Morgennebel, um Rom zu plündern.

Nie war der Vesuv so wild ausgebrochen wie diese Lutheraner, Neapolitaner und Spanier; monatelang eingesperrt in der knurrenden Wut ihres Hungers, ihres Schmutzes, ihrer Lumpen und Fetzen, ihrer ohnmächtigen Waffen, mit denen sie keinen Feind töteten und keine Beute gewannen, brachen sie endlich von dem schwachen Kommando des Bourbonen los, schüttelten jede disziplinmäßige Hemmung und jeden Schein eines militärischen Zweckes ab und ergossen sich in heißen und überströmenden Massen über die Mauern und in die keuchenden Straßen von Rom. In schneller und raschelnder Stille fielen diese rauhbeinigen Marodöre wie Flammen, die an den Fußstapfen der erschreckten Römer leckten, nach allen Richtungen in die Stadt ein, töteten jeden Bürger, den sie ergriffen, und säuberten die Straßen von allem Leben, um dann unter vereinzelten Rufen und durchdringendem Geschrei, das sich bald zu Getöse und Gebrüll verdichten sollte, in die Höfe mit den Springbrunnen und die breittürigen Paläste einzudringen, den Greisen die Hälse durchzuschneiden, die Nonnen herauszuschleifen, Prälaten in Seitengäßchen zu zerren, Mönche zu züchtigen und der Kutten zu berauben, Priester wie Hunde zu hetzen, Arme voll Meßgewänder und Kelche und Monstranzen zu ergreifen, die Altäre zu entblößen, Gold- und Silbergeschirre von Balkonen herabzuwerfen, Handwagen mit glänzenden und strahlenden Schätzen zu beladen, zur Beute Wein und Speisen zu häufen, die entsetzten Kardinäle an Maulesel zu binden, Jungfrauen und Matronen unter irrem und boshaftem Gelächter auszuziehen! Der lange sonnige Nachmittag der ästhetischen Renaissance hatte Rom ausreifen lassen, bis es mit Süße geladen über seinen goldenen Mauern hing. Seit Jahren hatte ein reicher Rausch seine Adern erfüllt. Es war zu einer so prächtigen und so üppigen Persönlichkeit erwachsen, daß es einem Baume glich, der mit unbeschreiblichen Blüten voll hängt und von unzähligen Bienen summt. Noch seine überkuppelten wie spitzen Dome waren mit einem Versprechen an die Welt erfüllt, die in dieser äußersten Schutzlosigkeit nur eine verwöhnte und schläfrige Habgier sehen konnte. Mit einer Erbitterung, in der Wollust sich mit Wut und Haß mit gerechter Entrüstung mischten, ergossen sich die bourbonischen Truppen wie ein Gewitter, das den schwülen Tag zerreißt.

Der Papst und seine Vertrauten entwischten beim ersten Alarm vom Vatikan bis zur Engelsburg. Sie liefen mit Herzen, die vor Furcht zu Wasser wurden, durch einen verborgenen Ausgang aus dem Hause Gottes zum Hause der Kaiser. Von der großartigen Höhe dieser Burg, die sich wie ein Herkules über die Pygmäen erhebt, erlegte Benvenuto Cellini den Bourbonen auf seiner Mauerleiter genau so, wie Falstaff mit eigener Hand Hotspur tötete, aber dieser Triumph der Schützenkunst und des Zufalls konnte Papst Clemens nicht davor bewahren, ein hilfloser Gefangener zu werden, der durch einen feurigen Kreis vom Christentum abgeschnitten war.

Und von diesem Papst, dem Diener der Diener des Kaisers, war Heinrich VIII. eben im Begriff, die Erlaubnis einzuholen, sich von der Tante des Kaisers scheiden zu lassen.

XIII

Für Clemens war die Lage ungeheuer schwierig. Seit der Niederlage der Franzosen bei Pavia hatte er immer schon Karls Vorherrschaft in Italien vorausgesehen; das Papsttum strebte nach demselben Gleichgewicht der Mächte im Süden wie England im Norden. Der Vertrag von Madrid trieb in seiner Unerbittlichkeit Clemens zu den Franzosen, aber in dieser Krise dachten die Franzosen nur an sich, und Clemens war den Engländern, die ihm in der Stunde äußersten Mangels dreißigtausend Dukaten geschickt hatten, äußerst dankbar. Zwischen Karl, der den oberen Mühlstein, und Franz, der den unteren darstellte, war der Papst in seiner zeitlichen Herrschaft gefangen. Er besaß nicht die Kraft, ihnen Widerstand zu leisten oder zu entfliehen.

Wenige Päpste verdienen mehr Mitleid als Clemens. Da er nach so groben *padroni* wie Alexander zur Papstwürde gelangte, hatte er das Unglück, verhältnismäßig schwach zu erscheinen. Alexander VI. hatte in den Lateran den schreienden Appetit eines Desperado aus den Bergen mitgebracht. Er war ein Brigant, ein Raubritter, einer der harten starrköpfigen Menschen, deren wilde Gelüste, markige Entschlüsse, deren lebendiges Ja und Nein heißen Tagen gleichen, die ohne das sinnlose Zwielicht in die kalte Klarheit der Nacht versinken. Alexander war ein starkes und schlaues Tier, das sich im Papsttum sielte wie ein Rhinozeros im warmen Schlamm. Aber die Medicis waren von den Borgias verschieden. Sie waren Florentiner, waren höfisch und höflich, anspruchsvoll von Geburt, gebildet, elegant, die Abkömmlinge von Briganten, deren Unternehmungslust sich zum Bankiershandwerk verfeinert und zur Diplomatie vergeistigt hatte. Alexander, der, einen Arm um die Tochter geschlungen, vom päpstlichen Balkon den Hengsten und der Stute zusah, hatte ein ganz anderes Temperament als Clemens, der nur dann einen roten Kopf bekam, wenn sein betrunkener Lorenzino eine antike Marmorfigur enthauptete.

Clemens war nun bald fünfzig. Er hatte seinem Vetter Leo X. als Kanzler zu einer Zeit, da die Finanzen des Vatikans an der Schwindsucht litten, und das Amt, das er erhielt, kaum gesünder war, treu zur Seite gestanden. Er war ein schöner Mann mit ausdrucksvollem Gesicht, glänzenden Augen, die von Leben funkelten, mit einer glatten, schmeichelnden, zärtlichen Seele, der immer hoffte, Mitgefühl zu erregen, wenn er von seinen Schwierigkeiten erzählte, um ihnen auf diese Art zu entgehen. Er log, intrigierte, schob hinaus und spielte um Stellung. Er ging nie einer Gefahr entgegen.

Er kämpfte nie. Als Haupt einer Einrichtung, die von Verderbnis zerfressen, deren Mittel und Ansehn erschöpft waren, erbte er Martin Luther und Zwingli, die Valois, die Habsburger und Tudors, die Vorherrschaft der Spanier in Italien, den Niedergang der Medici, und jetzt die Plünderung Roms.

Umgeben von Räten, die sich wenigstens der Gefahr bewußt waren, die ihre komplizierte Einrichtung liebten und ihre Welt kannten, denen der Opportunismus so sehr zum vollendeten Instinkt geworden war wie Giottos Instinkt für den Kreis, spähte der verängstigte Clemens nach einer Möglichkeit, sich durchzuschlängeln. Er gab ihren weisen Einflüsterungen Gehör und führte so, von seinen Feinden gehaßt und verspottet, ohne eine Spur von Purismus oder Heldenhaftigkeit das zitternde Papsttum durch die ehernen Pforten der Reformation.

Während er durch die dichten Vorhänge der Diplomatie hindurch noch Karl Vorhaltungen machte, ritt Heinrichs Agent in Rom ein, um Clemens' Vermittlung in der »geheimen Sache« anzugehen. Nebenbei gesagt, hatte nicht Wolsey diesen Agenten ausgewählt. Anna und Heinrich hatten sich in den Kopf gesetzt, klüger zu sein als der Kardinal, und Heinrichs alten Sekretär Knight dahin gesandt. Er war ein Dilettant und von Dilettanten abgeschickt, und anstatt sein Geschäft vom Standpunkt des Vatikans aus zu sehen, stellte er es in seiner ganzen grünen Einfalt dar und nannte Anna Boleyn sogar bei Namen. Was er anstrebte – wenn auch nicht mit dürren Worten – war ein Dispens, der es Heinrich ermöglichen sollte, ein Mädchen zu heiraten, dessen Schwester seine Geliebte gewesen war. Heinrich und Anna behandelten die Ungültigkeitserklärung als Nebensache, als Einzelheit, als stillschweigende Voraussetzung.

Ein so eigenmächtiges Vorgehen war lächerlich. Der Vatikan war, wie ein Mann vom Schlage Wolseys sich stets klarmachte, nicht nur ein Willen, den man gewinnen mußte, er war das am besten organisierte Gedächtnis der Welt. Wenn die Evolution ihm zu dicht auf den Leib rückte, konnte er geschickt sein Gedächtnis neu organisieren, bis es zur Evolution paßte, im übrigen aber ruhte es auf der breiten Unerschütterlichkeit des Präzedenzfalles. Er erinnerte sich unter anderem an die babylonische Gefangenschaft zu Avignon, wo ein französischer König, obwohl er wußte, daß der Papst über Fürsten und Volk steht und daß »jeder Mensch dem römischen Statthalter untertan ist«, dennoch die Päpste in einem goldenen Palast auf einem Rhonehügel zu politischen Gefangenen gemacht hatte. Clemens hatte durchaus keine Sehnsucht danach, von Karl aus Italien, wo seine Familie ihn brauchte, verbannt zu werden. Er hatte keine Sehnsucht danach, wie Franz im Jahre 1525 in die herbe Gefangenschaft von Madrid zu wandern.

Und wenn England aus der Kirche austrat? Die Kardinäle erwogen die Möglichkeit. England war eine kleine und dicht bevölkerte Insel, reich genug, aber entfernt, in Nebel gehüllt, ein nasses Land mit einem einzigen

Kardinal, nur mäßig gebildet. England konnte Deutschland und Skandinavien im lutheranischen Irrtum nachfolgen, aber schlimmer als eine derartige Entfremdung im gegenwärtigen Augenblick würde die tatsächliche Gefangenschaft sein, die der junge Kaiser, von Natur ein streng absoluter Herrscher, leicht erzwingen konnte. Für Clemens handelte es sich nicht darum, den geweihten Vertrag der heiligen Ehe aufrechtzuerhalten. Clemens stand eben im Begriff, für Heinrichs Schwester Margarete eine Scheidung zu gewähren aus Gründen, die nicht schwerer wogen als eine Flaumfeder. Das Papsttum hatte Dutzende von Ehen ohne Gewissensbisse aufgelöst, so wie es erklärt hatte, Clemens sei ein eheliches Kind, um der päpstlichen Vorschrift gegen illegitime Kinder zu entsprechen. Die damalige Ära wurde nicht von Prinzipien regiert, sondern von der Staatsraison. Leo hatte gegen die Kaiserwahl dieses selben Karl auf Grund seiner Unwählbarkeit gearbeitet und dann auf anmutig prinzipienlose Art Clemens' Rat befolgt, ihn bei der Wahl durch seine Zustimmung für wählbar zu erklären. Staatsraison – sie war Clemens mit dem Schwert und der Lanze ins Herz geschrieben worden.

Er empfing Knight in Orvieto. Da er den Strick des Kaisers noch um seinen Hals fühlte, wagte er es nicht, Heinrichs Agenten zur Annullierung des päpstlichen Dispenses zu bevollmächtigen, wie das Heinrich für Wolsey und Warham verlangte. Nicht tapfer genug, ein glattes Nein zu sprechen, gewährte er einen halben Dispens, mit einer Klausel, die den Dispens nach Rom zurückverwies. Knight war glücklich über das schöne Schriftstück und sandte es triumphierend nach Hause.

XIV

Inzwischen mußte Heinrich Katharina gegenübertreten.

Die Aussicht auf diese Unterredung nahm ihm die Ruhe, aber sie lag mitten auf seinem Wege, und er konnte ihr weder durch einen Brief noch durch einen Vertreter beikommen. Katharina wohnte im gleichen Palast, sie erschien öffentlich an seiner Seite und benahm sich als seine Königin. Schon hatten aller Wahrscheinlichkeit nach ihre Freunde ihr gesteckt, was vor sich ging. In der königlichen Hofhaltung, wo fast alle Zimmer in Verbindung standen und jedes Rascheln im Stroh neugierige Blicke auf sich zog, gab es keine Geheimnisse.

Heinrich war jedoch eine einfache Natur und fromm. Er hatte auf den Knien von seinem Beichtvater erfahren, daß Gott sein Freund sei. Er wurde in seinem Vorhaben durch die ausdrückliche Zustimmung des Allmächtigen bestärkt. Da er in Anna verliebt war und bereits seine Scheidung in die Wege leitete, sah es vielleicht so aus, als habe man Gott nur zum Konsilium zugezogen, aber Heinrich hatte vorgesorgt – bereits im Jahre 1523 hatte ihm sein eigener Beichtiger, Longland, gesagt, daß es eine Todsünde sei, die Ehe mit Katharina fortzusetzen. Der Fluch, der auf seinen Kindern lastete – denn ein Kind weiblichen Geschlechts wie Marie zählte natürlich kaum – war doch jedenfalls Beweis genug. Mit Ausnahme eines winzigen Zweifels, einer Erbse, die sich unter dreiundfünfzig theologischen Matratzen fühlbar machte, war Heinrich überzeugt. Er trat vor seine Frau, indem er seine Augen öffnete und schloß, ein Gebet murmelte und sich damit tröstete, daß er nur Gottes Willen gehorche.

In ihrem Zimmer hielt er seine kleine Rede. Sie lebten in Todsünde. Er würde sich in Zukunft nicht mehr mit ihr zeigen. Sie müsse sich an einen Ort zurückziehen, der weit vom Hofe entfernt sei. Dies alles sagte er ihr, aber nicht unfreundlich.

Katharina hörte die Worte. Sie brach in Tränen aus. Es waren die Tränen einer braven Frau, die nach Jahren gemeinsamen Lebens mit sich selbst und ihrem Kinde Mitleid hatte. Im übrigen hob sie ihre Standarte vor dem Feinde hoch empor. Dem Grund für ihre Trennung entgegenzutreten, war sie gerüstet. Sie war ihm in ihrer eigenen Seele im Jahre 1502 entgegengetreten. Auch sie besaß ein dynastisches Gewissen. Waren seine Skrupel unbegründet, so sah sie keinen Grund, ihre Stellung am Hofe aufzugeben.

Heinrich stand vor einem Hindernis. Er konnte nicht von seinen erhabenen Skrupeln herabsteigen und ihr die wahren Gründe nennen, weshalb er sie fortschickte – seine Liebe zu Anna und seine Sehnsucht nach einem männlichen Erben. Dickköpfig und verwirrt stand er da und starrte sie stumm an. Dann brach er die Unterredung plötzlich ab und bat sie, alles geheimzuhalten! Weder Anna noch sein Beichtvater hatten ihn auf eine Konkurrenz für seine Gewissensbisse vorbereitet.

XV

Der große Kampf zwischen Mann und Frau hatte jedoch begonnen, und zwar aus Anlässen, die sich in beunruhigender Perspektive nach beiden Seiten ausbreiteten.

Man gab niemals zu, daß der Kern des Streites Heinrichs menschlicher Wunsch war, statt einer altbackenen ältlichen eine frische junge Frau zu nehmen. Die ganze mittelalterliche Kultur, auf die Heinrich seine moralische Existenz aufbaute und worin seine Theologie und Ritterlichkeit, sein einfacher Glaube an die göttliche und königliche Autorität und die Fiktion seiner eigenen höchsten dynastischen Bedeutung enthalten war, hätte die schneidende Luft einer derartigen Selbstenthüllung nicht ausgehalten. Heinrich glaubte tatsächlich daran, daß er moralisch höchst überlegen sei.

Wenn man an seine eigene moralische Überlegenheit glaubt und sich gleichzeitig nicht prüfend beobachtet, wenn man auf diese Beobachtung verzichtet, weil man die Titel »Verteidiger des Glaubens«, »Ritter des Hosenbandordens«, »Ritter des Goldenen Vlieses« führt und eine ganze Anzahl andrer ausgezeichneter Prädikate besitzt, die einen automatisch zum Gentleman machen, so steigt man von der Höhe seiner Skrupel nicht zum Erdboden herab, und mögen sie auch lahmen. Den Ritterschlag hat man für alle Zeit empfangen. Man begibt sich nicht in die Rolle eines Barbaren, der natürliche Absichten beim rechten Namen nennt und dadurch in die Lage versetzt wird, sich verständnisvoll die vergnüglichsten und reizvollsten, wenigst grausamen und widerwärtigen auszusuchen, wenn es sich so machen läßt. Heinrich hielt sich niemals für einen Barbar, für grausam oder widerwärtig. Er war ein moralischer und aufrechter Mensch. Er bestand mit dem äußersten Ernst auf diesen ätzenden Skrupeln, nachdem er die Gattin seines verstorbenen Bruders geheiratet und mit der Schwester seiner gegenwärtigen Braut gelebt hatte. Diese Skrupel sollten den ganzen Gegenstand des Kampfes zwischen ihm und Katharina bedeuten, wobei Papst Clemens unter Qualen den Schiedsrichter spielte.

Katharina gewann dadurch eine Kampfmöglichkeit, die für sie viel günstiger war, als die rein menschliche Nebenbuhlerschaft zwischen ihr und Anna. Indem sie sich Heinrich zu seinen eigenen Bedingungen stellte, erreichte sie, daß die Hilfsmittel der Kasuistik sich nicht so schnell erschöpften. In den nächsten sechs Jahren würde sich Heinrich gezwungen sehen, Schritt um Schritt alle Truppen aufzustellen, die er zusammenbringen konnte – durch die Legaten, durch die Rota, die Universitäten Europas, die Druckerpressen, durch den Vorschlag eines Kirchenkonzils, die Diplomatie Franzens und die vollendete Anwendung seiner eigenen Kirchenfürsten und seines Parlaments. Und dies alles, um seine Scheidung sicher und ungefährdet im Schoße der katholischen Kirche zu erreichen.

Katharina ihrerseits konnte Gesandte und Kardinäle und Magnaten und den Kaiser aufmarschieren lassen, um durch das kanonische Gesetz, durch die öffentliche Meinung, durch päpstliche Überlieferung und päpstliche Geschicklichkeit die Angriffe und Zusammenstöße, die von Heinrich aus erfolgten, wiedergutzumachen. Nur durch den Stolz und eisernen Willen dieser Frau, durch ihre Verkörperung einer Leidenschaft und Überzeugung sollte Heinrich erfahren, daß er entweder auf die Scheidung oder auf die Kirche verzichten müsse.

Was als Liebelei begonnen hatte, wurde nun zu einer großartigen öffentlichen Frage, einer deutlichen und lebensnotwendigen Entscheidung. Rom zerbrach am Geschlecht. Der Willen des Papsttums, mit Hilfe eines Instinkts zu regieren, erzeugte einen anderen grundlegenden Willen. Der Engländer war nicht weniger eigensinnig als die Spanierin oder der italienische Prälat, und wenn auf der einen Seite eine Mutter stand, die um ihr Erbteil kämpfte, so stand auf der anderen ein Mann, der um sein Recht im Rahmen des Gesetzes kämpfte. Gesetze lassen sich selten in einem einzigen Kampf umbiegen, und sei er noch so heftig, aber als Heinrich es einmal unternommen hatte, sich von Katharina zu scheiden, verfolgte er sein Ziel wie ein Stier, der von Hunden gehetzt wird.

Anfangs ein träger und bequemer Charakter, der sich damit begnügte, die Dinge laufen zu lassen, wurde er kühn, listig, unermüdlich, grimmig und doch berechnender Untätigkeit fähig, so daß es ihm schließlich wenig oder nichts ausmachte, das Papsttum in England aufzuheben.

Im Maße, wie der Kampf fortschritt, hörte er auf, ein junger Mann zu sein. Seine Achtung vor dem Gesetz, anfangs mit Ehrerbietung gemischt, wurde zu einer Abschätzung der Gewalt. Aus einer Jugend voll barbarischer Prunksucht und Pomp schritt er in eine Reife, die genau abgewogen und ausgeklügelt war. Was als Zusammenstoß zweier Persönlichkeiten begonnen hatte, entwickelte sich als Aufeinanderprall althergebrachter Interessen, als Kampf der Institutionen und Schlacht der Lügen.

Wie Ungeheuer, auf deren schwankendem Rücken man zwei Pagoden um die Wette errichtet hat, sollten dieser König und diese Königin einander mit schwankenden Türmen beladen angreifen. Er sollte seine Kraft gegen die nachgebenden, aber immer wieder wachsenden Hindernisse seiner gefühlsmäßigen Forderungen einsetzen. Der Stiermensch hatte sich auf das ehrgeizigste aller Abenteuer begeben und es unternommen, Ereignisse von weltumfassender Bedeutung um seine persönliche Begierde zu scharen. Heinrichs Wille zielte darauf. Und im Maße, als der Druck einer wenig wohlwollenden, wenn auch ängstlichen Gesellschaft seinem Willen Widerstand leistete, veränderte er sich aus einer verhältnismäßig passiven Gestalt des Dramas zu einem unerbittlichen Schöpfer, der jeden Versuch machte, die Geister, die er nicht brechen konnte, zu biegen.

Während seine Seele nach einem Beifall hungerte, der nur dann Gültigkeit hat, wenn er in den freien Tönen der Unabhängigkeit und Aufrichtigkeit abgestattet wird, zitterte dieser Mann, der die Unabhängigkeit zerstörte und die Aufrichtigkeit versehrte, nach dem heilenden Trank, den er mit dem Fuße zertrat. Dies war nicht das Muster des Nordens. Es war das gewohnte Muster des Orients, das byzantinische Ornament. Aber indem er die Sphäre, in die Gott ihn berufen hatte, beherrschte, verwandelte sich der schöne und liebenswürdige Jüngling langsam und unwiderstehlich in die Persönlichkeit, auf deren finsteren Zügen das Urteil des psychologischen Gesetzes geschrieben stand. Von einer wohlwollenden Gewalt, die sein Gesicht mit einfacher Befriedigung erfüllte, schritt er zu einer größeren Macht vor, die eine zunehmende Verwirrung mit sich brachte. Er leerte sein Glas, und der Trank erhöhte noch seinen Durst. Über diese Tatsache wurde er gegen sein Ende nicht erleuchtet. Im Gegenteil: es erhob sich darin die Fata Morgana der süßen Gewässer, die auf immer außer Reichweite waren. Heinrichs Auge suchte den Horizont mit einem Blick, dem die Erfüllung versagt wurde, nach der er lechzte, und der lechzte, weil sie ihm versagt wurde. Er hatte den Kreis betreten, der sich um sein eignes erbarmungsloses Selbst dreht, und je mehr er seinen Lauf beeilte, desto stärker wurde er daran erinnert, daß hierin nicht nur Verzweiflung lag, sondern Verzweiflung, die sich in Hohn spiegelt.

Und doch sollte – wie es bei allem menschlichen Erleben der Fall ist – diese Übung im Eigensinn sich auch wieder als beherrschend erweisen. Heinrich war ein Ganzes. Geblendet, vergewaltigt, benommen riß er jeden Morgen seinen schwerfälligen und verderbten Körper zusammen, um den nicht endenwollenden Versuch zu erneuern. Entblößt schien er in den Irrgarten eingetreten zu sein, wo die Menschen, die einen neuen Weg suchen, ihrem eigenen Gespenst begegnen und mit unvermindertem Feuer die entgegengesetzte Richtung einschlagen. Heinrich aber hielt sich an seinen vorgezeichneten Weg. Bis ans Ende klammerte er sich an seinen Besitz mit dem gleichen dauerhaften Instinkt, der ihn schon in der Wiege beherrscht hatte, und blieb ein positiver wenn auch verzerrter Wille. Er blieb ein Mann. Er war aus dem Stoff, aus dem die schöpferische Menschheit geschaffen ist. Und als solcher behielt er seine Bedeutung.

XVI

Die Plünderung Roms erregte Wolsey bis ins tiefste. Noch einmal warf er einen Blick auf das Ausland, sah das Papsttum in den Staub getreten, den Kaiser in seinem Triumph und die Franzosen gezwungen, einen neuen Krieg zu planen. So müde er war, beschloß er doch, sich in großem Maßstab in Tätigkeit zu setzen.

Es war die letzte Gesandtschaft des großen Geistlichen. Wie ein Trompetenstoß des Trotzes marschierte er aus Westminster ab und mit Dienern in schwarzer Sammetlivree und Reitern in der stattlichen Zahl von neunhundert Mann durch ganz London, über die London Bridge und in das verarmte Kent. »Er ritt wie ein Kardinal«, sagte sein Sekretär, »sehr prunkvoll auf einem Maulesel mit karmoisinroten Schabracken aus Sammet über Sammet, und seine Steigbügel waren aus Kupfer und vergoldet; ein zweites, lediges Maultier folgte ihm in gleicher Aufzäumung. Vor sich hatte er zwei silberne Kreuze, zwei große Silbersäulen, und das Große Siegel von England, seinen Kardinalshut, und einen Herrn, der seine Schaube trug.« Er führte einen Zahlmeister und Tonnen Geldes mit sich, um Franzosen zum Kampf zu heuern. So zeigte er sich zum letzten Male in feierlichem Prunk dem wenig freundlichen, aber wachsamen Blicke Londons.

Er ließ sich durch sein eigenes Gepränge nicht blenden. Als er in Canterbury kniete und der Chor auf seinen Befehl das Gebet anstimmte »Ora pro papa nostre Clemente«, statt »Ora pro nobis«, da beugte er das Haupt, denn vor den süßen Stimmen zerschmolz sein Herz in Wehmut, und er »weinte sehr bewegt«. Er konnte wohl um das Papsttum weinen.

Doch dies war ein unbemerkter Augenblick. Mit von Stolz gesteiftem Nacken rief er seine Adligen und Herren zusammen, um ihnen zu sagen, welche Feierlichkeit sie ihm schuldig waren, sobald er Frankreich betrat. »Infolge meines Auftrags«, verkündete er, »muß ich die gleichen Dienste und die gleiche Ehrfurcht genießen, wie sie Seiner Majestät selbst zukommt. Nichts darf vernachlässigt oder unterlassen werden, und was mich betrifft, so werdet Ihr sehen, daß ich kein Jota davon versäumen werde.«

Im gleichen Geiste wandte er der Universalität den Rücken und gab seinen Herren gute Ratschläge, wie sie den Franzosen die Ehren streitig machen sollten.

»Sie werden Euch beim ersten Zusammentreffen so vertraulich behandeln, als seien sie seit langem mit Euch bekannt; seid Ihr mit ihnen so vertraulich wie sie mit Euch. Reden sie Euch französisch an, so antwortet ihnen auf englisch; denn wenn Ihr sie nicht versteht, so sollen sie Euch nicht besser verstehen.«

Er erblickte Ap Rice und sagte ihm heiter: »Rice, sprecht wallisisch zum Franzosen, und ich bin gewiß, daß Euer Wallisisch ihm unverständlicher sein wird als Euch sein Französisch.«

Er amüsierte sich über seinen Witz und fügte mit geziemendem väterlichen Ernst hinzu: »Richtet Eure Zerstreuungen und Euer Benehmen nach adligen und menschlichen Grundsätzen ein, damit es nach Eurer Abreise von Euch heiße, daß Ihr Herren von wahrhaft guten Sitten und großem Adel seid.«

Das war seine natürliche, lebendige Art zu sprechen, und Wolsey übernahm sie in seine Verhandlungen. Er schloß den Vertrag mit Frankreich ab, verpfändete sein Wort betreffs der Hochzeit Margaretes an den Herzog von Orléans und beruhigte Franz und Luise in bezug auf seine Parteigängerschaft. Er bewunderte und pries die Architektur, für die Franz seit seiner Rückkehr aus Madrid so große Vorliebe zeigte. Ohne von der Scheidung unmittelbar zu sprechen, machte er Andeutungen über eine Heirat mit Renée und beteuerte, wenn Clemens vom Kaiser gefangengehalten sei, müsse ein Rat von Kardinälen mit ihm selbst an der Spitze eingesetzt werden, ein Vorschlag, den die Franzosen etwas lauwarm aufnahmen und der aus irgendwelchen Gründen Clemens nicht besonders gefiel. Aber dies war nur eine von Wolseys üblichen Finten, ein Teil seiner überlegten Selbstbehauptung und seines dauernden Versuches, England europäisch zu erhalten.

Während er im Ausland diese ehrgeizige Rolle spielte, schwitzte Heinrich zu Hause bei seiner Jagd auf den Rehbock und seiner Werbung um Anna Boleyn. »Ich sende Euch durch diesen Boten«, schrieb der königliche Liebhaber, »einen Rehbock, den ich gestern abends mit eigener Hand erlegt habe in der Hoffnung, daß Ihr, wenn Ihr davon äßet, des Jägers gedenken würdet; und so schließe ich denn aus Mangel an Raum meinen

Brief. Geschrieben von der Hand Eures Dieners, der Euch oft an die Stelle Eures Bruders wünscht.«

Es war der Brief eines Werbenden, und Anna reagierte mit Wärme darauf. Knight war nach Rom abgereist, die Scheidung nächstens zu erwarten, und ihr ging lebendig die Ahnung auf, was es bedeute, Königin von England zu sein. Es blendete sie, wie es ihren Vater, ihren Bruder und Onkel blendete, und das junge Mädchen in ihr machte schnell einer erregten, begierigen, energischen Frau Platz. In ihrem Kopf, der rege war ohne tief zu sein, schwirrte es bereits von Plänen. Sie war innerlich mit Wolsey fertig und entschlossen, es ihm nicht zu verhehlen.

Kaum war Wolsey aus Frankreich zurück, als Annas neue Bedeutung ihm aufs deutlichste klar wurde. Sein Bote betrat den großen Saal in Greenwich mit der wichtigen Nachricht, der Kardinal sei angekommen und frage, wo es Seiner Majestät gefallen würde, ihn zu empfangen. Anna, die an Heinrichs Seite funkelte, sprach ohne Zögern an Stelle des Königs.

»Und wohin sollte der Kardinal kommen, als hierher, wo der König sich befindet?«

Jeder Höfling hörte, wie sie sich einmischte, und sah Heinrich an. Ohne mit der Wimper zu zucken unterstützte er die eigenwillige junge Dame. Sobald jedoch Knight seinen Kurier aus Italien sandte und ein Blick auf das Schriftstück Wolsey ermöglichte, es für wertlos zu erklären, sahen die Liebenden, wie wenig sie imstande waren, auf Wolsey zu verzichten. Sie waren gezwungen, sich in seine erfahrenen Hände zu geben.

Anna fügte sich den Umständen. Ohne daß sie die Untiefen und Sandbänke kannte, die jedem Lotsen Schwierigkeiten gemacht hätten, und obwohl sie insgeheim jede Verzögerung der Scheidung dem bösen Willen des Kardinals zuschrieb, den zu hassen sie allen Grund hatte, gab sie sich doch Mühe, ihre Feindschaft zu verbergen. Bald war es an dem, daß sie außerordentlich warme und reichlich unaufrichtige Briefe an ihn schrieb. Er bedeute ihr mehr als irgend jemand auf der Welt außer Heinrich, sagte sie und beteuerte, wie gern sie ihn habe. Wolsey zuckte die Achseln und nahm ihre Briefe als Anzeichen des Wetters auf. Von Anna gefürchtet, von Katharina gehaßt, war er aufrichtig gewesen, als er Gott zum Zeugen anrief, daß er der Förderung von Heinrichs Plänen sein Leben widme, aber nur er allein kannte die Leute, mit denen er es zu tun hatte.

Er ging nunmehr der Sache auf den Grund. Der Mann, der sich seit Jahren als Papst gesehen hatte, war nicht über habgieriges Handeln erhaben, und das war sein Fehler; wo es sich aber um den Vatikan handelte, besaß er europäisches Format. Er hatte den Spielraum, den Blick und die Erfahrung, die für diese Scheidung unerläßlich waren. Knight hatte Anna Boleyns Namen ausgeplaudert. Wolsey wußte sehr gut, daß Annas Namen sicherlich seit langem von den Kaiserlichen in den Schmutz gezogen war und daß Marie Boleyns schlechter Ruf auch auf Anna abgefärbt hatte. Seine erste Sorge war demnach, zwei getreue Diener der Kirche, Gardiner und Foxe mit Namen, auszuwählen, die geradenwegs zu Clemens reisen mußten, und deren erste Aufgabe darin bestand, mit möglichst nackten Worten die »bekannten ausgezeichneten Tugenden der besagten Dame« darzulegen, »die Reinheit ihres Lebenswandels, ihre standhafte Jungfräulichkeit, ihre maidliche und frauliche Scham, ihre Zurückhaltung, Keuschheit, Demut, Sanftmut, ihre Weisheit, ihre durchaus vornehme und hohe Abstammung von königlichem Blut, ihre Erziehung in allen guten und lobenswerten Eigenschaften und Sitten, ihre anscheinende Tüchtigkeit, Kinder zu erzeugen, mit anderen unzähligen guten Gaben, die man mehr schätzen und achten müsse als nur die Nachkommenschaft«.

Es war erst vier Jahre her, daß Wolsey sich über Annas plebejischen Ursprung lustig gemacht hatte. Nun stammte sie aus königlichem Blut. Auf die gleiche Weise pries er ihre Keuschheit. Er hätte sie als Jungfrau oder Mutter von Zwillingen gepriesen, je nachdem es die Umstände erforderten. Heinrich las Wolseys Zeugnis mit Entzücken. Er befahl Gardiner und Foxe, ihre Reise in Howe zu unterbrechen und Anna diese Anerkennung ihrer Reinheit, Scham, Keuschheit und standhaften Jungfräulichkeit zu zeigen. »Liebste«, kritzelte Heinrich in höchster Eile, »diese Zeilen sollen Euch nur sagen, daß der Überbringer und sein Begleiter mit so vielen Aufträgen entsandt sind, unsre Sache zu fördern und zum guten Ende zu bringen, als Unser Verstand nur ersinnen und erfinden konnte ... behaltet ihn nicht zu lange dort, mein geliebtes süßes Herz. Geschrieben von der Hand dessen, der ebenso ersehnt, der Eure zu sein, wie Ihr, ihn zu besitzen.«

XVII

Eine schwere Winterreise brachte die Abgesandten zu Füßen ihres Papstes. Sie trafen Seine Heiligkeit in der Gebirgsstadt Orvieto, wohin er sich von der Engelsburg in Verkleidung gerettet hatte. »Der Papst hält sich in einem alten Palast der Bischöfe dieser Stadt auf, der verfallen und zerstört ist, und wo, wenn wir in sein innerstes Schlafgemach kommen, wir durch drei Zimmer müssen, die alle bloß sind und ohne Tapeten; das Dach ist eingefallen und schätzungsweise stehen an die dreißig Personen, darunter gemeiner Pöbel, zur Zierde an den Wänden herum. Und was das Schlafgemach des Papstes betrifft, so sind alle Geräte darin, mitsamt dem Bette, im ganzen keine zwanzig Dukaten wert.«

Dennoch war Clemens, des Prunkes beraubt, Haupt seiner Kirche. Er gab in seiner gemütlichen Art zu, daß »der Papst zwar alle Gesetze im Schrein seines Busens trage«, Gott ihm aber zufällig nicht den Schlüssel dazu verliehen habe, und rief einen Ratgeber nach dem andern herein, brünette Männer mit der Tonsur, die den Engländern den Zutritt in das formelle Empfangszimmer ihres Geistes gestatteten. Gardiner und Foxe jedoch waren hartnäckig. Sie ließen sich mit Formalitäten nicht abspeisen.

Nach und nach begannen die wirklichen Verhandlungen. »Seine Heiligkeit ist ein Cunctator maximus (der Fürst der Zögerer)«, berichteten die Engländer, und sagten, »aller Aufenthalt, alle Schwierigkeit und alles Zögern in dieser Sache rühret nur von der Furcht her«, der Furcht vor den »Spaniern«.

Clemens hielt Hof in seinem kleinen Schlafzimmer. Stundenlang saß er mit dem Rücken gegen die nackte weiße Wand auf einer einfachen Bank, während auf Bauernhockern in einem Halbkreis um ihn herum Gardiner und Foxe und die Gelehrten des Vatikans Platz genommen hatten. Sie sprachen lateinisch. Die Disputation wurde Zoll um Zoll geführt; die Engländer drangen auf die Scheidung in England, die Italiener widersprachen, und inzwischen wurde in dem winzigen Zimmer eine Überlieferung geschaffen, die Millionen Lebender und noch Ungeborner betreffen und jahrhundertelang fortwirken sollte.

»Wir finden in jedem Manne einen so starken Wunsch, die Sache des Königs zu fördern, als wir nur wünschen können, soweit wir aus ihren Worten, aus ihrer Art und Manier schließen können. Und wenn sie unsern Wunsch nicht erfüllen, können wir es keiner andern Ursache zuschreiben, als nur der Angst.« So Gardiner. Dennoch lag vielleicht mehr vor als nur Angst. Er versuchte den Kardinal Pucci zu bestechen, wie man ihn angewiesen hatte. Aber Pucci zeigte einen Schimmer von unleugbarer Überlieferungstreue und Beharrlichkeit. Er wollte sich seine Unabhängigkeit wahren und wies die zweitausend Kronen zurück. »Ich konnte auf keinerlei Weise den besagten Kardinal bewegen, auch nur einen Heller anzunehmen.« Der Sekretär des Kardinals dagegen nahm dreißig Kronen.

Der Papst vertraute Gardiner insgeheim an, daß er zwar von Heinrichs Recht überzeugt sei, das Gesetz aber befolgt werden müsse; und als ihm Gardiner daraufhin eine Standrede hielt, »seufzte Clemens und wischte sich die Augen«, und blickte höchst trübselig drein.

Die wochenlangen Verhandlungen trugen Früchte. Clemens bestellte Kardinal Campeggio, den Fall in England mit Wolsey zu untersuchen und unter äußerstem Druck versprach er, ohne daß er gewagt hätte, seinen Kardinälen etwas davon zu sagen, diesem Legaten ein geheimes Dekret oder *pronunciamento* zu geben, das von ihm selbst unterzeichnet war und die Entscheidung des Legaten als endgültig bezeichnete. Scheinbar waren einer baldigen Scheidung in England die Wege geöffnet.

XVIII

Inzwischen war Heinrich der feurige Liebhaber. Obwohl er noch mit seiner Gattin Katharina lebte und das königliche Lager mit ihr teilte, hielt er Anna beständig in seiner Nähe oder stand durch Briefe mit ihr in Verbindung. Das Leben, das er damals führte, war reich und glühend vor Tätigkeit. Er hatte zugesehen, wie die älteren Genossen seines Rates ihre

Familiengüter ausbauten und die Rolle bloßer Höflinge aufgaben, aber eine neue Gesellschaft von Trabanten hatte ihren Platz eingenommen, und er fühlte sich mit Heinz Norris, Thomas Wyatt, Franz Weston, Wilhelm Brereton, Franz Bryan und Georg Boleyn vielleicht noch wohler. Mit ihnen würfelte er, schoß er mit dem Bogen, jagte er, galoppierte und beizte er. Er liebte jede Art von Kartenspiel. Die Zeit der Turniere war vorüber, seit er sich den Fuß verletzt hatte und in einem schwarzen Samtpantoffel herumging, aber noch immer stand er früh am Morgen auf, kam pünktlich zur Messe, war den ganzen Tag unermüdlich tätig und nachts bereit zu einem Maskenball oder Bankett.

Die meiste Zeit verbrachte er zwischen Frühling und Herbst innerhalb einer Entfernung von London, die ein Kurier reitend an einem Tage zurücklegen konnte, und seine außerordentliche Vitalität zeigte sich darin, daß er alle vier, fünf Tage von einem großen Landsitz zum andern zog, wobei der ganze Hof ihm folgte wie ein summender Bienenschwarm. Er liebte Menschen, und er liebte es, ihr Mittelpunkt zu sein. Und da er seine Geschäfte mit sich führte, lauerte der geheime Rat in der Nähe. Wenn Meldungen und Kommissionen und Bittschriften aus London eintrafen, ließ er seine Kollegen vom Direktorium kommen und erledigte die Arbeit der Nation aus dem Stegreif. In vierzehn Jahren hatte er ein einziges Parlament, aber es erwies sich als zu unruhig. Zu Beginn des Jahres 1528 hatte Franz an Karl den Krieg erklärt, aber da er es sich nur leisten konnte, seine Beiträge in monatlichen Raten zu zahlen und sich immer mehr zu den gerissenen Ansichten seines Vaters über Frieden und Sparsamkeit bekannte, war er es zufrieden, kurzerhand Handel, Gesetz und Ordnung, Ketzerei, Disziplin zu erledigen, indem er die langweiligen Einzelheiten an seine tüchtigen Sekretäre weitergab und sich mit Wolsey und dem Rate in das teilte, was der königlichen Aufmerksamkeit würdig war.

Dies Alltagsleben aber verbarg das, was ihn zutiefst beschäftigte. In Wirklichkeit interessierte ihn nichts als Anna. Und er sollte bald darunter leiden. Im Sommer des Jahres 1528 wurden in London vierzigtausend Menschen von der Schweißkrankheit ergriffen. Heinrich wurde von Angst um den teuersten Gegenstand der Welt erfaßt. Sofort schrieb er ihr, beunruhigt und geängstigt. Wenige oder gar keine Frauen seien erkrankt, beruhigt er sie. »Ich bitte Euch von ganzem Herzen, Geliebte«, schreibt er auf französisch, »Euch nicht zu ängstigen, oder wegen unserer Abwesenheit in Unruhe zu geraten. Denn wo auch immer ich bin, bin ich der Eure, und doch müssen wir uns manchmal in unser Unglück ergeben; denn wer gegen sein Schicksal ankämpft, ist meist nur um so viel weiter davon entfernt, sein Ziel zu erreichen; darum tröstet Euch und fasset Mut, und lasset Euch dieses Unglück so leicht werden, als Euch möglich ist, und ich hoffe sehr bald so weit zu sein, daß wir *chanter le renvoye* können.« Und wie gewöhnlich schließt er: »Nichts mehr für heute aus Mangel an Zeit, als daß ich wünschte, Ihr wärt in meinen Armen.«

Er war zu optimistisch. »Plötzlich erhielt ich des Nachts«, bricht er im nächsten Briefe aus, »die betrübendste Nachricht.« Anna hatte die Schweißkrankheit, aber in einer leichten Form. Er sandte ihr seinen eigenen Arzt, »Und ich hoffe, Euch bald wieder zu sehen, was mir eine bessere Herzstärkung sein wird, als alle kostbaren Juwelen der Welt.«

Es war tapfer von Heinrich, daß er Anna Mut machte, denn er war selbst über die Massen erschreckt und sah den Tod vor sich. Er machte eiligst sein Testament. Um ihn herum schienen alle seine Freunde zu sterben. Compton von Compton Wynyates, für dessen entzündetes Bein er einmal Perlen in Salbe verrieben hatte, starb innerhalb weniger Stunden. Ebenso Marie Boleyns Gatte Carey. In seinem eigenen Haushalt wurden fünf Personen, darunter der Apotheker, von der Krankheit ergriffen. Die Seuche verfolgte Heinrich, und obwohl er seinen Wohnort fast jede Nacht änderte, kam sie ihm immer näher.

XIX

Ein kluger Franzose wie du Bellay brachte es fertig, inmitten dieser Panik lästerliche Witze zu reißen, aber der gute König Heinz riß keine. Bedeuteten diese plötzlichen Todesfälle ein Gottesurteil über seinen Busenfreund Compton und den entgegenkommenden Gatten Carey? Heinrich hatte dabei gewisse unruhige Ahnungen. Er speiste vorsichtigerweise gegenüber von seinem Hausarzt. Eingezwängt zwischen diesen Arzt und seinen Beichtiger, wandelte er den schmalen Pfad. Jeden Morgen ging er zur Beichte, empfing seinen Herrn an Sonn- und Feiertagen, weigerte sich, tief in die eigne Seele zu blicken, und beruhigte sich durch äußerste moralische Gewissenhaftigkeit. In jenen wenigen Wochen wiederholte er sich immer wieder, er habe keinen Grund zu fürchten, daß er von der Rechtlichkeit abgewichen sei, seine Absichten und sein Verhalten seien untadelig; und so begann er eine der phantastischen Fiktionen zu spinnen, mit deren Hilfe ein Mann, der sein Bewußtsein den von ihm nicht gebilligten Tatsachen verschließt, ausnahmslos auf den Tatsachen besteht, die seiner Selbstgerechtigkeit entsprechen. Diese nützliche, aber mühsame Fiktion wurde Heinrich zur Gewohnheit. Viel mehr Gehirnmensch als sein jovialer Großvater Eduard, dem er ähnlich sah, war Heinrich auch von einem ernsthafteren Eigensinn und einer geläufigeren Frömmigkeit. Er brauchte eine moralische Formel, die ihn gleichzeitig vor dem gefürchteten Jüngsten Tag retten und ihm die geliebte Anna Boleyn schenken konnte. Er wurde zur moralischen Pedanterie gezwungen. Es war eine sonderbare Entwickelung, die eben erst anfing, in Erscheinung zu treten.

Zufälligerweise aber kam Heinrichs aufgefrischtes moralisches Zartgefühl Anna Boleyn im Augenblick zustatten.

Anna hatte sich bei ihrem Geliebten über Wolsey beklagt. Sie hatte eine Nonne namens Eleanor Carey, die ihre Schwägerin war, als neue Äbtissin von Wilton dringend empfohlen, und Wolsey hatte sie abgewiesen. Heinrich sah sich gezwungen zu antworten, daß man wenig zu Eleanors Gunsten anführen könne. »Sie, die wir zur Äbtissin machen wollten«, erklärte er, »hat selbst zugegeben, daß sie von zwei verschiedenen Priestern zwei Kinder gehabt hat und ferner von einem Diener des verstorbenen Lord Broke ausgehalten wurde, und das vor nicht langer Zeit; weshalb ich für alles Gold der Welt weder Euer noch mein Gewissen belasten möchte, sie zur Herrin eines Hauses zu machen, die von so gottloser Lebensführung ist, und ich hoffe auch, daß Ihr nicht begehret, daß ich für Bruder oder Schwester meine Ehre oder mein Gewissen so sehr beflecke.«

Das waren edle Worte, obwohl sie von dem Mann gesprochen wurden, der Careys Gattin verführt hatte. Aber Anna wollte Heinrichs Ehre oder Gewissen nicht heranziehen. Sie wies darauf hin, daß Wolsey dem ausdrücklichen Befehl entgegen Eleanors Konkurrentin ernannt hatte. Wollte Heinrich sich eine derartige Frechheit gefallen lassen?

Da Heinrich sich auf einem so hohen Niveau der Ehre und des Gewissens fühlte, unternahm er es, Wolsey zu züchtigen. Er schrieb ihm einen Brief voll der schneidendsten Vorwürfe, der in seinen feierlichen Ausdrücken fast gottähnlich war. Und Heinrich fühlte sich auch gottähnlich, als er ihn Anna zeigte. »Ich bitte Euch, Mylord, nicht zu denken, daß ich Euch dies aus einem Mißvergnügen heraus schreibe«, schloß er großartig. »Denn gewißlich tue ich es, um mich vor Gott zu reinigen, da ich mich in solcher Lage befinde; zweitens aber aus der großen Neigung, die ich für Euch trage, und die von Eurer Seite nicht unverdient ist. Daher bitte ich Euch, nehmt es auch also auf; und ich versichere Euch, daß in mir, habt Ihr erst einmal Euren Fehler zugegeben, kein Funken des Mißvergnügens mehr verharren soll; da ich darauf rechne, daß Ihr mir in Zukunft für jene Neigung auf eine Weise danken werdet, die mir weitaus annehmbarer sein wird.«

Zu diesem Zeitpunkt sandte Anna Wolsey einen ihrer liebenswürdigsten Briefe, aber Wolsey begriff zu gut, was es bedeutete, wenn ein absoluter König sich aufs hohe Roß setzte, das er selbst ihm so oft gestriegelt hatte. Dieser Brief von Heinrich war nicht mehr der eines Spießgesellen an den andern. In das alte gemütliche Spiel war die moralische Trumpfkarte eingeschmuggelt worden. Es war der König, der zum Untertan, der Chef, der zum Untergebenen sprach, und Wolsey litt unter zwei verhängnisvollen Beschränkungen: er war im Unrecht, und er hatte nie alleingestanden.

Es war peinlich, wie der stolze Kardinal vor seinem jungen Herrn zu Kreuze kroch. Er gab alles zu und beklagte alles, »mit der Absicht, durch Gottes Hilfe und Eure gnädige Gunst für den Rest meiner Tage mein armes Leben so einzurichten, daß Eure Majestät sehen werden, wie sehr ich Gott und Eure Majestät liebe und fürchte«.

Derartige Siege bekamen Heinrich nicht.

XX

Der verliebte Heinrich fürchtete sich weniger vor Anna. Er schrieb ihr auf bäurisch üppige Weise, wie jemand, der harten Sport gewohnt und von grobem gesundem Appetit befallen ist, dessen Nerven von reichlichem Wein abgestumpft und benebelt sind. Es sah ganz anders aus als bei den zarteren Seelen, die sich schon durch die Roheit abgestoßen und zu der zierlichen und preziösen Art eines Botticelli hingezogen fühlten. In seiner frühen Jugend hatte Heinrich sich selbst seine musikalischen und poetischen Sporen verdient, aber seine war nicht die Weise, die ein Wyatt, ein Surrey und andre nach italienischer Manier lebende Engländer sich ihrer Neigung nach gewählt hätten.

»Da meine Liebste fern ist«, schrieb er zärtlich, »kann ich wenig tun, als ihr etwas Fleisch senden als Ausdruck meines Namens, welches bedeutet Hirschfleisch für Heinrich und sagen will, daß späterhin mit Gottes Willen Ihr Euch an dem meinigen erfreuen sollt, und ich wünschte nur, es wäre jetzt so weit.« Durch diese offene Wärme mit ihrem herzlichen Seufzer, daß Fleisch Fleisch sei und Liebe Liebe, fühlte sich Anna Boleyn nicht zurückgestoßen. Sie gab wie ein Echo die Worte ihres Geliebten zurück, als er schmerzlich sagte: »Ich wollte wir wären eines Abends zusammen.«

Bald waren sie zusammen, und ihre Vertraulichkeit ungestört. Aber Anna zähmte seine Leidenschaft, und trotz seiner Dringlichkeit, die sie bald selbst teilte, hielt sie ihn zurück, daß er nachgiebig und menschlich blieb. Seine Sehnsucht nach ihr brach los, sobald er sie nicht mehr sah.

»Mein teures Lieb«, schrieb er ihr an einem schönen Augustabend, »diese Zeilen sollen Euch von der großen Qual erzählen, die ich seit Eurer Abreise empfinde, denn ich versichere Euch, mir erscheint die Zeit seit Eurer Abreise viel länger, als mir die letzten vierzehn Tage erschienen. Ich glaube, der Grund dafür sei Eure Freundlichkeit und meine heiße Liebe, denn sonst hätte ich es nicht für möglich gehalten, daß eine so kurze Weile mich so betrüben könnte. Nun aber, da ich mich Euch nähere, glaube ich meine Schmerzen schon halb geschwunden, auch bin ich recht von Herzen getröstet, weil meine Schrift in meiner Sache stark fortschreitet; ich habe daran vier Stunden an diesem Tage gewandt, was der Anlaß ist, daß ich Euch diesmal einen kürzeren Brief schreibe, da ich etwas Schmerzen im Kopfe verspüre. In der Sehnsucht, bald (besonders nachts) in den Armen meiner Liebsten zu sein, deren schöne Brust ich bald zu küssen hoffe, geschrieben von der Hand dessen, der war, ist und sein wird der Eurige, wie es sein Willen ist, H. Rex.«

Die »Schrift« war seine Beweisführung gegen seine Heirat mit Katharina. In Erwartung der Ankunft des Legaten Campeggio studierte er sich seine Sache ein. Da der Legat erwartet und Anna ihm sicher war, befand sich Heinrich in viel ruhigerer Verfassung als seine Geliebte. Durch den Kardinal hatte er sich in London eine Wohnung für sie verschafft, damit sie in seiner Nähe sei, und er sagte Anna zuversichtlich, »man könne nicht mehr tun, größeren Fleiß anwenden oder alle möglichen Gefahren besser voraussehen und dagegen Maßnahmen treffen.«

Ja, zürnte die ungeduldige Anna, aber wo bleibt der Legat? Schon war es September 1528, und Heinrich, der beruhigte Liebhaber, schrieb vom Lande solchen Unsinn wie: »Ich glaube, es ist lang her, daß ich Euch geküßt habe. Geschrieben nach dem Erlegen eines Rehbocks, um elf Uhr, gesonnen, mit Gottes Gunst, morgen recht frühzeitig einen zweiten zu erlegen.« Aber Heinrich hatte den Legaten nicht vergessen. »Der Legat, den wir so sehr ersehnen, traf am vergangenen Sonntag oder Montag in Paris ein, so daß ich hoffe, nächsten Montag von seiner Ankunft in Calais zu hören.«

Annas Ungeduld hörte nicht auf. Ein scharfer Brief von Heinrich, der sich wunderte, daß ihre Absicht, in London zusammenzutreffen, bekannt sei, und behauptete, »ein Mangel an diskretem Vorgehen müsse notwendigerweise die Ursache sein«, veranlaßte Anna zu der Art temperamentvoller Erwiderung, die ihn immer ins Bockshorn jagte. Ihre Verteidigung bestand im Gegenangriff, und Heinrich wartete, bis er sie sah, um sie dann um Milde zu bitten. Er traf sie in Erregung an. Es wurde ihm schwer gemacht, sie zu besänftigen, aber endlich sandte sie ihm Botschaft, daß sie ihm vertraue, auf den neuen Legaten und ihre *bête noire,* Wolsey, Druck auszuüben.

Heinrich fühlte eine ungeheure Erleichterung. »Um Euch zu zeigen, welche Freude es mir bereitet, wenn ich höre, daß Ihr der Vernunft zugänglich seid«, rief er aus, »und daß Ihr Eure unnützen und unbegründeten Gedanken und Einbildungen von der Vernunft beherrschen lasset, versichere ich Euch, daß alle Schätze der Erde nicht meine Befriedigung über dieses Wissen und diese Gewißheit aufwiegen können.« Und dann machte er ein wenig Propaganda. »Daher, mein gutes Liebchen, Ihr dabei verharren sollt, nicht nur hierin, sondern in all Euren Handlungen nach diesem, denn dadurch wird für Euch wie für mich die größte Ruhe eintreten, die auf dieser Erde zu finden sein mag.«

Hier schlug Heinrich Anna Boleyn gegenüber zum erstenmal den Ton an, der in der Wiederholung fast klagend werden sollte. Anna möge sich »von der Vernunft beherrschen« lassen. Der Papst möge »meine Wünsche geziemend achten«. Dadurch würde die größte Ruhe eintreten.

»Und so, aus Mangel an Zeit, Liebste, gehabt Euch wohl.«

So schließt der letzte der siebzehn kostbaren Liebesbriefe, um die der Vatikan in aller Stille Anna Boleyn bestahl. Sinnlich und von fast pathetischer Einfachheit, enthüllen sie das Feuer, in dem Heinrichs Herz entbrannt war. Sie atmen Aufrichtigkeit und sprechen deutlich von Annas beständigem Reiz. Sie enthüllen die völligste Vertraulichkeit. Aber was erzählen sie von Schönheit, Zärtlichkeit, Sanftmut? Was erzählen sie von Treue? Anna durfte sich wirklich über den Verlauf dieser mächtigen Leidenschaft, der sie sich hingegeben hatte, Gedanken machen.

XXI

Endlich war der römische Legat in London eingetroffen. Der Kardinal Campeggio war von England ausgesucht worden. Er war zehn Jahre früher in England gewesen, bezog eine Jahresrente als Bischof von Hereford, verdankte England seinen Palast in Rom und sollte bald erleben, daß sein junger Sohn von Heinrich zum Baron gemacht wurde. Aber diesem Zögling einer sehr alten Schule war all dies nicht die Hauptsache. Er kam mit der vollen Überzeugung an, daß dieser Fall von höchster Bedeutung sei. Er wußte, wie erpicht Anna und Heinrich auf die Scheidung waren, wie sehr Wolsey Parteigänger war, wie die Sache sich Franz und dem Kaiser darstellte. Vor langer Zeit hatte er mit Luther zu tun gehabt und gab sich betreffs der Sicherheit der Kirche keiner Täuschung hin. Vom Alter beschwert, von der Gicht gelähmt, unternahm er seine Aufgabe mit dem äußersten Ernst. Es war seine schwerfällige Gewohnheit, jeden Fall sub specie aeternitatis zu betrachten.

Mit Schmerz erfuhr er, daß Heinrich unerschütterlich war. »Ich glaube«, berichtete er nach Rom, »ich glaube, daß er in dieser Sache über mehr Wissen verfügt, als ein großer Theologe und Kenner des kanonischen Rechts.« Ein Engel vom Himmel, gab er bedrückt seiner Ansicht Raum, würde Heinrich nicht überreden können, daß seine Heirat gültig sei.

Und Königin Katharina? Der Greis ließ sich in der Sänfte, von Wolsey begleitet, zu Katharina bringen. Er erinnerte sie an die Hinrichtung von übler Vorbedeutung, die ihrer Hochzeit vorangegangen war. Er gab ihr voll Ernst zu bedenken, daß sie wie die heilige (geschiedene) Gattin Ludwigs XII. sich jetzt, in der letzten Hälfte ihres Lebens, zum Wohl ihrer Seele in ein Kloster zurückziehen könne. Die Spanierin in Katharina brach dem Italiener gegenüber in Zorn aus. Wenn Heinrich in ein Mönchskloster ginge, erklärte sie, so würde sie in ein Nonnenkloster gehen. Aber sie gestattete keinen Vorschlag, der auf ihr Abdanken hinzielte. Und wenn man sie in Stücke risse, wenn sie sterben und wieder zum Leben erwachen müsse: sie sei gültig verheiratet und würde für diese Ansicht zweimal den Tod erleiden.

Wolsey, der vor ihr kniete, ließ sie gänzlich ungerührt.

Katharinas Mut ergriff das gemeine Volk so sehr, daß Heinrich sich gezwungen sah, dem entgegenzuarbeiten, obwohl er Anna Boleyn fortschicken mußte. Es gab keine Presse, die man beeinflussen, und kein Parlament, dessen man sich bedienen konnte, aber er ergriff sein eigenes Mittel, die öffentliche Meinung zu bilden. Er berief eine Versammlung in den

Bridewellpalast und enthüllte dort vor einer prominenten Schar von Lords, Richtern und Ratsherren sein Herz. Seine Heuchelei und Doppelzüngigkeit waren unendlich, sie waren beinahe großartig. Er sei glücklich in der Neigung der Königin, sagte er, aber er sei gezwungen, seinem Gewissen Genüge zu tun. Hier stehe er, verheiratet mit einem Weibe von der größten Sanftmut, der höchsten Demut und Schönheit, und unvergleichlich reich an allen vortrefflichen Eigenschaften, wie sie dem Adel zukommen, und doch habe der Zensor der öffentlichen Moral (Wolsey) das schreckliche Gespenst beschworen, daß sie in Sünde zusammen lebten. Wäre Katharina nur seine gesetzliche Gattin, schwor Heinrich, so würde »kein Ding ihm angenehmer oder wünschenswerter« sein. Aber er erinnerte an den Krieg der Rosen. Er sprach über die Thronnachfolge. Er fürchtete das Schlimmste. Und er bat seine treuen Zuhörer, ihren Freunden zu sagen, wie die Dinge sich wirklich verhielten, und sich im Gebete mit ihm zu vereinigen, damit die Wahrheit endlich ans Tageslicht käme.

Nachdem er den Samen gesät hatte, lag Heinrich daran, daß die Sache vor Gericht kam, besonders da Campeggio die geheime Vollmacht des Papstes besaß, ein Urteil abzugeben. Aber Campeggio ging mit der gewichtigsten Überlegung vor. Vorsichtigerweise hatte der Vatikan bestimmt, daß er und nicht Wolsey der vorsitzende Legat sein sollte, und als im Februar 1529 Botschaft kam, daß der Papst Clemens sterbenskrank sei, schob der vorsitzende Legat den Prozeß auf.

Es war ein Glücksspiel. Einige Wochen lang träumten Heinrich und Wolsey von der herrlichen Vorstellung eines Engländers auf dem Papststuhl. Man gab den englischen Geschäftsträgern in Rom Weisung, mit Bestechungsgeldern nicht zu sparen. Aber Clemens' Fieber nahm ab, er erholte sich langsam, und die Legaten sahen sich also in der Lage, ihre Aufträge weiterhin als gültig zu betrachten.

Als der Frühling des Jahres 1529 fortschritt, wurde es Campeggio unmöglich, noch länger zu zögern. Während der Krieg in den Jahren 1528–1529 noch zugunsten Frankreichs stand, konnte der Papst hoffen, Heinrich den Gefallen zu tun; aber Lautrec war tot, die französische Armee wie Hagelkörner dahingeschmolzen, und Karl und Clemens sollten in Barcelona die Bedingungen festsetzen. Ein wirklicher Friede zwischen Frankreich und Spanien sollte endlich von zwei geistig normalen Menschen, Margarete von Österreich und Luise von Savoyen zustande gebracht werden – die letzte Tat ihres Lebens, da sie bald darauf starben. Da dieser Frieden in Aussicht stand, tat es Clemens bitter leid, daß er sein geheimes *prononciamento* unterschrieben hatte, und obwohl Heinrich es mit eigenen Augen gesehen hatte, sandte er im stillen Botschaft an Campeggio, es zu verbrennen. Campeggio und Wolsey eröffneten also ihr Gericht in Blackfriars in voller Kenntnis der Tatsache, daß Clemens im Begriff stand, ein Anhänger des Kaisers zu werden.

XXII

Es war im Juni 1529. Heinrich war es gewohnt gewesen, den Juni stets beim Lanzenstechen zu verbringen, in allem Glanz und aller Aufregung des Turnierens. Dies aber war ein Turnier, das nicht weniger glanzvoll und aufregend war; es fand in einem großen Saale an der Themse statt und jeder Höfling Englands, von neuem oder altem Adel, zitterte vor furchtbarer Erregung. Es war ein Turnier zwischen einem König und einer Königin, einem Mann und einem Weibe; an seinem Ausgang hing das Schicksal Katharinas, das Schicksal Heinrichs und Annas und das Schicksal des Kardinals. Seit Augustin vor neunhundert Jahren die englischen Wiesen betreten hatte, war das Band mit dem päpstlichen Rom keiner ähnlichen Prüfung ausgesetzt gewesen, und mit ihm die geistige Kultur und die Entwicklung des englischen Volkes. Heinrich und Katharina waren keine Personen mehr; sie waren zu Vertretern zweier Ordnungen geworden, einer ein nationaler Dynast, der andre der Lehensmann einer älteren Gefolgschaft. In diesem Saal von Blackfriars, unter der Estrade der beiden in Scharlach gekleideten Priester, machten König und Königin diese letzte gemeinsame Verbeugung vor der Macht des kirchlichen Gesetzes.

»König Heinrich von England, tretet vor Gericht!«

»Hier, Mylords!«

»Katharina, Königin von England, tretet vor Gericht!«

Wortlos, ohne dem Gerichtshof zu antworten, erhob sich Katharina von ihrem Sessel, schritt vor, bis sie vor Heinrich stand, kniete angesichts des Gerichts und der ganzen Versammlung nieder, obwohl er sich bemühte, sie aufzuheben, und sprach in gebrochenem Englisch:

»Sire, ich beschwöre Euch um all der Liebe willen, die zwischen uns gewesen ist, und um der Liebe zu Gott willen, lasset mir Gerechtigkeit und Recht widerfahren, und erweiset mir Mitleid und Barmherzigkeit, denn ich bin ein armes Weib und eine Fremde, die außerhalb Eures Reiches geboren wurde ...

Ich habe all jene, die Ihr liebtet, nur um Eurer willen geliebt, ob ich Grund hatte oder nicht, und ob sie meine Freunde waren oder meine Feinde... Zwanzig Jahre lang oder noch länger bin ich Euch eine treue Gattin gewesen, und Ihr habt mehrere Kinder mit mir erzeugt, ob es gleich Gott gefallen hat, sie aus dieser Welt zu sich zu berufen, woran ich nicht die Schuld trug...

Und als Ihr mich zuerst erkanntet, damals, des rufe ich Gott zum Zeugen an, war ich eine wahrhaftige Jungfrau, von keinem Manne berührt; ob dies wahr sei oder nicht, stelle ich Eurem Gewissen anheim...

Es ist wunderbar zu sehen, welch neue Erfindungen gegen mich erfunden worden, die nichts im Sinn hatte als Ehrlichkeit...

Ich bitte Euch aufs demütigste, aus Mitleid, und um der Liebe zu Gott willen, der unser letzter Richter ist, mir die äußerste Not dieses Gerichts zu ersparen, bis ich mir Rat geholt habe, auf welche Art und Weise meine Freunde in Spanien zu handeln mich beraten. Und wolltet Ihr mir so kleine Gunst nicht gewähren, dann geschehe nach Eurem Willen, und vertraue ich meine Sache Gott an.«

Damit stand sie auf, machte dem König eine tiefe Verbeugung und verließ das Gericht. Der Ausrufer rief ihr nach und ihr Begleiter sagte: »Eure Majestät, Ihr werdet gerufen.« »Geht, geht«, sagte sie, »dies ist kein unparteiisches Gericht für mich. Geht Eurer Wege.«

Der König begriff, wie sehr Katharina ihre Zuhörer bewegt hatte. Er stand auf und sprach mit warmer und zitternder Stimme.

»Sie ist mir eine so treue, so gehorsame und nachgiebige Gattin gewesen, als ich in meinen Gedanken wünschen oder ersehnen konnte. Sie hat all die tugendhaften Vorzüge, deren eine Frau ihres Ranges bedarf, oder eine andre von niedrigerem Stande.«

Nachdem er ihr diese Anerkennung gezollt hatte, fing er von seinem Gewissen an. Einige Worte des französischen Gesandten hatten sein Gewissen verletzt. »Diese Worte wurden von meinem peinlichen Gewissen so empfangen, daß sie einen Zweifel in meiner Brust erzeugten, welcher Zweifel meinen Geist dermaßen quälte, störte und beunruhigte, und mich so ruhelos machte, daß ich schweren Zweifel trug, ob Gott mir nicht zürne.« In dieser Unruhe, »in der Brandung eines peinlichen Gewissens, teils auch in der verzweifelten Gewißheit, daß sie keine Nachkommenschaft haben werde, sah ich mich endlich gezwungen, den Zustand dieses Reiches zu erwägen.«

Er »befrage also das Gesetz, ob er wieder heiraten dürfe, selbstredend nicht aus fleischlichen Gelüsten, noch aus irgendeinem Mißvergnügen oder Mißfallen an der Person oder dem Alter der Königin, mit der ich es ebenso wohl zufrieden wäre, mein Leben fortzusetzen, wenn unsre Heirat Gottes Gesetz genehm wäre, wie mit irgendeiner lebenden Frau«. Aber sein Gewissen, sein verwundetes Gewissen, ließe es nicht zu; und er erklärte, daß alle Bischöfe Englands die Sanktion gewährt hatten, die er von ihnen forderte, an diesen Gerichtshof zu kommen.

Die Bischöfe, die in einer eindrucksvollen Reihe saßen, lauschten diesen erstaunlichen Worten. Der greise Warham sagte: »Es ist die Wahrheit, wenn Euer Gnaden beliebt. Ich zweifle nicht, daß all meine Amtsbrüder hier das gleiche bezeugen werden.«

Ein uralter Mann, äußerst mager, mit brennenden Augen, sagte mit heller Stimme. »Nein, Herr, ich nicht. Ihr habt nicht meine Sanktion.«

Der König warf ihm einen durchbohrenden Blick zu und fragte: »Nein! Zum —. Hier, blickt her. Ist dies nicht Eure Handschrift und Siegel?«

Der Bischof, Johann Fisher von Rochester, erhob nochmals die Stimme.

»Nein, bei meiner Treu, Sire, es ist nicht meine Handschrift noch mein Siegel!«

Der König wandte sich an den Leithammel. Warham wandte sich an Fisher. Fisher blieb dabei: »Ich habe Euch gesagt, daß ich einer solchen Handlung nie beistimmen würde.«

Der alte Erzbischof von Canterbury versuchte ihn zu besänftigen. »Ihr sprecht die Wahrheit. Aber zu guter Letzt ließet Ihr Euch voll überzeugen, daß ich für Euch zeichnen und das Siegel selbst darauf setzen sollte!«

Mit einem Hohn, der Warhams Herz versehrt haben muß, erwiderte der Bischof von Rochester mit einer Stimme wie eine Glocke: »Mit Eurem Verlaub, Mylord, — nichts kann unwahrer sein.«

»Nun, nun«, unterbrach ihn Heinrich, »es macht keinen Unterschied. Wir werden hierin mit Euch nicht streiten, denn Ihr seid nur ein einzelner Mann.«

Daß Rochesters Namen und Siegel gefälscht worden, war kein günstiger Anfang für Heinrichs Sache, aber sie wurde glücklich flottgemacht und bedurfte nur des Beweises, daß Katharina und Prinz Arthur wirklich Mann und Frau gewesen waren.

Fast vierzig adlige Zeugen wurden zu Blackfriars gehört. Ihr Zeugnis beugte vor dem Manne, der Buckingham geköpft hatte, das Knie. Prinz Arthurs Jugend war kein Hindernis für den Vollzug der Ehe, denn der Graf von Shrewsbury schwor, daß er selbst seine Gattin erkannt hatte, noch ehe er sechzehn Jahre alt war. Auch der Herzog von Norfolk trat als Zeuge auf und schwor, daß er im Alter von fünfzehn Jahren seine Gattin fleischlich erkannt habe. Sir Anton Willoughby erinnerte sich sogar an Arthurs einzelne Worte.

»Willoughby, gib mir einen Becher Ale, denn diese Nacht bin ich mitten in Spanien gewesen«, wonach er sagte: »Meine Herren, eine Frau zu haben ist ein angenehmes Vergnügen.« Lord Fitzwalter hatte Arthur bei Tische bedient, und er hatte seinen Witz wiederholt. Anna Boleyns Vater bestätigte es. Lady Fitzwalter sagte, sie habe das junge Paar zusammen im Bett gesehen, das geweiht wurde, worauf sie sie beide allein ließ. Gewisse leinene Bettlaken, die man der Königin Isabella nach Spanien gesandt hatte, wurden ebenfalls hervorgeholt und gezeigt. Und doch bezeugte auf der anderen Seite der Bischof von Ely, daß die Königin ihm oft gesagt habe, »sie sei von Prinz Arthur niemals fleischlich erkannt worden«.

XXIII

Die Sache ging Heinrich zu langsam. Eines heißen Tages im Juli ließ er Wolsey kommen.

»Euer Gnaden«, sagte der Bischof von Carlisle, der ihn später auf der Barke traf, und wischte sich den Schweiß vom Gesicht, »es ist ein sehr heißer Tag.«

»Ja«, sagte Wolsey, »wenn man Euch so trefflich eingeheizt hätte wie mir in dieser Stunde, würdet Ihr sagen, es sei sehr heiß.«

Der müde Kardinal legte sich zur Siesta in sein bloßes Bett, wie es Sitte war, und war kaum zwei Stunden darin, als eine Botschaft ihn herauszerrte. Er müsse sofort mit Campeggio nach Bridewell, um mit der Königin zu verhandeln.

Wolsey war empört. Er hatte Anna Boleyn im Verdacht und ließ sofort seinen Zorn an ihrem Vater aus, der »in Tränen ausbrach«. »Ihr und andre Herren vom Rate seid nicht wenig schuldig und übel beraten, ihm derlei Einbildungen in den Kopf zu setzen. Ihr seid die Ursache großer Sorgen und werdet dafür weder von Gott noch von der Welt viel Dank empfangen.«

Wolsey holte Campeggio aus seinem Bett in Bath Place und ging mit ihm ins Audienzzimmer der Königin.

Sie trat aus ihrem Privatzimmer, einen Faden weißes Garn um ihren Hals.

»Was beliebt Ihr von mir zu verlangen?«

»So es Euch gefällt, in Euer Privatzimmer zu treten.«

»Mylord, wenn Ihr etwas zu sagen habt, sprecht offen vor all diesen Herrschaften.«

Wolsey begann auf Latein.

»Nein, guter Herr, sprecht zu mir auf Englisch, ich bitte Euch, obwohl ich lateinisch verstehe.«

»Wir sind hergekommen, Eure Absicht zu erfahren, und Euch im Geheimen unsre Ansicht und unsern Rat mitzuteilen, welches wir aus unserm Eifer und aus unsrer Ergebenheit für Eure Majestät bezwecken.«

Sie dankte ihnen: »Aber ich saß mit meinen Jungfrauen bei der Arbeit und dachte wenig an derlei Dinge. Und steht zu erwarten, daß irgendwelche Engländer sich mir freundlich erweisen sollten entgegen dem Willen des Königs, da sie seine Untertanen sind? Nein, meiner Treu nicht, meine Herren. Ich bin aber aller Freundschaft entblößt und beraubt, da ich hier in fremdem Lande lebe, und will also, was Euren Rat betrifft, mich nicht weigern, sondern ihn gerne hören.«

Kein Rat und kein Druck konnten Katharina bewegen. Der Sommer näherte sich seinem Ende. Die Ferien kamen. Campeggio nahm endlich seinen Mut zusammen und vertagte den Prozeß gemäß dem Befehl, den er vom römischen Hof empfangen hatte.

Das war ein Donnerschlag. Als Heinrich die Worte hörte, verließ er mit mächtigen Schritten den Saal, während Suffolk mit hochrotem Gesicht vortrat. »Nie ging es in England lustig zu, solange wir Kardinäle in unserer Mitte hatten!« Er schlug mit der Hand auf den Tisch.

Von seinem Richtersitz blickte Wolsey auf den Mann, der Heinrichs Schwester geheiratet hatte. Der Prälat gab dem auftrumpfenden Adligen nichts nach.

»Mein Herr«, sagte er in seinem tiefen Bariton, »von allen Männern dieses Landes habt Ihr am wenigsten Ursache, den Kardinälen zu zürnen. Denn wäre ich, ein einfacher Kardinal, nicht gewesen, Ihr hättet in diesem Augenblick keinen Kopf mehr auf den Schultern.«

XXIV

Trotz dieser gerechten Antwort war das Versagen des Legatengerichtshofs an und für sich ein Schisma zwischen Clemens' Rom und Heinrichs England. Wolsey wußte, wieviele Ratgeber sich um den König scharen und ihn zu den wildesten Handlungen treiben würden. Er hatte jeden Grund, um seine Haut zu zittern. Er hatte jeden Grund, den Nachtraben, wie er Anna nannte, zu fürchten, und Suffolks Ausbruch erschreckte ihn, wie das Halali des Jägers jede Beute erschreckt.

Seine erste Sorge galt jetzt wie immer dem Manne, der mit seiner Geliebten aufs Land geritten war. Konnte er Heinrich dazu bringen, daß er sich nach Rom richtete, und wenn nicht: würde Heinrich sein Feind werden?

Anna Boleyns Empörung flammte hoch auf. Das Legatengericht war für sie ein unangenehmes Erlebnis gewesen. Sie hatte London schnell und nicht sehr ehrenvoll verlassen und sich Heinrichs halb unwilliger, doppelgesichtiger Pose fügen müssen. Der Zusammenbruch des Gerichtshofs schien ihr ausschließlich Wolseys Schuld. Mit bereits messerscharfer Zunge griff sie ihn Heinrich gegenüber an; sie drang in den König einzusehen, wie nutzlos das alles sei, sie beschwor ihn, zu tun, was nicht mehr rückgängig gemacht werden konnte, und sie sofort zu heiraten.

Wie gewöhnlich scheute Heinrich die Unannehmlichkeit, eine positive Stellung einzunehmen. Er hatte weniger Ursache als Anna, die Sache zu beschleunigen. Er wußte, wie viele seiner Ratgeber Wolsey haßten, aber er wußte nicht gewiß, ob Wolsey wirklich schuldig war. In dieser Krise handelte er aus seinem Instinkt heraus bedächtig. Er brauchte Zeit.

Tatsächlich war der Kardinal nicht schuld. Campeggio war unerschütterlich und Clemens unerbittlich, nicht weil sie moralische Helden waren, sondern weil die Herrschaft über Europa in die Hände eines einzigen Mannes übergegangen war. Wolsey hatte Karl V. kennengelernt und ihn studiert, und er schätzte richtig ein, wie diese Herrschaft aussehen würde – »sehr kalt und gemäßigt«, aber von grimmiger Festigkeit. Wäre nur Andrea Doria nicht durch Franzens außerordentliche Dummheit in Karls Arme getrieben oder wäre nur, mit Clemens' geheimer Hilfe, Neapel von den Franzosen eingenommen worden – aber das war Geschichte und ließ sich nicht mehr gutmachen. Franz hatte versagt, Karl hatte Italien fest in der Hand, und der Frieden von Cambrai, an dem Wolsey nicht den geringsten Anteil hatte, bestätigte das. Bald sollte Clemens zu Bologna

Karl mit der eisernen Krone krönen, und es erleben, daß ein Medici froh war, Karls illegitimes Kind zu heiraten.

Wolsey begriff so gut, auf welch totem Punkt die Lage angekommen war, daß er sich fürchten mußte. Wenn er Anna, seine »Natter von Feindin«, besänftigen wollte, so mußte er klüger sein als Karl, und dazu war er nicht imstande. Die Geschicklichkeit, mit der er neue Pläne gesponnen hatte, war dahin. Er konnte nur böse Vorzeichen erblicken und Bilder ausspinnen, denen sein vergifteter Körper scheußliche Farben lieh: Bilder der Erniedrigung, des Schreckens, des Untergangs.

Inzwischen entzog sich Heinrich Annas Forderungen nach Wolseys Kopf. Auch er kannte Karl. Seine warme Anerkennung Katharinas war für das Ohr des Neffen bestimmt, und wenn er Wolsey verlöre, wer sollte Europa für ihn in Schach halten? Heinrichs eigener Zorn galt dem fernen Rom, und besonders wütend war er auf den falschen Clemens. Wurde er gedrängt und gereizt, den Kardinal zu verurteilen, so flackerten seine Augen vor Unbehagen. Eines Tages würde er Wolsey opfern, denn sein Reichtum und seine Renten lohnte es zu besitzen, aber der Kampf war ihm nicht angenehm. Unter seiner nicht geringen Gutmütigkeit verbargen sich zwei Befürchtungen: die Befürchtung des gerissenen praktischen Menschen, der als Dynast instinktiv die Gefahren erkannte, die in der Dynastie als solcher ruhen, und der darum Werkzeuge von ruhigem Verstand und unausgesetzter Wachsamkeit brauchte, die ihn unterstützten; und die noch verstohlenere Befürchtung des leichtgläubigen Menschen, die aus seiner unausgesprochenen Ängstlichkeit und seiner Scheu vor dem Unbekannten herrührte, jene geheimnisvollen Gesetze seines »Gewissens«, die ihm Wolsey selbst eingegeben hatte. Da er jetzt Annas sicher war, die zu der Jahreszeit, als er vor der Seuche davonlief und den Rehbock jagte, ihn in die Midlands begleitete, war er darauf erpicht, eine Scheidung zu erzielen, die ihn Karl, dem Vatikan, seinem Gott gegenüber sichern sollte. Noch stand er sehr unter dem Einfluß, wenn auch nicht der Macht Wolseys; daher sagte er nichts, legte sich nicht fest, sondern setzte seine Sommerreisen mit enggepreßten Lippen und in scheinbarer Unentschlossenheit fort, wobei sein Sekretär Gardiner und sein Almosenmeister Foxe bequem zur Hand sein mußten.

XXV

Auf dem Landsitz, wo Gardiner und Foxe sich aufhielten, war zufällig ein Priester zugegen, den sie in früherer Zeit, in Cambridge, sehr gut gekannt hatten; ein ruhiger Mensch ihres eigenen Alters namens Thomas Cranmer. Da sie ihrem Freunde viel von ihrer Reise nach Orvieto zum Papst zu erzählen hatten, und da sie seinen außerordentlichen Takt und seine Verschwiegenheit kannten, fingen sie von der Scheidung und der schwierigen Frage der nächsten Offensive zu sprechen an.

Es war eine der lebendigen Unterhaltungen, in denen intelligente Menschen, von gegenseitigen Zugeständnissen erwärmt, ihre innersten Ansichten darlegen und die Meinung der Zukunft im Laboratorium des Geistes herstellen. Cranmer war ersichtlich ein fähiger Kopf. Obwohl er als Universitätsprofessor und Theologe fern vom Hofe lebte, hatte er sich in Gedanken nicht wenig mit Kirchenpolitik beschäftigt und wie viele Gelehrte in Cambridge die Lehren Luthers so genau verfolgt, daß seine privaten Ansichten seinem tatsächlichen Beruf als Priester weit voraus waren. Er stammte aus einem späteren Jahrgang als Wolsey. Er und die Diener des Königs sprachen zur Sache, besonders über die Macht des Papsttums. Wie konnte man seine Autorität im Augenblick hemmen und verringern? Eine bedeutende Hilfe gegen das Papsttum, schlug Cranmer vor, würde die Stimme der öffentlichen Meinung sein. Um sich diese Meinung zu sichern, deutete er zart an, sollte Heinrich seine Sache ausarbeiten und sie den Universitäten vorlegen. Die Theologen von Oxford und Cambridge, von Löwen, von Paris, von Burgos, von Padua, von Bologna -- das vereinigte Gewicht einer derartigen orthodoxen Meinung sollte bei den Umschweifen des Papsttums und Karls gesunder Angst vor den Lutheranern die Rota unsicher machen und ein Urteil zugunsten Heinrichs ermöglichen.

Cranmer verfügte über eine geschliffene Ausdrucksweise und seine Ansichten waren gewichtig und neu. Die Herren aus London ließen sich durch seine katzenartigen Gedankengänge ebenso imponieren, wie Lovell und ein anderer Fox sich früher einmal durch die glatte Zunge Wolseys hatten imponieren lassen. Gardiner und Foxe waren beide durch die Logiker vom Vatikan so sehr in die Enge getrieben worden, daß sie jedes geschickte Seitenmanöver begrüßten; noch ganz unter dem Bann der Überredungskünste, mit denen Cranmer seine Beweisführung ausgesponnen hatte, gingen sie damit zu ihrem Herrn.

Heinrich begriff sofort. »Bei Gott«, rief er aus, »der Mann hat den Nagel auf den Kopf getroffen!« Wer war dieser Priester? Man sollte ihn kommen lassen; man mußte ihn sehen.

Es war nur vernünftig, daß man ihn sehen mußte, denn die Stunde schrie nach einem neuen Mann. Die älteren Bischöfe waren kaltgestellt, denn sie konnten Heinrich nicht dienen, ohne Rom zu schaden, und Wolsey war einer Handlung, die ihn von Rom entfernt hätte, durchaus unfähig. Was man also nötig brauchte, war ein besonnener, erfindungsreicher Kopf, der als Theologe einen Namen hatte, sich auf kirchliche Umwege verstand und über ein Arsenal juristischer und politischer und staatswissenschaftlicher Kenntnisse verfügte, die eine ordnungsgemäße Scheidung befürworten und Heinrichs Gewissen beruhigen würden, während sie dem Papsttum Trotz boten.

Cranmer war in dieser Richtung nicht unzugänglich. Ein Dynast schien ihm etwas ganz Natürliches, aber er war weit davon entfernt, die Macht des Papsttums für etwas Natürliches zu halten. War Wolseys Generation in eine Zeit hineingeboren, da die Herrlichkeit des Papsttums auf dem Gipfel stand, so war er in seine Skandale, in biblische Entdeckungen, in den nationalen Staat und in die neue Gelehrsamkeit hineingeboren worden. Dennoch war Cranmer nicht im geringsten ein Enthusiast, was wörtlich soviel bedeutet wie »von Gott besessen«. Er war ein Kasuistiker und ein Theoretiker, ein Mensch ohne Kampflust, die nördliche Ausgabe eines Pucci oder Simonetta. Für die friedliche Übergangszeit der Kirche, die sich von der vulgären lutheranischen Revolution deutlich unterschied, war das Metall, aus dem Cranmer gemacht war, von genau der richtigen Legierung.

Heinrich war noch ganz in der römischen Stimmung befangen. Er begriff nicht sofort, wie wertvoll ihm dieser Mann sein sollte. Aber in Zeiten der Veränderung ist die Fähigkeit, etwas zu sagen und ein anderes zu meinen, die notwendige Alternative des Heroismus, und im Maße, wie die Schwierigkeiten der Veränderung sich um Heinrich verdichteten, erwachte er zur dankbaren Erkenntnis des Schatzes, den er in Thomas Cranmer besaß. Bei Wolsey war er einer Hemmung seiner Vorliebe begegnet. Bei Cromwell sollte es Reibungen geben. Bei Johann Fisher fand er ein einfältiges Herz. Bei Thomas More traf er auf platonische Ironie. Aber bei Cranmer stieß er zugleich auf ein hohes Ziel und eine tiefe Empfänglichkeit. Er war wie Sehnen ohne Knochen, mit der taktvollen, aber starken Gabe, überall einzudringen. Hätte man ihn seiner Arbeit als Theologe überlassen, so wäre er nicht bildsamer gewesen als jeder Kardinal. In Heinrichs besonderer Notlage jedoch, wo er einen Partner brauchte, der ihm sein Gewissen in Ordnung hielt, so übermäßig es auch beansprucht wurde, mußte Cranmers Rolle die einer Institution und die einer Persönlichkeit sein.

Der Erfolg, den er persönlich bei Heinrich haben sollte, stand auf einem anderen Blatt. War Wolsey Heinrichs männlicher Partner gewesen, so sollte Cranmer sein weiblischer werden, eine Art angetrauter Gattin. Sein sanftes und etwas professorales Gemüt konnte sich in diese Rolle fügen, obgleich sein Leben in dieser großherzig nachgiebigen Rolle eine Reihe kleiner moralischer Überraschungen sein sollte. Er würde oft zu seinem Entsetzen entdecken, daß sein Herr und Gebieter irgendein unerwartetes *dénouement* geplant hatte, wie etwa eine Hinrichtung. Darüber sollte der neue Erzbischof von Canterbury in leises Erstaunen geraten. Er machte Heinrich niemals Vorwürfe; aber er wunderte sich über die Leute, die er selbst so blind verkannt hatte, und die es wagten, Heinrich zu beleidigen. Und da die Milch des Gehorsams in seinen Adern rann, und da er die Sache seines Herrn zu seiner eigenen gemacht hatte, wagte er es manchmal, mit seinem Herrn zu streiten, ohne den Gehorsam durch Anwendung von Vernunft zu schänden; nicht als menschlicher Mann, sondern als der ergebene und ehefrauliche Architekt der nachpäpstlichen Kirche. Für dieses Ziel, dem Heinrich ganz hingegeben war, brachte er Entschlossenheit, Phantasie und Mut auf. Sein Wesen war von einer Art, wie sie oft in akademischen Kreisen gefunden wird, wo das Blut, das für das menschliche Gewebe bestimmt ist, vom Gehirn verzehrt wird und als Ergebnis ein Mann entsteht, der wie ein Mond weder Hitze noch Selbständigkeit besitzt, der äußerst empfindlich und leuchtkräftig, aber dennoch weitsichtig und in seiner Treue gegen die eigenen Verbindungen von größter Pünktlichkeit ist. Dieser Verstand, der die Retorte der Religion dazu herlieh, ein politisches Opiat nach dem anderen zu destillieren, der ein Schränkchen voll theologischer Dietriche aufwies — dieser Verstand besaß die ihm eigentümliche, sonderbare Lauterkeit. Es war ein wunderschönes Beispiel für den endgültigen Gehirnmenschen, der in reifen Jahren zur Tätigkeit gezwungen wird. Da er sich in der Tätigkeit mißtraute, Strafen haßte und die Kraßheit der Überführung vermeiden wollte, lief Cranmer in endlosen Kreisen, bevor er sich endlich stellen ließ. Schließlich aber bewies er, in die Enge getrieben wie so viele der Leute, denen er sein blutloses Mitleid geschenkt hatte, daß es etwas gäbe, was er mehr schätzte als Logik, berührte den Saum von Sokrates' Gewand und ließ sich lieber verbrennen, als daß er seiner Intelligenz weiterhin Gewalt angetan hätte.

Wenn man dem Korkenzieher den Wein zugute halten kann, zu dem er den Zugang öffnet, so war Cranmer ein Held.

XXVI

Während aber Cranmer noch nichts anderes tat, als eine neue Propaganda ersinnen, beschäftigte sich Heinrich in erster Reihe mit Campeggio und Wolsey, den Kardinälen von Rom. Sie kamen nach Northhamptonshire, um sich von ihm zu verabschieden, wobei die Höflinge listig wetteten, daß es eine Szene geben würde. Heinrich indes war höchst gnädig, obwohl Anna mit ihrer Meinung nicht hinter dem Berge hielt und mit mädchenhafter Anmut den Kopf schüttelte; und der Grund für diese Liebenswürdigkeit war nicht schwer zu finden. Er hatte Weisung gegeben, Campeggio in Dover durchsuchen zu lassen und ihm das geheime Dekret des Papstes abzunehmen; wenn man ihn dann abschob, wäre als einzig juridisch zuständige Stelle Wolsey in der Lage gewesen, sein Urteil als Legat allein abzugeben.

Die Zollbeamten schikanierten den alten Italiener und durchwühlten sein Gepäck, aber statt der gestohlenen Liebesbriefe und des Dekretes, das längst verbrannt war, fanden sie einen schäbigen Haufen alter Kleider und Lumpen und Verbände, die er nach Hause brachte, um sie waschen zu lassen. Und er hatte nichts von dem Gold bei sich, das Wolsey angeblich nach Rom schickte, wo es in guter Hut sein sollte.

Er reiste erzürnt ab. Heinrich gab das verhängnisvolle Zeichen. Innerhalb einer Woche kamen Norfolk und Suffolk zu Wolsey und verlangten das Große Siegel. Als letzter Schachzug forderte Wolsey einen schriftlichen Befehl von Heinrich, und Heinrich, der gehofft hatte, darum herumzukommen, gab den schriftlichen Befehl. Er sandte auch Wolsey privat die Mitteilung, daß er York Place hergeben müsse, das große Palais in Westminster, das Anna sich in den Kopf gesetzt hatte.

Wolsey brach kläglich zusammen. Bedroht von der Anklage des praemunire, das ihn beschuldigte, in England päpstliche Gerichtsbarkeit angewandt zu haben, fürchtete er seinen Untergang; aber nach seinem ersten tragischen Zusammenbruch fing er an nachzudenken. Man hatte das Parlament einberufen und Norfolk die Mehrzahl der Vorschläge dafür gemacht. Von einem Parlament der Bürger und Barone hatte er nichts zu erhoffen. Er konnte sich an die Gerichte wenden, aber sein Sieg würde Heinrich äußerst erbittern. Besser, er legte Ansprüche, Besitz und Stolz freiwillig ab und suchte sein Leben zu retten. Da er Heinrich kannte, wußte er, daß er nur eine Hoffnung hatte: in ihm die moralischen Befürchtungen, die »Gewissensbisse«, auf denen er immer herumgeritten war, zu erwecken; und so bekannte sich Wolsey unter Tränen und Klagen schuldig.

Es sah aus, als habe er nichts mehr zu fürchten. Heinrich war ihm wieder gnädig. Er sandte ihm durch Sir Heinz Norris einen Ring, bei dessen Anblick sich Wolsey von seinem Maulesel auf die Erde warf und im Schmutz hinkniete. Er wollte die Kopfbedeckung abnehmen, um Gott zu danken. Da das Hutband zu eng gebunden war, riß er es auf und dankte seinem Schöpfer mit entblößtem Haupt, wobei die Tränen ihm übers Gesicht liefen, während der »adlige Norris«, der sich schämte, vor ihm zu stehen, ihm gegenüber in dem Schlamm auf die Knie sank und ihn umarmte. Er gab Norris sein eigenes Amulett, einen Splitter vom wahren Kreuze. Was konnte er seinem Herrn senden? Sein Auge fiel auf seinen Narren. Er befahl seinem Narren, Norris zu begleiten, um dem König Spaß zu machen. Der Narr, der an Wolsey gewöhnt war, heulte, er wolle nicht, und man brauchte sechs großgewachsene Fußsoldaten, um Comus dazu zu bringen, daß er Wolsey verließ und zum König ging.

Die Welt war um ihre Beute betrogen. Als London hörte, daß Wolsey York Place auf immer verließ, schwammen nicht weniger als tausend Boote voll von Männern und Frauen die Themse hinauf und hinunter, um zu sehen, wie er in den Tower gebracht wurde. »Ich darf wohl wagen zu behaupten«, schreibt sein Hausbeamter, »daß die meisten davon niemals von ihm irgendeinen Schaden erfahren hatten.«

Die Nachricht von seiner Entlassung war Musik in Anna Boleyns Ohren. Sie entfaltete die Flügel und schwang sich wie eine junge Braut mit ihrem Geliebten empor, um ihr zukünftiges Heim zu betrachten. Sie untersuchten York Place, als sei es ein neues Spielzeug, und fanden es reicher und aufregender, als sie erwartet hatten. Sammet, Atlas, Damast, Caffa, Taffet, Grosgrain, Sarsenett lag in ganzen Stücken und allen Farben hoch aufgeschichtet auf großen Tischen. Die reichsten Meßgewänder, die man je in

England gesehen hatte und die für das Kardinalskollegium angefertigt waren, wurden mit Gold- und Silberbrokat gezeigt, während auf Borden »eine fast unglaubliche Anzahl silberner Tischgeräte« aufgestellt waren.

Im Vergleich dazu war das leere Haus, in das Wolsey sich zurückzog, ein Gefängnis. Ein dickköpfiger Bürger empfand diesen weltlichen Abstieg sehr schmerzlich, und die »Tränen ergossen« sich aus den Augen Thomas Cromwells, als er mit dem Gebetbuch in der Hand an einem kalten Oktobermorgen dastand und aus dem großen Fenster die traurige Winterlandschaft betrachtete. »Es sieht aus, als müßte ich alles verlieren, wofür ich all die Tage meines Lebens gearbeitet habe«, sagte er kummervoll, »weil ich meinem Herrn treu und eifrig gedient habe.« Mußte das sein? Das entschlossene Kinn sagte: Nein, nein. »Soviel nur: heute nachmittag will ich an den Hof reiten, wo ich der Sache meines Herrn nützen oder schaden will; oder ich kehre wieder.«

XXVII

Von allen Männern namens Thomas — More, Wolsey, Cranmer, Wyatt, Boleyn, Howard — war dieser Thomas, Cromwell, durch Veranlagung und Umstände am meisten dazu geschaffen, die kalte Wirklichkeit der Macht zu begreifen. Er hatte ein offenes Auge und ein undurchdringliches Gesicht. Ihm bedeutete das Leben kein philosophisches Zwischenspiel, keine theologische Haltestelle, keine kahle Umsteigestation zwischen dem Nirgend- und dem Irgendwo: es war ein Kampf mit der Armut, ein Kampf mit der Notwendigkeit; es war ein Gemisch von Hölle und Kriegspiel. Sein Vater war wie der Wolseys ein Bürgerlicher gewesen, aber er stand weit näher an dem bröckelnden Rand der Ungesetzlichkeit, war ein Raufbold, ein Taugenichts, immer mit Nachbarn und Vogt verfeindet, der zu viel trank, gewalttätig wurde, wenn er getrunken hatte, und wenig Manieren besaß. Man hatte dem Knaben eine rücksichtslose Eigenliebe nicht vornehm anerzogen, sondern eingebläut. Er war nicht geschickt genug zu verhüllen oder abzuschwächen, daß er sich schließlich mit dem Gesetz von Gewalt und Betrug abgefunden hatte. Hurtig und kräftig, untersetzt und unermüdlich, schnell im Sprechen, obwohl er kaum die Lippen bewegte, mit einer Haut, die nicht nur für Beleidigungen nicht durchlässig, sondern richtig elastisch war, einem Fell aus Horn und Gummi, sogar witzig in seinem derben Realismus — ein erbarmungsloser Sohn der Mutter Erde mit seinem Kanonenschädel, seinem kalten Auge, seinen plebejischen Händen, seiner funkelnden Freude am Unvermeidlichen — war dieser rücksichtslose Karrieremacher dennoch als Einziger menschlich genug, seine nutzlosen Tränen mit dem Handrücken abzuwischen und zu seinem Herrn zu sprechen: »Eure armen Diener haben sich in einem Tage für Euch mehr Mühe gegeben, als all Eure müßigen Kaplane in einem ganzen Jahr. Was mich betrifft, so will ich dies beisteuern, Eure Diener zu entlohnen.« Freiwillig leistete er einen großen Beitrag zur Sammlung für die Diener, die auf die Straße geworfen waren. »Und nun wollen wir sehen, was Eure Kaplane leisten.« Während Wolsey jammerte, machte Cromwell Pläne. Er hielt es niemals für möglich, daß sein Herr den menschlichen Wölfen entrinnen könne, indem er arglos das weiße Tuch schwenkte.

Cromwell kannte die privilegierte Klasse genau, aber nur von unten. Er hatte seine Erziehung in den Hinterstuben der Geldverleiher und Wucherer, in den stinkenden und kriecherischen Geschäftsräumen der Untergebenen, den lichtlosen Winkelgäßchen, den dunklen Korridoren und muffigen Gängen empfangen. Bei jedem Dualismus ist schmutzige Arbeit zu tun, und jede zähe aristokratische alte Witwe, die sich Thomas Cromwell gut ansah, konnte ausrufen: »das ist der Mann, den ich brauche«. Er spielte den Zwischenträger, er fand das Mädchen ab, das Unglück gehabt hatte, er drückte die Zwangsversteigerung durch, er schüchterte die Ängstlichen ein, zermürbte die Ausweichenden, räumte beiseite, was Orgien, böser Wille und Verschwendung zerstört hatten, trieb die Hilflosen in die Enge. Aber an dieser ungewöhnlich wertvollen Gemeinheit saß eine diamantne Schneide. Obgleich ein Laie, hatte er eine zynische Kenntnis der Klerisei, in der ihn keiner übertraf. Er war von Wolsey benutzt worden, um Mönchsklöster zu unterdrücken. Er verstand sich auf die Einrichtung der Kirche in ihrem ganzen plumpen und schutzlosen Organismus, und er wußte, daß sie ebenso reich war an Mitteln wie arm am Geiste. Während es Cranmer bestimmt war, von der Wissenschaft aus sich der Kirche zu nähern, war es Cromwell bestimmt, sich ihr von der Seite des Besitzes aus zu nähern. Alles, was Heinrich zu tun blieb, war nur noch Mut genug aufzubringen, um Schraube und Mutter in diese bewunderungswürdige Schere einzusetzen.

Männer wie Thomas Cromwell schwimmen den Rinnstein hinauf zur Macht. Schon der Umstand, daß sie die schmutzige Arbeit verrichten, läßt die Nerven, die sie schonen, vor ihnen zurückschaudern, und sie müssen sich gefallen lassen, daß man sie beschimpft. Obwohl es Cromwell bestimmt war, Wolseys Stelle einzunehmen und Heinrichs unmittelbarer Absicht weit besser zu dienen, fiel er Heinrich von Anfang an auf die Nerven, und ebenso dem Rat. Sie hatten das Bedürfnis, sich selbst für ehrenwert zu halten, und Cromwell triefte von dem Unaussprechlichen. Solange er der Mann war, den man brauchte, durfte man auf seine Kosten nur verächtliche Blicke wechseln, aber er lebte unter den Ratgebern, die von guter Herkunft waren, geduldet und auf Widerruf. Cromwell war ein Mauerbrecher. Er hatte den Bruttowert eines Hausabreißers. Er konnte mit einer imperialistischen Axt in der Hand die grobe Arbeit tun, wo es galt, etwas zu zerstören. Aber dieser Abkömmling des besiegten Sachsen, der für seine normannischen Herren die Arbeit tat, erschien ihnen wie ein Troll mit einem bösen Augenfunkeln, wie ein verkümmerter Riese. Er lebte mit den Gesetzen der Natur in offener Sünde. Heinrich, der die Musik liebte, hatte in Wolsey musiaklische Töne vernommen, aber wenn er sich an Cromwell wandte, fand er einen klanglosen Diener. Für Cromwell gab es kein *magnum mysterium* des Lebens, keine Zartheit in der Bildung von Atomen durch lange Zeiträume, während welcher an Bergen die Anmut und in Violinen der Ton reift und noch die Worte, die Menschen sprechen, geformt werden und in liebenswürdiger Harmonie erklingen. Cromwell war ein Parvenu. Er verstand es nicht, mitten durch die Verderbnis zu spazieren wie Wolsey, eine wohlriechende Apfelsine in den juwelengeschmückten Händen. Sein war die Schuld, die, als er erst einmal die Klöster entblößt und die Höflinge bekleidet hatte, noch abgründiger erschien als die Wolseys und niemals verziehen wurde.

Wie sehr Cromwell ein Parvenu war, wurde jedoch erst offenbar, als er den höchsten Gipfel erklommen hatte. Damals war er von denkbarster Höflichkeit. Er veranlaßte Wolsey, an mehrere von Anna Boleyns notleidenden Höflingen Jahresrenten zu zahlen. Er gab Norfolk einen Wink und erhielt einen Sitz im Parlament. Er bemühte sich so sehr um Heinrichs Gunst, daß er innerhalb eines Jahres sein Sekretär war; und während dieser ganzen Zeit tat er sein möglichstes, den Abstieg seines früheren Herrn zu erleichtern.

XXVIII

Die Feinde des Kardinals besaßen in der neuen Regierung die Übermacht; Norfolk und Suffolk standen an der Spitze des Rats. Sir Thomas More hatte sich endlich über die Worte, die er seinem alter ego in der »Utopia« in den Mund gelegt hatte, »daß die Philosophie unter Königen keinen Platz findet«, hinweggesetzt und war herabgestiegen, um im kommenden Stück seine Rolle zu spielen. »Wenn man auch böse Meinungen und schlimme Überzeugungen nicht gänzlich aus ihrem Herzen reißen kann, wenn man nicht, wie man möchte, Laster heilen kann, die Gewohnheit und Gebrauch verhärtet haben; so dürft Ihr dennoch aus diesem Grunde den Staat nicht verlassen — Ihr dürft das Schiff im Sturm nicht preisgeben, weil Ihr die Winde nicht beherrschen und bezähmen könnt.«

Das Parlament wurde von More mit einer Rede gegen Wolsey eröffnet, und gleich darauf eine parlamentarische Anklageschrift eingebracht. In dieser Schrift fanden die unterdrückten Empfindungen eines Jahrzehnts Erleichterung; sie entsprang den mittelalterlichen Herzen der Erniedrigten und Beleidigten. Während seiner stolzen Laufbahn war Wolsey mit dem Stolz und der Selbstachtung anderer erstaunlich rücksichtslos umgesprungen. In der Eile vorwärtszukommen, hatte er weder Zeit noch Geld gespart, er hatte alles überritten, hatte Rat und Kirchenversammlung, Mönche und Parlament geschunden. Es gab für das gemeine Volk keine Möglichkeit, ihn zu bestrafen, aber er sollte jetzt für seinen Mißbrauch der menschlichen Duldung mit einem Ausbruch bezahlen, der in solcher Gehässigkeit nur aus verletztem Stolz entspringt. Während der Zeit, da er in Heinrichs Gunst stand, hatten diese Gefühle gelauert; nun sprangen sie in wilder Befreitheit empor. Die parlamentarische Anklageschrift gegen Wolsey ist ein Geheul des grimmigen Zorns; die menschliche Erniedrigung sucht darin ihren Urheber in Stücke zu reißen.

Sie begann mit einem Protest gegen des Kardinals »hochmütiges, stolzes und unersättliches Gemüt«. Sie erhob voll Wut die Anklage, daß er den König mit der Syphilis angesteckt habe: »Da dieser Lord Kardinal wußte, daß er die scheußliche und ansteckende Franzosenkrankheit besaß, die an verschiedenen Stellen seines Körpers ausgebrochen war, kam er dennoch täglich zu Eurer Majestät, raunte Euch ins Ohr und ließ seinen gefährlichen und ansteckenden Atem auf Euch strömen, zur höchsten Gefahr Eurer Majestät, wenn Gott in seiner unendlichen Güte nicht besser Sorge für Euch getragen hätte. Und als er davon geheilt war, redete er Eurer Majestät ein, seine Krankheit sei nur ein Kopfgeschwür und nichts anderes.« Er habe frecherweise gesagt und geschrieben, »der König und ich«. Er habe den Rat eingeschüchtert, »so daß er keinen anhören wollte außer ein oder zwei großen Persönlichkeiten, sondern alle Worte für sich in Anspruch nahm und viel Zeit mit Reden verschwendete«. Er habe Sir Johann Stanley gezwungen, »die Tochter eines gewissen Lark zu heiraten, die der Kardinal ausgehalten und mit ihr zwei Kinder gehabt habe. Worauf besagter Sir Johann Stanley sich dieses so zu Herzen nahm, daß er Mönch in Westminster wurde und dort starb«.

Diese Anklageschrift war in ihrer Fülle von Einzelheiten nicht Heinrichs Prozeß gegen Wolsey. Es waren die Ergüsse derer, die fühlten, daß er den König monopolisiert hatte. Es war nicht eine Ansicht, sondern ein Gewühl von Ansichten: Thomas More klagte gegen die Schändung der zugunsten der beiden Schulen unterdrückten Klöster, Norfolk und Suffolk wüteten gegen seine verdammte Überheblichkeit, Katharinas Freunde verurteilten sein Benehmen als päpstlicher Legat und das Gefolge schlug Lärm wegen seiner Habgier, seines lockeren Lebenswandels, seines hochfahrenden Benehmens, seiner Bestechlichkeit. Kein Schriftstück hätte den Haß gegen einen Emporkömmling und Usurpator besser zusammenfassen können. Fünfzig Jahre früher wären diese Männer mit Messer und Schwert in Wolseys Schlafzimmer eingedrungen und hätten ihn bei Nacht erschlagen. Nun versuchten sie durch einen Gerichtsprozeß seinen Ruf zu vernichten und dem König zu schmeicheln. Die erste Unterschrift unter dem gehässigen und erbitterten Dokument war die des Kanzlers Thomas More.

Konnten Thomas More und die leidenschaftlichen Männer, die Lord Darcys Anklage entgegennahmen, sich auch nur einen Augenblick einbilden, daß sie Heinrich willkommen sein würde? Als praktischer Mensch konnte Heinrich sich eine genau umrissene Klage auf geheimen Hochverrat gefallen lassen, wie sie Dudley und Empson, Pole oder Buckingham ums

Leben brachte. Als irrationaler Mensch konnte er durch eine übersinnliche Anklage erregt werden, die sein Gewissen befriedigte, wenn sie gleichzeitig ihren Zweck erfüllte. Solch eine Anklage aber, die Feuer atmete, veraltetes Unrecht aufrührte, die öffentliche Politik diskutierte, königliche Beweggründe zum Gegenstand einer Debatte machte, konnte nur dem utopistischen Wunsch entspringen, das öffentliche Verhalten zur privaten und christlichen Moral in ein Verhältnis zu setzen. Instinktiv ärgerte sich Heinrich über dieses Vorgehen, das im besten Fall zu Revolution, im schlechtesten zur Inquisition führen mußte. Er war ein Manipulator und kein Zelot. Er war Mann der Öffentlichkeit, kein Galiläer. Er sah die ganze Zwischenfrage scheel an. Mit seiner Einwilligung erschien Cromwell sofort im Unterhaus und schob die Anklage in den Schatten, wo sie im eisigen Luftzug der königlichen Mißbilligung bald welkte und vergessen wurde.

York Place jedoch war eine greifbare Erinnerung für Anna Boleyn, daß Wolsey nicht mehr da war. Obwohl es dem Bistum von York gehörte, nahm Heinrich es in Besitz, da die Richter Wolseys bedeutungsvollem Wink, »ihm nicht mehr in den Kopf zu setzen, als das Gesetz mit gutem Gewissen ertragen mag«, nicht zu folgen wagten. Für Katharina war in diesem Palast keine Zimmerflucht vorgesehen, und Heinrich, der heiter und aufgeräumt war, bestellt ein Bankett für Anna, wo er ihr vor den Herzoginnen von Norfolk und Suffolk den Vorrang einräumte. In einem Kreise, wo der Vorrang so viel bedeutet wie eine Notierung auf der Börse, hätte dies genügt, um Haß zu säen, aber Heinrichs großzügige Freigebigkeit war entfesselt. Er war den Kardinal los. Er umarmte Anna vor seinen Gästen.

XXIX

Zu Beginn des Jahres 1530 war Karls Krönung in Sicht; Heinrich und Anna beschlossen, selbst gegen Katharina auf des Kaisers Gunst zu bieten. Da der Herzog von Norfolk erklärte, er verstünde nicht genug Französisch, um diesen Auftrag auszuführen, war der einzige Diplomat, der außer ihm in Betracht kam, Annas Vater. Thomas Boleyn war eben zum Grafen von Wiltshire und Ormond gemacht worden und mußte – mit oder ohne Französisch – den Auftrag übernehmen. Während er sich nach Bologna aufmachte, wo er Karls harten Schädel anbohren sollte, sandte Norfolk Wolsey Bescheid, daß er ihn, wenn er Heinrichs Nähe nicht sofort verließe und nordwärts nach York reiste, »mit seinen Zähnen zerreißen« würde.

»Bei meiner Seele, Thomas«, bemerkte Wolsey zu Cromwell, der ihm diese Botschaft brachte, »dann ist es Zeit, sich auf den Weg zu machen, wenn Mylord Norfolk es so auffaßt.«

Daß aber Heinrich »Gewissensbisse« hatte, war klar. Er empfand tatsächlich etwas für Wolsey. Da er zu Weihnachten hörte, daß er krank sei, schickte er ihm Beweise seiner Gunst und bat sogar seine Liebste, dem Kardinal mit ihm zusammen ein Freundschaftszeichen zu senden. Anna nahm sich in plötzlichem Impuls die goldenen Spangen vom Handgelenk und sandte sie ihm. Der König ging noch weiter: im Februar kam eine Begnadigung, wodurch ein gewisser Teil seines Eigentums ihm auf gesetzlichem Wege zurückgegeben wurde. Endlich zog sich Wolsey, eine geläuterte Seele, nach Norden in die vornehme Diözese zurück, die nach der Vernachlässigung eines Jahrzehnts nur noch ein Feld voller Dornen und Unkraut war. Der neue Rat hatte ganz offen die Obermacht; im Hintergrund stand Cromwell.

Heinrich war beständig, Anna leidenschaftlich mit der Scheidung beschäftigt. Da sie in einem Zustand der geistigen und sexuellen Anspannung lebten, fing der Wunsch nach irgendeinem Ergebnis bereits an, der Sehnsucht nach einem großen »Vorstoß« im Schützengrabenkrieg zu gleichen. Annas Vater wurde von Heinrich roh beschimpft, weil es ihm nicht gelungen war, in Bologna auf Karl Eindruck zu machen, und der junge Franz Bryan am Vatikan fürchtete sich tatsächlich vor Annas Zorn. Der einzige Fortschritt war Cranmers Erfolg mit der theologischen Propaganda. Sie sollte nicht weniger kosten als eine Million Dollar, aber der zähe Fluß der scholastischen Meinungsäußerung bewegte sich würdevoll und in düsterer Haltung gegen den Vatikan. Es ging sehr langsam, und Anna, die Heinrichs nicht zu sicher war und des größten Teils des Rates ausgesprochen unsicher, konnte sich von Zornausbrüchen nicht zurückhalten. Einer der Leidtragenden war der cholerische Suffolk. Die Kaiserlichen waren der Ansicht, Suffolk habe Heinrich in der Wut gesagt, daß Anna Thomas Wyatts Geliebte gewesen sei. Gewöhnlich stachen die spanischen Gerüchte bis aufs Blut, aber wenn Suffolk es wirklich gesagt hatte, so zeigte Heinrich erstaunlich wenig Eifersucht.

XXX

Wolsey war in York. Er hatte an die Scheidung vergessen, aber an seine eigene Entlassung und seine farblose Verbannung konnte er nicht vergessen. Die Macht der Gewohnheit lag ihm im Blute. Während er örtliche Streitigkeiten mit komplizierter Kunst schlichtete, konnte er sich nicht enthalten, an die Bühne zu denken, die er verlassen hatte, und sein Stolz, befleckt durch die im panischen Schrecken gemachten Zugeständnisse, ließ nicht ab, ihn zu der ruhmvollen Rückkehr, dem abendrotgleichen Auftreten zu reizen, das den bezwingendsten Traum der Abgesetzten darstellt. Alles, was pompös, grandios, prätenziös war, schien ihm bei seinen Gedanken an Europa aufzusteigen, und der ewig optimistische Erbauer von Luftschlössern verlor seine gewohnte Urteilskraft. Er bemühte sich um die Franzosen, die bereits Jean du Bellay zurückberufen hatten und, wie es selbstverständlich war, nach dem Prinzip *cherchez la femme* der Boleyn-Partei den Hof machten. Er bemühte sich um die Kaiserlichen, die ihn haßten und Norfolk und Suffolk den Hof machten. Vom kaiserlichen Gesandten zu Katharina, von ihr zur Herzogin von Norfolk, dann zum Herzog und zum König bestand einer der geheimen Wege, auf denen Feinde die Informationen austauschen, die ihnen beiden zum Vorteil dienen. Und als Wolseys italienischer Arzt ihn verriet, war der Beweis seines Hochverrats, der Heinrich immer an seiner empfindlichsten Stelle traf, in Norfolks erwartungsvollen Händen. Es war nur im äußerlichsten Sinne ein Hochverrat, aber der alternde Kardinal hatte sich endlich übernommen.

Eines Nachmittags spät im Herbst traf der junge Northumberland, der als Percy vor sieben Jahren Anna Boleyn geliebt hatte und doch zerbrochen worden war, unvorhergesehen mit Bewaffneten an der Tür von Wolseys Wohnung in Cawood, einem Vorort von York, ein und versperrte die Treppe. Wolsey hörte den Lärm und fragte, wer gekommen sei; als er hörte, es sei Northumberland, ließ er seinen Nachtisch stehen, um seinen Gast mit offenen Armen zu empfangen. Mit einem Redefluß von höflichen, entschuldigenden und gastlichen Worten führte er ihn die Treppe hinauf. Als der Willkommen und die Einladung zum Essen erschöpft waren, legte der bleiche Northumberland dem Kardinal die Hand auf den Arm und sagte »mit sehr leiser und sanfter Stimme«: »Mylord, ich verhafte Euch wegen Hochverrats.«

Der Kardinal war auf einen Augenblick still; dann richtete er sich auf, um seinen hochfahrendsten Ton anzuschlagen; aber in diesem Augenblick betrat einer von Heinrichs intimsten Günstlingen das Zimmer. Er begriff sein Schicksal und unterwarf sich. Er verabschiedete sich von seinem unglücklichen Haushalt, segnete die Menge, die sich ansammelte, und begann seine letzte Pilgerfahrt – sehr verschieden von dem hurtigen Kurier, der für Heinrich VII. gereist war.

Sein Ende war kein blutiges. In dem so einförmigen und verwesenden englischen November, da selbst das Tageslicht entmutigt ist und die Bäume so große Tränen vergießen, ritt der Alternde, dessen Leib zerrissen war wie ein Schlachtfeld, langsam mit seiner Bewachung gegen London. An einem Halteplatz übernahm ein neuer Beamter die Aufgabe. Das war ein großgewachsener, ernster Mann namens Kingston, der Konstabler des Tower, und mit ihm waren zwanzig Mann von der Wache. Wolsey schrie auf: was das bedeutete, konnte ihm nicht verborgen sein. Sein Wirt jedoch, ein Mann, der Heinrich nahestand, sagte, der König sei freundlich gesinnt, der König habe den besten Willen, der König wolle nichts Böses. Einige der Soldaten, die früher seine eigenen gewesen waren, sprach er mit Namen an und fragte sie väterlich aus. Sie wunderten sich, ihren früheren Herrn so schwach und mager zu sehen. Entblößt von Barmherzigkeit und schwer von Wolken brach eine Winternacht an, als er die Stadt Leicester erreichte. Diener mit vielen Fackeln kamen aus der Abtei. Als er vom Maultier sank, sagte er mit seiner tiefen, melancholischen Stimme: »Pater Abt, ich bin hierhergekommen, um meine Knochen bei Euch zu lassen.«

Sterbenskrank lag er in seinem verdunkelten Zimmer. »Wer ist dort?« — »Herr, ich bin es«, antwortete sein Kammerdiener. — »Wie geht es Euch?« — »Gut, Euer Gnaden, wenn ich Euch nur wohl sehn könnte.« — »Was zeigt die Uhr?« — »Meiner Treu, Herr, es ist nach acht Uhr morgens.« — »Nach acht Uhr? Das kann nicht sein. Acht Uhr, acht Uhr; acht Uhr kann es nicht sein; denn um acht Uhr sollt Ihr Euren Herrn verlieren: meine Stunde naht, und ich muß diese Welt verlassen.«

Es war aber eine Botschaft von Heinrich an Wolsey gekommen. Kingston trat damit ein; seine Stirne war gerunzelt. Der König verlangte zu wissen, was aus dem Bargeld geworden sei, den fünfzehnhundert Pfund.

Wolsey schwieg eine Weile. »Ach, mein guter Herr«, sagte er voll Bitterkeit, »wie sehr schmerzt es mich, daß der König mich für so arglistig hält.« So groß war der Abstand von den Aufzügen ihrer Jugend, dem Goldbrokatfeld geworden. »Es ist nicht mein Geld«, ächzte Wolsey, »ich hab's von verschiedenen meiner Freunde geliehen, um mein Begräbnis zu bezahlen und es unter meine Diener zu verteilen. Doch wenn es ihm gefällt, mir dies Geld zu nehmen!«

Ein Tag und eine Nacht vergingen. Morgens bat er um Brühe. Nach einem Löffel voll wandte er sein bleiches Gesicht dem Diener zu. »Woraus ist diese Suppe bereitet?« — »Herr, aus einem Huhn.« — »Dies ist ein Fasttag! Ich will nichts mehr davon essen.«

Er beichtete. Der lange, ernste Kingston trat in sein Zimmer. »Mit der Gnade Gottes«, widersprach der Konstabler, »werdet Ihr leben und wohl sein, wenn Ihr guter Laune seid.« — »Meister Kingston«, erwiderte er nachgiebig, »meine Krankheit ist derart, daß ich nicht leben werde. Ich habe einige Erfahrung in meiner Krankheit. Es entsteht entweder eine Entzündung der Eingeweide, oder Wahnsinn, oder Tod auf der Stelle; und davon ist der Tod das Beste.«

»Nein, Herr, in gutem Glauben: Ihr seid in solcher Betrübnis und Nachdenklichkeit, daß Ihr Euch schlechter befindet, als sein müßte.«

Der Sterbende dachte über diesen kalten Trost nach. Für ihn hieß es: der Tod oder der Tower. Und mit einer Stimme, die hohl war vor seelischen Schmerzen, sprach er mit klagenden Worten seine eigene Grabschrift:

»Nun, nun, Meister Kingston«, sagte er, »ich sehe die Sache, die gegen mich angezettelt ist; doch wenn ich Gott so eifrig gedient hätte wie meinem Herrn, dann hätte er meine grauen Haare nicht preisgegeben. Dennoch ist dies der gerechte Lohn, den ich für meine weltliche Mühe und den Fleiß empfange, mit denen ich ihm gedient habe; nur um sein eitel Gelüsten zu befriedigen, ohne auf meine Pflicht gegen Gott achtzuhaben. Darum bitte ich Euch von Herzen, mich Seiner Majestät aufs demütigste zu empfehlen; ihn um meinetwillen zu beschwören, daß er sich alle Dinge ins gnädige Gedächtnis zurückrufe, die seit Anfang der Welt zwischen ihm und mir vorgefallen sind, und welchen Verlauf sie genommen; und ganz besonders in der gewichtigen Sache, die noch schwebt (der Scheidung); dann wird sein Gewissen sich äußern, ob ich ihn beleidigt oder nicht. Er ist gewißlich ein Fürst von königlichem Sinn und hat ein königliches Herz; und eher als daß er irgendein Teil seines Willens oder Gelüstens entbehren oder vermissen sollte, wird er lieber sein halbes Reich in Gefahr bringen. Denn ich versichere Euch, daß ich oft in seinem Privatgemach eine Stunde oder mehr auf den Knien vor ihm gelegen, ihn von seinem Willen und Gelüsten abzubringen; aber nie konnte ich erlangen, daß er davon abgelassen hätte. Darum, Meister Kingston, wenn Ihr vielleicht später einer vom Geheimen Rate werden solltet, wie es sich für Eure Weisheit und andre Tugenden geziemen würde, warne ich Euch, wohl zu überlegen und Euch zu beraten, was Ihr ihm in den Kopf setzt; denn Ihr werdet es niemals wieder herausbringen.

Und ferner saget noch, daß ich Seine Majestät in Gottes Namen bitte, ein wachsam Auge drauf zu haben, daß er diese neue schädliche Sippe der Lutheraner niederhalte, damit sie nicht in seinem Reiche durch seine Nachlässigkeit dermaßen zunehmen, daß er schließlich noch Harnisch anlegen muß, sie zu unterdrücken ...«

Wolseys Erregung hatte ihn so aufgebracht, daß er seine innersten Gedanken ausschüttete, bis endlich mit dem Versagen seiner Kraft seine Stimme plötzlich schwach und unendlich müde wurde.

»Meister Kingston, lebt wohl. Ich kann nicht weiter, doch wünsche ich allem ein gutes Gelingen. Meine Stunde kommt rasch näher. Lang darf ich nicht mehr bei Euch weilen. Und vergeßt nicht, ich bitte Euch, was ich gesagt und Euch aufgetragen habe; denn bin ich erst tot, werdet Ihr Euch vielleicht meiner Worte besser erinnern.«

»Und mit diesen Worten«, sagt sein Diener Cavendish, »fing er an, seine Rede in die Länge zu ziehen, und die Sprache versagte ihm; seine Augen wurden starr im Kopfe und sahen nichts mehr.«

Er starb um acht Uhr.

Um vier Uhr früh am andern Morgen begruben ihn die Mönche in der Abtei von Leicester. Sein treuer Sekretär saß darauf zu Pferde und ritt geradenwegs nach Hampton Court, wo der König sich aufhielt. »Und als ich sah, daß er mit Schießen beschäftigt war, hielt ich es für meine Pflicht, ihn nicht zu stören, sondern lehnte an einem Baum, in der Absicht dort stehenzubleiben und seinen gnädigen Willen abzuwarten. Da ich mich in Nachdenken verloren hatte, trat der König plötzlich hinter mich und schlug mich auf die Schulter; und als ich ihn erblickte, fiel ich auf die Knie. Da sagte er zu mir und nannte mich beim Namen: ‚Ich werde', sagte er, ‚mein Spiel beenden und dann zu Euch sprechen'; und damit ging er zur Zielscheibe zurück.«

Der Sekretär sah ihn nach dem Spiel; Heinrich war nun in rostroten, mit Zobel verbrämten Sammet gekleidet. Noch immer war die Rede nicht von dem verstorbenen Kardinal, sondern von den lebenden fünfzehnhundert Pfund. Der Sekretär entdeckte Heinrich, wer sie in Verwahrung hatte. Heinrich beendete die Unterredung. »Lasset keinen davon erfahren«, sagte er; »höre ich weiteres darüber, so werde ich wissen, wer es kundgetan hat. Drei können ein Geheimnis bewahren, wenn zwei davon fort sind; und wüßte ich, daß meine Mütze mein Geheimnis kennte, würde ich sie ins Feuer werfen und verbrennen. Euer Jahresgehalt beträgt zehn Pfund, ist dem nicht so?«

»Jawohl, Sire, und man schuldet mir dreiviertel Jahr.«

»Das ist richtig; Wir sind darüber unterrichtet. Ihr sollt Euren ganzen Jahreslohn erhalten und eine Belohnung von zwanzig Pfund.«

Damit fiel der Vorhang über Kardinal Wolsey.

XXXI

Noch in der Verbannung hatte Wolsey die Gedanken der Männer beschäftigt, und in dem Maße, als seine Macht abnahm, wurde der Schatten, den er über England warf, immer länger. Niemand, tadelte Heinrich seinen Rat, war imstande, Wolseys Platz auszufüllen. Das neue Unterhaus parierte ordentlich; Bürger und Herren fanden nichts dabei, beim Oberhaus einen gesalzenen Antrag gegen die Habgier der Geistlichkeit im gleichen Augenblick einzubringen, da sie hundertfünfzigtausend Pfund von den Schulden des Königs strichen. All dies aber bedeutete nichts als ein Abwarten; die nationale Politik konnte, solange der Kardinal am Leben war, nur hinken.

Nach der einsamen Pilgerfahrt jedoch, die in der Abtei von Leicester ihr Ende fand, schien es, als beginne die ganze Welt zum Doppelschlag einer munteren Melodie zu marschieren. Er war tot. Er war begraben. Es war ein Ende. Es war ein Anfang.

Die Boleyns kannten kein Schamgefühl. Sie waren so vortrefflicher Laune und ihre Aussichten standen so günstig, daß sie ein Bankett gaben, dessen Krönung ein Schwank war: »Kardinal Wolseys Höllenfahrt.« Es war nicht gerade ein ritterlicher Schwank, daß man den Feind mit Salz und Pfeffer beschoß, da er tot war und sich nicht wehren konnte; aber man erleichterte sich dadurch gewisser Antipathien und kitzelte Norfolks Lachlust so, daß er ihn drucken ließ. Die französischen Gesandten waren entsetzt über die Rachgier, die sich darin aussprach, aber die französischen Gesandten waren auch durch diesen überwältigenden Menschen nie gehemmt oder erschreckt worden.

Anna besonders verbarg ihren Jubel nicht. In den Augen von Katharinas Parteigängern, die fest entschlossen waren, Anna für böse zu halten, ihre Launen zu übertreiben und sie zu schmähen, lag etwas Abstoßendes in dem Triumph, den sie über Wolseys Untergang frohlockend zur Schau trug. Anna aber war jung. Sie wollte weder sanftmütig noch still duldend erscheinen. Ihre Ideale waren nicht verborgen, und war ihre Liebesgeschichte nicht ganz korrekt, so doch ihrer Ansicht nach nicht so inkorrekt wie die »Heirat«, die Heinrich fesselte. Wer glaubte Katharinas Erzählung, daß sie nicht mit Arthur vermählt gewesen war? In den Augen des witzigen, boshaften Kreises, dessen Mittelpunkt Anna war, konnte Katharinas Sache sich kaum mehr in einige Lumpen von Würde oder auch nur Anstand kleiden.

Heinrich warf die Lippen auf und zog die Augenbrauen hoch, wenn man zuviel gegen Katharina sagte. Sie war seine Gattin gewesen und also in gewissem Sinn geheiligt. Anna aber war unerbittlich; teils weil sie die frische Laune und die Zähigkeit der Jugend besaß, die ihre Probezeit durchmacht, teils aber auch, weil ihre Urteile höchst persönlich ausfielen und sie in ihrem Ehrgeiz unaufhörlich gehemmt wurde. Sie wich niemals vor dem Hohnlächeln der älteren Höflinge oder dem Zorn der Menge zurück. Statt dessen suchte sie nach Verbündeten und nach Mitteln zu einem Gegenangriff. Weit davon entfernt, Heinrich zu verwöhnen, trieb sie ihn auf der Bahn weiter, die ihr kühner Geist für richtig befunden hatte — gegen den Vatikan zu kämpfen, Katharina vom Hofe zu verbannen, sich auf einem Thron festzusetzen, der nicht weniger stolz war als der der Königin, deren Platz sie einnehmen wollte. Heinrich blickte nach zwei Seiten; Anna nur nach einer. Und sie war es, durch deren Hilfe Cromwell mit der Mütze in der Hand auf Zehenspitzen in die leere Stelle aufrückte, die Wolsey in Heinrichs Willen zurückgelassen hatte.

Heinrich hatte nicht die Absicht, sich aufs neue hofmeistern zu lassen, und jedenfalls nicht von Cromwell. Wenn er beim Kartenspiel den Buben im Blatt hatte, sagte er scherzend, er hätte einen Cromwell. Er gab seinem neuen Sekretär mit dem runden Schädel, der wie ein Zuhälter aussah, sogar Rippenstöße und beschimpfte ihn. Aber für Cromwell bedeutete es keine Qual, diese Demütigungen zu ertragen. Er glaubte Heinrich zu kennen. Er schenkte ihm eine Politik. Der König konnte ihn mit Flüchen überschütten, aber Cromwell stand ihm doch zur Seite und wies ihm die Gebiete, die zu erobern waren, erklärte ihm, wie er die Truppen verteilen, die Reserven und die Feldarmee aufstellen und das Gefecht vorbereiten müsse. Solange er Heinrichs Ohr hatte, kümmerte sich Cromwell nicht um Heinrichs Manieren. Er lehrte den König eine Politik, die gleichzeitig einleuchtend und gefällig war, durch die man Zeit gewann und die doch von Zielbewußtsein starrte, ein elastisches, aber stets vorsichtiges und anmaßendes Programm, das sich nach allen Richtungen ausbreitete und zum Kern die Befriedigung von Heinrichs Egoismus hatte.

Die beiden, die Heinrich am besten kannten, hatten die Gefahren eines derartigen Ratgebers stets vorausgesehen. Der eine war Wolsey; er hatte mehrere Männer der Öffentlichkeit davor gewarnt. Der andre war Thomas More, der seine offenen Augen auf Cromwell richtete und auf seine trockene Art sagte: »Meister Cromwell, Ihr steht jetzt im Dienst eines höchst edlen, weisen und freigebigen Fürsten; wenn Ihr meinem schwachen Rate folgen wollt, so werdet Ihr beim Beraten Seiner Majestät ihm immer sagen, was er tun sollte, aber nicht, was er zu tun imstande sei; so nur werdet Ihr Euch als wahrhaft treuer Diener und als wirklich würdiger Ratgeber erzeigen. Denn wenn der Löwe seine eigene Stärke kennt, wäre es für keinen Menschen leicht, ihn zu beherrschen.«

Dies Cromwell sagen, hieß einer Elster sagen, daß sie ihr Nest nicht in einer Esse bauen sollte. Gerade Heinrichs Eigenwilligkeit war der Stoff, in dem Cromwell zu arbeiten vorhatte. So maßlos gefährlich er Wolsey und More erscheinen mochte, so war er viel zu verlockend, um nicht aufs großartigste ausgebeutet werden. Cromwell traf in einem Augenblick darauf, der sich geradezu vor ihm verneigte.

XXXII

Obwohl er ein Parteigänger der Boleyns war, betrachtete Cromwell die Scheidung seinem Hauptziel gegenüber als Nebensache. Er hatte einen Plan im Auge: die Enteignung der Römischen Kirche in größtem Maßstab durchzuführen. Niemand war dazu besser geeignet. Er war nicht im geringsten ängstlich. Er war nicht abergläubisch. Und er betrachtete die Männer, die seit langen Jahren sich an den Wiesen der Bischöfe und den Gärten der Äbte in England mästeten, mit Recht als Feiglinge.

Was Cromwells Herz hochschlagen ließ, war die verächtliche Schwäche des Feindes. Wolsey selbst hatte den Anfang damit gemacht. Die Eiche, deren ausgebreitete Äste die Kirche in England beschützt hatten, war langsam zu Boden gesunken, und Cromwell wußte aus Erfahrung, wie ungeborgen die Landschaft dalag, wie preisgegeben der Plan war, den wirkliche Autorität und persönliche Größe behauptet hatten, wie kopflos die Menge, die übrigblieb. Obwohl Wolsey gegen Ende versucht hatte, die Erziehung der Geistlichkeit auszubauen, hatte er mehr als jeder andre die Bischöfe säkularisiert und die Kirche dem Fürsten botmäßig gemacht. Er hatte das Band mit Rom, das kanonische Recht, das Vergnügen, Annaten und Peterspfennige zu bezahlen, das Vergnügen, den Glanz des Hauses Medici zu erhalten, die Freude, sich Erbsporteln und Sterbegebühren zu unterwerfen, aufrechterhalten. Was würde England verlieren, wenn über Nacht das episkopalische Band, das die englische Kirche an den Vatikan fesselte, durchschnitten würde? Was würde Heinrich verlieren? Cromwells Augen funkelten. Heinrich würde dadurch zum reichsten König Europas werden. Der Staat würde unbezwingbar werden. Schottland und Wales und Irland würden sich fügen, wenn Englands Macht sich festigte. Anna Boleyn würde Königin werden.

Ohne die Reformation auf dem Kontinent wäre es selbstredend Cromwell nicht möglich gewesen zu glauben, daß er den Kampf mit der Kirche aufnehmen könne. Aber die Flammen, die Deutschland reinigten, der lebendige Kampf, der in der Schweiz tobte und Zwingli noch im gleichen Jahre das Leben kosten sollte, die Belebung des religiösen Geistes auf der ganzen Welt, die Männern den Mut verlieh, die Autorität herauszufordern, dies alles erzeugte die politische Stimmung, in der man umfassende Veränderungen vornehmen kann. Und es würde nicht einmal nötig sein, das Herz des gemeinen Volkes zu bewegen; man konnte eine Reformation dieser Art auf gesetzliche Weise ohne Blutvergießen von oben her vornehmen, die Leitung der Kirche vom Papste auf Heinrich übertragen und den Aufruhr der Gefühle, die flammende Ketzerei und das Lärmen der ungebildeten Ansichten mit väterlicher, wenn auch nicht päpstlicher Hand unterdrücken. Cromwell kannte sein England. Er verstand die Kirche. Würde er imstande sein, den Fürsten zu überzeugen?

Heinrich befand sich in keiner ruhigen Geistesverfassung. Seine wirklichen Gefühle waren stark beteiligt. Er machte sich keine phantastischen Vorstellungen von den Schwierigkeiten, die vor ihm lagen, denn er war klug und vernünftig, aber ohne daß er selbst es wußte, hatte er das erhöhte Bewußtsein der Schwierigkeiten, das daher rührt, daß man widersprechende Ziele im Auge behält. Er wollte gleichzeitig ein gutes Gewissen mit politischen Vorteilen und romantischer Liebe verbinden. Dies war eine Zusammenstellung von Triebfedern, die weder Anna noch Katharina paßte und peinliche Szenen zur Folge hatte. Am Weihnachtsabend machte die Königin, die sich durch seine offene Verehrung für Anna gedemütigt fühlte, Heinrich Vorwürfe wegen des öffentlichen Ärgernisses, das er errege. Seine Antwort war höchst kennzeichnend: er rühmte sich, in seiner Beziehung zu Anna läge nichts Verbotenes, aber er gehe mit ihr um, weil er ihren Charakter kennenlernen wolle, um sie später zu heiraten. Diese Erklärung gab er ab, ohne sich im geringsten über ihre Absonderlichkeit klar zu sein, und ebensowenig konnte er einsehen, warum Anna es übelnahm, daß er Katharina gestattete, ihn weiterhin als ihren Gatten zu betrachten, sich um sein Wohl zu kümmern, seine Hemden anzufertigen, für seine Wäsche zu sorgen und mit ihm allein zu speisen.

Cromwell dagegen begriff, wie absonderlich Heinrich sich betrug. Er erkannte seine Fähigkeit, jede Fiktion, die ihm schmeichelte, mit Hitze zu verteidigen, und er erkannte, daß man Heinrich auf Grund dieser männlichen Eitelkeit dazu bringen konnte, seinen Willen zu behaupten. Sein ganzes Leben lang hatte der König in dem Ozean der päpstlichen Universalität gelebt. Er war der Ansicht, daß sein Thron sich vom Heiligen Stuhl herschrieb und über den Heiligen Stuhl von Gott. Aber so warm er von Anfang an die Sache der Kirche zur eigenen gemacht hatte, so hatte der

Umstand, daß Clemens es versäumt hatte, ihm auf halbem Wege entgegenzukommen, ihn bis aufs Blut verwundet. Durch Ehrfurcht, durch Gewohnheit, durch angeborenen Konservativismus war er dem Katholizismus verbündet; aber wie konnte das Papsttum sich dem »Verteidiger des Glaubens« widersetzen? Eine Art von ungläubigem Zorn war bei diesem Widerstand gegen seinen Willen, der ihn rasend machte, in Heinrich geplatzt. Wenn das die Art und Weise war, auf die das Papsttum den Verteidiger des Glaubens zu behandeln gedachte, nur weil es sich so traf, daß Katharina des Kaisers Tante war, dann mußte erst einmal festgestellt werden, auf welcher Grundlage seine Autorität sich tatsächlich aufbaute.

XXXIII

Während Heinrich mit seiner moralischen Rechtfertigung und seinem verwundeten Stolze rang, wetzte Cromwell das Messer. In der Kirche waren zwei alternde Männer die Hüter der Tradition. Von diesen beiden war Fisher unwichtig – eine dünne reine Flamme des Idealismus – und Warham ein würdiger, wortkarger Greis, in dem die vorsichtige Untätigkeit sich langsam zu schwerfälliger Erbitterung wandelte. Alle starken Persönlichkeiten, die in den Vordergrund traten – Cranmer, Gardiner, Stokesley, Longland – betrachteten Warham als Last. Die Ergebenheit, auf die er als Bischof von Canterbury rechnen konnte, die Macht, deren Vertreter er zu sein glaubte, selbst wenn Tunstall und Gardiner Prälaten waren, glich den rostigen Kanonen einer veralteten Festung. Der nationale Staat war es, der die Treue dieser neuen Männer gewann; und Cromwell hatte vor, den Staat zu lenken.

Hätte sich das gemeine Volk von England für die eine oder andre Seite erhoben, so hätte Heinrich mit seiner Ungnade Cromwell einschüchtern können. Aber das Volk Englands, das in der Mehrzahl aus Bauern bestand, war noch nicht bewußt in den Religionskampf verwickelt. Sie waren dem Bürgerkrieg noch zu nah, oder zu tief in den Verlauf ihres begrenzten Lebens verwurzelt, um sich aus ihrer dunklen und beschwerten Existenz zu erheben. Für sie waren der Klein- und Großadel, nicht die Geistlichkeit die Brennpunkte; in Bitterkeit verfeindet oder in Freuden abhängig, beim Kaufen oder Verkaufen, beim Schwatzen in der Kneipe oder hinterm Pfluge, beim verbotnen Fußballspiel oder Bogenschießen, beim Tanz oder Kirchgang waren sie von jeder politischen Äußerung abgeschnitten. Sie lebten auf einem festen Klassenniveau, und doch war der Druck, dem sie ausgesetzt waren, weder qualvoll noch unerträglich. Ihre Kirche schrie nach Reform. Die gewöhnlichen Geistlichen waren ungebildet und untergeordnet, die Mönche und Nonnen öfters unzüchtig, ihre Zahl war ebenso angeschwollen wie ihre Macht, und der König ernannte die besten Bischöfe zu Höflingen und Ratgebern, obwohl er von ihnen erwartete, daß sie von den Einkünften der Kirche lebten. Wenn die neuen Männer aufstrebten, so geschah es nicht aus dem Herzen des Volkes heraus; Gardiner und Cranmer und die andern waren erst Kopf und dann Herz, während die Latimer nur die neue Ordnung predigen konnten, wenn ihr Magen stark genug war, um den König zu verdauen. Deshalb lief die Beherrschung der Kirche schließlich auf bloße Staatskunst hinaus. Als Heinrich sich über das kommende Parlament erging, legte Cromwell die Frage in die gutgepolsterten Hände des Königs und machte ihn erpicht darauf, sie anzugreifen. Es war kein Kampf zwischen alter und neuer Lehre, zwischen der neuen Vaterlandsliebe und der alten Vasallentreue. Es war kein Versuch von seiten des Volkes, das moralische Patriarchat loszuwerden. Es war ein Angriff auf die Törichten, die den Papst und die Katholische Kirche miteinander verwechselten und die mutwillig ihrem königlichen Herrn den Gehorsam verweigerten – der Zeitvertreib eines einzigen Tages, bei dem das Wild verwundbar, hilflos, erschreckt, zusammengetrieben und zum Abschießen fertig war.

XXXIV

Kirchenversammlung und Parlament traten beide zu Anfang des Jahres 1531 zusammen. Die Kirchenversammlung, eine Zusammenkunft der Geistlichkeit, hatte jeden Grund, eine Botschaft vom König zu erwarten, und sie sah sich nicht enttäuscht. Die schwere Waffe, die Wolsey zerquetscht hatte, die Waffe des praemunire, wurde drohend gegen die Versammlung erhoben; konnten sie leugnen, daß sie die päpstliche Gerichtsbarkeit in England angewandt hatten? Es war eine Kriegserklärung. Die Geistlichkeit machte sich erbötig, eine Buße von hundertsechzigtausend Kronen zu erlegen. Heinrich weigerte sich, sie anzunehmen und schwor, daß er vierhunderttausend Kronen haben müsse oder sie an Leib und Gut einziehen werde. In ihrem panischen Schrecken sagten sie ja. Aber als sie ihm ihre Unterwerfung unter seine Bedingungen ansagten, weigerte er sich, sie anzunehmen, es sei denn, daß sie ihn als Oberhaupt der Kirche anerkannten.

Durch zwei kühne Schachzüge hatten Heinrich und Cromwell die Kirchenversammlung in die Enge getrieben. Der Nuntius des Papstes erschien, wurde aber ängstlich weggeschickt; »der König habe ihnen nicht gestattet, mit ihm zu sprechen.« Die Versammlung nahm allen Mut zusammen und gab zitternd zu, daß Heinrich das Haupt der Kirche sei, »soweit Christi Gesetz es zuließe«.

Diese Behauptung des Supremats über die Kirche und die stillschweigende Unterwerfung der Geistlichkeit war eine meisterhafte Entgegnung auf die Erklärung des Papstes, daß Heinrich einen Bittgang nach Rom machen müsse. »Man hat nicht die Absicht, die Autorität des Papstes zu beschneiden«, erklärte Heinrich mit beißender Ironie, »vorausgesetzt, daß

Seine Heiligkeit mir die gebührende Achtung erweist; andernfalls werde ich wissen, was ich zu tun habe.«

Der Sieg über die Geistlichkeit, so bedingt er war, bedeutete eine Ermutigung, dem Parlament mit demselben praemunire zu drohen, aber das Unterhaus war zu allem zu haben, nur nicht dazu, sich selbst eine Geldstrafe aufzuerlegen, und da Cromwell und Heinrich nicht an Prestige einbüßen wollten, entschlossen sie sich nachzugeben. Der nächste Feind war Katharina. Heinrich machte seinem Rat den Vorschlag, korporativ um neun Uhr abends am 1. Juni 1531 vor ihr zu erscheinen, um ihren Willen zu brechen. Sie antwortete aus ihrer langen Bekanntschaft mit dem Manne und ihrem unerschütterten Glauben an ihre Sache heraus, daß Heinrich ihr König sei, und daß sie ihm dienen und gehorchen werde, daß aber, was das geistliche Reich betraf, es Gott nicht gefiele, zu der Absicht des Königs ihre Zustimmung zu geben. »Der Papst«, sagte sie, »ist der einzig wahre Herrscher und Statthalter Gottes, der die Macht besitzt, über geistliche Dinge, zu denen die Heirat gehört, zu urteilen.«

Wenn Katharina dieser Überzeugung war und Heinrich gemütlich weiter unter einem Dach mit ihr lebte, mußte Anna Boleyns Lage unerträglich werden. Sie wußte, daß Katharina Heinrich verstand und beinahe ihren Willen bei ihm durchsetzte, und sie erfuhr, daß der Freund des Königs, Sir Heinz Guilford, seine Sympathie mit der Königin offen gezeigt hatte. Sie sprach so schneidende Worte zu Guilford, daß er sich vom Hofe zurückzog, und so heftige zu Heinrich, daß er sich gezwungen sah, aus seinem angebornen Haß gegen Unannehmlichkeiten hervorzutreten. Schon im Frühling hatte er sich Norfolk gegenüber beklagt, Anna fahre ihn auf eine Weise an, die er nicht gewohnt sei, aber nun konnte er nicht länger zögern. Er schrieb im Juli an Katharina einen seiner abscheulichsten Briefe, in dem er auf ihre Heirat mit Arthur Bezug nahm, seinen Zorn über ihren Eigensinn aussprach, und ihr sagte, sie müsse zu Marie nach Moor Park reisen und Windsor verlassen haben, wenn er mit Anna dahin zurückkehrte. Es bedeutete das klanglose Ende ihrer persönlichen Beziehungen, obwohl sie, bevor viele Monate vorüber waren, den Befehl erhalten sollte, sich von ihrer Tochter Marie zu trennen, damit Verschwörungen vermieden würden, und sich im Oktober gezwungen sah, mit einer neuen mächtigen Abordnung zu verhandeln.

Die Gründe für die Scheidung beschäftigten Heinrichs Gedanken noch immer ausschließlich. Eine Schiffsladung theologischer Schriften war nach Windsor gerudert worden, er war in die Frage der Konzile, die Frage des Supremats eingedrungen, und während Anna sich nach tätigem Vorgehen zersehnte, arbeitete er geduldig an einem gewundenen Pamphlet, das er »Spiegel der Wahrheit« nannte.

Er und Cranmer waren beide der Meinung, daß die Frage »geworfelt und über die hohen Berge geschleudert, in Rom gepeinigt und gemartert und von einem Richter zum andern verwiesen wird, ohne daß irgendein sicheres Ende oder eine Wirkung erzielt würde, was für Seine Majestät höchst gefährlich und für uns arme und anhängliche Untertanen noch verhängnisvoller ist«. — »Wird ein Mann exkommuniziert, weil er tut, was recht ist, oder nicht tut, was böse ist, so ist das Urteil der Exkommunikation nichtig.«

Im bloßen Gedanken, die Gattin deines Bruders heiraten zu wollen, liegt eine Niedrigkeit, ein Verfehlen, eine Befleckung, ein Anstoß, eine Lästerung. »Ich wundre mich, daß Christen nicht zittern, wenn sie es vernehmen, und nicht noch viel mehr fürchten, es wissentlich zu tun oder mit Überlegung darin zu verharren.«

»Die Kirche Gottes hat ihre Fundamente auf einen festen und beständigen Felsen der Wahrheit und des Glaubens gebaut, und nicht auf die veränderliche und eigenmächtige Willkür der Nachfolger Petri.«

Was Katharina und Arthur betraf, so wußten die »Vornehmsten des Reiches«, daß sie beide »im richtigen Alter, geeignet, geneigt und willens zu jener natürlichen Handlung gewesen seien; daß sie zu verschiedenen Malen zusammen zu Bett gegangen, in Freiheit und in einem Hause gelebt hätten«, ohne daß jemand das Gegenteil bezeugt hätte, als die Königin in ihrer eigenen Sache. Wenn Heinrich darauf Wert lege, so geschehe es nur aus Gründen des öffentlichen Wohls. »Die wahre Bemühung unseres liebenden Fürsten gilt viel mehr uns als ihm selbst.«

»Darum deucht mir, die Majestät des Königs und sein Parlament sollten in die Bischöfe dieses Reichs (ungeachtet ihres unrechten Eides, den sie dem Papst geleistet) aufs ernsthafteste dringen, binnen kurzem diesem ein Ende zu bereiten, und sich mehr darum zu bemühen, daß das Gewissen Seiner Majestät und dieses Reich beruhigt, als daß die Förmlichkeiten des päpstlichen Gesetzes erfüllt würden; denn durch göttliches Gesetz seien sie zu Gehorsam dem König gegenüber verpflichtet, wie auch sich zu bestreben, daß dieses Reich beruhigt und befriedet werde, was ihnen höher stehen sollte als das Gesetz irgendwelches Menschen ... denn wir sollten eher Gott gehorchen als den Menschen.«

So sah Heinrichs Schriftsatz aus. Er blieb nicht unbeantwortet. Heinrichs Vetter Reginald Pole, der ebenso dachte wie Johann Fisher, bereitete selbst eine Schrift vor, die Gegenmaßregeln zur Folge haben sollte. Aber Katharinas Freunde setzten keine Hoffnung mehr auf Pamphlete. Sie glaubten, daß Fisher und Warham nicht imstande seien, Heinrich Widerstand zu leisten, da das Parlament nach den Kirchengütern gierig war. Nur der Kaiser und der Papst konnten Katharina retten, aber obwohl Clemens aufs neue Karl verpflichtet war, der die Medicis wieder auf den jetzt mit Recht so genannten Thron von Florenz gesetzt hatte, gab das Kaiserreich Karl fieberhaft zu tun, da es die Türken von vorn und die Lutheraner von hinten bedrängten.

XXXV

Theologisch konnte Heinrich sich nicht völlig still verhalten. Die Scheidung, die ihn veranlaßt hatte, das Papsttum anzugreifen, hatte seine Augen für die Reformation aufgetan. Obwohl er trotz Cromwell in Wirklichkeit innerhalb der Katholischen Kirche zu bleiben wünschte, konnte er nicht anders als an Clemens verzweifeln. Einen Augenblick dachte er ernsthaft daran, Anna zu heiraten und die Folgen zu tragen. Diesen Rat gaben ihm Franz, Jean du Bellay und sogar der Papst selber. Was sollte schließlich der Kaiser erwidern? Konnte er verlangen, daß Clemens Heinrich exkommunizierte und die Kirche durch ein neues Schisma schwächte? Katharina würde fieberhaften Widerspruch erheben und der Kaiser erbittert sein, aber der Sturm würde vorübergehen und Katharina sich in ein Kloster zurückziehen.

Anna war wütend. Sie machte Heinrich Vorwürfe wegen der endlosen Verzögerungen. Sie würde »älter«. Ihr Ruf sei geschädigt. Warum machte er dem vergeblichen Feldzug um eine Scheidung nicht ein Ende? Jean du Bellay zuckte die Achseln. Die ungeheuren theologischen Beweisführungen, die Hartnäckigkeit, mit der verlangt wurde, daß man die Scheidung von einem kirchlichen Tribunal an ein Laientribunal überwies — all dies fing an, dem logisch denkenden Franzosen lächerlich vorzukommen.

Und doch war es nicht durchaus lächerlich. Mit dem rastlosen, nervösen Aussehen, das immer seine Unruhe begleitete, hatte Heinrich angefangen, die größeren Möglichkeiten zu begreifen, die Cromwells Plan einer Belagerung und Blockade des Papstes ihm bot. Schritt um Schritt und Tag um Tag beschäftigte er sich mit den ausgeklügelten Bewegungen dessen, was, ehe man sich's versah, zu einem komplizierten und endgültigen Feldzug werden sollte.

Solange Wolsey mächtig war, hatte der junge König auf die Politik keinen Einfluß genommen. Um die Wahrheit zu sagen: er hatte seine Triebe geopfert, als er auf internationalen Stelzen einherging. Sobald er dem Mentor entlief, und das geschah, als er seinen Höhepunkt erreichte, kehrte er instinktiv zu der Methode der Tudors zurück, die ihre Stärke im Lande ausbauten. Darin war Cromwell völlig mit ihm einig. War er zu Hause verschanzt und von allen natürlichen Hilfsmitteln umgeben, so brauchte er sich um das Papsttum oder die Exkommunikation kein bißchen zu kümmern. Nicht weniger schlau als sein Vater, berechnete er mit schnellem Verstand seine wahre Stärke. Sie bestand darin, daß er sich von der Orthodoxie nicht entfernte. Beim Gedanken an irgend etwas Radikales erfüllte ihn aufrichtiger Schrecken. Er wollte ganz einfach das Land so organisieren, daß er sein eigenes Vorgehen rechtfertigen konnte. Heinrich brauchte Geld, denn die Entdeckung der beiden Amerika hatte die Kaufkraft seiner eigenen feststehenden Einkünfte an Gold und Silber herabgesetzt. Was ihn aber am meisten an dem Programm anzog, mit dem er jetzt eifrig hantierte, das waren die Möglichkeiten der gesetzgeberischen Gewalt. Er hatte sich von Wolsey aus weit umfassenderen Gründen, als es die Außenpolitik war, getrennt. Da er den Antiklerikalismus, der Wolsey solche Scheu vor dem Unterhaus einjagte, nicht mehr fürchtete, beabsichtigte Heinrich, das Parlament bis aufs letzte zu benutzen. Die theologischen Werke, die er studierte, verkörperten die mittelalterlichen Begriffe von Papst und Kaiser; er aber schickte sich an, diese Begriffe anzugreifen, wenn der Papst nicht aufhörte, ihm Schwierigkeiten zu machen. Cromwell vermied das heikle Thema Luther und ermutigte ihn in seiner Selbständigkeit. Er setzte seine größten Hoffnungen aufs Parlament, und Cranmer zweifelte nie an Heinrichs angeborner Gabe, das göttliche Gesetz zu begreifen und auszulegen.

XXXVI

Die Spaltung mit Rom mußte, wie Heinrich einsah, mit ungeheurer Sorgfalt vor sich gehen, um das schlummernde Volk nicht zu wecken.

Da ihre Gedanken nicht von der Gottheit erfüllt waren, stellten die Freunde Annas sich auf den unverblümten Standpunkt, daß Wolseys Tod nicht ausreiche und daß Bischof Fisher der Scheidung Schwierigkeiten bereite. Eines Tages wurde von der Hand seines Kochs die Suppe des Bischofs vergiftet und ein Dutzend Personen seines Haushalts sowie eine Bettlerin, die sich in der Küche aufhielt, getötet, ohne daß der Bischof selbst betroffen wurde. Heinrich verabscheute diesen tollen Versuch, unmittelbar zu handeln; er hatte nicht die Absicht, zu vergiften oder vergiftet zu werden. In einem plötzlichen Wutanfall peitschte er ein Gesetz durch, wonach Giftmischer lebendig gesotten werden sollten. Und da der Koch seine Schuld zugab, wurde er nach dem Gesetz lebendig gesotten.

Die Unbeliebtheit, die selbst Annas Vater fürchtete, war durchaus kein Hirngespinst. Die Rücksichtslosigkeit ihrer Partei hatte so viele Kreise vor den Kopf gestoßen, daß der Wind sich sichtlich nach Katharinas Seite zu drehen begann. Obwohl Erzbischof Warham der Königin traurig versicherte, »der Zorn des Königs bedeute Tod«, waren nicht wenige Engländer und Engländerinnen in wachsendem Maße entschlossen, seinem Zorn die Stirne zu bieten und sich dem Wechsel zu widersetzen. Man erkannte, daß Heinrichs Kälte gegen seine Tochter Marie unnatürlich war. Der Versuch, die Scheidung durch Laientribunale als gesetzlich zu erklären, widersprach den religiösen Vorurteilen sowohl des Adels wie der Gemeinen. Lord Darcy, einer der mutigsten Männer Englands, nahm Partei gegen den König und gewann den Streit. Als 1532, ein bedeutungsvolles Jahr für Anna Boleyn, anbrach, übersandte Clemens an Heinrich einen feierlichen Tadel. Er befahl ihm in den deutlichsten Ausdrücken, diese Frau aus seinem Bett zu entfernen und zu seiner Gattin zurückzukehren. Anna selbst mußte vor einer erzürnten Menge von Tausenden von Frauen die Flucht ergreifen. Selbst Warham, der sehr krank und am Rande seiner Kräfte war, unterschrieb einen schriftlichen Widerspruch gegen Eingriffe in die Rechte der Kirche. Zwei Mönche predigten beide nacheinander aufs heftigste in Heinrichs Gegenwart und sparten nicht mit Worten. Wenn Worte imstande waren, Heinrich zu überzeugen, so würde er Anna niemals heiraten.

Heinrich aber war ein gerissener und erfahrener Jäger: er schlug einen Weg ein, der, wie man zugeben mußte, »äußerst schlau« war. Er näherte sich Frankreich so sehr wie möglich, um Druck auf den Vatikan auszuüben, indem er das Parlament veranlaßte, seine antiklerikale Gesetzgebung auszubauen. Die päpstlichen Annaten oder die ersten Jahreseinkünfte von Benefizien, die frei wurden, ließ er aufheben, so daß er jederzeit den Papst seiner Einkünfte berauben und doch die Sache so darstellen konnte, als handle er unter dem Zwange des Parlaments. Er beschränkte die geistlichen Privilegien und beschnitt dem kanonischen Gesetz die Flügel. Dann verkündete er einem parlamentarischen Ausschuß unter Leitung des Speakers, daß seine Priester nur »halbe Engländer« seien, weil sie dem Papst den Eid leisteten, und stieß selbst Parteigänger wie Gardiner vor den Kopf, indem er von der Kirchenversammlung die tiefste Unterwerfung verlangte.

Thomas More konnte, wie Cromwell hoffte, im Lauf der Gestirne lesen. Er hatte sein Amt unter der ausdrücklichen Vereinbarung angetreten, daß er »zuerst für Gott, und nach Gott für seinen Fürsten Sorge tragen werde«. Er hatte es mit Einfachheit und Kraft, mit peinlicher Ehrlichkeit, mit gründlicher Unparteilichkeit geführt, hatte die goldene Schale, die ihm dankbare Prozeßführende, und die fünftausend Pfund, die ihm die besorgte Kirchenversammlung geboten hatte, zurückgewiesen. Holbein wohnte bei ihm in dem Hause, das Erasmus mit so warmen Worten schilderte. Heinrich selbst ging hin, um einen ehrlichen Mann zu werben. Nun aber sandte More nach dem Herzog von Norfolk, der ihn antraf, wie er, angetan mit einem Meßgewand, in seiner kleinen Kapelle neben seinem Haus in Chelsea im Familienchor sang. Sie gingen Arm in Arm ins Haus zurück und Norfolk versuchte, ihn umzustimmen.

»Bei Christi Leib, bei Christi Leib, Herr Kanzler«, sagte er, »ein Stadtschreiber! Ein Stadtschreiber! Ihr entehrt den König und sein Amt.«

»Nicht doch«, lächelte More; »weil ich Gott, dem Herrn des Königs, diene?«

Mit der Begründung, seine Gesundheit erlaube es ihm nicht mehr, ließ er durch Norfolk demütig bitten, es möge ihm gestattet sein, das Große Siegel auszufolgen. Heinrich, der More immer geachtet hatte, trennte sich von ihm auf fürstliche Weise ohne ein einziges Wort des offenen Vorwurfs.

XXXVII

Als More das Kanzleramt niederlegte, war sein wahrer Nachfolger Cromwell. Das war symbolisch. Die vernunftbegabte Seele zog sich zurück. Das Gelüsten grinste und griff nach ihrem Amt. Ein Mann, der lebte und leben ließ, räumte dem Raubtier das Feld.

In diesem Rücktritt des Jahres 1532, bei welchem ein freundlicher und vernünftiger und ehrlicher Mensch, der das Volk liebte, dem eigensüchtigen und kraß aufs Ganze gehenden Cromwell wich, lag weit mehr als der Triumph eines roheren Willens. Bei all seiner Grobheit war Cromwell ein Geschöpf der neuen Welt, die aus Blut und Qualen geboren wurde.

Thomas More glaubte, daß sich die Dinge, die er am Leben schätzte, am besten durch das päpstliche System erhalten ließen. Obwohl er sie durchschaute und überblickte, obwohl er höhnte und ausfällig war, hatte er doch die milde konservative Ansicht von der menschlichen Natur, wenn er auch, selbst an seinem eigenen System gemessen, zu vornehm war um ein Inquisitor zu sein. Er war mit einem Ideal verbunden. Nun gab er die Welt auf und wandte sich dem sternbesäten Nirgends zu, dem er immer zugelächelt hatte.

Die Welt, die seinen Rücktritt erlebte, hatte sich von seinen Idealen geschieden, obwohl sie noch nicht Zeit gehabt hatte, ihre eigene Heuchelei einzusehen. Sie hatte das mittelalterliche Weltbild abgeschworen und dennoch die Lehren des Humanismus noch nicht angenommen. Gemein, abstoßend, roh und brutal, knurrte sie in ihrem Naturalismus, kläffte sie in ihrer staatlichen Eigenschaft, versuchte sie, ihre Schande unter Atlas zu verbergen und ihre obszöne Eitelkeit zu verherrlichen, indem sie sich einen Diamanten in die Hemdbrust steckte. Diese neue Welt aber, die so eifrig versuchte, sich in eine Staatsreligion zu wickeln, die ihre kannibalische Politik verhüllen sollte, trug doch in sich das robuste Feuer und den Humor, den Rabelais besang, der mittelalterlich in der Form war, aber seinem Wesen nach der Schrei einer Wiedergeburt, der Wiedergeburt des neu vollendeten Menschen, der mit dem Leib vereinten Seele, des Individuums, das sich vom Vater Papst und Mutter Kirche loslöste und danach strebte, schöpferisch und verantwortlich zu sein.

Diese Wiedergeburt war es, die More ablehnte und die Erasmus als großzügiger Humanist bejahte. Beide großen Männer aber richteten ihre Aufmerksamkeit auf den scheinheiligen Erbschleicher, den dynastisch-nationalen Staat. Sie sahen die heiligen Gewänder, die der Papst bei seinem Ringen um Macht abgelegt hatte, und sie sahen die dynastische Hand mit ihren schmutzigen Fingernägeln langsam näherkriechen, um diese Gewänder eins nach dem anderen zu entwenden. Bald sollte der nationale Staat, Plato in der einen Hand, Machiavelli in der anderen, sich brüsten mit der neuen Priesterschaft der Diplomaten und Geheimagenten,

Kabinettminister und Meuchelmörder, Admiräle und Preßgänger, mit Rekrutenwillen und Rekrutenintelligenz, und unter einem neuen System und mit clownartigen Variationen von Monarchie und Republik die ganze geheiligte Garderobe der päpstlichen Religion aufs neue in Gebrauch nehmen.

Bewaffnet mit Selbstgerechtigkeit, obligatorischer als jede Priesterschaft, saß diesen neuen Nationen, die das Europa von Papst und Kaiser verdrängten, der Begriff des Vorrechts im innersten Mark, während die Kasuistik ihren Instinkt für das Wirkliche zersetzte. Der Glauben Christi, dem Erasmus seinen Verstand und More sein Herz weihte, blieb eine Synthese nach der Mode, während die größere, tätige Synthese, zu der sich der Mensch in der Renaissance den Weg bahnte, durch den dynastischen Staat von der Möglichkeit, sich unmittelbar sozial auszuwirken, ausgeschlossen wurde.

Doch selbst die räuberischen Pharisäer, die dem schwächlichen Universalismus nachfolgten, halfen nach und nach daran mit, daß durch den Verkehr die Mittel zur Selbstbestimmung in Abertausenden von menschlichen Existenzen vergrößert wurden. Die sklavische Natur des »Merry England« und des Goldenen Spanien, besonders seit der Pest, beruhte auf einem System der Nachgiebigkeit und Ausbeutung, das nicht ewig andauern konnte. Im Maße, wie der einzelne zum Erben der sich erweiternden Welt wurde, war er gezwungen, die Ketten des vampirähnlichen England, das More schilderte, zu zerreißen. Zwischen einer Religion, die nach dem Muster von Klassenstaat und Hierarchie gewebt war, und einem Leben voll kühner Versuche und Irrtümer, freien Erlebens und wichtiger Experimente war der Kampf unvermeidlich. Das, worauf Thomas More verzichtete, war etwas Tieferes als die Kanzlerwürde. Es war der Schmerz, dem Irrtum in Heinrich und Anna Sanktion zu erteilen. Aber so abstoßend es einem so weisen, so reich und angenehm begabten, der strahlenden Möglichkeiten des menschlichen Lebens so sehr bewußten Manne gewesen sein muß, die Enteignung Katharinas mitanzusehen, so konnten die Menschen von Heinrichs und Annas Art sich doch vor Prüfungen und Irrtümern nur hüten, wenn sie sich weiterhin hinter der unendlichen selbstzufriedenen Dummheit verschanzten, die wie die steinernen Arkaden um einen leeren Platz von dem ewigen Rosenkranzbeten der eisernen Monogamie und des mittelalterlichen Gehorsams der Königin Katharina widerhallten.

XXXVIII

In der Woche, in der Thomas More seinen Abschied nahm, war Anna sehr beschäftigt. Sie war dabei, sich ein »Nachtgewand« zu bestellen. Zweiunddreißig flämische Ellen Goldbrokat waren ihr auf des Königs Kosten geliefert worden und Heinrich hatte eben das Geld bezahlt, das sie beim Kegelspiel verloren hatte. Sie war mit ihm auf die Jagd geritten, in Grün, mit einem Federhut, den Köcher vor der Brust, an ihrer Seite der schneidige französische Bischof Jean du Bellay, dem sie als Geschenk einen Jagdanzug mit Hut, Bogen und Pfeilen und einen Windhund aufgedrungen hatte. Wie immer hatte Heinrich die Fährleute bezahlt, die sie nach Durham House gebracht hatten, und ihrem Tanzpartner Markus Smeaton hatte er Schuhe, Strümpfe und Stiefel bewilligt. Aber die Apfelsinenpasteten, die Quitten, die Kapaunen, die Erdbeeren von Hampton Court, die Käse, die der »Lady Anne Rochford« so gut schmeckten, die Windhunde und weißen Falken, die er kaufte, um sie zu erheitern, spielten in ihrem nachdenklichen Sinn keine Rolle neben dem neuen Mantel, den sie bestellt hatte, und besonders neben dem schönen Kleid, das sie an ihren Abenden mit dem König zu tragen gedachte.

Vierzehn Yards schwarzer Atlas für den Mantel, der Yard zu acht Schillingen (in heutigem Gelde zu acht Pfund). Ein Yard schwarzer Samt zum Besatz. dazu zweidreiviertel Yards als Futter für Kragen und Schlitz. Der Samt zu dreizehn Schillingen und vier Pence der Yard, für den Futteratlas und den Atlas aus Brügge etwas weniger. Johann Malte verlangte für seine Arbeit nur fünf Schillinge.

Dies Nachtgewand, wie sie es nannte, sollte Johann Malte dazu passend verfertigen, wobei die Kosten noch weniger eine Rolle spielten – vierzehn Yards schwarzer Atlas, gefüttert mit Steifleinen und schwarzem Taft und mit dem gleichen schwarzen Samt besetzt und eingefaßt.

Das gebrechliche Skelett der Anna Boleyn, das im Jahre 1876 ausgegraben wurde – wie ganz anders muß es in seiner fleischlichen Weiße, wie ganz anders diese fleischliche Weiße in einer so unmenschlichen schwarzen Pracht ausgesehen haben! Wie ihr Kopfschmuck über dem schwarzen Haar funkelte, wie die schwarzen Augen von seltsamen Feuer erglühten, wie die flinken Hände sich in ihrem durchsichtigen Elfenbein von den weiten Falten ihres Mantels abhoben, wie der Mantel ihr von den Schultern fiel und die schönen, geschmeidigen Arme sich von dem fließenden Wasserfall des Atlas befreiten, wie die Juwelen, mit denen Heinrich sie bedeckt hatte, in der dichten, von Wohlgerüchen erfüllten Luft in boshaftem Grün und kaltem Blau und blendendem Weiß und Flammen wie Schlangenaugen erglühten, jede ihrer Bewegungen ein zischender Katarakt fallenden Ebenholzes und ein Spiel lebendigen Funkelns – muß das heiße Herz, das in Heinrichs großem Körper schlug, die Flut, die eingedämmt in ihm lag, bei diesem Anblick von Zobel und Schnee geschwellt worden sein. Annas Leib, biegsam und weiß, halb umschlossen von diesem Gepränge wollüstiger Schwärze – wie muß er sich für Heinrich in ein einziges Beben menschlicher Farbe zusammengedrängt haben – in die mohnroten Lippen! Wie Annas Lippen lachten, wie ihre Augen sprachen, muß die Ironie dieses ungeheuren, verbarrikadierten »Nachtgewandes« bewirkt haben, daß Heinrich auf einige Stunden vergaß, welch theologische

Steinschleuderer und Katapulte und Mauerleitern und Riesenmörser zur moralischen Kriegsführung er mit so viel Mühe gegen das Papsttum zusammenbrachte, und ihn erinnert haben, daß hier sein Schicksal lag — die Frau, die ihm öffentlich verboten war, ein Wesen aus bebendem weißem Feuer in seinem seidenen Futteral.

XXXIX

Wenn zwei Menschen so miteinander beschäftigt sind, wenn sie auf ein Ziel hinarbeiten, das sie überflutet und tränkt, bis schließlich alles und jeder, der nichts damit zu tun hat, sie ungeduldig macht, ist der Verlust eines anderen das letzte, das für sie Wirklichkeit besitzt. Anna hatte für niemand ein Herz außer für sich und Heinrich. Sie hatte sich Suffolk, Guilford, Norfolk, ja ihren eigenen Vater entfremdet. Sie war unduldsam und fast unerträglich. Als sie und Heinrich im August 1532 erfuhren, daß Warham, der nach besten Kräften der Krone und dem Papsttum zugleich ein halbes Jahrhundert lang zu dienen versucht hatte, schließlich gestorben war, schien es ihnen die erwünschteste Handlung seiner Laufbahn.

Wer sollte Erzbischof von Canterbury werden? Gardiner war der stärkste Mann in Sicht, aber er war nicht bildsam. Heinrich und Anna brauchten beide eine Klinge, die sich biegen ließ. Cranmer war dieser Mann. Wenn Rom Cranmer zum Erzbischof ernannte, würde eine wichtige Festung endlich in den richtigen Händen liegen.

Cranmer war in Nürnberg und bearbeitete die Meinung der Lutheraner. Wie so mancher Intellektuelle von fünfundvierzig Jahren, der seinen Schreibtisch verläßt und die Welt der Sicht und der Sinne betritt, war der brave Priester an seiner schwachen Stelle verwundet worden und hatte sogar eine Unvorsichtigkeit begangen. Ohne es richtig zu wollen, hatte er sich von der Nichte Hosmers, des deutschen Theologen, bei dem er zu Gaste war, bezaubern lassen. Sie scheint eine warmherzige, vertrauensvolle, unendlich liebevolle Nürnbergerin gewesen zu sein, ein Bad von goldglänzendem Syrup. Cranmer, der selbst eine liebenswürdige Natur war, hatte ihr nicht widerstehen können und die beiden angenehmen Menschen hatten sich zusammengetan. Es war sicherlich ein reizendes Idyll: Hand in Hand auf den Hügeln zu stehen und zur reichen roten Stadt hinunterzublicken, nachdem er so viele Jahre in dem flachen Cambridge verbracht hatte. Indessen war es für einen Priester mit der Tonsur ohne Zweifel eine schwierige Lage. Hosmer hob die Augen vom Problem der Konsubstantiation und hielt die Heirat für angezeigt. Daher nahm Ehrwürden Pater Cranmer das Mädchen zum Weibe. Als indessen von seinem Herrn, der fest an das Zölibat glaubte (für die Geistlichkeit), die Botschaft kam, er solle heimkehren um Erzbischof von Canterbury zu werden, mischte sich in Cranmers Freude eine züchtige Verwirrung. Erklären zu müssen, was in Nürnberg, in dem Lande der flüssigen Gedanken, des Rheinweins und der Schwärmerei vorgegangen war, ließ ihn etwas schwerer atmen. Er nahm Abschied von Margarete und näherte sich Heinrich zögernd; seine Reise, die drei Wochen beanspruchte, zog sich zu sieben Wochen in die Länge.

Während der empfindsame Priester noch im Ausland war, steckten Anna und Heinrich nicht ohne Erfolg die Köpfe zusammen. Anna hatte die Grenzen ihrer Geduld erreicht und Heinrich die seines Hinauszögerns, und so heckten sie zusammen einen großartigen Plan aus, wie sie ihre wenig erwünschte Nachricht England auf schonende Weise beibringen konnten. Sie wollten sie aus der Entfernung und auf indirektem Wege mitteilen und die Höflinge jeder Richtung zwingen, vorzutreten und mit ihnen eine Staatsvisite am Hofe von Frankreich zu machen. Es war ein Triumph der Tudorschen Diplomatie. Im Oktober sollten der König und seine zukünftige Braut Franz und die Franzosen zu Boulogne besuchen. Franz sollte den Besuch zu Calais erwidern. Jeder würde festgelegt und die Räte ganz besonders nicht imstande sein, sich zu drücken, da jeder einzelne von ihnen französischer Rentenempfänger war. Ging alles glatt, so würden die Hochzeitsglocken über den Ärmelkanal erklingen.

XL

Die Formalitäten dieses erstaunlichen Besuchs führten zu ernsthaftem Feilschen und Streiten. Heinrich fing damit an, indem er den Vorrang vor Franz beanspruchte. Man wies ihn mit Hohn zurück. Dann verlangte er, der französische König solle sich nicht von seiner spanischen Gattin, der Schwester Karls, begleiten lassen, die Franz nach dem Frieden von Madrid mit den patriotischen Worten zur Frau genommen hatte, »ich würde Karls Mauleselin heiraten, wenn es nötig wäre«. Die Dame, deren Anwesenheit Annas Besuch sanktionieren sollte, war Franzens stolze Schwester Margarete. Sie besaß starke Sympathien für Luther und bewunderte Heinrich ganz offen, aber da sie sich durch die Heuchelei der Scheidung aufrichtig angewidert fühlte, entdeckte sie, daß sie nicht gesund genug sei, um Anna Boleyn zu begegnen. Um aber nicht den Anschein zu erwecken, als ließen sie es an Höflichkeit fehlen, schlugen die Franzosen als Dame des Hauses die Herzogin von Vendôme vor. Aber Anna hatte lange genug am Hofe gelebt, um zu wissen, daß dies bedeutete, eine prachtvolle aber etwas abgegriffene ältere Dame als Gegenstück zu sich selbst, zu einer Dame von fast unbeflecktem Rufe, aufzustellen. Sie befahl Heinrich, die Herzogin von Vendôme abzulehnen. Die Schwierigkeiten, sich auf konventionelle Weise unkonventionell zu benehmen, boten, wie Cranmer zugegeben hätte, selbst der verbündeten Erfindungsgabe der Franzosen und Engländer unüberwindliche Hindernisse. Aber da es sich darum handelte, einen Plan durchzusetzen, der beide Höfe auf Anna Boleyn festlegen mußte, war Heinrich von hartnäckiger Zähigkeit. Er forderte Katharina, die sich unter Schmerzen von ihnen trennte, die Hofjuwelen ab. Er ließ verbreiten, daß man ganz kolossale Summen auf die Edelsteine für die französischen Hofleute ausgeben würde. Er bat darum, daß man ihm die beiden aus den spanischen Gefängnissen zurückgekehrten Söhne Franzens vorstellen sollte und nahm sich vor, ihnen die Quittungen für die noch unbezahlten Kriegsschulden Frankreichs zu schenken. Wenn Franz später beim Papst den Vermittler spielte und die Exkommunikation verhinderte, auch die Scheidung sicherte, war Heinrich bereit, ihn Bruder zu nennen und ewige Freundschaft zu schwören. Und so wurde zu beiderseits befriedigenden Bedingungen das Liebesmahl in Szene gesetzt.

Seit dem Goldbrokatfeld hatten die beiden Könige eine weite Strecke zurückgelegt. Noch immer schön, wenn auch stattlicher und weniger athletisch, waren sie aus jugendlichen Kavalieren zu recht gerissenen Geschäftsleuten gereift. Die Gefühle, welche die Oberfläche der Unterredung von 1520 bewegt hatten, waren jetzt breiter und flacher geworden. Franz hatte dem Kompromiß die Hand geschüttelt; Heinrich, der auf Franz eifersüchtig gewesen war, wünschte jetzt nur noch seine warme Unterstützung gegen den eisigen Karl.

Während Anna in Calais zurückblieb, ritt Heinrich mit einer prächtigen Mannschaft aus und gab sich die größte Mühe, liebenswürdig zu sein. Er hatte sich eines fest ausbedungen, bevor er England verließ, daß man ihn nämlich auf keinen Fall necken oder mit ihm spaßen dürfe. Jean du Bellay hatte dem Großmeister von London aus geschrieben: »Besonders bitte ich Euch noch, zweierlei Art von Leuten vom Hofe auszuschließen, nämlich die Anhänger des Kaisers, so es welche gibt, und diejenigen, so den Ruf haben, Spötter und Witzbolde *(mocqueurs et gaudisseurs)* zu sein, denn nichts auf der Welt wird von dieser Nation mehr gehaßt.« Da Heinrich wußte, daß man ihn ernst nehmen würde, ließ er sich gehen. Er hatte eine Schar geübter Theologen mitgebracht, darunter einige Rabbis, die den Franzosen das Buch Leviticus verdolmetschen sollten. Er versicherte Franz seiner Ehrenhaftigkeit beim Nachsuchen der Scheidung. Er nahm sich die Mühe, eine Anzahl Wallfahrtsorte zu Unserer Lieben Frau zu besuchen. Er ließ eine breite Spur von Trinkgeldern hinter sich zurück. Er verlor große Summen beim Wetten mit den richtigen Leuten. Und er und seine Herren begleiteten Franz und den französischen Hof nach Calais, um Anna Boleyn zu begrüßen.

Annas Stellung war in den Augen ihrer eigenen Landsleute im September dadurch gehoben worden, daß sie zur Marquise von Pembroke gemacht und mit einer Jahresrente begabt worden war. Obwohl die ältere Clique weiter maulte, wurde sie von der jüngeren, die sich jetzt vergnügt um sie scharte, bewundert und ritterlich verteidigt — von Heinz Norris, Franz Weston, Wilhelm Brereton, Franz Bryan, Thomas Wyatt, Eduard Seymour —; Heinrich ermutigte ihre freundliche Gesinnung und zog sie in seinen Kreis.

Königin der Seitentreppe, glühte Anna Boleyn vor Freude, die Huldigung Frankreichs zu empfangen. Franz machte ihr persönlich mehrere Stunden lang den Hof. Die Leichtigkeit, mit der er dem Papst sein Wort verpfändet hatte, daß er gegen diese Heirat sei, hinderte ihn nicht, die Dame kennenzulernen und ausgiebig für sie einzutreten. Anna war, das wußte er wohl, die beste Gesandtin, die er in England haben konnte. Er hatte für Katharina nichts übrig. Was er im Grunde wünschte, war nichts anderes, als daß diese Heirat sich glatt vollzog. Er selbst war im Begriff, an die Riviera weiterzureisen, wo er sich mit Papst Clemens treffen sollte, um die Hochzeit seines jüngeren Sohnes, der mit Prinzessin Marie verlobt gewesen war, mit der jugendlichen Katharina de Medici zu feiern. Dies war Franzens zweites Bollwerk gegen Karl.

Franz besaß kein rechtes Selbstvertrauen mehr. So schneidig er war, fürchtete er doch etwas das großherzige Feuer der Jugend, an dem er sich so übel verbrannt hatte. Seine Abenteuer waren ihn teuer zu stehen gekommen und hatten seine Spannkraft aufgezehrt; was übrigblieb, war ein seelisch erschlaffter Mensch, ein anmutiger und vorsichtiger Epikureer. Diese zweifelhafte Anerkennung Anna Boleyns gefiel ihm nicht recht, *mais que voulez-vous?* Die beiden Höfe mischten sich untereinander, tanzten und feierten und lächelten sich zu.

Annas Sieg war ihr gewiß. Sie war als Königin zur Schau gestellt worden. Sie hatte den einzigen Verbündeten gefunden, der über Papst Clemens etwas vermochte. Heinrich gab seine Zustimmung. Die Liebenden reisten in großer Aufregung nach England zurück; ihre Heirat war zur Tatsache geworden, wenn an der Form auch noch einiges zu wünschen übrigblieb.

XLI

In der stolzen Zuversicht der Sicherheit wurde von Anna Boleyn für Ende Februar ein großes Essen vorbereitet. Zwei Tage, bevor es stattfand, standen die Höflinge gerade im großen Saal herum, klatschten über das Verhältnis des Königs, flirteten und schwangen schöne Reden, als die Tapete sich teilte und die Dame in eigener Person in den Saal rauschte.

Unter Knicksen und Verbeugungen sah sie sich in der Nähe ihres noch immer sinnenden Verehrers Thomas Wyatt und platzte mit einem Funkeln in ihren schwarzen Augen los: »Beim Himmel, ich wollte, ich hätte einen Apfel! Seit drei vollen Tagen habe ich ein tolles Gelüst, Äpfel zu essen!«

Er sah sie erstaunt an und sie lachte ihm ins Gesicht. »Wißt Ihr, was der König sagt, daß es bedeute?«

Sein entsetzter Blick erheiterte sie so, daß einige Anwesende sich zu ihnen wandten, worüber sie nur noch mehr lachte. »Er sagt, es sei ein Zeichen, daß ich schwanger sei!« In diesem Augenblick wurde sie von ihrer Heiterkeit so übermannt, daß der ganze Kreis einschließlich Wyatts mit schmerzlicher Verwunderung zuhörte.

»Es ist aber nicht wahr; nein, es ist nicht wahr!« Mit rasendem Gelächter wandte sie sich und eilte hinaus; alles blieb voll Staunen und Scham zurück.

Während dieser Klatsch verbreitet wurde und die Lippen gewisser Hofleute sich verächtlich kräuselten, kamen die Gäste zu ihrem Bankett nach Whitehall, und hier wurden die Gerüchte dichter und knapper. Heinrich war in seiner Aufmerksamkeit für sie nicht zärtlicher, als er schon oft gewesen war, aber er machte offene Anspielungen. Als er den Gästen das Büfett mit den Silber- und Goldgeschirren zeigte, die Wolsey zweifellos mehrere Jahrhunderte Fegefeuer eingebracht hatten, rief er Annas Großmutter, der alten Herzogin von Norfolk, zu: »Ist das keine prachtvolle Mitgift? Ist sie nicht eine gute Partie?«

Das konnte nur heißen, daß sie eben geheiratet hatten, oder im Begriff standen, zu heiraten. Aber wer hatte sie getraut und wann? Es fiel auf, daß Anna eine Bahn in ihre Kleider einsetzte. Sie sagte Norfolk, sie würde eine Pilgerfahrt zu Unserer Lieben Frau von Walsingham machen, wo die Milch Unserer Lieben Frau aufbewahrt wurde, wenn sie nicht wirklich ein Kind bekäme. Die Wohlwollenden, die feindlich Gesinnten, die Spötter und die Schockierten zerbrachen sich den Kopf, wie man die Kirche dazu gebracht haben konnte, sie zu trauen. Schließlich wartete Cranmer noch auf seine Bestätigung durch Rom. Trotz aller Warnungen seitens Katharinas Anhängern hatte der Vatikan der Drohung Heinrichs, daß er die Zahlung der Annaten einstellen würde, nachgegeben, und der königliche Kaplan war im Begriffe, ohne Präliminarien ordnungsgemäß zum Erzbischof von Canterbury geweiht zu werden. Aber es sollte einen Monat dauern, bevor er die Weihen empfing, und in jener Fastenzeit wurde der spärliche Tisch durch Mutmaßungen sehr erheitert.

Katharinas Anhänger waren sehr besorgt. Wenn Anna ein eheliches Kind zur Welt brachte, einerlei, wie das zustande kam, so bedeutete das die Enterbung der Prinzessin Marie. Und wenn Marie enterbt wurde und die Krone auf das Kind der Konkubine überging, würde England dem Katholizismus verlorengehen.

Die Vorahnungen wurden durch Heinrichs Benehmen verwirrt. Er erwies dem päpstlichen Nuntius die größten Aufmerksamkeiten. Er eröffnete das Parlament mit dem französischen Gesandten zur Linken und dem hochbefriedigten Nuntius zur Rechten. Wollte er am Ende Anna doch verstoßen? Möglich war alles.

Als die päpstlichen Bullen gegen Ende März eintrafen und der Tag erschien, an dem Cranmer geweiht werden sollte, sah es aus, als sollte die Katholische Kirche einen Sieg davontragen und die Dame in Nürnberg einen Gatten verlieren. Aber der zukünftige Primas von ganz England hatte etwas von einem geistlichen Taschenspieler. Er war gleichzeitig dem Vatikan für seine Weihen verpflichtet und sich doch Heinrichs Ausspruch bewußt, »dem Papste anhängen, hieße Christum verlassen«. Er rief also eine Schar vertrauenswürdiger Zeugen herein und schwor vor ihnen einen Eid, daß er, ganz gleich, was er sagen oder tun würde, den König vor alle anderen stelle. Beim Altar wandte er sich an diese Zeugen und erinnerte sie daran, daß, was er gesagt habe, aufrichtig sei und alles andre nur eine leere Formel. Dann weihte er sich vor dem Altar dem Papst, erneuerte den Zölibatsschwur, wurde gesalbt und las die Messe.

Heinrich hatte den Atem angehalten. Er hatte allen Grund zu fürchten, daß bei diesem heiklen und hurtigen Vorgehen etwas nicht klappen würde, und er wagte nicht den Vatikan erraten zu lassen, was der Primas noch aus seinem geräumigen Ärmel schütteln würde. Aber sobald Cranmer erst einmal sicher geweiht war, ging alles glatt. Als Primas war er durch Beschluß der Kirchenversammlung und durch Parlamentsbeschluß zuständig, eine gesetzliche Scheidung auszusprechen. Der Papst würde sie angreifen, aber Heinrich hatte eine Sache, die er vor Karl, vor Franz und vor dem englischen Volke vertreten konnte. Was er tat, hatte den Anschein der Gesetzlichkeit.

XLII

Katharinas Anhänger wurden durch eine Andeutung dieser Entwicklungs aufs tiefste betroffen. Der einzige unter ihnen, der Immunität besaß, war Chapuys, Karls fähiger Gesandter, und er ging geradenwegs zu Heinrich. Er sprach als Katholik und bestand auf der Achtung, die der König Gott schulde.

Heinrich konnte sich mit Karls Abgesandtem nicht zanken, aber er war durchaus nicht erschüttert. »Gott und mein Gewissen«, sagte er von seiner stattlichen Höhe herab, »stehen sich sehr gut.«

Aber die Prinzessin Marie sollte verheiratet werden, bestand Chapuys auf seinem Vorsatz. Sie sei sechzehn Jahre alt und solle für die Nachfolge sorgen, indem sie Kinder bekäme.

Heinrich entzog sich der verhüllten Frage nicht. Er erwiderte, daß er selbst Kinder haben werde.

Da die Spanier ein Wort Norfolks verbreiteten, »das erwartete Kind würde infolge des Zustands des Vaters schwächlich sein« (denn Heinrich gab sein vereitertes Bein bereits zu schaffen), hatte Chapuys die Stirne zu fragen, ob Heinrich gewiß sei, daß er Kinder haben könne.

Heinrich antwortete gereizt: »Bin ich kein Mann? Bin ich kein Mann wie andre? Bin ich kein Mann? Aber ich lasse Euch in meine Geheimnisse nicht hineinsehen.«

Seine Geheimnisse lagen jedoch bereits offen da. Da das Parlament den Primas zögernd bevollmächtigt hatte, die Scheidung auszusprechen, und da Anna den Gnadenstoß forderte, erschien noch einmal eine Abordnung unter Norfolk vor der Königin und verlangte, daß sie den Titel Königin ablege. Die Taktik vollzog sich zweihändig – die offene Bitte und der Rippenstoß, eine erneute Bitte und ein stärkerer Rippenstoß, eine freundliche Geste, die mit einer häßlichen Drohung und tatsächlicher Aussicht auf Buße und Strafe abwechselte, all das mit der erforderlichen herzoglichen und bischöflichen Förmlichkeit und im stolzen Namen des Königs. Aber Katharina war kein Heinrich Algernon Percy. An Geistesstärke war sie eine Königin. Sie gab in nichts nach. Sie mochten versprechen oder drohen, sie behauptete das Feld. Schließlich platzte Norfolk heraus, es mache nichts aus, da der König und Anna seit mehr als zwei Monaten verheiratet seien.

Irgendeinmal im Januar, stellte es sich heraus, zwischen Morgengrauen und Frühstück hatte die Trauung in einem Winkel von York Place stattgefunden. Einige sagten, Rowland Lee sei der Priester gewesen, andre nannten einen Mönch namens Brown. Cranmer leugnete, die Heirat vollzogen zu haben. Jedenfalls wurde die Tatsache und das Datum des 25. Januar allgemein hingenommen, wobei die ritterlicheren unter den Chronisten in Anbetracht von Annas Zustand die Trauung bis in den November zurückdatierten.

Was in Annas Gefolge bisher an königlichem Zeremonial vernachlässigt worden war, wurde nun aufs eifrigste nachgeholt. Ihr Nahen wurde durch Trompetenstoß verkündet, Norfolks Tochter trug ihr die Schleppe, und Heinrich ging unter den unzufriedenen Hofleuten herum und forderte sie auf, vorzutreten und ihre Königin zu begrüßen.

XLIII

Dies war die Stunde, die man bei der gesetzestreuen Partei im Geheimen gefürchtet hatte. Was aber konnten sie tun, um sie zu verhindern? Sie hatten auf die Ereignisse vertraut, während Heinrich sie gestaltete. Sie hatten nur zu gern mit Katharina geglaubt, daß Heinrich »bei all seiner Prahlerei und Hartnäckigkeit sich der Vernunft nicht verschließen würde«. Doch während sie sich scheuten, sich mit der Gegenpartei zu messen, und der Papst das »bleierne Schwert« zückte, war der vermeintlich kleinmütige Heinrich unter Deckung Cranmers und Cromwells vorgegangen.

Katharina selbst war fieberhaft erregt. Sie wollte ungern losschlagen. Es verlangte sie nicht nach einem Krieg mit Heinrich. »Einen Krieg«, erklärte sie Chapuys, »würde ich lieber enden als erregen.« Aber wohl verlangte sie und rechnete sie auf moralische Unterstützung durch den Papst. »Ich bin von meinem Herrn getrennt, und er hat eine andere Frau geheiratet, ohne eine Scheidung zu erlangen: und dies letztere hat er getan, obwohl der Prozeß noch anstand, in Mißachtung dessen, der Gottes

Macht auf Erden vertritt. Während ich schreibe, bedecke ich diese Zeilen mit Tränen. Ich vertraue Euch als meinem Freunde. Helft mir, das Kreuz meiner Prüfungen zu ertragen. Schreibt an den Kaiser. Heißt ihn darauf bestehen, daß ein Urteil ausgesprochen werde. Das nächste Parlament, sagt man mir, soll entscheiden, ob ich und meine Tochter das Märtyrertum erleiden sollen. Ich hoffe, Gott werde es uns als verdienstvolle Handlung anrechnen, da wir um der Wahrheit willen leiden werden.«

Soviel Herzensnot rührte Chapuys. Er schrieb tatsächlich an den Kaiser, und da er an die moralische Unterstützung durch den Papst nicht glauben konnte, bat er Karl, eine Armee zu entsenden.

»Verzeiht meine Kühnheit: aber Eure Majestät sollten nicht zaudern. Sobald diese verdammte Anna ihren Fuß im Steigbügel hat, wird sie der Königin und der Prinzessin so viel Schaden tun, als sie vermag. Sie rühmt sich, daß sie die Prinzessin in ihrem eigenen Gefolge haben wird; eines Tages wird sie vielleicht die Prinzessin vergiften lassen oder einem Schurken zur Frau geben, während das Reich der Ketzerei verfällt. Eine Eroberung wäre durchaus leicht. Der König besitzt kein geschultes Heer. Alle höheren Stände und alle Adligen sind für Eure Majestät, ausgenommen der Herzog vor Norfolk und zwei oder drei andre. Heißet den Papst an die weltlichen Mächte appellieren, unterbindet den Handel, ermutigt die Schotten, entsendet einige Schiffe, und der Fall ist erledigt. Es wird keine Ungerechtigkeit geschehen; andernfalls wird sich England dem Heiligen Glauben entfremden und lutheranisch werden. Der König weist ihnen den Weg und leiht ihnen Flügel, und der Erzbischof von Canterbury tut noch Schlimmeres. Die Gefahr einer französischen Einmischung besteht nicht. Franz wird den Erfolg abwarten und Euch nichts mehr zu schaffen machen, wenn der König erhält, was ihm zukommt.«

Diesen Brief vom April 1533 erhielt Karl und grübelte darüber mit seinem gewohnten Phlegma nach. Er konnte, wie er kürzlich bewiesen hatte, mutig sich im Kampf stellen, nicht aber ein fahrender Ritter sein. Er mußte die Türken in Ungarn zurückschlagen und ihnen im Mittelländischen Meer die Stirn bieten. Die protestantischen Fürsten in Deutschland, die Franz mit Bargeld versorgte, gaben ihm zu schaffen. Er konnte nicht wagen, England anzugreifen, ohne sich der Gefahr des gleichen nationalen Starrsinns auszusetzen, den er so früh und so heftig in Spanien angetroffen hatte, oder eines Krieges, der Flandern in die Hände der Wiedertäufer spielen würde. Sein Gefühl für das Angemessene und Entsprechende war den bloß leidenschaftlichen Bitten gegenüber unbeugsam, und er war so beschwert und überbelastet, daß eine Pflicht mehr auf sich nehmen bedeutet hätte, die Gewalt über alle verlieren. Seine Tante Katharina tat ihm auf seine nüchterne Art sehr leid. Er nahm Partei für die Prinzessin Marie. Aber er sah sich gezwungen, an Chapuys zu schreiben: »Wartet ab.«

Marie sollte durch Annas Thronbesteigung noch mehr zu leiden haben als Katharina. Sie war ebenso alt wie ihre unglückliche Mutter, als diese sich nach England eingeschifft hatte. Streng und ernst erzogen, hatte sie an Katharinas Knie Latein gelernt, war von dem Spanier Vives darüber unterrichtet worden, welche Rolle die Frauen auf der Welt spielen, und hatte Verachtung für alles Oberflächliche und Leichtfertige eingeflößt bekommen: daher war sie eines der ernsthaftesten und langweiligsten jungen Mädchen, das man sich denken kann. Beide Eltern hatten den Ehrgeiz gehabt, sie mit gewissen nützlichen und schmückenden Fertigkeiten vollzupfropfen, und Heinrich hatte sich gern das Vergnügen gemacht, sie den Gesandten, die zu Besuch kamen, vorzuführen und sie das Spinett spielen oder lateinische Reden halten zu lassen. Trotzdem war sie das Kind ihrer Mutter. Wenn in ihrer Gegenwart von seiten der Busenfreunde Heinrichs ordinäre Worte fielen, verstand sie zu seiner Verwunderung nichts davon. Daß Heinrich Katharina verließ, verurteilte sie aufs strengste, und seit dem Jahre 1527, in dem Anna Boleyn anfing, statt der Königin dem König aufzuwarten, war Marie von Sorge um die Sache ihrer Mutter verzehrt worden.

Schon zu starr, zog sich das kleine Mädchen durch diese traurige Beschäftigung noch mehr in sich zurück. Katharina hatte Gott, sie hatte die Tugend, Gerechtigkeit, Treue auf ihrer Seite, Anna war ein böses Weib und ihr Kind würde das Kind der Sünde sein. Diese Erzählung wurde Marie mit den Grundfarben ins Gehirn gebrannt. Die Wurzeln ihres Wesens nahmen bestimmte ätzende Gewißheiten auf, sie wanden sich und verbrannten im Gifte eines Familienstreites. Das Gitter des Selbstschutzes war immer vor ihren Augen. Ihre Mutter hinterließ ihr das schreckliche und doch unwiderstehliche Erbe, einen Heiligen Krieg. Marie beklagte ihren Vater und verabscheute die fremde Frau, sie war abwechselnd bitter empört, stolz zurückgezogen, und zerrissen von Kummer. Wieder wurden die alten Lektionen Torquemadas gelernt, nur daß die Lutheraner die Rolle der Mauren und Juden spielten. In dieser Welt sollte sie das katholische England erben, in der nächsten das Himmelreich. Es war ihr bestimmt, mit gepreßtem Gehirn und einem Herzen, das ein Hochofen von Überzeugungen war, den Kampf um dieses doppelte Erbe anzutreten.

XLIV

Die Scheidung, die durch die rechtsgültigen englischen Autoritäten erklärt wurde, schenkte Anna Boleyn einen glücklichen Augenblick. Sie war jetzt in der ganzen stolzen Schönheit ihrer Jugend bereit, die formelle Schwelle ihres Ehrgeizes zu überschreiten.

Die Szene, die sie als die neue Königin betreten sollte, war überaus reizend. Surreys lyrischer Ausbruch hatte Windsor geschildert: »Die weiten grünen Höfe, wo wir zu weilen liebten, mit Blicken auf den Mädchenturm und leisen Seufzern, wie Verliebte pflegen... Stattliche Sitze, Damen farbenbunt; die kurzen Tänze lang an überreicher Freud'... das Ballspiel, wo wir oft, durch Lieb' verwirrt den Ball verpaßt, von Liebesblicken trunken... begierig unsrer Dame Aug' zu fangen und festzuhalten, das die Richtung wies.«

Es war der Rahmen der Tudors. In seiner Süßigkeit, seiner Tonart von Schönheit und Liebe fanden die jüngeren Hofleute einen Geist, der sehr verschieden war von dem der Älteren – dem hochfahrenden Norfolk, dem groben Fitzwilliam, dem rotbäckigen Suffolk. Diese waren unersättlich auf Macht erpicht, hier aber war die Bühne für Hoffnung und Zauber errichtet. Später sagte ein Franzose mit entzückender Selbstzufriedenheit von Anna: »Sie ist an Claudias Hof so anmutig geworden, daß man sie nie für eine Engländerin, sondern für eine echte Französin gehalten hätte.« In dieser Anmut lag der Tonfall ihrer Renaissanceerziehung und der Rhythmus ihres Herzens.

Sie war wahrhaftig nicht mehr das frische Kind, das so heiter aus Frankreich zurückgekehrt war, aber auch nicht das nachdenkliche Mädchen, an das Heinrich seine Bitten gerichtet hatte. Sechs Jahre lang hatte sie fast allein in ihrem Streben, ihren eisernen Willen gebraucht, um Heinrich weiter und schneller zu treiben, als seine Phantasie zu fahren wünschte – seine Königin abzusetzen, mit Clemens zu brechen, sich mit Frankreich zu verbünden und die Hoffnung seiner Dynastie auf den Erben zu setzen, den sie jetzt unterm Herzen trug. Heinrich war ihr vorsichtig gefolgt. Eine so große Kühnheit, Energie, Rücksichtslosigkeit und nervöse Ungeduld hatte einen furchtbaren Preis gekostet, besonders da sie weder durch eine feste moralische Überzeugung erleuchtet noch durch einen vertrauenswürdigen Mann gestützt wurde. Der Kampf hatte ihre Spannkraft zerfasert und ihr Herz verhärtet, aber niemand – weder Karl noch der Papst, weder der Adel noch ihr hasenherziger Vater, noch die Masse des englischen Volkes – waren imstande gewesen, ihren Fortschritt aufzuhalten. Sie war über die Barriere geflogen und hatte das Wehr übersprungen. Und der Sinn, der so viel gewagt hatte, das Harte und Klingende und Unerschrockene in ihr, erhob sich aufs neue zur Stunde des Triumphs.

Ihre Krönung erstrahlte in dem allerschönsten Licht, einem englischen Maisonnenschein. Von einem Himmel, der sanft erglänzte und dessen jungfräuliche Bläue durch helle Strähne von Wolkendünsten gehoben wurde, ergoß sich eine so balsamische, so milde, so zarte und warme Luft, daß selbst eine Welt, die nicht viel für Anna Boleyn übrig hatte, es sich nicht versagte, die Butzenscheiben zu öffnen und das angenehme Rauschen der Festvorbereitungen hereinzulassen. Die Straßen von London waren mit frischem Kies bestreut. Die Häuser hatten ihre Seide und ihre Stickereien herausgehängt. Sie ließen Leinen in Falten herabwallen, und an das Leinen steckten sie Blumen. Die ganze Stadt war von einer einzigen

Erwartung bewegt — Boten, die hin und wider liefen, Schiffer und Fährleute, die zum Fluß eilten, zärtliche Eltern mit kleinen rundäugigen, rundnasigen Kindern, die sich schwer beladen zu einem Ausflug aufmachten, Kavaliere in klirrenden Ketten und rasselndem Metall, Prominente, die mit viel Getue und Geräusch ihre Plätze suchten, junge Mädchen, betaut wie der Morgen und frisch wie Rosen; und als einziger Thomas More friedlich zu Hause in seinem Garten in Chelsea, angetan mit seinem alten Talar und nachdenklich über die listige Einladung, hinzukommen und durch seine Gegenwart Vorschub zu leisten, die er abgelehnt, und die zwanzig Pfund für einen neuen Anzug, die er scherzend behalten hatte.

Anna fuhr auf dem Wasserwege von Greenwich zum Tower. Kingston, »der große, starke und stattliche Ritter«, empfing sie am Ufer und begleitete sie in ihr besonderes Gemach. Der Einzug in London war herrlich gewesen; eine Salve nach der andern hatte die Tauben erschreckt, die Fenster in der Nähe des Tower waren tatsächlich von dem Lärm gesprungen. Nie war die Themse so besetzt gewesen mit seltsamen und wunderbaren Barken, nie hatte sie in solchen Farben geleuchtet, nie war sie von dem Saitenspiel erzittert, das jetzt in schneidender Lieblichkeit stundenlang für Anna tanzte und sang. Ganz England begleitete Anna, und ihre Nacht im Tower war von Festlichkeit umhegt.

Am nächsten Tag ging der Zug langsam vom Tower nach Westminster, ein Strom glänzenden Goldes und heller Seide zwischen Ufern von Damast, Samt und Brokat. Die Anna haßten, bemerkten Zeichen der Kälte im Volke: man ließ sie nicht hochleben, man kargte mit Zurufen, man nahm ihr übel, daß sie ein Geschenk von tausend Engeltalern entgegengenommen und es nicht unters Volk verteilt hatte. Die hanseatischen Kaufleute lachten zu zweideutig. Die Spanier knirschten mit den Zähnen. Anna selbst sollte gesagt haben, daß »die Stadt recht schön gewesen sei, daß sie aber wenige entblößte Häupter gesehen«, und Annas Narr rief der Menge zu, »Ihr seid wohl räudig, daß Ihr fürchtet, Eure Mützen abzunehmen«. Diese Mißtöne konnten jedoch die Gesamtwirkung einer so herrlichen und feierlichen Zeremonie nicht zerstören. Am nächsten Tage dauerte sie volle zehn Stunden lang und wurde durch ein Bankett beschlossen, bei dem man Anna feierte; in ihrem persönlichen Gefolge befanden sich adlige Damen, die ihr ein feines weißes Tuch vorhielten, wenn sie speien mußte. Heinrich betrachtete dieses königliche Triumphfest von einem Balkon aus. Es war das schöne Band an dem großen Siegel, das Cranmer ihr umgehangen hatte, nicht zugleich mit der schweren Krone, die ihren schmächtigen Hals beugte, sondern mit der leichteren, die eigens für sie gemacht war und die er mit erzbischöflichen Händen auf ihre erhobene Stirn setzte.

XLV

Heinrich brauchte auf die Geburt seines Erben nur bis September zu warten. Er hielt sich selbst nicht für abergläubisch, war aber beruhigt, daß so viele Leute ihm die Versicherung geben konnten, es würde ein Knabe werden. Astrologen, Wahrsager und Hexen traten in den vielen Zusammenkünften, wo er Bucklige berührte und Kinder heilte, an ihn heran; diese unheimlichen und weisen Leute hoben ihren rotgeränderten Blick zu ihm empor, schwuren ihm, es würde ein Knabe sein, und trollten sich mit seinem augenblicklichen königlichen Lohn davon. Er stellte den Ärzten dieselbe große Frage: sie waren derselben Ansicht wie die Zauberer. Heinrich glaubte an seine modernen Ärzte, obwohl er nicht imstande war, den alten Aberglauben abzulegen oder seine Religion zu verachten. Während der Pest, im Jahre 1531, hatte er eine beträchtliche Summe für eine kostbare Reliquie bezahlt, »eine Träne, die unser Herr über Lazarus geweint und die von einem Engel aufbewahrt wurde, der sie Maria Magdalene in einer Phiole gab«. Gleichfalls erwarb er »eine Phiole mit dem Schweiße des heiligen Michael, als er mit dem Teufel kämpfte«. Und da er von der Pest gerettet worden, warum nicht durch den Schweiß des heiligen Michael oder die Träne des Herrn? In der augenblicklichen Notlage behauptete man, daß der Edelstein Aetites, der in Adlerhorsten gefunden wird, oder auch die abgelegte Haut einer Schlange, wenn man sie an die Hüfte einer Kreißenden lege, eine schnelle und leichte Geburt bewirken könne. War es verboten, Zauberei anzuwenden neben den Reliquien, da doch Anna wie er viele Feinde hatten und Zauberkünste, Beschwörungen, magische Zirkel, Hexerei, Wahrsagungen und »alle ähnlichen Künste oder Einbildungen, die vom Teufel erfunden wurden«, so leicht vom Feinde angewendet werden konnten, um Mutter oder Kind zu schaden?

Der Erbe wurde nicht in ruhiger und ernster Stimmung erwartet, sondern in einer Siedehitze von höchster Aufregung, die halb aus Hysterie und mehr als zur anderen Hälfte aus Alkohol stammte. Anna bildete sich ein oder begriff vielleicht zu Recht, daß Heinrichs gehobene Stimmung ihn zu liebenswürdig gegen ihre Hofdamen machte. Derlei kam vor, und wer konnte besser wissen als sie, wie entzündbar er war? Aber selbst in der Woche vor ihrer Entbindung erreichte sie mit ihren Vorwürfen nur, daß er einen Wutausbruch hatte. Er wartete nicht, bis sie allein waren. »Schließt die Augen«, fuhr er sie an, »wie andre sie schließen mußten, die von höherem Rang waren als Ihr! Ihr solltet wissen, daß es in meiner Macht steht, Euch in einem einzigen Augenblicke tiefer zu erniedrigen, als ich Euch erhoben habe!«

Zwei oder drei Tage nach dieser Szene sprach er nicht mit ihr. Die Aufregung, unter der er litt, war zu groß. Gott stand im Begriff, seine Zustimmung oder Mißbilligung zu bezeugen, und Heinrichs normale Gefühle gegen Anna wurden durch eine peinliche Ungewißheit und Ratlosigkeit noch mehr verwirrt. Die Geburt eines gesunden Sohnes war ihm zum Maßstab ihres gemeinsamen Wertes geworden. Als er in seiner ersten Ekstase Anna liebte, hatte er warmherzig geglaubt, sie könne ihn ergänzen; nun aber wußte er, daß sie ihm einen Sohn schenken mußte, um ihn vollkommen zu machen. Sie war ein Mittel zu diesem Zweck. Eine Tochter? Welches Gefühl der Sicherheit, welche Würde, welchen Ruhm konnte ein Weib einer Nation von Männern geben? Eine Tochter würde für Engländer eine Schande bedeuten.

Am 7. September wurde Anna entbunden. Die traurige Wahrheit ließ sich nicht verhehlen: der Erbe war ein Mädchen. Offiziere und Soldaten, Haushofmeister und Aufwärter flüsterten sich hinter vorgehaltener Hand die Nachricht zu. Noch einmal verbreitete sich wie zähes Öl auf dem Wasser die schale Kunde, daß der große männliche Heinrich seine Sehnsucht nicht erfüllt sehen konnte. Das Kind sollte nach Heinrichs und Annas Mutter Elisabeth heißen. Die Anhänger des Kaisers schnalzten wie gute Christen vor Vergnügen über die Enttäuschung; und niemand nahm sich Elisabeths Schande mehr zu Herzen als ihr Vater.

Als Anna ihm aber ihr Herz öffnete und ihm ihren eigenen Kummer und Schmerz beichtete, wurde Heinrich weich. Er nahm sie in die Arme und sagte heftig: »Ich würde eher von Haus zu Haus betteln gehen, als Euch verlassen!«

XLVI

Unleugbar schwächte die Geburt einer Tochter Anna Boleyns Stellung. Ihre Feinde wurden dadurch ermutigt und fingen an zu glauben, es sei nicht zu früh, ihr die zu entfremden, die nur solange zu ihr hielten, als es schön Wetter gab.

Thomas Cromwell ließ wenige Tage nach Elisabeths Geburt seinen Falken auf offenem Felde fliegen, als sich in aller Stille Chapuys zu ihm gesellte. Karls Gesandter wünschte keine unsichtbaren Zuhörer und wählte darum das taube freie Land, um den Sekretär zu fragen, ob er bereit sei, sich gegen das neue Regime zu stellen.

Cromwell lauschte, wie es seine Gewohnheit war, sehr aufmerksam, mit festgeschlossenem Munde und Augen wie Stahl. Dann schüttelte er entschlossen den Kopf. Er gab Chapuys in wenigen geraden Worten die Lage zu erkennen. Er war durchaus nicht mit dem Regime verheiratet, und er nahm auch die Frage nicht übel. Er sprach zu Chapuys wie ein Realist zum andern. Aber die Zeit, Anna Boleyn im Stich zu lassen, war noch nicht da. Es war zu früh. Alles war noch zu neu, Heinrichs Liebe noch zu stürmisch und feurig.

Auf Cromwells Seite war das nicht nur Zynismus. Wenn Anna Boleyn auf ihn als Bundesgenossen zählte, und wenn er deutlich zeigte, daß er für ihre Interessen warm eintrat, so konnte doch nur ein Narr glauben, daß bei diesem Bündnis persönliche Gründe mitspielten. Seine Beziehungen zu Anna, zu Katharina, zu Prinzessin Marie waren keine gefühlsmäßigen. Das Palaver der Franzosen und die Annäherungen Chapuys nahm er mit der ruhigsten Gleichgültigkeit entgegen. Solange Heinrich Anna Boleyn liebte, würde Cromwell sie nicht antasten, so wenig wie ein guter Haushofmeister das Lieblingslämmchen mit der silbernen Glocke um den Hals. Aber aus allen Lämmern kann man Lammkoteletts machen, und Cromwell war kein Vegetarier. Sein politisches Ziel war eindeutig: Heinrichs Macht auszubauen. Kam es dazu, daß Heinrich dieses Gericht haben wollte, so war Cromwell der Mann, es ihm anzurichten.

Diese Kälte entsprang dem innersten Mark von Cromwells Wesen. Er war kein Fanatiker, der sich um die Alltagswelt nicht kümmert. Er war auch kein bloßer Philister, der sich um alles andere nicht kümmert. Er war ein kaltblütiger Tatenmensch, mit der wichtigsten Eigenschaft, die man zum Erfolg braucht: Eindeutigkeit des Strebens verbunden mit einem weiten Blick für das Praktische. Da er wußte, daß das Supremat Heinrichs fixe Idee war, obwohl Heinrich nicht verstand, es sich zu verschaffen, vertraute Cromwell seiner eigenen Fähigkeit, ihm dieses Supremat zu geben und dabei doch die Skrupel zu beruhigen, die Gefahren zu verringern, die Anfälle von Mißtrauen zu besänftigen, die dem König das Gleichmaß raubten. Die Tatsache, daß Heinrich herrisch war, leicht den Kurs änderte und Rückfälle hatte, störte Cromwell keinen Augenblick. Er hatte keine unsicheren Nerven. Die Natur hatte ihm die nützliche Rinde des Plebejers mitgegeben, des Gefangenen- und Irrenwärters, des tüchtigsten aller vierschrötigen Hüter der öffentlichen Sicherheit. Und doch ging er mit der rücksichtslosen Begabung eines Gesetzgebers an die erwählte Aufgabe, Heinrich das Supremat über Kirche und Staat zu verschaffen. Solange Anna in Heinrichs Gunst stand, schloß er Anna in die Berechnungen ein. Persönlich hätte er gewünscht, die Prinzessin Marie »in gutem Glauben« geboren und daher legitim zu sehen, denn dadurch hätte England auf dem dynastischen Heiratsmarkt ein weiteres Plus empfangen. Aber wenn Anna und Heinrich die Absicht hatten, aus der Prinzessin Marie Hackfleisch zu machen, so stand Thomas Cromwell mit dem Notizbuch in der Hand bereit, den Posten »Hackfleisch« auf der allgemeinen Besorgungsliste einzutragen. Er vergeudete keine Kraft daran, für die Prinzessin einzutreten. Sein Herr hatte immer recht.

Ein Mann von dieser Art ließ sich durch die Sehnsucht, Erfolge zu sehen, nicht hinreißen. Anna Boleyn dagegen hatte keine so große Menschenkenntnis oder eine weniger dicke Haut. Mit ihrem üblichen Mangel an Umschweifen und der Überhebung, die sich aus ihrem Vertrauen auf Heinrichs Gunst herschrieb, ging sie, ohne nur einen Augenblick zu warten, sofort ans Werk, England ihre kleine Elisabeth aufzuzwingen. Ihre feindliche Einstellung war durch die Enttäuschung über das Geschlecht des Kindes eher gereizt als besänftigt, und sie verlangte sofort, daß man die eigensinnige Halbschwester Marie als illegitim erklären und zwingen solle, dem Säugling als Hofdame aufzuwarten.

Heinrich war auf ihrer Seite. Er war erbittert über Marie, weil sie so völlig Partei für ihre Mutter genommen und dadurch auf seine Gewissenhaftigkeit ein schlechtes Licht geworfen hatte, und er war erpicht darauf, Anna Boleyns Stellung zu sichern. Er war damit einverstanden, daß man Marie demütigte. Aber er roch Gefahr in der Luft. Er wußte, daß das englische Volk sich bis nun nicht für Anna Boleyn hatte gewinnen lassen, und daß man ihm keinen ausreichenden Grund gegeben hatte, eine Tochter Annas der älteren Tochter Katharinas vorzuziehen.

Der Stoff, in dem Heinrich arbeitete, waren Männer. Er achtete die Laune des Volkes, über die Anna Boleyn sich hinwegsetzte. Einige Monate früher hatte man einen gewissen Sir Thomas Jakson verhaftet, weil er sagte: »Die Majestät des Königs hat mit der Majestät der Königin gelebt, und zwar nicht nach dem Gesetz Gottes, sondern im Ehebruch, und fährt auch jetzt noch darin fort, nachdem er seine gesetzliche Gattin verstoßen«. Er bemerkte boshaft, daß »die Majestät des Königs zuerst die Mutter und dann die Tochter aushalten solle, und er habe jetzt die geheiratet, die er vorher ausgehalten, und auch ihre Mutter«. Diese Worte fielen in Yorkshire, »der letzten Gegend, die Gott erschuf«, aber in ganz England rührten sich die losen Zungen. Ein anderer »geiler und schlimmer Priester«, Sir Jacob Harrison, sollte bald darauf verhaftet werden, weil er gesagt hatte: »Ich will keine Königin anerkennen als Königin Katharina; wer zum Teufel hat Anna Bullen, diese Hure, zur Königin gemacht? Ich erkenne sie niemals als Königin an, wenngleich der König sie dafür ausgibt.« Dies war die Art, wie die Priester und das Volk dachten und sich ausdrückten. Heinrich streckte vor diesem Vorurteil nicht die Waffen, aber er war sich dessen deutlich bewußt und fühlte sich immer unbehaglicher dabei.

»Vom guten Erfolg dieser unserer Sache«, hatte er zu Beginn des Jahres an den Papst geschrieben, »hängt die Sicherheit unserer Nachfolge ab, und daraus wiederum folget der Frieden und die ungestörte Ruhe unseres Reiches.«

Nun das Kind weiblichen Geschlechts und in den Augen des Volkes eine niedrigere Karte war, wurde die »Sache« doppelt wichtig. Anna mochte wettern und Cromwell mit seiner Politik, Rom das Supremat zu nehmen, fortfahren; darum gab Heinrich seinen schwerfälligeren und einfacheren Plan nicht auf. Er bestand darin, Clemens dazu zu zwingen, daß er dem englischen Volke mitteilte, Anna Boleyn sei seine legitime Königin. Solange die Adligen dem Kaiser anhingen und das Volk im Herzen katholisch blieb, hatte Heinrich mehr zu gewinnen, wenn er das Papsttum beherrschte, als wenn er sich davon trennte. Er hatte Cromwells Politik seine Zustimmung erteilt, aber seine eigene Wahl war es nicht. Wie er wußte, hatte Cranmers Scheidungsurteil Rom so erbittert, daß seine Exkommunikation beschlossene Sache war; aber noch versprach er sich so viel davon, auf den schwankenden Clemens einen Druck auszuüben, daß er seine besten Räte zu Franz sandte. Franz war auf dem Wege nach Marseille, um sich mit Clemens zu treffen: bei dieser Unterredung konnte er, so spät es war, dem Papsttum die Daumschrauben anlegen und Scheidung wie Heirat sanktionieren lassen. Heinrich war hoffnungsvoll: er glaubte, alles ruhe nur in Franzens Hand.

XLVII

Die Kräfte, die Heinrich entgegenarbeiteten, waren jedoch der Natur der Sache nach ungeheuer stark. In kurzer Zeit kamen sehr ungünstige Nachrichten aus Marseille und erweckten in ihm einen kindischen und furchtbaren Zorn. Gardiner schrieb, der Papst habe sich nicht umstimmen lassen. »Heinrich wurde bleich vor Wut und knüllte Gardiners Brief zusammen; er rief aus, er sei verraten, und der König von Frankreich nicht der treue Freund, für den er ihn gehalten. Eine ganze Weile fuhr er fort, den Papst zu beschimpfen, und konnte seinen Gleichmut nicht wiedergewinnen.«

Franz konnte nichts dafür. Bei der Unterredung, die er ein Jahr früher mit Heinrich gehabt, hatte er versprochen, Clemens zu bearbeiten. Als Heinrich vorschlug, er sollte seinen jüngeren Sohn mit Clemens' Nichte verheiraten, hatte er den Gedanken verächtlich von sich gewiesen. »Eher würfe ich meinen Sohn ins Feuer und sähe zu, wie er verbrennt, als daß ich zu einer so niedrigen Verbindung meine Einwilligung gäbe.« Das hatte er gesagt. Aber Tatsache war, daß er sich zu der Partie entschlossen hatte, um ein Gegengewicht gegen Karl zu haben, und diese bevorstehende Heirat war es, die ihm ermöglichte, für Anna und Heinrich stark ins Feld zu ziehen. Er wußte natürlich, daß das Schwert der Exkommunikation vom Vatikan bereits entblößt war, aber er wußte auch, daß derartige Schwerter ihre Scheiden haben, und daß Clemens, wenn er das Schwert mit der einen Hand zückte, die Scheide nicht aus der andern ließ.

Clemens war jedoch nicht in wohlwollender Stimmung. Er war nicht mehr der liebenswürdige, unerfahrene Mensch mit den wunderbaren Augen. Er war ein Greis mit langem Bart und grauer Gesichtsfarbe, den das Magenübel, an dem er krankte, oft jähzornig machte. Er hatte in Bologna Karl getroffen, der, um Deutschland zu beruhigen, ein unerwünschtes allgemeines Konzil vorschlug. Die Begegnung mit Franz war ihm angenehmer; sie brachte ihm die Möglichkeit, seine Nichte Katharina de Medici als Königin von Frankreich zu sehen. Er hatte die Zeremonie in Nizza abhalten wollen, aber es war so unerträglich heiß, daß seine Ärzte ihm vorschlugen, sie im Oktober in Marseille stattfinden zu lassen.

Und doch war er jetzt sehr erhitzt nach einer stürmischen Seereise angekommen und hatte im Garten schlafen müssen. Mit sich führte er seine beiden tüchtigsten Kardinäle und seine beiden Maitressen. Sein Besuch glich eher dem eines Fürsten als eines Priesters.

Man hatte die englischen Interessen zuerst Norfolk anvertraut. Aber als Norfolk von der Exkommunikation erfuhr, erbleichte er, und so waren es Gardiner und Bonner, die in Marseille eintrafen, um Heinrichs Geschäfte wahrzunehmen und den Versuch zu machen, die Verzeihung des Papstes zu erlangen.

Clemens war auf Heinrich persönlich böse. Er hatte erfahren, daß nach der Krönung Männer, die als Kardinäle verkleidet waren, die Straßen von London zu Pferde durchzogen und Prostituierte oder Hanswurste vor sich auf dem Sattel hielten. Das hatte ihn erbittert. Er fertigte Gardiner kurz ab und wartete auf Heinrichs Unterwerfung.

Bonner brachte ihm die temperamentvolle Antwort des Königs von England, die er geschrieben hatte, nachdem er Gardiners Brief zerknüllte, und als Clemens Heinrichs großschnäuzige, prahlerische Worte hörte, kochte er vor Zorn. Heinrich drohte ihm, ebenfalls ein allgemeines Konzil einzuberufen! Während diese Worte vorgelesen wurden, »rollte Clemens sein Taschentuch unausgesetzt zusammen und entfaltete es wieder, was er niemals tut, außer er sei bis ins Herz von großer Wut erfaßt«. So gereizt er aber war, begnügte er sich dennoch mit ironischen Zwischenrufen wie etwa: »Wie wahr!« – »Sehr richtig bemerkt.« »O du gütiger Gott!« – »Ein bewunderungswürdiger Prozeß und dergleichen Urteil.«

Während man Heinrichs Bitten vorlas, kam der lange, langnäsige Franz ins Zimmer. Er wandte dem englischen Bischof den Rücken und plauderte und lachte mit Clemens dreiviertel Stunden lang. Sie trennten sich mit »viel Höflichkeit«, indem Clemens ihn hinausbegleitete und Franz ihm wehrte.

Nun war es an Franz, den Engländern eine Moralpauke zu halten. »In dem Maße, als ich mich mühe, den Papst zu gewinnen«, sprach er, »müht Ihr Euch, ihn zu verlieren. Ich ging zum Papst, um in Eurer Sache einen Versuch zu machen, und als ich hinkam, fand ich einen vor, der über die Sache berichtete; und als mir der Papst sagte, was es sei, schämte ich mich nicht wenig, daß ich so wenig davon wüßte. Ihr seht die Folgen Eurer Wünsche. Ihr verlangt ein allgemeines Konzil, und dasselbe verlangt der Kaiser; ich arbeite daran, den Papst vom Kaiser abzubringen, und Ihr treibt ihn in seine Arme. Es ist klar: Ihr habt alles verdorben!« Er rang die Hände und sagte, er würde viel Geld drum geben, hätte er sich nie in die Sache gemischt.

Die Unterredung von Marseille warf Heinrich die Tür zum Vatikan vor der Nase zu. Anna Boleyn ließ sich dadurch gar nicht stören. Sie glaubte noch immer an die Franzosen. Sie hatte gefürchtet, man könne die Scheidung wieder aufs Tapet bringen und sie machte sich nichts aus einer Versöhnung mit Rom. Aber Heinrich nahm es ganz anders auf. Er war gleichzeitig verärgert und trotzig, zornig und nachdenklich. Er sah mit Mißvergnügen Unruhen in England voraus, während Anna ihn munter gegen Katharina und ihre Anhänger aufhetzte.

XLVIII

Im Jahre 1534 stand Heinrich für Anna unter Waffen. Weder der Widerstand des Vatikans noch die Schwäche der Franzosen hatten ihn nennenswert entmutigt; er fuhr in seinem entschlossenen Programm fort. Gewissen Lutheranern der bescheideneren Gattung war wegen Ketzerei der Prozeß gemacht und sie waren verbrannt worden, aber das hinderte ihn in seinem leidenschaftlichen Zorn auf Clemens nicht, sich den kühnen Vorschlägen Cromwells zu fügen. In der Frage der Erbfolge hatte das Parlament ohne Aufruhr nachgegeben; die Krone war nun ein für allemal Annas Kindern gesichert und Heinrich stand ihr treu bei all der persönlichen Zähigkeit zur Seite, die sie anwandte, um Maria unterzukriegen.

Das Erbfolgegesetz war der Kranz auf dem neuen Hause, das sie und Heinrich gründeten, aber es hatte ein strafgesetzliches Nachspiel. Thomas More, den Heinrich so oft geehrt und dessen Witz und Eigenart ihn so oft entzückt hatten, der in früherer Zeit ihn und Katharina auf die Dächer zu führen, ihnen von den majestätischen Gesetzen der neuen Wissenschaft Astronomie zu erzählen und ihnen den Rhythmus der Sterne zu weisen pflegte – More also wurde verhaftet, und zugleich mit ihm der alte Bischof und Feuerkopf Johann Fisher. Diese beiden Männer, die großen Säulen der katholischen Tradition, brachen keinen Streit mit dem Parlament vom Zaune, weil es ein Gesetz über die Erbfolge angenommen hatte, aber als das Gesetz es auf sich nahm zu erklären, daß Cranmers Scheidung gültig sei, konnten weder More noch Fisher als ehrliche Menschen sich einverstanden erklären. Es sah Heinrich und Cromwell ähnlich, eine so heimtückische Falle zu stellen, so wie es More und Fisher ähnlich sah, mit offenen Augen sich darin fangen zu lassen. Nun saßen sie als Geiseln des Krieges mit dem Vatikan im Tower.

Dies waren Siege, aber Anna war nicht damit zufrieden. Sie forderte eine heftigere Offensive und noch umfassendere Siege, vielleicht weil sie sich der tiefen und begründeten Schwierigkeiten ihrer Rolle als Königin bewußt war. Sie war toll genug zu erklären, daß, wenn Heinrich im Juni zu Besuch zu Franz reiste und sie als Regentin zurückbliebe, sie einen ausreichenden Anlaß finden würde, Marie hinzurichten.

Diese Heftigkeit wurde durch Heinrichs reizbare Stimmung nicht verringert. Obwohl er im öffentlichen Leben treu zu ihr hielt, erschreckte ihn das Bewußtsein, daß Wind und Gezeiten ihm gerade entgegenliefen, und obwohl er seinen Kurs innehielt, ließ er eine gefährliche Erbitterung in sich hochkommen. Er konnte die Frau, für die er seiner Ansicht nach diese großen Opfer gebracht hatte, nicht mehr mit romantischen Blicken betrachten. Er fing an, sie im harten, platten Lichte des langen Ehenachmittags zu sehen.

Bisher war Annas Geschicklichkeit auf keine so schwierige Probe gestellt worden. Von Natur kecker und offener Gemütsart, glaubte sie an sich und ihre Fähigkeit, alles durchzusetzen; sich zu zügeln lag jedenfalls nicht in ihrer Veranlagung. Sie wollte nicht glauben, daß Heinrich ihrer müde sei, und sie sagte sich, daß er nichts anderes nötig habe um den Feind zu vernichten, als mehr Mut und mehr Kühnheit.

Es war ihre Methode, alles mitzureißen, aber diese Methode zog die Schwierigkeiten ihrer Lage nicht in Betracht.

Sie war die junge Gattin eines geschiedenen Mannes. Als sie Heinrichs Geliebte war, konnte sie auf das Joch, das ihn drückte, hinweisen und seine Phantasie und sein Mitleid mit sich selbst so weit erregen, daß er die Frau, die er nicht liebte, verstieß. Als sie ihn aber heiratete, selbst die gesetzmäßige Gattin wurde und die schweren Verpflichtungen übernahm, ihm als Königin seiner Untertanen und als Mutter seiner Kinder öffentlich Genüge zu tun, setzte sie sich tödlichen Gefahren aus. Freilich war sie dem groben Schicksal einer pensionierten Maitresse wie Elisabeth Blount entgangen und hatte ein farbloses Ende vermieden wie das der Johanna Shore, die so entblößt war wie ein abgeerntetes Feld. Aber indem sie in Katharinas Fußtapfen trat, trat sie in Wirklichkeit in Katharinas Fesseln. Schlimmer noch: sie hatte sich eigene Unannehmlichkeiten bereitet. Und es blieb Heinrich unbenommen, jeden Augenblick sein ganzes Schuldenkonto auf den Namen des hoffnungsvollen jüngeren Kompagnons zu übertragen, der leichtfertig versprochen hatte, Wunder zu wirken.

Heinrich war kein feiner Kopf. Ihm fehlte der geheime Trost, den Anna ihm als Geliebte gegeben hatte. Sie hatte eine warme Leere zurückgelassen, die er wie das Fehlen eines Rauschmittels, an das sie seine Nerven gewöhnt hatte, empfand, und triebmäßig wandte er sich an eine neue Verehrerin, in deren Augen er wie im Äther schweben konnte. Er brauchte sich nur umzusehen und hatte sie schon gefunden.

Innerhalb eines Jahres nach ihrer Krönung sah Anna, wie unruhig und nervös Heinrich war, aber sie glaubte nicht sofort, daß sie eine Rivalin habe. Die Neuigkeit wurde von Chapuys aufgelesen und dem Kaiser berichtet, um ihn aufzuheitern. Anna selbst erfuhr sie durch die Gattin ihres Bruders, Lady Rochford, deren Begabung im Schnüffeln beträchtlich war. Wer das Mädchen war und wie weit es gegangen sei, wie lange es dauern würde — das waren alles unwichtige Einzelheiten, verglichen mit der abscheulichen Tatsache, daß es ein Mädchen gab, ein sehr bescheidenes freilich, aber eine Angehörige der Gegenpartei.

Was sollte Anna anfangen? Sie wußte, daß niemand trotziger und streitsüchtiger sein würde als Heinrich, wenn sie ihm diese Zerstreuung vorhielt. Er hatte die fixe Idee, daß er ein treuer und gewissenhafter Mensch sei. Wenn man ihm jedoch mißtraute und ihn behelligte, ihn bewachte und ausspionierte, ihn kontrollierte und überhaupt behandelte, als sei er nicht gewissenhaft und loyal, dann trieb man ihn von selbst dazu, sich zu behaupten. War er nicht ein Mann wie alle anderen?

Angesichts dieses Risses in ihrer Verbindung ergriff Anna drastische Schritte.

Heinrich hatte vorgehabt, den Kanal zu überschreiten und sich um seinen Bruder Franz zu bemühen, aber Anna sagte ihm, sie sei von neuem schwanger. Dies war die beste Nachricht, die man ihm geben konnte. Als Mutter eines Erben konnte sie ihm eine dauernde und starke Befriedigung gewähren, und in dieser glücklichen Aussicht ließ er das Tändeln und wurde wieder zum treuen Gatten. Um die Königin mit seinen Untertanen zu teilen, gab er also den Gedanken auf, sie zu verlassen – und das Leben der Prinzessin Marie aufs Spiel zu setzen – und machte sich mit ihr auf, um durch die Midlands eine Sommerreise zu unternehmen.

XLIX

Annas kühnes Vorgehen hätte bei Heinrich Erfolg haben können, wäre ihr das Glück hold gewesen, aber sie begegnete unerwarteten Hindernissen. Sie hatte ihren Einfluß auf den jungen Northumberland nicht verloren. Kürzlich war sie mit einem der katholischsten der nordenglischen Adligen aneinandergeraten, und Northumberland hatte es durchgesetzt, daß dieser Adlige, Lord Dacres, des Hochverrats angeklagt wurde. Die Stunde für einen derartigen Prozeß schien günstig. Ein Jahr vorher hatten Cromwell und Cranmer Elisabeth Barton unschädlich gemacht, und da eine lange Liste von Katharinas Anhängern den grellen Prophezeiungen der hysterischen »Nonne von Kent« gelauscht hatten, war gut befunden worden, sie zu verurteilen und zu verbrennen. Dacres jedoch wurde von seinen Pairs der Prozeß gemacht und wenn es irgend etwas gab, was die schreckliche Erinnerung an Buckinghams Schicksal vergessen machen konnte, war es der Haß gegen Anna Boleyn. Zum Erstaunen aller hatten die Lords den Mut, Dacres freizusprechen. Eine derartige Auflehnung war in den Zeiten der Tudors etwas Unerhörtes. Heinrich und Cromwell mußten sich eingestehen, daß Annas Thronbesteigung höchst unerwünscht war.

Gerade in diesem sorgenvollen Augenblick beging Annas ältere Schwester Marie die einzige Handlung, die eine reizende Witwe vier oder fünf Jahre nach dem Tode ihres Gatten nicht so leicht erklären kann: man merkte ihr an, daß sie Mutter war. Anna und Heinrich waren auf der unerreichbaren Höhe ihres Egoismus wütend auf sie und vertrieben sie von Hofe. Alle Boleyns und Norfolk verstießen sie. Nur an Cromwell, der jedermanns Unglück zu zynischen und wucherischen Bedingungen aufnahm, konnte sie sich mit Sicherheit wenden. Der Mann im Spiel war diesmal ein Zeremonienmeister namens Stafford. »Überleget eines, lieber Herr Sekretär: daß er jung ist und die Liebe stärker war als die Vernunft. Und ich meinerseits sah in ihm so viel Redlichkeit, daß ich ihn ebenso liebte wie er mich; und bedachte, daß ich in Sklaverei lebte und gern in Freiheit gelebt hätte; und ich sah meinerseits, daß alle Welt so wenig auf mich hielt, und er so viel, daß ich bei mir dachte, ich könne nichts Besseres tun als ihn zu nehmen, alles andre aufzugeben und mit ihm ein armes, aber redliches Leben zu führen; und ich zweifle auch nicht, daß wir es vermöchten, wenn wir nur die Gnade des Königs und der Königin wiedergewännen. Wohl hätte ich einen Mann von höherer Geburt und Rang bekommen können, aber das versichere ich Euch: niemals einen, der mich mehr liebte, noch einen redlicheren Mann. Ich würde lieber mit ihm betteln gehen als die größte Königin der Christenheit sein.«

Maries Notlage, in der sie einer Frau glich, die vom Schiffbruch gerettet wird und keinen Fetzen noch Stüber ihr eigen nennt, rührte nicht an das wunde Herz ihrer Schwester.

Im September mußte Anna Heinrich gestehen, daß sie kein Kind erwarte. Er fiel sofort mit elementarer Einfachheit in seine Liebelei zurück. Annas Zorn über die Erneuerung seiner Beziehung zu einer Feindin trieb sie zu dem Versuch, das Mädchen vom Hof zu verbannen, aber Heinrich parierte mit einer brüsken Gegenorder, erinnerte Anna mit rohen Worten, daß ihre Autorität sich ausschließlich von ihm herschreibe und befahl ihr zu bedenken, woher sie stamme. Sein Ton war sinnlos verärgert. Anna entgegnete, indem sie die giftige Lady Rochford dazu benutzte, das Mädchen hintenherum unmöglich zu machen, aber dadurch wurde Heinrich so erbittert, daß er seinem Zorn die Zügel schießen ließ und Lady Rochford im Tower gefangensetzte.

Die Schwierigkeiten, die einem polygam veranlagten Menschen von einer tyrannischen Frau gemacht werden, waren jedoch nur eine der Ursachen seiner Reizbarkeit. Während Cromwell damit beschäftigt war, ihn auf der Straße, die von Rom fort führte, vorwärts zu treiben, und das Parlament langsam an den Gedanken gewöhnte, Heinrich zum Oberhaupt der Kirche in England zu erklären, hatten die Franzosen ein häßliches Manöver begonnen – sie hatten den alten Vorschlag einer Heirat mit Marie wieder aufgenommen. Es war richtig, daß Clemens einen körperlichen Zusammenbruch erlitten hatte und schließlich im September gestorben war. Die Bevölkerung Roms zeigte, daß sie sich der Plünderung Roms noch bitter erinnerte: die Leiche wurde beschimpft und durchbohrt. Der neue Papst, ein Farnese, der siebenundsechzig Jahre alt war, Heinrich aber dennoch überleben sollte, nahm den Namen Paul III. an; er war weit geneigter, sich mit Heinrich gut zu stellen, als Clemens. Aber diese Veränderung zum Guten in Rom wurde wettgemacht durch Franzens augenfällige Überzeugung, daß es gefährlich sei, nicht mit dem Katholizismus und mit Karl gemeinsame Sache zu machen. Franz hatte versucht, sich mit den Türken und den deutschen protestantischen Fürsten zu verbünden. Aber er erschrak vor der Kampfansage gegen den Absolutismus, die von Zeit zu Zeit aus Deutschland wetterleuchtete. Mit einemmal bekam er es mit der Angst vor der Ketzerei. Aus diesem Grunde und angesichts Heinrichs antipäpstlicher Neigungen fing er an, einen französischen Gatten für Marie vorzuschlagen, und gab seinen Abgesandten Order, die Boleyns von oben herab zu behandeln. Das ewige diplomatische Rad hatte eine neue Umdrehung begonnen.

Anna hatte alles davon zu fürchten. Solange Franz ihr beistand, solange er sie nicht verriet, indem er sich mit Karl verbündete, konnte sie immer hoffen, mit Heinrich fertig zu werden. Aber wie sollte sie mit Heinrich fertig werden, wenn Karl, Franz, der Papst ihre Gegner waren?

England konnte von der Offensive gegen den Vatikan nicht mehr zurück. Da Fisher und More im Gefängnis saßen, die Suprematsakte in Cromwells Wams steckten, war Franzens Anfall von Katholizismus ganz dazu angetan, Anna Herzklopfen zu machen. Aber die Möglichkeit, Franz zu verlieren, schien ihr unendlich viel weniger drohend und augenfällig als die Möglichkeit, Heinrich zu verlieren. Wie sehr diese Möglichkeit sie brannte, zeigte sie auf einem Galaball, der anfangs Dezember stattfand. Sie war im Gespräch mit dem zu Besuch gekommenen französischen Gesandten, der ihr nicht wohlgesinnt war, als Heinrich sie verließ, um einen anderen französischen Abgesandten herbeizurufen. Plötzlich und ohne sinnfälligen Grund fing sie auf ihre tolle und unmäßige Art zu lachen an. Der Franzose, der sich seiner eigenen Feindseligkeit bewußt und ohnehin sehr gegen sie aufgebracht war, fragte in Hitze: »Sieht Madame etwas Lächerliches an mir, oder was sonst?« Anna lachte, ohne zu antworten. Dann riß sie sich zusammen und bat ihn um Verzeihung. »Er ist weggegangen, um den Admiral zu holen«, keuchte sie, »aber er hat eine Dame getroffen und ganz vergessen, wozu er fort ist!«

L

Vor seiner Verhaftung, und während Cromwells Agitation gegen das Papsttum auf dem Höhepunkt stand, hatte Thomas More mit seinem alten Freunde Norfolk eine Unterredung.

»Bei der Messe, Herr More«, sagte der wortkarge Sünder, »es ist gefährlich, gegen Fürsten zu streiten; ich wollte, Ihr beugtet Euch in etwas dem Willen des Königs. Denn, beim Leibe Christi, Herr More: *indignatio principis mors est.*«

Wenn der Geheime Rat einen frommen Wahlspruch hatte, so war es dieser: Die Ungunst des Königs ist der Tod. »Ist das alles, Mylord?« gab

More zurück. »Gibt es in Wahrheit zwischen Euer Gnaden und mir keinen größeren Unterschied, als daß ich heute sterben werde und Ihr morgen?«

Mores Humor bebte ein wenig, war aber dennoch tief und klug und stoisch. Während er mit dem König alterte und sich stillschweigend weigerte, Heinrich in den Lügen zu bestärken, die der König zu glauben wünschte und zu glauben nötig hatte, war ihm nicht verborgen geblieben, wie die Temperatur fiel und das königliche Lächeln einfror. Er hatte gehört, daß der König sich nur davon hatte abbringen lassen, ihn in die armseligen Verrücktheiten der Nonne von Kent zu verwickeln, weil die Ratgeber vor ihm niederknieten und von ihm, Thomas More, als einer Gestalt von europäischer Bedeutung sprachen. More vertrat eine gewisse wirkliche Ordnung, die Anna und Heinrichs Pläne zunichte machte, und aus langer und trüber Erfahrung der Methoden, die das Haus Tudor anwandte, wie er sie seit der Gefangennahme seines eigenen Vaters durch Heinrichs Vater kannte, konnte er nur den Kopf schütteln, als seine Lieblingstochter Grete sich über seinen vorübergehenden Sieg freute. Er kannte seinen Heinrich zu gut.

Trotzdem erschrak er, als die Nachricht eintraf, er solle in Lambeth erscheinen. Mit niedergeschlagenen Augen und schwerem Herzen nahm er schweigend im Boote Platz, mit ihm sein Schwiegersohn Roper und vier Diener, die ihn von Chelsea nach Lambeth ruderten. »Wir saßen eine Weile still und traurig da, bis er mir endlich ins Ohr flüsterte. ‚Roper, mein Sohn, ich danke dem Herrn, der Kampf ist gewonnen.‘«

Während der Machenschaften, die auf Mores Verhaftung folgten, wahrte er seine Haltung. Zuerst schien es, als müßten seine »taktvollen bedingten Antworten« alle Versuche, ihn in die Ecke zu treiben, zuschanden machen. Bei More wandte Heinrich seine Künste der Verführung und Zermürbung ebenso an wie bei Katharina, aber während Katharina jeder Forderung mit einer unbeugsamen Weigerung begegnete, nahm Thomas More Cromwell und Norfolk und Suffolk und Audley von der humorvollen Seite; er ließ sie ihr Sprüchlein aufsagen und kehrte es dann auf launige Weise um. Von allen Rabulisten, die auf Heinrichs Seite standen, war der einzige Cranmer ihm überlegen. Wie More zugab, konnte dieser kurzsichtige Schreiber theologische Spitzfindigkeiten entdecken, die einem normalen menschlichen Auge verborgen blieben.

Indessen war der Konflikt zwischen Heinrich und Thomas More ein Konflikt der Zivilisation, ein Konflikt der Grundsätze, ein Konflikt der Willensäußerungen. Ein neuer Gärstoff, der Gärstoff des Nationalismus, des Handels, der Möglichkeiten des wirtschaftlichen Individualismus, hatte angefangen, die Gesellschaft zu zersetzen und die mittelalterliche Einstellung zu zerstören. Thomas More war wie Johann Fisher Humanist gewesen; er hatte an Rom Kritik geübt, bis er bemerkte, daß es in Gefahr stand zusammenzubrechen und in seinem Sturz die kostbare geistige Tradition einer von oben regierten Gesellschaft mitzureißen. Als aber diese

Gefahr sich wirklich einstellte, als es zu wählen galt zwischen der päpstlichen Religion Christi, die Luther angriff, und der Willkür Heinrichs und der Meute übler und rücksichtsloser Instinkte, die Cromwell sich im Stall hielt und mit denen er jagte, da vergaß More seinen Eifer, die Kirche zu reformieren, über dem größeren Eifer, seinen Herrn zu lieben, ihn zu erheben, ihm zu dienen.

Als junger Mann hatte er die ältere Schwester geheiratet, um sie nicht durch die Werbung um die jüngere, der tatsächlich sein Herz gehörte, zu verletzen. Als Greis wählte er in demselben Geist der Entsagung zwischen Humanismus und Papsttum — er wandte der reizenden jüngeren Schwester den Rücken und gab sich der älteren zu eigen. Während Cromwell die Kirche als faule Knochen betrachtete, die wie die Gliedmaßen von Bettlern in stinkenden Lumpen aufeinander lagerten, träumte Thomas More von der Gemeinschaft, welche die Kirche beschattete. Und während Cromwell nach seinem Aufenthalt in Italien wieder sein Raubtiergrinsen über das Christentum aufgesetzt und sich seinem Glauben überlassen hatte, daß die christliche Liebe noch immer ein Phantom sei und das Unwägbare, Unfaßbare und Ungreifbare nichts als Erfindungen, durch welche die Fürsten die Menschheit erheben, während sie ihr die Taschen ausplündern, war Thomas More um seine eigenen Taschen so wenig besorgt, daß er diese rohe Anschauung weit von sich wies; sah er doch, daß die Qual und das Leiden Christi noch immer keinen anderen Lohn erfuhr als die Schläge und den Spott, den Geifer und die Beschimpfungen der Menschheit; einer Menschheit, die so leichtfertig war, daß sie ihre wahre Bestimmung, die Erlösung, noch immer um ein paar bunt glänzende Nichtigkeiten oder ein paar Stunden müßiger Wollust in den Wind schlug.

Die Überzeugungen, die Thomas More hegte, waren für Heinrich bitter wie Galle. Während er sich Cromwells bediente, verachtete er ihn: er selbst behauptete ebenso wie sein früherer Kanzler, ein wohlgeordnetes Gewissen und christliche Liebe zu besitzen. Von More jedoch konnte er nicht die innere Achtung erlangen, um die sein Gewissen sich abkämpfte. More verweigerte ihm die Prise Weihrauch. Deshalb wurde die lange Haft im Tower verschärft durch Entbehrungen und Not, durch andauernde Nadelstiche und Angebote von Kompromissen, Versuche, ihn zu Argumenten zu verleiten und seinen Geist aufs Glatteis zu führen.

Hier aber war einer, dem der König nicht den Messias bedeutete, ein Mann von moralischem Mut und glasklarer Seele. Er wies trocken auf den Charakter eines Herrn Rich hin, des späteren Lord Rich, der versucht hatte, ihn beim »Zusammenpacken der Bücher« und in »vertraulicher geheimer Rede« zum Hochverrat zu verleiten. Er führte seine Sache als früherer Lord-Kanzler mit einer Kenntnis der rechtlichen und moralischen Geltungen, die der König selbst ihm längst bestätigt hatte. Aber das Urteil »Schuldig« war ihm vorherbestimmt. More hörte es stehend mit an; er sprach von jenen, die den Steinigern des Heiligen Stephan die Kleider gehalten hätten, und sagte seinen Richtern: »Obwohl Ihr Herren nun auf der Erde mir als Richter das Urteil gesprochen habt, können wir trotzdem alle froh im Himmel wieder zusammentreffen, zu unserem ewigen Heile.«

Auf dem Wege zum Tower war seine Tochter Grete am Hafen, und als sie sah, daß er an Land ging, lief sie durch die Wache, die ihn mit Hellebarden und Piken umgab, »warf ihm die Arme um den Hals und küßte ihn«. Sie folgte ihm, durchbrach noch einmal die Wache und umarmte ihn. Am nächsten Tage schrieb er ihr mit Kohle die Stunde seiner Hinrichtung auf. Sie sollte am Vorabende des Thomastages stattfinden, »an einem Tage, der sehr geziemend und passend ist für mich. Und nie habe ich deine Manieren angenehmer empfunden, als da du mich zuletzt küßtest. Denn ich liebe es, wenn töchterliche Liebe und treue Barmherzigkeit keine Muße findet, sich um die weltliche Höflichkeit zu kümmern.«

Heinrich sandte ihm eine letzte Botschaft, »daß Ihr bei Eurer Hinrichtung nicht viel Worte machen sollt«.

More dankte dem Boten, und bat, daß es Margarete gestattet sei, am Begräbnis teilzunehmen, wozu der König seine Zustimmung gab.

Der Bote, Sir Thomas Pope, brach in Tränen aus; More tröstete ihn. »Beruhigt Euch, lieber Herr Pope, und nehmet Trost an. Denn ich hoffe, daß wir uns dereinst im Himmel guten Mutes wiedersehen.«

Als man ihn aufs Schafott führte, war es so leicht erbaut, daß es unter ihm nachgab. Er sagte zu dem Leutnant: »Ich bitte Euch, ich bitte Euch, Herr Leutnant, führt mich sicher hinauf; das Herunterkommen könnt Ihr mir überlassen.«

Dann kniete er nieder und wurde hingerichtet.

Sein Kopf wurde auf der London Bridge gepfählt, aber diese Schande war unerträglich. Margarete fand sich in der Nacht ein, erstieg die Pfähle und trug in ihren liebenden Armen das klägliche Zeichen von Heinrichs Herrschgier fort.

LI

Thomas More wurde nicht allein hingerichtet. Während er und Fisher im Tower saßen, wurden die Mönche des Charterhouse-Stifts aufgefordert, Heinrich als Oberhaupt der Kirche anzuerkennen. Sie weigerten sich. Von denen, die nicht nach Tyburn geführt wurden, gingen einige in den verseuchten Kerkern des Tower zugrunde, andre, die an Pfosten gekettet und ohne genügend Wasser und Brot gelassen wurden, starben an Hunger und Vernachlässigung. Die drei Prioren, die wegen Hochverrats zum Tode verurteilt wurden, blieben bei ihrem Hochverrat: sie wurden halberstickt vom Galgen genommen, ihr Leib geöffnet, die Eingeweide herausgerissen und abgeschnitten; nach dem Tode verstümmelte man die Leichen noch mehr. Dies geschah zu Tyburn in Gegenwart von Annas Vater und Heinrichs sechzehnjährigem Sohn, von Norfolk, Suffolk und Norris. Das Seitenstück zu diesen Hinrichtungen war das Lebendigverbrennen von beinahe zwanzig Wiedertäufern, die aus Holland gekommen waren, weil sie glaubten, Heinrich stehe noch mit ihnen im Bündnis. Derartige Taten erzählte man sich mit viel Entsetzen in Paris, obwohl es erst wenige Monate her war, daß Franz und seine Kinder singend einen Umzug veranstaltet hatten, während mehrere Lutheraner vor Notre Dame zu Asche verbrannt wurden.

Johann Fishers Ende ging menschlicher vor sich. Während er im Tower saß, war der neue Papst töricht genug, ihn zum Kardinal zu ernennen. »Ich werde den Kopf um den Kardinalshut nach Rom senden«, sagte Heinrich mit grimmigem Humor. Aber der alte Bischof wurde nicht gemartert. Er wurde schnell und barmherzig enthauptet.

Heinrich schienen diese Erfahrungen sehr anzugreifen. Noch immer Katholik, obgleich er den Bischof von Rom nicht anerkannte, nahm er sich den Widerstand der Papisten sehr zu Herzen. Der Name des Papstes war aus dem Gottesdienst und dem Gebetbuch entfernt worden, aber er blieb auf den Lippen der Männer, die vielleicht das Problem nicht mit dem gleichen Erfolg studiert hatten wie Heinrich, und denen man bei ihrer Scheidung gewiß keine Schwierigkeiten gemacht und keine Demütigungen zugefügt hatte. Er war gequält, jähzornig, brüsk und trotzig. Wenn die Welt ihn angreifen wollte, war er bereit, sich zu verteidigen. »Ich werde die Prophezeiung wahr machen«, sagte er, »daß ich meine Regierung so sanft antreten würde wie ein Lamm, und rasender werden würde als ein Löwe!«

Niemand konnte mehr mit ihm fühlen als Anna Boleyn. Soweit die Katholiken in Frage kamen, hatte sie nichts gesehen oder gehört, das zu ihren Gunsten sprach. In der Öffentlichkeit nannte man sie die »Hure mit den vorstehenden Augen«. Immer wieder wurde sie verhöhnt und beschimpft, und selbst in der amtlichen Korrespondenz der Kaiserlichen wurde sie als Konkubine bezeichnet, während ihre Tochter stets den Namen »Bastard« oder »Kleiner Bastard« führte. Als sie sich mit Norfolk kurz nach Weihnachten stritt, rannte er mit den Worten: »Die große Hure!« hinaus. Ihre Gegner lehrten den Hofidioten sagen: »Anna ist eine Dirne, das Kind ist ein Bastard.« Diese Gemeinheiten hatten nicht die Macht, ihr zu schaden, aber sie glichen einem Vorhang aus Wetterleuchten am Horizont, sie zischten ihr um die Ohren und deuteten auf Gewitter.

Wäre sie Heinrichs durchaus sicher gewesen, so hätte sie die Beleidigungen abschütteln und energisch erwidern können. Aber es war nun so weit, daß sie sich in peinlicher Ungewißheit befand. Die ersten sechs Monate des Jahres 1535 hatten sie die grausame Wahrheit, mit der Heinrich sie beleidigt hatte, bitter fühlen lassen: er hatte sie erhoben, es stand in seiner Macht, sie zu stürzen. In seinen selbstzufriedenen Stimmungen sah Heinrich so offenkundig über die zornige Mißbilligung hinweg, die sie seiner Liebelei mit der bescheidenen kleinen Hofdame entgegenbrachte, daß sie auf den Gedanken kam, ihre eigene hübsche Cousine Magdalene Shelton mit ihm zusammenzubringen, um ihn vom feindlichen Lager abzuziehen. Es gelang ihr auch, aber es war ein verzweifeltes Auskunftsmittel.

Sie versuchte alles andre, um ihn festzuhalten. Da er noch immer mit theologischen Fragen rang, rüstete sie sich, ihm zu helfen. Sie las die neuerschienenen Bücher für ihn, bezeichnete die Stellen, die er verarbeiten sollte, mit dem Daumennagel, und suchte unter deren Leitung zu seinem Nutzen in dem unendlichen trübsinnigen Zwielicht herum, wo die grauen Ungetüme, die davon leben, daß sie der Religion das Herzblut aussaugen, sich in ihrem chimärischen, ewigen Kampfe krümmen.

Diese Versuche, ein gemeinsames Leben zu gründen, waren nicht besonders erfolgreich. Heinrichs Arzt hatte dem Arzt der Prinzessin Marie gesagt, das einzige Mittel, Heinrich zu Vernunft zu bringen, sei, ihn etwas krank werden zu lassen. Anna war eben dabei, sich davon zu überzeugen. Aber noch wußte sie nicht das Schlimmste: er hatte bereits bei einigen seiner treuesten Ratgeber sondiert, ob es zweckmäßig sei, sich ihrer zu entledigen. Wie wäre es mit einer Scheidung, fragte er. Wenn Ihr Euch von ihr scheiden lasset, sagte man ihm, müßt Ihr Katharina wieder zu Euch nehmen. Schon der bloße Gedanke daran ließ ihn schweigen. Aber doch war in seinen Augen nach einer zweijährigen Ehe die Strategie einer neuen Scheidung nichts Unmögliches. Wenn er mit seinen Verwicklungen allein war wie ein Geizhals mit seinem Schatz, konnte Heinrich die junge Frau, deren Initialen er in sein Herz geschnitten hatte, aus der Distanz betrachten und sich fragen: warum soll ich mich nicht von ihr befreien, da ich doch von endlosen Schwierigkeiten, Vereitelungen, Hemmungen meines Willens umgeben bin?

Aber er vergaß diese Kühnheit, als er erfuhr, daß Johann Fisher das Schafott bestiegen und daß er tatsächlich Blut vergossen hatte. Etwas erschreckt, mit großen Augen und einfältigem Ausdruck, empfindlich bis zur Demut, wo es ihn selbst betraf, so kam er zu Anna Boleyn. Und Anna Boleyn war selig, daß sie ihn trösten konnte. Sie befahl ein Bankett, mit Schauspiel und Mummenschanz. Sie erschöpfte sich in Zerstreuungen für ihren Herrn; ihr Lächeln war stets ängstlich bereit, ihre Heiterkeit ihm gewiß.

LII

Ein Mann wie Heinrich kommt nur nach und nach in eine wirklich verzweifelte Lage. Zuerst ist er mächtig und tätig, wo es gilt, seine Kräfte geltend zu machen. Sein Benehmen ist so selbstsicher, seine Persönlichkeit so robust, seine Gesundheit so gut, daß sein Schicksal sich scheinbar bemüht, seinem jovialen und herzhaften Ruf keine Schande zu machen. In einer Welt, wo Kredit haben bedeutet, daß die Schlacht schon halb gewonnen ist, wo den Anschein des Wohlstands besitzen heißt, sich bereits auf halbem Wege zur Tatsache des Wohlstands befinden, kann der nationale Monarch, der aussieht wie ein ungemein erfolgreicher Gastwirt, ein Mann, der seine eigene gute Küche empfiehlt, indem er aussieht, als ob es ihm immer schmeckte, niemand davon überzeugen, daß er nicht ein Prachtkerl ist und ein Herz hat, das zumindest so groß ist wie sein Magen.

Man betrachte das runde, strahlende Gesicht, die lustigen Backen, die zwinkernden Augen, das goldne leuchtende Haar. Selbst als Heinrich nach den letzten Hinrichtungen sich den Schädel kahl scheren ließ und sich den Bart stutzte, konnte er der Welt nicht beibringen, daß er etwas anderes war als ein braver alter König, König Heinz der Gute, der Mensch, der eine Rinderlende verzehrt und sagt: »Erhebt Euch, Ritter Lion;« der Mensch, der aus großzügiger, jovialer, überströmender guter Laune seiner Frau den Kopf abschneidet, ha-ha. Ab mit ihrem Kopf! Ab mit dem Kopf der Nächsten! Je mehr, desto besser.

Aber dieser große vergnügte König Heinz, dieser beste aller guten Jungen, der den Spaß haben sollte, zwei Frauen das anzutun, was so viele Männer nicht einmal einer antun dürfen, ist eine der ordinärsten, hohlsten und schrecklichsten aller Illusionen. Dieser Mann mit dem großen Gesicht und den kleinen Augen, wie ihn Holbein unsterblich gemacht hat, ist keine gesunde Seele, die Frauen verbrauchte wie manche Männer Socken, mit einer gewissen munteren Zerstörungswut. Heinrich führte sein Leben nicht wie einen bäurischen Reigen, wo man sich ein Mädchen nach dem andern in den Arm schwingt und es wieder entläßt. Rabelais, in dessen gütigen Armen unser Freund Jean du Bellay sterben und nach Thelem kommen sollte, hätte diesen großartigen, rotbackigen, trillernden, trällernden Topfgucker, diesen Falstaff von einem Heinrich erfinden können. Anderswo hat er nie gelebt. Er ist der Mythos des ewigen Schuljungen, der nach dem Umschlagbild auf den Inhalt schließt.

Heinrich gefiel der Öffentlichkeit tatsächlich. Er war ein Mensch von freundlichen, liebenswürdigen und herzlichen Umgangsformen, der den Sonnenschein des Beifalls nötig hatte, und er besaß den Magnet einer leichten Einbildungskraft. Trotz seiner Leutseligkeit und seiner prachtvollen Linie, trotz monarchischen Prestiges und Elastizität war es ihm innerhalb von zwei Jahren nach Annas Krönung gelungen, sich und sein Land mitten in einen Sumpf hineinzureiten, aus dem es kein Entkommen gab. So schlau er in bezug auf sein eigenes Volk war, so fruchtbar im Erfinden von Notbehelfen, hatte er doch einen Seitenweg eingeschlagen, der die breite Straße verließ; ohne daß er die Absicht hatte, Pfadfinder zu sein, fand er sich plötzlich in seltsamen Tiefen des Dickichts und der triefenden Stille, wo ein fahles Licht in müder Gleichgültigkeit auf seine kranke und einsame Seele herabsah.

Die Lage war unbeschreiblich beunruhigend. Im Frühjahr hatte sich Karl nach Tunis eingeschifft, während die Wiedertäufer in Flandern in

Aufruhr standen, Paul III. war noch wohlwollend, die Lübecker luden Heinrich ein und boten ihm die Krone von Dänemark an, und Franz stieß Lockrufe nach einer englisch-französischen Heirat aus. Doch noch ehe der Sommer vorbei war, hatte sich die Szene verändert, und Heinrich sah sich einer gänzlich neuen Welt gegenüber. Der Tod von More und Fisher hatte auf Europa abstoßend gewirkt. Der Kaiser sagte, er hätte lieber die beste Stadt seiner Besitzungen verloren als einen Rat vom Schlage Thomas Mores. Franz, der der Renaissance mehr angehörte als Heinrich oder Karl, begriff, welche Schändlichkeit die Hinrichtung dieses schöpferischen Humanisten bedeutete. Der Vatikan war so erregt, daß Heinrichs Exkommunikation aus heißem Metall in die alten Formen gegossen wurde.

Soweit waren das keine materiellen Verluste; aber nun drang aus Tunis die Nachricht eines so herrlichen Erfolges der Waffen Karls, daß Heinrich und Cromwell bei ihrem Empfang, wie Chapuys berichtete, aussahen wie Hunde, die aus dem Fenster gefallen sind. Und wie um diesen tapferen und abenteuerlichen Sieg, der nach Europa hinüberleuchtete wie das Schimmern eines fernen, silberglänzenden, allein vollbrachten Kreuzzugs noch zu krönen, wurden die gefährlichen Wiedertäufer in den Niederlanden durch Karls tüchtige Schwester Marie geschlagen. Und dies war nicht alles. Die Deutschen, die Heinrich den Hof gemacht hatten und ihm Dänemark versprochen, hatten leere Taschen, waren besiegt und kopflos. Bei der Nachricht von Karls Sieg rüstete sich Franz, den Sieger zu feiern, bis er selbst seine Mittel sammeln und seine Waffen ordnen könne. Heinrichs Aussichten auf dem Festland waren also ganz besonders ungünstig und er mußte sich seinen Trost in der Heimat suchen.

England aber hatte keinen Trost zu vergeben. Die Einverleibung von Wales machte allerdings gute Fortschritte. Das Supremat der Kirche war durchgeführt und der Generalvikar dabei, seine alten Kräfte zu üben, indem er ein paar der schwächeren Klöster einzog. Aber das Volk war nicht glücklich, die Spitzel hatten Ungünstiges zu berichten, die moralische Stimmung war nicht gut. Lord Darcey, Lord Hussey, Lord Bray, der Marquis von Exeter — alle die verhärteten Katholiken waren beständig in Verkehr mit Chapuys, wechselten Geschenke, flüsterten Losungsworte und schmiedeten im Garten hinter Stachelbeerbüschen Komplotte. Sie waren nicht weiter bedrohlich, aber sie waren emsig wie Mücken. Die Prinzessin Marie aus dem Lande zu entführen, sie in die Arme ihres Vetters, des Kaisers, zu geleiten, war das romantische und gefährliche Abenteuer, vor dem Heinrich sich schützen mußte.

LIII

Anna ließ den Kopf hängen. Zuzeiten war sie streitsüchtig, noch öfters aber müde. Sie schrieb als Antwort auf einen freundlichen Brief von Margarete d'Angoulême, sie habe nur zwei Wünsche – einen Knaben zu gebären und Margarete wiederzusehen.

Ihr Wunsch nach einem Knaben war nicht unmöglich zu erfüllen, aber während sie Heinrich immer noch lang genug fesseln konnte, um ihm zu diesem Zwecke den Hof zu machen, mußte sie den Kummer, die Demütigung, die Schande seiner verachtungsvollen Untreue erfahren. Heinrich hatte sich, wie man wußte, von Magdalene Shelton getrennt und war eifrig dabei, sich um die Gunst jener zurückhaltenden jungen Dame zu bemühen, die zu Anna Boleyn in dem gleichen Verhältnis gestanden hatte wie Anna zu Katharina. Deshalb wurde in das Programm der Sommerreise des Jahres 1535 ein Ort in Wiltshire namens Wolfhall eingeschlossen; dort konnte Anna wieder einmal mit höflicher Bissigkeit die Rivalin betrachten, bei der Heinrichs Neigung verweilte.

Sie sah nicht aus wie die Wahl eines lüsternen oder ausschweifenden Menschen. Jane Seymour war um vier Jahre jünger als Anna Boleyn und stammte aus einer vornehmen Familie des Landadels, die noch von den Zeiten Eduards III. her einen Schuß königlichen Bluts in den Adern hatte. Der Vater war Sir Johann Seymour. Jane war das gerade Gegenteil ihrer früheren Herrin: wo Anna funkelte, war sie ruhig; wo Anna herausforderte, war sie bescheiden. Heinrich hatte sich dieser Primel von Wiltshire aus einer Regung nicht des warmen Blutes, sondern des wunden Herzens genähert, nachdem er mit seinesgleichen verheiratet gewesen war. In der Gegenwart dieses sanften Mädchens, dessen helle Augen unsicher zu Heinrich schweiften, wurden seine Nerven, die Anna in ihre ehrgeizigen, weit ausholenden Wünsche verstrickt hatte, einer nach dem anderen im Bewußtsein der Anbetung entspannt und weich. Vielleicht war die Melodie einfach, der Umfang begrenzt, das Instrument ein wenig zwitschernd, aber es lag etwas in der liebevollen Freundlichkeit, das sich in Heinrichs Adern ergoß.

Sie war erst fünfundzwanzig Jahre alt, und der König von England hatte sich zu ihr herabgelassen. Johanna hatte einen kleinen, genau umrissenen Mund, der bei dem bloßen Gedanken an eine Unziemlichkeit zuschnappte wie die Schließe eines Beutels. Aber ihre Ohren empfingen die sehnsüchtige Zärtlichkeit, die für sie und für ihn in dem verwundeten Herzen des großen Liebhabers aufstieg. Johanna heimste diesen Seufzer ein, wie eine Primel das erste vertrauliche Geflüster einer vorzeitigen Hummel einheimst. Sie war mädchenhaft, sentimental und von einem beglückenden Mangel an Ausdrucksfähigkeit. Da ihr Bruder Eduard im Heere des Kaisers gedient hatte, glaubte sie wahrscheinlich, daß Anna wirklich eine Konkubine sei.

Im Gegensatz zu Anna war sie eine feine Dame. Sie muß Heinrich bedauert haben, weil dieses nachstellerische Weib ihn durch ihre Ränke eingefangen hatte, und sie hielt ihn sicherlich für einen schwer mißverstandenen Mann.

Chapuys dagegen sah in ihr sofort eine neue »Konkubine«.

»Sie ist die Schwester«, schrieb er an einen Freund, »eines gewissen Eduard Semel, der in Diensten seiner Majestät gestanden hat; sie ist mittelgroß und niemand findet sie besonders schön. Ihre Gesichtsfarbe ist so weißlich, daß man sie recht bleich nennen kann. Sie ist etwas über fünfundzwanzig. Ihr könnt Euch vorstellen, daß sie als Engländerin und da sie solange am Hofe war, es nicht für eine Sünde hält, so lange Jungfrau geblieben zu sein. Darüber dürfte sich der König gewiß freuen ... denn er kann sie heiraten unter der Bedingung, daß sie eine Jungfrau sei, und wenn er eine Scheidung braucht, viele Zeugen finden, die das Gegenteil beschwören. Besagter Semel ist nicht sehr gescheit und gilt für recht hochmütig. Sie stand früher in Diensten der guten Königin (Katharina), und scheint der Prinzessin sehr gut gesinnt und achtungsvoll zu begegnen.«

Nach Ansicht andrer Fachleute war sie keine Jungfrau mehr. Aber Chapuys Brief, so allwissend er klingt, hatte vermutlich nur folkloristischen Wert. Ein Diplomat, der an einem feindlichen Hofe an die Keuschheit irgendeiner Frau glaubte, würde zum Augenarzt geschickt werden. Johanna Seymour nahm aber jedenfalls, auch wenn sie sie nicht besaß, diese Tugend für sich in Anspruch, und Anna Boleyn war nicht imstande, sie aus Heinrichs Gedanken zu verdrängen.

Bis nun aber stand der Gatte keineswegs in Flammen: wenn Heinrich und Anna sich zankten, so besaßen ihre Gefühle füreinander doch noch eine gewisse grobe Wirklichkeit. Bald freute sich Anna wieder darauf, ihm einen Erben zu schenken.

LIV

Von allen Dornen, die Heinrich im Fleisch staken, war Katharina der schlimmste. Schon als Karl und der Papst voll beschäftigt waren, quälte er sich damit ab, da aber Karl als größte militärische Macht der Welt aus Tunis zurückkehrte und der Papst so zornig wegen Fisher und More war, daß ein Chor von Kardinälen seine lauten Schreie nach Heinrichs Vernichtung nicht übertönen konnte, wandelte sich seine rein gefühlsmäßige Verärgerung über Katharinas Eigensinn in eine sehr reale Furcht. Anfangs November platzte Heinrich, vermutlich von Anna angestachelt, in Gegenwart seiner vertrautesten Räte heraus: »Ich will nicht mehr in dieser Sorge und Furcht und Angst leben, welche die Königin und die Prinzessin mir verursachen. Ihr müßt mich während des nächsten Parlaments davon befreien, oder ich werde, bei Gott, nicht länger warten, sondern mir selbst helfen.«

Heinrich war so heftig geworden, daß einige der Räte ihre Angst nicht verbergen konnten.

»Darüber gibt es nichts zu weinen oder Gesichter zu schneiden«, fuhr Heinrich sie an. »Und sollte ich darob meine Krone verlieren: ich werde tun, was ich mir vorgenommen habe.«

Diese hitzigen Worte, die von einem der Räte sofort an Exeter und von da an Chapuys berichtet wurden, konnten nur eine einzige Wirkung auf Katharina haben. Sie war zu viele Jahre lang seine Frau gewesen, um sich nicht ihre eigene Meinung über Heinrichs Charakter zu bilden. Sie hatte ihn immer behandelt wie eine strenge, wenn auch liebevolle Mutter, und selbst als sie ihn noch liebte und zur Erfüllung seiner Pflichten anhielt, hatte sie seine Schwäche und Unaufrichtigkeit bemerken müssen. Da sie ihn beobachtet hatte, seit er ein Knabe von zehn Jahren war, betrachtete sie ihn ohne Scheu: er und seine Räte, sagte sie, sind wie Schafe gegenüber jenen, die sich den Anschein von Wölfen geben, aber Löwen gegen alle, die sie fürchten. Da es ihr indessen unmöglich war, seinem Willen nachzugeben, ja durch seine Drohungen auch nur berührt zu werden, wandte sie sich verzweifelt an den Papst und den Kaiser um die Gerechtigkeit, die sie ihr nach ihrer Meinung verschaffen konnten.

Es war eine Haltung, die darauf berechnet schien, Heinrich rasend zu machen. Obwohl er im Kern seines Wesens damit beschäftigt war, sich an Anna anzupassen, so war er doch Katharina dadurch nicht losgeworden, daß er sie verließ. Da war sie, die »Frühere Frau«, selbst wenn er ihr den Rücken wandte, wie auf einer alten Landkarte der ewige Fluß, der die Grenzen der Welt umrandet. Katharina war nicht erledigt. Obwohl er sie freigebig mit dreißigtausend Kronen Leibrente begabte (denn er konnte ihr nicht gut ihr Vermögen vorenthalten), sie als Königin-Mutter in Kimbolton einschloß, ihr nicht gestattete, ihre eigene Tochter, Chapuys und die übrige ihr wohlgesinnte Gesellschaft zu sehen, hatte er es doch nicht durchgesetzt, daß sie die kleinste Gültigkeit in der Scheidung anerkannte. Sie hatte ihre Sache nie dadurch erniedrigt, daß sie persönlich und bitter wurde, aber da sie tief und wesenhaft katholisch war, beurteilte sie Heinrich ebenfalls als Katholiken und nahm den Riß in ihrem Leben als moralisches Unglück auf, das Heinrich mit ihr zugleich getroffen hatte. Um all die rohe Propaganda, die sie und seinen Bruder Arthur betraf, all seine Drohungen und herrischen Botschaften kümmerte sie sich nicht, wie es ihrer positiven Art entsprach. Sie war durchaus die Frau, die sich nach einer langen Ehe nicht aus formalen Gründen von einem Mann, der behauptet, er selbst sei auch tief religiös, verstoßen läßt; Verbannung, Gefängnis, Marter, Märtyrertum — nichts konnte die Spanierin dazu bewegen, sich mit dem Schwindel einverstanden zu erklären, den er unter dem Namen »Gewissensskrupel« ihr, seinem Lande und sich aufzwingen wollte.

In Heinrichs Angst vor Katharina lag etwas Kindisches. Im März hatte er sich geweigert, sie Marie besuchen zu lassen, als das Mädchen krank lag.

»Mit ihrer Tochter«, sagte er leichtgläubig, »könnte sie ein Heer anwerben und ebenso mutig gegen mich kämpfen wie ihre Mutter Isabella!«

Seine geringste Bemerkung über Katharina und Marie wurde von den Kaiserlichen wiederholt und verfälscht. Als er durch die erregten Grafen von Exeter die Drohungen erfuhr, die Heinrich im November ausgestoßen hatte, schrieb Chapuys an den Kaiser, daß er das Ärgste fürchte. Aber Karl war mit anderen Dingen beschäftigt. Die französischen Ansprüche auf Mailand waren auf mehrere Jahre dadurch eingeschläfert worden, daß seine Nichte Christine von Dänemark sich mit Sforza verheiratet hatte; nun lebten sie wieder auf, da Sforza ohne Nachkommen starb. Und wenn Franz seinen Schmerz um Mailand sich regen fühlte wie eine alte, sinnlose Liebe, fühlte sich Karl bis in seine zähflüssigen Tiefen durch seinen persönlichen Haß gegen Franz erschüttert. Diese Empfindung stumpfte sein Gefühl für Katharina ab. »Ich kann nicht glauben, was Ihr schreibt. Der König kann nicht so unnatürlich sein, die eigene Frau und Tochter töten zu lassen«, antwortete er Chapuys. »Die Drohungen, die Ihr erwähnt, können nur die Absicht haben, ihnen Angst einzujagen. Sie dürfen, wenn es sich vermeiden läßt, nicht nachgeben; wenn sie aber wirklich in Gefahr sind und es keinen anderen Ausweg gibt, dann mögt Ihr ihnen von mir bestellen, daß sie nachgeben müssen. Eine Unterwerfung unter diesen Bedingungen schadet ihren Ansprüchen nichts. Sie können einwenden, daß sie unter Nötigung und aus Angst um ihr Leben gehandelt haben.«

Als Franz einwand, daß er den Vertrag von Madrid unter Nötigung unterschrieben habe, nannte Karl ihn schlecht und feige. Jetzt, als einziger Mensch, an den seine Tante sich wenden konnte, gab er ihr ausgezeichnete Gründe, sich »*lâchemont et méchamment*« zu benehmen.

Die damals gangbaren ethischen Begriffe erachteten das Leben nach Chapuys' Meinung nicht für heiliger als ein Versprechen. Von Zeit zu Zeit gab ihm Cromwell einen Wink, daß vielleicht, wenn die Prinzessin Marie nicht mehr im Wege stünde ... es sah aus, als ob Heinrich oder Anna Boleyn daran dachten, Gift anzuwenden. Prinzessin Marie war selbst dieser Ansicht, und das teilte denn Chapuys auch seinem Herrn unaufhörlich mit. Er hatte keine deutlichen Beweise dafür, aber er war ungeheuer mißtrauisch.

Plötzlich, gegen Ende Dezember, erfuhr Chapuys, daß Katharina ernstlich erkrankt sei, und eilte nach Greenwich, um Heinrich aufzusuchen.

Er fand ihn auf dem Turnierhof inmitten seiner Höflinge. Heinrich war gegen ihn so liebenswürdig, wie nur Heinrich das verstand — und Chapuys war ganz der Ansicht Thomas Mores, Fishers und Katharinas, daß er ein wirklich liebenswerter und herzlicher Mensch sei.

Mit dem Arm um den Hals des Gesandten, wie er ihn früher um Mores Hals zu legen pflegte, ging Heinrich mit Chapuys auf und ab. Warum schrieb Karl nicht? Franz brannte darauf, den Krieg zu erklären, und er würde sich vielleicht gezwungen sehen, ihm Gehör zu geben, aber es verlange ihn, sich gegen Chapuys anständig und offen zu betragen. »Ich bin ein Engländer«, gab er zu, »ich kann nicht das eine sagen und das andere meinen.«

Ja, fuhr er fort und hielt Chapuys noch immer umfangen, Madame sei krank. »Ich glaube nicht, daß sie lang am Leben bleiben wird.« Und er fügte hinzu, »wenn sie gestorben ist, wird der Kaiser keinen Grund mehr haben, sich in die englischen Angelegenheiten einzumischen.«

»Der Tod der Königin«, erwiderte Chapuys mit erstaunlicher Mäßigung, »würde darin keinen Vorteil bringen.«

Er erhielt die Erlaubnis, nach Kimbolton zu reisen, aber als er seine Barke erreichte, holte ihn Suffolk zu Heinrich zurück, der in sehr gleichgültigem Tone erklärte, er habe soeben Nachricht bekommen, daß die Königin in den letzten Zügen liege und daß er sie also lebend kaum mehr antreffen würde.

Chapuys aber bat nur um Erlaubnis für Marie, ihre Mutter zu besuchen, worauf Heinrich zuerst »nein« sagte und dann: »Ich werde es mir überlegen.« Dann holte er sofort bei Cromwell den Passierschein für den Besuch bei Katharina und setzte sich zu Pferde, um nach Kimbolton zu reiten, das neunzig englische Meilen nördlich von London lag.

Er traf nach einem Ritt von einundeinhalb Tagen am Neujahrsmorgen dort ein.

Katharina war schwer krank, lag aber noch nicht im Sterben. Es bedeutete für sie, die von jedem, außer ihrem spanischen Beichtiger, einem Arzt und einigen Dienern abgeschnitten war, ein großes Ereignis, den vertrauten Vertreter ihres Neffen sprechen zu dürfen. Er wurde durch die königlichen Offiziere, denen sie seit einem Jahre den Zutritt verweigerte, zeremoniell zu ihr geführt; so schwach sie war, reichte sie ihm doch die Hand zum Kusse und sagte, welch ein Trost es für sie sei, in seinen Armen zu sterben, und nicht zu verscheiden »wie ein Tier«. Sie machte aus ihrem Zustand kein Hehl. Sie ertrug alles mit dem tapfersten Gleichmut. Aber sie hatte nicht mehr die Kraft, sich mit ihm zu unterhalten, sondern schickte Chapuys bis zum Nachmittag fort, sich nach seiner langen Reise auszuruhen.

Der körperliche Zustand, in dem sie sich befand, wurde von ihnen nicht berührt. Katharina war erst fünfzig Jahre alt, aber sie hatte mindestens neun Jahre lang in der größten Sorge und Pein gelebt und hatte alle Symptome einer Herzwassersucht. Während der sechs Tage vor Chapuys Ankunft hatte sie nicht mehr als zwei Stunden geschlafen. Sie hatte heftige Schmerzen im Magen, erbrach sich, war aufgebläht und von großer allgemeiner Schwäche. Die vielen Jahre, die sie in der Zimmerluft verbracht hatte, ihre Kost, ihre Krankheitsgeschichte vor allem konnte für ihren Zusammenbruch zum großen Teil verantwortlich gemacht werden. Jetzt aber, den treuesten und tüchtigsten Parteigänger an der Seite, sprach sie nur von dem schweren Kampf, den sie und Marie geführt hatten, von den schrecklichen Verzögerungen, den Leiden, den Seelen, die vielleicht ihrer Sache wegen der Verdammnis preisgegeben waren. Chapuys tröstete sie wie ein Diplomat und machte ihr Hoffnung, daß die Franzosen und der Vatikan sich für sie einsetzen würden.

Und nun wartete Katharinas eine menschliche Überraschung. Als sie vor mehr als dreißig Jahren von Corunna fortgesegelt war, hatte eine junge Schönheit sie begleitet – Heinrich VII. hatte sich ausbedungen, daß das Gefolge schön sein mußte –, die sich später mit Lord Willoughby vermählte. Sie war Katharina durch die ersten Jahre ohne Heller, durch ihre Laufbahn als verheiratete Frau, durch Trennung und Scheidung hindurch immer treu gewesen; aber sie hatte sich vergeblich bemüht, die schriftliche Erlaubnis von Cromwell zu bekommen, die es ihr ermöglicht hätte, nach Kimbolton zu reisen. Sie ließ sich durch seinen abschlägigen Bescheid nicht abweisen. Spät abends kam sie aus London an, klopfte bei furchtbarem Winterwetter an die Pforte, tat, als wäre ihr Wagen zerbrochen und bat, sie um Gottes willen ein- und ans Feuer zu lassen. Da sie die Schwiegermutter des Herzogs von Suffolk war, erwies man ihr diese Wohltat. Bei dem Wirbel, der durch Katharinas Leute, Chapuys Begleiter und die königliche Wache verursacht wurde, schlüpfte sie die Treppe hinauf ans Lager ihrer Königin und durfte dort bleiben, um bei der letzten Stunde eines sterblichen Schicksals anwesend zu sein.

Die Ankunft dieser spanischen Freundin und die Ankunft Chapuys hatten Katharina sehr ermutigt. Sie schlief besser. Sie ließ ihn nach seinem Narren schicken – einem seiner Diener –, dessen Witze sie lachen machten. Chapuys wurde angestachelt, ein besseres Quartier für sie zu verlangen und hielt sie für wohl genug, daß er Abschied nehmen und am 4. Januar nach London zurückkehren konnte.

Bis zum Nachmittag des 6. hielt die Besserung an; an diesem Tage ging es ihr so gut, daß sie sich aufsetzen und frisieren lassen konnte. Nach Mitternacht jedoch wurde ihr Zustand schlechter. Sie wünschte die Messe zu hören, ließ aber nicht zu, daß ihr Kaplan das Gesetz übertrat, das sie ihm auf Lateinisch aufsagte, die Messe nicht vor der kanonischen Stunde zu halten. Um vier Uhr jedoch konnte ihr Wunsch erfüllt werden: die Kerzen wurden entzündet, die Messe gelesen. Sie empfing ehrfürchtig die Kommunion und betete lange; danach ersucht sie ihre Leute, für ihre Seele zu beten und zu Gott zu bitten, er möge ihrem Gatten verzeihen.

Dann rief sie ihren Arzt. Chapuys hatte ihm den Auftrag gegeben, er sollte sie bitten, in dieser ernsten Stunde zu wiederholen, daß sie niemals mit Prinz Arthur leiblichen Verkehr gehabt habe. Da Katharina ihm aber einen Brief zu diktieren wünschte, vernachlässigte er es, oder unterließ es, um sie nicht zu behelligen. Den Brief schrieb er folgendermaßen für sie nieder:

Mein teuerster Herr, König und Gatte!

Da die Stunde meines Todes jetzt herannaht, kann ich nichts anderes, als aus der Liebe, die ich zu Euch trage, Euch ob des Heils Eurer Seele willen, welches Ihr über alle Bedenken der Welt oder des Fleisches setzen solltet, ermahnen. Und dessentwillen habt Ihr mich in manche Not gestürzt und Euch selbst in manche Sorge. Doch ich vergebe Euch alles; und bitte Gott, desgleichen zu tun. Im übrigen empfehle ich Euch unsre Tochter Marie und beschwöre Euch, ihr ein guter Vater zu sein, wie ich das immer gewünscht habe. Ich muß Euch auch inständigst bitten, meine Damen zu achten und sie zu verheiraten, was nicht viel bedeutet, da es nur drei an der Zahl sind; und allen meinen Dienern einen Jahreslohn zu zahlen, außer dem, was ihnen zukommt, andernfalls sie unversorgt wären; letztlich schwöre ich, daß meine Augen sich über allen Dingen nach Euch sehnen. Lebet wohl.

Es war Katharinas letzte Botschaft an das große, widerspenstige Mannsbild. Seine fleischliche Natur, die Unannehmlichkeiten, die während seines Lebens daraus entsprangen, die Unglücksfälle in ihrem eigenen, seine Pflicht Gott gegenüber, seine Pflicht gegen »unsre Tochter Marie« — all die einfachen Wahrheiten wiederholte sie mit ihrem letzten Atemzuge, wie sie es während ihres Lebens niemals versäumt hatte. Es war der Klagegesang ihres starken und starren Charakters. Alles war geschehen, um diesen Charakter zu brechen und sie zu bewegen, daß sie sich den Umständen fügte, aber während sie Heinrichs wiederholte Untreue gegen ihre eigene Person hinnahm, war sie zu sehr die Tochter Isabellas und die Tochter Spaniens, um sich zu stellen, als hielte sie Heinrich für aufrichtig. Katharina setzte seiner Schauspielerei eine Ehrlichkeit entgegen, die stärker war als der Tod. Und doch hatte ihre Ehrlichkeit nicht genügt, Heinrichs Instinkte nach einem strengen Muster zu beschneiden, sie nach einem zweiten strengen Muster mit Barmherzigkeit und Verzeihen zu verhüllen, hatte sie nicht genügend in den Stand gesetzt für das seltsame Abenteuer, das sie erlebte — das Abenteuer der unglücklichen Ehe. Aber sie machte ihre eigene Vernunft zunichte, sie zerstörte ihr eigenes kleines Meisterwerk an althergebrachten Wahrheiten, das sie eben so hochherzig ausgesprochen hatte, indem sie aus ihrem verhungerten und betrogenen Herzen einen Schrei entließ, der wie das Sprudeln der Todesangst klang: »daß meine Augen sich über allen Dingen nach Euch sehnen.« Er hatte sie verschmäht. Die arme Frau, die an der Schwelle des Todes stand, war bis ins Herz getroffen worden. Der Begehrenswerte, sie hatte ihn verloren. Es schien, als habe sie auf einen Augenblick die offene Tür des großen Käfigs erblickt, in dem sie während ihres ganzen hingebungsvollen, naiven, taktlosen, rechtlichen Lebens herumgetastet hatte.

Und doch starb sie nicht gedemütigt. Sie hatte Spanien mit sechzehn Jahren verlassen, aber sie hatte es mitgebracht; nun, am Rande dessen, was sie für die ewige Erlösung hielt, war sie Spanierin genug, die Feder zu ergreifen und in einer Fuge von Stolz, Mut, Einsamkeit und Größe zum letztenmal zu unterschreiben: »Katharina, Königin von England.«

Die Nachricht von ihrem Tod eilte nach London. Sie erweckte in Chapuys einen rasenden Eifer, zu erfahren, ob sie wirklich vergiftet worden war. Die königlichen Offiziere hatten die Leiche mit Beschlag belegt, aber ein niedriger Beamter – der Kerzenzieher – wurde herbeigerufen, um sie einzubalsamieren. Er sagte, das einzige Organ, das nicht normal aussah, sei das Herz gewesen: es war völlig schwarz, durch und durch schwarz, mit einem runden schwarzen Auswuchs ringsum. Ob dies auf ein Verbrechen deutete oder auf eine Herzkrankheit, die zu Wassersucht geführt hatte, oder auf Herzkrebs, konnte niemand feststellen; Chapuys aber glaubte, man habe sie durch Gift in kleinen Mengen umgebracht.

Wenn Heinrich sie wirklich vergiftete, was eine Annahme bleibt, lag das größere Verbrechen darin, es neun Jahre aufzuschieben. Aber das Leben der Frau war tatsächlich vergiftet worden, mochte man nun Toxine von außen oder innen, natürliche oder künstliche Wassersucht annehmen.

Als Heinrich die Nachricht empfing, war er einen Augenblick ergriffen. Dann rief er aus: »Gott sei gelobt, wir sind von aller Kriegsangst befreit. Jetzt ist für mich die Zeit gekommen, wo ich mit den Franzosen leichter fertig werden kann als früher, denn sie werden sich den Kopf zerbrechen, ob ich mich jetzt nicht mit dem Kaiser verbünde, und werden alles tun, was ich will.«

Seiner Behauptung entsprechend, daß Katharina nie seine Gattin gewesen sei, kleidete Heinrich sich von Kopf bis Fuß in Gelb, mit einer weißen Feder in der gelben Mütze, und ließ durch ihren Tod die Feste der Wintersaison nicht auf einen Augenblick unterbrechen. Mit der kleinen Elisabeth auf dem Arm, genau wie er früher die kleine Marie in seinen Armen herumzutragen pflegte, ging er in dem großen Saal herum und zeigte sie jedem in bester Laune, während Laute, Flöte, Viola und Harfe erklangen und die Höflinge tanzten.

Anscheinend war Anna Boleyn nicht bei Heinrich. Er hatte sie während dieser ersten Monate ihrer Schwangerschaft sehr viel allein gelassen. Sie soll bei der Nachricht vom Tode Katharinas gesagt haben, sie freue sich darüber. Ihr Vater und ihr Bruder bedauerten nur, daß Marie ihrer Mutter nicht Gesellschaft geleistet hatte.

LV

In den ersten Tagen nach Katharinas Tod kleidete sich Anna wie Heinrich in heiteres Gelb. Aber wie ein Wort nach dem anderen von seinen Lippen fiel und ihr Auge im Kreise herumspähte, verlor ihr starker persönlicher Triumph irgendwie an Leuchtkraft und sie schlug einen gemäßigteren Ton an. Heinrich war in seinen reiferen Jahren im Grunde ein politisches Tier, und diese Art von Tier ist selten ungefährlich, wenn es einmal Blut geleckt hat. Der Eifer, mit dem Heinrich sich dem Kaiser zu widmen begann, ließ die scharfsinnige junge Frau erkennen, daß Katharinas Tod zwar seine Pulse aus ihrer bewunderungswürdigen Ruhe nicht aufgepeitscht, wohl aber sein Gehirn in größte Aufregung versetzt hatte. Vor Katharinas Tod standen zwei Menschenleben zwischen Heinrich und einer Wiederverheiratung; nun nur noch ihr eigenes. Wenn sie ihm einen Sohn gebar, konnte sie sich für ungefährdet halten. Wie aber, wenn der Erfolg ihrer Schwangerschaft Heinrich nicht befriedigte? Wenn sie ihn enttäuschte und er sie im Stich ließ? Mit Johanna Seymour, die am Hofe war und von ihm Geschenke empfing? Mit der Prinzessin Marie? Die Heiterkeit, die einst nach Wolseys Tod so ungebührliche Formen angenommen hatte, lag nicht mehr in Annas Temperament; aber selbst ihre zahmere Freude ernüchterte sich. Sie ließ ihren Bruder Georg und ihre nächsten Freunde kommen. Ihre Feinde berichteten, sie sei bedrückt, unruhig, erregt und verweint.

Ihr erster Versuch bestand darin, Heinrich zu erfreuen, indem sie Marie besänftigte. Annas Kusine Lady Shelton wurde beauftragt, das Mädchen zu versichern, daß sie, wenn sie nur aufhöre, eigensinnig zu sein und sich als gute Tochter gegen ihren Vater betrüge, an Anna die beste Freundin haben würde, die sie je gehabt hatte, ja ihre zweite Mutter; daß man ihr alles geben würde, was sie verlangte, und daß Marie, wenn sie an den Hof käme, ihr nicht die Schleppe zu tragen brauche, sondern neben ihr gehen dürfe. Dies gab Lady Shelton dem verwaisten Mädchen mit »heißen Tränen« zu verstehen. Marie antwortete genau auf die Art der Mutter, die sie eben verloren hatte, daß sie nichts besseres wünsche, als die gehorsamste Tochter der Welt zu sein, wenn es nicht in Widerstreit mit ihrer Ehre und ihrem Gewissen stünde. Aber sie könne die Grundsätze, für die More und Fisher gestorben seien, nicht abschwören.

Anna gab es auf. »Tu nichts mehr«, schrieb sie bitter an Lady Shelton. »Habe ich erst einen Sohn, wie ich es erwarte, so weiß ich, was ihr widerfahren soll. Da ich mich an das Wort Gottes erinnerte, daß wir gut zu unsern Feinden sein sollen, habe ich den Wunsch gehabt, sie rechtzeitig zu warnen; denn aus meiner täglichen Erfahrung weiß ich, daß der König zu weise ist, um ihre Reue oder das Aufhören ihrer Verrücktheit und unnatürlichen Starrheit hoch einzuschätzen, sobald es nicht mehr in ihrer Macht steht, zu wählen. Sie würde ihren Irrtum und ihr böses Gewissen nach Gottes und des Königs Gesetzen eingestehen, wenn blinde Neigung ihr die Augen nicht so verschlossen hätte, daß sie nur das sieht, was sie sehen will.

Frau Shelton, ich beschwöre Euch, bemüht Euch nicht, sie von ihrem eigensinnigen Betragen abzubringen, denn sie kann mir weder Gutes noch Böses tun. Erfüllt Eure eigene Pflicht gegen sie und folgt den Geboten des Königs, wie Ihr es gewißlich tut und tun werdet; mich werdet Ihr, was auch immer kommen mag, als gütige Herrin erfinden.

Eure gütige Frau,

Anna R.«

Dieser bedrückte Brief war der Auftakt zu einem furchtbaren Unglück. Am 24. Januar stürzte Norfolk mit der Nachricht zu Anna herein, Heinrich sei so schwer vom Pferde gefallen, daß man ihn zuerst für tot gehalten habe. Am 29. Januar brachte Anna einen toten Knaben zur Welt.

Diejenigen, dic Hcinrich sahen, als Elisabeth geboren wurde, empfingen einen Eindruck, dessen sich Tausende von Ärzten und Pflegerinnen entsinnen könnten — die Stunde des Wartens, in welcher der ungeduldige, überreizte herrische Vater mit starrem Gesicht wie ein wildes Tier auf und ab geht und auf die Geburt des Erben wartet, des Erben, der ein Sohn sein will und muß. Selbst noch ein schönes, wenn auch wildes Tier — groß, biegsam, obwohl schon Fettansatz und Schlaffheit sich zeigen — geht er unaufhörlich auf und ab, während jene, die ihm ängstlich zusehen, sich wundern, warum dieser Sohn solange auf sich warten läßt.

Ein Ausruf, ein Schmerzensschrei dringt durch die Tür. Sein Herz tut einen Satz: »Liebste, du leidest!« Schweigen, eine Pause; man zupft ihn am Ärmel, spricht ein Wort.

Er ruft: »Eine Tochter? Mir. Mir! Eine Tochter!«

Eine schwache Stimme ertönt und ruft seinen Namen.

»Aber um Gottes willen, mir das! Mir! Eine Tochter! Lieber hätte ich einen Sohn, der blind, taub, ein Krüppel ist, aber einen Sohn! Einen Schwachsinnigen, aber einen Sohn! Ihr — ich habe Euch geheiratet, um einen Sohn zu bekommen, und Ihr habt mir eine Tochter geboren, Ihr macht mich zum Gespött. Ihr gebärt mir eine Tochter!«

»Wollt Ihr Eure kleine Tochter nicht sehen?«

»Meine Tochter, meine Tochter. Ihr alte Teufelin, Ihr Hexe, kein Wort will ich von Euch hören.« Mit einer brutalen Bewegung stürzte er aus dem Zimmer.

So heißt es, benehmen sich Männer von Heinrichs Schlag in der nackten Stunde ihrer Selbstsucht, aber im gegenwärtigen Fall kennen wir einige der Worte, die Heinrich tatsächlich sprach, als Annas Wehen vorzeitig begannen.

Anna hat wahrscheinlich geweint. Er trat ein, stellte sich ans Bett der geschlagenen Frau und sagte: »Ich sehe ein, daß Gott mir keine männlichen Kinder geben will.«

Sie versuchte ihm zu antworten. Die Nachricht von seinem Sturz sei schuld, sagte sie. »Ich liebe Euch so viel mehr als Katharina, daß mein Herz bricht, wenn ich sehe, wie Ihr anderen den Hof macht.«

»Wenn Ihr wieder auf seid«, erwiderte er, »werde ich mit Euch sprechen —«

Aber schon hatten seine Gefühle Gestalt angenommen. »Ich bin zu dieser Heirat verführt worden«, flüsterte er einem Vertrauten zu, »und durch Zauberei dazu gezwungen worden! Daher will Gott mir nicht gestatten, männliche Kinder zu haben. Darum will ich eine neue Ehe eingehen.«

LVI

Anfang des Jahres 1536, nach ihrem Unfall, wurde Anna Boleyn sich über Heinrichs Vernachlässigung endgültig klar. Lady Rochford stand ihr als Spionin nicht mehr zur Verfügung, denn diese tüchtige Dame vertrug sich nicht aufs beste mit ihrem Gatten und war zu Marie und den Kaiserlichen übergegangen; aber auch ohne sie hatte Anna schlaue und dienstbereite Freunde. Ihre Schwester Marie hatte sie besucht, als es ihr schlecht ging. Ihre Kusine Magdalene Shelton war eine der Hofdamen, Thomas Wyatts Schwester eine andere. Auch ihr Bruder Georg Boleyn, Lord Rochford, ein entschlossener Charakter, der sich von seinem frühen Ruf als Schnelldichter zu einem überzeugten Lutheraner und fähigen Gesandten entwickelt hatte, war jemand, auf den sie sich verlassen konnte und der einen klaren Kopf und ein scharfes Auge besaß. Sie war noch immer unbeliebt, ja sie war es nach Katharinas Tod in erhöhtem Maße, aber sie war die Mutter von Heinrichs Kind, die regierende Königin, sie besaß eine spitze Zunge und brauste leicht auf. Selbst Heinrich wagte ihr nicht geradezu Trotz zu bieten oder irgendeine auffallende Intrige zu beginnen.

Unter dem normalen Leben des Hofes jedoch, wo das Zeremoniell immer sehr ausgedehnt war, wenn auch von erstaunlichen Einfältigkeiten und Roheiten durchsetzt, wo Ritterlichkeit und Heiterkeit, Turnieren und Tanz noch immer das Kleingeld des goldenen Tages bedeuteten, wo das Leben von Greenwich und Hampton Court und Whitehall nun Cromwells rasierten Schädel und sein glitzerndes Grinsen erblickten statt der vergessenen rundlichen Pracht eines Thomas Wolsey — wurde die verborgene Tragikomödie durch gewisse leidenschaftliche und nicht mehr ganz normale Menschen angezettelt, die von der die Menschheit erfüllenden erstaunlichen Überzeugung ihrer eigenen ungeheuren Bedeutung tief durchdrungen waren.

Heinrich trieb sie ins Übermaß. Seine Selbstachtung war einige Jahre lang angeschwollen und jetzt in einem Zustand, wo fast jeder ihn fürchtete und der Sykophant einen lächerlichen Vorteil davontrug. Es verstand sich von selbst, daß Verhandlungen mit dem Kaiser auf Katharinas Tod folgten. Niemand sah das besser ein als Cromwell. Er hatte kaum abgewartet, bis die sechs Ritter Katharina in Peterborough zu Grabe getragen hatten, als er Chapuys schon kommen ließ. Aber Heinrich machte Schwierigkeiten, ließ sich nicht lenken, benahm sich wie ein wütender Bär. Seine Feinde sagten, sein krankes Bein beginne ihn zu schmerzen, und es wurden rohe Bemerkungen über seinen Zustand gemacht. Aber das änderte nichts an den tatsächlichen Folgen für seine Hofleute. Das Problem Anna Boleyn wurde dadurch noch schwieriger.

Sonderbarerweise ließ es Johanna Seymours Chancen steigen. Während sie Heinrich unzweifelhaft gefiel und er ihren Bruder Eduard zum Kammerherrn gemacht hatte, wie früher einmal Georg Boleyn, war das Mädchen entweder so keusch oder durch das Beispiel der Herrin, deren Hofdame sie war, so vorsichtig geworden, daß sie Heinrich die Antwort gab, die einem so gereizten und verärgerten Mann am meisten imponieren und die ihn besänftigen mußte.

Er sandte ihr eine Börse mit Gold und einen höflichen Brief. Sie küßte den Brief, gab ihn aber dem Boten zurück. Sie fiel auf die Knie und sagte dem Boten, er solle vor Heinrich niederknien, Seine Majestät beschwören, daß er bedenke, wie sie eine adlige Dame aus guter und ehrenhafter Familie ohne Makel sei; daß sie kein größeres Gut besitze als ihre Ehre; daß sie, und müßte sie tausend Tode sterben, keinen Flecken darauf dulden würde; und daß, wenn er ihr ein Geldgeschenk geben wolle, sie Gott bitte, es dann geschehen zu lassen, wenn sie einen günstigen Heiratsantrag erhalten habe.

Das war lieb und demütig und beruhigend. Der Ton war ganz genau der gleiche wie bei Heinrichs Mutter. Er war gerührt. Er nahm Cromwell die Zimmer im Palast weg, die mit der Flucht des Königs durch einen geheimen Gang verbunden waren, und räumte sie Johannas Bruder Eduard und seiner Frau ein; dort genoß er in Gegenwart dieser Zeugen aus guter und ehrenhafter Familie von Landadel das Vergnügen, die Huldigung zu empfangen, die wie Honigseim eingeht.

Anna Boleyn hatte ihm diese Huldigung nie geschenkt. Sie verstand es, unter den Hofleuten zu glänzen, und sie konnten über ihre kecken Antworten lachen und sich an ihren schwarzen Augen berauschen; aber das war der französische Einfluß, der Geist des Spotts und der Persiflage. Heinrich machte sich aus beiden nichts. Was er gern mochte, war eine hübsche Anekdote, ein Anlaß zu herzlichem Lachen, ein derber handgreiflicher Spaß: aber was er am liebsten mochte, war die unbefleckte Zucht und Ehrerbietung eines reinen, anständigen Mädchens.

LVII

Jetzt, da Katharina tot war, zeigte sich der Kaiser zu Verhandlungen bereit. Heinrich ließ Chapuys um Ostern kommen und die Kaiserlichen waren entzückt, ihren wichtigsten Vertreter in Greenwich zu sehen. Sie vergaben ihm sogar, daß er Anna Boleyn mit einer Verbeugung begrüßte.

Verhandlungen mit dem Kaiser konnten jedoch nicht fortschreiten, ohne auf Heinrichs Bruch mit Rom Einfluß zu nehmen. Cranmer war entsetzt. Hatte Heinrich die Absicht, die prächtige Arbeit, die am Supremat bereits geleistet war, wieder zunichte zu machen? Voll Eifers hielt er eine Predigt, die ihm Schläge vom Lineal des Kirchlichen Oberhaupts auf die Hand zuzog.

Cromwell war zwar Laienvikar, konnte aber keinen Grund sehen, das Für und Wider jeder Vor- oder Rückwärtsbewegung nicht sehr wohl zu überlegen. Er war sich der politischen Vorteile eines Abschlusses mit dem Kaiser voll bewußt, und er war sogar bereit, mit der Arbeit an der Auflösung der Klöster auszusetzen, wenn man ihm beweisen konnte, daß es sich lohnen würde, eine Versöhnung mit Rom herbeizuführen.

Die bloße Andeutung eines derartigen Verrats von Cromwells Seite erweckte in Anna das alte Feuer. Sie hatte sich vor Cromwell niemals ein Blatt vor den Mund genommen. Sie hatte ihm bei einer früheren Gelegenheit, als er ihr widersprach, mitgeteilt, daß sie ihn aufs Schafott bringen würde; und als jetzt Chapuys tatsächlich am Hofe empfangen wurde, ließ sie es sich nicht nehmen, Heinrich daran zu erinnern, was er während der furchtbaren sechs Jahre der Scheidung erduldet hatte, als Karl dem »großen Teufel« Clemens den Nacken steifte.

Chapuys Besuch in Greenwich war für Anna verhängnisvoll. Damit begann ein Kampf von ungeheurer Heftigkeit, in welchem Cromwell die ganze Wut des Löwen kennenlernen sollte, den er gegen den Rat Thomas Mores selbst gelockt und gereizt hatte. Bis nun hatte Cromwell seine eigenen Wünsche bezähmt. Er hatte Heinrich immer nachgegeben. So groß sein Verstand war, hatte er doch immer seine Lebhaftigkeit gezügelt und auf die Stimme seines Herrn gewartet. Aber selbst bei seiner Dressur und Erfahrung und Überzeugung war er Mensch genug, um wütend zu werden, als er sah, daß sich Heinrich Chapuys gegenüber taktlos und arrogant benahm.

Heinrich und er gerieten sich beinahe in die Haare. Als Chapuys dem König die versöhnlichen und maßvollen Vorschläge darlegte, die Karl ihm machte, fing Heinrich an, eine Laune zu zeigen, die Franz ein Jahr vorher zu dem Ausspruch bewogen hatte: »Er behandelt mich, als sei er mein Herr!«

»Wir gaben ihm die Kaiserkrone, als es bei Uns stand, darüber zu verfügen«, prahlte Heinrich. »Wir gaben ihm das Geld, das ihm allein ermöglichte, Spanien zu befrieden.«

Chapuys versuchte ihn zu beruhigen, aber Heinrich ließ sich nicht beruhigen. »Er hat nichts als Undankbarkeit bewiesen«, rief er aus, »er hat den Bischof von Rom aufgereizt, Uns zu schaden. Wenn er bereit ist, schriftlich den Wunsch auszusprechen, daß Wir sein unfreundliches Betragen vergessen mögen; oder bereit ist zu erklären, das, was Wir für Unfreundlichkeit halten, ihm zu Unrecht zugeschrieben wurde, wollen Wir seine Annäherung mit Freuden begrüßen: aber da Wir das Unrecht erlitten haben, können Wir ihn nicht um Versöhnung angehen. Was den Bischof von Rom betrifft, so sind Wir nicht auf so geringe Ursache hin vorgegangen, daß Wir irgendeinen Teil unserer Handlungen jetzt widerrufen oder ändern könnten; denn unsere Fundamente waren das Gesetz Gottes, die Natur und die Ehrlichkeit, und Wir haben unser Werk darauf mit Zustimmung der Stände unseres Reiches im offenen und hohen Parlament errichtet.«

Dies waren Heinrichs Worte, dies seine Botschaft an die Gesandten Karls. Er platzte vor Chapuys damit heraus, daß Mailand und Burgund Franz gehörten, daß er stets sein Teil getan habe und mehr als sein Teil. Er brauche keine Gnadengeschenke. Er brauche weiße Handschuhe.

Er rief Cromwell und Audley an das Fenster, wo er mit Chapuys gesprochen hatte, und wiederholte seine hochtrabende Rede. Chapuys trat beiseite. Sofort machte Cromwell so beißende Bemerkungen, daß Heinrich sich hinreißen ließ, ihm eine Antwort zu geben. Ihre Stimmen wurden laut. Beide begannen den Kopf zu verlieren. Dann riß Cromwell sich zusammen und sagte, er müsse etwas trinken. Völlig außer Atem, keuchend und schnaubend vor Wut, »romphant et grondissant«, saß er auf einer Truhe in einer Ecke, wo man ihn nicht sehen konnte, um sich zu sammeln und zu beruhigen.

Es war aber keine Laune von Heinrichs Seite; das sollte Cromwell bald erfahren. Der ganze Geheime Rat bat Heinrich auf den Knien, die Allianz mit dem Kaiser nicht wegen einer Formfrage zurückweisen. Nein, erklärte er seinem Rat, er würde lieber die Krone verlieren als zugeben, daß Karl Ursache hätte, sich über ihn zu beklagen. Dies seien seine Bedingungen.

Eine so feste Stellungnahme, aus der die kühne Absicht hervorging, zwischen Karl und das Papsttum in der gleichen Stunde, da Karl an Franzens Untergang arbeitete, einen Keil zu treiben, bewies deutlich genug, daß Anna Boleyn und ihre Partei Heinrichs Wut auf Rom nährten.

Cromwell wurde krank. Er war wütend auf Heinrich, weil er den Streit mit dem Papsttum nicht beilegte. Er kannte ihn zu gut, um nicht zu wissen, daß seine Staatskunst auf seinem verletzten Ego beruhte; und er wußte, daß dieses verletzte Ego sich nie vom französischen Einfluß befreien konnte, bis man mit Anna, ihrem Bruder, und allen, die Prinzessin Marie haßten, nach Gebühr verfahren war. Wie aber sollte man das anstellen?

Cromwell konnte es nicht riskieren, mit Heinrich zu sprechen, bevor er sich einen Plan zurechtgelegt hatte – bevor er, wie er selbst einen Monat später sagte, imstande war, das Richtige zu »fantasier et conspirer«.

Cromwell war mehrere Tage krank. Als er am 22. April wieder erschien, hatte er seinen Entschluß gefaßt.

LVIII

Am 30. April wurde ein gewisser Markus Smeaton von Cromwell zu Tische gebeten. Obwohl er drei oder vier Jahre am Hofe lebte, sagte man von Smeaton noch immer, er sei »kein Gentleman«. Wie Cromwell der Sohn eines Handwerkers, war er ohne Pfennig an den Hof gekommen, hatte durch seine Begabung als Musiker und seine Anmut als Tänzer bei Anna und Heinrich Gnade gefunden und war reich belohnt worden; allem Anschein nach war es ein beweglicher, angenehmer, gefühlvoller junger Mann. Vom Staatssekretär nach Stepney zu Tisch gebeten zu werden, mußte ihm als besondre Auszeichnung erscheinen; man kann sich vorstellen, daß er leichtfüßig aus dem Bett sprang und an dem frischen Aprilmorgen heiter an der Pforte des Sekretärs ankam.

Doch die Unterhaltung, zu der er geladen war, fiel sehr ernst aus. Man führte ihn in ein Zimmer, in dem Cromwell an der entfernteren Seite des Tisches saß, und als er ihm gegenüber Platz nahm, näherten sich ihm lautlos zwei Männer und stellten sich hinter ihn. Das war kein Mahl wie andre.

Der Sekretär hatte Einblick in so manches Leben genommen. Er hatte Anhänger des Papstes und Lutheraner ausgefragt, Prioren und Äbte, Mönche, Nonnen, Verräter, Schuldner, die Bankerotteure und Verfolgten, die Bittsteller, die Verstockten, die Wachsamen, die Verschüchterten. Er hatte Thomas More, den Charterhousemönchen, den Brigittinern gegenüberstanden. Das Kind des Vergnügens, das jetzt auf dem Rande seines Stuhles ihm gegenübersaß und in die Augen sah, war so bedrohlich wie ein erschrecktes Kaninchen. Was hatte er für den Ring bezahlt, den er trug? Von wem hatte er ihn? Wieviel hatte das Wams gekostet? Von wem hatte er es bekommen? Was noch? Wann? Wieviel? Was hatte sie gesagt? Nun. Keine Antwort? Ein Blick nach den lautlosen Männern. Eine harmlose Schnur auf Markus Smeatons feuchten Locken. Die Schnur wird durch einen Stab zusammengedreht. Was noch? Ein Nicken. Die Schnur wird noch fester gezogen. Strenger und lauter werden die Fragen, die den enggepreßten Lippen entfahren, während die Finger auf den Tisch klopfen. Die Fragen werden geschrien; auf Smeatons zitternden Lippen perlt der Schweiß. Hatte sie sich ihm gegeben? Ja. Ja. Wie oft? Es muß gewesen sein. — Ja. Ja. Vielleicht. Also beichtet. Namen. Wer noch? Ihr lügt. Und so weiter.

Es wurde nie bekannt, wie Smeaton ausgefragt und gemartert wurde. Aber einer aus dem aufgeregten Hause erzählte es einem mitfühlenden spanischen Kaufmann, der es ausführlich in seiner Chronik niederschrieb: und die Geschichte von Mark Smeatons Unterhaltung mit Cromwell liefert uns das erste Glied der verhängnisvollen Kette.

Nach seinem Erlebnis wurde er die Treppe hinaufgeführt, bis auf weiteres in ein Zimmer geschoben und eingeschlossen. Darauf sandte Cromwell eine Botschaft an Heinrich.

LIX

Sechs Tage, bevor er Smeaton zu sich einlud, war Cromwell mit seiner gewohnten Schneidigkeit zum König gegangen, um ihn um gewisse außerordentliche Vollmachten zu ersuchen. Er verlangte eine Kommission aus Heinrichs vertrauenswürdigsten Räten und einigen Richtern, die Untersuchungen anstellen konnte über jede Art Hochverrat, »von wem auch immer begangen«, und die eine besondere Sitzung abhalten sollte, um den Angeklagten den Prozeß zu machen. Heinrich ernannte die Erprobten und Treuen -- Norfolk, Suffolk, Audley, Wiltshire, Fitzwilliam, Sandys, Paulet.

Im Jahre 1535 hatte Thomas Cromwell es für angezeigt gehalten, die Gerichtsberichte zu unterdrücken, was einem Knebeln der Stimme der englischen Gesetzlichkeit gleichkam, wie es der finsterste Staatsmann seit 250 Jahren nicht gewagt hatte. Das Parlament, das noch immer eine Stimme hatte, wenn auch meistens nur, um seine Lektion aufzusagen, war zu Anfang des Jahres 1536 in die Ferien gegangen. Wenn er den Hochverrat entdeckte, dem nachzuspüren er dieserart bevollmächtigt war, so konnte er darauf rechnen, auch mit ihm fertig zu werden. Er hätte sich keine freiere Bahn wünschen können.

Außerdem kam ihm das vollendete Netz des Geheimdienstes zu Hilfe, das er zwischen sich und den Karrieremachern seit dem Jahre 1533 gewoben hatte. Wenn Cromwell ein Wort sagte, öffnete sich eine Falltür in jedem Hause von Bedeutung und er empfing die verstohlene Lese. Nie war jemand besser imstande, die Ohren zu spitzen und sich im Dschungel zu verlieren. In einem solchen Augenblick war er kein Glied der Gesellschaft mehr. Er besaß die List, das Ducken, die Katzengewandtheit und Sparsamkeit der Bewegungen, das blitzartige Federn und die stählerne Pranke, welche die Halsader aufreißt. Mit samtenen Schritten, die nichts verrieten, mit einem Auge, das vor Schwärze funkelte, schlich er sich mit der eindrucksvollen Behendigkeit des Raubtiers vorwärts.

Was sein Ziel, sein Plan, sein Opfer sei, teilte er niemand mit. Am 30. April hatte er Markus Smeaton entführt. Damit hatte die Jagd erst begonnen.

Der erste Mai war Heinrichs Lieblingsfeiertag. Zum Turnier in Greenwich versammelte er alle seine Höflinge um sich. Zwanzig Jahre früher war er am Maitag der erste im Sattel, aber nun waren es die jüngeren Leute, Heinz Norris und Lord Rochford, die in die Schranken ritten und die Herausforderungen annahmen, während er mit Anna auf der Galerie saß, Beifall klatschte und Preise verteilte.

Zu irgendeiner Stunde der Nacht oder des Morgens hatte an diesem Maitag Heinrich die Botschaft von Cromwell erhalten. Es war der Augenblick, auf den der Sekretär gerechnet hatte, und das von ihm geträufelte Gift fraß sich in Heinrichs Gehirn ein. Heinrich hatte Anna Boleyn geliebt; er war der Eifersucht auf ein Unrecht fähig, das man der geliebten Liebe zufügte. Er trat in den Turnierhof. Dort auf der Galerie saß Anna Boleyn, die ihn zum Hahnrei gemacht hatte.

Sein schweres, fettes Gesicht zitterte vor unerträglicher Wut über die ihm aufgezwungene Rolle. Wer war diese Frau, die es gewagt hatte, ihm andre Männer vorzuziehen? Seit Jahren hatte sein Sinn all die kleinen glitzernden Stäubchen des Verdachtes bewahrt, die einem eifersüchtigen Gatten vom Winde zugetragen werden. Hier ein Körnchen von Wyatt, dort eins von Bryan; ein Wort, das sie Norris gesagt hatte; eine Stimmung, die durch das schweigende Lächeln und das leichte, widerwillige Achselzucken von dem älteren Adel, der seine Treue an Katharina von Aragon verpfändet hatte, verbreitet wurde. Wie hatte das englische Volk sie genannt? Anna Bullen, die Hure. Ein bittres Wort für einen Mann, dem sie die Kränkung der Untreue zugefügt hatte. Heinrich kannte seinen eigenen Hof gut genug um zu wissen, daß jeder Verdacht zutreffen konnte. Er und Compton und Brandon hatten oft genug gelacht über die heißen Scherze, die plötzlichen Brände, den Eifer, die einfältige unaufhörliche Verliebtheit all der warmblütigen jungen Männer und Mädchen. Sein Hof floß über von Hofdamen mit süßen Lippen und süßer Stimme und ihren glänzenden Kavalieren. Er selbst hatte seine Freude an dem ewigen Liebesspiel gehabt. Sie waren vergnügt gewesen wie bei einem Erntetanz. Sie hatten ihren Wein getrunken und ihr Lied gesungen, und so finster Katharina es auch betrachtet hatte, so war es doch in prächtiger Heiterkeit um ihn gekreist. Er selbst hatte keinen Mangel an intimen Beziehungen empfunden. Die Französinnen mit ihrer unendlichen Erfahrung waren um so vieles leichter gewesen und doch um so vieles schwerer zu erregen. Aber jetzt! Wer konnte wissen, was die nachgiebigen Mädchen schon alles hinter sich hatten? Er hatte um Anna Boleyn geworben wie irgendein Bürgerlicher. Sie war ihm gegenüber schüchtern gewesen. Sie hatte ihn sich nicht nah kommen lassen. Sie hatte sich ihm so sehr verweigert, daß er auf die Knie gefallen war und ihr die Krone von England angeboten hatte. Und dies war die Frau, die ihn mit jedem Spieler am Hofe betrogen hatte, die sich hinter seinem Rücken über ihn lustig gemacht, sein Geld verschwendet, seine Ehre verzettelt und sich seiner Ohnmacht gebrüstet hatte. Ein trotziger Zorn, der angefüllt war von einer widerlichen geronnenen Selbstherrlichkeit, ergriff seine bis zur Raserei erregte Seele vollkommen beim Gedanken, daß eine Frau, die er so sklavisch umworben, so verschmachtend geliebt, so unsagbar geschätzt hatte, daß er sie zu seiner Gattin und zur Königin gemacht hatte, es gewagt haben sollte, sich hinter seinem Rücken mit den spöttischen, leichtfertigen Höflingen, deren jeder sie beglücken konnte, über ihn lustig zu machen. Sie beglücken konnte, und beglückt hatte! Plötzlich war er dessen gewiß. »Pfui!« schnaubte er. Aber das Spiel durfte nicht gestört werden. Während das Turnier fortschritt und ihre Freunde im Hof daran teilnahmen, spannte

Heinrich seine Muskeln an. Sie sprach zu ihm, und er hörte sie nicht. Sie hatte ihn nicht geliebt. Das Entzücken, das sie an den Geringsten verschwenden konnte, schien seinem wollüstigen Sinn so unendlich süß, daß ihre Gleichgültigkeit ihn zum Haß aufreizte. Er haßte jedes Lächeln, das sie je gelächelt hatte. Ihren Kopf vom Leib zu trennen, das war das einzige Mittel, ihr Lächeln zu töten.

Diese Hände hatten im Druck des jungen Smeaton verweilt. Er hatte einen Blick aufgefangen, heiter wie ein Schmetterling, der zu Norris geflattert war. Sie zu töten, diese zärtlichen Arme in Lehm zu verwandeln, diese Glieder, die er vergöttert hatte, nackt in die Erde zu schleudern, schien seinem vertierten Sinn zu milder Lohn für ihre Gleichgültigkeit. Sie hatte jenseits von ihm geliebt, und ihn erkannt, wie er wirklich war. Das Urteil, das darin lag, machte ihn rasend. Alles Rücksichtslose, Furchtbare, Unbedingte, Gründliche in ihm gerann zu einem Entschluß, der gleichzeitig schlau und schrecklich war. Kein Mann in England konnte wagen, sich ihm zu widersetzen. Er konnte auf Cromwell zählen, das durchzuführen, was er begonnen hatte. Er konnte auf Cranmer zählen, der ein Sophist war. Norfolk und Annas Vater waren in seiner Macht. Grimmige Freude erfüllte die schwerfällige Gestalt und strahlte von der trotzigen Stirn, als er sich klarmachte, daß kein Mensch es wagen würde, ein gutes Wort für die Dirne einzulegen. Er hatte sein möglichstes getan, damit England sich mit ihm selbst zugleich ihr zu eigen gab. Es war mißlungen. Zuerst hatte ihn das Bewußtsein dieses Mißlingens beunruhigt. Aber jetzt deckten die festen Mauern des Vorurteils ihm wieder den Rücken. Er zog Kraft daraus. Die Welt war auf seiner Seite.

Er sah dem Turnier zu, bis es zu Ende war. Er brummte seiner Gemahlin einen unverständlichen Abschiedsgruß zu, rief nach seiner Leibwache und machte sich auf, um nach London zu reiten.

LX

Er handelte unvermittelt. Knie an Knie mit den Vertrautesten seines Gefolges reitend, warf er mit grauer Gesichtsfarbe und zitternden Lippen Norris seinen Ehebruch mit der Königin vor; er täte besser, alles zu gestehen, denn wenn er gestünde, könne er vielleicht Verzeihung erlangen. Norris war völlig überrascht, aber er nahm den Schlag auf wie beim Turnier. Er leugnete. Er erklärte, daß er nichts Nachteiliges gegen Anna Boleyn wisse. Er sei völlig unschuldig.

Als sie nach diesem erstaunlichen Tête-à-tête in London eintrafen, übergab Heinrich ihn den Händen des vierschrötigen, streitbaren Fitzwilliam. Fitzwilliam führte ihn ab, stellte ein Kreuzverhör mit ihm an, versuchte etwas aus ihm herauszubekommen, ließ ihn unter Bedeckung zurück und begab sich wieder nach Greenwich.

Bisher hatten die beiden vereinzelten Verhaftungen keinen Staub aufgewirbelt. Heinrichs Abreise erschreckte Anna nicht. Sie war daran gewöhnt, daß er sich nach London, in die Nähe Johanna Seymours, begab. Beim Abendbrot aber war der Musiker Markus Smeaton nicht anwesend und Heinz Norris verschwunden. Um zehn Uhr abends erfuhr sie, daß sie verhaftet seien. Man erzählte sich, daß Markus sie belastet hatte, und daß Norris darin verwickelt war, weil er den König nicht gewarnt hatte. Anna empfing keine offizielle Nachricht. Magdalena Shelton, die dem König und später Franz Weston so gut gefallen hatte und von der man glaubte, sie würde sich demnächst mit Norris verloben, war eine der Damen ihres Gefolges. Sie und die anderen mußten annehmen, es sei etwas im Gange, das ihre Herrin beträfe. Ihre Herrin war gegen viele der Höflinge außerordentlich freigebig gewesen und hatte auch große private Almosen gespendet. Sie wurden sich bewußt, daß ein Netz sich auf unbestimmte, drohende Art um Anna zusammenzog; der Schatten seiner Fäden zeichnete sich auf ihr ab. Die Nacht verging unter unterdrücktem Flüstern und stillem, aufhorchenden Herzklopfen.

Früh am Morgen empfing Anna eine Botschaft. Sie sollte vor Norfolk, Fitzwilliam, Paulet und andern Herren vom Rate in ihrem Saal zu Greenwich erscheinen.

Was sagten sie ihr? Ihr Onkel führte den Vorsitz. Sie sagten ihr, sie solle sich bereit halten, mit der Barke zum Tower zu fahren. Smeaton und Norris, erklärten sie, hätten den Ehebruch mit ihr eingestanden. Sie versuchte zu antworten, aber ihr Onkel unterbrach sie mit »Pst, pst«, und schüttelte zwei-, dreimal drohend den Kopf. »Ich wurde in Greenwich grausam behandelt«, rief sie ... »Daß ich, eine Königin, so grausam behandelt wurde, ward nie erhört!«

Sie setzte sich zu Tisch. Der ganze Hof schwieg. Der Zeremonienmeister, der stets herantrat und sagte: »Wohl bekomm' es Euch«, vergaß seinen Gruß. Jeder wartete angespannt auf die Barke.

LXI

Kurz nach zwei Uhr fuhr sie von Greenwich zum Tower. Bei hellichtem Tage schiffte sie mit ihrem Onkel, zwei Kammerherren und einer Wache auf der Barke, die früher Katharina gehört hatte, den Strom hinauf. Schließlich hielt das prächtige Fahrzeug unter vielen Augen, die bereits starr waren vor Neugier, an einer niedrigen dunklen Pforte. Der ernsthafte Sir Wilhelm Kingston, der sich früher mit Marie gegen sie verschworen hatte, stand zum Empfang bereit, wie vor drei Jahren.

Sie zitterte vor dem furchtbaren, ihr so fremden Erlebnis und stammelte: »Meister Kingston, muß ich in den Kerker?«

»Nein, Madame, Ihr sollt in die Wohnung, die Ihr bei Eurer Krönung inne hattet.«

Sie seufzte. »Sie ist zu gut für mich. Jesus erbarme sich meiner!« Außerstande, sich auf den Füßen zu halten, sank sie weinend auf die Knie. Und dann lachte sie über sich, weil sie auf den Knien weinte, und konnte ihr Gelächter nicht beherrschen.

In der Wohnung, in die man sie führte, warteten vier unbekannte Damen, die Cromwell ausgesucht hatte, unter Lady Kingston darauf, sie zu bedienen. Sie bat, das Sakrament in ihrer Kammer aufzustellen, damit sie um Gnade beten könne: »Ich bin so rein vom Umgang mit Männern«, sagte sie Kingston, »wie vom Verkehr mit Euch, und ich bin die wahre und gesetzliche Gattin des Königs.«

Sie fragte nach ihrem Bruder. Kingston wußte, wo er war. »Ich habe ihn in York Place verlassen.«

Aber am gleichen Morgen waren sie in York Place, um ihren Bruder zu verhaften. Vor Mittag hatte man ihn bereits in den Tower geführt.

Anna begriff nicht, daß jedes Wort, das sie sprach, aufgelesen und Cromwell überbracht wurde. Ihre wilde und unbeherrschte Aufregung stieg bei jeder neuen Nachricht, die sie empfing. Sie gab den Gefühlen nach, die sie erfaßten, oder besser gesagt: sie war nur noch die Äolsharfe ihrer Gefühle.

»Ich höre, daß man mir Umgang mit vier Männern vorwerfen wird — und ich kann nur Nein sagen — außer ich reiße mir das Herz aus der Brust.« Sie riß sich das Kleid entzwei und rief: »Norris, hast du mich angeklagt? Du bist im Tower mit mir und wir werden zusammen sterben. Und du, Markus, bist du auch hier?«

»Oh, meine Mutter, du wirst Kummers sterben!«

»Herr Kingston, muß ich sterben, ohne daß mir Gerechtigkeit widerfährt?«

Mit seinem gewohnten Ernst erwiderte der bärtige Riese: »Der ärmste Untertan des Königs hat Anspruch auf Gerechtigkeit.«

Anna brach in Gelächter aus.

Während diese Worte gesprochen und aufgezeichnet wurden, horchte Heinrich in Westminster auf einen leichten Schritt. Sein Sohn, der Herzog von Richmond, war eingetreten, um ihm Gute Nacht zu sagen.

Der Anblick seines Sohnes, seines einzigen Sohnes, trieb ihm die Tränen des Mitleids mit sich selbst in die Augen.

Er küßte den Jüngling — Richmond war jetzt siebzehn — und schluchzte: »Ihr und Eure Schwester Marie solltet Gott danken, daß Ihr der verdammten und giftigen Hure entronnen, die Euch beide vergiften wollte.«

LXII

Am nächsten Tage wurde Anna Boleyn im Tower von Cromwells Damen mit Fragen gequält, wobei die beiden Kingstons hinter der Türe lauschten.

Erst am vergangenen Sonntag hatte Norris ihrem Almosenmeister gesagt, »er würde darauf schwören, daß die Königin eine züchtige Frau sei«.

»Madame«, fragte eine der Damen, »weshalb kam die Rede überhaupt darauf?«

»Ich selbst, meiner Treu, brachte sie darauf, denn ich fragte ihn, warum er nicht mit Magdalene Shelton Hochzeit mache; und er gab zur Antwort, er würde noch eine Weile zögern. Darauf ich: »Ihr trachtet einen Toten zu beerben; denn wenn dem König etwas zustieße, würdet Ihr trachten mich zu haben.« Und er erwiderte, wenn er einen Gedanken dieser Art habe, sollte man ihm den Kopf vom Leibe trennen. Und darauf sagte ich, es stände in meiner Macht, ihm zu schaden, wenn ich wollte; und darauf erzürnten wir uns.«

Ihre Geschichte von Norris führte zu Magdalene Shelton und dann zu Weston, der, obwohl er verheiratet war, doch Magdalene Shelton zu sehr den Hof machte. Sie machte ihm Vorwürfe; und er antwortete, daß er »mich in ihrem Hause mehr liebe als Magdalene, auch wenn sie seine Gattin wäre«. — »Wen?« »Euch.« — Und sie »habe ihn abgewiesen«.

Ihr Geschwätz war für Cromwell unschätzbar. Ohne es zu ahnen, begann sie sich zu beruhigen und aß sogar heiter zu Mittag, und bald darauf zu Abend. »Ich glaube, der König will mich auf die Probe stellen!« lächelte sie.

»Ich wollte bei Gott, ich hätte meine Bischöfe hier«, fügte sie später hinzu. »Sie würden alle für mich zum König gehen.«

Während sie ihre gute Laune bewahrte, wurden Weston und Wilhelm Brereton ebenfalls verhaftet und ihr die Nachricht überbracht. Sie war bereits ganz ruhig und sprach von Markus Smeaton. Am Sonnabend vor dem Maitag war er in einem Erkerfenster gestanden und hatte traurig dreingesehen. Sie fragte nach der Ursache. Er antwortete, es sei nicht der Rede wert. »Ihr dürft nicht erwarten«, habe sie gesagt, »daß ich zu Euch spreche, wie zu einem Edelmann, denn Ihr seid ein Mann aus geringem Stande.«

»Nein, nein, Madame, ein Blick von Euch genügt mir; und so gehabt Euch wohl.«

Ihre vertraulichen Mitteilungen ergossen sich mit der Leichtigkeit einer Frau, deren ganzes Leben ängstlich, schwankend und unsicher geworden ist. Sie war sich sogar bewußt, wie malerisch ihr eigenes Elend war. »Nun könnten sie wohl Balladen dichten; aber außer meinem Herrn Bruder kann keiner sie verfertigen.«

»Doch — Herr Wyatt.«

»'s ist richtig ... Mein Herr Bruder wird sterben.«

Wyatt war verhaftet worden, und Sir Richard Page. Dies war der 5. Mai. Ganz London wußte nun bereits, daß die Königin von England des Ehebruchs angeklagt sei. Inzwischen benahm sich Heinrich, als wäre weniger als nichts geschehen. Seine hell erleuchtete Barke fuhr den Fluß des Abends hinauf und hinunter und die Musik, die darauf ertönte, erzählte der Welt von Banketten, von Tanz, von Glück und neuer Liebe.

LXIII

Die Anklagen gegen Anna konnten nun bereits zum Gegenstand der gerichtlichen Klage gemacht werden. Aber anstatt zu sagen, daß sie eine Frau war, die nach Lob gierte wie sonst nur ein Dichter, die in einer Atmosphäre von Schmeichelei und Koketterie lebte und mit dem aufdringlichen Eifer eines Halbwüchsigen Komplimente einsammelte, sah sie sich nicht nur des Ehebruchs mit vier Männern und der Blutschande mit ihrem Bruder angeklagt, sondern sogar des Hochverrats, weil sie den Tod des Königs und seinen Untergang habe herbeiführen wollen, und oft gesagt habe, »daß sie einen von ihnen heiraten werde, wenn der König gestorben sei«.

Die Anklagen wurden von der Großen Jury der Grafschaften, in denen angeblich die Verbrechen begangen waren – Kent und Middlesex – prompt als zu Recht bestehend erkannt und die Bürgerlichen am nächsten Tage, dem 12. Mai, vor den Cromwell-Ausschuß in Westminster Hall geführt, um dort von einer Jury abgeurteilt zu werden. Anna und ihrem Bruder sollte im Tower von sechsundzwanzig ausgewählten Pairs am 15. Mai der Prozeß gemacht werden.

Während sich die Dinge so entwickelten, machte nur ein einziger unbekannter junger Mann – ein Anwalt namens Buckley – den Versuch, etwas für Anna zu unternehmen. Ihr Vater war so nachgiebig, daß er sich erbot, an der Jury teilzunehmen, die sie abzuurteilen hatte. Cranmer war selbstverständlich unerhört entsetzt. »Ich bin völlig betroffen, denn nie hatte ich von einer Frau eine höhere Meinung; aber ich glaube, Ihre Majestät wären kaum so weit gegangen, wenn sie nicht schuldig wäre. Ich liebte sie nicht wenig wegen der Liebe, die sie, wie ich glaubte, zu Gott und der Lehre im Herzen trug.« Er schrieb diesen Brief und behielt ihn bei sich, bis er von dem Ausschuß einer kühlen Untersuchung unterzogen wurde. Darauf fügte er noch ein kluges Postskriptum hinzu: »Ich bedaure, daß man, wie es heißt, der Königin so schwere Verfehlungen nachweisen kann.« Anna hatte ihn protegiert. Er war Erzbischof geworden, um sie zu legalisieren. Aber war sie nicht schuldig? Konnte es nicht Heinrichs »Eifer für die Lehre« beeinträchtigen?

Die Berechnungen, die Cranmers Hasenherz bewegten, mögen auch den Jüngling, der gemartert wurde, Markus Smeaton, bewegt haben. Man hatte für die Gerichtsverhandlung in Westminster Hall eine Jury sehr sorgfältig zusammengestellt. Smeaton erklärte auf die Anklage des Ehebruchs, er sei schuldig. Norris und Weston und Brereton erklärten, sie seien nicht schuldig. Keiner von ihnen gab den Hochverrat zu. Die Jury betrachtete prompt beide Anklagen als bewiesen und verurteilte sie zum Tode.

Anna und ihr Bruder konnten nicht so schnell abgetan werden. Als diese Prüfung herannahte, war sie zwei Wochen im Tower gewesen. Die Fälle, in denen sie untreu gewesen war, waren bei jeder Klage einzeln vorgetragen worden — einmal einen Monat nach Elisabeths Geburt, ein zweites Mal einen Monat vor der Enttäuschung des 29. Januar. Die Daten, an denen man sich gegen Heinrichs Leben verschworen hatte, waren auch zu ebenso bestimmten und unpassenden Zeiten angegeben, wenn man nämlich gewöhnliche menschliche Beweggründe in Betracht zog. Aber bei diesem Prozeß handelte es sich um mehr als um Beweise. Anna war Königin von England geworden, weil Heinrich sie hartnäckig liebte, den gesellschaftlichen, religiösen, privaten und Standesgefühlen der meisten Personen ihres Ranges und sehr vieler Bürgerlichen zum Trotz. Wäre ihre Tugend so unangreifbar gewesen, wie Wolsey das seinerzeit behauptete, wäre ihre Verteidigung unwiderstehlich gewesen, so hätte man sich doch ihrer entledigen müssen, wenn nicht ihr Benehmen während des Prozesses einen ungeheuren Umschwung der Meinung hervorgerufen hätte. Sie war nicht der Unkeuschheit angeklagt, sondern der Unbeliebtheit; Heinrich und Cromwell waren beide der Meinung, daß sie auf die Verurteilung durch Pairs, die ihre hartnäckigen Feinde gewesen waren, mit Sicherheit rechnen durften.

Und doch erkämpften sie und ihr Bruder beinahe den Sieg. Als ihre Pairs sie schuldig erklärt hatten, wobei Northumberland sich so unwohl fühlte, daß er zusammenbrach, war sie imstande, fest zu bleiben und sich nur noch an Gott zu wenden. Während der Beweisaufnahme, wenn man sie so nennen will, war sie »unbewegt wie ein Stein und trug sich, als erfahre sie eine große Ehre«. — »Ihr Gesicht drückte mehr aus als ihre Worte, und niemand, der sie sah, hätte sie für schuldig halten können.«

»Ihre Rede«, sagte ein Außenstehender, »erweckte selbst in ihren erbittertsten Feinden Mitleid.«

Sie wurde hinausgeführt und es folgte der Prozeß gegen ihren Bruder. Rochfords Blutschande war nur auf der Anklage aufgebaut, daß er einmal mehrere Stunden mit ihr allein gewesen war. Aber man klagte ihn noch andrer Dinge an als des Hochverrats und der Blutschande: er habe den König verspottet, sich über seine Gedichte und seine Kleidung lustig gemacht, er habe etwas gesagt, das man vor Gericht nicht laut wiederholen, sondern nur niederschreiben und Rochford zu lesen geben könne. Der junge Mann hatte sich so tüchtig und klug verteidigt, daß die Zuhörer im Gerichtssaal wetteten, er würde freigesprochen werden. Aber er kannte Heinrich und seine Pairs, und als man ihm den Zettel reichte, las er laut vor, wessen man ihn anklagte: daß er gesagt habe, »der König sei nicht imstande, mit seiner Frau Verkehr zu haben; daß er keine Manneskraft und Potenz besäße«.

Dieses Gerücht laut auszusprechen, war die letzte trotzige Geste eines Mannes, der nichts auf die Gerichtsverhandlung gab. Als er verurteilt wurde, bat er kühl, man möge ihm gestatten, sich schuldig zu erklären, damit er die Konfiskation seiner Güter vermeiden könne.

Am 17. Mai wurden die fünf Männer unter Annas Fenstern aufs Schafott geführt.

Ihr Bruder wandte sich mit leidenschaftlichem Ernst an die Menge, die das Schafott umgab. »Vertrauet auf Gott und nicht auf die Eitelkeiten dieser Welt; hätte ich es getan, mir deucht, ich würde am Leben bleiben wie Ihr. — Ich bitte Euch auch, helfet, das wahre Wort Gottes verbreiten.« Von seinen Verfehlungen wolle er nicht sprechen. Aber er sei kein Hochverräter. »Und herzlich bitte ich Euch alle, für mich zu beten und mir zu vergeben, wenn ich Euch beleidigt habe, und ich vergebe Euch allen, und Gott erhalte den König.«

Weston, den man seiner ihm zärtlich ergebenen Familie als leichtfertigen Galan dargestellt hatte, der sich aus seiner Frau nichts mache, sprach demütige und reuige Worte, vermied es aber ausdrücklich, den Grund, aus dem er starb, zu erwähnen.

Ebenso starb Brereton. Smeaton nahm nichts zurück: »Ihr Herren, ich bitte Euch alle, für mich zu beten, denn ich habe den Tod verdient.«

Anna wurde bleich, als sie hörte, daß Smeaton sein Geständnis wiederholt habe.

»Hat er mich von der Schande, die er über mich gebracht hat, nicht gereinigt? Ach, ich fürchte, seine Seele wird darob leiden.«

Heinz Norris, der älter war, blieb allein in seinem Stolz und seiner Stoa. Er starb mit wenigen Worten.

LXIV

Nun war nur noch Anna übrig. In allen Briefen, die Cromwell an Gardiner gerichtet hatte, erwähnte er voll heiligen Abscheus »Greuel« und »unaussprechliche Dinge«. Bisher aber hatte diese Frau nicht den Eindruck einer Schuldigen gemacht.

An dem Morgen nach der Verhandlung war Cranmer in den Tower gekommen. Nach ihrem Gespräch mit ihm war sie selig und erzählte ihren Damen, man würde ihr gestatten, sich nach Antwerpen zu begeben. Aber diese Hoffnung, die sich wahrscheinlich auf einer sanften Anspielung Cranmers aufbaute, war eine tragische Einbildung. Er war nur gekommen, um ein wenig Arbeit für Heinrich zu leisten.

Am nächsten Tage hielt Cranmer in Lambeth Gericht und erklärte auf Grund von Tatsachen, die nicht eröffnet wurden, aber vermutlich sich auf ihre Schwester Marie bezogen, ihre Heirat mit Heinrich für null und nichtig. Sie war nie mit Heinrich verheiratet und daher sozusagen nie eine Ehebrecherin gewesen. Aber die Zeit für diese Sophistereien war für sie vorüber.

Sie sollte am 18. sterben. Ihrer höfischen Tradition getreu hatte sie darum ersuchen lassen, daß nicht der gewöhnliche Henker, der ein Beil gebrauchte, ihr den Kopf abhauen solle, sondern irgendein anderer, der das Schwert zu führen verstand. Man hatte es gestattet und den Mann von Calais kommen lassen. Aber ihre Bitte hatte die festgesetzte Zeit verschoben. Am 18. war sie vor Tagesanbruch auf, zur Stunde, wo die Vögel im Mai am lieblichsten singen, und als der Morgen kam, ließ sie Kingston rufen, um aus ihrem eigenen Munde zu hören, nachdem sie das Abendmahl empfangen, daß sie beim Heil ihrer Seele dem König niemals untreu gewesen sei. Es war die gleiche Behauptung wie in dem Briefe an Heinrich, den man später unter Cromwells Papieren fand. »Nie hatte ein Fürst eine Frau, die ihre Pflicht treuer und in größerer Liebe erfüllte, als Ihr an Anna Boleyn hattet.«

»Herr Kingston«, sagte sie, als sie ihn sah, »ich höre, daß ich nicht vor Mittag sterben soll, und des bin ich betrübt, denn ich dachte um diese Zeit längst tot und meiner Schmerzen ledig zu sein.« Kingston sagte ihr, es verursache keine Schmerzen, so rasch gehe es vor sich.

»Ich hörte, daß der Henker tüchtig sein soll, und ich habe einen schmalen Hals.« Sie legte ihre schlanken Finger um ihn und lachte diesmal ganz heiter.

Die Mittagsstunde nahte und verging. Sie hatte einen Tag gewonnen. Als der Abend kam, betete sie manchmal und plauderte dann munter; so sagte sie, es sei leicht, einen Spitznamen für sie zu finden – Anna Sans-Tête. Bei diesem Witz über ihre eigene Kopflosigkeit lachte sie. Ihr Lachen war nicht mehr hysterisch; sie war einfach zu den Witzen zurückgekehrt, die ihrem Temperament so natürlich waren. Und einen Augenblick zeigte sich, welche tiefe Veränderung sich in ihr vollzogen hatte, seit die Qual ihres Kampfes vorbei war. Sie sei nicht der Ansicht, erklärte sie, daß die göttliche Gerechtigkeit sie in diese Not gebracht habe, außer weil sie die Ursache gewesen sei, daß man die Prinzessin Marie so schlecht behandelt habe – und, wie Chapuys zitiert, »sich verschworen habe, sie zu töten.«

Als ihr letzter Morgen am 19. Mai, einem Freitag, anbrach, war sie wach. Sie hatte kaum geschlafen, sondern mit ihrem Almosenmeister fast die ganze Nacht gebetet und gesprochen. Kingston kam früh zu ihr, gab ihr eine Börse mit zwanzig Pfund, die sie wie gewöhnlich als Almosen verteilen sollte, und befahl ihr, sich fertig zu machen.

Sie betrat den schmalen Rasen, wo man die mit Stroh bestreute Plattform absichtlich so niedrig gemacht hatte, daß sie von außen nicht zu sehen war. Ausländer waren nicht zugelassen worden, aber englische Zuschauer drängten sich hinzu; die Räte wurden von Cromwell und Suffolk und Audley angeführt und von dem jugendlichen Herzog von Richmond begleitet. Kingston ging ihr auf dem Wege voran, die vier Damen folgten. Ihr Überkleid aus grauem Damast war tief ausgeschnitten und mit Pelz besetzt; darunter trug sie einen karmoisinroten Kittel. Sie hatte einen

Kopfschmuck, der mit Perlen bestickt war, und ein Netz, das ihr das Haar zusammenhielt.

Als sie das Schafott bestieg und Kingston sie zum Sheriff führte, wußte sie, daß ihr Henker einer der Männer war, die neben ihr standen. Ihre Stimme versagte beinahe; aber mit einförmigem Tonfall erklärte sie, nicht um zu predigen, sei sie hier, sondern um zu sterben. Was sie sonst noch sagte, war atemlos und nicht zu verstehen. Sie blickte sich in einemfort ängstlich um. Sie bat jeden, für den König zu beten, der so gütig sei, legte ihre Vergehen in Gottes Hände und bat alle, denen sie Unrecht getan, um Vergebung.

Als sie mit ihren wenigen Worten fertig war, kniete sie nieder, während eine der Damen ihr die Augen verband. »O Gott, sei meiner Seele gnädig; o Gott, sei meiner Seele gnädig; o Gott, sei —« der Schwertstreich durchschnitt ihren Hals; ihr Köpfchen rollte auf das Stroh. Sofort hoben die Damen den Rumpf auf, dessen Herzblut noch floß. Sie sammelten ihren zerstörten Leib in einen Sarg und trugen sie in das Grab ihres Bruders in die Kapelle. Thomas Cromwell hatte sie in den Tod geleitet.

VIERTES BUCH

JOHANNA SEYMOUR

Ich hab mein Lieb verloren, und mach mir nichts daraus;
Krieg eine andre bald,
Die besser als die alt',
Ich hab mein Lieb verloren, und mach mir nichts daraus.

Volkslied

I

Am Morgen des 19. Mai war London gespannt. Es war einer der Augenblicke, da in der Stadt jeder Nerv angestrengt ist, da die Männer wenig, die Frauen leise sprechen und selbst die Kinder wissen, daß etwas bevorsteht, was für ihr geringes Verständnis zu groß und zu unbestimmt ist. Die Schiffer auf der Themse zogen die Ruder ein und blickten nach dem Tower hinüber. Die Lehrlinge gingen langsamer. Ein Ereignis, das zuerst begrüßt worden war, hing nun als peinvolle Drohung in der Morgenluft.

Um neun Uhr dröhnte ein Kanonenschuß vom Tower Green. Als der schwere Ton durch den Raum rollte, stand manche Bürgersfrau plötzlich still und lauschte auf die Stille, die dem vereinzelten Knall folgte. Sie mit dem Topf unterm Arm, er in unterbrochener Bewegung, Axt oder Hammer erhoben, brauchten niemand, der ihnen sagte, was das Zeichen bedeute. Es war Anna Boleyns Ende.

London hatte sie nie als Königin anerkannt. Als drei Jahre früher Salven sie vom Tower begrüßten, hatte sich im Volke keine Freude geregt. Sie verdrängte die rechtmäßige Königin. Sie war eine Bullen, ein herrischer Emporkömmling, und in der Art, wie sie die Überlieferung durchbrochen hatte, lag etwas Rücksichtsloses und Gewalttätiges. Ihr plötzlicher Sturz jedoch, der tragische Wechsel von Stolz zu Schande hatte London mit eisiger Hand angerührt. Zuerst hatte man sich über die Erniedrigung gefreut, aber als sie im Tower lag und auf ihren Prozeß wartete, fuhr der Mann, der sie zur Königin gemacht hatte, in seiner Barke auf dem Wege zu seiner neuen Geliebten immer wieder vorbei und kehrte spät abends in seinen Palast zurück, wobei aus dem festlichen, glänzenden Fahrzeug Musik über das Wasser erscholl. Dasselbe London, das Anna Boleyn alle Schuld gegeben hatte, murmelte nun seine neue Ansicht über den ungetreuen König. Sie laut auszusprechen war verhängnisvoll, denn täglich wurden Menschen verhaftet, weil sie in der Kneipe vorwitzige Worte gesprochen hatten. Aber doch konnten wenige Frauen anders als die Mutter bedauern, die ein dreijähriges Kind hinterließ; wenige Männer anders als Schrecken und Angst vor der unerbittlichen Macht fühlen, die sie zerschmettert hatte. Wenn sie sich ihren Kavalieren, ihrem Tänzer, dem älteren Ritter, der nichts zugab, wirklich geschenkt hatte, so war es doch ein schreckliches Ende ihrer Pracht; ihr Flug war vorüber, ihr Los der Tod.

Die Güte der Engländer, ihre Wärme, ihre Unfähigkeit, auf die Dauer Feindschaft zu fühlen, ihre Abneigung gegen Schmerzen – all diese reichen Eigenschaften ihres großzügigen Wesens wurden durch die so düster angekündigte Hinrichtung bewegt. Tausende vom gemeinen Volk hatten am

Drama teilgenommen; einige wenige waren glücklich genug gewesen, sie am Tower aussteigen zu sehen; Hunderte hatten sich in den Gerichtssaal geschoben, wo sie inmitten der Feinde, die ihre Richter waren, gefaßt und hoch aufgerichtet dastand, um das Urteil anzuhören; Hunderte hatten hinter den Soldaten der Wache gedrängelt, als man die fünf Männer in ihren neuen weißen Hemden zum Tode führte, und die Bevölkerung wußte, was auf dem Schafott gesprochen worden war, als ihre letzten Worte am Morgen versickerten wie rinnender Sand. Blind vor Tränen hatte das Volk gesehen, wie der Henker zuschlug, da ihre Worte noch in der Luft schwebten und ihre Wangen noch die Farben des Lebens trugen. In manch einer Küche, zu Gruppen gedrängt, wußten Männer, die nahe am Tower oder gar auf dem Rasen selbst gestanden hatten, zu erzählen, wie Anna Boleyn ausgesehen und was sie gesagt hatte, wie der Bürgermeister anwesend war und die Ratsherren, wie sie gebetet hatte und wie der Henker aus Frankreich niedergekniet war, sie um Verzeihung zu bitten, bevor er hinter sie trat und den Zweihänder schwang. Manche erzählten, er hätte ihr gesagt, daß sie nach der einen Richtung sehen sollte, während er von der anderen her zuschlug. Andre behaupteten, er habe das Schwert bis zum letzten Augenblick im Stroh verborgen. »Christenleute«, habe sie sie angesprochen. Ihre Stimme sei kaum mehr gewesen als ein Flüstern. Der junge Herzog von Richmond habe bleich wie ein Gespenst zugesehen, wie sie starb. Ebenso der schwarze Cromwell. In einer Pfeilkiste hätten die Damen ihre Leiche weggetragen. Einige wenige Glückliche konnten das Almosen vorzeigen, das in ihrem Namen verteilt worden war.

Das Gefühl des Volkes fand kein Ventil. Es gab keine Presse. Die Prediger waren Heinrich zu eigen. Das Parlament war ihm zu eigen. Er war der Schmied ihres Schicksals, der Spender von Lohn und Strafe. Aber wie er von der Geliebten, die er eben verleugnet hatte, zu der Geliebten ging, die seine nächste Königin sein sollte, wurde dieses London von finsterer Unfreundlichkeit erfüllt. Eine neue Krönung würde nicht möglich sein. Seinen Bastard, den Herzog von Richmond, konnte er ihnen nicht aufzwingen. Ihre Loyalität gehörte der Prinzessin Marie, der Tochter der »echten Königin«.

II

Dasselbe Zeichen, das Annas Tod in London verkündet hatte, gelangte auch nach Westminster, wo Heinrich seit dem frühen Morgen eifrig tätig war. Er hatte nicht nachdenklich darauf gewartet, es zu hören. Mitten in der Nacht hatte Cromwell die Nachricht, einen schriftlichen Bericht des treuen Kingston, aus dem Tower gebracht und Heinrich hatte befohlen, daß die Ausländer nicht in der Nähe verweilen und Anna weder zu lang noch zu viel sprechen dürfe. Danach muß er ein paar Stunden geschlafen haben. Er besuchte die Frühmesse, und da es ein Freitag war, konnte er zu seiner goldenen Schale Wein kein Fleisch essen.

Nach dem Frühstück hatte er sich in die Pläne vertieft, die sich ihm aufdrängten; er wußte, daß sein Rat bald vom Schafott steigen würde, um ihm die letzten Worte der »verdammten Hure« zu überbringen.

In solchen kritischen Augenblicken pflegten Heinrichs Gedanken zu hüpfen, sich zu verwirren, vorzustoßen und zurückzuweichen. Zweifellos war es angebracht, sein Beileid zu murmeln, und Cranmer, der Annas Abgang und Johannas Auftreten erleben sollte, stand ihm zur Seite, um die für den nächsten Tag festgesetzte Verlobung anzuordnen; auf seinem schlaffen Gesicht lag der passende klägliche Ausdruck. Chapuys, Karls Gesandter, der Annas Sturz schon vor sechs Monaten vorausgesagt und bei ihrer Verhaftung seinem Herrn triumphierend erklärt hatte, »ich gebrauchte mehrere Mittel, die Sache zu fördern, sowohl bei Cromwell wie bei anderen«, und der auf Grund dessen eine Erhöhung seiner Bezüge angeregt hatte, sandte Heinrich fast augenblicklich die folgende taktvolle Botschaft: »Viele große und gütige Männer, selbst Kaiser und Könige, haben durch die Künste böser Frauen Schaden genommen.« Gott zu danken, daß der große und gütige König der bösen Frau entronnen sei, war die Losung. Heinrich aber war in Einzelheiten vergraben und legte keinen Wert darauf, das an diesem Morgen Geleistete ausführlich zu besprechen. Seit mehreren Wochen war er von Bittstellern bedrängt worden, die Norris' Länder und Sinekuren und Breretons Länder und Sinekuren haben wollten. Er bekam Nachricht von den Witwen, die sich rechtfertigen wollten, von den Bischöfen, die ihn wegen des Fegefeuers in den zehn von ihm aufgesetzten Artikeln quälten, von den Sheriffs, die vertrauenswürdige Mitglieder fürs Parlament aussuchten, von den Franzosen, die um eine Allianz schacherten und ihm morgen eine Ersatzgattin vorschlagen würden, von Karl, der ihm den Hof machte, von den Grenzmarken in Wales, vom englischen Gebiet in Irland, von der schottischen Grenze, wo Cromwell mit eiserner Hand seine Herrschaft organisierte. Diese ungeheuren Heerscharen bedrängten Heinrich; jeder fuchtelte ihm mit seinem Dasein vor der Nase herum und bat ihn um seine Aufmerksamkeit, umschwärmte, bedrängte, pufftes und knuffte ihn, wie die an Skrofeln Erkrankten, die ihren Herren anflehten, sie zu heilen. Der Schuß, der bis Westminster donnerte und mit einem Krachen Annas Schicksal besiegelte, wurde von dem Geräusch des Hofes erstickt, dem er an diesem Morgen willig Gehör gab. Er prahlte mit seiner kühlen Haltung. Bevor sie starb, sagte er bereits offen, seiner Ansicht nach hätten mehr als hundert »es mit ihr gehabt«. — »Nie sah man einen Fürsten oder Mann«, bemerkte Chapuys trocken, »der seine Hörner mehr zur Schau stellte noch sie lieber trug.« Vielleicht durchzuckte ihn am Tage einmal ein plötzlicher Schmerz, das Erzittern eines durchschnittenen Nervenbündels. Aber Seine Majestät war in Eile, zwischen sich und seine Erinnerungen eine neue Gestaltung seines Lebens zu schalten. Am nächsten Morgen sollte er sich neu verloben. Es war nötig, das Tropfen des Blutes zu vergessen. Er hob das Kinn und bestellte seine Barke; er wollte »aufs Wasser«, um seine zukünftige Gattin zu besuchen.

III

War die zukünftige Gattin auch schon eine zukünftige Mutter? Diesen Verdacht wagten nur wenige zu flüstern. Es war mehr als vier Monate her, seit Heinrich damit herausgeplatzt war, daß er durch Annas Zauberkünste verführt worden sei und vielleicht nochmals heiraten werde. Dies war auf Annas Fehlgeburt erfolgt. Annas »heftige Wut« über seine Untreue war niemand verborgen geblieben, und während die Kaiserlichen Johanna abrichteten, »keineswegs den Wünschen des Königs Gehör zu geben, es sei denn auf Grund einer Heirat«, hatte man sie in den Palast ziehen lassen und ihr die von Cromwell geräumte Wohnung angewiesen, wo Heinrich im geheimen kommen und gehen konnte. Diese Nachgiebigkeit war durch die Gegenwart von Eduard Seymour gesichert worden, genau wie Anna Boleyns Nachgiebigkeit durch Georg Boleyn; aber Cromwell für seine Person gab sich nicht einmal den Anschein, als sei Heinrich während der vergangenen Monate Anna treu gewesen. Er sagte Chapuys mit »kalter Stimme« und schiefem Blinzeln: »Ich glaube, daß er ehrenhaft und keusch leben und seiner Heirat die Treue wahren wird«, und während er es sagte, hob er die Hand an den Mund, um ein Grinsen zu verbergen. Warum diese Monate des Aufschubs, Anna zu verlassen, das Zögern und dann die ungestüme Eile? Warum diese Heirat mit einer unbedeutenden Person, die wie Elisabeth Blount und Anna sich durch nichts empfahl als durch die Möglichkeit einer Schwangerschaft? Warum schließlich die überstürzte Hochzeit ohne jedes Handeln um eine Braut mit dem Kaiser oder Franz? Warum eine Hinrichtung statt einer Scheidung? Karl hatte im März geschrieben, »sollte der König von England sich vielleicht aufs neue vermählen wollen, so dürft Ihr nicht abraten«. Chapuys Brief, in dem er die gleiche Ansicht ausdrückte, hatte sich mit diesem gekreuzt; er meinte, es würde für den Glauben und die Prinzessin Marie sehr viel bedeuten, wenn die Heirat mit einer Lutheranerin aufgelöst würde. Die neue Heirat erforderte jedoch, daß Anna starb und das Feld räumte. Das wurde ausdrücklich erklärt. Und Annas Tod mußte doppelt notwendig erscheinen, wenn Johanna sich in anderen Umständen befand. Was endlich ein Kind betraf, das ehelich geboren, aber im Januar oder Februar gezeugt worden war, so konnten Cranmer und das Erbfolgegesetz für jede derartige Legitimierung Vorsorge treffen. Alles, was Heinrich brauchte, um zum Entschluß zu kommen, war die Überzeugung, daß Johanna Seymour wirklich imstande war, Mutter zu werden. Es war seine Manie, sich einen männlichen Erben sichern zu wollen. Und die einzige

Rache, die Rochford während des Prozesses erstrebt hatte, selbst auf die Gefahr gemartert zu werden, war die Behauptung, daß Heinrich »ohne Manneskraft und Potenz« sei. Es war die einzige Repressalie, die Johanna Seymours Kind gegenüber möglich war.

In den sonderbaren Unterhaltungen, die im Vorfrühling zwischen der mädchenhaften Johanna Seymour und dem gewissenhaften Heinrich stattfanden, hatte sie den Versuch gemacht, vorzuschlagen, daß man die Prinzessin Marie wieder in ihre Rechte einsetzen solle. »Ihr seid eine Närrin«, sagte Heinrich nach Behauptung von Chapuys Spion, »Ihr solltet Euch um die Karriere unserer gemeinsamen Kinder kümmern, nicht um die anderer.«

Diese Kinder stellten bereits ihren Anspruch auf die Königinwürde dar. Und ihre überstürzte Heirat, die innerhalb von zehn Tagen stattfand, ohne anständige Vorbereitungen, ohne ein Wort an die Öffentlichkeit, ohne Frankreich oder dem Kaiserreich die Möglichkeit zu geben, die neue Königin mit der ihr zukommenden Achtung zu behandeln, ohne ein förmlicheres Wort von Heinrichs Seite als der Befehl, den Buchstaben A in den Buchstaben J zu verwandeln, drückte zur Genüge aus, daß diese neue Frau nicht so sehr ein Mensch an sich war, den er schätzte oder achtete, als vielmehr das weibliche Gefäß für einen garantierten Erben. Daher ihr ängstliches Wesen, ihre stillen ersten Monate, ihre entschlossene Zurückgezogenheit. Daher Heinrichs Zugeständnis innerhalb weniger Monate, daß er Vater werden könne, daher die lange Zwischenzeit vom Tage der Hochzeit an bis zur Geburt Eduards. Daher die dringende, gebieterische Forderung nach Anna Boleyns Entfernung. Derartiges ließ sich kaum andeuten, geschweige aufzeichnen. Chapuys Unterhaltung mit Eduard Seymour am Vorabend von Annas Verhaftung hatte keine Zeugen. Die geringste Bemerkung über Heinrichs Verhalten Anna Boleyn gegenüber, der geringste Hauch eines Verdachts gegen Johanna Seymour konnten später einen Menschen das Leben kosten. »Er war der Gunst der Königin schon ein Jahr vorher gewiß.« Der Untertan, der diese Worte aussprach, war des Hochverrats schuldig. Über sein Schicksal wurde nichts vermerkt.

Dr. Ortiz konnte in Rom im Juni feststellen, daß Johanna seit »fünf oder sechs Monaten geschwängert« war. Aber der freiwillige Zeuge in dieser Angelegenheit war notwendigerweise entfernt, vermutlich voreingenommen und sicherlich leichtgläubig. Die Kaiserlichen in England behaupteten nichts derartiges. Freilich waren die Kaiserlichen Johanna Seymours Parteigänger. Sie war die beste Freundin, die die Prinzessin Marie am Hofe hatte. Was das Versteckenspielen betraf, so war das ja eine der Lieblingsunterhaltungen. Heinrich war es gelungen, das Datum seiner Hochzeit mit Anna Boleyn geheimzuhalten, obwohl eine ganze Anzahl von Zeugen anwesend war. Es war ihm gelungen, die Gründe für Annas Scheidung zwei Tage vor ihrer Hinrichtung geheimzuhalten, obwohl der ganze Hof versammelt war. Sein getreuer Sampson war während der vier Tage, in denen die Hinrichtung vorbereitet wurde, unausgesetzt mit Cromwell zusammen, und doch war von diesem Komplott kein Wort erwähnt worden außer von Chapuys. Johannas Zustand um diese Zeit zu verbergen, konnte nicht schwierig sein. Nichts aber konnte Heinrich bewogen haben, sie so schnell zu heiraten, als die Gewißheit, daß sie bereits sein Kind trug.

IV

Man muß zugeben, daß das Gerücht nicht lang brauchte, um die Geschichte von Annas Prozeß zu verzerren und zu einer Legende umzubilden. Dr. Ortiz wußte bereits am 23. Mai, daß »Anna, um einen Sohn zu haben, den sie dem König unterschieben konnte, mit einem Sänger, der sie Instrumente spielen lehrte, Ehebruch beging; andre sagen, daß es mit ihrem Bruder geschah«. Jedenfalls wurde vorausgesagt, daß diese selbige Anna zu Tode verbrannt werden sollte. Am 24. Mai schrieb der Bischof von Faenza aus Paris nach Rom: »Man erzählt sich, daß der König ein volles Jahr lang in Gefahr stand, von der Dame vergiftet zu werden, und daß ihre Tochter untergeschoben und in Wirklichkeit das Kind eines Landmanns sei; aber diese Einzelheiten sind nicht als gewiß bekannt, wie der König (Franz) heute bemerkte. Entdeckt wurde die Sache durch Reden, die der Organist aus Eifersucht auf andre ausstieß.« Hannaert schrieb am 26. Mai aus Lyon: »Wir haben Nachricht aus England, daß die sogenannte Königin mit ihrem Organisten im Bett gefunden und ins Gefängnis gebracht wurde. Es ist bewiesen, daß sie mit ihrem Bruder und anderen verbrecherischen Umgang pflegte und daß die Tochter, die sie angeblich gebar, einem armen Manne abgekauft wurde.« Am 29. Mai schrieb Melanchthon: »Die Neuigkeiten aus England sind schlimmer als tragisch. Die Königin ist im Gefängnis, mit ihrem Vater, ihrem Bruder, zwei Bischöfen und anderen, weil sie Ehebruch begangen. Ihr werdet alles von Bucer erfahren.« Chapuys verbreitete Andeutungen, daß Elisabeth nicht das Kind von Annas Bruder, von Smeaton oder einem unbekannten Landmann sei, sondern die Tochter von Norris. Ein Portugiese, der ausschließlich durch Zufall zugegen war, erklärte bereits am 10. Juni: »Nach der Hinrichtung verkündete der Rat, daß das Kind der Königin das Kind ihres Bruders sei.«

Während Gerüchte dieser Art durch Europa widerhallten, wußte Lady Bryan, in deren Obhut sich Elisabeth befand, kaum, wie sie das Kind nennen sollte. Sie ergoß ihre Klagen mit der Geschwätzigkeit einer Kinderfrau in Cromwells Ohr.

»Jetzt, da meine Herrin Elisabeth von dem Range, den sie hatte, herabgekommen und ich nur durch Hörensagen erfahre, welchen Rang sie einnimmt, weiß ich nicht, wie es mit ihr oder mir, noch wie mit ihren Frauen und Dienern zu halten. Ich bitte Euch, für sie zu sorgen und für alles, was zu ihr gehört, damit sie Kleidung erhalte, denn sie hat weder Kleid noch Kittel noch Unterrock, kein Leinen für Hemden, keine Tücher, Ärmel, Röcke, noch Umschlagtücher. All dies, das ihr fehlt, habe ich gutgemacht, solange ich es vermochte, aber vermag es nun nicht mehr.

Herr Shelton möchte, daß meine Herrin Elisabeth täglich Mittag wie Abend von der Tafel der Beamten speise. Für ein Kind ihres Alters ist es nicht passend, so zu verfahren. Wenn sie es dennoch tut, nehme ich es nicht auf mich, sie bei Gesundheit zu erhalten, denn sie wird viele Speisen, Früchte und Wein sehen, so daß es mir schwer fallen wird, sie davon zurückzuhalten. Wie Ihr wißt, Mylord, gibt es dort keinen Ort, wo man sie strafen könnte, und sie schwer zu strafen, ist sie zu jung.

Meine Herrin hat viel Schmerzen durch ihre Zähne, die sehr langsam durchbrechen, weshalb ich ihr mehr nachgebe, als ich sonst täte. Ich vertraue auf Gott, daß es ihr mit den Zähnen besser ergehe, als bisher; und ich glaube, daß Seine Majestät viel Freude an ihr haben werden. Denn sie ist ein so zärtliches Kind und so sanftmütig, als ich je in meinem Leben gesehen, Jesus erhalte sie. Was aber angeht, daß sie zu passender Zeit, wann es Seiner Majestät gefällt, etwa einen oder zwei Tage aus dem Hause komme, so will ich mich des befleißigen, daß sie sich zur Ehre des Königs und ihrer eigenen betrage und darauf wieder in ihre Ruhe zurückkehre.«

Die letzten Erinnerungen an Anna Boleyn trafen in ihrer Eigenschaft als Mutter Elisabeths ein. Eine Rechnung für Fährlohn von Greenwich nach London und zurück »um Maß zu Kappen für die Prinzessin zu nehmen und wiederum, um die veilchenblaue Seidenkappe der Prinzessin zum Ausbessern abzuholen«. – »Am 20. April eine Franse aus venezianischem Gold und Silber für das Bettchen.« – Am 28. April, zwei Tage vor ihrer Verhaftung, rote Franse, um das Saumzeug der Maulesel der Königin auszubessern, und »zwei Leitzäune mit großen Knöpfen und langen Quasten«.

Elisabeth blieb mit drei Jahren ohne Mutter zurück. Aber sie war nicht verlassen. Johanna Seymour dachte an sie und fühlte Mitleid mit ihr wegen ihrer Verbannung.

V

Johanna Seymour war eine Dame. Ihr leerer und etwas schafsähnlicher Ausdruck und die porzellanene Weiße ihrer Haut zeigten wohl an, daß sie nachgiebig war mit der völligen Rechtgläubigkeit der Schafe; daß sie folgen würde, wie ihr Gatte sie führte, ihm in ununterbrochener Reihe Kinder gebären und seine Perlen tragen würde. Sie konnte wohl als die ideale Frau erscheinen, deren Beschreibung im Brief an die Epheser von einer bärtigen Gottheit eingegeben ist: »Lasset das Weib seinem Gatten untertan sein gleichwie dem Herrn; denn der Mann ist das Haupt des Weibes, wie Christus das Haupt der Kirche ist... wie die Kirche Christus untertan ist, also auch das Weib dem Gatten in allen Dingen.« Diese wohlwollend-despotischen Worte hatte Heinrich in das Buch aufnehmen lassen, das das Heiratssakrament gegen Luther verteidigte; und nun fand er die ideale Nachfolgerin der Gattin, die ihn an Frankreich gebunden, seine Politik vereitelt, seinen Stolz gehemmt, seine Neugier gebremst und seinem Ehrgeiz Schwierigkeiten gemacht hatte. Johannas Wahlspruch war bereits nach dem Muster Katharinas, die »demütig und treu«, und seiner Mutter, die »demütig und reuig« war, gewählt worden. Johanna war »zu gehorchen und dienen verpflichtet«. Aber eine so vorzügliche Anpassung beruhte, was sie betraf, auf der festen Grundlage ihrer guten Erziehung. Sie war Hofdame der Königin Katharina gewesen; für sie hatte Anna Boleyn ein unglückliches Intermezzo bedeutet; indem sie ihren König heiratete, rettete sie ihn daraus. Viele adlige Damen waren in diesem Sinn in ein Kloster gegangen; das Oberhaupt zu ehelichen, schien kaum weniger religiös. Das königliche Blut in ihren Adern, das von Eduard III. her durch die Holzkohle der Seymours filtriert war, bedeutete nicht mehr als jenes, auf das Anna Boleyn auch Anspruch hatte; aber Johanna Seymour war keine Range; sie bewahrte und verehrte ihr Erbe und war ein Trichter der Tradition; nicht so sehr ein Mensch, als die Matrix eines Erben, die mit taktvollem Eifer die ganze königliche Säuglingsausstattung ebenso zu überliefern wünscht wie das Kind selbst. Sie paßte Heinrich. Ihrerseits davon überzeugt, daß er »das Weib« niemals geliebt haben konnte, überzeugt, daß Marie in ihre Rechte eingesetzt werden und in Zukunft alles geschehen würde, um die häßliche Gegenwart gutzumachen, erhob Johanna die Augen zu ihrem Herrn und Meister mit einem Herzen, das von ihrem Wunsch: »zu gehorchen und dienen verpflichtet« widerhallte.

Die unsagbare Fadheit dieser Hingabe machte Heinrich nervös. »Innerhalb von acht Tagen nach der Kundmachung seiner Heirat traf er zweimal zwei schöne junge Damen und sagte mit Worten und Blicken, er sei etwas betrübt, daß er sie nicht gesehen, bevor er sich vermählte.« Aber wenn eine Seymour gehorchte, so hatte das Folgen, wie sich an ihren Brüdern Eduard und Thomas, die mit ihr in die Gnade des Königs aufrückten, deutlich zeigte. Beide hatten Rückgrat. Eduards Gesicht glich einer blanken Klinge in schwarzer Scheide. Thomas war ein toller pfeifender Degen, stets bereit zu prahlen und zu randalieren, geschmeidig, bezaubernd und verschwenderisch. Auf leeren Kopf rohen Ehrgeiz zu sich zu nehmen, ist immer gefährlich, und es war Thomas bestimmt, daran zu unterliegen; Eduard Seymour dagegen war ein Mensch von vornehmen Qualitäten. Er war der passende Rahmen um die Königin, seine sanfte Schwester.

In einem Kirchlein, das sich in die Landschaft schmiegte, gingen dieses ehrerbietige Mädchen und Heinrich am nächsten Sonntag zur Messe. Als sie zwischen Butterblumen und glänzendem Schöllkraut, wie es im Mai die englische Wiese hervorbringt, über das Feld wandelten, hätte ein Lamm den Kopf erheben und vor Staunen mit den rosigen Ohren wackeln können. Hier ging ein riesiger Zweifüßer mit einem bescheidenen kleinen Zweifüßer neben sich. Das Lamm konnte freilich kaum wissen, daß er in wenigen Wochen fünfundvierzig Jahre alt sein würde, fast doppelt so alt wie seine Begleiterin. In ihm hatte nicht mehr der Liebhaber die Überhand, sondern der wohlwollende Potentat, der im Augenblick gedämpft und liebenswürdig strahlte. Johanna liebte ihn und fürchtete ihn. Johanna war der Hafen nach dem Sturm. Er atmete ihre Unerfahrenheit und Hilflosigkeit. Das war kein leidenschaftlicher Kampf mit einer schwarzbrauigen Hexe. Es war ein Sonntagmorgen im Herzen des Landes, dem Lispeln des Frühlings und dem Geruch des Hagedorns.

VI

Heinrichs Kniffe vor seiner Wiederverheiratung glichen den Windungen und Schlichen eines Fuchses. Vor Annas Hinrichtung legte er Wert auf die Feststellung, daß er durchaus nicht wieder zu heiraten wünsche, außer wenn seine Untertanen ihn dazu »zwingen« sollten; und fünf Tage nach seiner Verlobung mit Johanna erzählte er den Franzosen, daß er frei sei. Selbst Cromwell, der wußte, wie »unglaublich gewissenhaft in puncto seiner Ehre« Heinrich sein konnte, schien diese Art von nachweisbarer Unehrlichkeit widerlich dumm, und er nahm, wenn er mit Chapuys sprach, kein Blatt vor den Mund. Aber Heinrichs Kniffe waren selten dumm. Die Besuche, die er Johanna in einem Hause abstattete, in das er mit Umsicht seine eigenen Köche geschickt hatte, konnten London nicht verborgen bleiben. Lange vor dem 4. Juni »fange bereits jeder an, von Ahnungen zu flüstern«. Aber der Stoß wurde dadurch abgeschwächt, der Prall durch den Gebrauch eines der Puffer, die Heinrich verwendete, gedämpft. Er und Johanna wurden in dem gleichen Gemach der Königin in York Place, wo er sich mit Anna Boleyn vermählt hatte, am 30. Mai verbunden. Erst zu Pfingsten, am 4. Juni, kamen er und die neue Königin unmerklich ans Tageslicht, und am folgenden Sonntag drängte sich die ganze elegante Welt mit ihnen zur Westminsterabtei: »fast eine Krönung«.

Wie Chapuys bemerkte, bestand Heinrichs Kunst darin, indirekt vorzugehen, obgleich er von Natur unruhig und ungeduldig war. Als der kaiserliche Gesandte die neue Königin begrüßte, die man ihm zu küssen gestattete, und ihr auf seine höfliche und politische Art sagte, er hoffe, daß sie sich bestreben werde, den ehrenvollen Namen »die Friedfertige« sich zu erwerben, »näherte sich« Heinrich, »der sich mit den anderen Damen unterhalten hatte, und bemühte sich, sie zu entschuldigen, indem er sagte, ich sei der erste Gesandte, zu dem sie je gesprochen habe, und sie sei noch nicht daran gewöhnt«. — »Ich glaube gern«, setzte Heinrich fort, »daß sie den Namen ‚die Friedfertige' sich erwerben will, denn abgesehen davon, daß ihr Wesen sanft und dem Frieden zugeneigt ist, möchte sie nicht um die Welt, daß ich einen Krieg führe, damit sie sich nicht von mir zu trennen braucht.«

Der Krieg, an den Heinrich dachte, war jener, der sich wieder einmal zwischen Karl und Franz erneuert hatte. Am Vorabend von Annas Verhaftung hatte er den Frieden gefürchtet, dem ein allgemeines Konzil folgen sollte, auf dem der Papst die christlichen Mächte bewegen würde, in England einzufallen und ihn vom Throne zu stoßen. Um dieser Gefahr zu begegnen, befolgte er jedoch nicht Cromwells Politik, sich direkt um die Kaiserlichen zu bemühen. Heinrich hatte von Wolsey die oberste Lektion der englischen Diplomatie gelernt, daß sein Platz auf der europäischen Wippe sich in der Mitte befindet. Heinrichs Handwerk war die Herrschaft, und bereits im Frühjahr hatte er Gardiner, der für ihn in Paris war, wiederholt den Grundsatz eingeprägt, der allein genügte, ihn auf immer von der Rückkehr zu Rom zu bewahren. Er befahl Gardiner und Wallop, die Franzosen daran zu erinnern, daß, »wenn sie an Rom aus Frömmigkeit hängen, sie die Greuel bedenken sollen, die daraus erwachsen sind — wie sie den Fürsten die Macht beschneiden, die durch Gottes Wort Häupter und oberste Richter in ihren eigenen Ländern sind«. Er möchte, »daß sie die Vorteile vergleichen, die sie von England und vom Bischof von Rom haben, der seinem Tode näher ist, wogegen nach seinem Hinscheiden ‚unser Reich dasselbe bleiben wird, das es war und ist'«. England, mit anderen Worten gesagt, kann ein besserer Schiedsrichter für Europa sein als irgendeine Kirche, die auf militärische Machtstellung Anspruch erhebt, wenn auch nur darum, weil eine erbliche Monarchie sicherer ist als eine Monarchie, deren Oberhaupt von einem Kollegium bestechlicher Kardinäle gewählt wird. Englands Rolle bestand also nicht darin, sich mit Karl oder Franz zu verbünden, sondern seine Grundsätze schwebend zu erhalten, als Gegengewicht zu wirken, sich nie auf einem Ende der Wippe zu befinden, sondern in der Mitte auf und ab zu tanzen, immer eher contra als pro den Ausschlag zu geben und immer erhaben und unparteilich dazustehen. Dies war Wolseys Doktrin gewesen, obwohl er sie durch ein sehr wirkliches Gefühl für Rom auf der einen und zynische Habgier auf der anderen Seite verraten hatte. Heinrichs Habgier war dem überwiegenden Sinn für Herrschaft, der ihn dazu zwang, »betreffs des Bischofs von Rom auf deutlichen Bedingungen zu bestehen«, durchaus untergeordnet. Er brachte es fertig, in Geldsachen so geizig zu sein wie der habgierigste Bauer. Als Katharina ihre Gewänder und Pelze vermachte, wollte er ihren letzten Willen nicht erfüllen; er wollte zuerst »sehen, was für Gewänder und Pelze es waren«. Diejenigen, die sie der Kirche hinterließ, behielt er selbst mit der Begründung, die

Kirche habe ohnehin genug. Er verweigerte ihr einen Leichenwagen von der Paulskathedrale aus mit der Behauptung, es wäre »teurer als nötig oder vorgeschrieben«. Je älter er wurde, desto mehr brandmarkten ihn Habgier, Geiz, Knickerei und Kleinlichkeit. Wenn es sich aber um Diplomatie handelte, ließ er sich nicht wie Wolsey durch tatsächliche Geldbestechungen von seiner Absicht abbringen. Und er nahm nicht, wie Cromwell, die Beine in die Hand, um sich mit der stärksten Macht zu verbinden. Sein Wunsch nach Macht verzehrte ihn zu sehr, als daß er sich bei seinen Verhandlungen von einem anderen Gedanken als dem an Macht hätte leiten lassen.

Chapuys ärgerte dieser Zug. »Je mehr man sich erpicht zeigt, mit ihnen zu verhandeln«, sagte er, »desto mehr ziehen sie sich zurück.« »Je mehr man diese Leute drängt, desto eselstörrischer werden sie.« Und er schilderte dem Kaiser Heinrichs Halsstarrigkeit. »Der König bleibt bei der entgegengesetzten Ansicht, weil er erstens aus natürlicher Veranlagung allen Dingen, die zur Diskussion stehen, Widerstand entgegensetzt und sich sehr viel darauf zugute tut, daß er die Welt von einer Ansicht zu einer anderen bekehrt, und zweitens, damit Eure Majestät um so dankbarer sei, wenn er sich schließlich für Euch erklärt.«

Diese angeborne, so starke und unerschütterliche Halsstarrigkeit beruhte jedoch darauf, daß er Geld im Beutel hatte. Heinrich wurde so zornig, wenn man ihm widersprach oder ihn nicht beachtete, daß jeder in seiner Umgebung auf Fußspitzen ging. Selbst Chapuys sah sich bemüßigt, Karl, der selbst nicht wenig jähzornig war, Verhaltungsmaßregeln zu geben. »Der Charakter des Königs muß in Betracht gezogen werden«, deutete er an. Er erfordert »eine sehr freundliche Behandlung«. »Er erkennt keinen Höherstehenden an und möchte nicht, daß irgend jemand glaubt, er sei durch Gewalt oder Angst zu leiten.« — »Behandelt ihn«, bat er, »mit der größtmöglichen Höflichkeit.«

Karl folgte, wie er immer folgte, wenn es sich um Geschäftliches handelte.

Was Franz betraf, so zuckte er die Achseln. So viel machte er sich aus dem Geschäftlichen nicht. Er hielt Heinrich für den »unzuverlässigsten Menschen auf der Welt, und glaubte nicht daran, daß man je etwas Gutes an ihm sehen würde.«

Karls Schwester Marie, die seiner Tante als Regentin von Flandern gefolgt war, betrachtete Heinrich und seine großartige Haltung nicht ohne Humor. Wenige Tage nach Annas Hinrichtung schrieb sie an ihren Bruder Ferdinand, den jüngeren Kompagnon in der habsburgischen Firma: »Ich hoffe, daß die Engländer nicht mehr viel gegen uns unternehmen, da wir von seiner Dame, die eine gute ‚Französin' war, befreit sind. Ich höre, daß er schon wieder eine andre Dame geheiratet hat, eine Kaiserliche (ob sie es bleiben wird, weiß ich nicht), der er vor dem Tode der anderen viele Aufmerksamkeiten erwiesen hat. Da keiner außer dem

Organisten ein Geständnis ablegte und sie auch nicht, glaubt man, daß er diesen Kniff erfunden hat, um sie loszuwerden. Jedenfalls kann man ihr kaum Unrecht tun, selbst wenn man sie in Verdacht hat, lockern Wandels zu sein, denn diesen Ruf hat sie schon lange. Man muß hoffen, wenn Hoffnung sich für solche Handlungen geziemt, daß er, wenn er dieser müde ist, irgendeine Ausrede findet, auch sie loszuwerden. Ich glaube kaum, daß die Frauen es gerne sehen, wenn derlei Sitten allgemein werden. Obwohl ich nicht den Wunsch habe, mich dieser Gefahr auszusetzen, so will ich doch, da ich weiblichen Geschlechts bin, zu Gott beten, uns davor zu bewahren.«

VII

Marie von Ungarn konnte leicht in so scherzhaftem Ton über Johanna Seymours Rolle reden, aber Johanna, so sanft sie war, hatte keine leichte Aufgabe in der einzigen Sache, die sie sich in den Kopf gesetzt hatte: die Aussöhnung ihres Gatten mit seiner Tochter Marie. Marie war sein Kind, aber sie war auch das Kind Katharinas, die eine Papistin gewesen war und ihm getrotzt hatte. Marie, Katharina, Rom, Herrschaft, Machtgelüste – das ganze Register von Glocken fing an, wie toll in Heinrichs Kopf zu läuten, und sein Ego kam erhitzt und wütend an die Tür, um die wirkliche Macht, auf die er seine Eigenliebe projizierte, zu verteidigen.

Die Prinzessin war inzwischen eine vertrocknete Frau von zwanzig Jahren geworden, die völlig allein in Hunsdon lebte. Seit ihrem zehnten Jahr war sie die feurige Parteigängerin ihrer Mutter gewesen, und diese schwere Lehrzeit bei einem gekränkten Elternteil hatte ihr die Jugendblüte weggescheuert. Ihr Gesicht war nicht hart oder verbittert, aber es war bar jeder Heiterkeit, bar allen Liebreizes, angestrengt, eingefallen, eng, so daß man beinahe das »Buch der Märtyrer« oder den »Schlachtruf« in ihrer behandschuhten Hand zu erblicken glaubte. Ihr Leib war ausgedörrt und doch gedunsen, ihr Teint vertrocknet, ihre Stimme rauh. Ihr Vater hatte sie als illegitimes Kind gebrandmarkt, ihr Herz hatte nie einen Frühling gekannt, war nie von Hoffnungen geschwellt worden.

Es war ihr verboten, sich an ihren Vater zu wenden, aber eine Woche nach Annas Hinrichtung redeten ihre Freunde ihr zu, sich Cromwell, dem Zugang zum König, zu nähern. »Solange das Weib lebte«, sagte sie, »wagte niemand für mich zu sprechen«, jetzt aber bat sie Cromwell um Gottes willen in ihrer Sache zum König zu reden.

Da er wußte, wie sehr Johanna Seymour Marie verehrte, näherte sich Cromwell wirklich dem König, der auch zuerst mit dem ihm eigenen Temperament ihr seinen Segen und die Erlaubnis sandte, ihm zu schreiben. Aber bevor sie es noch tun oder »ihn besuchen konnte, was sie mehr ersehnte als sonst irgend etwas auf der Welt«, wurde sein Gemüt durch einen Verdacht getrübt, und alles war augenblicklich anders. Alles, wogegen er in der Mutter gekämpft hatte, alles, was zu seinem Bruch mit Rom geführt hatte, lebte noch in Marie — Treue gegen Rom, Abhängigkeit von Karl, Erinnerung an seinen Mißerfolg, einen männlichen Erben zu erzeugen, Ablehnung der Scheidung, Weigerung, ihn als Oberhaupt der Kirche anzuerkennen. Sobald er sich an all das, was sie verkörperte, erinnert hatte — ein Jahr früher hatte er sie »meine ärgste Feindin« genannt — ergriff sein schneller Verstand sofort die Möglichkeit einer Gefahr, falls die Katholiken und Kaiserlichen sich um sie scharten und ihr den Thron zu sichern versuchten.

Cromwell ärgerte sich über die zuchtlose Erregbarkeit seines Herrn und konnte weder auf die heftigen Fragen entgegnen noch sich den ungeduldigen Wiederholungen entziehen, die wie harte Fingergelenke auf seinen Schädel niedersausten. Der mächtige Heinrich mit seinem roten Haar und seinem Stiernacken war plötzlich mit giftiger Willkür geladen und ließ Norfolk, dessen Angeln mit Furcht gut geölt waren, vor sich kommen.

Norfolk, Bischof Sampson und Sussex sollten Marie aufsuchen, eine der Delegationen des Rats, deren Angriffe ihre Mutter zurückzuschlagen pflegte, die aber jetzt zu einer Zeit ankommen würden, da Anna Boleyns schnelles Ende noch in aller Gedanken war. Sie sollten dem Mädchen bestellen, daß sie »ein unnatürliches Ungeheuer« sei, eigensinnig und ungehorsam, undankbar, unfolgsam gegen ihren Vater und König und dem Allmächtigen ein Anlaß zur Entrüstung. Sie sollten sie an die »gnädige und göttliche Art« Seiner Majestät erinnern, an seine Milde und Barmherzigkeit, seine Neigung zum Verzeihen und sein fürstliches Herz. Sie sollten betonen, wie gerecht sein Mißfallen sei, wie töricht sie sich verhalten habe, und ihn doch als ständig bereit schildern, sich aller Missetäter, die ihre Reue bezeugten, zu erbarmen und ihnen zu verzeihen.

Dies waren ihre schriftlichen Befehle. Marie war ebenso geneigt sie anzuhören wie ihre Mutter, und Norfolk ebenso brüsk wie früher. Diesmal aber machte man kein Angebot. Ein Bastard konnte sie kaum sein, sagte man ihr, sonst wäre sie nicht so eigensinnig. »Wäret Ihr meine Tochter«, sagte Norfolk, »ich würde Euren Kopf so lange gegen die Wand schlagen, bis er so weich wäre wie ein Bratapfel.« Er nannte sie Hochverräterin; man müsse sie bestrafen. Unter wessen Einfluß und mit wessen Hilfe sei sie in ihrem Eigensinn verharrt? Sie weigere sich, Heinrich als Oberhaupt der Kirche anzuerkennen. Sie habe an der Überzeugung, für die More und Fisher gestorben waren, festgehalten. Nun sollte sie schriftlich eine Erklärung abgeben.

Marie erschrak. Sie hoffte um den Streitpunkt herumzukommen, wenn sie ihrem Vater schrieb und ihn um seinen Segen bat, ihre »Missetaten« in unbestimmten Ausdrücken zugab, sich ihm in allem nach Gott unterordnete, »Eure Majestät demütig anflehte zu bedenken, daß ich nur ein Weib und Euer Kind bin«.

Es war der 1. Juni, zwei Tage nach seiner Hochzeit, aber Heinrich war in keiner versöhnlichen Stimmung. »Als der König den Bericht der Abgesandten und die kluge Antwort der Prinzessin vernahm, geriet er in eine abgründige Wut, und dies aus zwei Gründen: einmal, weil die besagte Prinzessin sich weigerte; zweitens, weil er argwöhnte, mehrere ihres Gefolges könnten sie in diesem Sinne beraten haben.«

Während Marie zitternd darauf wartete, daß eine Antwort auf die Bitte an ihren Vater eintraf, begann sein Zorn zu wachsen und nach den geeigneten Gegenständen dieser Wut zu suchen. Er wußte sehr gut, daß alle Bulldoggen und Bluthunde, auf deren Treue er zählte – Fitzwilliam, Kingston, Shrewsbury, selbst sein Köter Cromwell – seinem Wunsch, Marie zu erniedrigen, feindlich gegenüberstanden. Er verbot Exeter und Fitzwilliam plötzlich, in den Rat zu kommen. Er stellte strenge Untersuchungen an. Sechs oder sieben Tage lang ließ er den Rat von morgens bis abends nicht von Hofe. Das Parlament sollte am 8. zusammentreten, aber er ließ Cromwell die Häuser gewisser Damen von Adel aufsuchen, er befahl Franz Bryan und Anton Brown eingehend auszufragen, ihrer geringfügigsten Bemerkung nachzuforschen, strenge Eide schwören zu lassen. Inzwischen war er so böse, daß Cromwell nicht wagte, Chapuys zu treffen, der an Marie einen langen Brief geschrieben und ihr geraten hatte, sich zu verstellen und zu unterwerfen, wenn ihr Leben ihr lieb wäre. »Gott«, schrieb der Savoyarde, »sieht mehr auf die Absicht als auf die Handlung.« Heinrich sah auf die Absicht, wie Gott, und machte seinen Räten so wütende Augen, daß Cromwell »vier oder fünf Tage lang sich wie einen Verlorenen oder Toten betrachtete«.

Schließlich konnte Marie die Spannung nicht länger ertragen. Sie schrieb an Cromwell, den »lieben Herrn Sekretär«, um zu erfahren, ob ihr Vater ihren Brief zu Gnaden angenommen habe.

Weit davon entfernt, ihn zu Gnaden anzunehmen, hatte ihr Vater Anstoß an ihrer Hartnäckigkeit betreffs ihres »Gewissens« genommen, und dies trotz seiner eigenen Neigungen nach dieser Richtung; er schwor »in höchstem Zorn«, daß nicht nur Marie es büßen sollte, sondern auch Cromwell, Exeter und andre. »Trotz der Bitten der Königin, die er grob zurückwies«, wie sich Chapuys ausdrückte, »befahl der König den Richtern, nach dem Gesetz in der Untersuchung und dem ersten Urteil, das in Abwesenheit der Parteien abgegeben wird, fortzufahren.«

Die Richter murrten. Sie erklärten fortfahren zu wollen, wenn sie sich weigere, eine Unterwerfung zu unterschreiben.

Cromwell übernahm es nunmehr, diese Unterwerfung zu beschaffen, da er Chapuys überzeugt hatte, daß ihre Weigerung den Tod nach sich ziehen würde.

Der Grad der Gefahr hatte auf Katharinas Tochter weniger Eindruck gemacht als die Gewissensfrage. »Ich habe, wie Ihr sehen werdet«, schrieb sie an Cromwell, »Euren Rat befolgt, und werde das auch weiter in allen

Dingen tun, die meine Pflicht gegen den König betreffen, vorausgesetzt, daß Gott und mein Gewissen nicht dadurch beleidigt werden; denn ich halte Euch für einen meiner besten Freunde nächst Seiner Majestät und der Königin.« Aber sie fügte in ausbrechender Ehrlichkeit hinzu: »Ich bitte Euch um Christi Leiden willen, Mittel zu finden, daß ich nicht zu mehr gezwungen werde, als ich bereits getan habe ... zwingt man mich zu mehr – gegen Euch, als meinen guten Freund, bin ich offen – so wird besagtes Gewissen mir nicht gestatten, darin zu willigen.« Und sie schrieb auch dem König, dessen Gnade sie ihr Wohl und Leben empfahl, »nächst Gott dem Allmächtigen«.

Nächst Gott dem Allmächtigen! Heinrich war wütend über diese Beleidigung und rieb sie Cromwell unter die Nase, der, diesmal in wirklicher Angst, einen rasenden Brief an Marie schrieb. Ich schäme mich, rief er aus, ich fürchte mich. »Ihr bringt Euch um mit Eurer Torheit.« – »Wenn Ihr nicht alle unheilvollen Absichten«, schrieb er, »beiseite laßt, werde ich Euch auf immer verlassen, bitte Euch, nicht mehr an mich zu schreiben, und werde immer an Euch denken als an das undankbarste, unnatürlichste und hartnäckigste aller lebenden Geschöpfe, sowohl Gott als Eurem teuren und wohlwollenden Vater gegenüber.«

Dies war ein Ultimatum, und Marie sah sich nunmehr dem ganzen Aufgebot gegenüber – ihrem Vater, ihrem Freunde Cromwell, ihrem Ratgeber Chapuys, dem Rat, den Richtern, nicht zu reden von allen Bischöfen und dem ganzen eingeschüchterten Adel. Von der Stunde an, da sie Cromwells Tadel empfing, wurde sie krank. Sie zerbröckelte. »Der Schmerz in Kopf und Zähnen hat mich sehr gepeinigt«, klagte sie, »und hält seit zwei oder drei Tagen an, so daß ich Tag und Nacht nicht die geringste Ruhe habe.« Was ihr Schreiben an Heinrich betraf, so sandte sie Cromwells Fassung »Wort für Wort« zurück, ohne etwas hinzuzufügen oder zu streichen. »Ich kann es nicht ertragen, eine Abschrift anzufertigen.«

Am 13. Juni um elf Uhr nachts unterschrieb sie den Brief, der die Unterwerfung begleitete und anfing: »Ich werfe mich demütig Seiner erhabenen Majestät zu Füßen als niedrigste, getreueste und gehorsamste Untertanin, die Eure allergnädigste Majestät so sehr beleidigt hat, daß mein schweres und ängstliches Herz nicht wagt, Euch Vater zu nennen.« Mit dieser Ehrerbietigkeit nannte sie ihn gnädig, barmherzig und »hochheilig«, erkannte ihn als Oberhaupt der Kirche an, verleugnete den Papst wegen seiner unrechtmäßigen Ansprüche und erklärte, daß die Heirat ihrer Mutter »nach Gottes und der Menschen Gesetz unkeusch und ungesetzlich« gewesen sei.

»Nachdem die Prinzessin das Schriftstück unterzeichnet hatte«, schrieb Chapuys, »war sie sehr niedergeschlagen, aber ich befreite sie von jedem Zweifel, selbst was ihr Gewissen anginge, indem ich ihr versicherte, daß der Papst sie nicht nur nicht tadeln, sondern ihr Vorgehen für richtig ansehen würde.«

»Sie hat nie etwas Vernünftigeres getan«, teilte Chapuys dem Kaiser mit, »denn wenn sie diese Gelegenheit versäumt hätte, wäre ihr auf dieser Welt nicht mehr zu helfen gewesen.«

Am nächsten Tage wurde sie vor den König und den Rat geführt und wiederholte ihre Unterwerfung mündlich.

VIII

Heinrich war noch immer nicht zufrieden. Alles war geschehen, um ihn während der Zornesperiode zu besänftigen. Die neue Königin war am Rande seiner Wut auf Zehenspitzen gegangen. An drei oder vier Tagen bestiegen fünf von Chapuys' Leuten, die Instrumente spielten, beim Dämmern des Morgens über der Themse eine Barke unter den Fenstern des königlichen Schlafgemachs und machten Frühmusik, »um seinen Sinn zu erheitern und zu erweichen«. Er war sehr erfreut darüber; aber sein Sinn war so geartet, daß, wenn er einmal einen Verdacht gefaßt hatte, dieser ihm unverrückbar vor Augen stand, wie das Auge des Tageslichts einem Manne, der durch einen Tunnel geht, und er ihn nicht aus dem Kopf bringen konnte. Marie wurde geraten, ihm den Hof zu machen, und sie tat es mit Worten, die eine fast ekstatische Erniedrigung ausdrückten. »Ich liege Euch demütigst zu Füßen, mein teurer und gütiger Vater und Herrscher, denn ich habe heute Eure gnädige Milde und Euer erbarmungsvolles Mitleid erfahren, die mein so unfreundliches und unnatürliches Vorgehen überwunden haben« usw. »Ich sende Eurer Majestät«, fuhr sie fort, »mein armes Herz, daß es in Eurer Hand bleibe und auf immer gebraucht, geleitet und benutzt werde, solange Gott ihm das Leben läßt, wie immer Euer Willen es befiehlt.«

Man könnte annehmen, daß ein orientalischer Potentat sich damit zufrieden gegeben hätte. »Ich bitte Euch, es anzunehmen, da es alles ist, was ich zu geben habe«, fügte Marie hinzu; »ich werde nie von dem Geständnis und der Unterwerfung abweichen, die ich Eurer Majestät in Gegenwart des Rates abgelegt habe. Ich bete zu Gott, Euch und die Königin zu erhalten und Euch Nachkommenschaft zu geben.« Sie kroch zu Kreuze. Und sie schrieb an Johanna Seymour, die nur fünf Jahre älter war als sie selbst, »an Ihre Majestät die Königin, meine liebe Mutter«, dankte ihr für die Freude, die Johanna über die Versöhnung bezeigt hatte, und für ihren »höchst weisen Rat«.

So weit schien alles in Ordnung, und Heinrich ging mit Johanna im Geheimen zu Marie, was ein Zeichen war, daß sie wieder in Gnaden aufgenommen sei. »Die Freundlichkeit, die ihr vom König erwiesen wurde«, berichtete Chapuys auf Grund der Mitteilungen, die ihm ein Spion in Maries Haus gemacht hatte, »war unbegreiflich; er bedauerte, daß er so lange von ihr getrennt gewesen sei. Er machte es in der kurzen Zeit, die er mit ihr verbrachte, wieder gut, indem er unausgesetzt mit allen Zeichen der Liebe mit ihr redete und ihr tausend schöne Dinge versprach. Die Königin schenkte ihr einen prachtvollen Diamanten und der König etwa tausend Kronen in bar zum Bestreiten ihrer kleinen Vergnügungen, außerdem sagte er ihr, sie brauche sich um Geld keine Sorgen zu machen, denn sie würde soviel bekommen, als sie wolle.« Marie drückte ihren Dank für diesen Besuch in einem Briefe aus, »werfe mich zu Euren erhabenen Füßen und flehe Euch demütigst und aus der Tiefe meiner Eingeweide an, zu glauben, was ich beteuert habe«. Und wenn Ihr Nachkommen habt, »werde ich ihnen ebenso gern und gutwillig die Hände unter die Füße legen, wie je ein armer Untertan gegenüber seinem Herrn dem König.«

Das sah allerdings aus wie Unterwerfung. Auch der folgende Brief von Ende Juli behielt den Ton bei: »sie wolle lieber ein Kammerdiener sein, der das Glück habe, die Gegenwart des Königs zu genießen, als eine Kaiserin, die fern von ihm leben müsse«, und ließ wenig zu wünschen übrig. Aber die nagende Frage nach ihrer Aufrichtigkeit, nach ihrer wahren inneren Zustimmung, nach völliger Erniedrigung spukte noch immer in dem unruhigen königlichen Herzen. Heinrich konnte sich das letzte Vergnügen nicht versagen, die Gewißheit, daß sie, die er erniedrigt hatte, sich aus Liebe so erniedrigen ließ.

Im August »beschwor sie der König, ihm zu sagen, ob sie sich seinem Willen von Herzen oder aus Verstellung gefügt habe, da er nichts so hasse wie Heuchler«. Manchmal, teilte er ihr mit, gäben seine Höflinge ihm den Rat, sich Gesandten gegenüber zu verstellen, aber er täte es nie, und er bäte die Prinzessin, sich in dieser Sache als seine Tochter zu erzeigen.

Sie befragte Chapuys und »erwiderte ihm, wie es geboten war, und wird sich in Zukunft wohl in acht nehmen und so heucheln, wie es notwendig erscheint, denn ich habe sie ausdrücklich vor den Gefahren gewarnt, die sie sonst läuft. Ich glaube, ist sie erst bei Hofe, so wird sie manches durch ihre Vernunft wieder in Ordnung bringen«. Sie hatte bereits einen geheimen Protest für Rom aufgesetzt, in welchem sie ihre Unterwerfung ableugnete, und Chapuys gesagt, sie würde ohne ausdrückliche Erlaubnis Karls keine Partie eingehen, obwohl sie behauptete, »es läge ihr nichts daran, sich zu verheiraten«.

Habt Ihr je an Karl geschrieben? fragte sie ihr Vater mißtrauisch. Niemals, belog sie ihn.

Im Oktober hatte Heinrich seine Behauptung über das Heucheln vergessen. Er sandte ihr zwei Briefentwürfe, die sie an den Kaiser schicken sollte und die darauf hinausliefen, daß sie inzwischen durch das immerwährende Studieren in Büchern und dadurch, daß sie sich bei heiligen und gelehrten Männern Rat geholt habe, »hauptsächlich aber durch den Heiligen Geist«, »freiwillig, von selbst und ohne Furcht oder Zwang« die Statuten anerkannt habe, die vom Parlament aufgestellt und wodurch die Heirat ihrer Mutter als ungesetzlich und der König zum Oberhaupt der

Kirche erklärt worden, und daß sie Karl ersuche, der Wahrheit Raum zu geben und sie nicht zu hemmen, damit der König, »der sie so freundlich behandle«, nicht Grund habe, seine Einstellung zu ihr zu verändern.

»Die Prinzessin«, teilte Chapuys Karl mit, »hat mir aufgetragen, Eurer Majestät dieses mitzuteilen und Euch auf die besagten Briefe vorzubereiten.«

Inzwischen waren Marie und die kleine Elisabeth an den Hof gebracht worden, »um die Stimmung des Volkes zu erweichen«. »Madame Marie ist nun die erste nach der Königin und sitzt ihr am Tische gegenüber und etwas tiefer, nachdem sie zuerst das Handtuch beim Waschen dem König und der Königin gereicht hat. Die Marquise von Exeter reicht das Wasser. Madame Ysabeau (drei Jahre alt) sitzt nicht bei Tische, obwohl der König sehr liebevoll gegen sie ist. Man sagt, daß er sie sehr liebt.«

Heinrichs Liebe zu seinen Kindern war ein Zug, über den man viel sprach. Er fing an, nicht mehr an die Verschwörung zu glauben, die ihn geängstigt hatte. Wie er einmal zu Franz Bryan sagte: »Es ist gleich. Schlimme Gerüchte gehen schnell vorüber.«

IX

Während der Kampf, Marie zum Nachgeben zu zwingen, am heftigsten tobte, machte sich Heinrich an die Aufgabe, die Gesetzgeber zu bearbeiten. Am 8. Juni eröffnete er in seiner ganzen Pracht ein Parlament, das von ihm selbst sorgfältig ausgesucht war, und der Kanzler Audley, ein bewährtes Mittel zur Erweichung, teilte der neuen Körperschaft mit, welche Haltung sie einzunehmen habe. Es stellte sich heraus, daß die Majestät des Königs, ihres gefürchteten Herrschers, soeben einer haarsträubenden Verschwörung knapp entronnen war. Audley beschrieb sie mit großer Beredsamkeit. Dunkle Gefahren, »große unerträgliche Nöte«, hatten den König bedroht, und da es sich um ihn handelte, dessen Mühe und Sorge ausschließlich darauf gerichtet waren, seine Untertanen in Frieden und Barmherzigkeit zu regieren, »so lang sein Leben währet«, konnte die Scheußlichkeit derer, die England »des sicheren Besitzes dieser Segnungen« zu berauben gedroht hatten, kaum abgeschwächt oder verhüllt werden. Es stellte sich heraus, daß Anna Boleyn, »von Stolz und den fleischlichen Begierden ihres Körpers entzündet«, sich mit ihrem Bruder Rochford, mit Norris, Weston, Brereton und Smeaton verschworen hatte; »und also verschworen hatten sie verräterischerweise verschiedene gräßliche und verabscheuungswürdige Fälle von Hochverrat begangen und ausgeführt, die alle auf die schreckliche Gefahr und Not Eurer königlichen Person und den völligen Ruin, die Zersplitterung und das Unglück dieses Reiches abzielten, wenn nicht Gott in seiner Güte zur rechten Zeit besagten Hochverrat ans Licht gebracht hätte; um welcher Taten willen, deren sie deutlich und klar überführt worden, sie verurteilt und entsprechend der geziemenden Ordnung und dem gesetzlichen Verlauf, wie er in diesem Reiche vorgeschrieben ist, nach ihrem Verschulden die Strafe erlitten.«

Annas leichtfertige Bemerkungen Norris gegenüber waren so zu der »schrecklichen Gefahr und Not« von Heinrichs Person geworden; und ihre Schuld war »entsprechend der geziemenden Ordnung und dem gesetzlichen Verlauf« erwiesen. Was das bedeutete, war klarerweise die Notwendigkeit, außerordentliche Vorkehrungen zu treffen, um das Reich in der Zukunft zu schützen.

Heinrich hatte seine Pflicht gegenüber der Öffentlichkeit bereits erfüllt. »Unser erhabener Fürst hat, nicht aus fleischlichen Gelüsten, sondern auf die demütigen Bitten seines Adels hin, noch einmal eingewilligt, sich in jenen Stand (den verheirateten) zu begeben und sich mit einer Gattin vermählt, die, was Alter und Gestalt betrifft, zur Erzeugung von Kindern passend und geeignet erscheint.«

Dem Parlament blieb nichts übrig, als so weise zu handeln, wie Salomo, »mit welchem man unsern gnädigsten König verdientermaßen vergleichen kann«.

Da Annas Heirat ungültig erklärt, Elisabeth ein uneheliches Kind und die Prinzessin Marie mit Heinrich noch nicht versöhnt war, konnte das Parlament als Thronfolger entweder Heinrichs Sohn den Herzog von Richmond, oder »die Nachkommenschaft aus der Heirat mit Königin Johanna« betrachten. Unter der Leitung von Cromwell und Heinrich in eigener Person wurde ein Gesetz durchgebracht, das die Souveränität des Volkes abschaffte und die Illusion, als sei der Thron von England Heinrichs persönliches Privateigentum, vervollständigte. Heinrich erhielt »volle und gütige Autorität und Befugnis, durch Briefe, die mit dem Großen Siegel verschlossen sind oder durch Euren letzten, schriftlich gegebenen und Eurer Hand unterzeichneten Willen die Krone dieses Reiches und alles andere, was dazu gehört, solcher Person oder Personen zu hinterlassen, als Eurer Majestät gut erscheint.

»Wir, die demütigen und gehorsamen Untertanen Eurer Majestät versprechen Eurer Majestät hierdurch getreulich und einstimmig, daß nach Eurem Hinscheiden wir wie auch unsere Erben und Nachfolger solche Person oder Personen, männlich oder weiblich, anerkennen und annehmen, lieben, fürchten und gehorchen werden, die Eure Majestät mit der Herrscherkrone begaben wird; und daß wir an ihnen durchaus festhalten werden, wie es sich für wahrhaft treue Untertanen geziemt.«

Dieses Erbfolgegesetz war die völligste öffentliche Anerkennung der von Heinrich so gierig ersehnten Befugnisse, die er jemals empfangen hatte. Er konnte nichts an der körperlichen Schwäche seines armen Jungen Richmond ändern, der sich nach der Heirat mit Norfolks Tochter als ebenso lungenkrank herausgestellt hatte wie Heinrichs Bruder und Heinrichs Vater. Richmond spuckte seit Annas Hinrichtung Blut und starb im

Juli. Heinrich schrieb sein plötzliches Ende öffentlich Annas verhängnisvollen Intrigen zu und dehnte sein zorniges Mißtrauen bis auf die Howards aus. Norfolks Bruder Thomas Howard wurde in den Tower geworfen, weil er Heinrichs Autorität so weit zuwider gehandelt hatte, ohne Erlaubnis Margarete Douglas, die Tochter der Königin Margarete von Schottland, zu heiraten. »Vom Teufel verführt«, hieß es, »strebte er nach der Krone auf Grund einer so vornehmen Heirat.« Eine Heirat mit Personen königlichen Blutes ohne Erlaubnis anzustreben, galt sofort für Hochverrat. Howards Haft im Tower, die ihn innerhalb eines Jahres erledigte, bewies, daß Heinrich keine »Frechheit« duldete, und der Herzog von Norfolk folgte seinem Halbbruder beinahe nach. Heinrich hatte nicht gewagt, das Begräbnis des Lord Richmond mit Gepränge zu begehen und es also Norfolk anvertraut, der damit kurzen Prozeß machte. Heinrich war so ärgerlich darüber, daß Norfolks Schicksal eine Woche lang in der Schwebe hing. Der Herzog schrieb an Cromwell »voll, voll, voll Wut und Todesangst«. »An dem Tage, da ich es verdient habe, im Tower zu sitzen«, schrieb diese Hyäne, »wird Tottenham zu den Franzosen übergehen.«

Im Parlament zeigte sich kein wirksamer Widerstand gegen Heinrich, da die Unterdrückung der Klöster das Wachsen des Landadels nach sich zog. Die Verworfenheit der Mönche war also zum Glaubensartikel geworden. In einem Lande mit vierzig oder fünfzig Prozent Analphabeten, mit so langsamem Verkehr, so starren Klassengegensätzen, einem so offenbaren Bedürfnis nach Solidarität, um einer Invasion begegnen zu können, war es so gut wie unmöglich, eine Stimmung zu erzeugen, in der man Heinrich Widerstand leisten konnte. Sein Parlament war mit Erfolg »einig«. Hätte Heinrich den Hochadel vor den Kopf gestoßen, wie das Christian II. in Dänemark tat, so hätte er den Funken in das Pulverfaß der Opposition geworfen. Aber er lernte an der Erfahrung, die Christian seinen Thron kostete. Er beobachtete jene, die vor ihm Rom Trotz geboten hatten. Er teilte seine Beute mit seinen Pairs, seinen Höflingen, seinen Beamten und Industriellen. Um diesen Preis ließen sich manche weltlichen Führer zu einem Kompromiß bewegen. Heinrich wandte sich aufatmend zur Kirchenversammlung, die er zur gleichen Zeit einberufen hatte.

Als Oberhaupt hatte er Cromwell über die Versammlung gesetzt und Cromwell als Generalvikar einen seiner Getreuen die Arbeit eröffnen lassen. Sie hatte eine große praktische Bedeutung, und Heinrich hatte seit Anfang des Jahres 1536 daran gearbeitet, ein neues theologisches Programm aufzusetzen. Dabei dachte er besonders an das Fegefeuer. »Das Hauptziel des Königs«, hatte Chapuys bemerkt, »besteht darin, das Volk davon zu überzeugen, daß es kein Fegefeuer gibt, um später die kirchlichen Stiftungen beschlagnahmen zu können —« das heißt die Vermächtnisse zum Lesen von Seelenmessen, eine Art Feuerversicherungen. Das war die ökonomische Seite des Fegefeuers. Es grob mit der Wurzel auszureißen, hätte nur das einfache Volk, das an das Fegefeuer gewöhnt war, zum Widerstand gereizt, und Heinrich machte sich schwere Sorgen. Im April hatte er einen Dämpfer angewandt. Er hatte den Predigern befohlen, »neuartige« Anschauungen über Riten und Zeremonien zu vermeiden, und sich entschlossen, das Fegefeuer wie früher zuzulassen, »oder zumindest einen dritten Ort, der weder Himmel noch Hölle ist, sowie zuzugeben, daß die Seelengebete den Toten helfen«. Der Verteidiger des Glaubens ging also sehr vorsichtig vor. Der Kern der Sache war, das katholische Dogma als eine Art Randbordüre um das königliche Supremat neu zu ordnen, aber dabei nicht zu viele Vorurteile vor den Kopf zu stoßen. Wenn die Absetzung des Papstes darauf berechnet war, die Lutheraner zu trösten, und wenn die Streichung von vier Sakramenten schwach an Radikalismus erinnerte, so trafen Heinrichs zehn Artikel Vorsorge, all das, worauf das einfache Volk Wert legt, wie Fasttage, Feiertage, Messe, nicht anzutasten. Indem man Ausschüsse einsetzte, die Cromwells Befehle ausführten, die Geistlichkeit beeinflußten und das Eigentum der Mönche einzogen sowie Hilfsgelder einkassierten, wurde ein elastisches Werkzeug geschaffen, das auf die Öffentlichkeit den gebührenden Eindruck machte. Inzwischen kam sich die ermüdete und verwirrte Geistlichkeit ungefähr so vor wie die Prinzessin Marie. »Was meine Ansicht über Pilgerfahrten, Fegefeuer, Reliquien und so fort betrifft, versichere ich Euch, daß ich keine andre habe, als jene, so ich von ihm empfangen werde, dem mein ganzes Herz gehört, nämlich von dem König, meinem Vater, in dessen Nähe einmal zu kommen oder sonst zu sterben ich hoffe.« Heinrich war Papst geworden, ohne daß er dazu ein Kardinalskollegium nötig hatte. Mochten Latimer oder Gardiner oder Cranmer oder Tunstall die Spanten einsetzen; Heinrich legte den Kiel.

Fleißig beratschlagend, bereitwillig Kompromisse schließend, von einer zur anderen Alternative voll nervösen Eifers schwankend, jede Seite der herrschenden Meinung und jeden Verlust oder Gewinn bei ihrer Beeinflussung in Betracht ziehend, arbeitete er mit seinem eigenen schlauen Verstande die am wenigsten radikale Revision aus, die seiner eigenen Verherrlichung am besten dienlich sein mußte. Es war eine freche Anpassung der Religion und des religiösen Dogmas an die augenblicklichen Bedürfnisse der Politik. Heinrich jonglierte mit der Buße, mit dem Sakrament der letzten Salbung, mit der wirklichen Gegenwart Christi, mit der Heirat, wie ein neuzeitlicher Parteiführer mit dem Budget oder den Zöllen jonglieren würde. Und er ließ seinen Helfern nirgends das letzte Wort. Die zehn Artikel waren diejenigen, von denen er glaubte, daß sie dem katholischen Vorurteil am wenigsten anstößig erscheinen und dem Wachstum der protestantischen Einstellung gegenüber sich am dehnbarsten erweisen würden. Seine eigenen Gedanken befaßten sich weiterhin mit einer einzigen Angelegenheit: er hatte die Absicht, als König von England die beherrschende Rolle zu spielen.

Während dieser Plan mit wenig Reibungen gefördert wurde, der Reichtum der Abteien sich in Heinrichs Schatullen ergoß, Parlament und Versammlung sich ihm beugten und Karl vergeblich in der Provence einfiel, ließ sich freilich nicht behaupten, daß er auf seinem Wege als moralischer Schiedsrichter sehr weit vorgeschritten sei. Er wollte sowohl seine Überzeugungen ausschalten, um als Politiker zu triumphieren, wie später, nach dem Triumph als Politiker, seine Jungfernschaft wieder annehmen. Diese sonderbare Zwiefältigkeit erhöhte sein Prestige in Europa keineswegs, entwickelte aber in ihm nach und nach einen Kult der »Mäßigung«. Er ärgerte sich in zunehmendem Maße über die Anhänger extremer Anschauungen, die darauf bestanden, ihren Überzeugungen getreu zu leben. Er wollte nicht begreifen, warum, da er doch zehn so gangbare Artikel auf Lager hatte, die Ketzer darauf bestanden, Gott zur Linken zu suchen, während die Papisten ihm auf der Rechten anhingen. Heinrich war nicht so dumm; und Heinrich wurde böse.

Inzwischen hatte das radikale Europa, das sich bemühte, die entzündbare Leidenschaft und das tolle Bauernblut in den Grenzen des Anstands zu halten, seinen großen Fürsprecher in Erasmus verloren. Er starb im April. Die Fackel der gesunden Vernunft brannte im Augenblick trübe. Zwei noch unbekannte Brände bereiteten die Eroberung der Menschheit für einen Christus vor, den sie selbst erschufen; jeder von ihnen verlangte von seinen Anhängern, ihre Vernunft aufzuopfern und ihren Willen zu fesseln. Im Jahre 1536 veröffentlichte Johann Calvin seine »Institutio«. Im gleichen Jahr beendete ein spanischer Baske, der später als Ignatius Loyola bekannt werden sollte, in Paris seine Studien, die der Gesellschaft Jesu als Grundlage dienten. Es war Heinrichs »Mäßigung« vorbestimmt, unter den Bedingungen seiner eigenen Herrschaft halbentwickelte Europäer auf dem Wege zum modernen Staat vorwärtszutreiben, während Calvin und Loyola, indem sie das Gelüsten nach Krieg mit dem Atem der Ewigkeit anbliesen, in der Religion genau denselben Appetit auf irdische Vorherrschaft erregen sollten. Neben ihm mochte Erasmus, der mit einem Glas Burgunder an seinem offenen Kaminfeuer saß, als schwaches Geschöpf erscheinen. Aber Erasmus hatte seine liebevolle Arbeit dem Neuen Testament geweiht. Er war kein Held wie Loyola oder Calvin. Er war kein Kaiser, wie Heinrich sich jetzt nannte. Er war nur ein Humanist. Mit ihm verglichen erinnerten die Jesuiten, die Freiheit behaupteten und Gehorsam gelobten, oder die Calvinisten, die Prädestination behaupteten und die Geißel anwandten, an recht altertümliche Priesterschaften und prachtvolle wilde Triebe, die aus den Höhlen nach Erlösung schreien, auch wenn sie dabei die Bibel nicht aus der Hand legen.

Und doch hätte der Jude aus Galiläa den Humanisten nicht verachten können: hätte er mit Erasmus am Kaminfeuer geruht, den Band des Neuen Testaments auf den Knien und ein Glas Burgunder vor sich, so hätte er vielleicht die traurigen Augen erhoben und gesehen, daß Wahrheit und

Liebe einen Augenblick lang in Basel verweilten, wo sie ehrlich willkommen waren, und daß das Wort noch lebendig war; daß der Arm des Gesetzes und die Methoden der Marter, von denen seine eigenen abgezehrten Hände Zeugnis ablegten, vielleicht nicht die einzigen Möglichkeiten waren, das Göttliche im Menschen zu achten.

X

Während Heinrich seine Kirchenpolitik verfolgte, suchte der Papst überall nach einer Waffe, um ihm zu wehren. Da der Katholische König gerade mit dem Allerchristlichsten König Krieg führte, sah er sich zu zwei vorläufigen Versuchen gezwungen: erstens einmal, Heinrich durch einen Appell an seine Moral zu beeinflussen, und zweitens, die öffentliche Stimmung in England gegen ihn zu erregen.

Der Appell an die Moral wurde einem Engländer anvertraut, und zwar Heinrichs eigenem Vetter Reginald Pole, und an Heinrich in Gestalt jenes Buches über die Einheit der Kirche übersandt, um das Heinrich seinen Vetter gebeten hatte.

Reginald Pole war ein ungeheuer aufrichtiger Mensch. Er war ebenso alt wie Kaiser Karl, da er im Jahre 1500 geboren war, und hatte während der Scheidungskampagne seine Lauterkeit bewiesen, indem er das Erzbistum York ablehnte und mit Heinrichs Erlaubnis zu seinen Büchern auf das Festland zurückkehrte. Er war ein magerer Mensch, dem man das Leben in seinen vier Wänden ansah, mit Adlernase und spärlichem Bartwuchs, einer schönen Stirn, großem Adamsapfel und kleinem Kinn. Er war äußerst donquichottehaft, aber anstatt Amadis zu lesen, hatte er Thomas von Aquino studiert, freilich mit ungefähr der gleichen Wirkung; und da er keinen Sancho Pansa als Gegengewicht hatte, war er jeden Augenblick bereit, seinen schwerfälligen Vetter auf dem schnaubenden Rosinante seiner Rhetorik zu überrennen. Um das Idyll zu vervollständigen, hofften seine Freunde, daß die Prinzessin Marie seine Dulcinea werden würde, da noch keine geistliche Weihe seiner Heiratsfähigkeit im Wege stand.

Wie alles Donquichottehafte, war der Angriff ruhmvoll. »Während der siebenundzwanzig Jahre seiner Regierung«, sagte Pole in völliger Aufrichtigkeit, »hat er seine Untertanen unausgesetzt ausgeplündert, und wenn er auf irgendeinem Gebiet freigebig war, dann sicherlich nicht in jenen Dingen, die das gemeine Wohl betreffen. Er hat jeden Menschen ausgeraubt, sich über den Adel hinweggesetzt, nie das Volk geliebt, die Geistlichkeit beunruhigt, und die Männer, die seinem Königreich zur größten Ehre gereichten, wie ein Raubtier zerrissen.«

Diese Worte in Verbindung mit Beiwörtern wie Nero und Domitian waren dazu bestimmt, Heinrich über seine weniger offensichtlichen Fehler die Augen zu öffnen und ihn mit Sanftmut dahin zu bringen, daß er seinen Lebenswandel bessere. Es war Reginald Poles Auffassung von der Idee des Papstes, daß Heinrich unter moralischem Druck zur Herde zurückkehren würde. »Man bedenke«, sagte Kardinal Contarini, »ein König von derartiger Begabung, dessen Autorität so oft die Kirche gestützt hat, versucht jetzt, sie zu spalten!« Der König, schrieb der päpstliche Abgesandte aus Paris, »scheint für einigermaßen gutmütig zu gelten«. Reginald Pole war unvorsichtig genug, diese Gutmütigkeit auf die Probe zu stellen.

Heinrich ließ sich nicht anmerken, daß die Ermahnungen ihn verletzt hatten. Er ließ Pole sagen, er sei »nicht unzufrieden«, und lud ihn ein, nach Hause zurückzukehren.

Er will ihn zum Kardinal machen, bemerkte Chapuys, wie er Fisher zum Kardinal gemacht hat.

Der sanfte Tunstall war entsetzt. »Euer Buch«, schrieb er, »machte mir das Herz schwer«. »Euer furchtbares Buch schneidet mich ins Fleisch.« Der Adel, bemerkte er mit Bitterkeit, werde nicht verfehlen, die Gelehrsamkeit zu unterstützen, »wenn sie sehen, wie Ihr den König belohnt.«

Seine eigene Familie war bestürzt. Seine Mutter, eine ehrwürdige Matrone, empfing einen Verweis von Heinrich und sandte ihrem Sohn einen strengen Brief. Sein Bruder Lord Montague erhob sich zu höchster Beredsamkeit und schloß mit brüderlicher Offenheit, »Gelehrt möget Ihr sein, aber jedenfalls weder weise noch barmherzig, denn Ihr zeigt, daß Ihr von einer Torheit in die andre rennt.«

Die Torheit war nach Montagues Begriffen um so größer, als er selbst einer der wenigen katholischen Adligen war, die sich betreffs Heinrichs nichts vormachten.

Der gewöhnliche Ton dieser romantischen mittelalterlichen Aristokraten war der, den die Reaktionäre überall anschlugen — völlige Treue gegen das Gestern, völlige Verzweiflung ob des Heute, völlige Leichtgläubigkeit betreffs des Morgen. Einige waren angehaucht vom Glauben Mores, dem Katholizismus, der das Weltall in sich schloß. Die meisten pflegten den Kult der Vorrechte, die geschwunden aber nicht vergessen waren. Aber sie waren so konservativ und so mutwillig verblendet, daß sie es vorzogen zu glauben, es würde genügen, Heinrich, dem feigen Stier, mit einer Hellebarde vor der Nase herumzufuchteln, um ihn nach Rom zurückzutreiben.

Lord Montague war ein bissiger Mensch, der Heinrich sah, wie er wirklich war. »Wolsey wäre ein ehrlicher Diener gewesen«, sagte er klug, »wenn er einen ehrlichen Herrn gehabt hätte.« Und: »Der König prunkt mit dem Titel Oberhaupt nächst Gott, und doch hat er ein krankes Bein, das kein Armer haben möchte, und wird nicht lange leben, auch wenn er nächst Gott noch so viel Autorität besitzt.« »Der König und alle seine Nachkommen sind verflucht.«

Verflucht oder nicht, wurden Heinrichs Bemühungen, Vater zu werden, nur zu oft zunichte gemacht. Er war zum Jagen gesund genug, aber im Maße, als der Sommer fortschritt, schien er eine Enttäuschung erlebt zu haben: er sagte Chapuys im September, er fühle sich »bereits alt und zweifle, ob er mit der Königin Kinder haben werde«.

Seine Laune war schwer zu ertragen. Wenn Chapuys ihm widersprach, fing er an, unruhig zu werden und »durch die Zähne« zu antworten. Als er hörte, daß der Kaiser wieder mit dem Papst verhandle, hatte Chapuys »den König seit langer Zeit nicht mehr so zornig gesehen«. – »Ein großer Fürst«, überlegte der Savoyarde, »der wünscht, daß alle nach seinem Willen handeln.«

Wenige wußten besser als der geschmeidige Chapuys, daß sie nicht nach seinem Willen handelten, denn wenige waren so sehr die Vertrauten der katholischen Führer. Aber ob diese Führer oder selbst der kluge Chapuys jemals die Stärke der Triebe gemessen hatten, aus denen Heinrichs Politik ihre Nahrung zog, konnte erst festgestellt werden, als die beiden aufeinanderprallten.

XI

Am 3. Oktober kamen zwei Landedelleute zu einer unpassenden Stunde atemlos auf Schloß Windsor an. Sie verlangten den König zu sprechen. Er wurde geweckt; sie hatten ihm Beunruhigendes zu melden: in Lincolnshire war ein Aufruhr ausgebrochen.

Während sie ihre unzusammenhängende Geschichte vorbrachten, kamen zwei andre, die aus Lincoln entwichen waren, Hals über Kopf an, um die ersten zu ergänzen: das »gemeine Volk« war auf, ihre Feuer brannten, ihre Glocken läuteten, ihre Priester liefen da- und dorthin, ihre Landedelleute waren gezwungen, zu ihnen zu halten, der Statthalter des Königs hob keinen Finger, einige von Cromwells Abgesandten, die Hand auf die Abteien legen oder Kirchenverzeichnisse machen sollten, waren von der anwachsenden Menge umgeben und einer von ihnen durch Stockschläge getötet, ein andrer in Stücke gerissen worden. Führer konnten sie nicht nennen, aber wie in den Bauernaufständen in Deutschland stand ein Schuster an der Spitze, und man hatte sich ein Banner zugelegt wie bei einem Kreuzzug – einen Pflug mit einem Horn darauf, einen Kelch und eine Hostie, und die fünf Wundmale Christi. Jeder, den man an einem Kreuzweg traf, war gezwungen worden abzusteigen, und einen Eid für Gott, den König und das Reich zu schwören. Die Grafschaft beteuerte noch immer ihre Treue, aber sie kochte – zehntausend hatten sich eingefunden, zwanzigtausend, vielleicht vierzigtausend. Sie waren von Louth gekommen, von Caistor und Horncastle. Sie bewegten sich auf Lincoln zu. Sechzehntausend standen kriegsbereit unter Waffen. Vorläufig erst in Lincolnshire, konnte der Aufruhr sich verbreiten wie Feuer vor dem Wind.

Eine Neuigkeit dieser Art beunruhigte Heinrich aufs höchste und jagte seine Gedanken von der Angst bis zum Trotz. Er riß den beiden Adligen, die vor ihm knieten, die Forderungen aus der Hand, die ihnen von den Gemeinden aufgezwungen waren, und schnaubte beim Lesen vor Verachtung — die Abteien sollten wiederhergestellt, die Subsidien zurückerstattet, von den Geistlichkeiten kein Zehent mehr eingefordert, das neue Grunderbgesetz abgeschafft, die ketzerischen Bischöfe ihrer Ämter entsetzt, Männer unfreier Abstammung aus dem Rate gestoßen werden.

Sein Kopf brauste sofort von Antworten, Erwiderungen, vernichtenden Argumenten. »Lieber würde ich all mein Silber verkaufen«, rief er, »als diese Rebellen nicht unterdrücken.«

Wütend und bleich berief er sofort seinen Rat. So sehr es ihm gegen den Strich ging, mußte doch sein bester Krieger Norfolk geholt werden. Richard Cromwell (Thomas Cromwells Neffe), Sir Johann Russell, Eduard Seymour, jetziger Lord Beauchamp, konnten sich mit altgedienten Freunden wie Suffolk und Fitzwilliam zusammentun, um eine Armee ins Feld zu führen. Er würde selbst ausrücken, schon Ende der Woche. Er zitterte im Gefühl der Beleidigung, der Einschüchterung, des Zorns. Seine Kiefer bebten. Der ehrfurchtlose Richard Cromwell beobachtete ihn scharf, als der alte Norfolk eintrat. Heinrich begrüßte ihn sauersüß. Je heiterer der Herzog aussah, »desto niedergeschlagener wurde der König, und, wie Cromwells Neffe heute bemerkte, befand er sich in größter Angst«.

Eine schlaue Frau hätte nicht diesen Augenblick der Angst und Niedergeschlagenheit gewählt, um sich dem Könige mit einer Bitte zu nähern. Johanna Seymour aber gehorchte ihrem Instinkt. Sie warf sich vor ihm auf die Knie und flehte ihn an, die Abteien wiederherzustellen; der Aufstand sei ein »Gericht Gottes«, weil er sie eingezogen habe. Er war wütend. »Wie oft habe ich Euch gesagt, Ihr sollt Euch nicht in meine Angelegenheiten mischen? Steht auf!« Sie wich zurück, und da erinnerte er sie an die verstorbene Königin. Der Augenblick war tatsächlich ganz dazu angetan, seinen Mut zu untergraben.

Aber er hatte Hilfsmittel. Die lange Aushebungsliste befand sich bereits in den Händen seines neuen Staatssekretärs Wriothesley (Risley). Die höfliche Fiktion, daß Heinrichs Regierung nur auf Wohlwollen beruhe und daß er über keine bewaffnete Macht verfüge außer einer Wache von fünfzig gepanzerten Rindfleischessern oder Gardisten, wurde jetzt sofort abgelegt. Der Tower war ein Arsenal, zu dem er seine letzte Zuflucht nehmen konnte. Die herrschende Klasse konnte Landleute und Diener ausheben und sie mit den Waffen ausrüsten, deren sie sich dank Heinrichs Voraussicht zu bedienen wußten. Es gab Kriegsveteranen, die in Schottland, Wales, in Irland und Frankreich gekämpft hatten. Die kürzlich erfolgten Hinrichtungen, die mit Blut die Vereinigung von Wales und England zementiert hatten — es waren etwa fünftausend an der Zahl — wiesen die Tonart, in der man den Aufstand in Lincolnshire unterdrücken konnte. Obwohl Suffolk gealtert war, konnte er im Jahre 1536 ein Pferd noch ebenso besteigen wie in den Jahren 1513 und 1523. Zu Anfang würde man noch den Rost merken: das Kreischen der unerprobten Artillerie, das Knarren steifer Wagen, das Trappeln scheuer Pferde auf dem unebenen Pflaster, das Schwanken längst schlechter Straßen, wobei alle fünf Meilen gehalten und Groschen für Bier ausgegeben wurden – all dies würde die Würde der Armee beeinträchtigen, aber trotzdem konnten sieben- bis achttausend Mann innerhalb einer Woche in Lincolnshire stehen.

Heinrich ergriff die Feder. »Wir haben bereits Suffolk mit hunderttausend Mann ausgesandt«, erklärte er, »zu Fuß und Pferd, geharnischt, mit Munition und Artillerie, denen Ihr nicht Widerstand leisten könnt. Wir haben auch eine zweite große Armee dazu bestimmt, in Eure Ländereien einzufallen, wenn Ihr sie verlaßt, und Eure Güter, Frauen und Kinder zu verbrennen, zu schänden und zu töten, zum schrecklichen Beispiel allen schlimmen Untertanen.«

Was ihre Forderungen betraf, gab er seinen Untertanen dieselbe Antwort, die er Johanna gegeben hatte. »Ihr habt weder Liebe noch natürliche Neigungen in Euch.« – »Wir erstaunen über die Tollheit in Euren Köpfen.« – »Wie überheblich seid Ihr, die rohen Gemeinen einer einzigen Grafschaft, und dies eine der tierischsten und gemeinsten des ganzen Reiches, und die unerfahrenste, an Eurem Fürsten zu tadeln, wie er seine Räte und Kirchenfürsten wählt, und Gottes wie menschlichem Gesetz entgegen es auf Euch zu nehmen, Euren Fürsten beherrschen zu wollen, dem mit Leben, Land und Vermögen zu gehorchen und zu dienen Ihr durch alle Gesetze verpflichtet seid.«

»Zu gehorchen und dienen verpflichtet!« Er war geradenwegs von Johanna gekommen.

Aber während Heinrichs Zorn seine Phrasen mit bebendem Leben erfüllte, trug der Wind die Geräusche, die in Lincolnshire so toll erklungen waren, nach Yorkshire hinüber, und die Feuer, die in Lincolnshire geschwelt hatten, sprangen von einem dunklen Hügel zum anderen über, flammten in tiefer Nacht auf wie ein Brand, der vom Herzen kommt, und flackerten durch den Norden des Reiches, den Heinrich nie gesehen hatte, wo sein Name ein frommer Schall, sein Parlament eine üble Karikatur und seine Abgesandten niedrig, streitlustig und verabscheut waren.

Diese Leuchtfeuer und diese Alarmglocken ergossen sich in die Adern von York wie irgendein scharfer, toller Trank. Nüchterne Gesellen, die zögerten, wurden von ihren Frauen vorwärtsgetrieben zum »Gottesstreit«. Der Landadel, der Hochadel, die Gemeinen erhoben sich wie ein Mann und in einer Woche sprang der Name Robert Aske von Lippe zu Lippe, wo immer die knappen Botschaften zu den erwartungsvollen Landleuten flogen, die ihrem Pferd die Sporen in die Weichen schlugen und drauflosgaloppierten, um Freund und Sippe zu sammeln.

Suffolk erreichte Lincoln innerhalb einer Woche. »Ich glaube gern, daß er die Rebellen in Salz essen möchte«, machte sich Richard Cromwell über ihn lustig. Die Rebellen von Lincoln hatten jedoch ihr Vorhaben der Vorsehung anheimgegeben, und die Vorsehung, die sah, wie die Landedelleute sich vorsichtig zurückzogen und die sieben- oder achthundert Priester in Verwirrung gerieten, überließ es den Gemeinden, schwerfällig und kraftlos die Straßen zu blockieren, während die Armee des Königs, eine auf Glanz polierte Kriegsmaschine, langsam und drohend in Lincoln einzog.

Der Stand, der sich in Lincoln in Sicherheit gebracht hatte, war in York bereit, sein Leben aufs Spiel zu setzen. Robert Aske stammte aus dem Landadel und hatte sich in London als Anwalt einen Namen erworben. Er war tatsächlich nach London unterwegs gewesen, als der Aufruhr in Lincoln ihn erfaßte und nach Hause trieb. Er war gegen vierzig Jahre alt, gesetzt und ernsthaft. In ihm lebte die Leidenschaft für öffentliches Recht und die katholische Tradition Thomas Mores. Er hatte Wolsey als Jüngling, Cromwell als reifer Mann beobachtet. Die Renaissance hatte ihn nicht berührt. Die Reformation bedeutete ihm Ketzerei. Er war ein aufrechter, gottesfürchtiger, eifriger Bürger, von der Art, wie sie später die Virginier lieferten, die keinen Umschwung wünschten, wohl aber einen Zustand der Gesellschaft, der sich auf Vertrauen, auf Ehre und Loyalität aufbaute. Robert Aske war bereit, dem König zu dienen, wenn er nur seine früheren Ideale wieder aufnehmen wollte, von denen böse Menschen ihn abgebracht hatten. Ein Gott, ein König, ein Glauben. Dies war der Zunder, den die Feuer entzündet und die Kirchenglocken angeblasen hatten. »Es ist traurig zu sehen«, sagte Chapuys im Sommer, »wie eine Legion von Mönchen und Nonnen, die man aus den Klöstern vertrieben hat, elendiglich herumirren und versuchen, ihr Leben zu fristen; mehrere redliche Leute haben mir gesagt, das mit Mönchen, Nonnen und jenen Personen, die von den eingezogenen Klöstern abhängig waren, über zwanzigtausend Menschen ohne Lebensunterhalt dastehen.« Von diesen war das Strohfeuer in Lincoln entfacht worden. Aber indem er seine Hand auf das stehende Heer der Kirchspiele ebenso legte, wie auf die kämpfenden Mönche, hatte Cromwell die Bevölkerung bis ins Tiefste aufgerührt; in Yorkshire sahen Hoch- und Landadel sich gezwungen, die Führung zu übernehmen, wenn sie die Sache in der Hand behalten wollten.

Cromwell und seine Agenten – »die nicht würdig sind, in der Nähe des Königs zu bleiben« – wurden sofort angeklagt. Diese »einfältigen und übelwollenden Leute« waren es, nicht der König, die die Kirche beraubten, plünderten und zugrunde richteten. Auch das Parlament hatten sie untergraben. »Diese Parlamente haben weder Autorität noch Machtbefugnis, denn wenn sie den richtigen Namen führten, würde man sie Räte nennen, die der König ernennt, nicht aber Parlamente.«

Gegen diese Auswüchse hatte das Volk sich erhoben. »Wir haben«, erklärten die Führer im Geist der Kreuzfahrer, »diese Pilgerschaft unternommen, um Christi Kirche, das Reich England, den König, unsern angestammten Herrn, den Adel und die Gemeinen zu erhalten, und um die Ketzer und Gesetzesverderber zu bestrafen.«

Robert Aske wollte seine Kompanie auf der Pilgerfahrt bis nach London führen, um den König aufzusuchen; »damit er das niedrige Blut aus dem Rate verbannt und wieder adliges an dessen Stelle setzt; damit Christi Religion und Gottes Gesetze gehalten werden, damit das Unrecht an der Kirche gutgemacht wird und die Gemeinen behandelt werden, wie es ihnen zukommt.«

Der Zusammenbruch in Lincolnshire, wo Hunderte von »Rädelsführern« bereits Suffolk ausgeliefert wurden, hielt die Bewegung in Yorkshire nicht einen Augenblick lang auf. Und während Norfolk sich dem Don näherte, um die Pilgerfahrt aufzuhalten, wußte er ganz genau, daß seine eigenen Soldaten nicht mit ganzem Herzen dabei waren, und daß die »Pilgerfahrt nach Gnade« imstande sein würde, ihn aufs Haupt zu schlagen.

XII

Während Norfolk nach Norden ritt, hart wie Stahl, zäh wie Leder, zweiundsechzig Jahre alt, aber noch geschmeidig im Harnisch, platzte Heinrich in London fast vor Ungeduld. Er war gleichzeitig empört und verwundert. Sein Instinkt flüsterte ihm ein: keinen Pardon; vernichte die Rebellen; verlange unbedingte Übergabe; seine Vorsicht meinte: bereite dich vor; seine panische Angst: kehre zu Rom zurück. Er beeilte sich, eine dritte Armee aufzustellen – er war entsetzt über die Kosten – und wartete herrisch darauf, daß Norfolk den Löwenanteil an der Gefahr mit seinen Schultern auffing.

Er hatte seinen Herold nach York geschickt, um die Rebellen einzuschüchtern. Der Herold, ein Schafskopf, fiel auf den Rücken, als er sah, daß man in York unter viel Lärmen ganz offen Vorbereitungen traf und die Rebellen viermal so stark waren wie der König. Robert Aske war von grausamen Männern umgeben, »und an Haltung und Miene wie ein großer Fürst anzusehen.« Der Herold versuchte nicht, seine Scheu und sein Erstaunen zu verbergen. »Besagter Robert Aske«, berichtete er, »streckte sich mit grausamem und unbeschreiblich stolzem Angesicht und hörte meine Rede an, ohne ihr Ehrfurcht zu erweisen.« Der Diener des Königs war in der Tat so überwältigt, daß er auf die Knie gefallen war. Doch der strenge Aske hatte ihn aufgehoben, ihm seine gestohlenen Pferde wieder verschafft, verboten, ihn anzutasten, und ihn heil und sicher nach Hause geschickt.

Für Heinrichs Stolz war kein Gegenstand zu gering; er merkte sich den Herold. Inzwischen aber gingen die Pilger vor. In einem Augenblick hetzte Heinrich Norfolk vor, im zweiten befahl er zu warten. »Wir wünschen, daß Ihr kein Gefecht liefert, bevor wir mit der königlichen Armee zu Euch stoßen können.« Norfolk hörte seinem Herrn zu, aber er behielt die Tatsachen im Auge. Er begriff, daß er mit den Leuten aus Yorkshire verhandeln mußte. Man hatte die Schutztruppen des Königs, die Nachhut, absichtlich schwach an Zahl gelassen, und Lord Darcy, ein brüllender Veteran von achtzig Jahren, hatte auf die Führung verzichtet, um sich mit einer Schar anderer Adliger aus dem Norden hinter dem Banner des Heiligen Cuthbert und der Standarte der Fünf Leidensmale Christi aufzustellen. Askes Truppen, alles »zu Pferde geübte« Leute, kamen vierunddreißig- bis fünfunddreißigtausend Mann stark nach Doncaster. Die Truppen des Königs zählten zwischen sechs- und achttausend Mann.

Da keine Seite Blut vergießen wollte, stellte Norfolk Bedingungen. »Dazu gezwungen zu sein, mit den Rebellen zu verhandeln«, sagte er mit gewohnter Aufrichtigkeit, »bricht mir fast das Herz.« Die Bedingungen waren erstens ein allgemeiner Pardon, zweitens ein neues Parlament.

Heinrich hatte beteuert, seine »Ehre« müsse leiden, wenn er Pardon gewährte, ohne abschreckende Beispiele aufzustellen. Gleichzeitig aber hatte er Norfolk schriftliche Vollmachten mitgegeben, freilich ihm auch befohlen, zu zögern, »als ob er an Uns Botschaft senden müsse«, dabei aber selbst weiterzurüsten. Diese Doppelzüngigkeit nahm sich Norfolk zum Vorbild. Pfui über Lord Darcy, sagte er dem König, er ist einer der schändlichsten Verräter, die je gelebt haben. Dann versuchte er, Darcy »um der alten Liebe willen« zu bereden. »Ich rate Euch, den Verräter Aske lebendig oder tot, aber wenn möglich lebendig zu ergreifen; damit werdet Ihr dem übeln Gerücht begegnen und bei Seiner Majestät wieder Gnade gewinnen.«

Dem aufrichtigen Manne aus Yorkshire war das widerlich. Er war dazu nicht imstande. Und doch war er nicht ganz aufrichtig, obwohl er so ehrlich war wie der Tag. Während er in einem Atem erklärte, sein himmlischer König sei ihm wichtiger als zwanzig irdische, bestand er im nächsten darauf, daß er Heinrich gehorsam sei und daß »der alte Thomas nicht eine verräterische Ader im Leibe habe«. Mit andern Worten: die Pilgerfahrt war kein Aufstand, sondern eine Demonstration. Sie versuchte nur, auf die Freundschaft einzuwirken, indem sie ihre körperliche Stärke zeigte. Aber das gemeine Volk, das eine neue Ordnung wünschte, trug sich keineswegs mit so friedlichen Gedanken.

Für den Augenblick war die körperliche Macht zu bedrohlich, um nicht ihre moralische Wirkung auszuüben. Zu Doncaster wurde eine Amnestie erklärt und ein Parlament versprochen. Robert Aske, der mit allen Fasern der Verfassung anhing, war im siebenten Himmel. Er kniete nieder, um seine Amnestie zu erlangen, riß sich die Feldbinde der Fünf Leidensmale ab und befahl seiner Armee, bis auf weiteres sich wie die Norfolks aufzulösen.

Daraufhin »empfand Heinrich den starken Wunsch«, Aske zu sprechen. »Kommet eiligst«, befahl er, »ohne daß irgend jemand es weiß.« Er sei bereit, die schon gewährte Amnestie gegen Aske auszuüben, wie gegen die andern, und vertraue darauf, daß Aske bei seinem Kommen durch seine Offenheit und Aufrichtigkeit sich eine Belohnung erwerben werde.

»Soll ich hingehen?« befragte Aske Darcy. »Geht«, erwiderte Darcy, »und wenn er Euch festnimmt, werde ich Euch aus dem Tower befreien.«

»Sprecht ihm mit guten Worten zu«, riet Norfolk drei Monate später, als er ein zweites Mal Aske nach London gelockt hatte, »als hättet Ihr großes Vertrauen zu ihm. Dann wird er alles ausspucken, was er weiß.«

Niemand hatte einen derartigen Rat weniger nötig als Heinrich. Unterredungen waren, wenn er sich nicht gehen ließ, seine starke Seite. Nichts fiel ihm leichter, als Aske beim Zusammentreffen offen und aufrichtig seinen einfachen Wunsch nach der Wahrheit darzulegen.

»Ich eröffnete dem König die Klagen des Landes«, erzählte Aske Darcy voll Stolz, »und Seine Majestät gab mir die zufriedenstellende Versicherung, daß Norfolk und später der König nach York kommen, und daß daselbst die Königin gekrönt und das Parlament abgehalten werden sollte.«

Der König bat den redlichen Mann, die ganze Geschichte der Pilgerfahrt ausführlich aufzuschreiben. Aske tat es mit Freuden. Und bevor der Führer der Pilger ihn verließ, schenkte ihm Heinrich eine Jacke aus karmoisinrotem Sammet, zweifelsohne für den Neujahrstag.

Aske kehrte auf Grund seines freien Geleites nach dem Norden zurück; er hatte nichts Schriftliches mitbekommen, trug aber die Versprechungen seines Herrn des Königs warm im Herzen.

Dieser Epiphaniastag, der erste Jahrestag von Königin Katharinas Tod, war für Heinrich ein großer Tag. Der Geiz, der ihn mit den Jahren immer mehr ergriff, ließ auf einen Augenblick locker, und auf einen Augenblick erhob er sich aus seiner seelischen Impotenz. Er verbrachte einen vergnügten Vormittag damit, daß er mit einem französischen Juwelier feilschte. »Dafür bin ich zu alt.« – »Ihr fordert zu viel, Ich gebe Euch dreihundert.« Er gab fünftausend Kronen aus. »Ich habe daran verloren«, bemerkte der Juwelier traurig. Heinrich war in glänzender Laune. Er legte den Arm um Johanna Seymours Schultern und freute sich, daß er der Verschwörung Herr geworden.

Aber in wenigen Tagen mußte er eine »neue Tragödie« beklagen. Zwei verrückte Kerle, Bigod und Hallam, hatten die Truppen des Königs aufs neue angegriffen.

XIII

Sobald Aske nach dem Norden heimkehrte und sich für die *bona fides* des Königs verbürgte, verlangte das Volk nach einer Bestätigung. Auf diese Weise war ein Keil zwischen den Führer, der Heinrich vertraute, und die anderen, die ihm mißtrauten, getrieben worden. Die Truppen des Königs wurden verstärkt, Cromwell und Cranmer blieben im Amt, das

Versprechen, ein neues Parlament einzuberufen, wurde nicht gehalten. Dann schlugen Bigod und Hallam plötzlich los, ohne Aske um Erlaubnis zu fragen, und trieben so den Keil zwischen die ungeduldigen Gemeinen und den verdächtigen Landadel, dem Aske angehörte. Gleichzeitig vermehrten sich in der nördlichen Reihe der Grafschaften Räuber und Diebe, Ungesetzlichkeit herrschte und alte Fehden lebten wieder auf.

Daraufhin kam Norfolk an der Spitze bewaffneter Truppen wieder; vom Parlament hörte man nichts mehr, sehr viel aber von Gerechtigkeit und Vertrauensbruch. Er rückte als Friedensbringer vor, den bekümmerten Aske an seiner Seite. Von den fünftausend, die sich nach Carlisle drängten, um sich zu rechtfertigen, nahm er vierundsiebzig Bezeichnete und ließ sie nach Kriegsrecht hinrichten. Dutzende von Leichen hingen vom Galgen; die Frauen und Mütter nahmen sie in dunkler Nacht ab, Gruppen von Frauen gruben Gräber und bestatteten ihre Männer mit eigener Hand. Heinrich schrie nach weiteren Hinrichtungen und nach der Bestrafung dieser Frauen. Norfolk zuckte die Achseln. Man fing an, die Missetäter aus der Zeit nach der Amnestie zusammenzutreiben, später alle Missetäter überhaupt.

Mit äußerster Geschicklichkeit bewog Norfolk Aske, nach London zurückzukehren, wo er verhaftet wurde. Darcy und Constable kamen hin und wurden ebenfalls verhaftet. Dann wurden die Haftbefehle Norfolk vorgelegt, der sich wie ein Saurier einer ausgestorbenen Gattung im Schlamm am wohlsten zu fühlen schien. Mit meisterhafter Kunst teilte er die Jury von Yorkshire in zwei »Untersuchungskommissionen«. Zu einer berief er »solche, an denen ich so wenig zweifeln kann wie an mir selbst.« Zur anderen »die besten Freunde dieser Männer«. Und er fügte grimmig hinzu: Wenn diese guten Freunde nicht zu dem gleichen Urteilsspruch gelangen, wie die beeinflußte Jury, so werden sie belohnt werden, »wie es ihre krebszerfressenen Herzen verdienen.«

Er berief dazu Askes eigenen Bruder, Constables Schwiegersöhne, Darcys Schwiegersöhne. »Ich habe zwei Kommissionen einberufen«, berichtete er am 10. Mai, fast ein Jahr, nachdem er und seine Pairs Anna Boleyn für schuldig erklärt hatten. »Ich habe zwei Kommissionen eingesetzt, zwanzig Mann auf der einen, einundzwanzig auf der anderen Seite, und, nachdem ich ihnen meine Absichten dargetan, sie nach verschiedenen Orten verwiesen. Sie kehrten bald wieder und erkannten die beiden Anklagen, die vom Rate Eurer Majestät ausgegangen waren, als begründet, ohne ein Wort zu streichen oder hinzuzufügen.«

Mehrere Dutzend der Rädelsführer von Lincolnshire hatten bereits für ihren Ausbruch gebüßt. Sie waren einfache Leute und starben eines furchtbaren Todes, »sie wurden gehängt, lebendig abgeschnitten, die Eingeweide herausgerissen, verbrannt, solange sie noch am Leben waren, und enthauptet«.

Wochenlang wurde Aske im Kreuzverhör ausgefragt, damit jedes Fäserchen der Verschwörung an den Tag komme. Er war ein schwerfälliger, einfältiger Mensch, über Winkelzüge und Mißtrauen erhaben. Er machte sich nun Vorwürfe, daß er die Waffen ergriffen habe, und redete in jedem einzelnen Fall als die reine Seele, die er war, die Wahrheit. Kleinigkeiten machten ihm zu schaffen, so die Bezahlung seiner Arbeiter. Er hatte das Geschenk des Königs im Gasthof »Zum Kardinalshut« in London zurückgelassen und er flehte darum, daß man sein Hab und Gut zusammenpacke und seine Schulden bezahle. Er empfahl seine Familie, die sich in Wälder und Schlupfwinkel geflüchtet hatte, aufs demütigste der Gnade des Königs. »Lasset mich wirklich tot sein«, bat er, »bevor Ihr mich zerstückelt.«

Lord Darcy war ein gerader, wenig gerissener Mensch. Er hatte seinerzeit die Klage gegen Wolsey aufgesetzt. Noch immer war es Cromwell, nicht Heinrich, dem er es übelnahm, daß er am liebsten die Häupter aller Edelleute abgeschnitten hätte. »Und doch wird ein Kopf übrig bleiben«, erklärte er Cromwell tapfer ins Gesicht, »der den deinen abschlagen wird!«

Das Versprechen eines freien Parlaments war bei diesem Prozeß vergessen, und ebenso das Versprechen der Amnestie. Askes Berichte, die er auf Bitten Heinrichs geschrieben hatte, waren ebenfalls vergessen. Cromwell, der sehr eifrig war, konnte ohne Mühe in den »Herzen der Verräter« ihre Schuld lesen. Lord Darcy wurde auf dem Tower Hill geköpft. Constable wurde nach Hull gebracht. Aske wurde auf Befehl des Königs in York hingerichtet, wo, wie er sagte, »Aske auf dem Gipfel seines fieberhaften Ruhms« gestanden hatte. Dort wurde er an einem Markttag im Juli in Ketten gehängt.

Der Herold aus Lancaster, der Heinrichs Ehre nicht gebührend aufrechterhalten hatte, wurde im folgenden Jahre hingerichtet.

XIV

Nach dem Aufstand ging es Norfolk glänzend. Er triumphierte über Constable. »Er hängt über dem höchsten Stadttor und ist so mit Ketten beladen, daß ich glaube, seine Knochen werden noch in hundert Jahren dahängen.« Er blickte gierig auf die Beute der Abteien, aus denen einige Äbte zur Hinrichtung geführt wurden, obwohl er das Gold nach London sandte. Norfolks Gattin ergoß sich vor Cromwell in Klagen: sie war um einer gewissen Liese Holland willen, die Wäscherin in ihrer Kinderstube war, verstoßen worden. Die Befehle ihres Gatten hatten sie mürbe gemacht. »Sie saßen mir auf der Brust, bis ich Blut spie.« Nichts als gewaltige und abscheuliche Lügen, erwiderte der alte Soldat. Wenn ich heimkomme, werde ich sie einsperren! Inzwischen war er Cromwells bester Freund. Wenn Cromwell zu uns kommt und in Teshes Haus absteigt, ist er eines herzlichen Willkommens gewiß. »Und so Ihr nicht Lust habt, mit seinem Weibe zu schäkern«, kicherte Norfolk, »so hat er eine junge

Person da mit recht hübschen Brüsten.« Unter diesem Honig, so warnte man Cromwell, lauere ein Skorpion. »Er hege nicht so viel Gunst für Cromwell, wie dieser vielleicht glaube.«

Cromwell lachte wohl noch länger als Norfolk. Er hatte den Kaiserlichen die Giftzähne ausgezogen. Er hatte es dahin gebracht, daß Marie ihren Glauben abschwor, hatte die kleinen Abteien geplündert und war drauf und dran, die großen zu plündern, hatte die Katholiken im Rate überlistet, den Aufstand ihnen zum Trotz abgeschlagen, Darcy, Constable, Bulmer, Lady Bulmer, Bigod und Aske aufs Schafott gebracht; und nun ließ er Norfolk am andern Ende des Strickes baumeln, an dem schon die Äbte hingen. Norfolk haßte die Bibel und Cromwell hatte in der Paulskathedrale ein halb Dutzend davon aufgeschlagen. Der Kaiser bemerkte, daß er nun eine französische Leibrente bezog, daß die Geschäftsträger des Papstes nicht imstande waren, bei Heinrich zum Ziele zu gelangen, während Reginald Pole, der mit einem Sack voll päpstlichen Geldes in Lié seinen Wohnsitz aufgeschlagen hatte, zwar das Boot besaß, aber keine Ruder, um es vorwärtszubringen. Der stärkste Wille in England war der Cromwells. Er war der Wächter an Heinrichs Tor. Er nahm Zölle von jeder Erbitterung, jeder Orthodoxie, jeder Ketzerei, jeder Beförderung. Er unterhielt Spione hinter Tapeten und an Schlüssellöchern. Durch seine Kommissionen hatte er unzählige Freiwillige zu Ketzereischnüfflern und Angebern gemacht.

In diesem Kräftedreieck war Heinrich die Spitze. Er wußte, daß Cromwell und Norfolk sich befehdeten, aber er mischte sich nicht ein. Cromwell war der einzige Mann in England, der die Abteien vernichten konnte, und solange er diese Arbeit leitete, die Kommissionen und das Parlament überwachte, wäre Heinrich verrückt gewesen, wenn er ihn gehindert hätte. Aber während Cromwell in seiner Gunst stieg und sich in Gold wälzte, während Norfolk laut beteuerte, daß er kein Papist sei, gärte der Gegensatz zwischen beiden fort. In diesem Konflikt standen starke, noch schlummernde Kräfte Englands sich gegenüber. Bis nun war Cromwell Sieger geblieben, und bis nun sah sich Heinrich trotz seiner eigenen Abneigung gegen die Ketzerei, trotz der Manieren des Parvenus, Cromwells Fähigkeiten, wenn auch nicht seiner Partei geneigt: er brauchte nur in seiner Schatzkammer nachzusehen, um zu wissen, daß Cromwell und nicht Norfolk das flüssige Gold in sie hineinpumpte.

Die Gewohnheit des Beichtens hatte sich noch in England erhalten, aber im Beichtstuhl saß Cromwell, strich sich sein glattes Kinn, hielt das Ohr an die Öffnung und hörte zu, wie jedermann die Sünde seines Nächsten beichtete. Lucy erzählte ihm, daß ein Priester gesagt habe, »Ember days« (der Quatember) »führe den Namen nach einer gewissen Imber, der Geliebten eines Bischofs von Rom«. Eine andre berichtete, daß ein Maurer in Whitechapel die Schrift predige. Ein Aufständischer hatte gesagt: »Schade, daß man den König je gekrönt hat.« Ein anderer Aufständischer hatte bemerkt: »Schade, daß Lady Bulmer so leiden muß.« — »Schadet nichts, daß sie am Fürsten Verrat geübt hat.« — »Laßt uns nicht mehr davon reden«, zog der Voreilige zu spät zurück, »denn man kann Leute tadeln, weil sie die Wahrheit sagen.« — »Hätte ich den König nur hier!« hatte ein Quengler gebrüllt. Latimer berichtete von einem Papisten, der beim Anblick der ihrer Gewänder entblößten Muttergottes ausgerufen hatte: »Ich hoffe den Tag zu erleben, da jene, die sie entblößt haben, ebenso nackt sein werden.« Seine Majestät wurde nicht geschont. Woche um Woche wurden gemeine Bemerkungen über ihn gemacht, über sein Verhalten gegen Frauen, seine Gefräßigkeit, seine Trunkenheit. All dies gelangte an Cromwell, der nicht unterließ, seine eindringlichen Verordnungen durch den Tod zu unterstreichen.

XV

Zugleich mit dem Zusammenbruch des Aufstandes empfing Heinrich die beste Nachricht seit Jahren, »die Schwangerschaft Unserer Gattin, der Königin«. Die Aussicht auf einen Erben, dessen Rechtmäßigkeit nicht angezweifelt werden konnte, ließ ihn nach so vielen verzehrenden Enttäuschungen wieder Hoffnung fassen, und schon im März 1537, zwei Monate nach der Empfängnis, gab es ein öffentliches Te Deum. Es war damals nicht Mode, eine solche Aussicht für sich zu behalten. Im Gegenteil; ein Herr konnte sehr wohl schreiben: »Möge Jesus Euch mit der Zeit zu einer glücklichen Mutter machen«, oder: »Ich bitte Euer Gnaden, mich dem kleinen Sohne in Eurem Bauche bestens zu empfehlen.« Heinrichs »kleiner Sohn« beschäftigte während des Sommers unausgesetzt die Gemüter. Man verzichtete gern auf die Krönung in York und den Besuch in dem befriedeten Norden, damit nicht der Erfolg durch irgendeinen Unfall in Frage gestellt werde. »Da die Königin schwanger ist und durch irgendein Gerücht während Unserer Abwesenheit in Gefahr kommen könnte, halten Wir es für richtig, Uns nicht weiter als sechzig Meilen von ihr zu entfernen.«

Diese Sorgfalt, die sehr tief ging, paßte zu Heinrichs stubenhockerischer Laune. Er war erst sechsundvierzig, aber seit seiner neuen Heirat hatte er an Tempo eingebüßt, war in der ungeheuren Erleichterung nach dem Aufstand leiblich aufgeknöpft und hatte angefangen, nach Gutdünken zu essen und zu trinken. Zum erstenmal bemerkte seine Umgebung, wie unglaublich er an Umfang zugenommen hatte. Außer dem »Höllenpriester« hatte er nun neue Freunde — Sir Johann Russell und Eduard Seymour, während andre Neulinge wie Johann Dudley und Thomas Seymour auf den engen Meeren wachten, seit der Kaiser und der Franzosenkönig ihren rasenden Kampf bis nach Flandern getragen hatten. Man hatte ein Gerücht gehört, wonach der »großnäsige« Franz an seinem Leiden gestorben war, aber, wie ein Klatschmaul bemerkte: »Sterben tut er oft, läßt sich aber nicht gern begraben.« Heinrichs eigne chronische Krankheit war wiedergekehrt. »Um offen mit Euch zu sein«, gestand er Norfolk, »wenn Ihr es für Euch behaltet: Wir haben Wasser in den Beinen, und Unsre Ärzte raten Uns, in diesem Jahre nicht so weit zu reisen (nach York), und sei es auch nur aus diesem Grunde.«

Er war in diesen Monaten, da die persönlichste aller menschlichen Hoffnungen ihn aufpulverte, voll Gutmütigkeit. Seit einiger Zeit war er gegen seine alternde Schwester, die Königin Margarete, nicht sehr liebenswürdig gewesen: »Ihr dürft nicht glauben, daß nur, weil Ihr meine Schwester seid«, immer Geld zu haben ist. Er hatte sich geweigert, ihr für ihren Sohn König Jakob von Schottland, der seine erkrankte französische Gattin zu Lande nach Hause zu bringen wünschte, freies Geleit zu versprechen. Und er schrieb im Sommer an Gardiner: »Wir sähen es gern, wenn besagter Reginald Pole auf irgendeine Weise gefesselt und nach Calais gebracht würde.« Aber dies waren die Härten des Geschäfts: im Rate machte er sich mit den anderen »mutwilligen und selbstsüchtigen Männern« über Pole lustig. Von jenseits des Kanals kamen Kirschen und Erbsen, *primeurs*, für Johanna an, und Heinrich fraß sie mit Wonne in sich hinein. Sie hatte eine Vorliebe für Wachteln: Wachteln kamen dutzendweise an. Cranmer flüsterte ihm die Titel neuer theologischer Werke ins Ohr, und Heinrich zwang sie den hellen jungen Köpfen, den Pagets und Wriothesleys, oder den Seymours und Parrs auf. »Der König gibt die Bücher, die zu lesen er nicht die Geduld aufbringt, gewöhnlich einem seiner Herren vom Gefolge, die sie durchfliegen und ihm den Inhalt mitteilen. Dann gibt er sie jemand, der entgegengesetzter Ansicht ist. Und wenn er all diese Kritiken gehört hat, bildet er sich selbst sein Urteil.«

Inzwischen ging er täglich trotz seines kranken Beins auf die Jagd. »Er aß in der Woche nach Robert Askes Hinrichtung mit gutem Appetit.« »Der König«, berichtet Russell, »benimmt sich mehr als guter Kamerad denn als König unter uns, und Gott sei Dank habe ich ihn nie heiterer gesehen.«

Durch ihre Veranlagung und ihren Zustand war Johanna in diesem heißen Sommer nicht ganz so heiter. Sie war sanftmütig und etwas ängstlich und fürchtete sich vor der Pest. »Sie sterben an meiner Tür«, sagte Cranmer, »ja im Nachbarhaus.« Daraufhin bat Johanna, Cranmer nicht empfangen zu müssen. »Ihr würdet nicht für möglich halten, wie sehr sich die Königin vor der Krankheit fürchtet.« Heinrich war ganz einer Meinung mit ihr und hielt es für besser, wenn sie niemand sah, der »aus der Räucherluft« kam. Er verbarg nicht, daß seine Gattin sich »einigermaßen ängstigte«.

Sie flüchtete sich in die Religion, und zwar in die Religion alten Glaubens. Cranmer war auf taktvolle Weise beunruhigt. Er beklagte Cromwell gegenüber, daß der Hof an Freitagen Fische aß und die Feiertage hielt.

»Mylord, wenn Ihr am Hofe die abgeschafften Feier- und Fasttage haltet, wann werden wir das Volk überreden, sie nicht zu halten?«

Heinrich in diesen Dingen Gewalt anzutun, war gefährlich. Aber zum Teil kam das alles aus seiner Angst, seine Gattin zu beunruhigen. Je mehr der Oktober herankam, desto aufmerksamer wurde er, desto mehr hielt er sich in ihrer Nähe. Wenn er jemals bei der Messe ernsthaft gebetet hatte, so beugte er sich jetzt vor, ein großer Berg bebender, hoffnungsvoller Männlichkeit, und erbat von jenem anderen »Oberhaupt« seine Mitwirkung. Er stand am Vorabend der Erfüllung und am Rande der Rechtfertigung.

XVI

»Durch die Vorsehung des lebendigen Gottes« wurde allen Dingen Beifall zuteil – der ersten und zweiten Scheidung, der Hinrichtung –, indem am 12. Oktober um zwei Uhr morgens Johanna in die Wehen kam und Eduard zur Welt brachte.

Man war nach der Geburt wie von Sinnen. In der Paulskathedrale wurde ein Te Deum gesungen, Freudenfeuer wurden angezündet, prachtvolle Bankette gegeben, Tag und Nacht Böller gelöst.

Das Kind war zart, aber es blieb am Leben, und Heinrichs Freude stieg bis zum Himmel. Alle, die Ansprüche auf den Thron hatten – der junge Exeter, die Montagues, die Suffolks, die Norfolks, die Douglas – wurden durch dieses gebrechliche Leben daran gehindert, den Tudors ihre Rechte streitig zu machen. Der kleine bläuliche Eduard war zum Eroberer geboren, auf dieser schmalen Brücke sah Heinrich im Geiste seinen Namen über den Lethefluß zurückkehren und auf der stolzen Allee in die Nachwelt sprengen. Mit der Selbstbehauptung, die immer sein heftiges, aber unsicheres Greifen nach Macht kennzeichnete, sah er in Eduard ein unveräußerliches Gut, einen Anspruch auf Ruhm nach seinem Tode – und doch war es diesem Eduard bestimmt, in seinem siebzehnten Jahr aus Mangel an neuzeitlicher Vorsicht krank zu werden und zu sterben, indem seine Haut sich mit Ausschlag bedeckte, sein Haar und seine Nägel ausfielen, endlich die Gelenke seiner Finger und Zehen abgefressen wurden, bis einige behaupteten, die Katholiken, andre, die Protestanten hätten ihn vergiftet.

Im Augenblick war er noch der winzigste aller menschlichen Pilger, und Latimer, der sich auf nichts verstand, wenn nicht auf Lobhudeleien, begrüßte ihn als Johannes den Täufer. Durch die einfache Tat, zur Welt zu kommen, veränderte dieses Kind den nationalen Schwerpunkt: Heinrich gab ihm den Vorrang, Johanna gab ihm den Vorrang, der ganze Hof ordnete sich um ihn als Achse. Die Seymours, Eduard wie Thomas, warfen sich in die Brust: denn waren sie nicht die Onkel des Prinzen von Wales? Das Kind würde vor den weisesten Ratgebern, den tapfersten Soldaten, vor Erzbischof, Oberrichter und Kanzler Vorrang haben. Heute noch ein

Stückchen wimmernde Niedrigkeit, ein zitternder Wurm, sollte es später automatisch und blindlings zum Lotterielos werden, auf das eine Nation ihr Geschick setzte, der Erbe einer Dynastie, deren Krone allein im Augenblick genügt hätte, ihn zu ersticken wie ein Groschenlicht.

Und dieselbe Nation, die zu vernünftig war, die Schwachsinnigkeiten der Leitung von Rom aus zu erdulden, ging sofort daran, sich dem unbekannten Dynasten zu Füßen zu werfen. Drei Tage nach seiner Geburt würden sie alle: Heinrich selbst, die Herzoge, deren Namen vom Rennen gestrichen waren, der Marquis, der disqualifiziert worden war, Anna Boleyns Vater, der verwarnt worden war, Prinzessin Marie, die ohne Einsatz lief, der Erzbischof und verschiedene andre Bischöfe, die ausriefen: »Ein Johannes der Täufer!« und alle anderen betrübten und frohen Herzen sich um den Taufstein versammeln und ihre treuen Tränen darin vergießen, während das beklagenswerte kleine Opfer dieser alten Stammessitte auf die Weise, die Europa teuer war, hin und her geschleudert und gedreht wurde.

Im Augenblick stand das Sakrament der Taufe noch in gutem Ansehen; und während man Eduard im Wasser des Heils untertauchte, stand seine Mutter Johanna daneben; ihre Augen waren groß vor Fieber, ihr Kopf dröhnte vor wilden Signalen, ihre Hände klammerten sich in kaltem Schweiß an den Brokat, und ein Strom von Lärm, Anstrengung, Gestank, Chaos und unerträglichen Schmerzen tobte durch ihren Körper, wie Zimbeln, die an ihr Ohr schlugen, und Nägel, die auf Fensterscheiben kratzen. So erblickte sie halb wirklich, halb in der Phantasie den Triumph ihres Lebens, während der Tod seinen Vorhang hob und senkte, sie auslöschte und wieder aufatmen ließ, sie in seine eigenen Gewässer tauchte und in kalten Schweiß gebadet noch einmal heraushob, um noch einmal die heiligen Kerzen zu riechen und dann in der Übelkeit eines neuen dunklen Sturzes in Ohnmacht zu versinken.

Sie lebte noch neun Tage, bis zum 24. Oktober. In dieser Krise war Norfolk bei Heinrich. Der Herzog sandte in knappen und aufrichtigen Worten nach Cromwell. Johanna lag im Sterben. »Mein lieber Lord, ich bitte Euch morgen früh hier zu sein, um unsern lieben Herrn zu trösten, denn was unsre Herrin betrifft, so ist nicht zu erwarten, daß sie am Leben bleibe, leider! Und befürchte ich, daß sie zur Zeit, wo Ihr dieses leset, nicht mehr am Leben sein wird. Um acht Uhr abends, geschrieben von der Hand Eures betrübten Freundes T. Norfolk.«

Sie starb vor Mitternacht.

Heinrich hatte keine Schuld. »Durch die Nachlässigkeit ihrer Umgebung, die zuließ, daß sie sich erkältete«, schrieb Cromwell offiziell an Gardiner nach Paris, »und ihr erlaubte, alles zu essen, wonach sie in ihrer Krankheit gelüstete, ist die Königin gestorben. Der König fügt sich zwar mit Vernunft in dieses Unglück, ist aber wenig geneigt, sich wieder zu vermählen.« Er hatte jedoch »seinen Sinn gefaßt«, die Sache unvoreingenommen zu betrachten. Die Tochter des Königs von Frankreich, Magdalene, war vielleicht geeignet, oder Madame de Longueville, »nach deren Eigenschaften Ihr Euch erkundigen sollt«. – »Aber die Erkundigung muß geheim vor sich gehen.«

Heinrich selbst schrieb mit Anstand an Franz: »Die himmlische Vorsehung hat meine Freude mit der Bitterkeit über den Tod derjenigen, die mir dieses Glück geschenkt, gemischt.«

Jedenfalls war sie gestorben, wie sie gelebt hatte: »Zu gehorchen und dienen verpflichtet.«

FÜNFTES BUCH

ANNA VON CLEVE

Junker Heintze will Gott sein und thun, was ihn gelüstet.

Martin Luther

I

Johannas Tod ließ Heinrich einen Augenblick lang Kummer schmecken, was für ihn ein neues und verwirrendes Erlebnis bedeutete. Sie war seine Gefährtin und seine Gewohnheit geworden, und er besaß keine anderen Angehörigen, auf die er sich stützen konnte. Seine ältere Schwester Margarete, eine schwerfällige und etwas querulante Dame, hatte er seit Jahren kaum zu Gesicht bekommen; schrieb sie aus Schottland, wo sie mißvergnügt und unglücklich residierte, so geschah es, um ihren Sohn Jakob herunterzuputzen und sich Sorgen um ihr Eigentum zu machen. Seine Lieblingsschwester Marie war zwei Jahre früher gestorben und sein alter Kamerad Suffolk hatte sofort wieder geheiratet, und zwar ein Mädchen unter Zwanzig, was ihn Heinrich entfremdete. Außerdem war Suffolk dumm. Außer seinen beiden Töchtern besaß Heinrich keine näheren Verwandten, und obwohl Elisabeth im Alter von fünf Jahren so gesetzt war wie eine Frau von vierzig und Marie sich liebevoll um ihn sorgte, konnten sie nicht den breiten Schloßgraben überschreiten, von dem er sich umgeben fühlte. Er besaß niemand, den er Freund nennen konnte – vor allem keine einzige Frau –; als der Schlag ihn ereilte, »zog er sich an einen einsamen Ort zurück, um seinen Schmerz zu verwinden.«

Er fühlte sich vereinsamt, und er war kreuzunglücklich, wenn er einsam war – übermäßig hilflos, verlassen, niedergeschlagen. Der Säugling war ihm freilich ans Herz gewachsen, und er war sofort mit dem grimmigen und fast irrsinnigen Entschluß geladen, gegen jedes Leid, das möglicherweise dem kleinen Menschen drohen konnte, Vorsorge zu treffen. Nahrung, Kleidung, Wohnung – das alles mußte aufs strengste überwacht werden. Man bedenke, was mit Franzens ältestem Sohn geschehen war, wo doch Franz keinen anderen Sohn »machen« konnte. Heinrich hatte den Kaiser scharf im Verdacht, es dem Dauphin vergeben zu haben, und er erließ nun die einschneidendsten Verordnungen, um Eduard vor der Gefahr zu schützen, die er am meisten fürchtete und verabscheute – der Gefahr der Vergiftung.

Konnte er sich an Cranmer wenden? Davor schreckte er in seinem Schmerz zurück. Johanna war nicht reformiert gewesen: er würde ihren Wunsch erfüllen, in der City zwölfhundert Messen für sie lesen lassen und in Bisham eine Benediktinerabtei für sie stiften. Seine Pietät erforderte das. Seine eigenen Glaubensübungen vertieften sich, während die feierlichen Messen allmorgendlich vor sich gingen und ihre Leiche in der Kapelle von Hampton Court aufgebahrt lag. Heinrich ging diesen melancholischen Leichenfeiern in weitem Bogen aus dem Wege, da Marie pflichtgetreu statt seiner als Hauptleidtragende auftrat, aber er verdoppelte seine eigenen frommen Gebete in freundlicherer Umgebung.

Drei oder vier Tage, vielleicht eine Woche lang, mußte jedermann im Geheimen Rat und in den Gemächern des Königs ihn bedauern. Norfolk forderte in einem dringenden Schreiben Cromwell auf, zu Heinrich zu kommen. Er sei, schrieb er, vielleicht mit unklugen, aber offenen Worten in den König gedrungen, sich in Gottes Willen und den Verlust der Königin zu fügen, sich mit dem Schatze zu trösten, der ihm in der Person des Prinzen geschenkt sei, und »Vorsorge zu treffen, sich wieder zu vermählen«. Nun sei es an Cromwell, sein Glück zu versuchen.

Der zweite von Heinrichs zähesten Räten übernahm es also, Heinrich zu trösten. Während der sanfte Tunstall aus einiger Entfernung fürchtete, »Salz in die frische Wunde zu streuen«, lenkte Cromwell seinen Herrn zu den Pflichten, die seiner harrten. Gute Beobachter durften bald hoffen, daß der König nicht unter seinem Schmerz zusammenbrechen würde. »Der König ist bei guter Gesundheit«, schrieb einer der Kammerherrn eine Woche vor dem Begräbnis, »und so lustig, als es sich für einen Witwer schicken mag.« Gute Gesundheit ist viel, besonders wenn der Appetit nicht fehlt, und Heinrichs Wehmut ging langsam in Abstumpfung über. Während Norfolk und Paulet und Cromwell die Leidtragenden einluden, mehr Kerzen bestellten, als für Heinrichs Mutter angeschafft worden waren, und während Johanna während der drei langen Trauerwochen in der Kapelle ruhte, die mit schwarzem Tuch ausgeschlagen und mit reichen Heiligenbildern geschmückt war, half man Heinrich, seine versunkenen Gedanken auf das Geleise der Ehediplomatie zu heben, auf denen sie sich bald drehen mußten.

Am 12. November morgens fünf Uhr wurde Johanna auf ihrem letzten Weg von Hampton Court nach Windsor geleitet: dort wurden die Teilnehmer am Begräbnis »prächtigst bewirtet«. Nach dem Essen wurde sie »in Gegenwart vieler betrübter Herzen zu Grabe getragen«, und zur Mittagszeit war »alles vorüber«.

Beim Leichenmahl zeigte sich die Reaktion auf die so ruhige Regierungszeit: die Herolde des Königs waren schwer betrunken und blieben es mehrere Tage lang. Clarencieux fiel die Treppe hinunter, kam aber auf den ersten Wappenherold und Chester zu liegen und rettete sein Genick. Somerset »wollte die Tochter des Hauses vergewaltigen und erdrosselte sie beinahe beim Ringen, so daß sie lange Zeit keinen Atem bekam«. Er, der »drei Frauen am Leben hatte« und sein ganzes Leben lang Würfelspiel und schlechte Gesellschaft liebte, war besonders ausgelassen. Cromwell war nötig, um das Heroldskollegium wieder zu Gnaden zu bringen.

II

Während des November hielt sich der Witwer so still, daß Vorwitzige zur Ansicht kamen, er sei tot; und erst als man einige von ihnen nackt durch die Stadt peitschte und ihnen die Ohren abschnitt, stellte sich mit Gewißheit heraus, daß er noch in voller Kraft lebte. Ende November war er tatsächlich so weit, daß er mit seinem alten Freunde Wilhelm Kingston lustig in Black Friars zu Abend essen und mit Cromwell eifrig seine zukünftige Gattin besprechen konnte. Da er nicht in Eile war, konnte er sich die Zeit nehmen, mit der genauesten Prüfung und Berechnung einzukaufen; dreißig Jahre, nachdem er zugesehen hatte, wie sein Vater auf dem Heiratsmarkt in Gelegenheitskäufen und Resten wühlte, war er selbst, der frühere Märchenprinz, zum gleichen Zustand der Reife gelangt. Sein Vater jedoch war dürr und tuberkulös, während Heinrich vollblütig war und von Natur weit vorschneller und eigensinniger. Daß er erst vor kurzem Witwer geworden war, machte ihm keine Skrupel. Er war gesetzlich frei. Er hatte keine Liaison. Er konnte aus politischen Erwägungen und aus politischen Gründen wählen. Es war ein Schachspiel, zu dem er eine Königin brauchte. Er beriet sich eingehendst mit Cromwell, das europäische Brett auf den Knien.

Eine Woche vor Johannas Begräbnis wurden die Voranschläge und Spezifikationen einer neuen Heirat eifrigst mit dem französischen Gesandten durchgesprochen, und diese Einzelheiten, die sich gar nicht so sehr von denen unterschieden, mit denen sich Heinrichs Vater so gern beschäftigt hatte, sofort an den französischen Hof weitergeleitet. Sie reizten Franz, dessen Sinn für Humor *gras* war, zum Lachen. »Franz lachte sehr über die Sprache, die man seinem Gesandten gegenüber geführt hatte, und meinte, sie schienen es mit den Frauen ebenso halten zu wollen wie mit ihren Pferden: eine ganze Anzahl zu sammeln und dann traben zu lassen, um zu sehen, welches am besten läuft. Er findet kein Gefallen daran, seine Tochter mit den andern in einer Reihe zu sehen.«

Heinrich aber, noch bis vor kurzem so sehr in Düster versunken, war bereits wieder dabei, Politik zu spielen. Warum sollte er sich nicht gleichzeitig um eine französische Braut und eine kaiserliche bemühen? Und wenn eine französische: warum nicht um dieselbe, die sein Neffe Jakob zu heiraten wünschte? Mit der Technik, die den Opfern so frech und dem Urheber so überlegen erscheint, behauptete Heinrich, nicht einzusehen, warum er Marie von Guise nicht haben sollte. Er sandte einen Geheimagenten zu Maries Mutter, um zu sondieren, und ließ seine Abgesandten an Franzens Fersen kläffen. Auf Maries Mutter machte er Eindruck, aber Franz, der nach so vielen Jahren Heinrich kannte, weigerte sich, auf Diskussionen einzugehen, und erklärte einfach: »Ausgeschlossen.« Warum? wollte Heinrich wissen. Franz antwortete fest und höflich, er brauche, was jede andre Frau seines Königreiches angehe, nur zu befehlen, nicht aber, wo es sich um Jakobs Braut handle. In dieser Partie war Heinrich mattgesetzt; aber der Plan einer französischen Heirat wurde darum nicht fallen gelassen, während Cromwell Spione ins kaiserliche Lager schickte.

III

Ohne Zweifel traf es sich sehr günstig, daß Heinrich heiratsfähig war. Seit der Zeit, da man Reginald Pole zum Kardinal gemacht hatte, »um Heinrich zu ärgern und ihm zu schaden«, hatte die große Gefahr darin bestanden, als Rebell gegen den Papst angegriffen zu werden. Solange Karl und Franz sich bekriegten, war die Gefahr nicht drohend; aber ein europäischer Krieg, wie sie ihn führten, konnte nicht endlos weitergehen. Franz hatte Millionen ausgegeben, und obwohl Karl das letzte aus Peru herauspreßte, konnte er doch nicht hoffen, damit seine Söldnerheere zu erhalten. Seine Spanier, die jeden umbrachten, der älter als acht Jahre war, und bis auf den letzten Knopf plünderten, hatten sich in der Provence als sehr kostspielig erwiesen. Krieg in der Provence, das bedeutete, wie Karl erfahren mußte, auf Asche beißen. Augenblicklich schleppte sich der Kampf in Flandern weiter. Und da der Frieden drohte, brauchte Heinrich etwas, und wenn es eine Heirat war, um diese gefährlichen Mächte auseinanderzustemmen. Sonst konnte es geschehen, daß sie, von den Angeln des Papsttums zusammengehalten, sich über ihm schlossen.

Es war nicht Cromwells Absicht, den Frieden abzuwarten. Er glaubte nicht an Englands Fähigkeit, als Schiedsrichter zu wirken oder das Gleichgewicht der Kräfte aufrechtzuerhalten. Das war Wolseys Politik gewesen; sie war veraltet. Seine eigene Tendenz, die er manchmal stark verhüllte, war antipäpstlich, antiklerikal, antikaiserlich und pro-protestantisch. Cromwell war in der Tat, wie Darcy so großartig verkündet hatte, der Feind des alten Hochadels. Er war von niedriger Abstammung, niedriger als Wolsey. Für ihn bedeutete das Leben eine Rache an all den Anmaßungen, denen diese stolzen und beschränkten Egoisten sich überließen, und selbst in Heinrich verachtete er noch das kindische Standesgetue. Die Männer, die ihm dienten, waren Bryan, Wyatt, Vaughan, Sadler, die alle völlig emanzipiert waren von irgendwelcher Anhänglichkeit an mittelalterliche Tradition. Er hatte sich aus kalter Berechnung mit den Seymours verbündet und Johannas Liebe zur Prinzessin Marie dazu benutzt, der Prinzessin das religiöse Rückgrat zu brechen. Seine wahre Neigung galt den Reformern wie Cranmer, Latimer, Shaxton. Priester zu hetzen, Äbte vor die Tür zu setzen, Reliquien zu zerstören, die ganze Mythologie und Pathologie der mittelalterlichen Einrichtungen in die Luft zu sprengen, machte ihm ein ausgesprochenes und starkes Vergnügen. Er war äußerst weltlich. Wo es nötig war, konnte er natürlich den Heuchler spielen, Hypokrit im wahrsten Sinne des Wortes sein: eine Rolle markieren. Aber er war nicht wie sein Herr einer jener in der Wolle gefärbter Heuchler, deren Selbstvergiftung sie zu Pharisäern macht. Cromwell bestand aus Muskeln, er war geschmeidig und findig wie ein Ringer; gab er nach, so geschah es nur, um Vorteil aus seinem Verrat zu ziehen. Sein einzig dastehender Beitrag zur Auslandspolitik bestand von Anfang an darin, daß er die Elemente in Deutschland stärkte, die Karl am meisten zu schaden drohten. Er hatte Wullenweber und Markus Meyer, sonderbare demokratische Spielgefährten für einen Heinrich, begünstigt. Er hatte alles daran gesetzt, die Verbindung mit den Protestanten auszubauen. Darin bestand im Grunde seine Entgegnung auf die Mächte der Kaiserlichen und des Vatikans, sei es in England oder im Ausland. Er kämpfte mit jeder erdenklichen Waffe – der Bibel in den Kirchen, dem Spion in der Geistlichkeit, dem Mörder, der hinter Pole her war, dem *agent-provocateur,* dem Bestecher, dem Verräter in den Abteien und dem Folterknecht und Henker im gesetzlichen Kampf – um die alte Ordnung zu besiegen, die Heinrich die Oberherrschaft streitig machte. Im Luthertum sah er, besonders wie Cranmer und Latimer es darstellten, die richtige Haltung der Geistlichkeit ihrem staatlichen Herrn gegenüber. Nicht umsonst war er selbst Generalvikar.

Er hatte also die Absicht, aus Heinrichs nächster Heirat Nutzen zu ziehen für diese Anstrengung, den Leviathan zu stärken, ihn zu stärken gegen Kardinal Pole, gegen Bischof Gardiner, gegen Norfolk, gegen jeden, selbst gegen Heinrich, der den Staat zugunsten der Katholiken beschneiden wollte. Heinrich und Cromwell hatten sich zusammengetan, um bei der Bildung der Autokratie das Parlament als erstaunlich geschmeidiges Werkzeug zu benutzen. Aber es war Cromwell gewesen, der am Eisen mit Blasebalg und Amboß die schwere Arbeit verrichtet hatte. Cromwell hatte den Hammer geführt, während Heinrich die Zange hielt. So politisch er war, so gönnte sich Cromwell, hart an Kopf wie an Herz, doch in seinem Kampf gegen Rom keinen Augenblick Ruhe.

IV

Zuerst schien es, als würde die französische Braut gewählt werden. »Es ist noch ungewiß, was Seine Majestät vorhat«, erzählte man sich im Dezember, »aber vermutlich wird sie aus Frankreich kommen.«

Hutton, der Abgesandte in Brüssel, konnte nichts finden, was Heinrichs würdig gewesen wäre. Es gab ein vierzehnjähriges Mädchen, »von schöner Gestalt, tugendhaft, melancholisch und weiblich«, die vielleicht in Betracht kam. »Der Herzog von Cleve hat eine Tochter, aber man lobt weder ihre Person besonders, noch ihre Schönheit.« Und dann gibt es »die Herzogin von Mailand, die als hervorragende Persönlichkeit gilt und von ausgezeichneter Schönheit sein soll«.

»Ich habe wenig Erfahrung mit Damen«, teilte der schneidige Gesandte Cromwell mit, »aber ich habe die Wahrheit geschrieben, so gut ich sie erfahren konnte, und überlasse das weitere Urteil anderen.«

Trotzdem lobte er Christine: »Die Herzogin von Mailand ist gestern hier angekommen. Sie ist sechzehn Jahre alt, sehr groß, größer als die

Regentin, von großer Schönheit, sanfter Redeweise und freundlichen Gesichtszügen. Sie trägt nach italienischer Mode Trauer.« Und er bemerkte nicht ohne Gerissenheit: »Sie sieht einer gewissen Frau Shelton ähnlich, die Hofdame der Königin Anna war.« Obwohl er so unerfahren war, meldete er Wriothesley noch am gleichen Tage weitere Details; er war sichtlich auf dem Wege, sich zu einem feurigen Heiratsvermittler zu entwickeln. »Man kann hierzulande an Schönheit, Charakter und Geburt niemand mit der Herzogin vergleichen. Sie ist nicht von so rein weißer Gesichtsfarbe wie die verstorbene Königin, Gott sei ihrer Seele gnädig; aber sie hat besonders schöne Züge, und wenn sie zufällig lächelt, zeigen sich zwei Löchlein in ihren Wangen und eins in ihrem Kinn, was ihr ganz vorzüglich gut steht.«

Heinrich führte sich die Berichte zu Gemüte. Es handelte sich um Christine von Dänemark, die Tochter Christian II., der abgesetzt worden war und nun im Gefängnis saß, ein feuriger Autokrat, aufgewachsen im Hause eines Buchbinders, der echt soziale Ideen hatte, sich bemühte, holländischen Gartenbau in Dänemark einzuführen, das Volk bilden wollte und diese Bestrebungen mit dem grimmigen Versuch verband, den schwedischen Adel zu brechen, was Schweden von Dänemark getrennt und ihm schließlich seinen Thron gekostet hatte. Er hatte Karls jüngere Schwester geheiratet. Ihr Kind Christine war an Sforza von Mailand verheiratet worden, dessen Tod die junge Frau soeben zur Witwe gemacht hatte. Und nun lebte sie bei ihrer Tante in Brüssel und zeigte ihre Grübchen.

Heinrich war jedoch so »verliebt in Madame de Longueville«, daß er selbst seine Werbung bei dem französischen Gesandten mit allem Nachdruck vorbrachte. »Ich bin groß an Gestalt«, betonte er, »und brauche eine große Frau.«

V

Als der Januar begann, war Heinrich in Greenwich, um seine Freunde vom Hochadel zu begrüßen. »Wie geht es Mylord und Mylady? Sind sie guten Muts?« Von Angesicht zu Angesicht konnte er liebenswürdig sein, und es sich kaum abgewinnen, eine Bitte um Gunstbezeugungen abzuschlagen. Aber während er dort stand und gegen den Wandschrank lehnte, Cromwell neben sich, um die Neujahrsgeschenke an barem Gelde, die ein wichtiger Teil der Einkünfte waren, entgegenzunehmen, flatterte Heinrichs unruhiger Blick unter seinen Besuchern hin und her; er kannte jeden und bemerkte alles. Da stand Anna Boleyns Vater, jetzt nur noch ein schlapper alter Mann. Dort stand Norfolks Sohn Surrey und brachte drei goldene Schüsseln als Geschenk. Berechnete Heinrich den Wert, während seine schnellen Augen das große Gemach durchliefen, oder sehnte er sich, »fleischig und unbeholfen«, wie er war, nach der Minute, wo er sich wieder setzen konnte? Sein runzeliger Leib, augenblicklich in tiefer Trauer, war nicht mehr auf dem Aufstieg zur Herrschaft; er hatte sie bereits erreicht. Er stand auf dem Plateau des praktischen Verstandes, der sich mit den Jahren einstellt, und war nicht mehr durch Empfindlichkeit beunruhigt, sondern ein bedrohlicher, tatkräftiger Organismus von majestätischer Macht. »Einen alten Fuchs«, sollte ihn der neue französische Gesandte Castillon nennen. Aber der Fuchs war im Augenblick in seinem Bau, ein zahmer Fuchs, der aussah, als hätte er nie ein Huhn erblickt, der natürlicherweise sein edles England an sich heranzog, um es sich recht behaglich zu machen.

Wirklich vertrauen konnte ihm niemand. Sein eigenes Mißtrauen brachte unausgesetzt Unruhe in sein Leben. »Wen viele fürchten«, hatte Chapuys gesagt, »der fürchtet auch wieder viele.« Aber selbst jene, die empfanden, daß er ein Fuchs war – verschlagen, gerissen, schlau, falsch und tückisch, ein wachsamer und gewandter Fuchs, den man mit der bloßen Intelligenz nicht begreifen konnte, sondern nur, wenn man sich in seine rasende Gemütsart und seine Ungezieferseele hineinversetzte – selbst jene, die seine Natur erfaßten, die seiner Untreue gewiß waren, konnten im Augenblick, nur wenn sie zuhörten, wie er seine großherzigen Triebfedern, seine einfachen Neigungen, seine echten Impulse selbst schilderte, ihr Urteil wanken fühlen und in ihm nichts anderes sehen, als den freundlichen, großmütigen, unverstandenen Mann.

War er ein Fuchs, so gab es keine Falle, der er nicht entgehen konnte. Lord Montague mochte seinem Diener sagen, »Jerome, der König hat nie einen Mann gefördert, den er nicht später wieder durch seinen Zorn oder mit dem Schwert vernichtet hätte«. Aber selbst Montague, der Darcy zürnte, »weil er den Kopf nicht mit ausgerissen hatte«, war selbst nur zu bereit, über die »Schurken, die rings um den König herrschen«, loszuziehen.

Noch immer klatschte man, daß Heinrich von Cromwell verführt werde. In den Kreisen der Eingeweihten jedoch, wo Cromwell ebenso verhaßt war, gab man endlich die Tatsachen über Heinrichs Eigensinn und Cromwells Nachgiebigkeit zu. Ein jüngerer Sohn plauderte es auf der Straße zwischen Ross und Wexford aus. »Bei Christi Leib, wenn der König sich etwas in den Kopf setzt, werden weder Mylord der Geheimsiegelbewahrer noch der oberste Lord von England wagen, dagegen zu sprechen oder ihm abzureden.« George Paulet ließ sich freimütig über die elende Lage Cromwells aus. »Ich möchte nicht in seinen Schuhen sein, und hätte ich alles, was er besitzt«, eröffnete er den Männern, die mit ihm ritten, »denn der König nennt ihn zweimal in der Woche einen Schurken und schlägt ihn manchmal tüchtig auf den Schädel; und wenn er richtig Hiebe auf den Kopf bekommen hat und gepufft worden ist, als wäre er ein Hund, so kommt er in den Audienzsaal und wedelt so listig mit dem Schwanz, als sei er der Herr im Hause.«

Das wußte er nicht vom Hörensagen durch seinen Bruder, den Schatzmeister der Hofhaltung. O nein! »Ich stehe am andern Ende des Zimmers und kann von dort aus genugsam sehen, was vorgeht, und über den

Streit und die Szenen lachen; und dann müssen mein Bruder und der Admiral sich ins Mittel legen, um ihn wieder mit dem König zu versöhnen.«

Die Zuhörer, darunter Cromwells Freunde, nahmen Paulet nicht ernst. Aber er bestand darauf. »Der König nennt ihn Schurken, Gauner, knufft ihn am Kopf und wirft ihn aus seinem Kabinett.« Das ungläubige Lächeln, dem er begegnete, bewog ihn, seine Erzählung noch tiefer zu schattieren. Cromwell ist ein großer Geldnehmer und Bestecher, sagte er, wie sein früherer Herr, der Kardinal, aber er gibt es wieder ehrenhaft und mit leichter Hand aus, »wie ein Herr, obwohl er keiner ist«. Aber seine Aussichten seien nicht sehr rosige. Täglich nähere er sich mehr dem Tode, »beim letzten Aufstand ist er kaum mit dem Leben davongekommen«.

Das war der Ausspruch eines Eingeweihten. Cromwell war Heinrichs rechte Hand und beschäftigte sich eifrig damit, eine neue Frau ausfindig zu machen, aber bei Heinrichs Temperament war nichts sicher.

Als Karl und Franz in Flandern einen Waffenstillstand schlossen, verdoppelte Cromwell seine Bemühungen; Norfolk war davon ausgeschlossen und gähnte. Die Politik bestand darin, erstens lebenslängliche Freundschaft mit dem Kaiser vorzugeben, die Wolken zu bedauern, die diese so teure Freundschaft verdunkelt hatten, und jetzt die völlige Bereitschaft zu zeigen, Christine von Dänemark zu heiraten. Nachdem man der einen katholischen Macht diese Lokalanästhesie verabfolgt hatte, wollte man Franz gegenüber betonen, daß der Kaiser kein Freund sei und man nichts sehnlicher wünsche als eine Braut aus Frankreich.

Heinrich war während des ganzen Frühlings des Jahres 1538, in welchem der Friede drohte, mit diesem Handel beschäftigt. Er sandte seinen »Diener« Hans Holbein (Holbeins Lohn betrug im Jahre dreißig Pfund) zu Christine, um sie »abzukonterfeien«. Das Bildnis »gefiel dem König sehr gut«. Aber er übte weiter Druck auf die Franzosen aus, ihm ein Ehegemahl zu verschaffen. Castillon, ein urbaner Franzose mit einem Verstand, der blitzte wie eine nackte Klinge, sah sehr wohl, daß Heinrich Angst davor hatte, von den vereinigten katholischen Mächten gezüchtigt zu werden, und erniedrigte seine Diplomatie auf das Niveau der *Halles*. Die früheren samtweichen Manieren des venezianischen Gesandten, die ironische Würde des Savoyarden wurden bei Castillon zu knappem und beißendem Witz, den übelzunehmen Heinrich sich nicht leisten konnte. Heinrichs Befürchtungen, daß die französische Braut nicht genügend schön oder genügend rein sein könnte, begegnete der Gesandte mit lächelnder Frechheit.

»Nehmet die jüngere«, riet er Heinrich betreffs Marie von Guises Schwester. »Sie ist noch Jungfrau, und Ihr könntet sie nach Eurem Maß bekommen.«

Bei diesem Stand der Verhandlungen konnte Heinrich Castillon nicht züchtigen. Er lachte, schlug ihn auf die Schulter, behauptete aber, er müsse eilends »zur Messe«.

VI

England machte eifrige, ja glänzende Versuche, die Versöhnung zwischen Frankreich und dem Kaiserreich hintanzuhalten. Aber in beiden Lagern war die Ermüdung zu groß. Der Papst leitete auf fähige Weise den Waffenstillstand, und mitten in dem südlichen Sommer näherten sich lange Züge von Adeligen und Herrschern unter einem Summen von diplomatischer und menschlicher Erregung dem Treffpunkt Nizza. Es schien, schrieb Bryan nach Hause, »als habe sich die ganze Welt auf einer Rosine niedergelassen«. Die Rosine war in Cognac eingelegt, und Bryan verbrachte sehr viel Zeit unter dem Tisch.

Ein voller Friede wies so viele Dornen auf, daß man sich nicht an ihn herantraute, aber Papst Paul sicherte mit der Hilfe von Franzens spanischer Gattin auf zehn Jahre einen Waffenstillstand. Man teilte Heinrich ganz ernsthaft mit, daß man weder Portugal noch England herangezogen habe, um die Portugiesen nicht zu beleidigen.

Wie der Friedensvertrag aussah, war weniger wichtig, als wer ihn abschloß. Zuerst schien es, als könnte Franz mit Karl, der ihn einen Feigling genannt und zweimal zum Duell gefordert hatte, unmöglich zusammentreffen. Aber zu Füßen der ungeheuren nationalen Interessen, die über ihnen emporragten, sah ihr persönlicher Streit so kleinlich, so sehr nach Rankünе und Trivialität aus, daß die beiden Könige durch geschickte Methoden, die gleichzeitig ihren Stolz besänftigten und ihre Vernunft ernüchterten, schließlich unter einen Hut gebracht wurden und sich einverstanden erklärten, gegen Mitte Juli ein Wiedersehen zu wagen.

Aigues Mortes, nicht weit von jenem Marseille gelegen, das Franz zweimal das Leben gerettet hatte, wurde mit viel Glück zum Stelldichein erkoren.

Der Kaiser kam von seiner Flotte, und Franz begab sich auf dem leuchtenden Mittelmeer an Bord seines Schiffes. Als er das Deck betrat, wartete Karl bereits auf ihn; beide entblößten das Haupt und umarmten sich drei- oder viermal. Sie waren ausnehmend höflich. Als Karl seinen Gast bat, sich zu setzen, wollte Franz es nicht als erster tun, bis irgend jemand flüsterte: »Ihr seid der Ältere.«

Er stimmte bei. »Ich gestehe, daß ich der Ältere bin – und der Dümmere« *(le plus sot)*. Mit diesen Worten setzte er sich.

Sie unterhielten sich herzlich und trennten sich mit vielen Umarmungen. Bei der nächsten Unterredung, an der der Connétable, der Kardinal, die Königin, die Prinzen und die Prinzessin alle teilnahmen, gab es so viel Umarmungen, daß Franz ausrief: »Foie de gentilhomme, c'est assez baisé«, und sich so oft verbeugte, und den Connétable so oft auf Wangen und Ohren küßte, daß das Eis völlig schmolz und »die Zuschauer Freudentränen vergossen«.

Nach dem Essen nahm bei dieser zweiten Gelegenheit jeder einen Ring und steckte ihm den andern an den Finger. Karl, der keine Ringe trug, erhob die Hand, an der das Geschenk saß, und verpfändete sein Wort, gegen *monsieur mon frère* nicht das Schwert zu ziehen. Franz, der noch immer Elan besaß, antwortete sehr herzlich. Sie aßen als Abschluß zusammen auf dem Festland zur Nacht, und »während des Abendbrotes gab es nichts als gute Laune und gegenseitige Umarmungen unter viel Freudenbezeigungen«.

VII

Die Vereinigung drang nicht an die Wurzeln ihrer Rivalität. Karl war tatsächlich bereit, Burgund herzugeben, aber er war nicht großzügig genug, es laut auszusprechen, und Franz hätte vielleicht auf immer auf Mailand verzichtet, wenn man es richtig angestellt hätte. Aber obwohl diese Streitfragen im Hintergrund schlummerten, übte das Zusammentreffen auf beide eine tiefe Wirkung aus. Außer mit der Bürde der Rivalität hatten sie sich mit Haß beladen gehabt, und zwei müde Seelen fühlten sich befriedigt, des Ungeheuers endlich ledig zu sein und sich umarmen zu dürfen. Die Anstrengung eines siebzehnjährigen unausgesetzten, oder doch beinahe unausgesetzten Kampfes hatte sie nicht ihres seelischen Gleichgewichts berauben können; sie waren beide gezähmt und ernüchtert; und ihre geistige Gesundheit zeigte sich in der Großmut ihrer Begegnung.

Sie hatte jedoch Heinrich nicht mit einbezogen. Und sein Schicksal lag ihm so sehr auf dem Herzen, und er befürchtete so lebhaft das Schlimmste, daß er seine Tätigkeit, Zwietracht zu säen, wieder fortsetzte. Franz indessen befahl Castillon, sich nicht die Mühe zu geben, die Andeutungen über Karl zu wiederholen, und so konnte der französische Gesandte Heinrich nur über das bezaubernde Thema einer französischen Braut Bericht erstatten.

Heinrich hatte eine Art Einladung nach Calais ergehen lassen, wobei sich die Blüte der französischen Jungfrauenschaft des richtigen Ranges und Alters zur Prüfung versammeln sollte.

»Läßt er mir nichts über die Heirat sagen?« fragte er Castillon.

Castillon erwiderte, Franz könne die jungen Damen nicht zur Ansicht senden, sondern Heinrich solle jemand hinschicken, dem er vertraue, und der ihm Bericht machen könne.

Das weckte Heinrichs Zorn. »Bei Gott, ich traue niemand als mir selbst; dazu geht die Sache mir zu nahe. Ich möchte sie sehen und einige Zeit kennen, bevor ich mich entschließe.«

Der Gesandte mußte lachen. »Vielleicht, Sire«, sagte er mit der Kunst, die Gedanken so in Worte kleidet, daß sie noch nackter erscheinen, »möchtet Ihr sie gerne eine nach der anderen ausprobieren und diejenige behalten, die Euch am angenehmsten erscheint. Haben nicht die Ritter von der Tafelrunde in diesem Lande in alter Zeit so die Damen behandelt?«

Sich so heimleuchten zu lassen, war hart. Heinrich lachte und errötete, dann rieb er sich die Nasenspitze und sagte: »Aber da doch der König, mein Bruder, so gut mit dem Kaiser steht: wie soll ich mich sonst freundlich mit ihm stellen? Begreift Ihr nicht: wenn ich jemand von der Partei des Kaisers heiratete, würde er mich doch Eurem Herrn vorziehen?«

Der Gesandte zuckte die Achseln und lächelte: »Diese Frage zu beantworten, müßte man klüger sein als ich.«

Heinrich brach ab: »Bei Gott, ich werde nichts tun, bevor Dr. Bonner drüben eingetroffen ist.«

VIII

»Jemand von der Partei des Kaisers« zu heiraten, war jedoch nicht einfach. Hutton hatte es ermöglicht, daß Holbein Christine malte, und er hatte gesagt, daß Herr Haunce, »der nur drei Stunden Zeit zur Verfügung gehabt, sich als Meister der Kunst erwiesen habe, da das Bildnis sehr vollkommen sei«. Inzwischen war aber Hutton leider gestorben und so mußte Heinrichs fähiger Staatssekretär Wriothesley hinüber und um Christine an Heinrichs Statt werben. Im allgemeinen war er ein ausgezeichneter Agent für Heinrich. Er hatte eben die Plünderung der Abtei in Canterbury geleitet, die Heinrich sieben schwere Kisten voll Gold und Juwelen einbrachte. Wriothesley war zwar von unerschütterlicher Gemütsart, besaß glatte Manieren, eine Mischung von kühlem Bluff und richtiger Einstellung, die sich bei der leisesten Andeutung des Mißtrauens in drohende moralische Empörung verwandeln konnte, aber er konnte die züchtige Christine nicht beschleichen wie Canterbury. Wahrscheinlich sagte sie, »wenn ich zwei Köpfe hätte, stünde einer Seiner Majestät zur Verfügung«, und sie kann auch erwidert haben, »Mein Rat hat die Ahnung, daß meine Großtante vergiftet wurde, daß die zweite Frau unschuldig hingerichtet wurde und die dritte zugrundeging, weil sie nicht ihr Wochenbett hüten durfte«. Aber die einzige Bemerkung, auf die Wriothesley, eisern unter dem Samt seiner Höflichkeit, sie festzulegen versuchte, war die folgende: »Er gebe sich umsonst so große Mühe, denn sie sei nicht gesonnen, ihr Herz in diese Bande schlagen zu lassen.«

Habe sie wirklich diese Worte gebraucht?

»Herr Gesandter, Gott sei Dank habe ich mich mehr in der Gewalt, als daß ich so leichtfertig spräche.« Weder diese Worte noch ähnliche, sagte sie; und sie bäte, in diesem Sinne Bericht zu erstatten.

»Und welches ist Eure wirkliche Neigung?« fragte er lächelnd.

Bei diesen Worten errötete die junge Frau sehr stark.

»Was meine Neigung betrifft«, erwiderte sie, »was soll ich sagen? Ihr wißt, daß ich mich nach den Befehlen des Kaisers zu richten habe.«

»Das wohl, Madame, aber die Sache ist solcher Art, daß zwischen seinem Befehl und Eurer Einwilligung Übereinstimmung herrschen muß, sonst könnte geschehen, daß Ihr es bereut, wenn es zu spät ist. Eure Antwort ist solcher Art, daß sie gleicherweise Eurer Zucht und meiner Befriedigung dient; und doch wäre ich es mehr zufrieden, wäre sie ein wenig deutlicher ausgefallen.«

Daraufhin lächelte sie und erwiderte nochmals: »Wie Ihr wißt, bin ich des Kaisers geringe Dienerin und muß seinem Willen gehorchen.«

»Meiner Treu, dann hoffe ich unter jenen Engländern zu sein, die ihre neue Herrin als erste kennen, denn der Kaiser hat es sofort gewünscht. Oh, Madame, wie glücklich werdet Ihr sein, wenn es Euer Los ist, meinen Herrn zu heiraten. Sendet Euch Gott dieses Schicksal, so werdet Ihr den vornehmsten Herrn ehelichen, der lebt; seine Natur ist so wohlwollend und freundlich, daß, wie ich glaube, bis zum heutigen Tage kein Mensch viele zornige Worte aus seinem Munde vernommen hat. So helfe mir Gott, wäre er auch kein König, Ihr würdet doch, wenn Ihr ihn sähet, selbst sagen, daß er um seiner Tugend, Sanftmut, Weisheit, Erfahrung, Schönheit der Gestalt und aller anderen Eigenschaften willen, die sich für einen Fürsten ziemen, würdig wäre, vor allen anderen zum König gemacht zu werden.«

Es fiel Christine schwer, auf diese mannhafte Anstrengung zu erwidern. Sie lächelte, und Wriothesley dachte, sie hätte laut gelacht, »wenn ihre Würde es ihr gestattet hätte«.

Endlich hatte sie sich so weit in der Gewalt, daß sie erwidern konnte: sie wüßte wohl, daß Seine Majestät ein guter und vornehmer Fürst sei.

Aber sie gab kein Versprechen ab, und es wurde bald deutlich, wie Heinrich sich selbst ausdrückte, daß der Kaiser »eine Verzögerung an den Schwanz der andren knüpfe«.

IX

Im Herbst nach dem Waffenstillstand befaßte Heinrich sich ausschließlich mit den Türken. Als Castillon ihn besuchte, fand er ihn in einer Landkarte vergraben. Es ließ sich nicht verhehlen, daß Karl zumindest einer großen Gefahr ausgesetzt war; das kam Heinrich zustatten.

Im August wurde Reginald Poles schwächlicher jüngerer Bruder Gottfried plötzlich in den Tower geworfen. Man wandte Druck an, und innerhalb zweier Monate hatte er genug gesagt, um gegen seinen Bruder Lord Montague, seine Mutter Lady Salisbury, den »jungen« Marquis von Exeter und einige andere den Prozeß zu ermöglichen. Es war nicht so sehr eine Verschwörung als die Knospen, aus denen eine Verschwörung sich durch mannhafte Anstrengungen zur Reife bringen ließ. Gewisse Briefe waren eilends verbrannt worden; das war triftiges Beweismaterial. Das Ganze war ein Gebräu heftiger Verdächtigungen, aus dem Geschwätz Gottfried Poles destilliert, der Selbstmord zu begehen versuchte. Die alternde Gräfin wurde von dem schwerfälligen, watschelnden Fitzwilliam, jetzigem Grafen von Southampton, besucht. Sie gab zu, daß sie ihren Sohn, den Kardinal, gewarnt hatte, sich vor Meuchelmord in acht zu nehmen. In ihrem Hause fanden sich Kopien von Papstbullen, aber sie wies die Anklage wegen Verschwörung mit Hohn von sich. Southampton war überrascht über ihren Mut: »Eher könnte man sie einen starken und standhaften Mann nennen als eine Frau.«.

Der Prozeß war ein Streich, der gegen die inländischen und ausländischen Katholiken geführt wurde. Aber sooft Heinrich sein Ruder auf der einen Seite eintauchte, hemmte er es durch einen Schlag auf der anderen. Kaum war die Pole-Clique verhaftet, als er selbst den Prozeß einer »elenden Ketzerei gegen das Sakrament« in Szene setzte; ein ernsthafter junger Mann, der in Universitätskreisen verkehrte, aber nicht in Gunst stand, hatte »geleugnet, daß der Leib Christi selber in besagtem Sakrament als körperliche Substanz zugegen sei, und behauptet, er sei nur in geistlichem Sinne anwesend«.

Heinrich ließ die Vorbereitungen zum Prozeß in seinem eigenen Palast in York Place treffen. Von Bischöfen, Lords, Doktoren, Richtern umgeben, traf er gegen Mittag, ganz in Weiß gekleidet, ein und setzte sich auf einen erhöhten Platz, während Lambert an die Schranken gebracht wurde.

Er war sowohl als Lambert wie als Nicholson bekannt, und Heinrich fuhr ihn zuerst grob an, weil er zwei Namen führe; dann ließ er ihn beim Sakrament »Ja« oder »Nein« sagen; »gebet wohl acht, Ihr seid durch Christi eigenes Wort verurteilt«; und nachdem er ihn königlich verdonnert hatte, überließ er ihn Cranmer. Nach Cromwells Ausspruch bewies Heinrich »allerhöchste Weisheit und Einsicht«. »Nachdem der König ihn durch die Heilige Schrift in Verwirrung gebracht hatte«, sagte der eine Zeuge, »so daß Lambert nichts zu seiner Verteidigung vorzubringen wußte, ermahnten ihn Bischöfe und Doktoren, seine Ansichten aufzugeben, und dergleichen Seine Majestät; aber er weigerte sich und wird seinen Lohn empfangen.« Der ganze Prozeß dauerte fünf Stunden. Und innerhalb von fünf Tagen wurde Lambert lebendig verbrannt.

Dies war ein pro-katholisches Hors-d'oeuvre zu der antipapistischen Verurteilung von Montague und Exeter, wobei man sich die Gräfin für eine spätere Notlage aufsparte.

Als Exeter und Montague geköpft wurden, war die Urheberschaft strittig. Der französische Gesandte schrieb an Franz, daß Heinrich ihm längst gesagt habe, er würde das Haus Montague ausrotten, aber Hugo Latimer, der Bischof von Rochester, gratulierte Cromwell schriftlich. »Gepriesen sei der Gott Englands, der alles ausführt, und dessen Werkzeug Ihr seid!

Ich hörte Euch einst, als Ihr die wütende Schmähschrift des Kardinals Pole gelesen hattet, sagen, daß Ihr ihn zwingen würdet, sein eigenes Herz zu essen, was Ihr heute, wie ich glaube, zustande gebracht habt.«

Heinrich hatte längst die Überzeugung gewonnen, daß ein paar Hinrichtungen zur rechten Zeit das beste Mittel waren, seine Untertanen in Schrecken zu versetzen und einzuschüchtern. Er freute sich außerordentlich über den Ausgang der beiden Prozesse im Fall Lambert und im Fall Pole. »Sie hätten schlimme Dinge in England angerichtet«, schrieb ein munteres Klatschmaul. »Der König verließ Westminster am Dienstag und war Gott sei Dank niemals vergnügter.« Er hatte jeden Abend ein Bankett gegeben, nicht ohne mit seiner Bravour zu prahlen. Castillon, der keine Gefahr sah, konnte den Grund nicht begreifen. »Ich kenne keine sonderbareren und heuchlerischeren Menschen als Cromwell und seinen Herrn.«

X

Heinrich hatte zu Hause wegen der Hinrichtung von Montague und der anderen wenig zu fürchten. Außerhalb des Handels, der bereits seine Greshams entstehen ließ, hielt er jeden Zugang zu einer öffentlichen Laufbahn besetzt, und den Knotenpunkt dieser Zugänge beherrschte Cromwell für ihn. Heinrich konnte in der Jurisprudenz, in der Kirche, in der Medizin, in der Literatur jeden zum Glück erheben oder ihn vernichten, von der Armee und der Flotte ganz zu schweigen: und er hatte auch schon manchem zu höchstem Glanz verholfen, von Wolsey und Norfolk und Suffolk und Wiltshire und Southampton angefangen bis zu Emporkömmlingen wie Cromwell und den Seymours, Johann Russell, Paulet, Bryan, Knyvet, Wallop, dem jungen Dudley, Sadler, Wyatt, Wriothesley, Audley und so weiter, darunter stille Raffer wie Cranmer und Tunstall. Diese Wohltaten wurden jedoch nicht an unabhängige Männer vergeben oder gedankenlos verschleudert. Wo es sich darum handelte, schmutzige Arbeit zu tun, etwa Zeugen zu verleiten, als Geschworener zu fungieren, Papisten oder Ketzer auszuschnüffeln, in Parlament oder Kirchenversammlung zu sitzen, wurde die Probe der völligen Lenkbarkeit von dem durchdringend klugen Cromwell angestellt. Manchmal machte ein Bischof Geschichten, wenn er sein Stadtpalais einem neuen Günstling abtreten sollte. Manchmal war ein Gardiner ärgerlich, wenn er einem Bryan eine Jahresrente zahlen sollte. Manchmal weigerte sich sogar eine Witwe, auf Befehl wieder zu heiraten, und sagte: »Mein Inneres neigt nicht dazu«; aber im allgemeinen war der Wille des Königs Gottes Wille. Leute, die vorwärts kommen wollten, mochten einen starken Widerwillen dagegen empfinden, aber sie stimmten, kleideten sich, aßen, glaubten, standen auf und gingen schlafen mit den Meinungen und Personen, die Heinrich und Cromwell ihnen vorschrieben. Und wenn Cromwell vom Hofe in sein eigenes Büro kam und einen Korb voll Konzessionen mitbrachte, fing jeder, der einen Sohn zu befördern, eine Tochter zu verheiraten, ein Haus zu erwerben, Abteigründe als Weide zu erhalten, einen Strom, ein Boot, eine Mühle, eine Mitgift, einen Prozeß zu gewinnen, ein Verbrechen zu büßen oder einen Streit beizulegen wünschte — jeder, kurz gesagt, der hungrig war und satt werden wollte, zu hüpfen und zu springen an, wie die Seehunde im Zoologischen Garten, wenn der Wärter die Hand in den Futterkorb steckt. Die edlen Namen, die als Sterne den Saal der Geschichte zieren, verdanken, wie Wriothesley auszusprechen nicht zögerte, ihr ganzes Funkeln Seiner Majestät, ihrem Herrn. Vom ersten Augenblick eines Staatsprozesses an formierten sich die Emporkömmlinge in dichter Phalanx hinter Heinrich. Wriothesley beschrieb Exeter folgendermaßen einem wohlmeinenden Zuhörer in Brüssel: »Seit zwanzig Jahren ein Verräter, dachte er stets darüber nach, wie er seinem Herrn seine Stellung rauben und all seine Kinder vernichten könne.« So sah die ungebrochene Front aus, und als ein Günstling wie Nicholas Carew, der während dieser selben zwanzig Jahre Heinrichs intimer Freund, und dessen Frau seine besondere Freundin gewesen war, es wagte, sich über die Hohlheit von Exeters Prozeß zu verwundern, war sein Verrat, als von einem Manne mit konfiszierbarem Vermögen kommend, der sanfteste Donner, der je blitzschnellen Tod herbeiführte.

Weniger einfach war es, im Ausland die Loyalität hervorzurufen, die zu Hause durch staatliche Hinrichtungen stets aufgepfeffert wird. Freilich war Franz im Interesse der Freundschaft mit England bereit, die Geistlichen zu tadeln, die ihrem Entsetzen und Abscheu Worte geliehen hatten; und Karl, der von Wyatt belehrt wurde, daß Reginald Pole ein »Verräter« sei, ließ sich durch diese Tatsache beeinflussen, als der Kardinal, ein Abgesandter des Papstes, nun nach Toledo eilte. Trotzdem konnte aller diplomatischer Druck und alle Staatsmaschinerie in Frankreich und dem Reich nicht ändern, daß man vor Heinrich zurückschauderte. Karl, der sich nicht leicht elektrisieren ließ, schraubte sofort die Bedingungen höher, zu denen er seine Nichte Christine Heinrich zur Frau geben wollte.

Das machte der Partie mit Christine ein Ende; es war ihr bestimmt, in Lothringen eine nützliche Laufbahn zu vollenden. Cromwell aber bekam dadurch Gelegenheit, für Heinrich in jenen strittigen Grenzländern eine Frau zu suchen, die sich von Savoyen durch Burgund und Lothringen und Luxemburg nach der anderen Seite von Flandern erstreckten. Dort hatte der junge und noch etwas nebelhafte Herzog von Cleve einige Klumpen Grenzland zusammengezogen und fast vereinigt, was ihn instand setzte, Schaden zu tun und ihn also zur »Macht« stempelte. Anna von Cleve war die Schwester dieses Menschen, der unter Umständen lästig fallen konnte: Cromwell sah in ihr eine gute Partie für Heinrich.

Das Motiv war klar genug. Aber erst als Heinrich Holbeins Bildnis der Anna von Cleve sah, ließ er Cromwell allen Ernstes anfangen.

Inzwischen war England von einer Nervenkrise befallen worden. Heinrich ließ es sich nicht ausreden, daß er auf Befehl des Papstes angegriffen werden sollte, und die ärgste Kriegsfurcht, die man seit Jahren erlebt hatte, führte zu einer Rekrutierung der nationalen Truppen und Kräfte und zu panischen Rüstungen gegen eine Invasion. Der französische Gesandte wurde zurückberufen. Der kaiserliche Gesandte wurde zurückberufen. Die englischen Gesandten wurden zurückberufen.

Das Kriegsparlament des Jahres 1539 war notwendigerweise ein konservatives Parlament. Es wurde einberufen, als man drei wichtige Tatsachen lebendig vor Augen hatte; erstens die Gefahr einer Invasion; zweitens die »kürzlich erfolgten verschiedenen und mehrfachen abscheulichen und greulichen Fälle von Verrat, die zur schrecklichen Gefahr der königlichen Person Seiner Majestät begangen worden«; drittens die Sicherung der Erbfolge. Das neue Symbol des Königs war nicht der Mann, der Anna Boleyn hingerichtet hatte: es war der liebevolle Vater mit dem Säugling im Arm: »er hat den Prinzen besucht«, sagte Richard Cromwell, »und sich den ganzen Tag damit getröstet, mit ihm Spaß zu treiben und ihn lange Zeit in seinen Armen zu liebkosen, ihn auch ans Fenster zu halten, das alle Welt ihn sehen und sich baß an ihm erfreuen konnte.«

Ein schwacher Versuch, wie es scheinen mag, den unseligen Eindruck zu verwischen, den Hinrichtungen und Aufstände hinterlassen hatten; aber er entsprang instinktiv dem Herzen eines Mannes, der sein eignes Volk kannte.

Ebenso verhielt es sich mit seiner neuen religiösen Gesetzgebung. Die zehn Artikel waren zu schnell gekommen; Heinrich wünschte den Pulsschlag des Volkes zu verlangsamen. Cromwell und der Rat hatten »alle Dinge so geordnet, daß Eure Majestät nie ein lenkbares Parlament vor sich hatten«. Er besaß also bei geringer Gefahr umstürzlerischer Ansichten ein »Einheits«-Parlament, mit dem er eine volkstümlichere Speisenfolge ausarbeiten konnte. Cromwell würde sich fügen, da es ihm unbenommen blieb, später die Ausführung in die Hand zu nehmen.

Beherrschend war Heinrichs Angst vor den katholischen Mächten, und die Soldaten des Rates unter Führung Norfolks konnten ihn stärker beeinflussen als Cromwell, der ihrer äußerst eifersüchtigen und arroganten Kaste nicht angehörte. Der Kult des Mars ist immer altertümlich; nach langen Debatten und Diskussionen, bei denen Cranmer den Mut hatte, offen gegen Norfolk und Gardiner zu kämpfen, trugen die Mächte des »alten Wissens« den Sieg davon, aber selbstverständlich mit Heinrich als Papst.

Niemand glaubt mehr an Mäßigung als der Autokrat, da niemand es nötiger hat, Andersgläubige auszurotten. Heinrich schob daher bei seinem Versuch, »Geteiltheit der Meinungen abzuschaffen«, alle Schuld an Ungesetzlichkeit, Aufruhr und Streitlust – diesen abscheulichen und zersetzenden Mächten – jenen in die Schuhe, die sich nicht als »lenkbar« erweisen konnten. In seiner Bitte um Liebe, Demut, Ehrfurcht, Gehorsam und Sanftmut wurde er beredt und beinahe rührselig. Er beklagte das Aufbrausen der menschlichen Triebe, den Stachel der Gelüste, das Wüten der Neugier, die Verschwendung und die Konflikte eigenwilliger Diskussionen. Er trug den Schafspelz des Erasmus, aber schon schauten seine Züge mit einer weniger sanften und friedliebenden Miene daraus hervor.

Die »Sechs Glaubensartikel« bestätigten die wirkliche Gegenwart Christi beim Abendmahl, die Kommunion in einer Gestalt, das Zölibat der Geistlichkeit, die Permanenz der religiösen Gelübde, die stillen Messen, die Ohrenbeichte.

Alle Geistlichen, wie Cranmer, wurden Verbrecher, wenn sie ihre Frauen nicht verstießen. Die Strafen auf Überschreitung dieses Gesetzes waren so grimmig, daß es als »sechsschwänzige Peitsche« bekannt wurde.

Als es in Kraft trat, zwang man die reformierten Bischöfe, Latimer und Shaxton an der Spitze, zum Abscheu der deutschen Protestanten, ihren Abschied zu nehmen. Es fiel ihnen eine kleine Pension zu, aber die Strömung ging über sie hinweg, und mit Ausnahme der Hinrichtung der Gräfin von Salisbury während der Hitze der Debatte, und der Hinrichtung einiger standhafter Äbte, die sich gegen Cromwell behaupteten, war die Reaktion vollständig genug, um Heinrich von allen Ketzern zu sondern und in den Augen Europas als nicht schismasüchtiger hinzustellen, denn Ludwig XII. oder Ferdinand oder Maximilian.

XI

Während des Sommers 1539 war das Feilschen um eine deutsche Braut, selbst um eine nur schismatische wie Anna von Cleve, fast eingeschlafen. Solange die katholischen Mächte sich ruhig verhielten, war Heinrich lauwarm und Cromwell nur geduldet. Zu Beginn des Herbstes aber erhielt man beunruhigende Nachrichten: Karl – der im Mai seine Gattin verloren hatte – war einverstanden, durch Frankreich zu reisen, um den Weg nach Flandern abzuschneiden. Dies wurde als nicht ganz selbstverständliches Ergebnis der Versöhnung von Nizza empfunden. Man betrachtete es eher als einen Schachzug von böser Vorbedeutung. Die Engländer waren in sinnloser Aufregung. Die Reaktion, die Cromwell lahmgelegt hatte, schlug in das erbitterte Gegenteil um und ermöglichte es ihm, die Verlobung Annas von Cleve mit Heinrich in Ordnung zu bringen und Vorbereitungen für den Besuch der Braut in England zu treffen. Nicht nur das: ein andrer Feind der Habsburger, Philipp von Bayern, kam schnell nach England, lernte Marie kennen, wurde ihr als nicht-katholischer Gatte vorgeschlagen und bekam ihr bekümmertes Jawort. Er hatte die Kühnheit, sie zu küssen, bevor er mit der Nachricht von seiner guten Partie, die freilich gesetzlich gesehen ein Bastard war, nach Hause fuhr.

Während man in Bayern darüber nachdachte, machte sich Anna von

Cleve bereit. Franz war inzwischen aufgebrochen, um dem Kaiser gegenüber den ritterlichen Gastgeber zu spielen, obwohl er ernstlich erkrankt war; der kaiserliche Besuch in Frankreich hatte viele sonderbare und amüsante Seiten. Der englische Rat war von panischem Schrecken erfaßt. Wollte man den »armen König« zugrunde richten? Heinrich benahm sich ruhiger als alle seine Räte mit Ausnahme Cromwells. Er glaubte nicht an die Dauer des Friedens. Die Stärke der protestantischen Fürsten in Deutschland, des Türken, der französischen Anhänger des Protestantismus erweckte den Anschein, als könne die deutsche Heirat sich als eine Art Versicherung erweisen, mit der Franz einverstanden sein würde, sogar in so hohem Grade, daß er sich vielleicht bereit finden würde, Flandern anzugreifen. Seine vierte Heirat erschien ihm nicht nur schlau berechnet, sondern auch aufregend.

XII

Während das Jahr 1539 sich seinem Ende näherte, wurde Heinrich ausgesprochen ungeduldig, seine Bilderbraut zu sehen. Lukas Cranach, der Hofmaler von Cleve, war zu krank gewesen, um sie zu malen, aber »Hanze Albein hat Mylady Anna abkonterfeit und ihr Bildnis sehr lebensähnlich getroffen«. Und Cromwell war noch über Hans Holbein, dessen ehrliches Auge sein König war, hinausgegangen. Cromwell besaß Privatbriefe, die ihn Heinrich mitteilen ließen, daß Anna von Cleve Christine von Dänemark so übertraf »wie die goldne Sonne den silbernen Mond«.

Heinrich ließ sich überzeugen. Er befahl, seiner neuen Braut den ehrenvollsten Empfang zu bereiten. Er überlegte, welche hohe Persönlichkeit würdig sei, sie in Calais zu begrüßen. Er ließ seine Paläste renovieren, seine Schiffe neu bemalen, ordnete viele Einzelheiten an, die an seine jugendliche Prachtliebe und Förmlichkeit erinnerten, und hielt sich bereit, von London aufzubrechen, um seine Braut zu treffen und durch ihren Anblick »seine Liebe zu nähren«. Die Ehe begann bereits die Färbung des Sakrosankten anzunehmen, die Heinrich seinen Ehen immer unfreiwillig gab. Und obwohl eine Anzahl von Verzögerungen seine Hoffnungen zurückbogen, schienen sie immer kräftiger wieder vorzuschnellen. Schließlich war sein Leben als Witwer doch langweilig gewesen. Er freute sich auf seine vierte Heirat. Er sandte Fitzwilliams, Grafen von Southampton, nach Calais hinüber, um die Schöne zu erwarten; Cromwells Sohn war aus Gründen, die nur sein Vater kannte, mit von der Partie, und jede Station der Reise von Deal oder Dover nach London war mit Mitgliedern des Rates besetzt, die der neuen Königin Ehre und Huldigung erweisen sollten.

Anna ihrerseits war ebenso aufgeregt, als sie mit ihrer »trefflichen Begleitung« — über zweihundert Mann — aus dem Rheintal auszog. Sie hatte ihr dreißigstes Jahr erreicht und überschritten, ohne sich träumen zu lassen, daß sie jemals einen einfachen Herzog von Lothringen aufgeben würde, um Königin von England zu werden. Auf dieses herzbeklemmende Abenteuer im Alter von vierunddreißig Jahren auszugehen bedeutete, den Flug in eine neue Welt wagen. Sie war in der behüteten Enge eines kleinen deutschen Hofes aufgewachsen, wo man sich in eine Etikette schnürte, die ihre Enge für Züchtigkeit hielt und ihre Abwesenheit lächerlich, wenn nicht gar anstößig empfand. Diese Anna besaß keine der schwarzäugigen Keckheiten, die jene andre Anna ins Unheil gestürzt hatten. Leider ein wenig pockennarbig, »groß, mager, von mittelmäßiger Schönheit, und sehr selbstsicherem und entschlossenem Gesichtsausdruck«, ersetzte sie durch solidere Tugenden, was ihr an auffallenden Reizen abging. Es war Wotton schwer geworden, ihr Gesicht überhaupt zu erblicken, denn sie trug einen riesigen Kopfputz, aber als er sich darüber beklagte, fragte ihn der biderbe Kanzler mit rauher guter Laune: »Wie, wollt Ihr sie nackt sehen?« Wotton empfand nicht den Wunsch, in die »einfachen und bescheidenen Verhältnisse«, über die er so treu an Heinrich berichtete, weiter einzudringen. Ihre Mutter, schrieb er, ist ihre Führerin; in gewissem Sinne ist sie nie von ihrer Seite abwesend. Die Wappenrauten und Kreuzungen von Geldern und Berg, Jülich und Cleve weiß sie sicherlich im Schlaf auswendig. Sie beschäftigt sich fast immer mit der Nadel. Sie kann Niederdeutsch lesen und schreiben, versteht aber keine andre Sprache. Auch singt sie nicht und spielt kein Instrument, »denn hier in Deutschland ist es ein Anlaß zum Tadel und ein Zeichen von Leichtfertigkeit, wenn hochgestellte Damen gebildet sind oder etwas von Musik verstehen«. Aber sie ist klug genug, Englisch zu lernen, wenn sie sich Mühe nimmt. Noch etwas Tröstliches: sie trinkt nicht im Übermaß Bier.

Das Kommen und Gehen der Jahre hatte ihr unzweifelhaft etwas von ihrer Jugendblüte genommen. Aber obwohl sie keine gefährliche Koketterie besaß, floß sie über von Eifer zu gefallen.

Ihre Ankunft in Calais verzögerte sich bis spät in den Dezember hinein, da die Straßen in sehr schlechtem Zustand waren.

In Calais hielten Stürme und hoher Seegang sie weitere vierzehn Tage zurück. Sie war noch nie in ihrem Leben auf dem Meere gewesen, und Southampton vergnügte sich damit, ihr die Schiffe im Hafen zu zeigen, Turniere zu veranstalten, und ihr ein Kartenspiel beizubringen, das Cent hieß — auf ihren Wunsch, eines der Spiele, die Heinrich vermutlich spielen würde.

Southampton war eines von Heinrichs Mädchen für alles. Wie Marillac ihn beschrieb, hatte er »seit langem gelernt, sich nach jedem Wind zu drehen«. Während er der Braut auf diese Weise die Zeit vertrieb, tröstete er Heinrich über den Aufschub, indem er die willkommene Nachricht ihrer Anmut, ihres hübschen Gesichts, ihres »fürstlichen Benehmens«, ihrer trefflichen Jugend und Schönheit nach Hause schickte. Er verstand ebensowenig Deutsch wie Heinrich, und Anna war von einem Lockengeringel von Hofdamen umgeben, die Swartzenbrock, Brempt, Osenbruch,

Loc und Willik hießen. Aber sie besaß in ihrem Kanzler einen guten Dolmetscher, konnte strahlen und »Ja, ja« sagen.

Braut und Bräutigam näherten sich einander, als habe die Natur beabsichtigt, ihre Erwartungen aufs höchste zu steigern. Es war fast vierzig Jahre her, daß Heinrichs Bruder Arthur in einem schlammigen Winter ausgeritten war, um seine spanische Braut einzuholen. Heinrich war am Rande der fünfzig fast ebenso gespannt und schüchtern. Galant wie ein Ritter, hatte er sich entschlossen, sie in Rochester, dreißig Meilen etwa von London, zu überfallen, und er fand sich mit Russell und Anton Browne in einer Barke zu diesem persönlichen und privaten Zwecke ein.

Er hatte nicht sein Neujahrsgeschenk vergessen — eine Garnitur von Zobelpelzen — und zitternd sandte er Browne voraus, ihr seine Ankunft anzuzeigen. Als Anton Browne seine zukünftige Herrin sah, erschrak er, so wenig sah sie dem ähnlich, was das Gerücht aus ihr gemacht hatte, aber er kehrte mit der taktvollen Nachricht zurück, daß sie ihren Herrn erwarte. Und der König ging mit seinen beiden Sekundanten auf ihr Zimmer.

Als er auf der Schwelle stand, sperrte er den Mund auf, so »erstaunlich überrascht und entsetzt« war er. Das sollte sie sein? Er war eingetreten, um sie zu umarmen und zu küssen, aber eine »Unzufriedenheit und Abneigung gegen ihre Person« überwältigte ihn derart, daß er zwanzig Worte murmelte und sie dann verließ; er war zu verstört, um ihr sein Geschenk zu überreichen. Er kehrte auf die Barke zurück und hüllte sich in Schweigen. Dann bemerkte er mit drohender Betonung »sehr traurig und nachdenklich«, »ich sehe an dieser Frau nichts von allem, was man von ihr berichtet, und ich bin erstaunt, daß kluge Leute in dieser Weise von ihr berichtet haben«. Diese Bemerkung ließ Browne erzittern: Southampton, der ihr Lob ausposaunt hatte, war sein Halbbruder.

Am nächsten Tage wandte sich der König an seinen zweiten Adjutanten.

»Haltet Ihr die Dame für so blond und schön, wie man Uns berichtet hat?«

Russell antwortete: »Eure Majestät, ich hielt sie nicht für blond, sondern für braun von Angesicht.«

Heinrich runzelte die Stirn. »Ach, wem soll man vertrauen? Ich gebe Euch mein Wort, daß ich nichts von all dem an ihr finde, was man mir an ihr versprochen hat.«

Er war »tief bedrückt«. Desgleichen Russell, der es kaum erwarten konnte, mit Browne zu beratschlagen. Lady Browne hatte Anna ebenfalls ihre Aufwartung gemacht und kam entsetzt nach Hause. Sie erzählte ihrem Gatten, sie habe an Anna »Manieren und Sitten von einer so groben Erziehung gesehen, daß ihrer Meinung nach der König niemals imstande sein werde, sie von Herzen zu lieben«. Vielleicht hatten, seit Lady Lisle ihren kostbaren goldenen Zahnstocher, den sie »sieben Jahre lang« benutzte, dem groben Herzog von Bayern geschenkt hatte, der ihr die Kielfedern zu diesem Zwecke wegnahm, diese und ähnliche kleine Gewohnheiten sich bedauerlich verändert, seit die beiden großen Zweige der germanischen Rasse sich gegabelt hatten. Auch Annas Kleider waren nicht gerade hochmodern. Der französische Gesandte schrieb nach Hause, ihre Damen seien »so schwerfällig und unvorteilhaft angezogen, daß man sie beinahe für häßlich halten könnte, auch wenn sie schön wären«.

Die Öffentlichkeit jedoch ahnte nichts Böses. Fünftausend Reiter wurden zu Blackheath »unter erstaunlicher Stille und ohne Unordnung sehr wohl geführt« und zusammengezogen. Wer eine Goldkette besaß, legte sie am 30. Januar um. Alle Kaufleute, die von Cromwell in Person angeführt wurden, kleideten sich in ihre neuen Kittel aus schwarzem Samt. Am Fuße von Shooter's Hill stand ein reichgeschmückter Pavillon, wo wohlriechendes Holz brannte, und Anna durchschritt eine Gasse von Begleitern, die drei Meilen lang war, um von Heinrich öffentlich umarmt und geküßt zu werden, während Cromwell vor Aufregung schwitzte und »mehr einem Depeschenboten glich als sonst etwas, wie er mit seinem Stab in der Hand hin und her lief«.

Konnte man es ihm verargen? Als der König nach dem ersten Schock in Rochester zurückkehrte, hatte er aus seinem Ärger kein Hehl gemacht. Wie hatte sie ihm gefallen? Er erwiderte Cromwell die furchtbaren Worte: »Hätte ich das früher gewußt, sie wäre nicht hergekommen. Aber was nutzt das jetzt?«

Es war die alte Geschichte von der Katze im Sack. Cromwell sagte, es täte ihm leid. Als sie nach Greenwich kam und der König sie in ihr Zimmer begleitet hatte, machte Cromwell seinem Herrn nochmals allein seine Aufwartung.

»Was sagt Ihr, Mylord?« fragte Heinrich. »Ist es nicht so, wie ich sagte? Man mag reden, wieviel man will: sie ist nichts Besonderes. Ihre Erscheinung ist gesund und ansehnlich, aber weiter nichts.«

Cromwell konnte nichts erwidern als: »Bei meiner Treu, Ihr sprecht die Wahrheit.« Er gewann aber seine gute Laune wieder: »Mir deucht, sie habe bei all dem eine königliche Art.«

Heinrich antwortete bedrückt: »Das ist wahr.«

Unter solchen Umständen heiraten ist eine schwere Arbeit. Heinrichs Augen fingen an, im Zimmer herumzuwandern. Wie konnte er sich aus der Affäre ziehen? Den Kaiser in Flandern zwischen England und Frankreich, den Herzog von Cleve und die protestantischen Fürsten von Deutschland in die Mitte zu nehmen, und so Karl zu zwingen, »ohne Krieg nachzugeben«, war in erster Linie der Grund zu dieser Heirat gewesen. Aber konnte er nicht einen Riß in den Abmachungen finden und erweitern und sich durch ihn ins Freie zwängen? Cromwell benutzte die Hintertreppe zwischen Heinrichs Rat und Annas Gesandten und entdeckte, daß der Dispens des Lothringers betreffs Annas früheren Ehevertrages mit ihm in Deutschland geblieben war. Hier bot sich ein Ausweg. Heinrich schlug einen gekränkten Ton an. »Man behandelt mich schlecht.« Aber der Dispens war vorhanden, man würde ihn kommen lassen.

»Wäre es nicht an dem, daß sie so weit nach England gereist ist«, widersprach er schwach, »und aus Angst, auf der Welt Staub aufzuwirbeln, und ihren Bruder in die Arme des Kaisers und des Königs von Frankreich zu treiben, so würde ich sie nie nehmen; aber jetzt ist es schon zu weit gediehen.« Das sagte er so ärgerlich, daß Cranmer und Cromwell auf Kohlen saßen.

Zu Annas Schrecken wurde die Hochzeit verschoben. Der Montag verging unter Herzklopfen. Aber ihre Geschäftsträger waren so entgegenkommend und sie selbst so bereit, auf Abruf zu unterzeichnen und auf Sicht zuzustimmen, daß man keine neuen Ausreden zu ersinnen wußte.

Bis zuletzt jedoch zeigte sich Heinrich erstaunlich störrisch, selbst als Cromwell das Saumzeug hervorholte. »Es gibt also kein Mittel«, jammerte er, »ich muß meinen Nacken unter das Joch beugen!«

Cromwell beruhigte ihn, aber Heinrich bereitete sich am andern Morgen so nachlässig für die Kapelle vor, daß er alle nervös machte. Würde er am Ende den Mut haben, sein Wort zurückzunehmen? Selbst im Augenblick, da Cromwell mit der Meldung eintrat, daß er und Essex bereit seien, die errötende Braut zu holen, ließ Heinrich noch eine letzte schwächliche Klage vernehmen. »Mylord, wäre es nicht, um der Welt und meinem Reiche zu genügen — ich würde, was ich heute tun muß, um keines irdischen Dinges willen auf mich nehmen.« Mit diesen Worten ging er zum Altar; er machte bis zuletzt ein finsteres Gesicht und Anna war »demütig und traurig«.

Am Morgen nach der Hochzeit, die wie die meisten Hochzeiten Heinrichs von Cranmer vollzogen wurde, trat Cromwell ein, zerdrückte aus nervöser Aufregung die Mütze zwischen den Händen und wollte wissen, ob sie dem König jetzt besser gefiele.

»Nein, Mylord, viel schlechter«, brummte sein Herr zornig, »denn nach Brüsten und Bauch zu schließen, ist sie keine Jungfrau mehr; als ich sie befühlte, traf mich das ans Herz, so daß ich weder Lust noch Mut hatte, das übrige zu erproben.«

Dieser Mann war es, von dem die Damen fürchteten, daß Anna von Cleve zu ordinär für ihn sein könnte.

Die Damen selbst waren aber auch nicht besonders zart besaitet. Etwas später waren zufällig vier von ihnen bei der Königin. »Sie sprachen die Hoffnung aus, daß die Königin schwanger sei, worauf sie antwortete, sie wisse sehr wohl, daß sie es nicht sei. Lady Edgecombe fragte: ‚Wie ist es möglich, daß Eure Majestät das wissen?‘ — ‚Ich weiß wohl, daß ich es nicht bin‘, erwiderte sie. Darauf bemerkte Lady Edgecombe: ‚Ich glaube, Eure Majestät sind noch eine Jungfrau.‘ Sie lachte darüber: ‚Wie kann ich eine Jungfrau sein, da ich jede Nacht mit dem König schlafe? Wenn er zu Bett geht, küßt er mich, nimmt mich bei der Hand und wünscht mir: ‚Gute Nacht, Liebling‘, und am Morgen küßt er mich und wünscht mir ‚Leb wohl, Liebling.‘ Genügt das nicht? — Darauf sagte Lady Rutland: ‚Madame, es braucht mehr als das, sonst wird es lange dauern, bis wir einen Herzog von York haben, was dieses Reich vor allen Dingen wünscht.' — ,Nein', erwiderte die Königin, ,ich bin's zufrieden, nicht mehr zu wissen.'«

Die Öffentlichkeit ahnte nichts davon. In der Kirche wurde eine königliche Hochzeit angekündigt, und jeder, der einen Religionswechsel begünstigte, freute sich über Anna von Cleve. In der Tat stellte diese Verbindung die Krönung von Cromwells Politik dar. Trotz Norfolk und Gardiner, die ihn haßten, hatte Cromwell seinen Herrn auf der Straße, die von Rom wegführte, weiter vorwärts gestoßen, und während Heinrich manchmal störrisch verweilte, hatte sein niedrig geborener Minister nie aufgehört, ihn zur Unabhängigkeit weiterzutreiben. Für Heinrich waren die Abteien ausgepumpt worden; der goldene Strom hatte das Rad des königlichen Supremats gedreht. Das Papsttum war in England abgeschafft. Und nicht nur das: der Kirche war auf dem Festland Trotz geboten worden. Der grobe und gründliche Cromwell hatte Heinrichs Machtgelüste befriedigt und vom Sturz Wolseys bis zur deutschen Hochzeit, zehn volle Jahre lang, den Widerstand gegen Karl erzwungen. Ohne sich auf die Franzosen zu verlassen, hatte sich Cromwell das Ziel gesetzt, die einzige Macht, auf die der Papst sich stützen konnte, auszustechen, und durch einen kühnen und erstaunlich originellen Schachzug Heinrich mit einer Enklave in Deutschland beschenkt. Heinrich besaß nun eine Lanzenspitze, die er gegen Flandern oder die deutschen katholischen Priester richten konnte. Die Neuerung war meisterhaft, selbst wenn sie Heinrich zwang, ein wenig gegen seine Neigung zu handeln. Cromwell konnte alles in allem seinen Abgesandten Stefan Vaughan zu der Dame beglückwünschen, die er ausgesucht hatte, und Vaughan erwiderte Mitte Januar, »er freue sich, daß Cromwell sein Urteil über die Königin richtig finde«.

Vor der Öffentlichkeit stimmte auch Heinrich bei. Er erzählte Cleve, wie sehr ihm Ihre Majestät die Königin gefiele; und Anna dankte ihrem Volke, daß es »sie für diese Heirat ausgewählt, der sie keine andre vorziehen könne«. Zu Beginn des Februar war die Politik endgültig festgelegt. Heinrich lebte mit Anna in Greenwich. Er führte sie von dort auf einer Barke unter Beobachtung aller Feierlichkeit und unter Freudenbezeugungen nach Westminster. Eine neue Generation, unter der sich Graf Surrey hervortat, nahm an Turnieren und Lanzenbrechen teil. Und Karl, berichtete man aus Brüssel, war so beunruhigt, daß er nicht schlafen konnte.

XIII

Um diese Zeit beruhte indessen Cromwells Schicksal auf einem einzigen Manne in Europa, und dieser Mann war Franz. Zehn Jahre früher wäre es vielleicht dem Parvenu mit dem Kanonenschädel gelungen, Franz, den Beleidigung und enttäuschter Stolz schmerzten, zu überzeugen, daß sein einziger Feind Karl und sein einziges Ziel Flandern sein müsse. Diese zehn

Jahre aber hatten sie alle auf dem Strom der Sterblichkeit hinuntergetragen; Franz hatte gelernt, ein sicheres Spiel zu spielen, war glanzlos und schlapp geworden. Die Seuche hatte seine Kehle zerfressen, und den strengen, konservativen Montmorency an der Seite nahm er sich vor, sich zu erholen und Zeit zu gewinnen. Die Lutheraner hatten es für klug befunden, Pasquille mit Beschimpfungen gegen die Messe an die Tür zu seinem königlichen Schlafgemach zu heften; und obwohl Franz, was die Oberherrschaft betraf, äußerst empfindlich war, konnte er nicht einmal von seiner geliebten Margarete mehr bewogen werden, sich noch einmal mit der neuen Wahl, die Ketzerei bedeutet, zu befassen. Die Wiedertäufer auf der einen und die schneidende Stimme des jungen Calvin auf der anderen Seite hatten in ihm den Hohn entfacht, der so oft der Untätigkeit als Ausrede dient. Er hatte Karl bei Aigues Mortes umarmt und seine Politik glich im Augenblick dem Brackwasser. Er stand sich gut mit Heinrich, mit dem Papst, mit Karl. Der alte Name »Mailand« ließ ihn die Ohren spitzen, konnte ihn aber nicht aufstacheln. Karls herbe Behauptung Wyatt gegenüber, er, der Kaiser, könne Heinrich gegenüber nicht »undankbar« sein, weil es vom Höhergestellten zum Untergeordneten keinen »Undank« gäbe — eine Behauptung, die Margarete zu der wütenden Frage trieb: »Hält er sich für Gott?« — führte nur dazu, daß in Franzens lässiger Seele einen Augenblick lang etwas sich anspannte. Alles, was der laute und ordinäre kleine Bonner für Cromwell erreichte, war nur, daß Franz die Achseln zuckte und anregte, den unmöglichen Gesandten abberufen zu lassen.

Da die Freundschaft mit Frankreich unvermindert andauerte, war Karl in der Lage, Cromwell zu beweisen, daß Cleve ebenso ein Passivum darstellen konnte wie ein Aktivum. Er war zu Lande nach Flandern gekommen, da Gent sich in Aufruhr befand und der Herzog von Cleve Ansprüche auf Gelderland erhob. Er mußte von der örtlich begrenzten Erhebung das Schlimmste für seine Steuern befürchten, so wie auch die Gefahr, die ihm von den protestantischen Fürsten und den Türken drohte, durchaus wirklich war. Aber er hatte beide Hände frei. Er packte Gent an der Gurgel. Nachdem er eine demütige Unterwerfung erzielt hatte, die ihm Gelegenheit gab, zu enthüllen, wie einträglich und eisig grausam ein solcher Triumph sich gestalten ließ, war er in der Lage, Cleve etwas Medizin aus derselben Flasche zu verabreichen. Im Mai war es so weit, daß Pate an Heinrich aus Gent schrieb: »Ich habe ihn nie heiterer gesehen, und zwar kommt es ihn natürlich an, nicht gezwungen.«

XIV

Während Karl sich aus Cromwells geringer Reichweite entfernte, wurde Heinrich auf gefährliche Weise unruhig. Er hatte Anna unter Zwang geheiratet. Es machte ihm keinen Spaß. Gardiner und Norfolk durchschauten diese Lage der Dinge.

Jeder, selbst Cromwell, erkannte Stefan Gardiners Fähigkeit an. Er war schroff, unfreundlich und halsstarrig. Als Heinrich ihn zum Bischof von Winchester machte, hatte er ihm gesagt: »Ich bin oft mit Euch aneinandergeraten, Gardiner, aber darum liebe ich Euch nicht weniger, wie das Bistum, das ich Euch verleihe, Euch überzeugen wird«; Gardiner war unleugbar gut zu gebrauchen; er hatte in Orvieto Clemens wegen der Gültigkeit des Dispenses für Katharina nicht schlecht zugesetzt. Er war ein agressiver und streitbarer Ratgeber, aber seine Bockigkeit schloß nicht aus, daß er sich den Tatsachen schmollend beugte; sein starker Sinn für das Prälatentum steckte im Gehirn eines Pragmatisten. Luther behauptete, er halte in seinem Hause zu Lambeth zwei Mädchen in Männerkleidung verborgen. Mit dieser Keule gab man den päpstlich gesinnten Prälaten gern eines auf den Kopf. Aber es war klar, daß Gardiner kein Puritaner war: Norfolk und er verstanden sich sehr gut.

Heinrich verliebt zu machen, war seit langem das Rezept, das Politiker der Tat miteinander austauschten. Alles konnte erreicht werden, wenn man ihm genug Einkünfte gab, sein Mißtrauen ausnutzte, ihn erschreckte und verliebt machte. So lautete das zynische Rezept. Gequälte Beobachter wie der junge Surrey, der erleben mußte, daß sein eigener Vetter im Tower starb, weil er Margarete Douglas aus Liebe geheiratet hatte, und daß seine eigene Schwester ihre Mitgift als Richmonds Braut verlor, weil sie diese Mitgift nicht mit ihrem Körper verdient hatte, betrachteten Heinrichs Verworfenheit mit romantischen Augen und verbargen kaum ihren Haß gegen diesen Nero, dessen Verliebtheit zu erregen sich durchaus lohnte. »Widerlich reich«, jeder Gefahr entzogen, von höhnischem Stolz, mit Lastern angetan, boshaft, grausam, blutdürstig, eine Geißel der Armen, mit scharfer Zunge die Einfältigen verwundend, die sich nicht verteidigen konnten, stammte der Heinrich, den der junge Dichter tadelte, angeblich aus den Psalmen – ein König ohne Namen, »dessen feiste Wangen die Faulheit so mästet, daß man kaum die Augen gewahren kann«. Das Herz erzittert in der Brust, erklärte er, daß der Herr einen dulde, der mit Macht bewaffnet, mit Gold beladen, mit »von Blut berauschten« Augen, »das Fleisch der Erwählten aussaugen darf und sich in ihrem Blute baden«.

Diesen Widerwillen und diese Empörung konnte die ältere Generation begreifen; aber Heinrich war König, man mußte ihn gegen Cromwell hetzen, indem man seine Gelüste reizte. Surreys eigener Vater, dem man in langen schweren Jahren das eigene Fell gegerbt hatte, war dazu bereit, den einzigen Köder anzuwenden, der süß genug war, seinen Herrn von seinem bösen Ratgeber wegzulocken.

Im Februar war Norfolks Chance gekommen. Da man wußte, daß er Renten von Paris bezog und der einzige Mensch war, der mit Franz über den Plan, Karl in Frankreich einzuschließen, ein offenes Wort sprechen konnte, war er vom Rate und von Heinrich dazu ausersehen worden, nach Paris zu reisen. Das war eine wunderbare Gelegenheit, Cromwell in die

Flanke zu fallen. Er hatte zu Franz und Montmorency gesprochen, wie ein Papist und Gentleman zum andern. Er hatte ihnen enthüllt, wie er Cromwell und die lutheranischen Tendenzen verabscheute. Er hatte Bonner den Todesstoß versetzt, sich vergewissert, daß weder Karl noch Franz die Absicht hatten, England anzugreifen, und kehrte mit dem Dolch zurück, der ihm ermöglichte, den Gasballon aus Furcht und Mißtrauen aufzuschlitzen, mit dem Cromwell Heinrich in das deutsche protestantische Lager zu entführen gedachte.

Gleichzeitig wurde Heinrich eine gefälligere Musik aufgespielt als die des Paukenschlägers und der dreizehn Trompeter, die von den Sachsen nach England geschickt worden waren. In Gardiners Haus zu Lambeth wurde im Frühling des gleichen Jahres eine der jungen Damen bei Hofe, Katrin Howard mit Namen, zu einem ganz intimen Mittag- und Abendbrot eingeladen.

Norfolks Vater hatte achtzehn Kinder in die Welt gesetzt, und Katrin war die Tochter Edmund Howards, eines der ärmeren und weniger bekannten Halbbrüder. Zweifellos war sie nach Heinrichs erster Frau benannt. Da die Mutter jung starb, vertraute man Katrin der alten Herzogin von Norfolk, der Witwe des Siegers von Flodden und der Großmutter der Anna Boleyn an. In dem unordentlichen und verworrenen Haushalt dieser ehrwürdigen Dame war das Kind aufgewachsen wie eine Rose in einem vernachlässigten Garten, ein prachtvolles junges Geschöpf mit weichen Zügen, frischen Farben, das von Leben sprühte und spritzte und mit Gefühl, schnellem und eigenwilligem Urteil, mit Eifer, mit Überfluß, mit springendem Blut begabt war. Sie war an Leib oder Seele nie gezügelt worden. Wie ein frischer Bach, der seine Klarheit und Reinheit erneuert, indem er im Sonnenlicht über die Felsen hüpft, hatte dieses lebhafte Mädchen sich in großzügige Erlebnisse und dunkle Tiefen gestürzt, die sie jedes Hauchs von Wert hätten berauben können, statt dessen aber sie beseelt und vergeistigt und mit Mut erfüllt hatten. Sie war im Jahre 1523 während des europäischen Krieges geboren. Als Heinrich Katharina die Scheidung gab, war sie vier Jahre alt. Als er Anna Boleyn heiratete, war sie zehn. Sie war um volle sieben Jahre jünger als Heinrichs Tochter.

Es war die ewige Erneuerung, der junge Wildling, der das abgestandene Blut zum Schäumen bringt.

Norfolk machte sich keine Skrupel, weil er Heinrich verführte. Gardiner ebensowenig. Sie gaben sich zu dieser hübschen Liaison ebenso gern her, wie Wolsey sich zur Jagd auf Elisabeth Blount hergegeben hatte. Heinrich war älter und weniger appetitlich. Er hatte sein chronisch krankes Bein. Aber wenn der erfahrene Mann seines Alters wirklich durch den Reiz der taufrischen Jugend angeregt wird, wenn die Musik, die seit zwanzig Jahren in seinen Adern geschlummert hat, zauberhaft zu tönen beginnt, wenn die vergessene Seligkeit noch einmal ihren strahlenden und erhebenden Blick auf die Landschaft der Seele richtet und mit ihrer Leuchtkraft das Grau in Blau und Violett, das Braun in Rot verwandelt, dann kann kein Mann, und wäre er der gröbste, anders, als an die Liebe glauben, die in ihm wohnt. Das Lot wird versenkt und verliert sich nicht mehr im schlammigen Grund, sondern in Tiefen, wo alles unausgesprochen und ungewiß ist, alles bebt, frei ist und keine Grenzen kennt. Heinrichs alternder Leichnam trug in sich, so verwest er war, noch immer das eigenartige Drängen, das ihn gleichzeitig lebensfähig und verworfen machte. Noch immer konnte er sich nach Erfüllung sehnen. Ein frisches Menschenkind sehen, wie dieses achtzehnjährige Mädchen, hieß für ihn, mit fieberhaften, gierigen Händen nach dem erneuernden Erlebnis greifen.

Zuerst muß sie mit Schrecken im Blut enteilt sein. Aber das Abstoßende mit Wohlgerüchen zu tränken, war eine Kunst, in der ihr Onkel nicht unerfahren war. Der Bischof von Winchester, ein vollendeter Dialektiker, konnte sie belehren, daß man sich auf das Zeugnis der Sinne nicht verlassen darf. Die Einfalt, die Heinrich aufbrachte, wenn ihn ein Gelüsten erfaßte, hatte selbst Thomas More entwaffnet. Und wenn Katrin, die so arm war wie ein ausgetretener Schuh, abends in ihren Spiegel sah, erblickte sie den Heiligenschein einer Krone.

Schon im Mai fing Heinrich an, sich mit Anna von Cleve zu streiten, obwohl er kein Deutsch verstand. Man sagte ihr, sie müsse sich ihm gegenüber anziehender geben, darauf trieb ihre schwerfällige Liebenswürdigkeit ihn auf seine Barke und ans jenseitige Ufer der Themse. Die Geschenke, die er Katrin Howard machte, waren ein sicheres Anzeichen für bevorstehende eheliche Versäumnisse. Anna von Cleve war ihm ausschließlich durch politische Notwendigkeit aufgezwungen worden; er, der einer der Schiedsrichter über politische Notwendigkeit war, hatte ein triftiges Motiv erhalten, die Karten neu zu mischen.

XV

Thomas Cromwell war nicht weniger ein General als Norfolk. Auf der Rechten hatte er die konservativen Katholiken geschlagen, indem er Norfolks eigene Stellung gefährlich nah bedrohte. Auf der Linken hatte er die schwachen und hilflosen Wiedertäufer rücksichtslos preisgegeben. Während des Ansturms der Sechs Artikel hatte er sich gezwungen gesehen, Latimer und Shaxton dem Untergang zu überantworten, aber trotz Heinrichs Andeutungen und Warnungen – »Ich wollte bei Christi, ich wäre Euren häufigen gnädigen und gewichtigen Ratschlägen und Anzeigen gefolgt« – hielt er sich in Bereitschaft, jeden Augenblick den Feind empfindlich aufs Haupt zu schlagen. Mehrere Richter wurden ins Gefängnis geworfen. Mit einem papistischen Bankier machte man kurzen Prozeß und konfiszierte seine Güter. Der papistische Abgesandte von Calais, Lord Lisle, wurde nach Hause gebracht und in den Tower geworfen. George

Paulet, der sich einen Tadel erlaubt hatte, erging es ebenso. Ein Jahr lang hatte er Gardiner dem Rate ferngehalten, die Sechs Artikel durch die Art ihrer Ausführung zunichtegemacht, Cranmer bei seinem geordneten Rückzug unterstützt, die theologischen Puffertruppen unter Führung von Barnes gerettet, die goldene Ernte der Abteien eingeheimst, weiße und braune und schwarze und graue Mönche vertrieben, Heinrich mit der aufgehäuften Beute aus den Heiligenschreinen beschenkt; heute war er zum Kampfe aufgepflanzt und bereit zu einer Offensive, in welcher er das schwere Geschütz des Parlaments anzuwenden gedachte.

Seine schwache Stelle war Anna von Cleve. Es gehörte zu seinem Amt zu wissen, daß Heinrich keinen Geschmack an ihr fand; um die Osterzeit beklagte sich Heinrich bei ihm darüber, daß er keine Kinder mehr bekommen könne. »Sie fängt an, trotzig und eigenwillig zu werden«, lautete eine weitere Erklärung von übler Vorbedeutung. Im Frühjahr trat eine neue Klage hinzu. Heinrichs Gewissen begann zu arbeiten: er war von der Furcht besessen, daß Anna infolge ihres früheren Vertrages nicht seine gesetzliche Frau sei. »Ich habe soviel getan, um die Zustimmung meines Herzens und Verstandes zu erlangen, als nur irgend jemand«, erklärte er Cromwell, »aber die Hindernisse wollen mir nicht aus dem Kopfe.«

Die ungeheure Gefahr, die in einem Zusammenbruch dieser deutschen Heirat lag, war Cromwell nur zu deutlich. Er hatte alles auf diese Heirat und auf Heinrichs Beständigkeit gesetzt. Aber da sich die Tatsache nicht geheimhalten ließ, daß Deutschland kein Aktivum mehr darstellte, daß dem Papst viel mehr daran lag, Deutschland zu züchtigen als England, daß Karl nicht die Absicht hatte, England anzugreifen, bevor er mit seinen protestantischen Fürsten fertiggeworden war, und daß Franz Norfolk ebenso beruhigt hatte, wie sich Jakob in Schottland Sadler gegenüber freundlich erwies, konnte sich Cromwell nicht verhehlen, daß die ganze Angelegenheit Heinrich lästig war und er nunmehr mit der außerordentlichen Beweglichkeit und Unbeständigkeit von Heinrichs Temperament zu rechnen hatte. Seine deutsche Festung war auf Sumpfboden erbaut. Wie sollte er sie verschanzen? Waren Bollwerke oder Feldschanzen möglich? Die völlige Unzuverlässigkeit des Stoffes, aus dem Heinrich gemacht war, seine zähe Beschaffenheit, seine Reaktion auf Druck materieller oder geistiger, niemals aber anständiger oder menschlischer Art, ließ Cromwell von der Tiefe des Magens her den Stoß empfinden, der einem Mann zu verstehen gibt, daß es nun an der Zeit ist, sich zusammenreißen und um sein Leben zu kämpfen.

XVI

Cromwell verfügte über viel Verstand und Rückgrat. Er ergriff die Offensive. Er veranlaßte Barnes durch einen kühnen Schachzug, vom Kreuz des heiligen Paul vor der großen gotischen Kathedrale eine Rede voll wüster

Beschimpfungen gegen Gardiner loszulassen. Gardiner war jedoch nicht der Mann, diesen Schlag kniend zu empfangen. Er schlug sofort grimmig zurück. Heinrich legte sich ins Mittel. Auf Befehl Heinrichs und ohne Zweifel mit Cromwells Zustimmung revozierte Barnes unter wenig ehrenvollen Umständen und wurde wenige Wochen später in den Tower geworfen. Cromwells Feinde im Rat waren seines Sturzes sicher und teilten dem französischen Gesandten freudestrahlend mit, daß er erledigt sei. Aber das neue Parlament war sein Werkzeug, und obwohl er jeden Pfennig von den Abteien eingezogen hatte, blieb doch ein märchenhaft reicher Orden übrig, — die Johanniter, — deren Enteignung imstande war, Heinrich zu versöhnen. Dieser glänzende Coup sicherte Cromwells Übergewicht. Er wurde sofort zum Grafen von Essex gemacht, was Heinrich nichts kostete, und zögerte auf dem Gipfel dieses Triumphs nicht, die Verhaftung Sampsons, des Bischofs von Chichester, zu erzwingen, der Tunstall nahestand und sich noch an das »alte Wissen« klammerte, wie sich eine Henne an eine sonnige Mauer drückt.

Sampsons Verhaftung war doppelt gewagt, weil er es war, der sich mit Cromwell zusammengetan hatte, um den Prozeß gegen Anna Boleyn zu brauen. Cromwell verfolgte ihn trotz Heinrichs eigener, erst kürzlich bewiesener frommer Anwandlungen, seiner Kommunion, seiner beiden Messen an Fasttagen, seines Rutschens auf den Knien am Karfreitag. Fünf andre Bischöfe würden, wie Cromwell grimmig ankündigte, ihm folgen.

Sampson wurde von Schrecken erfaßt: er beschuldigte Tunstall. Cromwells Kühnheit war glänzend gerechtfertigt. Er überließ Cranmer Sampsons Rolle in der Kathedrale von St. Paul.

Aber die Jagd war zu Ende. Hatte Sampson Neigungen zum Papsttum, so neigte Cromwells Partei zu Luther, und alle Mahnungen Heinrichs konnten sie nicht dazu bewegen, diese Neigungen in diskreten Grenzen zu halten. Gardiner und Norfolk waren im Parlament nicht müßig gewesen. Ihre Partei hatte die Debatte über religiöse Dogmen, die Heinrich begonnen hatte, wieder aufgegriffen. Den Außenstehenden mochte es scheinen, als behaupte sich Cromwell, als seien Lisle und Wallop bedroht und Barnes wie die anderen Kanzelredner der Befreiung nahe. Wer aber Heinrichs Abneigung gegen Anna, seine angeborene Furcht vor den Radikalen, die alte, von Luther herrührende Narbe, seine neue Verliebtheit und seine unausrottbare Verachtung des ordinären Emporkömmlings kannte, der als Ritter vom Hosenbandorden an seiner Seite saß, konnte sich bereits ausrechnen, daß Cromwells einzige Rettung über den Weg führte, der von Anna von Cleve zu der neuen Königin ging — einer Königin, wie Norfolk grinsend bemerkte, die sich für Thomas Cromwell nur sehr wenig einsetzen würde.

XVII

Heinrich hatte in diesem Kampf, der von Mitte Mai bis Anfang Juni dauerte, niemals tätig eingegriffen. Er sah mit den zusammengekniffenen Augen eines Handelsmannes zu, denn er wußte, daß die verlierende Partei ihr Fell zu Schleuderpreisen bei ihm zu Markt tragen würde.

Am 7. Juni begleitete der hoffnungsvolle junge Staatsmann Wriothesley Cromwell nach seinem Hause in Austin Friars. Es war offenbar seine Mission, die wichtige Tatsache, die Cromwell beunruhigte, zu besprechen: der König mochte die Königin nicht und hatte sie nie gemocht. »Vielleicht könnte man etwas ausfindig machen«, schlug Wriothesley vor, »das den König erleichtern würde.«

Cromwell dachte nach. »Es ist eine große Sache«, erwiderte er. Aber er preßte die Lippen zusammen und sprach nicht weiter. Er hatte dem Sekretär des Königs keinen Vorschlag zu machen.

Am nächsten Tage ließ Wriothesley, der früher der Diener Cromwells gewesen war, jetzt aber niemand diente als sich selbst, die Andeutungen und ging geradenwegs auf die Sache los. Er bat Mylord, irgend etwas zur Erleichterung des Königs zu »erfinden«, »denn wenn er in diesem Kummer und dieser Sorge verharre, würden sie alle eines Tages dafür büßen müssen«.

Das war ein *mot d'ordre*. Der Mann, der Anna Boleyn losgeworden war, sollte auch Anna von Cleve loswerden.

Cromwell nickte und nickte. Es stimmte. »Aber es ist eine große Sache«, wiederholte er, »ein schwieriger Handel.«

»Ja, ich gebe es zu«, rief Wriothesley ungeduldig aus, »aber lasset doch nach einem Mittel suchen.«

»Wohlan!« sagte Cromwell und machte sich von ihm los.

Ein Mittel, in der Tat! Kann man das Silbergeschirr, das die Säure zerfressen hat, durch ein Mittel heilen? Sie verlangten von ihm, daß er Anna vor die Türe setzen sollte, um den Weg für Norfolks Nichte freizumachen. Ein Meer von Bitterkeit stieg ihm bis an die verzogenen Lippen. Männer, die in diesem Meer kämpfen, erfüllen die Luft mit ihren Verwünschungen. So stark zu sein, und doch ertrinken zu müssen.

XVIII

An diesem Tage faßte Heinrich seinen Entschluß. Er ließ Wriothesley insgeheim Briefe aufsetzen, in denen behauptet wurde, daß Cromwell seinen Zielen zwecks Festigung des Glaubens entgegengearbeitet habe.

Zwei Tage später, am zehnten, trat der Geheime Rat in Westminster zusammen, um sich ins Parlament zu begeben. Der Tag war stürmisch. Als sie zum Speisen in den Palast gingen, flog Cromwell die Mütze vom

Kopf. Anstatt die ihrigen abzunehmen, wie es Sitte war, blieben die Herren bedeckt. Der eben erst zum Grafen und Kanzler Ernannte sah sich mit finsteren Blicken um. »Das nenne ich einen Sturm«, höhnte er, »bei dem mir die Mütze vom Kopf fliegt und alle anderen fest sitzen bleiben.«

Während des gemeinsamen Mahles hielt die Trennung vor. Niemand sprach zu Cromwell. Er sah sie alle zusammen nach dem Ratszimmer gehen, während er zurückblieb und in einer Fensternische die Bittsteller anhörte. Es war fast drei Uhr, als er sich zu seinen Kollegen begab.

Er fand sie bereits am Tische sitzend; als er tadelte, »Ihr habt es eilig anzufangen, Ihr Herren«, und sich setzte, rief Norfolk mit heller Stimme: »Setzt Euch nicht hierher, Cromwell! Verräter haben nichts bei Adligen zu suchen!«

Bei dem Wort »Verräter« ging die große Tür auf: der Hauptmann der Leibwache marschierte herein, gefolgt von sechs Hellebardieren. Er schritt auf Cromwell zu und ergriff ihn am Arm.

Cromwell sprang auf. Er warf in der Wut seine Mütze auf den Boden und drehte sich blitzschnell, mit flammenden Augen zu Norfolk herum. »Dies der Dank für meine Dienste!« rief er. »Ich ein Verräter! Bei Eurem Gewissen, bin ich ein Verräter? Ich habe nie beabsichtigt, Seine Majestät zu beleidigen; aber da mir solches widerfährt, verzichte ich auf alle Gnade. Ich bitte den König nur, mich nicht zu lange schmachten zu lassen.«

»Verräter! Verräter!« jubelten einzelne Stimmen.

»Ihr sollt nach den Gesetzen, die Ihr selbst gemacht, gerichtet werden.« — »Ein Wort nur ist schon Hochverrat.«

Alle Mann auf den Beinen, kläffte der Chor den gefallenen Minister an. Während der Hauptmann ihn festnahm, riß ihm der alte Norfolk, der behend war wie eine Katze, den St. Georgsorden vom Halse und schmähte mit bitteren Worten Cromwells Schurkereien, während der schwerfällige und cholerische Southampton ihm den Hosenbandorden abnahm. Endlich wurde er aus dem Ratszimmer in Sicherheit gebracht und durch eine Hintertüre, die sich zum Wasser öffnete, in das wartende Boot geschoben. In dunkler und drohender Stille wurde er so in den Tower gerudert.

XIX

Es war Heinrichs erste Sorge, Cromwells Vermögen in Sicherheit zu bringen. Als gegen Abend fünfzig Bogenschützen nach Austin Friars kamen, vermutete London bereits, daß der Minister gestürzt sei. Man machte schnell Inventar. Im Hause befanden sich nur siebentausend Pfund Sterling, dazu Silber (einschließlich der Kreuze und Kelche) von ungefähr gleichem Wert. Diese beweglichen Güter wurden während der Nacht in Heinrichs Schatzkammer geschafft.

Das kurze Prozeßverfahren, das Cromwell selbst so oft angewandt hatte, machte seinen Tod gewiß. Soviel wußte er. Aber kaum hatte sich sein erhitztes Blut beruhigt und seine Natur begonnen, mit sich zu Rate zu gehen, als sein Körper am Leben zu hängen schien. Dieser Prozeß, der sich in der langen, einsamen Nacht an ihn heranschlich, schien ihm unsagbar giftig und unsagbar persönlich. Er sah sich in so glatten Windungen gefangen, daß die *virtu,* von der Machiavelli zu ihm gesprochen hatte, wie eine Verkleidung von ihm abfiel und er ohne seine geborgten Prachtgewänder nackt dastand wie ein Findling. Hier war er innerhalb der Mauern, wo der junge Markus geschrien, wo Anna ihren Hals umspannt, wo Gottfried Pole aus Beschämung versucht hatte, sich das Leben zu nehmen. Niemand kannte die Grube, in die er gefallen war, besser als er selbst. Aber Cromwell war aus einfachem Stoff gemacht. Personen hatten ihm nichts, ihr Stand alles bedeutet, er hatte Frauen auf den Scheiterhaufen geschickt und über die baumelnden Äbte und heulenden Mönche gekichert, ohne für diese Geschöpfe mehr Mitleid aufzubringen als der unerbittliche Moloch, dessen Priester er war. Aber nach einer Nacht im Tower, nach einer Nacht der Trennung von seinen Götzen, die er mit leeren Händen und schwerem Kopf überstand, ohne die Möglichkeit, seinen Gewohnheiten nachzugehen, ohne einen Freund oder einen Pfennig, war er so weit, sich mit einer herzbrechenden und kriecherischen Bitte an seinen Moloch zu wenden.

Heinrich hatte ihn auffordern lassen, sich zu rechtfertigen. Cromwell warf sich ihm der Länge nach zu Füßen. Stünde es in meiner Macht, zitterte er, Euch ewig leben zu lassen, so weiß Gott, daß ich es täte; oder so reich zu machen, daß Ihr alle Menschen bereichern könntet, oder so mächtig, daß die ganze Welt Euch gehorchen müßte. Zu mir seid Ihr höchst freigebig gewesen, mehr ein Vater als ein Herr. Wo ich gefehlt habe, bitte ich um Erbarmen, aber ich habe mein Möglichstes getan; niemand kann mich gerechterweise anklagen, daß ich mit Willen unrecht gehandelt. Ich erkenne an, daß ich vor Gott und Eurer Majestät ein elender Sünder gewesen bin; niemals aber mit Willen. Er wünschte dem König und dem Prinzen Glück und Segen. »Geschrieben mit der bebenden Hand und dem tieftraurigen Herzen Eures betrübtesten Untertanen und allerdemütigsten Dieners und Gefangenen, am Sonnabend in Eurem Tower von London.«

Sich vor Heinrich rechtfertigen hieß sich vor ihm anklagen. Nachdem er einmal Cromwell in den Tower geworfen hatte – »ein enger Ort«, wie Marillac sagte, »aus dem niemand entkommt, es sei denn durch ein Wunder«, war Heinrich außerstande, sich selbst zu widersprechen oder Cromwells Reichtum wieder auszuspeien.

Zwei Männer verdankten Cromwell viel: der eine war Thomas Wyatt, der ihm geholfen hätte, wäre es möglich gewesen. Der andre war Cranmer. Aber Cranmer war eine Trauerweide. Er war verblüfft! Er war schmerzgebeugt! »Ich habe ihn geliebt wie einen Freund«, schrieb er an Heinrich, »und um so mehr um der Liebe willen, die er zu Eurer Majestät zu haben schien. Und jetzt bin ich zwar glücklich, daß sein Verrat entdeckt ist, aber dennoch kummervoll – denn wem soll Eure Majestät in Zukunft vertrauen?« Es verhielt sich genau so, wie Marillac einsichtig von Cranmer behauptete: »Er wagte nicht, den Mund aufzumachen.«

In Wahrheit aber wäre niemand imstande gewesen, den Bewerber um Katrin Howard umzustimmen. Er war bereits dabei, seine Empörung gegen den Mann, den er zum Tode verdammt hatte, künstlich zu steigern. Er gab sich die größte Mühe zu glauben, daß Cromwell die Absicht gehabt hatte, die Prinzessin Marie zu heiraten, er lieh jeder Erfindung aus Norfolks und Gardiners Mund sein Ohr, er nährte seinen Sinn mit Phrasen und Gerüchten und schmierte sich mit passenden Vorurteilen. Die Anklageschrift wurde ans Parlament gesendet; sie war mit der üblichen Standesgehässigkeit abgefaßt. »Der verächtlichste Verräter, der während der Regierung des Königs gesehen wurde«, obwohl er »vom König aus sehr geringem und niedrigem Stande erhoben worden war«. Da er ein Mann von »so geringem und niedrigem Stande war, wie nur wenige« in diesem Königreich, habe er dennoch öffentlich gesagt: »Ich bin des Königs sicher«, — »und es ist abscheulich, wenn irgendein Untertan so von seinem Herrn redet«. Er war ein »abscheulicher Ketzer«, er hatte »Bücher verbreitet, die darauf zielten, das geheiligte Sakrament des Altars in schlechten Ruf zu setzen«, und er hatte als Verteidigung der Predigten, die Barnes hielt, seinen Dolch mit den Worten in die Höhe gehalten: »Ich hoffe, daß, wenn ich noch ein Jahr oder zwei lebe, es nicht mehr in der Macht des Königs stehen wird, dies zu verhindern, selbst wenn er es möchte.« Bestechung, Erpressung, Unterschleife — das alles wurde weniger wichtig genommen als seine religiösen Verfehlungen. Er sollte als Ketzer und Verräter leiden. Sein Tod, teilte Norfolk dem französischen Gesandten mit, würde der schmählichste sein, der je in diesem Königreich verhängt wurde.

Als Franz die Nachricht empfing, dankte er Gott. »Norfolk«, bemerkte er, »wird sich noch daran erinnern, was ich darüber sagte, als er zuletzt in Frankreich war. »Keine Strafe konnte für den Verbrecher zu »méchant« sein. Montmorency, ein frommer Katholik, erklärte es für ein wahrhaftes Wunder: Gott habe es Heinrich eingegeben.

Der Kaiser war weniger beredt. »Seine Majestät ließ sich äußerlich dadurch nicht bewegen und fragte nur in seiner gewohnten Art: ‚Wie! Er ist im Tower, und auf Befehl des Königs?‘« Dies war für einen so langsamen Spieler schon Geschwätzigkeit.

XX

Heinrich hatte Cromwell indes noch zu einer Sache nötig. War Cromwell jetzt, da die Wahl nicht mehr zwischen Anna von Cleve und Katrin Howard stand, sondern zwischen dem Tod durch das Beil und dem Tod durch halbes Hängen, Herausreißen der Eingeweide und Folter, vielleicht bereit, ihm bei seinem Scheidungsprozeß zu Hilfe zu kommen?

Cromwell hatte seine trockene Vernunft wiedergewonnen. Er sagte ja. Was immer Heinrich von ihm bestätigt haben wollte, bestätigte er schriftlich; er gab Antwort auf besondre Fragen, erweiterte sie aber von Tag zu Tag seinem Herrn zu Gefallen. Zu Ende seiner Zeugenaussage konnte er aber sein Herz nicht bezähmen, sondern brach in die Worte aus: »Geschrieben im Tower, am Mittwoch, dem letzten Juni, mit dem schweren Herzen und der zitternden Hand von Eurer Majestät bekümmertstem und elendestem Gefangenen und armen Sklaven Thomas Cromwell.« Und dann, in einem Kläffen der reinsten Herzensqual: »Gnädigster Fürst, ich schreie nach Gnade, Gnade, Gnade.«

Sein Schrei wurde nicht gehört. Heinrichs einziges Ziel war die Trennung von Anna von Cleve; Cromwells Postskriptum interessierte ihn nicht.

Ein kleiner Ausschuß erwählter Männer — Suffolk, Southampton und Wriothesley — machten Anna von Cleve kurz nach Cromwells Verhaftung einen kurzen Besuch. Heinrich hatte sie nach Richmond gesandt, war ihr aber nicht nachgefolgt.

Als diese treuen Männer eintraten, fiel Anna von Cleve in Ohnmacht. Sie glaubte, ihre Stunde gekommen. Da sie ihre Geistesverfassung kannten, riefen sie sie sorgsam ins Leben zurück. Sie berieten sie dahin, daß sie mit Auszeichnung und Rücksicht behandelt werden sollte, wenn sie auf gute Art nachgab. Sie würde eine Jahresrente beziehen und ein Zeugnis über ihre ehrenvolle Entlassung erhalten, in dem zu lesen stand, daß sie Heinrich in dem gleichen Zustand verließ, in welchem sie angekommen war.

Auf diesem Niveau hatte sie eine starke Stellung; Anna ließ sich mit vollkommener Würde und großer Vernunft dazu herab. Eine Scheidung auf Grund gegenseitigen Einverständnisses hatte für sie keinen Schrecken, sondern erlöste sie von einer unerträglichen Anspannung. Sie hatte wohl gegen Heinrich als Menschen nichts einzuwenden, sondern schien ihn eher ganz gern zu haben; und in einem Punkte drückte sie sich mit fast beunruhigender Deutlichkeit aus — sie zog England ihrer eigenen, entfernten Provinz unendlich vor. Vielleicht hatte die Aussicht, zu Hause an der Seite ihrer Mutter zu sitzen und zu nähen, etwas von ihrem jungfräulichen Reiz verloren. Jedenfalls war sie, die erst sechs Monate von Cleve abwesend war und wußte, zu welchen neugierigen Blicken sie zurückkehren würde, durchaus damit fertig. Durch die Aussicht, unter günstigen Bedingungen und in der Stellung einer emeritierten Gattin in England bleiben zu können, wurde Anna himmelhoch erfreut. Sie war keine romantische Frau, und Heinrich hatte in ihrem Busen keine Instinkte erweckt, die auf höheres zielten als auf Selbsterhaltung. Aber von einem Menschen mit äußerst gefährlichen Trieben und Neigungen in eine schwierige Lage gedrängt, behielt sie den Kopf großartig und buchstäblich oben. Sie hatte nicht die Absicht, ihren Bruder dazu zu bringen, daß er Heinrich angriff und ihre Ehre verteidigte. Das schrieb sie ihm auch. Sie hatte nicht die Absicht, Heinrich durch irgend jemand zur Vernunft bringen zu lassen. Um einer anderen Frau willen abzutreten, regte sie nicht auf. Es kam ihr vor, als verließe sie ein Hotel, wo man ihre Zimmer brauchte und der Wirt in der Lage war, ihr einen Fehler im Mietskontrakt nachzuweisen. Selbst die Bedingungen, zu denen sie entschädigt werden sollte, besprach sie weder mit Schärfe noch mit Mangel an Anstand. Sie war vielleicht – was ihr in den Augen derer schadete, die Frauen als Huren ansahen – schlaff an Brüsten, aber keineswegs schlaff an Urteilskraft und Intelligenz. Ihre Figur gefiel Heinrich nicht, sie aber hatte sich über die seinige ihre eigene Ansicht gebildet. Sie hatte sein Bein gesehen. Er erschien ihr gleichzeitig ein wenig komisch und ein wenig widerwärtig, und sie trennte sich mit einer Bereitwilligkeit von ihm, die ein anderer Mann ihr vielleicht übelgenommen hätte.

Heinrich aber war nicht imstande zu begreifen, daß es für Anna eine Erleichterung bedeuten könne, ihn los zu werden. Die Verhandlungen gediehen glatt und angenehm zum Ende; alle Erzbischöfe und Bischöfe und beide Kirchenversammlungen arbeiteten eine Scheidung auf Grund der Tatsache aus, daß Heinrich nicht seine wirkliche Zustimmung zur Hochzeit gegeben habe – eine ausgezeichnete menschliche Doktrin, und eine ausreichende päpstliche, wenn es sich um mächtige und reiche Leute handelt. Sie ging so friedlich vonstatten und Heinrich war so glücklich, seinen Willen ohne Reibung durchsetzen zu können, daß er Anna eine großartige Abfindung gab. Sie sollte viertausend Pfund jährlich bekommen, dazu zwei Güter, Richmond und Blechingley, beide mit prächtigen Häusern und großen Parks; Tapeten, Silber und selbstredend Möbel; ausgesuchte Kleider, Juwelen und Perlen; und sie sollte in Zukunft als Schwester des Königs tituliert werden und nach der Königin und den Kindern des Königs den Vorrang vor allen Damen des Landes erhalten. Das war hart für die Steuerzahler, sonst aber eine glückliche Lösung. Anna wußte sich vor Freude kaum zu fassen. Man ließ sie durch Spione bewachen und ihre Briefe öffnen, aber sie hatte ein recht dickes Fell und war mit keiner Verschwörung beschäftigt. Marillac betrachtete sie mit gerunzelter Nase und schrieb innerhalb weniger Wochen an seinen Connétable: »Was die Dame anbetrifft, die jetzt Madame de Cleves genannt wird, so ist sie weit davon entfernt, sich für verheiratet auszugeben, sondern so heiter wie je; täglich trägt sie neue Kleider; das will sagen, daß sie sich entweder klug verstellt, oder töricht an das vergessen hat, was sie im Innersten so nah betreffen sollte.«

Ihrem Bruder ging die Sache zu Herzen und er nahm die Nachricht mit Zorn auf. Aber er hatte nicht die Macht, irgend etwas zu unternehmen, und außerdem war er jetzt Heinrichs Bruder, nicht nur sein Schwager.

Bei der ersten Andeutung der neuen Scheidung rief Franz aus: »Oh, Jesus!« Als er hörte, das Parlament habe in einer Eingabe darum gebeten, erklärte er: »Wie, eine Scheidung von der jetzigen Königin?« Dann seufzte er tief auf und sagte nichts mehr.

Sobald die Heirat durch die Bischöfe als ungültig erklärt und die Trennung durchs Parlament bestätigt wurde, blieb nichts zu tun, als Cromwell nach dem Verbleib gewisser nicht verrechneter Summen zu befragen. Als dies erledigt und Heinrich bereit war, seine Hochzeitsreise auf das Land mit der achtzehnjährigen jungen Frau anzutreten, war jede weitere Verzögerung überflüssig.

XXI

Cromwells Ende nahte am Morgen des 28. Juli. Da er noch nicht fünfzig Jahre alt, stark gebaut und vollblütig war, glich seine Hinrichtung dem Fällen einer Eiche. Er wurde aus dem Tower nach Tyburn gebracht, da er von geringem Stande war. Hunderte seiner früheren Diener und Gefolgsmannen drängten sich um das Gerüst, und tausend Hellebardenträger waren anwesend, um für Ordnung zu sorgen. Seine letzten Worte waren ihm in genauer Kenntnis der katholischen Strömung unter Norfolk und Gardiner vorgeschrieben worden, und er sprach ausgesucht katholische Sentenzen mit kalter Stimme aus. Seine Selbstbeherrschung jedoch, die so lange gelitten hatte, als er noch von Heinrich Gnade erwartete, kehrte ihm angesichts des erbarmungslosen Todes wieder. Ein Spanier berichtete, daß er, als er die »guten Leute« bat, für ihn zu beten, Wyatt unter den Herren entdeckte und sagte: »Lieber Wyatt, lebet wohl und betet zu Gott für mich.« Wyatt konnte vor Tränen nicht sprechen und Cromwell, »der sehr klug war«, sprach schnell mit lauter Stimme: »Wyatt, weinet nicht, denn wäre ich nicht schuldiger als du, wie sie dich verhafteten, so wäre ich nicht in dieser schweren Lage.«

Die englischen Chronisten berichten, daß im entscheidenden Augenblick der Henker, der betrunken oder ängstlich gewesen sein mag, sich eines Fehlers schuldig machte. Der Spanier jedoch vermerkt keinen Zwischenfall: der Kopf sprang beim ersten Streich des Beils vom Rumpfe.

SECHSTES BUCH

KATRIN HOWARD

Die Rose ohne Dorn.

Heinrich VIII.

I

Cromwell ging am 28. Juli 1540 in den Tod. Obwohl Heinrich zornig und verächtlich von ihm gesprochen und sein Ohr den Bitten um Gnade verschlossen hatte, war er zu klug, um nicht einzusehen, daß gegen Cromwell selbst keine wirkliche Schuld vorlag: der Gedanke an die Hinrichtung beunruhigte ihn. Sie war natürlich nur die Folge von Umständen, die er selbst herbeigeführt und aus denen er ungeheuren Gewinn gezogen hatte. Die moralische Buchhaltung aber war für Heinrich eine Qual. Obwohl er in dem Kampf auf Tod und Leben zwischen Cromwell und Norfolk nachgegeben hatte und sich jetzt von den Protestanten abwandte, trug er doch gegen die, denen er nachgab, einen geheimen Groll im Herzen. Den Seymours zu Gefallen, wenn nicht aus anderen Gründen, sorgte er für das Fortkommen von Cromwells Sohn Gregor und behielt seinen Neffen Richard im Kabinett. Auf diese Weise widersprach er in seinem eigenen Herzen dem Todesurteil, dessen Früchte zu genießen er sich gleichzeitig anschickte.

Eine dieser Früchte war die neue Hochzeit. Da er es sehr nötig hatte, seine Nerven zu entspannen, setzte Heinrich sie für den Tag fest, an dem Cromwell enthauptet werden sollte. Während dieser mannhafte Bürger sich mit verdüsterter Stirne und grauem Gesicht auf die Straße begab, die vom Tower nach Tyburn führte – ein Tier auf dem Wege zur Schlachtbank –, war sein Herr Heinrich bereits in Oatlands, einem Privathaus, das nicht zwanzig Meilen entfernt lag, um mit seiner jungen frischen Braut verbunden zu werden.

Die Rose ohne Dorn – das war die Huldigung, die Heinrich auf eines der unzähligen Juwelen, die er Katrin schenkte, hatte gravieren lassen. Und als er auf seine neue Wahl blickte, zeigten seine Augen, daß diese Verbindung anders war als die früheren. Katharina von Aragon war die ernsthafte Matrone gewesen, die er gezwungenermaßen achtete; Elisabeth Blount, die reife junge Göttin, die sich ihm hingab; Anna der unerbittliche Ehrgeiz; Johanna die ideale, bescheidene Gattin. Es hatte andre Liebeleien gegeben, wie die mit Marie Boleyn, die vorübergehend und nach Laune eingegangen wurden. Diese neue Wahl aber war elektrisch. »Die Majestät des Königs fand an Katrin Howard Gefallen beim erstenmal, da Seine Majestät sie erblickte.« Alles, was er über sie gehört hatte – von ihrer Großmutter der alten Herzogin, von ihren Gefährtinnen, von Lord Wilhelm Howard – ließ ihn das »Juwel unter den Frauen«, dem zu begegnen er das Glück gehabt hatte, noch höher schätzen. Er selbst hatte ihr Motto ausgesucht, »Kein Wille als seiner«, und die Freude am Besitz sprang ihm aus den Augen. Er glich einem Sammler, der einen Schatz in Fayence nach Hause bringt – nicht das kostbarste Material, aber das bunteste und lebhafteste. »Er ist so in sie verliebt, daß er sie nicht gut genug behandeln kann.« Er konnte weder vor Leuten noch zu Hause die Finger von seiner Eroberung lassen. Er liebkoste sie »mehr als die andern«.

Der Gegenstand dieser Liebkosungen war sichtlich die Rose ohne Dornen, die Heinrich sich ersehnte. Sie war sehr klein, von runden Formen, mit entzückend offenem Gesichtsausdruck, lebhaft, anmutig, zum Tanzen geschickt, leichtsinnig, heiter, eigenwillig. Sie kleidete sich und ihre Damen französisch, und ihre braunen Augen und ihr rötliches Haar verliehen ihr ein munteres, kokettes Aussehen, das ihren königlichen Gatten entzückte.

Aber sie war kaum das reizende Spielzeug, für das Heinrich sie hielt. Sie war um sechs Jahre jünger als seine Tochter Marie und schlug in ihm die Doppelsaite des Geliebten und Beschützers an: er sah sie mit den Augen seiner eigenen Wichtigkeit und ihres unterwürfigen Mangels an Erfahrung. Aber man konnte kaum von ihr verlangen, daß sie diese herbstlich-glänzenden Illusionen mit ihm teilte. Ihm erschien sie als Rose; aber sie glich viel eher einem rundlichen und hurtigen Reh, das seine jungen Augen auf eine reiche Weide richtet. Sie konnte für diese korpulente Persönlichkeit Achtung aufbringen, aber er bedeutete ihr weniger einen Mitmenschen, als eine wunderbare Verkettung von Umständen, von der sie sich beschenkt und geborgen fühlte. Sie konnte ihren Magnaten nicht im Ernst als jenes wunderbare Geschöpf, einen Mann, ansehen.

Katrin war eine jugendliche Erzsünderin. War sie auch nicht wie ihre Kusine Anna Boleyn den leichtfertigen Einflüssen der Franzosen ausgesetzt gewesen, so hatte sie es ohne sie doch fertig gebracht, daheim recht weit zu kommen. In dem großen Hause, über das die Herzogin von Norfolk den Vorsitz führte, gab es genug Mädchen für ein Pensionat, aber es war ein Pensionat von vollblütigen und vitalen jungen Dingern, die keine religiöse Zucht, keinen Unterricht, keine geistigen Interessen, keine Disziplin kannten. War die alte Dame abends erst einmal glücklich zu Bett, so öffnete sich der Schlafsaal der Mädchen (das Frauenzimmer, wie es genannt wurde) auf geschickte Weise dem Druck eines Schlüssels, den Katrin entwendet hatte, und die »leichtfertigen jungen Männer« betraten ihr eigenes Zimmer. Das waren begünstigte Verwandte oder arme Angehörige, die als Pagen oder Gefolgsherren im Hause wohnten. Der Ton wurde natürlicherweise durch ein oder zwei ältere Paare angegeben, deren Gegenwart man den schlummernden Edeldamen verschwieg. Die herzöglichen Jünglinge brachten Leckerbissen von der Tafel mit. Man speiste aufregend um Mitternacht, und während sich die Nächte zu träger und weichlicher Stille dehnten, lagen die jungen Leute mit den Mädchen und ihren Frauen auf den Betten; das Ganze glich einem Treibhaus der Gefühle. Ältere Leute nennen dergleichen »gefährlich«; für die warmen und verliebten Jungen aber, die im Leben an nichts denken als an das Abenteuer, war es sicherlich eine Zeit voll Aufregung und toller Lust. Eine ungeheure Menge von Hofmacherei, Gezänke, Geflüster, Geschenken, Versprechungen und Vorwürfen muß während jener versteckten Besuche im Schlafsaal stattgefunden haben, während die alte Herzogin ein Stockwerk höher sanft schnarchte und vermutlich von ihrem Stiefsohn Thomas und seinem ähnlichen Verhalten mit der Wäscherin Liese Holland träumte.

Romantik lag in der Luft. Die Liebelei der Margarete Douglas mit dem jungen Howard war romantisch, desgleichen die der Anna Boleyn mit Thomas Wyatt. Ebenso die des jungen Surrey mit Geraldine. Es war das Zeitalter des entthronten Papsttums und des Heptameron. Auf Katrin, die stark und abenteuerlustig, aber vernachlässigt und ungebildet war, hatten diese Dinge die Wirkung, sie mit dreizehn Jahren in ein Liebesverhältnis zu treiben. Es hatte schon vor diesen Abendbesuchen begonnen. Ein junger Mann namens Manox hatte mit einem anderen Jüngling die Aufgabe, sie das Spielen auf dem Spinett zu lehren; das strahlende kleine Mädchen setzte ihn in Flammen, er veranstaltete, sie allein zu treffen und sie zu liebkosen. Die Herzogin überraschte sie; sie gab Katrin eine Ohrfeige und jagte den Lehrer fort. Aber diese erste Liebelei schwand dem Mädchen aus dem Gedächtnis, als Franz Derham in Erscheinung trat, ein junger Herr aus »armer Familie«, der mit den Norfolks verwandt war. Er war bei den Mitternachtsbesuchen einer der führenden Geister. Es fing damit an, daß er mit Katrin in Gegenwart andrer in Wams und Strümpfen auf dem Bette lag, aber er und Katrin verliebten sich bald ineinander. Der Übergang von Strümpfen und Wams zwischen Leintüchern zum Nackt-im-Bett-Liegen war unvermeidlich. Die Liebelei dauerte von ihrem vierzehnten oder fünfzehnten bis zum achtzehnten Jahr und war ein Regenbogen der Wonne. Sie entschuldigten ihren heißen Herzschlag, indem sie von Heirat sprachen, und waren intim auf die verstohlene und fieberhafte Weise einer etwas polygamen, verzweifelt ernsthaften, höchst lasziven und äußerst leidenschaftlichen Jugend.

Manox war jedoch ein Schuft, und daß er bei Katrin kein Glück gehabt hatte, veranlaßte ihn, einen Brief an die Herzogin aufzusetzen, den er frommerweise in ihren Kirchenstuhl legte. Er riet ihr darin, spät nachts unerwartet den Schlafsaal zu betreten. Sie folgte dem Rat, betrat plötzlich das Zimmer der Damen und entdeckte die Schar, die sich mit Süßigkeiten vollstopfte. Später fand sie Katrin und Derham, die sich »umarmt hatten und küßten«. Gegen Derham zum Schlag auszuholen, das Mädchen zu ohrfeigen, Johanna Bulmer, die in der Nähe stand, eins zu versetzen und zu zeigen, wie gekränkt sie sich fühlte, schien die Grenze dessen, was die Herzogin als Vorsteherin vermochte. Lord Wilhelm war über Manox mehr erzürnt als über seine Nichte. Er hielt dem Schurken eine Standrede, während er über das Geschwätz hinwegging. »Verrückte Mädels! Könnt Ihr nicht miteinander lustig sein, ohne Euch zu zanken?« Er wollte die Verfehlungen nicht tragisch nehmen, bloß weil »Derham nächtlich ihre Kammer aufzusuchen pflegte«. Die einzige Waffe der alten Dame war das ärgerliche Brummen einer zahnlosen Greisin. »Ich schwöre Euch, daß Ihr ihn, so Ihr ihn suchet, in Katrin Howards Kammer finden werdet.«

Als der junge Derham im Augenblick, da Heinrich seine plötzliche Gunst dem mit Übermut und Temperament geladenen jungen Mädchen zuwandte, nach Irland ausrückte, um sich dort als Seeräuber zu versuchen, schüttelte die alte Dame den Kopf; als er zurückkehrte, wies sie auf ihn mit den halb beifälligen Worten: »Das ist der Junge, der um der Königin willen nach Irland davonlief.«

Um diese Zeit jedoch war die Macht des jugendlichen Seeräubers über Katrin gebrochen. Kurz bevor Heinrich Katrin mit Beschlag belegte, hatte sie die Herzogin und Lambeth verlassen und hielt sich am Hofe auf, wo sie hurtig unter den glänzenden Libellen ihren Platz einnahm. Die eigne Mutter des Mädchens war eine gewisse Jocosa Culpepper aus Kent gewesen, und einer von Heinrichs vielversprechendsten Günstlingen war ein Jüngling namens Thomas Culpepper. Vielleicht war es sogar Thomas, der Heinrichs Bein pflegte und darauf achtete, daß die Weisungen des Arztes befolgt wurden. Er hatte seit seiner Kindheit in Heinrichs riesigem Bett geschlafen, seinem Herrn am Morgen beim Aufstehen geholfen, ihn zerstreut und Botengänge für ihn erledigt, und er war einer der bevorzugtesten Herren des Königlichen Kabinetts. Heinrich überhäufte ihn mit Ämtern und Sinekuren und warf ihm sogar eine Abtei hin, woraus sich ersehen läßt, daß der junge Elegant es verstanden hatte, sich beliebt zu machen. Man flüsterte von einer sehr widerlichen Geschichte, aber Katrin Howard konnte in Thomas Culpepper keinen Zuhälter sehen. Sie sah in ihm einen Mann ihrer eigenen Familie, ihres eigenen Alters, ihrer eigenen Neigungen. Während sie Anna von Cleve oder der Prinzessin Marie als Hofdame diente, entschloß sie sich ganz offen, ihn »auszuprobieren«. Ihre Heirat mit Heinrich erhöhte sie und brachte sie trotzdem Heinrichs »compagnon de lit« näher.

Am Rande von Heinrichs Blickfeld mag ein Schimmer dieser »Dinge« geschwebt haben. Aber er hatte Garantien verlangt, daß Katrin ebenso rein sei, wie sie schön war; die Howards bestätigten mit Wärme, daß sie untadelig sei. Man sagte ihr all die Frische nach, die den Appetit eines Mannes in Heinrichs Alter reizen konnte. Man »empfahl ihren reinen und ehrenwerten Zustand«. Und die alte Herzogin, die Anna Boleyn während ihrer Krönung begleitet hatte, tröstete sich, indem sie vor sich hinmurmelte: »Katrin kann nicht dafür hingerichtet werden, was vorher war.«

Das Mädchen, das ringsum und durch die Flamme gejagt worden war, hatte sich zwar die Flügel verbrannt, war aber reizend und reich veranlagt, von belebendem Temperament, und besaß in hohem Maße einen Trieb, der den Howards sonst nicht eigen war: sich lieber zu verschenken, als zu feilschen. Sie liebte die Freude. Und doch ist es schwer, in einer Welt von Erpressern die Vergangenheit abzustreifen. Johanna Bulmer hatte nicht gezögert, mit bescheidener aber bedeutungsvoller Hartnäckigkeit zu verlangen, daß man sie bei Hofe einführe. Der junge Derham kam bald von seinen Raubzügen an der irischen Küste zurück und wurde, nachdem ihn Katharina verwarnt hatte, »sich in acht zu nehmen, was für Reden er führe«, zu einem der schneidigen Zeremonienmeister im Zimmer der Königin gemacht. Auch die ganze Familie der Howards, ihre beiden jungen Brüder und Schwestern, stiegen an Gunst und Ansehen. Katrin konnte die ganze Reihe von ihrer königlichen Loge aus begrüßen, ihnen die Anwartschaft auf Geschenke einräumen und die ganze notleidende junge Sippe wieder flott machen. Heinrich mußte ihr ein wenig Einhalt gebieten. Aber sie scheint den Überfluß ihres Schicksals gern mit anderen geteilt zu haben; ihre Impulse waren nicht nur gegen die jungen Howards freigebig, gegen die Bayntons, die Arundels. Sie gab Geschenke, die ihr Heinrich machte, weiter – Hunde, Juwelen, Verschiedenes – und zwar sogar an Empfänger wie Anna von Cleve. Heinrich beobachtete diesen Überschwang mit dem innerlichen Seufzer eines Menschen, der in diesen Dingen mit der Zeit enthaltsam geworden ist. Aber sie hatte sogar den Wunsch, die menschliche Zerstörung, die er durch seine Rachgier anrichtete, zu mildern. Sie war sinnlich in der großartigen Bedeutung des vorpuritanischen England – sie war »mit Gefühl begabt«.

Will heißen, so ziemlich das Gegenteil von Heinrich, dessen Freigebigkeit mit der einen Hand Kredit einräumte, und in der anderen Faust die Kunst bewahrte, auf gesetzlichem Wege wieder zu dem Seinigen zu kommen. Mit neunundvierzig war Katrins Bräutigam, den Holbein in seinem herrlichen Bildnis zu Rom verewigt hat, ein kerniger Magnifico. Obwohl er den Weg zum Altar hinkend zurücklegte und sich gewöhnlich seines Beines wegen eines Stabes bedienen mußte, zeigte er sich dem Bischof Gardiner nicht als leblose und schlaffe Masse, sondern als wohlverschanzte Pyramide. In den Augen lebte das Funkeln, das halb aus Laune und halb aus Bosheit stammt, das so wohltätig sein kann wie Tau und so grausam wie Glassplitter. Mit gespitzten Ohren, geballten Fäusten, weit auseinandergesetzten Beinen, die Schultern mit Sammet gepolstert und den Bauch in Ruhe, stand ein gewichtiger, vierschrötiger und unerschütterlicher Mann vor einem – bis man einen Blick auf das Gesicht warf, das seiner Standfestigkeit die imponierende Beweglichkeit gab, die ein drehbares Geschütz einer Bastion verleiht. In langen Jahren hatte er gelernt, sich auf eine ihm eigentümliche Art von wohlwollender isolierter Unabhängigkeit aufzupflanzen; mit einem weit geöffneten und einem linken zusammengekniffenen Auge sah er zugleich schlau und herablassend aus. Aber diese freimütige und gutartige Stimmung, die von dem unbeklommenen Heinrich ausging, war nicht sehr von der Unwichtigkeit seines Federbaretts verschieden: er konnte beide in einem Augenblick abstreifen; und darunter lag hart und kahl der lange Schädel, in dem alle seine glatten und ausweichenden Schliche zusammenliefen, die Spitze eines pyramidalen Egoismus. Ein sonderbarer Gipfel für die Politik einer Nation, die sich in großen Zügen auf Treue und Gehorsam aufbaute.

II

Heinrichs Sorge für die Zukunft war sozial und politisch zugleich. Er hatte über seiner neuen Hochzeit Anna von Cleve nicht vergessen, sondern lud sie sofort ein, ihm und der Königin beim Abendbrot Gesellschaft zu leisten. Anna kam zitternd nach Hampton Court, wo sie jetzt wie später von ihrer jungen Nachfolgerin mit »größter Freundlichkeit« empfangen wurde. Sie versuchte niederzuknien, aber Katrin wollte es nicht gestatten. Und Heinrich, der sich vor ihr verneigte und sie küßte, benützte die Gelegenheit dazu, jeden noch bestehenden Anspruch abzufeilen und Annas endgültigen Verzicht glatt zu schleifen.

War Anna nur zu sehr darauf erpicht, den Frieden zu erkaufen, damit sie ihr eigenes Leben führen könne, so traf der König auf andre, die im Namen des Glaubens seinem Willen Trotz boten. Hier wurde er unnachgiebig. Er hatte sich ernsthaft überlegt, was in Hinsicht der religiösen Überzeugung für alle Teile richtig und passend sei, und dementsprechend im Parlament die richtige religiöse Überzeugung gesetzlich vorgeschrieben. Jede weitere Entgegnung und jede Unstimmigkeit betrachtete er nicht als Angriff auf seine Person, sondern als Angriff auf das Richtige und Passende; es war ihm also nicht schwer, auf Grund so erhabener Prinzipien Todesurteile zu unterschreiben. So wurden zwei Tage nach Cromwells Hinrichtung sechs »Doctoren« hingerichtet – drei wurden gehängt, drei an einen Pfahl gebunden und verbrannt.

»Es war wunderbar zu sehen«, sagte Marillac, »wie Anhänger der beiden gegnerischen Richtungen gleichzeitig starben; beide empfanden es als Ärgernis. – Und es war nicht weniger seltsam zu hören als schrecklich anzusehen, da beide Parteien eigensinnig und standhaft waren und sich über den Mißbrauch des Rechts beklagten, da man sie niemals zur Verantwortung gezogen hatte und sie nicht einmal wußten, weshalb sie verurteilt worden waren.«

Der diesen erstaunlichen Brief über die wesenhafte Ungerechtigkeit dieser Hinrichtungen an seinen König richtete, war ein Katholik. Der Protestant, Hilles, schrieb in derselben Tonart an Bullinger. Sie seien nicht gerechterweise verurteilt, behauptete er. »Aber um die Wahrheit zu sagen: man erkundigte sich nicht allzuviel, da es nichts Neues bedeutet, Menschen gehängt, gevierteilt oder geköpft zu sehen, weil sie dies oder jenes verbrochen haben, manchmal nur wegen lächerlicher Äußerungen, die man als gegen den König gerichtet auffaßte.«

»Der Papist Abel« war eines dieser Opfer. Vor Jahren war er eingesperrt worden, weil er Katharina von Aragons Scheidung getadelt hatte, und »von Ungeziefer in einem stinkenden Gefängnis beinahe aufgefressen worden«. Ein anderer, der litt, war Dr. Barnes, derselbe, den Heinrich als Gesandten benutzt hatte, als er den Protestanten den Hof machte, der aber seither die Kühnheit besessen hatte, Gardiner anzugreifen. Für den Augenblick waren dies die letzten Hinrichtungen, da Heinrich sich vor der Pest flüchten mußte und Massenhinrichtungen veranstaltet hatte, um seiner neuen Gewohnheit entsprechend im Tower gründlich rein zu machen.

Katrin Howard fühlte sich durch diese Gewohnheit abgestoßen. Mit der Keckheit der Jugend wandte sie sich gegen die Abschlachtungen, die ihr Gatte vornahm. Aber Luther konnte sich in dem Pamphlet, das er seinem Freunde Barnes widmete, betreffs seines Zeitgenossen keine Hoffnung machen.

»Das juncker Heintze wil Gott sein und thun was in gelüstet«, diagnostizierte er die Krankheit.

III

Der Egoismus, mit dem Heinrich sich an Katrin Howard erfreute, war durchaus gutmütig. Er erneuerte seine Jugend und trieb ihn auf dem schmalen und engen Wege zur Schönheit vorwärts. Im Herbst des Jahres 1540 befand er sich wieder im Sattel. Da in London wöchentlich dreihundert Personen an der Pest starben, begab er sich mit seinem Gemahl auf das Land. Obwohl man der Ansicht war, er sei fett geworden, »viel korpulenter«, sah er keinen Grund, vor dem Feinde zu weichen; mit jener Bereitwilligkeit, selbst am eignen Leibe die Herrschaft zu behaupten, war er tapfer entschlossen, Holbein Lügen zu strafen.

»Der König«, sagte Marillac im Dezember, »hat neue Lebensgewohnheiten angenommen. Er steht zwischen fünf und sechs Uhr auf, hört um sieben die Messe und reitet dann bis zum Essen, das um zehn Uhr stattfindet. Er behauptet, sich so auf dem Lande viel besser zu fühlen, als im Winter, den er in seinen Palästen an den Toren Londons verbrachte.«

In Woking war er den ganzen Tag mit seinen Falken auf den Feldern; seit Monaten sprach man von nichts anderem als von »der Jagd und den Banketten zu Ehren der neuen Königin«. Ein derartiger Kranz von Festlichkeiten hatte einen Ausbruch von Übermut zufolge, so daß man Befehle erteilen mußte, »im Zimmer des Königs nüchtern und ordentlich sich zu verhalten«. Aber während die Prinzessin Marie sich von einer Person, deren Ankunft den Sturz Cromwells bedeutet hatte, zurückhielt, und Katrin sich beleidigt fühlte, weil »Marie sie nicht mit der gleichen Achtung behandle wie ihre beiden Vorgängerinnen«, brachte das Neujahr die Gelegenheit zu Versöhnungsgeschenken; niemand konnte leugnen, daß Katrin die reife Gunst ihres Gatten »völlig erworben« hatte.

Diese Gunst war um so freigebiger, als er Gardiner und hundert Herren — alle grau gekleidet mit goldenen Ketten um den Hals — nach dem Ausland gesandt hatte, um dem Kaiser den Hof zu machen. Dieser melancholische Witwer war, wie man annahm, auf der Suche nach einer Braut; man gab sich große Mühe, »den Kaiser zur Heirat mit Marie zu bewegen«. Den Franzosen gegenüber wurde Heinrich zusehends kälter. Diese Leute sind »des Friedens müde«, höhnte Marillac, »und möchten die Menschheit reizen, damit sie im Notfall keinen einzigen Freund haben«. Sie bereiteten sich jedenfalls auf den unvermeidlichen Bruch zwischen Karl und Franz vor, indem sie Calais befestigten und die schottische Grenze verstärkten. Es bedeutete die Rückkehr zu der alten Politik, die Cromwell bekämpft hatte. Cranmer war gefügig; er leistete Heinrich keinen Widerstand; er machte eher seinem deutschen Schwiegervater wegen der lutheranischen Sünden Vorwürfe – daß sie den Fürsten erlaubten, sich Konkubinen zu halten, den Wucher billigten und, bittere Pille, die Bigamie Hessens gestatteten. An den Franzosen gingen diese Anzeichen nicht spurlos vorüber, aber die Franzosen verstärkten nur ihr Lächeln. Margarete hörte nicht auf, Heinrich um sein Bild zu bitten; sie und Franz sandten ihm Pasteten aus Wildeberfleisch, die unter ihren eigenen Augen hergestellt, gewürzt und eingemacht worden waren.

IV

Cranmer, der so weich war wie Wasser, teilte mit dem Wasser die Fähigkeit, überall einzudringen und den Druck fortzupflanzen. Wo Cromwell eine geschlossene Front dargeboten hatte, die Gardiner zerschmettern konnte, teilte sich Cranmer und gab nach, wobei seine Oberfläche nur unterwürfig zitterte und bebte. Sein Aufruhr verwandelte ihn niemals wirklich; er kehrte immer wieder unbewegt zu den politischen und theologischen Überzeugungen zurück, die seine Intelligenz faßte und behielt. Heinrich fühlte diese Beständigkeit und hatte für ihn eine verstohlene Bewunderung. Der Erzbischof war immer bereit, einen Walfisch zu erblicken, wenn sein Herr sagte: »Mich deucht, es ist ein Walfisch.« Die wirkliche Gegenwart Christi, das Zölibat, drei, fünf oder sieben Sakramente, fleischliches Gelüsten, ein früherer Ehevertrag, Verrat – Cranmer konnte dies alles einzeln oder zusammen erblicken, wenn Heinrich mit dem richtigen Tonfall darauf hinwies. Aber ob er nun dem gerade vorliegenden Thema seine Zustimmung gab oder leise widersprach, so behielt der Primas doch das Ziel einer Nationalkirche schweigend im Auge und nagte sich auf Wegen, die ebenso geschlängelt waren wie elastisch und dehnbar, zu seinem vorbestimmten Ende durch.

Dieses Ziel förderte Katrin nicht, und da sie wie alle Howards für die Nationalkirche ein Hindernis war, konnte Cranmer sich nicht mit ihr abfinden. Die Ansichten ihres Onkels Norfolk über das Gotteswort waren kurz und bündig. »Ich habe nie die Bibel gelesen«, sagte er mit Nachdruck, »und ich werde sie nie lesen; es ging in England heiter zu, bevor das ‚neue Wissen' aufgebracht wurde; ja, ich wollte, alles wäre so wie früher.« Cranmer hörte diese Silben, wie ein Stauwerk hören mag, daß der Damm in seinen Grundfesten erzittert, aber er konnte es sich im Augenblick nicht leisten, etwas zu sagen. Für den Augenblick floß er mit dem Zischen und Wogen seiner Natur um Katrin herum. Solange es möglich war, daß sie Heinrich mit einem Erben beschenkte, durfte er sie sich nicht zur Feindin machen. Aber Cranmer war ein geschmeidiger Gegner, den jede junge Frau von neunzehn Jahren mit Recht fürchten konnte. Im Augenblick jedoch war er so sanft wie die See im Mondlicht, die schnurrt, während ihre kleinen weißen Pfoten mit der Küste spielen.

V

Die Reaktion war eifrig dabei, Cromwells Werk zu zerstören. Das neue Jahr 1541 erlebte bald die Verhaftung des Gesandten in Frankreich Wallop, des Gesandten in Spanien Thomas Wyatt, des Gesandten in Schottland Sadler und verschiedener andrer Herren, die antipapistisch gefärbt waren. Thomas Wyatt hatte die Kühnheit, diese Ansichten zu verteidigen, und Katrin den Mut, für ihn zu bitten. Ihr einfacher Impuls, der alten Gräfin von Salisbury warme Kleider in den Tower zu schicken, war nicht halb so unpolitisch wie ihr Eintreten für Wyatt. Aber in diesem Fall spielte der Zauber, den sie auf Heinrich ausübte, eine gewisse Rolle. Sie trug über ihre eigenen Beschützer den Sieg davon. Freilich taten Wyatts eigener Zauber und die katholischen Ausbrüche im Norden ihr Teil dazu. Der aus dem Sattel gehobene Gesandte war in Schimpf und Schande, die der Bischof von London, Bonner, ihm gönnte, in den Tower geworfen worden; man hatte ihm die Hände gebunden wie einem Verbrecher, obwohl sein »Angesicht streng und mild« war. Thomas Wyatt war jedoch einer der unzähmbaren Engländer, deren Zungen auf klare und gefährliche Art die Wahrheit sprechen, wenn sie enthemmt werden. Seine Verteidigung nahm selbst im Hinblick auf Heinrich kein Blatt vor den Mund, obwohl eine Art soldatenhafter Treue daraus sprach. Im gleichen Augenblick, da Katrin auf der Themse nach Greenwich rauschte, einen prachtvollen Empfang durch das Volk erfuhr und von den Kanonen im Tower begrüßt wurde, hatte sie den Mut, eine »große Fürbitte« für Wallop und Wyatt zu tun. »Auf dringende Veranlassung der Königin« gab der König, wie der Geheime Rat ihrem Onkel nach Paris schrieb, nach, wo er Katharina in betreff Buckinghams und Jane Seymour bezüglich der Pilger Widerstand geleistet hatte. Es war beinahe das einzige Beispiel in seiner ganzen Laufbahn, wo er sich stark genug fühlte, um schwach, will sagen barmherzig zu sein.

Er verzieh Wyatt, freilich unter der Bedingung, daß dieser seine »Schuld« gestand und seine Frau wieder zu sich nahm — die Schwester einer Dame, die Heinrich sehr bewunderte. Wyatt, der »unruhig war und niemals rasten konnte«, beharrte nicht auf Formalitäten. Zu jedermanns Erstaunen entging er dem Schafott, aber die »Hämmer, die in jenem lebhaften

Gehirn dröhnten« und die noch hurtigeren Hämmer, die in jenem lebhaften Herzen dröhnten, sollten im kommenden Jahr durch einen natürlichen Tod zum Schweigen gebracht werden.

Diese barmherzige Stimmung war jedoch bei Heinrich nur eine Reaktion auf Gardiners Versagen dem Kaiser gegenüber. Die Welt machte sich seine milde Laune zunutze. Trotz seiner großen Ausgaben für Verschanzungen waren seine Bollwerke bei Dover, Portsmouth und Southampton eingestürzt. Trotz seiner großen Anstrengungen, eine gute Figur zu erlangen, hatten die Bankette das Frühaufstehen wieder wettgemacht, die Fistel hatte sich beunruhigenderweise geschlossen und »er ist sehr dick und sonderbar unmäßig im Trinken und Essen, so daß glaubwürdige Zeugen behaupten, er sei morgens oft anderer Ansicht als nach Tisch«. Trotz seines Traumes, einen Sohn zu erzeugen, war Katrin noch immer nicht schwanger. Die Welt meinte es nicht gut mit ihm. Er sah sie im Lichte seiner eigenen Verbitterung. Er verbrachte die Fastenzeit »ohne Zerstreuung, selbst ohne Musik«. Er hielt sich in Hampton Court »mehr wie ein Privatmann, als ein König mit Gefolge« auf. Er schmähte sein Volk: »Er müsse ein schwieriges Volk regieren und würde es in kurzem so arm machen, daß es nicht die Kühnheit noch die Macht haben werde, ihm Trotz zu bieten.« Er schmähte seinen Geheimen Rat, weil seine Ratgeber, »unter dem Vorwand, ihm zu dienen, nur zu ihrem eigenen Vorteil Zeit zu gewinnen suchten, er aber die guten Diener von den Schmeichlern zu unterscheiden wüßte und, wo Gott ihm Gesundheit verliehe, wohl acht haben werde, daß ihre Pläne nicht gelängen«. Schließlich schmähte er jene, die Cromwells Tod auf dem Gewissen hatten. »Auf Grund unwichtiger Tatsachen«, erklärte er mit Heftigkeit, »und falscher Anklagen haben sie mich veranlaßt, den treuesten Diener hinzurichten, den ich je gehabt habe.«

So sah der launenhafte Vulkan aus, mit dem Katrin leben mußte. Aber während sie ihn mit den Liebkosungen beruhigte, die sich für einen König schicken, der eine Fistel hat und sonderbar unmäßig im Essen und Trinken ist, ihn ihren Wolf oder ihr Ferkel oder was immer nannte, war ihre innerste Seele mit Culpepper und der bevorstehenden Königsreise nach dem Norden beschäftigt.

VI

Nach langen Verzögerungen im Juni und dem beinahe hochverräterischen Verhalten des Wetters hielt man es endlich für möglich, daß Heinrich und die Königin sich nach dem Norden begäben. Es war fünf Jahre her, daß Lincolnshire und Yorkshire sich erhoben hatten. Die rostigen ausdauernden Gewächse Norfolk und Suffolk übernahmen die Führung des ungeheuren und imposanten Zuges, wobei Heinrich das bußfertige Willkomm seiner Untertanen entgegennehmen wollte. Die Gesellschaft zählte vier- bis fünftausend Personen und führte für den Fall, daß die Bußfertigkeit ins Wanken geraten sollte, Kriegsrosse und Artillerie mit. Heinrich hatte seinen Neffen, den König von Schottland, nach York eingeladen. Das war der Zweck, der seiner Reise zugrunde lag. Aber bevor er abreiste, wurde noch die siebzigjährige Mutter Reginald Poles geköpft, und ebenso Leonhard Gray, der fünf Jahre lang Abgesandter in Irland gewesen war; dies geschah, um die päpstlich gesinnten Kardinäle an seine Macht zu mahnen. Auch der junge Lord Dacres wurde gehängt, weil er einen Heger getötet hatte; sein Vermögen, meinte der Rat, »wird dem König gut zustatten kommen«.

Während die Reise unter allen Zeichen öffentlicher Treue und Ergebenheit weiterging, wurde ein ungewöhnliches kleines Drama der privaten Untreue vor Heinrichs blinden Augen aufgeführt.

Katrin hatte Lady Rochford, die vielgeprüfte Witwe Georg Boleyns, in ihre Dienste genommen. Diese Frau hatte in den Angelegenheiten ihres Gatten eine schmutzige Rolle gespielt, es aber fertiggebracht, wieder bei Hofe unterzukriechen, und stand nun der jungen Königin nahe. Seit der Hochzeit des Königs war ein Jahr vergangen. Es gab keinen Erben und keine Aussicht auf ihn. Und wenn Lady Rochfords Mithilfe bei Katrins Kusine Anna nicht ins Spiel gekommen war, so wurde sie doch jetzt zum Zweck einer Liaison angeboten, zu der Katrin nur zu sehr bereit war. Sie war in Culpepper verliebt. Lady Rochford fing an, den jungen Leuten das Zusammensein zu ermöglichen, sei es, weil sie ihre Herrin zu befriedigen wünschte, oder aus einer natürlichen Eignung zur Kupplerin; manchmal stand Culpepper dabei auf dem obersten Absatz der Hintertreppe und war gefaßt darauf, hinunterlaufen zu müssen; manchmal war er mit Katrin im Zimmer der Lady zusammen; und einmal waren sie den ganzen Abend an einem »gemeinen Ort« verborgen, dessen Wände hörten, wie die junge Frau ihm ihre Sehnsucht, ihre Not, ihre Bereitwilligkeit, sich zu kompromittieren, und das verflucht harte Geschick von Königinnen klagte.

Der junge Elegant ließ sich nicht stracks überreden, aber er war in Katrin verliebt; die Unterredungen waren äußerst gespannt und gefährlich.

»Jesus! Ist die Königin noch nicht zu Bett?« fragte Katharina Tilney, eine Dame, die in den Tagen Derhams bei ihrer Herrin gedient hatte. Dies geschah in Lincoln um zwei Uhr früh.

Margarete Morton, die aufgeblieben war, erwiderte: »Ja, soeben.« Das Rendezvous hatte bis zwei Uhr früh gedauert.

Katrin schien zu glauben, daß ein Liebesverhältnis »geheim« sei, wenn man es nicht mit Willen beim Paulskreuz ausrief. In Greenwich, Lincoln, in Pomfret, York wurden ihre »geheimen« Zusammenkünfte arrangiert; ein halbes Dutzend ihrer Frauen sprachen darüber, und »sie selbst suchte in jedem Hause die Hintertür und die Hintertreppe« auf. Sie war noch immer der Backfisch, der die alte Herzogin hinterging, aber als Culpepper zur Beichte ging, ermahnte sie ihn sehr ernsthaft, »all jenes, was zwischen ihm und ihr vorginge, nicht zu beichten; denn wenn er es täte, würde der König, der Oberhaupt der Kirche sei, es erfahren.«

»Nein, Madame, ich schwöre es Euch«, lachte der junge Kavalier.

Lady Rochford, die ihm mit der Königin die Hintertüre öffnete, hatte von ihrer früheren Erfahrung nichts gelernt und »forderte ihn auf, die Königin sehr zu lieben.«

Herr Culpepper war kein Sturmwind. Aber Katrin wußte, was sie wollte, und zögerte nicht, ihm ein Briefchen zu schreiben, eine jener ungeheuren alpinen Anstrengungen mit der Feder, die nur ungebildeten Menschen möglich sind, wenn sie zu ihrem Stern emporklettern.

»Herr Culpepper«, schrieb sie ihm im August, »ich empfehle mich aufs herzlichste und bitte Euch, mir Nachricht zu geben, wie es Euch ergeht.

Ich habe vernommen, daß Ihr krank wart und habe niemals etwas so ersehnt, wie Euch zu sehen.

Mir möchte das Herz brechen, wenn ich bedenke, daß ich nicht immer in Eurer Gesellschaft sein darf.

Kommet zu mir, wenn Lady Rochford hier ist, da ich dann am besten Muße habe, Euch zur Verfügung zu stehen.

Ich danke Euch, daß Ihr versprochen habt, dem armen Burschen, meinem Diener, Gutes zu erweisen, denn wenn er fort ist, gibt es keinen, den ich an Euch zu senden wagen dürfte. Ich bitte Euch, mir ein Pferd für meinen Diener zu geben, denn ich habe große Mühe, eines zu bekommen, drum bitte ich Euch, mir durch ihn eines zu senden; da ich dies tue, bin ich, wie ich schon früher sagte; und so nehme ich Abschied von Euch in der Hoffnung, Euch in kurzem wiederzusehen.

Und ich wollte, Ihr wäret jetzt hier, daß Ihr sähet, welche Mühe ich habe, Euch zu schreiben.

Die Eure, so lang das Leben währet,

Katrin.

Eins habe ich vergessen: zu meinem Diener zu sprechen. Bittet meinen Diener, noch hier bei mir zu verweilen, denn er sagt, er würde tun, was Ihr ihm gebietet.«

Die Anstrengung war groß: sie konnte ihn in Wahrheit bitten zu sehen, welche Mühe sie ihr machte.

Während Culpepper die einfältigen Zeilen verwahrte, war der König eifrig mit der Jagd beschäftigt; er half beim Erlegen von zweihundert Hirschen und Rehen, »als wären es zahme Rinder gewesen«, oder sah zu, wie seine Armbrustschützen zwei Bootsladungen von toten Schwänen verluden. Er und die Königin hatten viel damit zu tun, die öffentlichen Huldigungen entgegenzunehmen; der Erzbischof von York kniete zur Buße für den Aufstand des Jahres 1536 nieder, und Robert Constable, der noch immer über dem Stadttor von Hull, wo Norfolk ihn aufgeknüpft hatte, in Ketten hing, grinste Heinrich und Katrin ein ironisches Willkomm entgegen.

VII

Gegen Ende Oktober sollten sie wieder zu Hause sein. Aber noch ehe sie ankamen, hatte Cranmer einem Manne mit Namen Johann Lassells Gehör gegeben. Dieser Lassells war ein unterer Beamter am Hofe, ein guter Protestant, der sich mit dem Sturz Cromwells, »eines höchst edelmütigen Mannes, der Liebe und Förderung« für Gottes Wort an den Tag legte, niemals abgefunden hatte. Lassells war ein frühes Beispiel eines strengen und aufrichtigen Puritaners. Ein Jahr früher, im September 1540, hatte er Norfolks Wort über die Heilige Schrift verbreitet. »Lasset sie gewähren und duldet ein Weilchen«, prophezeite er düster, »und sie werden sich selbst stürzen!« Inzwischen aber hatte er eine Entdeckung gemacht, die er Cranmer mitteilte. Er hatte sich mit seiner Schwester Marie unterhalten, die während der Zeit Derhams bei der alten Herzogin Pflegerin gewesen war.

»Warum bemüht Ihr Euch nicht um einen Dienst bei der Königin?« sprach Johann Lassells.

»Das will ich nicht«, erwiderte Marie, »aber die Königin tut mir sehr leid.«

»Warum?« sprach Johann.

»Meiner Treu«, erwiderte sie, »weil sie leichtfertig ist, sowohl an Lebensumständen wie an Sitten.«

»Wie das?«

Daraufhin entdeckte Marie ihrem handfesten Bruder, daß ein gewisser Franz Derham mit Katrin hundert Nächte zwischen zwei Laken gelegen hatte und daß zum Überfluß ein gewisser Manox ein geheimes Merkmal an ihrem Leibe kannte.

Johann Lassells, sagte Cranmer, kam von selbst zu ihm und er, »der sehr im Zweifel war«, beriet sich mit Audley und Johanna Seymours Bruder Hertford. Die drei Männer, die Gegner Gardiners und Anhänger Cromwells waren, äußerten alle die gleiche Ansicht. Daß Manox ein geheimes Mal an dem Leibe der Königin kannte und daß Franz Derham mit ihr geschlafen habe, war offenbar etwas, das man Katrins Gatten mitteilen mußte. Cranmer als Erzbischof war derjenige, dem es zukam.

VIII

Das königliche Paar wußte nicht, welchen Empfang Cranmer für es vorbereitet hatte. Sie kamen gegen Ende Oktober im Süden an und waren glücklich, zu Hause zu sein. Aber kaum hatten sie Hampton Court erreicht, als ihre kindliche Freude am Nachhausekommen unsanft zerstört wurde. Heinrichs Schwester Margarete war ohne Testament gestorben: das bedeutete Unannehmlichkeiten. Sein Sohn Eduard, der dick und ungesund war, hatte das Fieber: das bedeutete Sorgen. Und schließlich näherte sich ihm Cranmer »kummervoll« während der Messe zu Allerheiligen und reichte ihm einen Zettel.

Am Tage vorher hatte der König sich selbst zu Katrin beglückwünscht. Nachdem er den Leib des Herrn empfangen, hatte er seinen geistlichen Vater angewiesen, ein Gebet zu verrichten und mit ihm Gott für das »gute Leben, das er führe« und mit ihr zu führen hoffe, zu danken. Sie war in der Tat die Rose ohne Dorn.

Dann durchflog er die Mitteilung, die der weichherzige Cranmer »nicht das Herz hatte, ihm mündlich kundzutun«.

Er las sie, studierte sie, wandte sie um. Seine erste Empfindung war die des Menschen, der jemand unbedenklich hingenommen hat. Nie in seinem Leben war er weniger mißtrauisch oder von größerem Wohlwollen erfüllt gewesen, und er glaubte bestimmt, es handle sich um eine Fälschung. Ungläubig sandte er nach dem Erzbischof. Cranmer blieb dabei. Heinrich fing an, sich etwas zu beunruhigen. Drei oder vier Tage verbrachte er mit den Ratgebern, auf die er sich verlassen konnte; er gab ihnen Befehl, Derham und Manox, Lassells und seine Schwester herbeizuschaffen und vorsichtig Erkundigungen einzuziehen. Er wünschte weder einen Bruch noch einen Skandal. Inzwischen wurde der Königin Weisung erteilt, in ihrem Zimmer zu bleiben; man entließ ihre Musikanten mit der Erklärung, »es sei nicht mehr an der Zeit zu tanzen«.

Am 5. September saß Heinrich um Mitternacht mit dem schweigsamen Southampton, dem deutlichen und eisigen Russell, dem gehorsamen Anton Browne und dem erfindungsreichen Wriothesley zu Rate. Am Sonntagmorgen kam Norfolk heraus: er war in Exeter Place befragt worden, um den König nicht mit der Pest anzustecken. Er und Audley trafen den König in Hampton Court und aßen »in einem kleinen Gasthof in den Feldern« zur Nacht. Am Abend begab sich Heinrich im Geheimen nach London. Der Rat versammelte sich um Mitternacht und ging nicht vor vier oder fünf Uhr früh auseinander. Alle, selbst der düstere Norfolk, verrieten nun das schwere Unheil, das sich zusammenzog. Bald kamen auch die Geständnisse an. Lassells' Schwester Marie wurde durch Southampton wie Quarz zermalmt; Manox, den Marie genannt hatte, wurde nach Lambeth gebracht und dort von Cranmer und Wriothesley geschunden. Derham wurde verhaftet, angeblich wegen Seeräuberei, und in den Turm geworfen. Wriothesley nahm ihn vor. Margarete Morton fiel Anton Brown zu. Cranmer, Norfolk, Audley, Sussex und Bischof Gardiner aber wurden abgesandt, um Königin Katrin in Angriff zu nehmen.

Bisher bezog sich alles auf das, was man später als »ihr abscheuliches, gemeines, fleischliches, wollüstiges und lasterhaftes Leben« vor der Bekanntschaft mit Heinrich bezeichnen würde, bevor sie ihn »durch Wort und Tat verführte, sie zu lieben« und sich »frecherweise mit ihm ehelich verband«. Heinrichs eigenes reines Leben und der Anteil, den er an der

Verbindung hatte, die, wie jedermann annahm, der Ehe voranging, standen nicht zur Diskussion. Nicht er hatte ihr Blut, sondern sie »das königliche Blut befleckt«. Nicht er war es, der durch seine Skrupel und Launen und politischen Manöver die Grundfesten der Ehe erschüttert hatte; sie war die Verbrecherin. Milde gegen sich, streng gegen die andern, so wartete Heinrich wachsam ab.

Vor Cranmer hatte schon Norfolk die Königin ausgefragt, aber da der Onkel nichts aus ihr herausbekommen konnte, hatte der Primas die Absicht, sich zuerst über ihre Verfehlungen zu verbreiten, dann auf die Gerechtigkeit der Gesetze hinzuweisen, und schließlich mit einer Erwähnung der königlichen Barmherzigkeit ihr das Geständnis zu erpressen. Aber das alles war unnötig. Irgendein Wort oder eine Bewegung ließ die noch nicht zwanzigjährige junge Frau die Katastrophe, in die sie sich gestürzt hatte, plötzlich begreifen. »Es hätte jeden gedauert, ihre Verfassung zu sehen«, berichtet Cranmer. Sie war in solcher Todesangst, daß Cranmer, »aus Furcht, sie würde wahnsinnig werden«, sofort mit einem Versprechen der Gnade begann; »diese plötzliche Gnade« kam ihrem Gewissen entgegen, das sich bereits zur Übergabe vorwagte, und sie brach darunter völlig zusammen. Sie begann ihre Beichte, ihr Vorleben vor der Hochzeit. Die Szene dehnte sich bis zur Dämmerung und weiter. Von der Kapelle neben ihrem Zimmer in Hampton drang der Angelus an ihr Ohr; das eherne Gesicht des Erzbischofs tauchte aus dem tiefen Schatten auf, den das Kerzenlicht warf. Das junge Weib wurde wieder von Qualen geschüttelt. »Oh«, rief sie aus, »um diese Zeit war Herr Hennage gewohnt, mir Botschaft von Seiner Majestät zu bringen.«

Cranmer ahnte nichts von Culpepper. Er befragte sie nicht über ihr Leben als verheiratete Frau. Sein einziger Gedanke war, eine Scheidung darauf zu gründen, daß mit Derham ein früherer Ehevertrag bestand. Ein Vertrag habe nicht bestanden, sagte Katrin, gab aber zu, daß er sie fleischlich erkannt habe. Cranmer lauschte dem schluchzenden Geständnis. Er schrieb alles nieder und sie unterzeichnete es. Dann entfernte sich der ernste und ehrwürdige Primas.

Ihre eigene Schwester war mit Eduard Baynton verheiratet, der zu ihrem Gefolge gehörte. Als sie den Bayntons enthüllte, was soeben vorgegangen war, erkannten sie besser als Katrin, welches Unheil ihr bevorstand. Sofort wurde eine Botschaft an Cranmer nachgesandt, in der ihm kundgetan wurde, Derham habe das Ziel seiner Wünsche nur durch Gewalt erreicht.

IX

Bisher waren nur Manox und Derham im Spiel. Als Wriothesley vom Tower in den Rat kam, um Cranmers Schriftstück durch seines zu ergänzen, konnte kein leisester Zweifel mehr daran bestehen, daß Lassells

Schwester gerechtfertigt war. Derham hatte gestanden, daß er Katrin in der von ihr geschilderten Weise erkannt habe.

Der König hatte seine junge Braut aus persönlichen Gründen erwählt. Er hörte diese Enthüllungen nicht als Mächtiger an, in dem der Hunger nach Macht und die Angst um Macht die Oberhand haben. Er hörte sie als sehr einfacher Mensch an.

Tiefes Schweigen senkte sich auf den Rat, als Katrins Makel enthüllt wurde, ein Makel, der nie verborgen werden konnte und im Geheimen jeden erfreute, der sich als Zielscheibe ihres Temperaments gesehen hatte.

Es dauerte lange, ehe Heinrich seinem Schmerz Ausdruck geben konnte. Er saß da und kam sich sehr alt vor; sein Herz war »von Kummer durchbohrt«. Dann fing er an zu weinen. Jeder muß sich ergriffen gefühlt haben. »Schließlich, mit vielen Tränen, was bei seinem Mut sonderbar war«, eröffnete er ihnen das verwundete Herz.

X

Diesen nachsichtigen Heinrich kannte Katrin. Und hätte sie sich während ihrer Heirat anständig benommen, so wäre es ihr vielleicht geglückt, mit lebenslänglicher Einsperrung ins Kloster davonzukommen. Aber die Vergangenheit folgt der Gegenwart auf den Fersen. Lassells Schwester hatte von der Kammerfrau Tilney im Hause der Herzogin gesprochen. Tilney wurde ausfindig gemacht und nannte den Namen Margarete Morton; Morton nannte Culpepper.

»Ich habe der Königin niemals mißtraut«, rief die Frau aus, »bis ich in Hatfield sah, wie sie aus dem Kammerfenster auf Herrn Culpepper in einer Weise blickte, daß ich dachte, sie liebten einander.«

Das hatte Katrin gefürchtet. Bevor sie Culpepper warnen konnte, sich in Sicherheit zu bringen, wurde er gefangen und in den Turm geworfen.

Der Rat berichtete am 11. November in einem anschaulichen Brief an Paget in Paris über den Skandal und schloß ihn mit den bedeutungsvollen Worten: »Ihr seht also, was vor der Heirat vorgefallen ist. Gott weiß, was nachher geschehen sein mag.«

XI

Norfolks dünne Lippen kräuselten sich verächtlich. Er sagte Marillac zuerst, seine Nichte habe sich »mit sieben oder acht Personen prostituiert«. Das entsprang seiner Phantasie. Später erklärte er, der Fall Derham sei deutlich erwiesen. Er erzählte Marillac, in welchem Zustand sich Katrin befand. »Sie weigert sich zu essen oder zu trinken und weint und schreit wie eine Wahnsinnige, so daß man ihr alles wegnehmen muß, was ihren Tod beschleunigen könnte.«

Ihr Onkel fühlte kein Mitleid für sie, wohl aber das tiefste Mitleid für Heinrich. Mit Tränen in den Augen sprach er vom Kummer des Königs, der sie so liebe, und von dem Unglück, das seinem eigenen Hause durch sie und Anna Boleyn zugefügt worden. Heinrich sei so bekümmert, sagte er, daß er vorhabe, nie wieder zu heiraten.

Aber selbst die Eröffnungen über Culpepper waren nicht imstande, Heinrich gegen Katrin zu verbittern. Er sah sie nicht wieder, aber er verhärtete sein Herz nicht gegen sie. Er fügte sich der Katastrophe, und Chapuys erfuhr um diese Zeit, am 19. November, von dem nüchternen Southampton, daß Heinrich »mehr Geduld und Gnade zeigen würde, als so manche glaubten – mehr sogar, als ihre eigenen Verwandten wünschten; damit sei Norfolk gemeint, der, Gott weiß warum, erklärte, er wünschte, die Königin würde verbrannt werden«. Sie wurde aber von Hampton Court nach Syon, »einem früheren Nonnenkloster bei Richmond«, gebracht und dort eingeschlossen; ihre Bewachung bestand aus vier Frauen und einigen Männern. Heinrich aber sollte auf fünf oder sechs Tage auf das Land gehen, »um auf andre Gedanken zu kommen«.

Chapuys, dessen Schärfe durch die Jahre nicht gemildert worden war, und der gelegentlich Karl gegenüber äußerte, wenn Anna von Cleve eins über den Durst getrunken habe, sei sie von Katrin gar nicht so sehr verschieden, – gab zu, daß der König schwer getroffen war. »Dieser König hat sich den Fall der Königin, seiner Gattin, sehr zu Herzen genommen«, schrieb der alte Sünder, »und bei ihrem Verlust größeren Schmerz gezeigt als bei den Verfehlungen, dem Verlust und der Scheidung seiner vorhergehenden Frauen. Sein Fall erinnert an den der Frau, die beim Verlust ihres zehnten Gatten bitterlicher weinte als beim Tode aller anderen zusammen, obwohl sie alle gute Männer gewesen seien, weil sie früher nie einen begraben habe, ohne des nächsten gewiß zu sein; denn bis nun hat der König weder einen Plan noch eine Neigung gefaßt.«

XII

Da die beiden jungen Männer im Tower saßen und Katrin sich in Syon befand, hatte sie keine Möglichkeit, Culpepper zu warnen. Die Minister setzten ihre unschätzbare Polizeiarbeit fort. Die Vergangenheit des Mädchens war nach jeder »widerlichen Einzelheit« durchwühlt worden, wie Marillac sich ausdrückte, und verlor nichts durch die offizielle Darstellung. Ein Dutzend Dienstboten waren ausgefragt worden. Der Lordsiegelbewahrer wurde beauftragt, »von Wilkes alles herauszubekommen«, was Lord Wilhelm Howard schaden konnte. Wriothesley schrieb vergnügt an Sadler: »Die Tilney hat uns gute Dienste geleistet.« Er hörte zu seiner Freude, daß Derham einmal gesagt hatte: »Wäre der König tot, ich könnte sie gewißlich heiraten.« Dieser Beitrag wurde freiwillig von einem anderen jungen Mann geliefert. »Keine Marter«, rief der Minister aus, »war imstande, ihn früher zu diesem Geständnis zu bringen.«

Der außerordentliche Eifer, jedes bißchen Beweismaterial aufzuspüren, ging auf die furchtbaren und aufregenden Möglichkeiten des Verrats und der Verschwörung zurück. Die alte Herzogin von Norfolk hatte nicht nur aus Angst vor Heinrichs Habgier ihre Geldsäcke versteckt, sondern Derhams Schatullen erbrochen und Balladen wie Briefe vernichtet. Dadurch beschwor sie den Geist: sie selbst, ihr Sohn, ihre Tochter und neun Dienstboten wurden verhaftet. Der unstimmige Rat beobachtete Heinrich, wie die beiden Parteien den Fußball; sie hatten die Absicht, gründlich zu sein.

Derham und Culpepper wurde am 1. Dezember der Prozeß gemacht; die Verhandlung fand vor einem besonderen Ausschuß in Guildhall statt. Katrins junge Brüder und Culpeppers Verwandte hielten es für richtig, ihre Gleichgültigkeit zu beweisen, indem sie in London herumfuhren, während Norfolk, der einer der Richter war, es auf sich nahm, bei der Verhandlung zu lachen und zu spotten. Katrins unterzeichnete Aussage wurde verlesen, und statt des »Nicht schuldig« erklärten die Angeklagten bald, sie seien schuldig. Der Sache selbst ließ sich keine neue Seite abgewinnen. Derham gab völlige Intimität zu und rechtfertigte sie durch eine Verlobung. Er wurde verurteilt, in Tyburn den Tod zu erleiden, erhängt, lebendig abgenommen, aufgeschlitzt, seine Eingeweide verbrannt und endlich durch Köpfen getötet zu werden. Dieses furchtbare Urteil wurde auch über Culpepper gefällt.

»Ihr Herren«, lautete seine Verteidigung, »versucht nicht mehr zu erfahren, als daß der König mich des Gegenstands beraubt hat, den ich auf der Welt am meisten liebe; und wenn Ihr mich auch dafür hängen könnt, so liebt sie mich doch so sehr, wie ich sie, obwohl bis zu dieser Stunde nichts Unrechtes zwischen uns vorgefallen ist. Bevor der König sie heiratete, gedachte ich sie zur Frau zu nehmen; als ich sah, daß sie für mich verloren war, glaubte ich sterben zu müssen; Ihr alle wißt, wie nah dem Tod ich war. Die Königin sah meine Schmerzen und erwies mir Ihre Gnade, und als ich das bemerkte, ließ ich mich vom Teufel versuchen und wagte eines Tages beim Tanz ihr einen Brief zu geben, worauf ich innerhalb von zwei Tagen eine Antwort erhielt, sie würde ein Mittel finden, meine Wünsche zu erfüllen. Weiter weiß ich nichts, Mylord, bei meiner Ehre als Edelmann.«

Norfolks Grinsen bewies, was er fühlte.

»Ich habe genug gesagt, Culpepper«, bemerkte Hertford, »um den Kopf zu verlieren.«

Zehn Tage lang wurden sie nach dem Fällen des Todesurteils immer wieder ins Kreuzverhör genommen; aber man konnte keine weiteren Geständnisse von ihnen erlangen. Derham bat, die Härte des Urteils zu mildern, aber »der König fand, er habe keine Gnade verdient«. Der Rat teilte jedoch mit, daß Culpepper »nur den Kopf verlieren solle«.

Am 10. Dezember erlitten die beiden jungen Männer in Tyburn die verhängte Strafe.

Bis zum Ende der Prozesse war Heinrich ruhig; aber der Rat riß täglich an seinen Nerven: jedes Detail der Beweisaufnahme wurde ihm vorgelegt. Endlich brach er in Gegenwart seiner Räte in einen derartigen Sturm des Schmerzes und der Wut aus und rief so laut nach einem Schwert, mit dem er Katrin erschlagen wollte, daß sie ihre Stühle umklammerten und glaubten, er sei wahnsinnig geworden.

»Das schlechte Weib!« rief er mit vor Haß geschwollenem Gesicht und wütenden Augen. »Nie hat sie solche Wonne von ihren Geliebten gehabt, wie sie nun im Tode Martern erdulden soll!«

Diese Ausdrücke entfuhren ihm mitten in einer Konferenz. Plötzlich brach er zusammen und fing an zu weinen. Sie hätte die Gattin seines Alters sein sollen. Sein Pech, immer auf so schlimme Frauen zu stoßen, war das, was er seinen Ministern vorwarf. »Mein Rat hat schuld an diesem Unheil!« In einem Wutanfall sprang er auf und rief nach Pferden. Niemand wußte, wohin er sich wenden wollte.

Und wohin sollte er sich auch wenden? England ist eine Insel. Sein Rat war zu allem bereit: bereit, ein Gesetz durchzubringen, ein Mittel zu erfinden, das ihren Herrn vor der »Leichtfertigkeit der Frauen«, wie sie Franz eben in einem Kondolenzschreiben gebrandmarkt hatte, zu schützen. Es beunruhigte sie, daß er auf so tolle Weise auf und davon ritt: sie taten ihr Möglichstes, ihn seinen Schmerz vergessen zu machen. Aber er bestand darauf, zu flüchten. »Er ist fünfundzwanzig Meilen von hier entfernt«, berichtet Marillac, »ohne Begleitung außer Musikern und *maîtres de plaisir*.«

Die Abreise des Herrn bedeutete jedoch nicht, daß er mit seinem Rat nicht mehr in Verbindung stand. Die Öffentlichkeit hatte ihm eine bittere Lektion erteilt, als er Anna Boleyn den Tod einer Verbrecherin sterben ließ. Diesmal zeigte er sich als Meister in der Kunst, die öffentliche Meinung zu bearbeiten. Er selbst hatte jede Einzelheit des Prozesses gegen Katrin überwacht. Die jungen Leute wurden in aller Öffentlichkeit vor Gericht gezogen. Überall, wohin Katrin und er ihre Reise unternommen hatten, wurde eine Grand Jury einberufen, um die Berechtigung der Anklage zu bestätigen. Jede ausführliche Anweisung betreffs Katrins Zimmerarrest unter Eduard Baynton (der sich im Falle Boleyn als so guter Bluthund erwiesen hatte), kam von Heinrich selbst, bis zu ihrer Kleidung und anständigen Aufmachung hinunter (aber »keine Prunkgewänder«). Lady Rochford wurde dazu bestimmt, sie auszuhorchen, obwohl sie selbst unter Anklage stand. Ein höchst komplizierter Fragebogen, den man der Herzogin von Norfolk vorlegen sollte, wurde vom König findig korrigiert und zugespitzt. Auch auf ihr greifbares Vermögen richtete er sein Auge; es wurde beschlagnahmt und das Inventar ihm vorgelegt. Aber während er bei der früheren Krise die Hinrichtung der Anna Boleyn beschleunigt hatte, gab er sich nun die größte Mühe, die Verantwortung auf sein lenkbares Parlament abzuwälzen. Heinrich hatte kostspielige Fehler gemacht und der Feindseligkeit Nahrung gegeben; er hatte nachgedacht und beherrschte nun seine Lektion.

Der Rat war wohl darin geübt, seine Anordnungen auszuführen. In den kurzen Tagen des Advent fasteten sie nicht zu heftig: einen Tag um den andern bekamen sie Lachs und Flundern, Seezunge und Tarbutt, grüne und gesalzene Heringe, Gründlinge und Hecht, Krabben und panierten Aal und Austern, Rindfleisch, Hammelfleisch, Markknochen vom Kalb, Kaninchen, Schnepfen, Kiebitze, Lerchen, Kraniche, Rebhühner, Gänse, Erbsen, Bohnen, Zwiebel, Kirschen, Erdbeeren, Reinetten, Apfelsinen, Birnen, Kastanien, Granatäpfel und all das andre Essen und Trinken, das nötig ist, damit man die Mühe der Staatskunst ertragen kann. Im Ganzen war es eine Schicht wohlbeleibter und herzhafter Männer. Sie waren gegen die alte Herzogin nicht feindlich gesinnt und hatten nur wenig gegen Lord Wilhelm. Wahrscheinlich machte es ihnen sogar Spaß, daß der Herzog es für das Sicherste hielt, sich wie ein gerissener Veteran nach Norfolk zurückzuziehen. Die widerwillige Bereitschaft Gardiners, bei der Todeshetze gegen Katrin mitzumachen, verfehlte wohl auf keinen von ihnen Eindruck zu machen. Die sonderbare Nachricht, daß die teure Schwester des Königs, Anna von Cleve, ihn soeben zum Onkel gemacht habe, »denn der König hat Kenntnis davon erhalten, daß sie wirklich entbunden wurde und ihrem Gefolge die Schuld daran gibt, es dem König nicht eher mitgeteilt zu haben«, muß heftige und heitere Neugier entfesselt haben. Zumindest machte das Gerücht der Allianz zwischen England-Frankreich-Cleve ein Ende und bahnte der Wiedervereinigung mit dem Kaiser, nach der die Welt wieder einmal hinzielte, den Weg.

Trotzdem blieb aus verschiedenen Gründen der Rat am Ruder. Heinrich war mit seinen *maîtres de plaisir* abgereist. Wieder einmal war er von Kummer heimgesucht. Er schien der furchtbaren Lage den Rücken kehren und Katrin den Staats- und Glaubenshirten überlassen zu wollen.

XIII

Katrin war nun in Syon von aller Welt abgeschnitten, bis das Parlament gegen Mitte Januar zusammentrat. Während der ersten Wochen hielt ein fieberhafter Wahnzustand sie gefangen, aber langsam gewann sie mit der Lebenslust eines zwanzigjährigen Mädchens ihre gute Laune wieder.

Von den Howards hatte sie nichts zu erhoffen. Norfolk hatte Heinrich über die »abscheulichen Handlungen seiner beiden Nichten« einen Brief geschrieben, in dem er die Furcht aussprach, daß »Seine Majestät es als schrecklich empfinden wird, irgend jemand aus meiner Sippe erwähnen zu hören«, gleichzeitig aber schlauerweise Heinrich erinnerte, wie wenig seine Stiefmutter und seine Nichten für ihn übrig hatten, und um die beruhigende Versicherung jener Gunst bat, »ohne welche ich nicht zu leben wünschte«.

Diese Bitte konnte Heinrich dem besten Soldaten seines Reiches wohl gewähren. Katrin dagegen gehörte der neuen Generation an. Sie konnte Heinrich um nichts bitten. Sie stellte auch keine Bitte.

»Sehr heiter, und rundlicher und hübscher als je.« So schilderte sie Chapuys gegen Ende Januar; er schrieb, sie kleide sich genau so sorgfältig und sei ebenso eigenwillig und herrisch wie am Hofe. Aber ihre Heiterkeit verbarg Tiefen. Sie erwartete hingerichtet zu werden. Sie sagte, sie habe den Tod verdient. Sie bat nur darum, die »Hinrichtung im Geheimen und nicht vor aller Welt« stattfinden zu lassen.

Diese Ergebung in ihr Schicksal schien aus ihrer Gefühlsstärke zu entspringen. Sie konnte ihre eigene Unaufrichtigkeit nicht rechtfertigen. Sie hatte Culpepper Liebeszeichen geschenkt; sie hatte sich ihm selbst schenken wollen; und da sie stets in ihrer jugendlichen Phantasie lebte, schien es ihr nun, als schenke sie ihm ihr Leben.

Der älteren Generation, deren Vorstellung längst für die Jagd auf Macht und die Verantwortung für den Staat festgelegt war, den behäbigen Männern, die Lerchen verzehrten statt ihnen zu lauschen, erschien die Triebhaftigkeit, die Katrin geleitet hatte, als etwas Unmögliches. Sie war zu jung, um die komplizierten Gesetze der Selbsterhaltung zu begreifen und nicht alt genug, die Gefahren der Aufrichtigkeit zu erfassen. Selbst Heinrich, der so viel geweint hatte, kehrte langsam wieder zum Trost durch Geselligkeit zurück und bereitete ein riesiges Bankett für die Jugend vor, bei welchem Scharen frischer Mädchen, etwa fünfzig an der Zahl, ihn unterhalten und zerstreuen sollten. Southampton hatte seinem Herrn die Neigung zugetraut, die so großherzig aber auch so unerträglich kostspielig ist, seinen Gefühlen nachzugeben. Aber als seine Tränen getrocknet waren, benutzte Heinrich ein billigeres Mittel, seine Nerven zu beruhigen. Katrin lebte noch nicht lange genug, um sich auf diese ökonomischen Gesetze zu verstehen, und war sogar bereit, die Folgen ihrer Unehrlichkeit zu tragen.

Als sie Nachricht erhielt, daß sowohl das Ober- wie das Unterhaus die Anklageschrift angenommen hatten und daß der König ihr gestatten werde, sich vor dem Parlament zu verteidigen, verzichtete sie darauf. Sie unterwarf sich durchaus der Gnade des Königs und erklärte, den Tod verdient zu haben. Sie war gefaßt, oder hielt sich für gefaßt.

Als aber Sir Johann Gage, ein Mann mit blondem Bart und unnachsichtig geradem Blick, nach Syon kam und ihr befahl, ihre Sachen zu packen und sich für den Tower zurechtzumachen, ergriff Todesangst ihre Nerven. Als der tatsächliche Augenblick des Weggangs gekommen war und sie fort sollte, schauderte ihr Körper davor zurück, ihre Hände schlossen sich krampfhaft, sie leistete Widerstand und sagte: »Nein, nein.« Aber die Barken waren bereit. Von Schluchzen geschüttelt schiffte sie sich in Isleworth ein. Als sie aber mit vor Erregung glühenden Wangen am Tower landete, hatte sie ihre Fassung wiedergewonnen. Zuerst kam Southampton in einer großen Barke mit anderen Räten; zuletzt Suffolk mit seinen Dienern in einer zweiten großen Barke; sie selbst war mit einigen wenigen Damen und Soldaten in einer kleinen. Zuerst landeten die Lords, dann Katrin, die in schwarzem Samt gekleidet war; »man erwies ihr die gleichen Ehren, als ob sie noch regierte.«

Gage war seit dem Tode Wilhelm Kingstons der neue Kommandant des Tower. Lady Rochford war, nachdem sie von ihrer bevorstehenden Verurteilung erfahren hatte, zeitweilig nicht bei Verstand gewesen, aber endlich wieder zu sich gekommen und bei ihrer Herrin. Katrin brach am Nachmittag des 10. Februar im Tower ein zweites Mal zusammen. Culpepper war vor ihr hier gewesen. »Sie weint, schreit und quält sich auf elende Art ohne Aufhören.« Um ihr Muße zu geben, ihre Haltung wiederzugewinnen und »über den Zustand ihres Gewissens nachzudenken«, wurde die Hinrichtung um einige Tage verschoben.

Dies war an einem Freitag. Am Sonntag gegen Abend kam Gage zu ihr und befahl ihr, sich auf den Tod vorzubereiten, da sie am andern Tage sterben müsse.

An diesem Abend bat sie, den Block hereinzubringen, damit sie wisse, wie sie hinzuknien habe. Es geschah, und die junge Frau machte die Probe.

Als sie am nächsten Morgen, dem 13. Februar, zum Schafott kam, war es an der gleichen Stelle errichtet, wo man ihre Kusine Anna Boleyn geköpft hatte. Der Rat hatte sich mit Ausnahme ihres alten Onkels im Schauer des Wintermorgens, da die Bäume kahl standen, die Sterne kaum verglommen waren und die Luft von der nahen Themse mit Dünsten geschwängert schien, vollzählig eingefunden. Eine große Menge Volk war am Schafott versammelt.

Sie sprach atemlos einige Worte. Ein Spanier hörte sie und schrieb sie auf.

»Brüder, bei der Reise, die ich antreten muß, – ich habe den König nicht gekränkt. Wahr ist aber, daß ich lange, ehe der König mich nahm, Culpepper liebte; und ich wollte zu Gott, ich hätte getan, was er verlangte. Denn als der König mich wollte, drang er in mich zu sagen, daß ich ihm versprochen sei. Hätte ich getan, was er mir riet, so würde ich nicht dieses Todes sterben und auch er nicht. Lieber hätte ich ihn zum Manne gehabt, als daß ich Herrin der ganzen Welt gewesen wäre, aber die Sünde und die Gier nach Größe machten mich blind; und da ich die Schuld trage, muß ich auch die Leiden tragen; mein großer Schmerz ist aber, daß Culpepper durch mich hat sterben müssen.«

Bei diesen Worten konnte sie nicht weiter. Sie wandte sich an den Henker und sagte:

»Bitte, beeilet Euch mit dem, was Eures Amtes ist.«

Er kniete vor ihr nieder und bat sie um Verzeihung.

Sie sagte unbeherrscht: »Ich sterbe als Königin, aber ich würde lieber als Gattin Culpeppers sterben. Gott sei meiner Seele gnädig. Liebe Leute, ich bitte Euch, für mich zu beten.«

Sie fiel auf die Knie und begann zu beten. Dann schnitt der Henker ihr den gebeugten Hals durch und ihr junges Blut strömte in furchtbarer Flut hervor. Darauf wurde Lady Rochford an den Block geführt, aber bevor man sie das Schafott besteigen ließ, wurde der schlanke Körper ihrer Herrin mit einem schwarzen Tuch bedeckt, aufgehoben und in die Kapelle getragen, wo er nahe Anna Boleyn bestattet wurde.

SIEBENTES BUCH

KATHARINA PARR

Wohl die beste Gewähr für Keuschheit wie Gehorsam der Frau ist es, wenn sie ihren Gatten für weise hält.

Francis Bacon

I

Wenn ein alternder Mann vor seinen Kollegen zu weinen anfängt, ist das ein ergreifender Anblick. Er mag schlecht sein, aber jedenfalls ist er erschüttert. Er findet das Leben schwer. Und selbst jene, die ihn verabscheut und gefürchtet haben, können kaum anders, als ihm ihr Taschentuch leihen und ihre Augen abwenden.

Heinrichs fünfte Heirat war schlecht ausgegangen, wie seine vierte, seine zweite und erste schlecht ausgegangen waren. Welche Zweifel seine treuen Untertanen auch immer bei den früheren Fällen im Geheimen gehegt haben mochten, waren sie doch imstand zu sagen: »Diesmal tut er uns leid.« Und leid tat er ihnen, mehr leid als Katrin Howard.

Heinrich sah schlecht aus. Als er mit Katrin verheiratet war, hatte sein Stolz ihn aufgeplustert und herbstliche Fülle seinen Körper verschönt, wie Holbeins Darstellung es zeigt. Plötzlich wurde er wie von einer grausamen Hand mit Alter geschlagen. Er war erst fünfzig, also noch kein Greis; Warham und Johann Fisher hatten die siebzig erreicht, Papst Julius fast das achtzigste Jahr; Michelangelo lebte noch immer und würde neunzig alt werden. Niedergeschlagenheit öffnet jedoch dem Alter die Türe, und Heinrich war tief niedergeschlagen. Er kam ins Parlament, und die Mitglieder sahen ihn erstaunt an. Sein Gesicht hatte die Röte der Gesundheit verloren. Es wurde in der Ruhe glanzlos und schwer, als habe das Gold sich in Messing verwandelt. Die Züge waren schlaff. Ein Ausdruck des Erstaunens, der durch die Querfurchen der Stirn unterstrichen wurde, schien zu sagen: »So also sieht das Leben aus!« Mit der Liebe war er fertig. Die Wiederverjüngung war hinausgeschoben, zumindest bis ins Jenseits. Die Welt, die ihm das Glück in den Schoß geschüttet hatte, sie hatte es ihm wieder genommen. Ein Gitter, das Gitter des Gartens, in dem er so königlich gewandelt war, und durch das er noch immer die Blüten sehen konnte, war ihm vor der Nase zugefallen.

Das schüchterte ihn ein, und sein Volk fühlte mit ihm. Alle Einzelheiten von Katrins Verhaftung, selbst das Unterzeichnen der Schriftstücke, wurde ihm aus den ungeschickten Händen genommen.

Das Parlament bewies tatsächlich, wie sehr dieser neue Heinrich das Herz des Volkes ergriff. Audley hatte nach Anna Boleyns Hinrichtung sein Eheleben mit dem Salomons verglichen. Nun sprach er von ihm als vom König David. David, sagte er in der Eröffnungsrede, habe weder Ehren noch Reichtümer erstrebt, sondern Verstand und Weisheit. Bei dieser Huldigung an die Allerheiligste Majestät stand jeder Pair auf und verneigte sich vor dem reifen David. Aber obwohl Audley, der sich bis zum Boden bückte, das Parlament versicherte, daß diese Gaben der Weisheit und des Verstandes Heinrich in reichem Maße zuteil geworden seien, wartete er nur, bis sich der König entfernt hatte, um mit Strenge von der Leichtfertigkeit der Frauen zu sprechen.

Worauf die Adams gegen die Evas ein Gesetz zum Schutz des Königs einbrachten.

Von da ab sollte es nicht Hochverrat, sondern gesetzlich sein, an der »augenblicklichen Königin« irgendeine Leichtfertigkeit zu enthüllen. Jede Dame, um die sich Heinrich bewarb, sollte bei Todesstrafe verpflichtet sein, rechtzeitig mitzuteilen, ob sie wegen unsittlichen Verhaltens angeklagt werden konnte. »Wenn eine unkeusche Frau den König heiratet, soll sie des Hochverrats schuldig sein.«

Das Parlament dachte, als es dem königlichen David diesen Rettungsgürtel umband, nur an lügenhafte Frauen. Er sollte mit diesem Schutz imstande sein, wieder die stürmischen Meere zu befahren.

Wie aber verhielt es sich unter diesen Umständen mit einer Werbung? Alle Mädchen am Hofe hatten Katrin Howard gekannt. Die meisten hatte man der »modernen Unruhe« in Verdacht. Der Mittelstand, der die Bibel las, sah Verworfenheit in der Papageienpracht des Hofes und brachte die Begriffe Götzendienst und Ehebruch zusammen. Bischof Latimer würde ihnen wenige Jahre später zu Westminster sagen, daß sie inmitten von »Ehebruch, Hurerei und Wollust« lebten. Er würde sie anklagen, daß sie um des »Vergnügens und der Wollust« willen heirateten. All dies hatte Einfluß auf die jungen Frauen, die Heinrich umgaben. »Sie hielten sich ihm fern«, schrieb Lord Herbert, »da sie wußten, in welch gefährlicher Lage sie sich befanden, falls der König, nachdem er sie in sein Bett aufgenommen, durch irgendeinen Irrtum erklären würde, sie seien keine Jungfrauen.«

Es bedeutete das Ende der Liebeleien. Schwere Unkeuschheit führte zu schwererem Puritanismus.

In diesem selben Monat sagte Margarete von Navarra Paget im Louvre: »Ich muß den Fürsten aus vielen Gründen lieben. Einst hätte ich die Gattin seines Vaters werden sollen, und später hätte ich seine Gattin werden sollen; und wir haben beide die gleichen Glaubensanschauungen: keiner von uns mag den Papst leiden.«

Angenommen indes, Heinrich hätte sich um Margarete beworben. Stimmte es etwa nicht, daß Bonnivet eines Nachts sich in seiner schönsten Nachtmütze und seinem parfümierten Nachtgewand durch eine Falltür in das Zimmer der schlafenden Prinzessin geschlichen hatte, »und daß sie seine Anwesenheit zuerst daran merkte, daß sie sich in seinen Armen befand?« Da sie »eine starke Frau« zu sein sich rühmte, hatte sie ihre Hände und Nägel gut angewandt. Er versuchte, ihr mit der Decke den Mund zu stopfen, aber als sie sah, daß er sein Möglichstes tat, sie zu entehren, rief sie ihre Ehrendame, und Bonnivet zog sich zerkratzt und zerbissen zurück.

Ihre Ehrendame warnte sie mit weisen Worten, diese Geschichte, die sehr verdächtig klang, nicht weiterzuerzählen. Aber wäre sie unter Todesstrafe verpflichtet gewesen, dem König oder jemand aus seinem Rat diese

Sache mitzuteilen, so hätte das nur rohe Zweifel erweckt, die niemals schwinden konnten.

Seit dem Jahre 1536 hatte Heinrich die Möglichkeit, eine ungetreue Gattin hinzurichten, immer im Auge behalten. Seine Augen erglänzten davon. Es war der Grund, den er im Jahre 1536 dafür anführte, daß er keine Ausländerin heiratete. Aber nun hatte er sich selbst zu Hause mit der Artillerie des Gesetzes bewaffnet: werben konnte er nur noch um kugelfeste Frauen.

II

Er glaubte, der Welt beweisen zu müssen, daß er sich über seinen Kummer erhoben hatte. Katrin wurde an einem Montag hingerichtet: am folgenden Sonntag gab er seinem Rate ein Bankett; am nächsten lud er seine Juristen zum Essen ein; am Dienstagmorgen ging er in Hampton Court von Zimmer zu Zimmer und bestellte die Gemächer für die jungen Damen; und des Abends »bereitete er ihnen eine große und herzliche Aufnahme«.

Bei diesem Bankett muß es sonderbare Strömungen des Gefühls gegeben haben. Er war in »gefälliger Laune«. Er glänzte. Aber der Gedanke an seine nächste Heirat wollte den Leuten nicht aus dem Kopf. Er schwamm auf den Wellen der Begrüßungen, der schönen Woge der Höflichkeit, aber man sah noch immer den früheren Mann, den Mann, der junge Hofdamen geheiratet hatte, wie Anna Boleyn und Johanna Seymour und Katrin Howard. Seine Persönlichkeit, sein Funkeln, sein Fett, sein Gesicht, das im Kerzenlicht gelb aussah wie Talg, sein dünner roter Bart, sein verkrampftes Lächeln, sein schwerer, glänzender Blick, seine Hände, die mit Juwelen wie mit Geschwüren bedeckt waren, und die fixe Idee der überwältigenden Macht hinter all dem höfischen Betragen, muß manchen seltsamen, heftigen und grausigen Schauer die jungen Rücken hinuntergejagt haben. Während sein Auge die hübschen Dinger streifte, da ein Strahl auf Lord Cobhams muntere Tochter, dort einer auf Lord Lisles Stieftochter, wieder ein andrer auf Southamptons Nichte fiel, schien es, als würde der Kenner noch einmal mit sicherem Blick das Meisterwerk benennen. Wenn er vorüberging, kurzatmig, plötzlich, mit lauter Stimme und schnellen Augen, ließ er das wirbelnde Kielwasser intimster Vergleiche und Mutmaßungen hinter sich zurück.

Aber das war irreführend. Er war verwandelt. Obwohl er sich über den Schmerz erhob, hatte er doch seine Laune noch nicht wiedergewonnen. Der Schlag, den Katrin seinem Vertrauen versetzt hatte, war tief in sein Wesen eingedrungen. Er hatte sie zu seiner Königin gemacht, hatte sie mit Juwelen überhäuft, sie geliebkost, sie zur Schau gestellt; und kein Zornesausbruch, kein Todesstreich konnte die Erkenntnis auslöschen, daß er sie nie errungen hatte. Er hatte sie in Händen gehabt, aber seine Hände waren leer. Er war der ältliche Magnat, der den Körper der jungen Person kaufen konnte, aber ihr Herz nicht besaß. Zuerst hatte er es nicht geglaubt, aber sie war so ehrlich, daß sie seine Gefühle nicht schonte. Seine Niederlage ließ sich nicht verbergen.

In seinem ermüdeten Leibe lebte nichts mehr von der offenkundigen Bosheit, die ihn veranlaßt hatte, die Boleyns zu töten. Diese Bosheit ist nur die Kehrseite der Stärke, und Heinrich hatte an Mannhaftigkeit eingebüßt. Was ihn mit fünfzig Jahren bewegte, war nicht mehr persönliche Liebe. Chapuys beobachtete ihn. »Er scheint, außer daß er um der Unterhaltung willen die Gesellschaft der Damen sucht, da er ja auch unter Damen aufgewachsen, nicht mehr an eine neue Heirat zu denken. Er ist gedrückt gewesen, seit er von dem schlechten Benehmen der verstorbenen Königin erfuhr.«

Aber als Chapuys, der ihn zum Kaiser locken wollte, ihm sagte, er selbst würde sich der Strafe unterwerfen, wenn er das Vertrauen mißbrauchte, um das er Heinrich bat, »sah er, wie das Gesicht des Königs sich aufheiterte und seine Augen funkelten«. Unterwerfung war immer noch nach seinem Geschmack. Politische Enttäuschungen hatten ihm seine Illusionen nicht geraubt. Im Maße, wie ihn das Alter von den früheren Erlebnissen in Sport und Liebe ausschloß, wurde er stets bereiter, sich politischen Ruhm zu erwerben, die Macht mit ihrem gewitzten Geschwister Betrug zu vereinigen.

III

Als in diesem Frühjahr Heinrich mit seinen Räten im Garten von Greenwich stand, machte eine Matrone vor ihm einen Knicks und reichte ihm eine Bittschrift. Es war die Witwe Northumberlands. Sie war hergekommen um ihm zu sagen, daß sie nichts zum Lebensunterhalt besäße.

Er sah die Bittschrift an; er sah die Frau an. Es war die Tochter Shrewsburys. Er hörte sie sehr freundlich an »und neigte sich an seinem Stabe zu ihr hinunter«.

Es war zwanzig Jahre her, daß er und Wolsey Percy zerbrochen hatten. Diese Frau, die jetzt vor ihm stand, war mit Percy verheiratet gewesen, der sie immer haßte, weil man ihm Anna Boleyn genommen hatte. Schließlich hatte Heinrich Percys Güter wegen Schulden beschlagnahmt und seine Brüder in den Tower geworfen, wo sie starben.

»Madam«, fragte er ernsthaft, »wie könnt Ihr eine Rente von den Gütern Eures Gatten verlangen, da doch Euer Vater bei der Heirat Eurem Gatten keine Mitgift gegeben hat? Oder was glaubt Ihr, daß ich hierin tun soll?«

Sie sah mit dem flehenden Blick, der mit Unterwürfigkeit geladen ist, zu ihm auf.

»Was Eurer Majestät beliebt.«

Er überlegte. »Madam, ich bin baß erstaunt, daß Mylord Euer Vater, ein Mann von so großer Weisheit, seiner Zeit in dieser Sache nichts unternommen hat.«

Er blickte die Witwe an. Vielleicht seufzte er. »Trotzdem, Madam, befinden Wir für gut, die Sache Unserm Rat zu unterbreiten.«

Er wandte sich an Tunstall und Anton Browne und reichte Tunstall ihre Bittschrift.

»Ich flehe Eure Majestät an, Euch gütig und gnädig gegen mich zu bezeigen.«

Er hörte sie an. »Wir wollen es.« Und er hielt Wort.

Diese Art Milde nahm in ihm zu. Dutzende von kleinen Ärgernissen, die ihn früher rasend machten, wurden schnell abgetan. Die alte Herzogin von Norfolk und ihre Brut wurde im Frühjahr und Sommer 1542 freigelassen und einige ihrer Güter zurückgegeben. Marie Boleyns Gatte Stafford war einer der Zeugen gegen Katrin Howard gewesen; er war ein belohnter Höfling. Der junge Norris erhielt Ländereien zugesprochen. Obwohl Dudley im Jahre 1510 wegen Verschwörung hingerichtet worden war, stand sein Sohn in hoher Gunst. Heinrich verlangte nichts als Unterwürfigkeit. Solange Höflinge wie Paget von ihm erwarteten, »sich zu mir wie Gott zu benehmen, da ich ihn für meinen Gott auf Erden halte«, war Heinrich bereit, sich wie Gott zu benehmen, selbst was die Barmherzigkeit anging.

»Wenn er an einer Person oder Sache Gefallen findet«, schrieb Chapuys, »kennt er keine Grenzen.« Hätte er Gottes Macht besessen und die Köpfe, die er abgeschnitten hatte, wieder aufsetzen können, wäre vielleicht sogar Cromwell im Garten zu Greenwich mit ihm spaziert.

Seine zunehmende Milde rührte teilweise von der Beruhigung her, die er darüber empfand, daß Karl und Franz sich wieder bekriegten. Aber sie rührte auch von der Urteilskraft, der Autorität, der Laune, die in ihm gereift war.

Er war sogar imstande zuzugeben, warum er Anna von Cleve geheiratet hatte. »Ihr hattet mich in der Klemme«, sagte er Marillac, »aber Gott sei Dank bin ich noch am Leben und nicht so wenig ein König, wie ich dachte.«

Die mächtigen Verbitterungen, die aus Zweifel und Unsicherheit entsprangen, waren durch diese glückliche Rettung besänftigt worden. Wenn er nicht durchweg liebenswürdig war, wenn er seiner Galle manchmal nur darum nicht Luft machte, weil ein einziger wütender Blick jeden nachgeben ließ, so hatte er doch gelernt, weniger zu prahlen, die Gefahr abzuschätzen, ihr zuvorzukommen. Er betonte, »dies sei ein Reich der Gerechtigkeit, wo die Guten nicht verfolgt würden«. Er versuchte, auf Aufrichtigkeit zu bestehen. »Wir hassen unserm Wesen nach alle Verstellung und Umschweife.« Er versuchte Fehden, die der Disziplin gefährlich werden konnten, auszurotten. »Der König gestattet keinem, auch nur seinem geringsten Knecht unziemliche Worte zu sagen.« Er hatte Festungen und

Küstenverschanzungen ausgebaut. Er hielt den Norden Englands unter dem Daumen. Er empfing irische »Wilde« und sandte sie als englische Edelleute wieder nach Hause. Er überlegte und plante die Kolonisierung Schottlands durch Walliser. Der Heinrich der letzten Phase war zur Reife gelangt; er war ein schlauer und einzigartiger Politiker.

IV

Die Politik, die er jetzt anwandte, war eine Verbindung von Cromwells und Wolseys Staatskunst, und er hatte im Jahre 1542 alle Hände voll damit zu tun. Fest im Innern saß ihm der eingewachsene Haß gegen den Papst. Der Waffenstillstand von Nizza, der vom Papst erdacht wurde, um in Europa eine katholische Stimmung, ein Kirchenkonzil und eine erneute Macht zu erzeugen, welche die Lutheraner und besonders Heinrich züchtigen sollten, war ein Ding, dem Heinrich keine lange Dauer zutraute. Und er feilschte über die Bedingungen einer Heirat zwischen Marie und Orléans genau so, wie sein Vater über die Heiratsbedingungen zwischen Arthur und Katharina gefeilscht hatte; dabei aber berechnete er in Wirklichkeit schon seine eigne Stellung im nächsten europäischen Krieg.

Der Krieg war fällig. Die Franzosen standen wie »Rehe auf einer Lichtung« und wußten nicht, welchen Weg sie nehmen sollten; Heinrich, der Jäger auf dem Anstand, wartete, sein Auge auf den Rehen und sein Herz im Finger, der den Hahn spannte.

Der Mann, der einst die Zither gespielt und Musik komponiert hatte, untersuchte jetzt Entwürfe von Schlachtschiffen, machte Vorschläge für Reduten, zeichnete Pläne von Türmen, skizzierte einen Karren, der beim Rollen längs der Straße Korn mahlen konnte. Und jeder Keim einer Idee, den er besaß, wurde sofort von treuen Technikern vergrößert, mit Ausnahme der übergescheiten Portugiesen, die er hinauswarf, oder der verbissenen, für Schmeichelei nicht begabten italienischen Ingenieure.

Das Liebesfest von Aigues Mortes hatte Franz und Karl auf vier Jahre vereinigt, aber Karl hatte im Jahre 1541 einen schwächlichen Angriff auf Algier gemacht, der mißlang; der Anblick dieser Niederlage erneuerte Franzens Treue zu Mailand. Er hatte in aller Eile Gesandte an die Türken abgeschickt, und als diese Abgesandten von Spaniern bei Pavia ermordet wurden, verlor der Waffenstillstand von Nizza seinen Achsennagel; Cathotlico und Christianissimo zogen die Boxhandschuhe an und bemühten sich wieder um den Championsgürtel. Beide versuchten Heinrich herumzukriegen, aber je älter Heinrich wurde, desto dunkler wurden seine Absichten. Er wurde mit Chapuys und Marillac so geschickt fertig, daß beide überzeugt waren, er würde neutral bleiben.

Obwohl es Europa bestimmt war, nach den Leichen, die diese irrsinnige Rivalität aufhäufte, bis zum Himmel zu riechen, ist es unmöglich, mit

Achtung davon zu schreiben. Die Staatskunst Europas war noch immer die Staatskunst des Bauernhofs. Jeden Sommer versetzte, wie Erasmus bemerkte, die Natur den Engländern einen Tritt in den Magen, den man Pest nannte, um sie die Grundzüge der Hygiene zu lehren; aber anstatt die Lektion zu lernen, blieben die Helden standhaft und flohen die Hasenfüße, während der Kommissar für Kanalisation in Wirklichkeit ein Kommissar für Küstenschutz und Festungen war. Der Krieg, der sich von der Lebenslüge der Mannhaftigkeit nährte wie die Pest von Leibesausscheidungen, wurde mit dem schlauen Glauben hingenommen, daß Geheimtuerei und Unehrlichkeit ebenso unvermeidlich wären wie Kloaken und ihre Wohlgerüche. Es geschah, wie Erasmus voraussagte, als er die Dynasten ihre Kriegsfarben anlegen sah: die Instinkte hatten freies Spiel. Schweden, Dänemark, Polen, Deutschland, Böhmen, Ungarn, der Balkan, Persien, Syrien, Ägypten, Italien, ganz Nordafrika, Spanien, Frankreich, Irland, Schottland und das England, das sich niemals einem stolzen Knut oder Wilhelm zu Füßen warf und es nie tun wird, schäumten von 1509 bis 1542 von Krieg und Rüstungen, wozu noch Indien, Peru, Mexiko und Kanada kamen.

In Frankreich reizte Calvin die Hugenotten zum Kriege auf. In Schottland machte Heinrich den Bibelanhängern Mut. In England hetzte der Agent des Kaisers die Papisten gegen die Anglikaner auf. In Deutschland hatten sowohl Franz wie Heinrich die protestantischen kleinen Fürsten ermutigt, während Franz, unter Papst Paul beinahe erdrückt, noch immer eine Hand herausstreckte und damit den Türken herbeiwinkte. Die Gegenbewegung in jeder Nation, die Bewegung auf einen gemeinsamen Glauben hin, erforderte die Verbrennung von siebzehnjährigen Knaben, die an die Konsubstantiation glaubten, oder von energischen Frauen, die sich am Neuen Testament berauscht hatten. In Spanien arbeitete die Inquisition im Mark der spanischen Intelligenz wie eine Erkrankung des Rückgrats. Alles für Christus. Alles für den süßen Jesus.

Heinrich hatte gelernt, was kein König in Italien oder selbst in Deutschland gelernt hatte: das nationale Orchester zu dirigieren. Darin lag sein Triumph. Der politische Leiter muß, ob er nun ein großer Autokrat ist oder ein Führer in einer Schenke, den wirksamen Egoismus hervorlocken; unter seinem Taktstock läßt er die Musik erklingen, die jedem einzelnen gegeben ist und durch Umfang wie Klangfarbe bestimmt wird. Damit war er im Jahre 1542 beschäftigt, und in einem Grade wie nie zuvor. Während er mit seinen Blechinstrumenten für den nächsten Krieg probte und die Posaune zu seiner Arbeit in Tyburn üben ließ, hatte er keineswegs die Absicht, die religiöse Begleitung dem Zufall zu überlassen. Er war sich der Fehde zwischen Gardiner und Cranmer durchaus bewußt, aber er war durchaus nicht geneigt, den dicken Prälaten mit dem herrlichen katholischen Cello die erste Violine übertönen zu lassen, die in ihrem sonst so erlesen schönen Protestantismus ein Quietschen nicht vermeiden konnte.

In Heinrichs Jugendtagen hatte es eine Zeit gegeben, da er mehr an die Partitur dachte als an den Vortrag. Nun aber war er willens, die überlieferte Symphonie, die sein Vater vor ihm gespielt hatte, weiter fort zu führen, und es kam ihm am allermeisten auf sein Orchester an. In seinen Dreißigern hatte er zweifellos alles an sein Gewissen verwiesen. Aber seit sieben Jahren hatte er diesen anklägerischen Körperteil nicht mehr erwähnt. Er war ihn los, wie eine kranke Niere, und befand sich dabei erstaunlich wohl; er war, wie die meisten Menschen in maßgebender Stellung, darauf gekommen, daß (solange die Ufer uns tragen) es am besten ist, sich um die moralischen Sorgen erst zu kümmern, wenn von außen ein Druck ausgeübt wird.

Der Druck, der vom Papst ausging, lag ihm tatsächlich auf der Seele. Auch den Druck der öffentlichen Meinung übersah er nicht. Aus diesem Grunde mischte er Cranmer und Gardiner, Wriothesley und Audley, Norfolk und Hertford. Sah er sich heute gezwungen, eine Hand voll Sakramentarier zu opfern, »um mit ihnen ein furchtbares Beispiel zu geben«, so war er andern Tages bereit, einen von Gardiners Agenten zu verhaften. Solange die katholische Stimmung im Lande noch stark war, würde er Gardiner an seiner Seite halten; aber er liebte Cranmer umso mehr, weil er treu und beweglich war.

Chapuys hatte eine trockene Ansicht von Heinrich. »Wie der Florentiner, der gegen Wucher eine Predigt halten ließ, damit die Bankiers sich dessen enthielten, und er selbst daraus seinen Gewinn ziehen könne«, tadelte Heinrich unausgesetzt Unehrlichkeit an anderen. Er nannte Franz »Judas«. Er ließ Chapuys hereinkommen, um sich mit ihm zu unterhalten, wie er in seinem Privatzimmer lang ausgestreckt dalag, »à la domestique, en robe de nuit«.

»Judas non dormit«, lächelte er den alten Kaiserlichen an. Und in Wahrheit konnte er nicht länger so tun, als wolle er nicht gegen Franz kämpfen. Sein Neffe in Schottland, der rotköpfige, vierschrötige Jakob, hatte Franzens Tochter Magdalene und später Marie von Guise geheiratet. Dadurch sah sich England einer französischen Front im Norden zu Lande sowie im Süden an der Küste gegenüber. Heinrich war zu dem Sprichwort zurückgekehrt, um das Cromwell im Jahre 1523 seine berühmte Rede aufgebaut hatte: »Wer Frankreich will gewinnen, mit Schottland muß er beginnen.«

Es war die einzige bürgerliche Ordnung, die Heinrich instrumentieren konnte, weil sie aus dem Zentrum seiner an der Macht erkrankten Natur entsprang: eine bürgerliche Ordnung, die sich auf Gewalt und Betrug aufbaute.

V

Die Männer, die zu einer bestimmten Stunde in der Gesellschaft hochkommen, sind nicht die einzigen, ja nicht einmal die besten, die zur Verfügung stehen. Sie sind die Töne, die von der Laune des Herrn ausgesucht und von der Stunde angeschlagen werden.

Jetzt, da es darauf ankam, Schottland zu unterwerfen, weil das der erste Schachzug gegen Frankreich sein mußte, brauchte Heinrich keine Männer wie Erasmus oder Kopernikus. Sein Oberrichter war von Spinnweben bedeckt. Seine »Sänger« sollten wegen Ketzerei vor Gericht kommen. Hugo Latimer bekam eine Jahresrente, damit er den Mund hielt. Hans Holbein, der dreißig Pfund jährlich erhielt, wovon drei Pfund für Steuern abgezogen wurden, sollte im nächsten Jahre an der Pest sterben und wie jeder andre Diener in ein namenloses Grab geschaufelt werden. Die Zeit war nur der Macht und den Inhabern der Macht günstig. Heinrich brauchte Männer, die sich auf Gewalt und Betrug verstanden.

Unter den ersteren fand er die schweren Karrengäule des Königtums, die nüchternen, praktischen Köpfe, die den Dienst gegen ihren Herrn mit einem ernsthaften und plumpen Gehorsam erfüllten, auf den er immer rechnen konnte. Sie rangierten von Suffolk und dem untersetzten Southampton und Anton Browne bis Johann Russell und Johann Gage hinunter. Sie konnten alle ihren Namen schreiben. Sie waren Soldaten und Matrosen, und Soldaten wie Matrosen waren es, auf die Heinrich seine endgültigen Pläne stützte.

Ein gut Teil schweren Lehms schien ihnen beigemengt zu sein, seit Lovell und Poynings, der greise Heinrich Wyatt und Darcy zu Beginn der Regierung die ersten Modelle abgegeben hatten. Aber sie waren bodenständig und von festem Holz wie Eichen. Sie wuchsen und breiteten sich aus, sie waren gefährlich durch ihre langsame Phantasie, ihren harten Willen, ihre Streitlust und ihre düstere Zähigkeit.

Noch ein paar Tropfen Bildung diesen Männern zugefügt, und furchtbare Dinge mußten sich ereignen. Selbst vom Wesen des Stalls und des Alltags, erzeugten sie heißblütige, eigenwillige, abenteuerlustige Kinder, deren beredte und eigenartige, um nicht zu sagen exzentrische Ausdrucksweise sie schnell zur Stimmung des elisabethinischen Zeitalters führte. Thomas Wyatt, Georg Boleyn, Nicholas Carew in den jüngeren Tagen, Eduard Howard, Leonhard Gray, Thomas Seymour, Heinrich Howard, Wyatts Sohn waren alles magere und vibrierende Spielarten der Zucht ihrer Väter. Sie waren nicht so sehr Bollwerke wie Strebepfeiler, aber sie brachten es durch reinen Wagemut fertig, das Wesen ihrer analphabetischen Vorfahren auf etwas zu übertragen, das von Tempo und Poesie erfüllt war.

Das waren die Männer, auf die England rechnen konnte, soweit die Gewalt in Frage kam. Der Betrug, den Heinrich brauchte, war nicht weniger ausgiebig bemannt. In Cranmer besaß er einen lenkbaren Führer, wenn Scheidungen nötig wurden. In Tunstall, der im Rat des Nordens saß, hatte er ein nachgiebiges Werkzeug, in Roland Lee einen tüchtigen Diener, und in Wriothesley und Paget zwei geschmeidige und listenreiche Sekretäre.

Ein Mann wie Sadler war sowohl als Soldat wie als Unterhändler zu gebrauchen. Das gleiche galt für Dudley, der den Titel Lord Lisle empfangen hatte.

Die selteneren Männer aber erhoben sich über ihre Kaste. Norfolk war mehr als ein furchtloser Krieger. Obwohl es unter seiner Würde stand, mit den neuen, in Deutschland fabrizierten Figuren Staatskunst zu spielen, war er durch seine Geburt ein Mann, der Janitscharen anführen und im Palasthof eine Rolle spielen, die Geheimnisse des Rates wie des Harems wissen konnte. Er schuf nichts Neues und beutete alles aus. Als Gegner zäh und geduldig, hatte er einen »regen Verstand«. Er hatte sich an Schläue mit Wolsey und Cromwell gemessen und sie im Kabinett des Königs überwunden.

Auf diesem erhabenen Niveau war jedoch Eduard Seymour, Graf von Hertford, Norfolk ebenbürtig. Auch er war ein Krieger und Onkel des zukünftigen Königs. Auf seiner Seite hatte er Jugend, ein dem Protestantismus nicht abgeneigtes Gemüt, die grimmige und verzweifelte Sehnsucht, eine gesellschaftliche Ordnung zu gründen, mit der Norfolk weder fertig werden noch Kompromisse schließen konnte.

Gardiner und Bonner waren Plebejer, so wie Cromwell ein Plebejer gewesen war. Aber sie waren mit den Kriegern verwandt. Zu der natürlichen Tüchtigkeit ihres Typs trat eine besondere, ziemlich laute und streitbare Note. Die außerordentliche Selbstbetonung, das Übermaß an selbsterhaltenden Trieben, das sie jeder Opposition gegenüber wie Schleppdampfer schnauben ließ, verlieh ihnen bei allen Unternehmungen auch die ungeheure, schlichte und konzentrierte Kraft von Schleppdampfern. Sie waren ganz ebenso wie die Soldaten mit Energie geladen und zur Arbeit geschaffen. Diese kernige Generation zeichnete sich überhaupt durch eine erstaunliche Fähigkeit zur rohen Anstrengung aus. Krank oder gesund drückten sich diese Männer niemals vor der berghohen Arbeit, die ihr Ehrgeiz ihnen auferlegte. Norfolk blieb im Sattel sitzen, als seine Krankheit ihm Ströme von Schweiß entlockte. Wriothesley wankte vor Fieber, als er bei Marie von Ungarn und Christine in Audienz war. Southampton sollte in den Sielen sterben, ohne daß ein Laut des Widerspruchs von seinen Lippen kam. Lord Poynings schob sozusagen sein Begräbnis hinaus, um eine letzte Aufzeichnung zu Papier zu bringen. Wenn Chapuys noch verhandelte, als er nichts mehr bewegen konnte als die Zunge, wie Marillac mit Bitterkeit bemerkte, so zeichnete sich ein tüchtiger Mann wie Suffolk durch dieselbe Standhaftigkeit aus.

Der Antrieb lag auf der Hand. Er bestand in öffentlichen Ehren, die sich auf Privatbesitz aufbauten – zwei bezaubernden Angelegenheiten. Aber obwohl sie danach schnupperten wie Mäuse nach dem Käse, erregte sie ihr angeborner Wert zu einer Unzahl unangenehmer und sogar widerlicher Handlungen: zur Beherrschung ihrer Empfindlichkeit, zur Unterdrückung ihrer Neigungen, zur Schadloshaltung durch gezuckerte Küsse, Tränen und Wein. Sie sielten sich in Gefühlen und sielten sich in Tätigkeit. Der intellektueller Ehrlichkeit, maßvollem Betragen, humaner Selbstkenntnis zugemessene Raum war ebenso verödet wie Oxford und Cambridge, wo innerhalb der nächsten Jahre 360 Kandidaten die Abschlußprüfung bestanden. Der Verstand war der arme Verwandte, der Kostgänger dieser kräftigen Körper, die gestriegelt und herausgeputzt, in Ordnung gehalten und geheizt, geübt und in Zucht gehalten werden mußten: Gott erhalte den König.

Man bekam Verstand zu kaufen und Geschmack zu mieten. Nicht nur konnte man Genieoffiziere und Artilleristen aus fremden Ländern berufen und ihnen Geheimnisse von allergrößter Wichtigkeit ablauschen, während man sich zu dumm stellte, sie zu lernen, sondern Maler, Musiker, Bildhauer konnten wie die geschickten Köche und Schneider voll Verachtung beschäftigt werden, da sich Ausländer zu derartiger Arbeit hergaben und ihren Geschmack an der Renaissance gebildet hatten. Die Kunst, die im Norden schüchtern geworden war, seit die Gotik ihren Elan erschöpft hatte, durfte sich in die kalten Finger hauchen. Der Hochadel der Zukunft war die Zunft der Militärs, die von Heinrich mit Kirchengütern gestärkt worden war. Heinrich gab die Reliquien für den Krieg aus, wie er die meisten Schulen für den Krieg ausgeben würde. Der Erzieher war ein Tauber, der eine gedämpfte Glocke läutete. Der Tod Thomas Mores hatte Heinrichs Rat ohne seinen Humanisten zurückgelassen; sein Sitz ging an die Audleys und die Wriothesleys über.

VI

Heinrich gab sich kaum die Mühe, seine Absichten betreffs Schottland zu verbergen. Das Feigenblatt der Diplomatie war freilich imstande, den Angriff zu verhüllen. Schottland, hieß es, mache den Versuch, England zu erobern. Aber seine besten Soldaten standen im Norden, und er erneuerte seine veralteten Ansprüche auf das dornige Land.

Ein Einfall im August 1542 schlug fehl. Die Schotten machten bei Haddon Rig fünfhundert Gefangene. Heinrich wurde dadurch verärgert. Und Lord Lisle pries die Notwendigkeit der Einfälle. Er wollte die Grenzmarken erweitert wissen. Es wäre ein Gott wohlgefälliges Vorgehen, erklärte er, wenn man bedenke, wie roh und tierisch die Leute bisher regiert würden. »Welch gottgefällige Handlung Eurer Majestät, diese Art Menschen zur Kenntnis von Gottes Gesetzen zu führen, und dies in einem Lande, das für Euer Reich so notwendig ist, wodurch auch so viele Seelen friedlich leben würden.«

Die Älteren betrachteten die Grenzmarken mit weniger Begeisterung. Southampton bemerkte, daß sie »wüst, unfruchtbar, kalt und gar nicht mit Wald bestanden« seien. Norfolk machte Sir Georg Lawson ein ironisches

Kompliment: er sei der beste Ritter, der »je einer Kuh die Sporen gab«; er hatte es versäumt, für Bier zu sorgen. Die Soldaten mußten Wasser trinken. Sie mußten »auf dem feuchten Boden liegen«. Die Eroberung Schottlands war keine einfache Sache.

Auch die Englands nicht. Eine große Armee, die Kardinal Beton das Geleit geben sollte — er hatte den Auftrag, das Interdikt des Papstes über englischen Grund und Boden auszusprechen —, wurde im November auf der verkehrten Seite von der vordringenden Flut erwischt. Sie erhielten die Meldung, daß Norfolk ihnen den Weg abgeschnitten habe. Sie kehrten um. Man holte sie ein, als sie in panischem Schrecken bei Solway Moss nach Hause eilten; zwanzig wurden getötet, zwölfhundert gefangen, darunter über ein Dutzend Notabeln.

Der dreißigjährige König, der bereitstand, dem Schlag Nachdruck zu geben, erfuhr, daß man keinen Schlag geführt hatte. Er ritt fort, zu Tode betrübt. Als seine französische Königin am 8. Dezember eine Tochter gebar, war er nicht mit ihr in Linlithgow. Er lag bereits im Sterben; sein Leben war eine zerstörte Brücke, die von Flodden bis Solway reichte. Am 12. Dezember starb dieser Mann, der seine Adligen nie bezähmt hatte, »an Kummer, Reue und Wut«.

Es war eine nationale Katastrophe, die schlimmer war als Pavia, und in Schottland gab es keine Luise von Savoyen. Er hinterließ einen Erben, Maria, einen Säugling von vier Tagen.

Heinrichs »väterliche Zuneigung gegen den schottischen König« bewies er nunmehr durch den Vorschlag, sein bleicher Eduard, der sechs Jahre alt war und lateinisch konjugieren konnte, sollte dem Säugling Maria angetraut werden. Bis dahin wollte er Schottland als »inländischen Staat« betrachten, seinen Regenten überwachen und der Königin Verhaltungsmaßregeln geben. Das war eine Oberherrlichkeit, keine gemeinschaftliche Regierung. Die Grafen und Barone, die man bei Solway gefangengenommen hatte, wurden nach London gebracht; er überantwortete sie seinen Ratgebern als Gäste und wob so das Netz, in dem er Schottland zu fangen gedachte. Er wollte ein Ende halten, sie sollten nach Hause zurückkehren und das andre halten, und Schottland sollte mitten hineinplumpsen. Die schottischen Lords gaben gern ihre Zustimmung und versprachen sogar, im Frühling wiederzukommen und König Heinz zu besuchen. Und Cranmer hielt tiefe Gespräche mit seinem Gast Kennedy, wie man die Heilige Schrift am besten im schottischen Volke verbreiten könne.

VII

Heinrich war ein Gewohnheitsmensch. Er machte jedes Jahr seine Sommerreise. Er ging jedes Jahr nach Greenwich. Er war nie weiter von England fortgewesen als bis Lille, und hatte den Norden von England nur einmal im Leben besucht. Windsor, Hampton Court, Nonesuch, Oatlands, Westminster, Whitehall – sie kannten ihn, und ebenso kannte ihn sein Lehnsessel. Immer mehr wurde er zu einem sitzenden König.

Und er langweilte sich. In dem November dieses Witwers waren die Abende lang und trostlos. Selbstverständlich hatte er geweint, als Katrin ihre Ehe zerstörte, und geschworen, daß er nie wieder heiraten werde. Aber er hatte keine Begabung für das Tragische. Er trommelte mit den Fingern. Ein weiter Abgrund erstreckte sich wie ein riesiges Gähnen zwischen seiner letzten Ehe und seiner jetzigen Verlassenheit. Er war ein ganzes Jahr lang verwitwet gewesen. Einem Menschen, dessen Grimassen und ungeduldige Unterbrechungen jede Rede störten, wenn sie ihm mißfiel, bedeutete ein Leben ohne die gewohnte Gefährtin Leere, Langeweile, Unruhe und Nervosität. Er konnte die Tage mit den Räten verbringen. Ein Vertrag mit den Schotten, ein Vertrag mit dem Kaiser, Hilfsgelder, Anleihen, das verschlechterte Geld, das »Buch des Königs«, das für Gardiner jede Ketzerei und für Cranmer jede papistische Regung abrundete – das waren Brot und Fleisch, die tägliche Nahrung. Wo aber blieb der Wein? Heinrichs Herz, das ausgesehen hatte wie ein altes, von Abdrücken geschwärztes Löschblatt, begann wieder zu dürsten.

Natürlich wollte er nicht sich selbst zuliebe wieder heiraten. Er war alt. Eine Heirat mit ihm konnte bei seinem Bein nur ein Opfer bedeuten. Aber seine Familie brauchte eine Mutter. Ein Mann hatte die Pflicht, an seine Familie, sein Land, sein Reich zu denken.

Marie lebte jetzt bei ihrem Vater, und Marie brauchte wirklich eine Mutter. Sie war von dem Mann, der ihr Leben zerstört hatte, ausgeschlossen. Sie wußte, daß man von einer Heirat für sie sprach, aber das erfüllte sie nur mit Verachtung. Sie sagte einer ihrer Damen, »solange ihr Vater lebe, würde sie nichts anderes sein, als nur Lady Marie, die unglücklichste Dame der ganzen Christenheit«.

In dem Leben der beiden anderen Kinder, die sich in Hatfield aufhielten, gab es kaum mehr Freude. Eduard wurde unterrichtet, wenn dies auch mit England nicht der Fall war. Er war mit Hofmeistern bedeckt wie ein Kranker mit Schröpfköpfen, was sein Aussehen nicht vorteilhafter machte. Elisabeth war munterer. Mit zehn Jahren war sie ein sehr gewecktes Kind, klug bis in die Fingerspitzen, dazu geboren, auf der Welt zu spielen, wie gewisse Wunderkinder auf dem Klavier; aber wäre Heinrich überzeugt gewesen, daß sie Heinz Norris' Kind war und nicht seines, er hätte sich nicht gleichgültiger gegen sie betragen können. Da sie sich nicht düsteren tragischen Stimmungen überließ wie Marie, hatte sich jedoch ihr kleines Herz zusammengezogen wie Kautschuk; es würde immer beeindruckbar bleiben, aber auch immer undurchdringlich und elastisch.

Eine solche Trostlosigkeit, eine solche Eingesponnenheit eines jeden in sein Ich ist kennzeichnend für die Einzelhaft derer, die an der Macht kranken; selbst Heinrichs Laute war weggelegt worden, und wenn er genug aß, um sich zu erheitern, lief er wie sein Freund Franz Gefahr, Bauchgrimmen zu bekommen.

In diesem freudlosen Haushalt, der so viele schreckliche Erinnerungen barg, in dem so vieles sich zusammentat, um den schweigend dasitzenden Heinrich zu beirren und zu quälen, tauchte eine neue und reizende Gestalt auf, eine Gestalt voll Wohlwollen und Leben.

VIII

Sie war eine der stillen Frauen, die das männliche Geschlecht mit besonderen Augen ansehen. Auch die Kinder waren ihr nicht so sehr königliche Sprossen als menschliche, deren Seele von keiner freundlichen Hand bestellt wurde, Kinder ohne Mittelpunkt und ohne Heim.

Katharina Parr war eine der Hofdamen, aber sie gehörte zu den Menschen, die in jeder Gesellschaft inner- und außerhalb der Jahreszeit aufblühen, die von freigebigem Wesen, schön geformt, reich und anmutig sind, wie eine Krokusblüte unter Herbstlaub. Sie besaß die sonderbare Gabe, die jeden, der kein Ungeheuer ist, zu einem Menschen macht — die Höflichkeit des guten Willens.

Sie war im Schoße von Westmoreland nicht weit von Windermere herangewachsen und ebenso alt wie Johanna Seymour; wie die Seymours stammte sie aus einer Familie, die ihre eigenen Begriffe von Adel hatte, aber von einer so hohen Mauer der Zurückgezogenheit umschlossen lebte, daß von ihrem vielfältigen Reichtum wenig an die Öffentlichkeit drang.

Sie hatte Kendal früh verlassen, um den greisen Lord Borough zu heiraten. Mit sechzehn Jahren Witwe, hatte man sie später an Lord Latimer verheiratet. Und während ihr Onkel, Sir Wilhelm Parr, sich eifrig bemühte, die »Pilgerfahrt« zu unterdrücken, war ihr Gatte einer der Führer, obwohl er durch irgendeine Weisheit — sei es ihre oder die ihres Onkels — heil durch diese Katarakte hindurchkam und nicht vor Beginn des Jahres 1543 starb.

Seine Witwe war also im Alter von dreißig oder einunddreißig Jahren eine reiche Erbin. Ihr Bruder gehörte Heinrichs engstem Kreise an; er hatte in die mächtige Familie geheiratet, die den Titel Essex trug und vielen widerwärtig war. Sie war mit den Throgmortons verwandt, die eine ebenso starke Stellung einnahmen und Katholiken waren; Georg Throgmortons offene Worte über Heinrichs Liebesaffären hatten ihn in den Tower gebracht. Sie selbst war nicht so katholisch wie ihre Vorfahren; sie war eine intime Freundin von Heinrichs bewunderter junger Herzogin von Suffolk, von seiner Nichte Lady Marie Douglas, und von anderen Auserwählten, die wie Margarete von Navarra angefangen hatten, die reifen Früchte von Erasmus und dem »neuen Wissen« zu pflücken.

In der würdigen Gleichgültigkeit, die von Übersättigung erzeugt wird, bemerkte Heinrich Lady Latimer, oder, wie sie besser bekannt ist, Katharina Parr nicht. Sein Auge war immer von Scharlach, von Karmoisin, von Goldbrokat angezogen worden. Die Sorte von alten Familien, die in Grau und Violett gekleidet gehen und, so langweilig sie in ihrer Schutzfarbe aussehen, es fertig bringen, von allem das Beste zu genießen, während andre auf das Schafott wandern, hatte Heinrichs Pulse nie höher schlagen lassen. Instinktmäßig übersah er sie, bis sie offensichtlich zu gemästet waren, worauf er sie gern um Weihnachten nach Hause brachte, wie Prachtvögel, die sich nach der Ernte dick gefressen haben, oder einen stattlichen saftigen Eberbraten. So kam es, daß Katharina bei Hofe zu Hause war, aber von Seiner Majestät nicht bemerkt wurde, sondern die Annäherung eines gleichaltrigen Standesgenossen, des Thomas Seymour, empfing.

Thomas Seymour war damals noch nicht Lord Admiral und Herr der Meere. Alles in allem war er der jüngere Onkel Eduards. Aber für eine feurige Frau, die zweimal an ältliche, mit Landgütern gezierte Edelleute verheiratet gewesen war, muß dieser freie, schlanke, schneidige junge Grande, der selbst an den Ufern der Themse noch von seeräuberischem Feuer funkelte, eine Anziehungskraft besessen haben, die sie sich selbst kaum eingestand. Sein schwächster Fluch lautete: »Bei Gottes höchst kostbarer Seele.« Er sah das Leben an wie einen goldenen Apfelbaum, zu dem nur die Kühnen hinaufklettern, und eine Windmühle nicht wie ein Ding, das dicke Säcke Korn mahlt, sondern wie eines, über das man seine Mütze wirft, am liebsten gegen den Wind.

Katharina Parr war selbst keine romantische Gestalt; sie war klein und von ausgebildeten Formen, mit dichten Augenbrauen und offenem, heiterem, blühendem Gesicht. Aber gerade dadurch zog sie sich die Flammen von Thomas' Liebe zu. Sie war genugsam in Vorurteilen ihres Standes befangen, um ihm vor seinem Bruder Hertford den Vorzug zu geben, der den kleinen Eduard begleitete wie ein Adler einen Zaunkönig, und der mit seinem Ehrgeiz, Eduard zu beschützen, einen Ernst verband, der ihn gefährlicher machte als seinen unbekümmerten Kavalier von Bruder: und ihn unter Umständen zum Verräter seines Standes werden ließ.

Trotzdem unterwarf sich Katharina Thomas während der ersten Tage seiner Werbung noch nicht. Sie lebte in einer Zeit, da leidenschaftliche Naturen sich willig ins Unglück stürzten, und sie war alt genug, um die Welt, in der sie lebte, zu beobachten und nicht nur ihrem Herzen zu lauschen.

In wenigen Jahren würde Hugo Latimer vor den jungen König Eduard treten und zu ihm sprechen: »Nehmt Euch um der Liebe Gottes willen in acht, wen Ihr zu Eurem Weibe machet; sucht sie aus treuem Blut. Hütet Euch vor weltlicher Klugheit; heiratet in Gott; heiratet nicht aus Achtung vor Bündnissen, denn daher kommet alles üble Brechen der Ehe, wie es unter Fürsten und Adligen herrscht.« Ebenso war ihr eigener Instinkt geartet.

Während sie noch frei war, bedrückte Heinrich sie mit seinem Wohlgefallen. Vielleicht hatte er gesehen, wie sehr sie an Marie hing, wie sie Eduard bemutterte und Elisabeths Herz gewann. Vielleicht ließ sein flatterhafter Sinn sich durch das verengte Feld seiner Wahl und durch ihre gesetzte Witwenschaft einfangen, die in so großem Gegensatz zu der offenbaren Frische einer Katrin Howard stand. Sie war mit einem untadeligen Katholiken verheiratet gewesen und Essex wie Throgmorton konnten Gardiner beruhigen, während ihre eigenen Neigungen als Jüngerin des »neuen Wissens« den Beifall Cranmers erregen mußten. Ihre anmutigen Bewegungen, ihre Würde, ihre schönen Hände machten sie wie geschaffen, an seiner Seite zu regieren. Und das Wohlwollen, das von ihr zu ihm floß, war so milde wie die freundliche Strömung, die unbegnadete Länder umkreist und sie mit den Wohltaten der Sonne beschenkt.

Als Heinrich sie anlächelte und im Frühling des Jahres 1543 ihr sein Herz eröffnete, soll sie einen Schreckensschrei ausgestoßen haben.

»Es wäre besser, Eure Geliebte zu sein als Eure Gattin!«

Noch als er sie aus schrägen Augen anblickte und sie die eigenen niederschlug, muß beim Gedanken an jenen langen Korridor der fünf früheren Ehen mit seinen vier Gräbern ihr Herz aufgehört haben zu schlagen.

Es lag aber nicht in ihrer Natur, irgend jemand für böse zu halten. Er war kein glücklicher Mensch. Frauen hatten ihm Widerstand geleistet, ihm widersprochen, ihm Hindernisse bereitet, ihm Unrecht getan, ihn verführt. Er verstand es, auf klägliche Weise auszudrücken, daß er infantil sei — despotisch wie ein Säugling, aber verwirrt und hilflos — und sein leeres Dasein erweckte ihr Mitleid. Eine barmherzige Frau, in der sich Mitgefühl mit Demut und Güte mit dem Gehorsam der Untertanin vereinigte, mußte in ihm den unbefriedigten Mann sehen, an dem das Geheimnis des Glücks vorübergegangen war. Sie selbst konnte es ihm nicht gewähren. Aber sie konnte ihn pflegen. Gerade durch seine Unfähigkeit, die Grenzen seines Egoismus zu überschreiten, konnte sie ihm viel geben, ohne all das zu verlieren, was er nie finden konnte. Das Herz ihres Wesens würde er nie brauchen; das gehörte Thomas Seymour. Sie aber konnte ihm geben, was er brauchte, und was sein gequältes Land brauchte: das gute Wetter ihres Wohlwollens.

Sich so standhaft aufzuopfern, wurde dieser unromantischen Frau dadurch leichter gemacht, daß sie Heinrich kannte. Er war ein müder ältlicher Mann, und sie verhehlte sich es nicht. Wenige Versicherungsgesellschaften hätten Heinrich im Jahre 1543 aufgenommen. Er verlor sichtlich an Tempo und ging langsam vor Anker. Hätte Katharina sich ihm entzogen, so hätte sie gegen seine Gunst eine starke Feindseligkeit eingetauscht, die ihrem Freund seine Laufbahn gekostet hätte.

In Katharinas Augen war Heinrich kein Salomon oder König David. Sie nannte ihn Moses. Moses zu heiraten (der kleine Hörner hatte), war kaum eine Frage des persönlichen Geschmacks. Aber sie tat es aus einem Herzen, das ihn unter Ausschluß jeder anderen Sehnsucht umfaßte. Er brauchte sie. Marie, Elisabeth, Eduard brauchten sie. Wären sie verschmachtende Blumen gewesen und sie eine Gärtnerin, ihr Herz hätte nicht aufrichtiger ergriffen sein können.

»Die Zeit scheint mir sehr lang«, sollte sie ihm im nächsten Jahre schreiben, »da ich große Sehnsucht habe zu erfahren, wie es Eurer Majestät ergangen ist, seit Ihr von hier fort seid; deren Glück und Gesundheit ich meiner eigenen vorziehe.

Und obwohl ich weiß, daß Eure Majestät sich nie ohne dringende Notwendigkeit entfernen, so zwingen mich doch Liebe und Zuneigung, Eure Gegenwart zu ersehnen. Und wiederum zwingen mich derselbe Eifer und die gleiche Neigung, mich damit zufrieden zu geben, was Euer Wille und Gefallen ist.

So macht die Liebe, daß ich in allen Dingen meine Bequemlichkeit und meinen Willen zurückstelle, und den Willen wie das Gefallen desjenigen, den ich liebe, mit Freuden zu meinen eignen mache. Gott, der das Geheime kennt, weiß, daß diese Worte nicht nur mit Tinte geschrieben, sondern wahrhaft in mein Herz eingeprägt sind.«

So rupfte sie sich ihr Daunengefieder aus, um Heinrichs Nest zu füttern. Und er war entzückt davon. Möglich, daß sein Auge nur jedes fünfte Wort dieses ernsthaften Versprechens und Bündnisses der Gattenliebe auffaßte. Aber auch er schrieb ihr, etwas in Eile aber freundlich: »Würde gern mit eigener Hand schreiben, ist aber sehr beschäftigt.« — »Ist zu beschäftigt, um mehr zu schreiben, sendet aber Segenswünsche an alle seine Kinder und empfiehlt sich seiner Kusine Margarete und allen anderen Damen und Frauen und seinem Rate.« — »Nicht mehr für heute, Liebchen, da ich großen Mangel an Zeit empfinde und sehr beschäftigt bin.«

Er gab sich ihr gegenüber natürlich, wie sie das wünschte. Und als alles vorbei und Heinrich tot war, und sie an Thomas Seymour schreiben, ihm alles erklären und zugeben konnte, daß sie ihn liebte, waren folgendes ihre Worte:

»Ich möchte Euch nicht glauben machen, daß mein ehrlicher guter Wille für Euch aus einer plötzlichen Regung des Gefühls sich herschreibe; denn so wahr Gott Gott ist, war mein Sinn jenes andre Mal, als ich Freiheit besaß, Euch zu heiraten, vor allen anderen Männern, die ich kannte, Euch geneigt. Indessen hat Gott meinem Willen darin aufs heftigste Widerstand geleistet, und durch seine Gnade und Güte das möglich gemacht, was mir unmöglich schien: nämlich, daß ich meinen eigenen Willen gänzlich aufgab und dem seinen gerne folgte. Es würde zu lange dauern, Euch zu schreiben, wie alles so gekommen ist. Wenn ich am Leben bleibe, werde ich es Euch selbst erklären. Ich kann nichts sagen; aber wie Mylady Suffolk bemerkte: ‚Gott ist ein wunderbarer Mensch', Königin Katharina.«

Gott ist wirklich ein wunderbarer Mensch, was sich nie so zeigt, als wenn er Ehen stiftet. Gestärkt durch Gott war Katharina imstande, Heinrich im Sommer 1543 das Jawort zu geben.

IX

Heinrichs sechste Heirat schien in der Politik keinen Wechsel anzukündigen, weder auf religiösem noch auf politischem Gebiet. Er wurde am 12. Juli 1543 in einem oberen Zimmer von Hampton Court getraut. Die Zeremonie war angenehm und einfach; beide Töchter waren anwesend, um sich über die neue Stiefmutter zu freuen, »niemand widersetzte sich der Heirat, sondern alle spendeten ihren Beifall«. Heinrich erwiderte auf die Fragen, die Bischof Gardiner ihm auf englisch stellte, ein vor Freude strahlendes Ja, und Katharina, die ihr Versprechen durch Handschlag bekräftigte, verpflichtete sich, »im Bett und bei Tische gut und willfährig zu sein, bis der Tod uns scheide«.

Für Heinrichs liebe Schwester, Anna von Cleve, war es jedoch ein harter Schlag. Sie hatte die erste Kränkung ertragen, weil Katrin Howard jung und hübsch war. Katharina Parr dagegen war nicht so jung und nicht so hübsch. Chapuys, der die ungetreuen Cleve nicht gerade liebte, berichtete, daß »besagte Dame sich gerne zu ihrer Mutter flüchten würde, da sie absonderlich großen Kummer und Verzweiflung darüber empfunden, daß der König diese letzte Frau genommen, die nicht annähernd so schön ist wie sie selbst«. Jedenfalls endete damit jede Aussicht, daß Heinrich den Weg zu ihr zurückfinden könnte, und Anna von Cleve erlaubte sich über ihre Nachfolgerin die Bemerkung: »Eine schöne Last hat Madam Katharina auf sich genommen.«

Die Last wurde durch Heinrichs heitere Laune erleichtert. So lange seiner eigenen Bedeutung kein Abbruch geschah, konnte während der ersten Ehemonate kein Mensch gutmütiger oder nachsichtiger sein. Er hatte soeben zu Greenwich einen Friedensvertrag mit den Schotten unterschrieben. Er hatte sein Bündnis mit dem Kaiser gegen die Franzosen angekündigt. Er hatte angefangen, die Sechs Artikel nachsichtiger zu handhaben. Gardiner, der die Trauung vollzog, war ihm unersetzlich, und kurze Zeit nach der Hochzeit wurden auf dem Rasen vor Windsor Castle drei Ketzer verbrannt, obwohl Heinrich die Musik zu sehr liebte, um zu gestatten, daß Johann Marbeck, der seine Liebe zu Melodien mit der Liebe zur englischen Bibel vertauscht hatte, lebendig verbrannt werde, weil er sich in der Heiligen Schrift vergrub. Aber dieses düstere Zwischenspiel ließ an Heinrich keinen Fanatismus erkennen. Er hatte sich nicht ins Mittel gelegt, als der junge Graf Surrey im April ins Gefängnis wanderte, weil er während der Fastenzeit Fleisch gegessen und gebummelt hatte. Aber diese Dinge gingen nicht auf ihn zurück und enthüllten keine persönliche Gehässigkeit. Selbst das »Buch des Königs«, das schuld daran war, wenn Gardiner und Cranmer sich böse Blicke zuwarfen, war nicht etwa der Ausdruck einer leidenschaftlichen Stellungnahme. Er wollte nicht, daß Priester heirateten, weil er Angst hatte, sie könnten dynastisch werden; wo indessen der Staat nicht darunter litt, zeigte er die Nachsicht aller Prinzipienlosen.

Katharina Parr aber besaß Menschenliebe, nicht Nachsicht. Und sie trug dazu bei, daß Heinrichs Vorgehen sich sachte änderte. Die Tendenz, die nach Cromwell aufgekommen war, herrschte weiter. Cranmer war, gereizt durch den Druck seines Kapitels in Canterbury, in die Worte ausgebrochen: »Ihr wollet nicht von Eurem alten Irrglauben lassen, aber ich werde Euch dazu bringen, daß Ihr es bereut.« Von Gardiner ermutigt, hatte das Kapitel erwidert, indem es Anklagen wegen Ketzerei vorbrachte, und eine Zeitlang sah es aus, als würde der Erzbischof sich in der Schlinge fangen. Aber Heinrich war Cranmer für drei Scheidungen verpflichtet. Niemand, und sei die Versuchung noch so groß, wird bereit sein, sich den Notausgang zu zerstören. So heiß die Anklagen gegen Cranmer auch waren, so kühlten sie sich in dem Maße ab, als Heinrich ihnen nachging.

»Eines Abends«, schrieb Cranmers Sekretär, »ließ sich der König in seiner Barke auf der Themse rudern; er gelangte nach der Brücke von Lambeth und nahm meinen Herrn Cranmer in seine Barke, wobei er ihm scherzhaft sagte: ‚Lieber Kaplan, ich habe Neuigkeiten für Euch — ich weiß jetzt, wer der größte Ketzer in Kent ist!‘ Und damit zog er aus dem Ärmel ein Papier, auf dem die Anklage verzeichnet stand, die gegen ihn und andre Prediger in Kent aufgesetzt und von der Hand gewisser Domherren und Friedensrichter der Grafschaft unterzeichnet war.«

Mit den Erfahrungen eines Lebens voll politischer Ränke unterrichtete Heinrich Cranmer darin, wie er den Spieß gegen seine Ankläger umkehren könne. Tatsächlich tat er selbst es für ihn. Er ernannte einen Ausschuß, der die Anklage untersuchen sollte, und stellte Cranmer an dessen Spitze.

X

Heinrichs Schlauheit verdoppelte sich, wo er es mit den Schotten zu tun hatte. Er hatte Arran ausführliche Weisungen gegeben, wie man die Klöster am besten einziehen könne. Zuerst sollte der Statthalter Kommissionen entsenden, um »scheinbar« ihnen anzubefehlen, daß sie ein anständigeres Leben führen sollten, in Wirklichkeit aber, um insgeheim die Mönche und Nonnen zu beobachten; »wenn es gut durchgeführt werde«, würde der Statthalter so von ihren Greueln Kenntnis erhalten. Dann sollte er, mit Beweisen der Unmoral in den Klöstern bewaffnet, »mit seinen Hauptedelleuten sich ins Einvernehmen setzen, wie einige der den Abteien gehörigen Güter unter sie zu verteilen seien«, und mit »den nachgiebigeren Bischöfen einzeln verhandeln«, indem er sie wegen ihres Vermögens beruhigte und mit ihnen »Wege ausfindig« machte. Es war Heinrichs bewährte Methode, zu belohnen und zu bestrafen, die darauf beruhte, daß man aus der »unerträglichen Faulheit und Verderbnis« sowie der »Heuchelei und dem Aberglauben« der Mönche moralisches Kapital schlug. Kardinal Beton war jedoch eine zu wirksame Macht, als daß dieser Plan gedeihen konnte. Selbst der Vertrag von Greenwich war im Geiste jener Anekdote unterschrieben worden, die später von Paget auf die Franzosen angewendet wurde. Sie betraf einen armen Kerl, den Ludwig XI. zum Tode verurteilt hatte, und der es unternahm, Ludwigs Lieblingsesel innerhalb eines Jahres sprechen zu lehren, um sein Leben zu retten. »Aber das ist doch unmöglich«, sagte ein Freund, der mit offenem Munde dabeistand. Der Mann erwiderte: »Halte dein Maul; innerhalb eines Jahres kann der König sterben oder der Esel sterben oder ich kann sterben oder der Esel kann reden!«

Die Schotten hatten Heinrich dafür belohnt, daß er mit ihnen verhandelte, indem sie dem Kardinal Beton gestatteten, wieder aufzutreten. Die kleine Maria wurde zu Sterling im Herbst 1543 zur Königin der Schotten gekrönt. Schon im Dezember vertrieb der schottische Patriotismus die »englischen Lords« aus ihren Ämtern, und der Vertrag von Greenwich war erledigt.

Die Niedertracht der Schotten zeigte sich zu deutlich. Heinrich »konnte es über sein sanftmütiges Herz gewinnen«, ihre Unfreundlichkeit zu vergessen, wenn sie sich bereit erklärten, ihre Vasallenverpflichtungen anzuerkennen; aber die schottischen Adligen, »eine Art von Wölfen«, waren unzuverlässige, ungetreue Barbaren. Man bestach die Douglas und es hielt nicht vor. Kardinal Beton sollte eingesperrt werden, aber er blieb nicht eingesperrt. Das gemeine Volk triefte vor Patriotismus. Und obwohl Sadler den Plan nährte, Beton durch Meuchelmord zu beseitigen, mußte man im Frühling Hertford entsenden, der Edinburg einäscherte und die Rebellen hinschlachtete, damit man den Krieg gegen Frankreich, zu dem Heinrich sich verpflichtet hatte, unternehmen konnte.

Hertfords grausame Arbeit war im Mai 1544 beendet. Litaneien in der weichen englischen Sprache feierten den Sieg und sangen von Heinrichs bevorstehender Abreise nach Frankreich.

Er konnte sich noch in einen Panzer zwängen, aber es mußte ein Panzer mit einem Bauch sein. Er ist heute noch auf einem hölzernen Pferde im Tower von London zu sehen. Ihn anlegen würde für einen jungen Mann dasselbe bedeuten, wie in eine geräumige Droschke steigen. In diese Stahlwaren verpackt, wurde Heinrich vorsichtig an Bord seines Schlachtrosses verladen. Er marschierte mit dreißig- oder fünfunddreißigtausend Mann nach Calais ab. Seine eigenen Segel waren wie früher aus Goldbrokat.

Aber der Krieg von 1544 war nicht der von 1523. Damals war die Welt jung gewesen, hatten Heinrich und Karl und Franz noch alles vor sich gehabt. Nun waren sie Veteranen und manövrierten wie drei gewitzte Taschenkrebse.

Franz war von den dreien wohl der am meisten Mitgenommene. Die Kaiserlichen schilderten ihn als gemein und böse; nach ihrer Darstellung rang er die Hände und sagte: »Werde ich wieder gefangengenommen werden? Werde ich mein Königreich verlieren? Werde ich getötet werden? Werde ich sterben?« Dieses melodramatische Gemälde stimmte nicht im geringsten mit dem schnellen Eindruck überein, den Monluc im gleichen Jahre von ihm gewann: er war in seinen Sessel zurückgesunken, vor der Zeit gealtert, mit fahler Haut, müdem Leib, leichtem, schnell bewegtem Sinn. »Wir sind beide große Könige und schon hoch an Jahren«, hatte er Heinrich im vergangenen Jahre angefleht, als er um eine Konferenz mit Jakob von Schottland und Heinrich bat, »um des Friedens willen.« Er war vorsichtig geworden, und nach seiner fruchtlosen Offensive des Jahres 1543 und seinem nutzlosen Sieg bei Ceresole verließ er sich jetzt auf die Tätigkeit in der Etappe; Zeit und Entfernung sollten mit den Angreifern fertig werden.

Karl fiel persönlich in die Champagne ein; ganz der stolze Krieger, den Tizian gemalt hat. Er war eben von Barbara Blomberg gekommen, der braven Frau von Regensburg, die ihm im nächsten Februar Don Juan d'Austria aufhalsen sollte. Es war eines der wenigen Male, wo er sich schwach zeigte, und um so peinlicher für einen so spröden Kaiser. Er hatte viel von der Gicht ausgestanden und seine mageren Beine in Tücher wickeln müssen, ohne anderes Linderungsmittel als Sandelholz. Da fiel jemand Barbara ein, die Wäscherin mit der Stimme. Barbara war eine bissige und belebende Person, die nur ein wenig Sonne brauchte, um sich aufs Erschreckendste auszubreiten. Karl hörte ihr zu und tröstete sich mit ihr. Was aber ihm eine Episode bedeutete, machte für Barbara das ganze Leben aus. Ihre Verbindung mit der Kaiserwürde ließ ihren Gatten, einen gewissen Pyramus Kegell, ganz in das niedrige Dunkel versinken. Sie lärmte von Regensburg bis zur Alhambra. Man brauchte ein Konzil, um mit ihr fertig zu werden. Karl aber, von Heine »Käsegesicht« genannt, mußte dennoch sein übriges Leben lang, so »wundersam geheimnistuerisch und verschlossen« er war, an die klägliche Wahrheit denken, daß die Nachrede des Anstößigen Sold ist.

Beim Einfall in Frankreich verfolgte er den Plan, sich nach Westen durchzuarbeiten, während Heinrich sich nach Süden wandte. Er drang die Marne entlang vor – über Chalons, Eperney, Château-Thierry. Heinrich aber kümmerte sich nicht um seine Aufgabe im Süden, sondern saß vor Boulogne, um die Eroberung, die Wolsey zwanzig Jahre früher vereitelt hatte, durchzuführen. Am 14. September hatte er Boulogne eingenommen, während Karl, der über Franz' Nachgiebigkeit genau unterrichtet war, sich beeilte, zu Crépy einen Sonderfrieden zu schließen. Das war am 18. September. Heinrich war nicht sehr böse. Er war der Ansicht, daß er in diesem neuen englischen Stützpunkt auf französischem Boden ein großes Aktivum besaß. Und er eilte nach Hause, um sich auf Überfälle zur See vorzubereiten.

XI

Zu Hause ruhte Heinrich aus. Er war müde, aber glücklich. In vielen Beziehungen war es ein angenehmer Herbst. Man sprach bereits vom Frieden auf der Grundlage eines eingenommenen Boulogne, während Gardiner gegen die Franzosen loszog, »sowohl bei der Messe als bei den Responsorien«. Cranmer war unterdes unter Heinrichs Schutz sicher. Der König hatte gesiegt. Er konnte sich jetzt an den Lobpreisungen erfreuen, die von den spanischen Gästen im Sommer so freigebig gespendet wurden. »O London«, hätte er sagen können, wie es Dekker später sagen sollte, »du bist groß an Ruhm und ob deiner Größe beneidet; deine Türme, deine Tempel, deine Zinnen krönen dein Haupt wie goldene Borten; deine Gewässer hängen wie silberne Fransen am Saum deines Gewandes. Du bist die Schönste unter deinen Nachbarn, aber die Hochfahrendste; die Reichste, aber die Leichtfertigste.«

Hätte er Frieden geschlossen: »Wir sichern den Ruhm von Englands Tüchtigkeit auf immer, wenn wir jetzt Schluß machen.« Aber seine Freude enthielt immer den Hunger nach mehr Freude. »Ein so fetter Mann, wie er niemals gesehen wurde«, verstand er nicht, »das Spiel zu beenden.« Er beugte sich über den Tisch, spähte nach jeder Bewegung von Spielern und Croupiers, und in diesem Lichte erblickte Heinrich Howard den Unersättlichen und doch ewig Hungrigen, »dessen feiste Wangen die Faulheit so mästet, daß man kaum die Augen gewahren kann.«

Den Ärmelkanal wollte er sich zu eigen machen. Er wollte die Schifffahrt beherrschen. Er wollte vorschreiben, wer in Kriegszeiten an die Kriegführenden Waren exportieren dürfe und wer nicht. Da sein Sinn ihn zu Übergriffen trieb, traf er neuerdings auf Widerstand. Im Januar besuchte ihn Chapuys. »Keiner von uns scheint sich so wohl zu befinden, wie im Lager von Boulogne«, begrüßte ihn Heinrich. »Und er schien wirklich recht gebrochen«, berichtete Chapuys. Aber er sagte »sehr laut«, die Franzosen seien zu Lande und zu Wasser geschlagen.

Er nahm Chapuys freundlich auf, »bestand gnädig darauf, daß ich mich vor ihm setze«. Aber er hörte ungeduldig zu und unterbrach ihn zornig, erklärte wiederholt, »er würde hundertmal lieber Boulogne einnehmen als Paris«, und bestand in unangenehmer Weise darauf, daß der Kaiser seinen Verpflichtungen nicht nachgekommen sei. Das war seine Art zu verhandeln. Chapuys war daran gewöhnt. Und der König mit der »schlimmen Gicht« wie der Gesandte mit der gewöhnlichen Gicht zankten sich wie zwei alte Knicker, die auf die Eichenbank schlagen.

Chapuys, »der alte Fuchs«, fing an, sich unbeliebt zu machen. »Sie überwinden uns mit Worten.« Und die Franzosen hatten allen Grund, dem Kaiser für den Frieden von Crépy dankbar zu sein, da sie die Absicht hatten, England im Sommer zu überfallen.

XII

Mit den Franzosen verglichen schwach, waren die Engländer doch zu Lande wie zu Wasser gerüstet, sie zu empfangen. »Mylord«, baten die Leute Norfolks den Herzog, »wenn sie kommen, führt uns um Gottes willen zwischen sie und das Meer, damit wir mit ihnen kämpfen können, bevor sie wieder ihre Schiffe erreichen.« Ritterlich und entschlossen machte das Volk sich auf den Einfall gefaßt. Man sprach überall von »schlanken Schiffen« und schweren, von französischen Barken und der Torheit, sich auf Galeeren aus »Marcelles« einzuschiffen. Durch Küstenfeuer konnten zwischen fünfundzwanzig- und fünfunddreißigtausend Mann in zwei Stunden zusammengebracht werden. »Sie verlassen sich auf ihre Stärke«, berichtete van der Delft an Karl, »und sind entzückt, den Feind so nahe zu wissen.«

Franz befand sich am 14. Juni mit seiner Frau bei Rouen und sah zu, wie seine Armee zur See aufbrach. Der »Salamander«, der »Heilige Geist«, der »Weiße Windhund«, das »Kruzifix« waren unter den Schiffen, die darauf warteten, daß zwölftausend Mann sie bestiegen. Mit der gleichen Streitmacht sollte Lisle nach Havre aufbrechen. Im Juli war Heinrich selbst in Portsmouth. Und am Sonntag dem 19. erschien die französische Flotte, als er gerade auf dem Flaggschiff »Great Harry« speiste. Heinrich verließ eilends das Flaggschiff, das sich anschickte, die Franzosen zu empfangen. Die »Marie Rose«, die nach Heinrichs Schwester benannt war, wurde mit offenen Geschützpforten erwischt, versenkt, fünfhundert Mann wie in einer Falle gefangen und an zwanzig ertränkt. Die Franzosen verfügten über dreihundert Segel, konnten aber auf der Isle of Wight nur schlecht landen und lieferten ein entscheidungsloses Gefecht im Kanal, so daß einer der großangelegtesten Versuche, die Einnahme von Boulogne wettzumachen, ohne Erfolg endete.

XIII

Heinrich hatte den Einfall vorausgesehen, ja herausgefordert. Dank seiner Schlauheit, dank jahrelanger äußerst kostspieliger Vorbereitungen hatte die Insel ihre Stacheln, als sie den ersten Franzosen roch, gesträubt wie ein Stachelschwein. »Alle Männer von sechzehn bis sechzig« waren innerhalb einer Stunde bereit, die Küsten zu verteidigen. Der Angriff erhob sich düster und bedrohlich, trieb aber dann über den Kanal ab wie eine Gewitterwolke.

Trotzdem war dieser glückliche Ausgang weit entfernt, Heinrichs Zukunft zu sichern. Das Konzil von Trient versammelte sich, und seit Karl den billigen Frieden von Crépy unterzeichnet hatte, war offenbar, daß wichtigere Kriege bevorstanden. Karl hatte den Norden wie ein kaiserlicher Aar, ganz Klauen und starres Auge, umkreist, und durch die furchtbare Verbissenheit, mit der er Heinrichs früherem Schwager Cleve Gelderland entriß, bewiesen, was den anderen kleinen Fürsten bevorstand, wenn er erst einmal in Trient den Schnabel gewetzt hätte.

Es war vielleicht die sorgenvollste Zeit, ja eine Krise in Heinrichs Laufbahn. Er wollte Karl sprechen, aber Karl ging ihm höflich aus dem Wege und ließ ihm sagen, daß die Niederlande für einen Besuch zu unsicher seien, da sie »von Seuchen heimgesucht und von Soldaten gedrängt voll« seien. Und das stimmte auch. Die Söldner, blutdürstige Briganten, waren von Château-Thierry nach Antwerpen vorgedrungen. Niemand konnte sie, die aus Spanien, Italien, Deutschland, dem Balkan kamen, in Schach halten. Sie zankten sich über Zivilpersonen wie Krähen auf einem gepflügten Felde. Sie feilschten mit Königen so grimmig, wie sie Krieg führten, und Heinrich war von denen, die er für Boulogne hatte in Sold nehmen wollen, unerhört hereingelegt worden. Überall herrschte die Unruhe vor dem allgemeinen Konzil, bei dem zum ersten Male seit Luther das katholische Genie seine Streitkräfte zusammenzog, um sein Prestige zurückzugewinnen und die Reformation zu bezwingen.

Niemand stand mehr im Blickfeld dieser Gegenreformation als der Monarch, den der Papst mit den Liebesworten »Heinrich, Sohn der Verderbnis und Satans« belegte. Heinrich hatte allen Grund, das Konzil von Trient nicht aus dem Auge zu lassen.

Bis jetzt hatte er keinen Anlaß zu panischem Schrecken. Er hatte eben erst Boulogne erobert und die französische Flotte zurückgeschlagen. Es bestand weder in der Kirche, noch in irgendeinem Lande, weder bei einer Partei, noch in einem Lager irgendeine sichtbare Einigkeit. Das politische Wetter veränderte sich mit jedem Augenblick. Niemand vertraute irgend jemand oder hatte Ursache, irgend jemand zu vertrauen. Vor einer Kraftprobe konnte weder er noch irgendein andrer europäischer Herrscher wissen, ob das Papsttum ein Wrack war, das nur nach außen hin zusammenhielt, oder ein Schiff, das dem Sturme wirklich Trotz bieten konnte.

Er war sich darüber klar, daß Karl nicht seinen ganzen Druck auf den Papst ausübte. Franz verhandelte mit den Protestanten und liebäugelte immer noch mit den Türken. Die Dänen und Schweden machten mit den deutschen Protestanten gemeinsame Sache. Er selbst hatte soeben Kardinal Beton eine Lektion erteilt. Hertford hatte Melrose und Dryburg eingenommen, sieben Klöster, sechzehn befestigte Türme, fünf Märkte, zweihundertdreiundvierzig Dörfer, dreizehn Mühlen und drei Hospitäler zerstört. »Wir führen Krieg mit Frankreich und Schottland«, sagte Bischof Gardiner bekümmert im Oktober; »wir sind mit dem Bischof von Rom verfeindet; wir haben keinen sicheren Freund am Kaiser, und vom Landgrafen, dem Haupt der Protestanten, haben wir solche Zeichen des Mißfallens empfangen, daß er Grund hat, in uns keine Freunde zu sehen.«

In dieser schweren Notlage teilte Heinrich Gardiners Schwarzseherei nicht. Aber er prahlte nicht mehr, wie es früher für ihn kennzeichnend gewesen war, und zog sich in die achtbeinige Naivität zusammen, die er von seinem spinnenähnlichen Vater ererbt hatte. Er wußte, daß dieses Kirchenkonzil den Stab der Weisheit in der einen, den Kriegsspeer in der andern Hand hielt. Trotz seiner Anstrengungen würde Reginald Pole zu Trient anwesend sein, um den Schleifstein für den Speer des Papstes zu drehen. Das große Konzil kündigte mancherlei an, aber für Heinrich nur das eigene Schicksal: sein ganzes Sinnen war darauf gerichtet, die Wiedervergeltung abzuwehren, die ihn seit zehn Jahren bedrohte.

XIV

Gegen den Wind kämpfend sprach er an einem kalten Septembernachmittag mit Karls Gesandten van der Delft. »Vierzig Jahre lang bin ich König gewesen«, sagte er, »und niemand kann behaupten, daß ich je anders als aufrichtig und ehrlich gehandelt hätte.«

Van der Delft erwiderte nichts.

»Ich habe nie mein Wort gebrochen«, fuhr Heinrich mit gerunzelter Stirne fort, »ich habe immer den Frieden geliebt und tue auch jetzt nichts, als daß ich mich gegen die Franzosen verteidige. Die Franzosen wollen ohne Boulogne keinen Frieden schließen, ich aber habe Boulogne ehrenvoll erobert und gedenke es zu behalten.«

Das Ritual war gewahrt. Aber er sagte das alles kalt und ohne Zorn, während sein Gehirn eifrig arbeitete. Erst wenn er wußte, was Karl seinerseits vorhatte, konnte er entscheiden, ob es besser sei, in gerechten Zorn auszubrechen oder darauf zu warten, daß man ihn umwarb.

Noch versucht durch eine Unzahl von Möglichkeiten, noch gekitzelt durch die Notwendigkeit, eine Wahl zu treffen, gestand er Gardiner: »Ich bin verwirrt, denn ich weiß nicht, welchem Wild ich nachsetzen soll.«

»Lasset Boulogne fahren«, drängten seine ängstlichen Räte. Aber Heinrich leistete ihnen Widerstand. Er wußte, daß er den französischen Stolz unter dem Daumen hatte, solange Boulogne sein war. Sie würden vielleicht versuchen, ihn loszuwerden, indem sie zu zahlen versprachen, aber die Franzosen »vergessen ihre Verpflichtungen, sobald sie nicht mehr in Not sind«. Solange Boulogne sein war, hielt er das diplomatische Steuer in Händen.

Die vernichtenden Kosten wollte er nicht sehen. Er nannte Boulogne seine »Tochter«, aber er gab für keine Tochter aus seinem Fleisch derartige Summen aus. »Ich bin am Rande meines Witzes«, vertraute Wriothesley Paget an »und weiß nicht, wie wir in den nächsten drei Monaten überhaupt durchkommen sollen.« Heinrich hatte, um den Kampf mit Rom zu Ende zu führen, den Wert des Geldes gedrückt, wie er Ehe und Parlament erniedrigt hatte. Und niemand wagte, ihm dreinzureden. Er hatte eine Million dreihunderttausend Pfund ausgegeben, um Boulogne einzunehmen, wo seine Sondersteuern ihm dreißigtausend Pfund einbrachten. Die Lebenskosten in England waren bereits untragbar. Die wirtschaftlichen Folgen waren gräßlich. Und selbst wenn die katholische Solidarität nicht imstande war, das Land zu den letzten Entbehrungen zu verdammen, so war England doch vor Entkräftung nahe daran, in die Knie zu sinken.

Heinrich aber, der ganz im Banne seiner beherrschenden Leidenschaft stand, wankte nicht. Er würde noch acht Millionen ausgeben, um den Kurs zu rechtfertigen, den er seit der Scheidung von Katharina von Aragon verfolgt hatte.

Er begann den Herbstfeldzug damit, daß er den Sekretär seiner Frau, Buckler, zu den deutschen Protestanten entsendete. Sie erwiderten, indem sie Unterhändler schickten. Er wandte alles an, was er je von Wolsey und Cromwell gelernt hatte, und begann in drei Manegen Diplomatie zu treiben, die Peitsche in der eigenen Hand. Er beauftragte Gardiner, dem das Europäische des Papsttums im Blute lag, mit Karl in Brüssel zu verhandeln. Gardiner sollte »den Geheimnissen und Verträgen, die zwischen Frankreich und dem Kaiser schwebten, auf den Grund kommen«; die Wahl fiel auf ihn, weil der Bischof in Wirklichkeit zu sich selbst sagte: »Gott gebe uns ein schnelles Ende unsrer Protestanten«, und: »Ich habe niemals gemerkt, daß Seine Majestät selbst irgendeine Neigung zu ihnen gefühlt hätte.«

Mit oder ohne Neigung jedoch entsendete Heinrich Paget hinter Gardiners Rücken zu den Protestanten, um sie zu bearbeiten. Paget sollte den Kaiser ausstechen und auf die »listigen Kunstgriffe der Franzosen« aufmerksam machen. »Wenn alle nur so lauter wären wie Protestanten und Engländer!« flüsterte Paget, und die eifrigen Protestanten teilten Paget die innersten Absichten der Franzosen mit, die sie von ihren französischen Anhängern erfahren hatten.

Gegner der Protestanten mit dem Kaiser, Gegner der Katholiken mit den Deutschen, war Heinrichs dritter Versuch darauf gerichtet, Franz mit Rom zu entzweien. Und inzwischen verärgerte der junge Surrey jeden normalen Menschen, indem er Heinrich »aufreizte«, Boulogne zu behalten.

Ein so kompliziertes, hinterhältiges, bedrückendes und toll kostspieliges Vorgehen konnte nur aus dem Eigenwilligen des unüberwindlichsten aller Egoisten kommen. Gardiner saß um die Mitte des November allein in Brügge und überlegte melancholisch und praktisch zugleich; er wurde von seiner Sympathie mit Heinrichs Ansichten, die er während der Scheidung unterstützt hatte, auf der einen, und den nüchternen, rationellen Ideen, die von More und Colet vor dreißig Jahren aufgestellt worden waren, auf der anderen Seite hin- und hergerissen.

»Unser Krieg ist unserm Lande und all unsern Kaufleuten, die in der Nordsee Handel treiben, lästig; sie schreien und beklagen sich...

Wir leben in einer Welt, wo Vernunft und Wissen nichts zu sagen haben, und man Bündnisse wenig achtet...

Bayard ist ein tüchtiger Mensch; er würde gern Frieden schließen; aber wie sollen wir es anfangen, wenn der Franzosenkönig so eigensinnig auf seinem Willen besteht? Wie er die Welt um Mailands willen bewegte, so wird er wohl auch gegen uns auf Umwegen vorgehen...

Ich habe eifrig zugunsten des Friedens geschrieben und darauf hingewiesen, daß der schlechteste Friede besser ist als der beste Krieg; aber der Frieden, den die Franzosen anbieten, ist so hinterhältig und wenig verläßlich, daß ich daraus keinen Trost schöpfen kann...

So denke ich des Nachts nach und schreibe am Tage, wenn ich nach den Unterredungen und einiger Lektüre ein wenig Muße habe.«

Aber Gardiners ernste Gedanken vermochten nichts über die geheimen Leidenschaften des alternden Königs.

Diese Leidenschaften, die ihn vom Sport zur Liebe, von der Liebe zum Kriege getrieben hatten, sollten ihn jetzt vom Kriege zur Religion führen. Er hatte alle Stadien der an der Macht Krankenden durchlaufen, von der ersten Nachgiebigkeit bis zur letzten, von der anfänglichen Bereitschaft, mit Ferdinand und Maximilian Schritt zu halten, bis zur letzten Behauptung, daß er mit Gott Schritt halte.

Um des Krieges außerhalb seines Reiches willen war er eifrig dabei, innerhalb des Reiches den Frieden zu predigen, und zwar vor dem Parlament, das er – ohne sich etwas Böses zu denken – seine »Gattin« nannte.

Am Weihnachtsabend kam er in eigener Person ins Parlament. Von den beiden Arten der »Mäßigung«, die man auf dieser Welt predigt – der harten Mäßigung des Zugeständnisses und der milden Mäßigung des Betäubungsmittels – konnte Heinrich nur um die altmodische, einschläfernde, auf Autorität beruhende bitten. Er verabscheute so sehr wie nur irgendein Konzil von Trient die Kritik an der Autorität, die mit dem Lesen der Bibel eingesetzt hatte. Er hatte kein Vertrauen zu dem »niederen Volk«. Eine einfache religiöse *table d'hôte*, wie sie das »Buch des Königs« vorsah, schien ihm unstreitig ordentlicher und der Macht einzelner Kasten zuträglicher als die zweifelhafte Anarchie des *à la carte*. Da er wußte, daß die Macht des Staates auf der Konzentration der richtigen Anschauungen beruht, konnte er ebensowenig einen Grund für eine Verschiedenheit der religiösen Glaubenssätze einsehen, wie für Selbstbestimmung in der Frage der menschlichen Freizügigkeit, der Preise, der Nahrung, der Kleidung.

Er stand also auf und sprach vor seinem Parlament »so sentenziös, so königlich, oder vielmehr väterlich«, daß jene, die ihm lauschten, sich nicht davon zurückhalten konnten, zu weinen und »ihre Pflanzen zu bewässern«. »Ich halte diesen Tag«, schluchzte ein tränenfeuchter junger Sekretär, der Heinrich zuhörte, »für einen der glücklichsten meines Lebens.«

Vielleicht ahnte er, daß er zum letztenmal an dieser Stelle sprach; und da seine Rede sich um die Nächstenliebe drehte, legte Heinrich in seine

Worte den vollendeten Tonfall des Vaters, der zwar zugesteht, daß er »unfruchtbar und entblößt« ist, aber dennoch erklärt, Gott habe ihn berufen.

»Für so geringe Gaben, als Gott mir verliehen, statte ich seiner Güte meinen allerdemütigsten Dank ab und habe den Vorsatz, all meinen Witz und Fleiß darauf zu verwenden, daß ich mir die bedeutenden Tugenden und fürstlichen Eigenschaften, die Ihr meiner Person zuschreibt, auch wirklich aneigne und erwerbe.«

Er kam auf den Krieg zu sprechen, den er gegen Frankreich führte, »nicht zu Unserem Vergnügen, sondern zu Eurem Schutze«. Er dankte ihnen für die Subsidien. Er freute sich über »das vollkommene Vertrauen«, das sie ihm bewiesen, indem sie »alle Stiftungen für Seelenmessen, Spitäler, Schulen und andres« in seine Hände gaben. Er würde sie als besondre »Vertrauenssache« betrachten. Wenn er es duldete, daß die Gelehrsamkeit abnehme oder arme und elende Menschen ohne Erleichterung blieben, wäre er gewißlich »kein verläßlicher Freund gegen Euch, noch barmherzig gegen die Meinigen, auch als Christ weder ein Freund des Staates, noch ein Gottesfürchtiger, da wir doch Gott über all unsre Handlungen Rechenschaft abstatten müssen«.

»Nun, da ich Eurerseits so viel Freundlichkeit erfahre, kann ich nicht anders, als Euch lieben und Euch meine Gunst schenken; ich behaupte, daß kein Fürst der Welt seine Untertanen mehr liebt als ich Euch; noch lieben und gehorchen andre Untertanen oder Bürger ihren angestammten Fürsten mehr, als ich dies von Euch erfahre; darum ich zu Eurem Schutze meine Schätze nicht verbergen, und auch – so es die Notwendigkeit erfordert – meine Person aufs Spiel setzen will.«

Yorkshire war vergessen. Das »tierische« Lincolnshire war vergessen. Der Aufstand des Jahres 1541 war vergessen. An dieser Stelle oder kurz danach fing der »glückliche Krieger« an zu weinen. Am Weihnachtsabend davon zu sprechen, eine Person aufs Spiel zu setzen, die einem leutseligen Plumpudding so ähnlich sah, erweckte Tränen und Gelächter, zumal seit seinem vorsichtigen Verhalten in Portsmouth. Heinrichs Phantasie aber war mit seiner vorbildlichen Väterlichkeit beschäftigt; er wandte sich nun zu väterlichen Ermahnungen.

Er könne sie aber nur lieben, sagte er, wenn sie eine Sache änderten. – »Unter Euch lebet nicht die Nächstenliebe und Einigkeit, sondern Streit und Zwietracht herrschen überall. Paulus sagt, die Liebe sei sanftmütig, die Liebe kenne nicht Neid noch Stolz, und so weiter. Blicket um Euch, ob Ihr Liebe und Barmherzigkeit kennt, da einer den anderen Ketzer und Wiedertäufer schilt, und dieser ihn wieder Papist, Heuchler, Pharisäer! Sind dies Zeichen der Liebe zwischen Euch? Sind dies Zeichen der brüderlichen Neigung, die Ihr hegen solltet?«

Das treffliche politische Ziel, das unter der Behauptung hervorguckte, die alten Vorurteile wehrten sich gegen neue Einsichten, bezog sich auf die Notwendigkeit, sich still zu verhalten. Während des Konzils von Trient konnte er keine religiösen Ausbrüche gebrauchen.

»Bessert Euch in bezug auf diese Verbrechen, oder ich, den Gott berufen hat«, werde diese Greuel züchtigen. Obwohl es Euch gestattet ist, die Heilige Schrift zu lesen und das Wort Gottes in Eurer Muttersprache zu besitzen, dürft Ihr nicht disputieren und die Schrift dazu benutzen, die Priester anzupöbeln und zu reizen. »Ich höre mit Mißvergnügen, wie wenig ehrfürchtig das allerkostbarste Juwel, das Wort Gottes, diskutiert, in Reime gebracht, gesungen und gepfiffen wird, und dies in jedem Bierhaus und jeder Schenke.« – »Liebet, fürchtet und dienet Gott, wozu ich, als Euer Oberhaupt und angestammter Fürst, Euch ermahne und auffordere.«

Damit schloß die Enzyklika. Und während Heinrich, unter der Last seines Fleisches ächzend, sich abmühte, von seinem erhöhten Platz herabzusteigen und in den Palast zu gelangen, hätten jene, die sich an die wahre Bedeutung dieser Liebe erinnerten – die sich von den Sakramentariern von Windsor über die alte Lady Salisbury, Robert Aske, Nicholas Carew, Dr. Barnes, Dr. Abel, den jungen Lambert, Pater Forest, die Charterhousemönche, den alten Johann Fisher, Thomas More, die angetraute Gattin, Elisabeths Mutter, königliche Sprossen wie Buckingham und Montague, Minister wie Cromwell, Verräter wie Constable und Darcy erstreckte – die Liebe, die von den grauen Lippen floß, die Liebe, die eine Unzahl von Sünden bedeckt, – Engel dazu bringen können, ihre Tränen mit denen seiner treuen Zuhörer zu vermischen.

XV

Im neuen Jahr war Heinrich nicht wohl. Es starben allerhand Menschen: der junge Orléans hatte im September den Geist aufgegeben, Suffolk etwas später, desgleichen Richard Cromwell. Audley war tot. Luther starb im Februar. Außer diesen Rippenstößen des Knochenmanns, die er immer dann spürte, wenn sein Bein ihm Fieber machte, gab es politische Schwierigkeiten, die ihn außerordentlich beunruhigten. Das Geld wurde schlecht und schlechter. Die Protestanten hatten in Deutschland Sorgen. In Schottland steifte Kardinal Beton der katholischen Politik noch immer den Nacken; ihn um die Ecke zu bringen war ebenso schwer wie ein Attentat auf Reginald Pole. Graf Surrey hatte an Gunst eingebüßt; er hatte einen kühnen Ausfall aus Boulogne gemacht, der zurückgeschlagen wurde und dem englischen Prestige schadete.

»Wir sollten uns Mühe geben, den Gleichmut des Königs zu erhalten«, hatte Gardiner einem Kollegen im Rate gesagt. Aber es war außergewöhnlich schwer, den Gleichmut eines Menschen zu erhalten, dessen Bein ihm zu schaffen machte, dessen Krieg ihm zu schaffen machte, dessen Bank und dessen Gattin ihm zu schaffen machten.

Katharina Parr hatte sich nicht verändert. Aber während sie den erhabenen Gedanken nachhing, die sie in den »Klagen einer Sünderin« enthüllte, und der Universität von Cambridge den Rat erteilte, sich nicht so sehr um weltliches Wissen zu bemühen als »Christi heilige Lehre« zu verkünden, war Heinrich, wie es hieß, nervös geworden. Sie hatte ihm weder Sohn noch Tochter geboren. Wie man sich erzählte, hatte er seine Gedanken auf eine Dame von Adel gerichtet, die Witwe seines Freundes Suffolk. In Antwerpen bemühte er sich um ein Darlehen von den dort ansässigen Fuggern und die englischen Kaufleute wetteten bereits, »daß Seine Majestät der König von England eine neue Gattin heimführen werde«. Wer ihn aber im März sah, als er von Greenwich nach London verladen wurde, erhielt den Eindruck, daß er es nicht bis zu einer siebenten bringen werde. Er begrüßte van der Delft freundlich und betonte ausdrücklich, daß seine gesunde Veranlagung ihm in seiner Krankheit beigestanden habe. »Aber in Wahrheit«, schrieb van der Delft an Karl, »zeigt sein Antlitz, daß er kränker ist, als er wahr haben möchte.«

Karl hatte in Heinrichs Leben immer eine große Rolle gespielt; das war jetzt mehr der Fall als je. Um den Krieg gegen Frankreich fortzusetzen, brauchte Heinrich Gold, Getreide, Wagen. Sein Land war kriegsmüde, und er spürte, daß er Boulogne nicht mehr lange halten konnte. Als er Eduard für eine Partie mit den Kaiserlichen vorschlug, um das Bündnis zu befestigen, schlug der Kaiser die Töchter seines Bruders vor; und als man ihn fragte, wieviel Töchter dieser besäße, zählte er scherzhaft bis fünfzehn. In Wirklichkeit waren es nur zehn. Aber der Ton, in dem die Sache verhandelt wurde, verärgerte Heinrich. Die Mitgift war geringfügig. Er beklagte sich, geriet in Hitze, zeigte großes Mißvergnügen, bis van der Delft und seine Kollegen einsahen, »es sei höchste Zeit, sich zu verabschieden und ihn nicht weiter zu reizen, da er ja krank sei«.

Die Krankheit aber ging bis auf Spanien zurück. Cromwells Politik hatte darin gegipfelt, England protestantisch zu machen, um es vom Kaiserreich zu emanzipieren, und jetzt schienen die Protestanten in der Tinte zu sitzen. Das Konzil von Trient zeigte sich von Spanien beeinflußt. Reginald Pole verhielt sich schweigend, aber die Jesuiten waren anwesend, um die Faust zu zeigen, und nach England gelangten die wildesten Gerüchte: der Bischof von Rom habe sich verpflichtet, dem Kaiser mit sieben Millionen in Gold, zweiundzwanzigtausend Mann Infanterie, viertausend Reitern zu Hilfe zu kommen. Tatsächlich schrumpften die sieben Millionen zu zweihunderttausend Kronen zusammen, aber Karl war, so sehr er es übel nahm, wenn man das Dogma der Reform, den Papst dem Kaiser gegenüberstellte, doch nicht in der Lage, irgendwelche greifbare Hilfe, sei sie geistlich oder weltlich, gegen die deutschen Fürsten abzulehnen, die eifrig dabei waren, das Vermögen der Kirche, die habsburgische Monarchie und sein eigenes Supremat zu untergraben.

»Wenn wir im Streit mit dem Papst den Kürzeren ziehen«, teilte ein mürrischer Edelmann Johann Mason mit, »so wird Euer König der nächste sein.«

Mason sah keinen Grund zur Angst. »Gott und die Natur«, erklärte er liebenswürdig, »haben um das Reich eine so treffliche Mauer gezogen, daß die Engländer nie einen Krieg haben werden, wenn sie ihn nicht im Ausland suchen.«

Der brave protestantische Deutsche versuchte, dieses Bewußtsein der »splendid isolation« zu begreifen. Aber es war vergeblich. Während Mason weiter plauderte, »verfiel er plötzlich in Brüten, vergaß sich, und rief aus (Gott segne ihn): ‚Sic transit gloria mundi!'«

Ähnliches fühlte auch Heinrich. Obgleich er weit davon entfernt war, ein Protestant zu sein, war Heinrich doch voll Sorgen. Er war mit Karl einverstanden, daß der Kaiser »die Ungehorsamen bestrafen« müsse. »Die aufständischen Vasallen« mußten unterdrückt werden. Aber die Soldaten des Papstes, die spanischen und deutsch-katholischen Soldaten, drängten sich zum Kaiser. »Wenn die Armeen aufeinanderstoßen«, schrieb Vaughan an Heinrich, »wird es eine blutige Schlacht geben, und diese Länder (die Niederlande) fürchten sich absonderlich vor den Folgen. Der Handel hat aufgehört.«

Heinrich mußte sich auf die Lippen beißen. Er kannte die päpstliche Doktrin, welche die Taufe mit dem Treueid verquickt, und betrachtete sich als Abtrünnigen. Widerwillig gestattete er Hertford und Gardiner, mit den Franzosen über den Frieden zu verhandeln. »Der König ist weiterhin gedrückter Stimmung«, hieß es in einem Bericht, »und geht nicht in seinen Garten, wie es sonst im Sommer seine Gewohnheit ist.«

XVI

In einer Krise wie der gegenwärtigen war es Heinrich zur Gewohnheit geworden, sich mittels einer katholischen Police zu versichern.

Cranmer ging ihm aus dem Wege. Aber es gab andre, die den Teufel an die Wand malten. John Lassells, der Angeber der Katrin Howard, stand auf der schwarzen Liste der Gardiner-Norfolk. Er wurde wegen Ketzerei verhaftet. Desgleichen der Prediger Crome. Desgleichen Latimer. Desgleichen Shaxton. Und eine Frau von Adel, Anna Askew, die im Jahre 1545 zweimal verhaftet worden war, bei Hofe aber, wie sich erwies, viele einflußreiche und besorgte Freunde hatte, wurde aufs neue in Unannehmlichkeiten verwickelt.

Diese Frau war »sehr eigensinnig und störrisch in allen Fragen der Religion«. Die treuen Kaiserlichen verfolgten sie jedoch nicht als Ketzerin. Sie verfolgten sie aus demselben Grunde, aus dem man im Jahre 1533 Elisabeth Barton verfolgt hatte. Das Heilige Mädchen von Kent war katholisch; Anna Askew war eine Protestantin. Aber die Männer, die

Elisabeth auf die Folter spannten, waren keine Freunde der Katharina von Aragon; die Männer, die Anna Askew marterten, versuchten damit nur, Katharina Parr zu treffen.

Anna Askew wurde nach einem furchtbaren Kreuzverhör unter Leitung Gardiners schuldig befunden. Später aber, im Tower, bekam sie es mit zwei Männern zu tun, die zu Heinrichs vertrautesten Freunden zählten; der eine war Wriothesley, der neue Kanzler, den er reich und mächtig gemacht hatte; der andre Rich, an den Thomas More seinerzeit das Wort gerichtet hatte.

Anna Askew lebte lange genug, um einen Bericht über das, was ihr im Tower von diesen beiden Männern zustieß, abzufassen.

»Daraufhin sandte mich Herr Rich in den Tower, wo ich bis drei Uhr verblieb; um diese Stunde kamen Rich und einer vom Rate und befahlen mir bei meinem Gehorsam, ihnen anzuzeigen, ob ich irgendeinen Mann oder eine Frau meiner Sekte kenne. Ich antwortete, daß ich keine kenne. Daraufhin fragten sie mich aus über Mylady Suffolk, Mylady Sussex, Mylady Hertford, Mylady Denny und Mylady Fitzwilliam. Ich antwortete, wenn ich irgend etwas gegen sie aussagte, könnte ich es nicht beweisen.

Darauf sagten sie, der König sei unterrichtet, daß ich, wenn ich nur wollte, eine große Anzahl Anhänger meiner Sekte nennen könne.

Ich antwortete, ‚man habe den König in dieser Sache ebenso betrogen wie in anderen geheuchelt'.

Aber sie habe doch Geld gebraucht, um sich im Tower Nahrung zu beschaffen; verschiedene Damen hätten ihr Geld zukommen lassen.

Ich erwiderte, ein Mann im blauen Rock habe mir zehn Schilling übergeben und gesagt, Mylady Hertford sende mir das Geld; und ein andrer im violetten Rock habe mir acht Schilling gegeben und gesagt, das sende mir Mylady Denny; ob es wahr sei oder nicht, könnte ich nicht sagen; denn ich wiederhole nur die Worte der Dienerin, und sei nicht gewiß, wer es gesandt habe.

Dann sagten sie, ich würde durch einige Mitglieder des Rates erhalten; ich aber sagte nein.

Darauf spannten sie mich auf die Folter, weil ich nicht gestand, daß irgendwelche Adlige oder Damen meiner Überzeugung seien, und ließen mich eine lange Zeit darauf; und da ich still lag und nicht schrie, gaben sich Mylord der Kanzler (Wriothesley) und Herr Rich große Mühe, mich mit ihren eigenen Händen zu martern, bis ich nahezu tot war.

Dann ließ mich der Leutnant von der Folter befreien. Ich fiel in Ohnmacht, und sie brachten mich wieder zur Besinnung.

Dann saß ich zwei lange Stunden auf der bloßen Erde und sprach mit dem Lordkanzler; und er versuchte mit vielen schmeichelhaften Worten, mich dazu zu bewegen, daß ich meine Überzeugung aufgebe. Aber Gott der Herr (dem ich für seine unendliche Güte danke) gab mir ein, daß ich standhaft blieb, was ich bis zu meinem Ende zu bleiben hoffe.«

XVII

Anna Askew wurde am 16. Juli zu Smithfield verbrannt, in erster Linie, weil sie gegen die Messe gesprochen hatte. Lassells war einer der anderen Ketzer, die bestraft wurden.

Ein Jahr vorher war Katharina stark genug gewesen, Cranmers Feinde daran zu hindern, daß sie ihn in den Tower schickten. Der Primas war bereit, sich dem Rat zu fügen, aber Heinrich war wütend über diesen Schachzug Gardiners, den Katharina ihm entdeckte, ließ ihn im Dunkel der Nacht vor sich kommen, sagte ihm, er sei ein Narr, den Kopf in die Schlinge zu stecken, und gab ihm seinen Ring, den er vorweisen sollte, falls der Rat den Angriff erneuerte.

Zwischen 1545 und 1546 lag jedoch der ganze Unterschied, der durch die Mobilmachung des Kaisers hervorgerufen worden war. Als die Königin versuchte, mit Heinrich über die religiösen Fragen zu sprechen, die durch all diese Prozesse aufs Tapet gebracht wurden, geriet er plötzlich in heftigen Zorn. Es schien ihm unerträglich, in seinem Alter und von seiner eigenen Frau wegen seiner Anschauungen zur Verantwortung gezogen zu werden. Er zitterte vor Wut, und gab so Gardiner und Wriothesley eine Möglichkeit in die Hand. Sie setzten eine Anklageschrift gegen sie auf und legten sie Heinrich vor. Sie war nicht bei ihm. In einem Anfall dunkler Leidenschaften unterschrieb er die Anklage.

Einer von Heinrichs Ärzten gab Katharina Nachricht davon. Als sie es hörte, brach sie zusammen. Sie machte sich nicht vor, daß dies nur ein Spiel sei, um sie auf die Probe zu stellen. Sie sah darin den Zorn, die stürmische Wut, die boshafte Grausamkeit, deren er stets fähig war. Der Schrecken und das Entsetzen darüber ließen sie ihre Ruhe verlieren.

Als der Lärm ihres Weinens an Heinrichs Ohr drang, vergaß er, welchen Anteil er selbst daran hatte. Er sandte ihr seine Ärzte. Mühsam watschelnd kam er selbst zu ihr ins Zimmer, »wo er sie ob ihres Zustandes willen bemitleidete«, wie Herbert sich ausdrückt, »und so freundliche Worte zu ihr sprach, daß sie sich wieder erholte«.

In Begleitung ihrer Schwester Lady Herbert begab sie sich später ins Schlafgemach des Königs. Sein Anfall war vorüber; die Sonne schien wieder. »Er hieß sie höflich willkommen und begann von Religion zu sprechen.«

Aber Katharina hatte ihre Lektion weg. Sie entschuldigte sich. Der Platz einer Frau, deutete sie an, sei zu seinen Füßen. In diesen wie in allen anderen Fragen füge sie sich der Weisheit seiner Majestät.

»Nein, nein, bei der Heiligen Jungfrau!« rief der König. »Ihr seid ein Doktor geworden, Käthe, um Uns zu unterweisen, nicht aber, um von Uns unterwiesen oder geleitet zu werden.«

Katharina antwortete bescheiden, was sie gesagt habe, »sei vielmehr geschehen, um ihm während seines Leidens die Zeit zu vertreiben und ihn den Schmerz vergessen zu machen, als um zu disputieren«. Sie hoffe, aus dem Anhören der gelehrten Gespräche Seiner Majestät großen Nutzen zu ziehen.

»Verhält es sich so, Liebchen?« fragte er strahlend. »Dann sind wir wieder die besten Freunde.«

Den Haftbefehl, den er unterschrieben hatte, vergaß er. Er sprach und scherzte mit seiner Königin im Garten, als Lord Wriothesley mit vierzig Mann Leibwache sich nahte, um die gewöhnliche tragische Szene aufzuführen.

Heinrich sah ihn kommen und humpelte ihm auf dem Gartenpfad entgegen. »Narr, Biest, Schurke, feiger Schurke, Narr!«

Wriothesley war schwer von Begriffen; Entsetzen und Schrecken erfaßte ihn; er verschwand.

Während Heinrich atemlos zu ihr zurückkehrte, fing Katharina an, den Kanzler zu entschuldigen.

Er sah sie mitleidig an. »Arme Seele, Ihr wißt nicht, wie schlecht er die Gnade verdient, die Ihr ihm spendet.«

XVIII

Katharina Parr entging knapp dem Tower. Der Streich, den Heinrich gegen sie führte, war tödlich; sonderbarerweise war er auch idiotisch. Im Juli wurde Anna Askew verbrannt, weil sie gesagt hatte: »Eure Messe ist der abscheulichste Götze dieser Welt.« Im August versuchte Heinrich selbst, Franz dahin zu bewegen, daß er mit ihm zusammen die Messe abschaffe.

Das Gegenstück zu dieser irrsinnigen Leichtfertigkeit wurde von Franz geliefert, als im Juni der französische Frieden vorbereitet wurde. Er »legte Knyvet die Hand auf die Schulter und sagte, nichts schmerze ihn mehr als der Krieg, aber er habe ihn nie mit Gehässigkeit oder Bosheit geführt, und nichts gleiche der Liebe, wie sie wiederversöhnte Freunde für einander empfänden«. Die Gascogner und Einwohner von Kent, die einfachen Bauern, hatten nichts davon bemerkt, daß er so liebevoll gesinnt sei. Manche hatten — wie Ratsherr Reed von London — ihre Haut zu Markte getragen, und viele von ihnen hatten nicht das Glück gehabt, wie Reed gefangen genommen zu werden.

Heinrichs Regierung fing an wie Heinrichs Leib überreif zu werden, aber mit der Gleichgültigkeit, die neun Zehntel der Politik ausmacht, hatte er es fertig gebracht, der Welt eine neue Seite zuzukehren, die scheinbar noch heil war.

Diese Seite war der Frieden mit Franz. Obwohl es fünf Millionen Gulden gekostet hatte, Boulogne einzunehmen, und obwohl man es jetzt unter großen Kosten behauptete und befestigte, hatte Heinrich Bedingungen gestellt, die vom Läuten der Triumphglocken übertönt wurden: es sollte innerhalb von acht Jahren für die Summe von zwei Millionen Gulden an die Franzosen zurückgegeben werden. Es zu behaupten, hatte bedeutet, die Franzosen toll machen wie Hornissen, und die ganze großartige Politik, um derentwillen Heinrich seinem Rat Widerstand geleistet und auf die er sein Talent verschwendet hatte, ergab schließlich nichts als verlorne Arbeit und Schulden.

Heinrich ließ sich jedoch durch einen anderen Triumph trösten. Endlich war es gelungen, den Kardinal Beton zu ermorden. Die Männer, die ihn töteten, als er in seinem Sessel saß — Norman Leslie und Heinrich Balnavis — würden in Greenwich bei ihm sein, ehe das Jahr um war. Sie hatten Beton mit den Worten erstochen: »Empfange deinen Lohn! Wir sind von Gott gesandt, Wishart zu rächen, du eigensinniger Feind Jesu Christi und seines heiligen Evangeliums!« Der Priester starb unter Ächzen und Schreien. Sein Leichnam wurde an einem Arm und einem Fuß über die Mauer gehängt, »damit die Leute ihren Gott sähen«; die Evangelischen rühmten sich, sie hätten den Körper des heißen Wetters wegen eingesalzen.

Das waren die kurzen Wege zur Zivilisation, die Heinrichs Freunde und Untergebene einschlugen. Er selbst freute sich doppelt über Betons Schicksal, weil er seine eigene politische Richtung wieder einmal geändert hatte.

Das Zeichen für diese Änderung kam aus Rom. Eine Taube namens Bertano verließ die Arche mit einem Ölzweig. Er kam über Frankreich an. Aber Heinrichs Haltung dem Ölzweig gegenüber glich der Haltung König Davids dem Herrn gegenüber, als sein Sohn im Sterben lag. War der Sohn gestorben, so nutzte es nichts, noch länger zu beten. Die Sintflut war vorüber; Heinrich legte seinen Gebetteppich zusammen. Er hatte die Ketzer nur verbrannt, um die Götter gnädig zu stimmen. Als die Götter Gesandte schickten, begriff er, daß er genug Ketzer verbrannt habe. Er gewann seine alte Frechheit zurück und schlug vor, die Messe abzuschaffen.

Der grimmige Krieg, der in Deutschland zwischen Karl und den protestantischen Fürsten ausgebrochen war, vermehrte noch seinen Mut. Auch die Vertagung des Konzils von Trient trug dazu bei. Und in dem Maße, als diese Zeichen einer erledigten Gefahr in seinem Bewußtsein versanken, wurde er den ausgeklügelten Vorschlägen geneigter, mit welchen die »Neuen Männer« ihm zusetzten.

Sein Befinden war immer mit den Notierungen gestiegen oder gefallen. Aber obwohl er noch immer seine Krankheit leugnete, war er längst zu einem Berg von Siechtum geworden. Je mehr er litt — denn seine gewohnten Bäder halfen ihm wenig — desto schneller sah er die Seite der Dinge, auf die seine angebornen fixen Ideen ihn hinwiesen. Niemand begriff das besser als Hertford und Lisle, »die einzigen Edelleute, die alt und begabt genug waren, sich um Staatsgeschäfte zu kümmern«, wie Chapuys urteilte.

Sie waren »Neue Männer«, »große Erreger von Ketzerei«. Sie waren in den Palast gezogen, um in Heinrichs Nähe zu sein. Im Maße, wie sein eigener Schatten länger wurde, erkannte Norfolk in ihnen die Männer der Zukunft. Erst im vergangenen Jahre hatte er sich dagegen gewehrt, daß sie Gardiner in den Tower schicken wollten. Erst zu Pfingsten hatte er den Seymours das größte Kompliment gemacht, indem er durch Vermittlung des Königs versuchte, zwei Heiraten übers Kreuz mit ihnen zu vereinbaren. Sein Sohn, der Erbittertste der jüngeren Generation, war weniger versöhnlich gesonnen. Er wagte es, die Stimme zu erheben. »Diese Emporkömmlinge würden, käme es auf sie an, keinen Mann von Hochadel am Leben lassen.«

Die Scheibe, durch die Heinrich seinerseits das politische Leben betrachtete, war nicht mehr durchsichtig. Sie war von seinem kranken, sich windenden Körper beschlagen. Wenn er Befehle diktierte und nach Boulogne sandte, die französischen Festungen seien zu schonen, und gleichzeitig mündlich Weisung gab, sie zu schleifen, war das nur eine automatische Handlung, die lange Gewohnheit der Intrige und des Ränkespiels. Endlich hob er dem Gaste, der die Türe halb geöffnet hatte, die Augen halb entgegen, tat einen schweren Seufzer und machte sein Testament.

Er sollte, wie es lange seine Absicht gewesen war, in der noch unfertigen Kapelle zu Windsor begraben werden. Johanna Seymour, seine treue und liebevolle Gattin, sollte an seiner Seite liegen. Sie hatte ihm einen Sohn geboren.

Sein Testament begann mit einer Beruhigung für die Katholiken: »Im Namen Gottes und der erhabenen und gebenedeiten Jungfrau Maria und all der Heiligen im Himmel.«

Er bekannte sich zu dem aufrichtigen Glauben, daß er sterblich und in Sünde erzeugt auf dieser elenden, vergänglichen Welt unter Gottes Leitung lebend und in standhaftem und vollkommenem Glauben sterbend wahrhaftig vertraue, durch Christi Leiden erlöst zu werden und das ewige Leben zu erlangen.

Er wünschte, daß man für ihn bete und für den Fall, daß seine Seele ins Fegefeuer käme, Messen für ihn lese.

Er vermachte seine Krone Eduard und seinen Erben, Marie und ihren Erben, Elisabeth und ihren Erben, und danach den beiden Töchtern seiner Schwester Marie.

Cranmer, Hertford, Lisle, Tunstall, Wriothesley, Browne, Paget, Russell, Denny, Herbert und einige andre sollten während Eduards Minderjährigkeit die Regierung führen.

Auf diese Weise brachte er das Spiel mit Gott ins Gleichgewicht und stellte die Räte aus beiden Lagern gegeneinander auf.

Die Schlauheit, mit der er sich nach beiden Richtungen wandte, blieb dem schärfsten Beobachter unter den Bürgern nicht verborgen. »Es wird in England einen Religionswechsel geben«, schrieb Hooper im Dezember an Bullinger, »und der König wird sich für das Evangelium einsetzen, falls der Kaiser in diesem vernichtenden Kriege unterliegen sollte. Wird dagegen die Lehre unterliegen, so wird er seine gottlose Messe beibehalten, der zuliebe er im vergangenen Sommer vier angesehene und fromme Personen den Flammen überantwortet hat.«

So standen die Aussichten. Aber um die elfte Stunde, als die Türe sich bereits sachte öffnete und Heinrichs Geschick schweigend nach ihm griff, wiesen ihm Hertford und Lisle, hinter denen Cranmer stand, die interessante Drohung einer neuen Verschwörung.

Dieser neue Verschwörer, dieser Buckingham, war Surrey. Sein Vater Norfolk leistete ihm Vorschub. Und hinter ihnen stand Gardiner, ohne den »die Wahrheit des Evangeliums nicht wiederhergestellt werden kann«.

Die Wirkung auf Heinrich war furchtbar. Er war so krank gewesen, daß man beide Beine ausbrennen mußte. Selbst Katharina und Marie durften nicht zu ihm. Aber mit der rasenden Heftigkeit, deren er fähig war, wenn jemand den kranken Nerv antastete, ergriff er den Weg, den man ihm zeigte. Norfolk, der in London nicht beliebt war, folgte Surrey durch die Straßen in den Tower.

Empson und Dudley waren die ersten Opfer gewesen, die Heinrich auf dem politischen Altar darbrachte. Damals war er jung, ritterlich, unerprobt, der Neuling, der Märchenprinz. Nun war er abgenutzt. Seine Augen waren blutunterlaufen. Er konnte keinen Federkiel heben. Sein mächtiger Leib drückte in jeder verkniffenen Linie traurige Ermattung und Unglück aus. Und doch zwang jenes Etwas in ihm, das jedem Mann, jeder Frau mißtraute und doch nach Gewißheit und Sicherheit tastete, ihn dazu, seinen ältesten Spießgesellen durch einen Federstrich zum Teufel zu schicken und an den einzigen Schatz des verhärteten und schmutzigen Veteranen, seinen Sohn, Hand anzulegen.

Norfolks Schnelligkeit, sein schlauer Verstand, seine flinke Unterwürfigkeit hatten ihm oft genützt. Diesmal fruchteten sie nichts. Er wurde schließlich von diesem unersättlichen Mißtrauen verschlungen.

Das Mißtrauen legte gesetzliche Kleidung an. Es ging Heinrich nach Weihnachten viel besser. Er setzte sich auf. Er sprach gleichmütig. Sein Sohn Eduard dankte ihm für ein Neujahrsgeschenk und »wird versuchen, dem Beispiel seines Vaters an Tugend, Weisheit und Frömmigkeit nachzueifern«. Im Kern schien Heinrichs Wesen noch immer vernünftig und menschlich. Aber sein schnelles, erschrecktes Auge verriet den Riß, der durch sein Wesen ging.

XIX

Surrey hatte keine Chance. Der »törichte stolze Knabe« war nun dreißig Jahre alt. Seit den Tagen, da er mit Heinrichs Knaben Richmond nach Frankreich ging, war er immer hochfahrend gewesen. Der Prahlhans in ihm rang mit dem edlen Dichter. Das Tageslicht einer hohen Intelligenz stritt mit einem Wald von Gehässigkeiten. Er lebte in einem grünen Dämmerlicht. Knyvet konnte seine Unfreundlichkeit, seine Bosheit nicht ertragen. »Nein, nein, Vetter Knyvet, so niedrig zürne ich nicht, mein Haß ist höher, mein Haß will höher hinaus.« »Der König liebte ihn nicht«, sagte er. Und er war unvorsichtig gewesen; er hatte das königliche Wappen in seines aufgenommen; er hatte herzlos von Wilhelm dem Eroberer gesprochen; er hatte seiner Schwester angeraten, Heinrichs Madam »De Temps« zu einer Zeit zu werden, da Heinrich nur durch einen Flaschenzug in Bewegung zu setzen war. Diesen Vergehen setzte er in seiner letzten Rede die Krone auf: er nahm sein Leben in beide Hände und schmetterte es seinen Anklägern ins Gesicht. Einen Augenblick gab es vielleicht, in dem durch etwas an seinem verzweifelten und beherzten Vorgehen sich das Blatt zu seinen Gunsten wandte; aber ein einziges Wort aus dem Munde des Mannes, der für das Ergebnis verantwortlich war, unterdrückte den Impuls. Surrey wurde schuldig erklärt. Auf Tower Hill, wo er gestanden und seiner Cousine Katrin Howard zugesehen hatte, wurde er am 19. Januar in den Tod geführt.

Norfolk war wie vom Blitz getroffen. Er hatte nie gegen seine eigenen Interessen gehandelt, und da sie für ihn immer mit denen des Königs gleichbedeutend waren, konnte er das Geschick nicht begreifen, das ihn in den gleichen Tower warf wie Darcy und Thomas Cromwell, Robert Aske und Robert Constable, Katrin und Anna. Es verwirrte ihn, als hätte man gegen Wasser die Anklage erhoben, es sei bergan geflossen.

Er vergaß, wonach er gestrebt hatte, und erinnerte sich nur noch, daß er kein Verschwörer war.

»Ich bin ein ehrlicher, armer Ritter«, behauptete der alte Soldat. Er hatte den Bischof von Rom abgeschworen. »Hätte ich zwanzig Leben, ich würde sie lieber alle dahingeben, als daß er in diesem Reiche Macht besäße, denn niemand weiß besser als ich, der ich es aus der Geschichte gelernt habe, wie seine anmaßende Macht gewachsen ist.«

So versuchte er sich zu verteidigen. Aber seine Aussichten standen schlecht. Seine Stimme wurde greller, während er sich rechtfertigte. »Wer brachte den Verrat Lord Darcys, Sir Robert Constables, Sir Johann Bulmers, Askes und vieler andrer ans Licht, wenn nicht ich ... ich habe mich immer als treuen Knecht meines Herrn erwiesen, und, seit diese Dinge geschahen, von Seiner Majestät mehr Belohnung empfangen als vordem. Wer sollte glauben, ich könnte jetzt untreu sein?«

Norris hätte diese Worte sprechen können, aber Norris war zu stolz dazu gewesen. Bevor Surrey hingerichtet wurde, hatte man auch den Vater schuldig erklärt. Er wurde verurteilt, am 28. Januar geköpft zu werden.

XX

Obwohl Norfolk ein Geständnis unterschrieb und um Gnade bat, erhörte Heinrich ihn nicht. Der Wucherer in seiner Seele hatte vergessen, daß »die Liebe milde ist«. Jeden Tag zwang er sich trotz seiner eigenen furchtbaren Krankheit, in den Rat zu kommen und die Gesandten in Audienz zu empfangen. Fast bis zur Hinrichtung Surreys am 19. war er mit auswärtigen Angelegenheiten beschäftigt, wobei Hertford sich in seiner Nähe aufhielt und Cranmer den kleinen Eduard bewachte. Aber trotz seiner selbst, trotz seiner eigensinnigen und zähen Natur, konnte er nicht länger aufrecht sitzen. Seine Ärzte schickten ihn zu Bett. Gewöhnlich ließ er Katharina und seine Tochter Marie nicht in das Krankenzimmer, das widerwärtig geworden war. Aber jetzt ließ er sie holen. Marie sprach er unter vier Augen. Er bedauerte, daß es ihm nie gelungen war, sie zu verheiraten. Ihr Glück oder Unglück hatte es nicht zugelassen.

»Ich bitte dich, meine Tochter, versuche, deinem Bruder eine Mutter zu sein, denn sieh, er ist noch klein.«

Marie weinte. Als er von den Räten sprach und sie einzeln beim Namen nannte, rief sie aus: »Ich hoffe zu Gott, daß Eure Majestät noch viele Tage am Leben bleiben und mir nicht so Übles tun wird, mich so bald als Waise zurückzulassen.«

Er antwortete nicht. Da er es nicht ertragen konnte, sie weinen zu sehen, winkte er ihr mit der Hand, fortzugehen, denn in Worten konnte er es nicht mehr sagen.

Dann ließ er Katharina kommen. »Es ist Gottes Wille, daß wir uns trennen müssen«, sprach er mit herrischer Einfachheit, »und ich befehle allen diesen Herren, Euch zu ehren und so zu behandeln, als wäre ich noch am Leben.«

Er hatte soeben Thomas Seymour zum Mitglied seines Rats ernannt. Er hatte sich an eine Anzahl Legate in seinem Testament erinnert. Er sprach mit Katharina über ihre Juwelen und ihren Schmuck; er wünschte, daß sie alles behalte.

Sie konnte vor Weinen nicht antworten, und er befahl ihr, ihn zu verlassen.

Stunde um Stunde wurde sein Zustand schlimmer; das Parlament wartete unterdessen wie ein treuer Hund auf eine Bewegung oder ein Zeichen seines Herrn. In den Galerien von Whitehall herrschte ein gespanntes Schweigen, das erfüllt war von geflüsterten Befehlen und schnellen Bewegungen. Man achtete auf jeden Atemzug. Die Räte, die aus dem Krankenzimmer traten, sprachen von einer gefährlichen Veränderung; er konnte nicht mehr lange leben. Er aber wollte nichts davon hören, daß es mit ihm zu Ende ginge. Er redete, gab Befehle, strengte seine Kraft an. Die Mannschaft war ohne Kapitän hilflos. Wer sollte es ihm sagen? Schließlich, am Abend des 27., als seine Ärzte sich fürchteten, ihm die Wahrheit zu sagen, hatte Sir Anton Denny, sein Kammerherr, den Mut einzutreten und zu ihm zu sprechen. Seine Majestät, sagte er, sei in solcher Lage, daß er nach menschlicher Voraussetzung nicht am Leben bleiben könne. Darum ermahne er ihn, sich auf den Tod vorzubereiten.

Heinrich hörte seine Worte. Er wußte, daß es mit ihm zu Ende ging. Er habe viel Unrecht getan, vertraute er Denny an, aber er sammele sich still für das Ende, das herannahte. Obwohl er viel Unrecht getan habe, »stehe es doch in Christi Gnade, mir alle meine Sünden zu verzeihen, und wären sie auch größer, als sie es sind«.

Wünsche er einen gelehrten Mann, fragte Denny schüchtern, mit dem er sprechen und dem er seinen Sinn eröffnen wolle?

»Cranmer«, erwiderte Heinrich, »aber auch ihn noch nicht.« Er würde etwas schlafen »und dann«, sagte er vorsichtig, »werde ich, je nachdem, wie ich mich fühle, Euch meinen Willen kundtun.«

Und Denny verließ ihn unter Verbeugungen.

XXI

Während Heinrich in einen Schlaf fiel, der ein Hindämmern war, konnten jene, die ihn in seinem großen Bett aufgestützt betrachteten, wohl fürchten, sein Leben sei erloschen. Die Kerzen müssen auf das fahle Gesicht, das unbeweglich der nahenden Nacht entgegenwartete, reinigende Schatten geworfen haben. Er war kaum imstande, zu Denny zu sprechen. Seine Zunge, die so viel Wonnen gekostet hatte, lag dick in seinem Munde. Ein Becher Wein stand bereit, ihm die Lippen zu netzen, wenn er ein Zeichen gab, aber wenn das Gefäß nicht ungebeten gegen seine Zähne klirrte, blieb er trocken; er hatte nicht mehr die Kraft, ein Zeichen zu geben. Seine Arme hingen schlaff und unbeweglich herunter. Er war nicht imstande gewesen, sie zu erheben, um Norfolks Todesurteil mit eigner Hand zu unterschreiben; er konnte sie nicht erheben, um sein eignes abzuwenden.

Schmerzen merkte man ihm nicht mehr an. Sie hatten sein Gesicht schwarz gefärbt, aber die Beine, die rasende Flammen ausgesandt hatten, wurden nun zu Eissäulen. Da lag er, seine Augen starr, die Nachtmütze schief aufgesetzt wie bei einem Knaben. Die stolze Festung zerbröckelte; schon waren die äußeren Mauern genommen, die fünf Sinne gaben ihre Zugänge preis, und nirgends, wenn nicht in einer verborgenen Zitadelle, war noch eine Stelle, wo er seinem Tode Widerstand leistete.

Wie ein Flüstern aus der Vergangenheit trat nun sachte der eine Mensch ein, den zu sehen er verlangt hatte. Es war Cranmer; er kam aus Croydon und trug noch den kalten Hauch der Themse im Januar frisch auf den Wangen. Er war in Treue gekommen. Seit Katharin verstoßen war, hatte er dem König in jedem Wunsch Folge geleistet: er hatte seinen Herrn begleitet wie der Vogel, der stets dem Abenteurer zur See folgt.

In dem letzten Zusammentreffen des blaßblütigen Priesters mit dem heißblütigen Manne, der seiner Sanktionen bedurft hatte, lag etwas Gemäßes und Ergreifendes. Heinrich war ein Stück Leben gewesen, ein Klumpen jener Energie, die aus der Sonne gezaubert wird. Seine nackte Kraft hatte sich in das Verderbte und in das Heilige, Gesunde eingefressen. Er hatte das Leben heißhungrig angegriffen. Er hatte versucht, es zu beherrschen. Er hatte mit königlicher Hand das Erbteil des menschlichen Schmerzes vervielfacht. Er war mit großer Angst um sich selbst gekreist und hatte schließlich eine herbstliche Heiterkeit erreicht, die von Verfall tropfte. Vielleicht gab es in seinem Sinn einen unerbittlichen Zeugen dieses Verfalls; vielleicht hatte auch der müde Zeuge seine Tränen getrocknet und seine Hände gefaltet. Die achtunddreißig Jahre aber, in denen er England beherrscht hatte, waren nicht spurlos an ihm vorbeigegangen. Er hatte Charaktere geprägt, die Staatskunst umgebildet und durch einen erstaunlichen Kunstgriff sich zum Oberhaupt einer Religion gemacht. Erst viele Jahre später sollte das in seiner ganzen Bedeutung erkannt und viel von der Perversität seines Ursprungs durch Sonne und Wind gereinigt werden.

Nun lag der Mensch Stück um Stück im Sterben; seine riesige Masse machte in den Gleisen des Instinkts dem beutelustigen, herrischen Wurm das Feld streitig. Als Cranmer sich ihm näherte, konnten die Augen des Königs, die in ihren Höhlen rollten, kein Zeichen geben, daß er ihn erkannte. Der Primas kniete in dem dicken Dunstkreis seines Herrn nieder, andre knieten mit ihm, und in seine geschmeidige Hand nahm er die kalte und massige des Königs, die erschlafft auf der Decke lag.

Cranmers Stimme hatte Heinrich überzeugend ins Ohr geklungen. »Sterbt Ihr im Glauben Christi?« fragte er eifrig.

Aber schon tönten andre Klänge an diese Ohren. Der Ozean des Vergessens sandte ihm eine lange Woge entgegen, das Donnern seiner Brandung verschlang ihn, und ein blinder Tod zermalmte ihn mit sicherer Hand zu Nichts.

Hörte er Cranmer noch? Erglänzte das Wort Christus weiß auf ferner Schwinge hoch oben am Himmel über dem erschöpften Schwimmer? Fühlte er noch den Stachel des Bewußtseins? War es auf Christus gerichtet oder lag es im Schrecken und Lärm der alten, sich wiederholenden Schlachten, deren gespenstische Armeen noch immer im Nebel kämpften, gefangen?

Während das Leben und der Tod um den Ohnmächtigen feilschten, stritten sich draußen bereits die Erben der Autorität um die Hinterlassenschaft. Hertford, dem der kleine Eduard anvertraut war, machte ein Gebot auf das Zepter. Paget stand auf seiner Seite. Gardiner spannte jenseits des Flusses die Muskeln an. Wriothesley schwankte. Die Soldaten waren ungeduldig. Die Juristen beschnitten ihre vertrockneten Kiele. Der gänzlich verwirrte Klerus bereitete sich auf ein Oberhaupt vor, das neun Jahre und drei Monate zählte. Katharina Parr, Kateryn die Königin K. P. dachte mit geschlossenen Augen und offenem Herzen an Thomas Seymour. Rat und Parlament, Gesetz, Volk, ganz England fühlte, wie es sich von dem bedrückenden Daumen freimachte.

Während der magere und fiebrige Hertford mit Paget die beschattete Galerie entlangschritt, seine weit ausholenden Bewegungen von »Freiheit, Freiheit« sprachen und seine Lippen von der Not des Volkes redeten, lag in seinen Worten nach dreißig Jahren Wüste etwas so Durstiges, daß Paget ihm nur raten konnte, sich Zeit zu lassen und nichts zu übereilen. Aber konnte er sich Zeit lassen? Die Hellebardiere am Ende der Galerie, die wie Statuen an der Steinwand und den Tapeten Wache standen, sprachen von der Krise im Palast. Mit jedem Wort, das Hertford äußerte und jedem Schritt, den er nahm, erzitterte Norfolks Schicksal. Wenn der bleiche Morgen London betrat, bevor Heinrich ausgeatmet hatte, so würde er dem Papisten die kalte Hand auf die Schulter legen und ihn in den Untergang führen. Schon hatte es von Westminster Mitternacht geschlagen. Und der König lebte noch. Hertfords silberne Nächstenliebe begann sich mit schwarzem Ratschluß zu überziehen, wie jede Minute die Nadel näher an den Tower rückte.

Es schlug ein Uhr. Cranmer lag auf den Knien. Heinrich kämpfte den Todeskampf. Er widerstand mit berstenden Adern dem Feinde. Er suchte seinen Griff am Leben, an Norfolks Gurgel zu behaupten, aber der Tod erwürgte ihn; Norfolk war gerettet.

Sacht weinend erhob sich Cranmer. Heinrich, sagte er den Räten, hatte ihm die Hand gedrückt. Er war im Glauben Christi gestorben. Christi Leiden würde ihn erlösen, und er würde des ewigen Lebens teilhaftig werden.

XXII

Bald, »zu geziemender Zeit«, wurde er von Whitehall weggebracht. Er wurde in Windsor begraben, freilich anders, als er es gewünscht hatte. Sein Rat ernannte einen Verweser, anders als er es bestimmt hatte. Die Franzosen nahmen Boulogne zurück, anders als er vereinbart hatte. Aus dem Wrack all seiner Ehen ergriff das weibliche Kind Elisabeth, bei dessen Geburt er zusammengezuckt war, das er verachtet und zurückgewiesen hatte, das Zepter, das er einem Kriegsherrn bestimmt hatte, und erhob es zu Höhen, von denen die Dichter singen. Der Cromwell, den er köpfen ließ, sollte einen Nachkommen haben. 101 Jahre später sollte, wo jetzt Whitehall stand, fast am Jahrestage seines eigenen Todes Oliver Cromwell den König von England köpfen lassen. Starke Leidenschaften erzeugen starke Leidenschaften.

Zuerst aber mußte England Heinrichs männlichen Erben krönen. Schon ruft es: »Vive le noble roy Edward!« und »die Drometen ertönen mit starkem Wohlklang und hohem Mut«.

Die Briefe Heinrichs VIII. an Anna Boleyn
Anna Boleyns letzter Brief an Heinrich VIII.

Vorbemerkung: Die Originale der Briefe Heinrichs VIII. (17 Nummern, darunter 9 französische) gelangten frühzeitig in den Besitz der Vatikanischen Bibliothek. Am 1. Dezember 1797 wurden sie nach Paris gebracht, am 10. Oktober 1815 jedoch der Vatikanischen Bibliothek wieder zurückgegeben. Der Brief der Anna Boleyn an ihren Ehemann vom 6. Mai 1536 wurde zuerst von Hume in seiner „Geschichte Englands" veröffentlicht.

1

König Heinrich VIII. an Anna Boleyn

Meine Freundin! Ich und mein Herz legen uns in Euere Hände und bitten Euch, uns Euerer Huld zu empfehlen und Euere Neigung zu uns nicht durch die Trennung vermindern zu lassen. Denn es wäre sehr grausam, unsere Pein noch zu vermehren, was ja schon die Trennung zur Genüge besorgt, und zwar in höherem Maße, als ich es je geglaubt hätte. Ich muß immer an einen astronomischen Satz denken, der folgendermaßen lautet: „Je weiter die Mohren von uns entfernt sind, desto weiter ist auch die Sonne von uns entfernt, und doch ist ihre Hitze um so sengender." So ist es auch mit unserer Liebe; wir sind voneinander getrennt, und doch bleibt sie so glühend, wie sie war, wenigstens meinerseits. Ich hoffe dasselbe von Euch und versichere Euch, die Qual der Trennung ist bereits zu schwer für mich, und wenn ich daran denke, wie lange ich sie noch werde erdulden müssen, so will sie mich schier unerträglich dünken, lebte ich nicht der festen Hoffnung, daß Euere Neigung zu mir unveränderlich sei. Um Euch nun bisweilen an sie zu erinnern, und da ich sehe, daß ich nicht in Person bei Euch weilen kann, sende ich Euch etwas, was dieser so nahe wie möglich kommt, nämlich mein Bild, in ein Armband eingefaßt mit der vollen Devise, die Ihr bereits kennt, wobei ich mich selbst an seinen Platz wünsche, wenn dies Eueren Beifall finden sollte. Dies ist von der Hand Eueres treuen Dieners und Freundes *H.*

2

An meine Gebieterin,

Weil mir die Zeit sehr lang erscheint, seit ich das letztemal von Euch oder Euerem Befinden gehört habe, so hat mich die große Liebe, die ich zu Euch hege, veranlaßt, Euch diesen Boten zu schicken, um näheres über Euer Befinden zu erfahren, namentlich weil man mir seit meinem letzten Abschied von Euch hinterbracht hat, Ihr hättet Euere Meinung, die Ihr noch während meines Besuches hattet, völlig geändert und wolltet überhaupt nicht mehr zu Hofe kommen, weder mit Euerer Frau Mutter noch sonstwie; ist diese Erzählung wahr, so kann ich mich nicht genug darüber wundern, da ich in meinem Inneren überzeugt bin, daß ich mir niemals auch nur das geringste Euch gegenüber habe zuschulden kommen lassen. Es erscheint als ein sehr schlechter Lohn für die große Liebe, die ich zu Euch hege, daß mir der persönliche Verkehr mit der Frau, die ich am höchsten auf der Welt schätze, verwehrt sein soll, und wenn Ihr mit soviel Zärtlichkeit liebt, wie ich hoffe, so bin ich überzeugt, daß die räumliche Trennung zwischen uns beiden Euch ein wenig schmerzlich sein wird. Doch dies berührt nicht so sehr die Gebieterin wie den Diener. Bedenket wohl, meine Gebieterin, wie sehr mich Euere Abwesenheit schmerzt; ich hoffe, es ist nicht Euer Wille, daß dem so sein soll. Wenn ich es aber für gewiß erführe, daß Ihr es selbst wünschtet, so könnte ich nicht umhin, mein trauriges Los zu beklagen und meine tiefe Leidenschaft nach und nach zu bezwingen. So schließe ich denn aus Mangel an Zeit diesen meinen formlosen Brief und bitte Euch, dem Überbringer in allem, was er Euch von mir berichten wird, vollen Glauben zu schenken. Geschrieben durch die Hand Eueres ganz ergebenen Dieners.

3

Der Kummer, den ich über Eueren Gesundheitszustand empfunden habe, hat mich im höchsten Grade niedergedrückt und geängstigt, und ich würde keine ruhige Minute gehabt haben, wenn ich nicht zuverlässige Kunde erhalten hätte. Jetzt aber, da Ihr nichts verspürt habt, hoffe ich, steht es mit Euch so wie mit uns. Denn als wir in Walton waren, erkrankten zwei Zeremonienmeister, zwei Kammerdiener und Euer Bruder, der Schatzmeister, sind aber jetzt wieder ganz wohl, und seitdem wir nach unserem Palaste in Houdson zurückgekehrt sind, haben wir uns, Gott sei Dank, vollkommen wohl gefühlt und haben augenblicklich nicht einen Kranken im ganzen Haushalt. Ich glaube auch, wenn Ihr Euch aus der Gegend von Surrey zurückziehen wolltet wie wir, würdet Ihr vor jeder Gefahr sicher sein. Es gibt noch einen anderen Umstand, der Euch beruhigen kann, nämlich daß in der Tat von dieser Seuche nur wenige oder gar keine Frauen befallen worden sind und außerdem kein Angehöriger unseres Hofstaates und sonst nur wenige daran gestorben sind. Aus diesen Gründen bitte ich Euch, meine einzig Geliebte, Euch nicht zu ängstigen noch auch in unserer Abwesenheit trüben Gedanken zu überlassen. Denn wo ich mich auch immer aufhalten mag, ich bin stets der Euere; dennoch müssen wir uns unserem Mißgeschick zuweilen unterwerfen; denn wer gegen das Schicksal ankämpfen will, ist allgemein weit davon entfernt, sein Ziel zu erreichen. Beruhigt Euch daher und faßt Mut und tragt dies Mißgeschick so leicht, wie Ihr könnt; ich hoffe, daß wir bald Jubellieder über Euere Rückkehr anstimmen können. Ich kann aus Mangel an Zeit nicht mehr schreiben, als daß ich Euch in meinen Armen zu halten wünsche, damit ich Euere unverständigen Gedanken ein wenig zerstreuen kann. Geschrieben durch die Hand dessen, der ist und stets sein will Euer Unveränderlicher.

4

Während ich den Inhalt Euerer letzten Briefe bei mir im Geiste hin und her erwog, schwebte ich in der tödlichsten Angst, da ich nicht wußte, wie ich ihn auffassen sollte, ob zu meinem Nachteil, wie ich es bei vielen Gelegenheiten erfahren habe, oder zu meinem Vorteil, wie es bei einigen anderen der Fall gewesen ist. Ich bitte Euch nun auf das inständigste, mich alles wissen zu lassen, was Ihr betreffs der Liebe zwischen uns beiden zu tun gedenkt. Ich muß notwendig eine Antwort darauf von Euch haben, da es über ein volles Jahr ist, daß mich der Pfeil der Liebe getroffen hat, und ich jetzt noch nicht sicher bin, ob ich eine Zurückweisung erfahren oder einen Platz in Euerem Herzen und Euerer Liebe finden werde. Diese Ungewißheit hat mich in letzter Zeit daran gehindert, Euch meine Geliebte und Gebieterin meines Herzens zu nennen, da Ihr nur geringe Zuneigung zu mir empfindet. Ist es aber Euer Wille, die Pflichten einer wahrhaften, treuen Geliebten zu erfüllen und Euch mit Leib und Seele mir zu eigen zu geben, der ich Euer getreuester Diener gewesen bin (falls Euere Strenge mir nicht untersagt, mich so zu nennen), so verspreche ich Euch, daß Euch nicht nur dieser Titel gegeben werden soll, sondern auch, daß ich Euch zur Gebieterin meines Herzens wählen, alle anderen, die Euere Nebenbuhlerinnen sein könnten, aus meinem Sinne und Herzen verbannen und Euch allein lieben will. Ich bitte Euch, mir eine bündige Antwort auf diesen meinen formlosen Brief zu erteilen, damit ich weiß, woran ich bin und was ich zu erwarten habe. Gefällt es Euch aber nicht, mir schriftlich zu antworten, so bestimmt irgend einen Ort, wo ich mit Euch mündlich verhandeln kann, und ich will mit der ganzen Glut meiner Liebe dorthin eilen. Ich will schließen, aus Besorgnis, Euch sonst zu ermüden. Geschrieben durch die Hand dessen, der gern bleiben möchte

Euer *autre ne cherche*

Die Beweise Euerer Liebe sind derartig, die feinen Gedanken in Euerem Briefe haben einen so herzlichen Ausdruck gefunden, daß sie mich für immer zu Ehrerbietung, Liebe und aufrichtiger Ergebenheit verpflichten, und ich bitte Euch nur, denselben festen und unerschütterlichen Vorsatz zu fassen. Ich versichere Euch, daß ich Euch nicht nur mit gleicher Liebe vergelten, sondern auch, wenn dies möglich sein sollte, Euch an Treue übertreffen will. Auch ist es mein sehnlichstes Verlangen, daß Ihr mir, falls ich Euch jemals früher in irgend einer Weise beleidigt habe, dieselbe Vergebung dafür zuteil werden laßt, die Ihr zu erhalten wünscht, und ich gebe Euch die Versicherung, daß in Zukunft mein Herz ganz allein Euch geweiht sein soll; ich wünschte, mit meinem Körper wäre es auch so. Gott kann es so fügen, wenn es ihm beliebt; ich bete täglich zu ihm um diese Gnade und hoffe, daß meine Gebete endlich Erhörung finden. Ich wünsche, die Zeit möge kurz sein, aber sie wird mir sehr lang werden, ehe wir uns wiedersehen. Geschrieben durch die Hand des Sekretärs, der mit Herzen, Leib und Wille ist

Euer treuer und zuverlässigster Diener *H autre AB ne cherche Rex.*

5

Das Herannahen der Zeit, die ich so lange erwartet habe, gewährt mir solche Freude, daß es mir beinahe scheinen will, als sei sie bereits gekommen. Die volle Befriedigung kann indessen erst eintreten, wenn die zwei Menschen sich vereinigen, deren Verbindung ich sehnlicher herbeiwünsche als sonst etwas auf dieser Welt; denn welch größere Freude kann es auf Erden geben als die innigste Gemeinschaft mit ihr, die meine beste Freundin ist? Besonders da ich weiß, daß sie ihrerseits ebenso denkt, was mir großen Genuß gewährt. Ihr könnt selbst beurteilen, was für eine Wirkung die Anwesenheit jener Frau auf mich ausüben muß, deren Abwesenheit meinem Herzen eine tiefere Wunde geschlagen hat, als Worte oder Briefe ausdrücken können, und nichts kann sie heilen als ihre Rückkehr. — — — Jetzt muß ich schließen, aus Mangel an Zeit; ich hoffe Euch aber binnen kurzem mündlich schildern zu können, welche Leiden mir Euere Abwesenheit verursacht hat. Geschrieben durch die Hand des Sekretärs, der gegenwärtig wünscht, bei Euch zu sein, und der ist und stets bleiben wird

Euer gehorsamer und zuverlässiger Diener

H autre AB ne cherche Rex.

6

Heut abend erhielt ich die Nachrichten, die für mich die traurigsten sind, die es geben kann. Denn ich habe Ursache, über dreierlei in schwerer Sorge zu sein. Erstens weil ich von der Krankheit der Gebieterin meines Herzens gehört habe, die mir teuerer ist als die ganze Welt, deren Gesundheit mir so am Herzen liegt wie meine eigene und von deren Krankheit ich gern die Hälfte auf mich nehmen will, nur damit sie wieder die Genesung erlangt. Zweitens, weil ich fürchte, ich muß jetzt um so länger die grauenhafte Trennung ertragen, die mir bisher allen möglichen Kummer bereitet hat und, soweit ich die Sache beurteilen kann, mir vielleicht noch mehr bereiten wird. Ich bitte Gott, er möge mich von einer so schrecklichen Qual erlösen. Der dritte Grund ist der, daß der Arzt, zu dem ich das meiste Vertrauen habe, gerade jetzt abwesend ist, da er mir den größten Dienst leisten könnte. Denn ich würde hoffen, durch ihn und seine Mittel eine meiner Hauptfreuden auf dieser Welt verwirklicht zu sehen, nämlich die Wiederherstellung der Gebieterin meines Herzens. In Ermangelung seiner sende ich Euch jedoch den zweiten, der allein noch hier ist, indem ich Gott bitte, er möge Euch bald gesund machen, und dann will ich ihn mehr als je lieben. Ich bitte Euch, befolgt die Verordnungen, die er Euch betreffs Euerer Krankheit gibt, auf das genaueste; wenn Ihr dies tut, so hoffe ich Euch binnen kurzem wiederzusehen, was mir eine größere Herzensfreude bereiten würde als alle Edelsteine der Welt. Geschrieben von dem Sekretär, der ist und stets sein wird

Euer gehorsamer und zuverlässigster Diener

H AB Rex.

7

Mein süßes Lieb! Dieser Brief soll Euch nur daran erinnern, daß Ihr dem Überbringer und seinem Begleiter alles mitgebt, was erforderlich ist, um unsere Angelegenheit zum guten Ende zu führen und uns zu dem Ziele gelangen zu lassen, wie wir es uns nur vorstellen oder denken können. Ist alles in Ordnung gebracht, wie ich es im Vertrauen auf ihren in meinem Dienste bewiesenen Eifer erwarte, so werden wir beide, Ihr und ich, bald am Ziele unserer Wünsche sein, was meinem Herzen mehr Befriedigung und meinem Gemüte mehr Beruhigung verschaffen wird als sonst etwas auf der Welt, wie ich hoffe, daß es mit Gottes gnädigem Beistand bald geschehen wird, aber nicht so bald, wie ich es wünschte, obgleich ich Euch die Versicherung geben kann, daß nicht ein einziger Augenblick, den man gewinnen kann, hier verloren wird und daß man nichts darüber hinaus tun kann, denn ultra posse non est esse. Haltet den Boten nicht zu lange bei Euch zurück und bittet ihn in Euerem Namen, recht zu eilen; denn je rascher er uns die Antwort bringt, desto rascher wird unsere Angelegenheit in Ordnung kommen. Und so schließe ich denn in der Hoffnung, Euch, mein süßes Herzchen, bald wieder in London begrüßen zu können, diesen Brief, der von der Hand dessen geschrieben ist, der ebenso sehnlichst wünscht, der Euere zu sein, wie Ihr das Verlangen habt, ihn zu besitzen.

H. Rex.

8

Mein süßes Herzchen! Dieser Brief soll Euch Kenntnis von der Qual geben, die ich seit Euerer Abreise erduldet habe; ich versichere Euch, die Zeit ist mir seit Euerer Abreise länger vorgekommen, als es sonst mit vierzehn Tagen der Fall ist. Ich denke, Euere Güte und die Glut meiner Leidenschaft sind schuld daran, denn sonst würde ich es nicht für möglich halten, daß eine so kurze Abwesenheit mich so ungeduldig machen könnte. Aber jetzt, da ich im Begriff stehe, Euch wiederzusehen, scheint es mir, als ob meine Pein zur Hälfte verschwunden sei .... Ich schreibe Euch heut nur einen kurzen Brief; ich möchte mich heut abend in den Armen meines kleinen Schätzchens befinden, dessen zarte Brüstchen ich bald zu küssen hoffe. Geschrieben von der Hand dessen, der ganz aus freiem Willensantrieb der Euere gewesen ist, ist und sein wird.

H. Rex.

9

Indem ich Euch die Freude ausdrücke, die ich bei der Nachricht empfand, Ihr seiet vernünftig geworden und habet Euch des Zaums der Vernunft bedient, um Euch nicht mehr leeren Einbildungen und nutzlosen Grübeleien zu überlassen, gebe ich Euch die Versicherung, daß alle Güter dieser Welt die Befriedigung nicht aufwiegen können, die ich über diese Nachricht empfand. Fahrt nur immer so fort, mein liebes Herzchen, und nicht nur in dieser Hinsicht, sondern in allem, was Ihr in Zukunft tun könnt; denn nur so können wir, Ihr und ich, zum Genuß der vollkommensten Seelenruhe gelangen, die es auf dieser Welt geben kann. Der Bote hat sich etwas verspätet, weil ich den Wunsch hegte, Euch die Freude auszudrücken, mit der ich hoffe, bald Eueres Anblicks zu genießen, und dies wird mich für alle meine Schmerzen und meinen Kummer entschädigen .... Aus Mangel an Zeit sage ich Euch jetzt Lebewohl. Geschrieben von der Hand dessen, der in Wirklichkeit der Euere sein möchte, wie er es schon im Herzen ist.

10

Anna Boleyn an König Heinrich VIII.

Ew. Majestät Ungnade und meine Kerkerhaft sind so ungewohnte Dinge für mich, daß ich weder weiß, was ich schreiben noch was ich zu meiner Entschuldigung vorbringen soll. Da Ihr nun in der Absicht, mich zu einem Geständnis zu bewegen, in welchem Falle Ihr mir Euere Huld wieder zuwenden wollt, jemand zu mir geschickt habt, von dem Ihr wißt, daß er von je mein erklärter Feind gewesen ist, so erkannte ich sofort nach Empfang der Botschaft Euere Willensmeinung. Und da ich, wie Ihr sagt, durch ein Geständnis der Wahrheit meine Freiheit wiedererlangen kann, so werde ich Euerem Befehl mit aller pflichtmäßigen Dienstwilligkeit nachkommen.

Glauben aber Ew. Majestät nicht, daß Euer armes Weib je dahin gebracht werden könnte, einen Fehltritt einzugestehen, wo mir nicht einmal ein Gedanke daran gekommen ist. Und um die Wahrheit zu sprechen, kein Fürst hat je ein in jeder Beziehung treueres und liebevolleres Weib besessen, als Ihr es in Anne Bullen gefunden habt. Und ich hätte mit meinem Namen und meiner Stellung auch sehr wohl zufrieden sein können, wenn es Gott und Ew. Majestät Gutdünken beliebt hätte. Niemals vergaß ich mich während meiner Erhebung zur Königin soweit, daß ich nicht stets an einen solchen Glückswechsel, wie er jetzt eingetreten ist, gedacht hätte. Denn da der Grund meiner Bevorzugung nur auf Ew. Majestät vorübergehender Neigung beruhte, so wußte ich, daß die leichteste Veränderung hinreichen würde, diese Neigung auf irgend einen anderen Gegenstand zu lenken. Ihr habt mich aus einem niederen Stande zu Euerer Königin und Gemahlin erkoren, weit über mein Wünschen und Begehren hinaus. Wenn Ihr mich daher einer solchen Ehre für würdig erachtetet, so flehe ich Ew. Majestät an, laßt nicht eine flüchtige Neigung oder einen schlechten Rat meiner Feinde mir Euere fürstliche Huld entziehen und laßt nicht zu, daß ein Fleck, ein so schmachvoller Fleck auf die Ehre Euerer so tugendhaften Gattin und der kleinen Prinzessin, Euerer Tochter, fällt. Stellt eine Untersuchung an, gütiger König, aber eine gesetzmäßige, und laßt nicht meine geschworenen Feinde als Ankläger und Richter über mich das Urteil sprechen. Ja, stellt eine öffentliche Untersuchung an (meine Wahrhaftigkeit braucht keine öffentliche Beschämung zu fürchten): dann werdet Ihr entweder meine Unschuld an den Tag gelegt, Eueren Verdacht und Euer Gewissen beruhigt, die Schändlichkeit und Verleumdungssucht der Welt zuschanden gemacht oder meine Schuld klar und offen bewiesen sehen. Dann wird Ew. Majestät, was Gott oder Ihr auch über mich beschließen mögt, frei von jedem offenen Tadel dastehen, und wenn meine Verfehlung auf diese Weise gesetzmäßig bewiesen ist, so steht es Ew. Majestät sowohl vor Gott wie vor den Menschen frei, nicht nur über mich als eine ungetreue Gattin eine gerechte Strafe zu verhängen, sondern auch Euerer Neigung zu folgen, die sich bereits endgültig auf eine Dame gelenkt hat, um deretwillen ich mich in meiner jetzigen Lage befinde und deren Namen ich Ew. Majestät seit geraumer Zeit hätte nennen können, da ich sehr genau weiß, nach welcher Seite sich mein Argwohn zu richten hat. Habt Ihr aber schon über mich beschlossen, und zwar, daß nicht nur mein Tod, sondern auch eine schmachvolle Verleumdung Euch den Genuß Euerer ersehnten Glückseligkeit bringen solle, dann bitte ich zu Gott, er möge Euch Euere große Sünde und ebenso meinen Feinden, den Werkzeugen dazu, verzeihen und wegen Eueres unköniglichen und grausamen Verfahrens gegen mich nicht allzu scharf mit Euch ins Gericht gehen an jenem allgemeinen Gerichtstage, an dem Ihr und ich erscheinen müßt und an dem meine Unschuld, was auch die Welt von mir denken möge, unzweifelhaft an den Tag kommen und klar wie die Sonne bewiesen werden wird. Meine letzte und einzige Bitte soll die sein, daß ich allein die Last von Ew. Majestät Ungnade trage und daß die unschuldigen Seelen jener armen Herren, die sich, wie ich höre, meinetwegen ebenfalls in enger Haft befinden, davon verschont bleiben. Wenn ich je vor Eueren Augen Gnade gefunden habe, wenn je der Name Anne Bullen Eueren Ohren angenehm klang, dann erfüllet diese meine Bitte. Und so will ich aufhören, Ew. Majestät länger lästig zu fallen, will vielmehr meine innigsten Gebete zur heiligen Dreieinigkeit emporsenden, sie möge Ew. Majestät ihren mächtigen Schutz angedeihen lassen und Euch in all Eueren Unternehmungen beistehen. — Aus meinem jammervollen Kerker im Tower, den 6. Mai. Euere gehorsamste und allezeit getreue Gattin.

ZEITTAFEL

ZEITTAFEL zum Leben und zur Regierungszeit Heinrichs VIII.

1455–1485 Die Rosenkriege in England. So benannt nach den Abzeichen des Hauses Lancaster (rote Rose) und des Hauses York (weiße Rose).

1461 In England kommt mit *Eduard IV.* das Haus York, eine Nebenlinie der Plantagenet, in den Besitz der Königswürde.

1475 Thomas Wolsey in Ipswich geboren.

1478 Am 7. Februar Thomas More in London geboren.

1483 Martin Luther am 10. November in Eisleben geboren.

1483 folgt *Edward V.*, jüngerer Bruder Edwards IV., der durch den Herzog von Gloucester zusammen mit seinem Bruder Richard im Tower umgebracht wird, auf den englischen Thron.

1483–1485 herrscht Gloucester als *Richard III.* Inzwischen lebt als einziger Nachkomme aus der Linie Lancaster Heinrich Tudor, Graf von Richmond als Verbannter in der Bretagne. Er landet in England und besiegt am 22. August 1485 Richard III. bei Bosworth.

1483 stirbt in Frankreich Ludwig XI., der nach dem Tode Karls des Kühnen (1477) das Herzogtum Burgund als erledigtes Leben eingezogen hat. Sein Nachfolger wird von 1483—1498 Karl VIII., der 1494 in seinem Feldzug gegen Neapel die Erbansprüche der jüngeren Linie Anjou zu behaupten versucht, aber durch ein Bündnis zwischen Maximilian I., Spanien, Mailand und Papst Alexander VI. zum Rückzug gezwungen wird.

1486 wird *Maximilian von Österreich* zum deutschen König erwählt. Er war bis 1482 verheiratet mit Maria, der Tochter Herzogs *Karl des Kühnen* von Burgund, der 1477 bei Nancy von den Schweizern besiegt und gefallen war. Mit Marias Heirat fallen die Niederlande und die Freigrafschraft Burgund an das Haus Habsburg.

1488 stirbt Herzog Franz II. von der Bretagne. Erbin ist seine Tochter Anna, nun mit Karl VIII. verheiratet, der durch diese Heirat Herzog der Bretagne wird.

1491 am 28. Juni wird Heinrich, Sohn Heinrichs VII. von England geboren.

1494 am 12. September wird Franz I. als Sohn des Grafen von Angoulême geboren.

Heirat des Prinzen Arthur mit Katharina von Aragon.

1498–1515 Karl VIII. von Frankreich folgt Ludwig XII. aus dem Hause Orléans, der Mailand wieder räumen muß.

1500 Karl V. in Gent geboren.

Prinz Arthur verstorben.

1504 Thomas More Mitglied des Parlaments (1505 Heirat).

1508 Maximilian I., seit 1508 römischer Kaiser, hat 1494 in 2. Ehe Bianca Sforza, die Nichte von Ludovica Sforza von Mailand geheiratet; seit 1491 ist er auch im Besitz der Erbfolge in Böhmen und Ungarn. Sein Sohn Philipp der Schöne heiratet 1496 Johanna, Tochter Ferdinands des Katholischen von Aragon und der Isabella von Kastilien († 1504). Philipp stirbt 1506; damit kommt das spanische Erbe ebenfalls an Österreich.

1509 wird in England *Heinrich VIII.* König nach dem Tode Heinrichs VII. Seit 1503 mit Katharina von Aragon verlobt, seit Anfang Juni 1509 verheiratet, wird beiden 1511 ein erster Sohn, Heinrich, geboren, der nach 6 Wochen verstirbt.

1515– kommt Franz I. aus der Linie Orléans—Angoulême in Frankreich als
1557 Nachfolger Ludwigs XII. zur Regierung.

1515 Thomas Wolsey Lordkanzler und Kardinal, ist Leiter der englischen Politik.

1515 13. und 14. September: Sieg Franz' I. von Frankreich bei Marignano.

1516 Tod Ferdinands II., des Katholischen, von Spanien, Vater der Katharina von Aragon.

1516 Geburt von Heinrichs und Katharinas Tochter Maria am 18. Februar.

1517 Mai-Unruhen der Handwerker in London.

1517 Luthers Anschlag der 95 Thesen an der Tür der Schloßkirche von Wittenberg am 31. Oktober.

1518 Heinrichs Werbung um Elisabeth Blount. Aus dieser Verbindung wird
1519 Henry Fitzroy, späterer Herzog von Richmond, geboren.

1519 Wahl Karls V. zum römischen Kaiser in Frankfurt am Main. Seit 1518 (bis 1530) ist sein politischer Ratgeber Mercurino de Gattinara.

1520 Das „Goldbrokatfeld" bei Guines: Treffen von Franz I. mit Heinrich VIII. Maria Boleyn am Hof Heinrichs VIII. Sie heiratet William Carey.

1521 Beginn des vierjährigen Krieges Karls V. gegen Franz I.
Wormser Edikt vom 25. Mai, Verurteilung Luthers.
Heinrich erhält den päpstlichen Titel *defensor fidei* für seine Schrift gegen Luther.

1522 Landung von Henry Howard Earl of Surrey in Frankreich, Eroberung von Cherbourg.
Hadrian VI. Papst (bis 1523), als Nachfolger Leos X.
Anna Boleyn kehrt aus Frankreich zurück an den Hof. Thomas Boleyn wird Schatzmeister.

1523 Clemens VII. Papst. Suffolk landet in Frankreich. Vormarsch der englischen Truppen auf Paris und Rückzug. Wolsey vertritt seine Kriegspolitik vor dem Parlament und erfährt Widerspruch von Thomas Cromwell.

Übertritt des Konnetable Charles de Bourbon auf die Seite des Kaisers. Fehlschlag der Belagerung von Marseille durch Bourbon und Colonna.

1525 Schlacht bei Pavia am 24. Februar. Franz I. besiegt, gefangen und interniert.

1526 Heinrich VIII. erwägt zum ersten Mal eine Nichtigkeitserklärung seiner Ehe mit Katharina von Aragon. Er sieht zum ersten Mal Anna Boleyn.

1526 Zweiter Krieg Karls V. gegen Franz I.

1527 Erster Versuch, die päpstliche Anullierung der Ehe in Rom zu erreichen.

Bourbon vor Rom. *Sacco di Roma:* Flucht Clemens VII. nach Orvieto.

1528 Ehegericht gegen Königin Katharina in Blackfriars.

1529 Damenfrieden von Cambrai durch Vermittlung der Mutter Franz' I. und seiner Tante Margarethe. Franz verzichtet auf seine Ansprüche in Italien. Wolsey fällt in Ungnade und wird gefangengesetzt († 30. 11. 1530).

1530 Karl V. in Bologna zum Kaiser gekrönt.

1531 In England Parlament und Kirchenversammlung. Anerkennung des Königs als kirchliches Oberhaupt. Erfolgloser Versuch, Katharina zum Nachgeben zu bewegen. Cranmer wird auf den Kontinent entsandt.

1532 Rücktritt von Thomas More. Cranmer in Nürnberg; er heiratet die Nichte Osianders (Hosmers), wird zum Erzbischof von Canterbury berufen und kehrt

1533 zurück. Cranmer wird zum Erzbischof von Canterbury geweiht. Er scheidet die Ehe Heinrichs VIII., Heirat der Anna Boleyn am 25. Januar.

1534 Geburt der Elisabeth Tudor am 7. September. Das Erbfolgegesetz wird verabschiedet. Verhaftung von Thomas More und Johann Fisher. Suprematsakte über die Staatskirche von England durch Thomas Cromwell im Parlament durchgesetzt. Auflösung der Klöster und Verkauf des Kirchenguts.

1535 Hinrichtung von Kardinal Fisher und More am 7. Juli.

1535 Eroberung von Tunis durch Karl V. Bündnis Franz' I. mit Sultan Süleiman II.

1536 Tod der Katharina von Aragon am 7. Januar. Hinrichtung der Anna Boleyn am 19. Mai. Heirat mit Johanna Seymour am 30. Mai.

1536 In England: 8. Juni Parlamentseröffnung, Verkündigung oberster königlicher Souveränität. Neuordnung der Kirchenpolitik. Im Oktober: Aufruhr in Lincolnshire.

Calvin veröffentlicht in Basel seine *Instituio religionis Christianae.*

1537 Hinrichtung von Robert Aske. 12. Oktober Geburt des Thronfolgers Eduard. Tod der Johanna Seymour am 24. Oktober.

1538 Frühjahr: Heinrichs Werbung um Christine von Dänemark.

17. Juni: Waffenstillstand von Nizza zwischen Karl V. und Franz I. durch Vermittlung des Papstes. Begegnung von Aigues Mortes.

Oktober: In England Prozeß gegen Exeter und Montague.

1539 Kriegsparlament zur Abwehr einer Invasion, Hochverrat und Erbfolgesicherung. Die „Sechs Glaubensartikel". Im Herbst: Werbung um Anna von Cleve.

1540 Heirat der Anna von Cleve am 30. Januar.

14. Februar: Einzug Karls V. in Gent. Prozeß gegen die Führer des Genter Aufstandes am 24. Februar.

Verhaftung von Thomas Cromwell am 10. Juni. Scheidung von Anna von Cleve. Hinrichtung Cromwells am 28. Juli. Am gleichen Tag Hochzeit mit Katrin Howard.

1541 Verhaftung von Wallop und Wyatt. Besuch Heinrichs und Katrins in Lincolnshire und Yorkshire. Ende Oktober Rückkehr nach Hampton Court; Aufdeckung früherer Vergehen der Katrin Howard.

5. November: Geheimer Rat über die Ermittlungen gegen Katrin Howard. Hinrichtung von Culpepper und Derham am 10. Dezember.

1541 Karls V. fehlgeschlagener Angriff auf Algier. Verlust von Ofen an die Türken.

1542 Neuer Krieg Franz' I. gegen Karl V. Hinrichtung von Katrin Howard am 13. Februar. Geburt der Maria Stuart am 5. September. Heinrich VIII. nimmt den Titel eines Königs von Irland an und wendet sich Schottland zu. Tod König Jakobs V. am 12. Dezember. Heinrichs Vorschlag einer Eheschließung zwischen der Thronfolgerin Maria und dem 6 Jahre alten Eduard. Vertrag von Greenwich.

1543 Lord Latimer verstirbt zu Jahresbeginn. Seine Witwe, Lady Katharina Latimer, eine Nichte von William Parr, Earl of Essex, wird von Thomas Seymor umworben. Sie heiratet aber Heinrich VIII. am 12. Juli in Hampton Court.

Herzog Wilhelm von Jülich-Cleve-Geldern wird von Karl V. besiegt. Er muß im Vertrag von Venlo am 6. September auf das mit Cleve vereinigte Geldern verzichten und das bisherige Bündnis mit Franz I. aufgeben. Zerfall des protestantischen Blocks am Niederrhein.

1544 Heinrichs Teilnahme an der Invasion Frankreichs. Einnahme von Boulogne am 14. September. Friedensschluß zwischen Karl V. und Franz I. in Crépy am 18. September.

1544 Versuch einer Invasion Englands durch Franz I. Die französische Flotte vor Portsmouth. Im Norden Feldzug gegen die Schotten.

1545 Eröffnung des Konzils von Trient. Im Herbst Verhandlung Heinrichs mit Kaiser V. in Brüssel, mit den Protestanten in Deutschland durch Paget sowie mit dem Papst.

1546 Prozesse gegen John Lassells, Edward Crome, Bischof Hugh Latimer, Bischof Nicholas Shaxton und Anna Askew.
Tod Martin Luthers am 18. Februar.

1546 Friedensschluß mit Frankreich im Juni. Boulogne fällt 1540 an Frankreich. Verhaftung von Surrey, Hinrichtung am 19. Januar.

1547 Verhaftung von Norfolk und Verurteilung zum Tode.

1547 In Deutschland: Schlacht bei Mühlberg am 24. April. Sieg Karls V. über die Fürsten des Schmalkaldischen Bundes, Gefangennahme Johann Friedrichs von Sachsen und Landgraf Philipps von Hessen.
In England: Tod Heinrichs VIII. am 28. Januar. Sein Nachfolger wird Eduard VI. im Alter von 9 Jahren und regiert bis 1553 unter dem Protektorat von Edward Seymour, Herzog von Somerset, und danach dem von John Dudley, Herzog von Northhumberland. Das von Thomas Cranmer geschaffene *Common Prayer Book* wird als liturgische Grundlage der anglikanischen Hochkirche 1549 eingeführt, die sich in der Lehre als protestantisch versteht, jedoch die katholische Form der Liturgie beibehält.

1553– folgt Eduard VI. Heinrichs Tochter aus der Ehe mit Maria von Ara-
1558 gon, Maria die Katholische, die 1555 Philipp II. von Spanien ehelicht.
Nach ihrem Tode tritt Heinrichs VIII. Tochter aus der Ehe mit Anna
1558– Boleyn
1603 Elisabeth I. von England die Regierung an.

PERSONENVERZEICHNIS

VERZEICHNIS DER ABBILDUNGEN

16. Heinrich VIII. Gemälde nach Holbein. Royal Windsor Collection

17. Jane Seymour. Gemäldc von Hans Holbein d. J. Schloß Belvedere, Wien

18. Anna von Kleve. Gemälde von Hans Holbein d. J. Louvre, Paris

19. Katrin Howard. Zeitgenössisches Gemälde, National Portrait Gallery, London

20. Katharina Parr. Zeitgenössisches Gemälde. Sammlung des Earl of Ashburnham

21. Thomas Cranmer, Erzbischof von Canterbury. Gemälde von Gerlach Flicke. 1546. National Portrait Gallery, London

22. Prinz Edward, der spätere König Edward VI. Gemälde von Hans Holbein d. J. Kunsthalle Hannover

23. Königin Mary, „die Blutige", Zeitgenössisches Gemälde, Asmolean Museum Oxford

24. Sir William Paget, Erster Sekretär des Königs. Gemälde der Holbein-Schule Portrait Gallery, London

25. Prinzessin Elisabeth, Tochter der Maria Boleyn, die spätere Königin. Gemälde eines unbek. Meisters, Schloß Windsor. Wiedergegeben mit gnädiger Erlaubnis Ihrer Majestät der Königin

26. Thomas Howard, Earl of Norfolk. Gemälde von Hans Holbein d. J. Schloß Windsor. Wiedergegeben mit gnädiger Erlaubnis Ihrer Majestät der Königin

27. Henry Howard, Earl of Surrey (falsch beschriftet: Thomas Howard). Zeichnung von Hans Holbein d. J. Schloß Windsor. Wicdergegeben mit gnäd. Erlaubnis Ihrer Majestät, der Königin

28. Die Rüstung Heinrichs VIII. in seinen späteren Lebensjahren. Schloß Windsor. Wiedergegeben mit gnädiger Erlaubnis Ihrer Majestät der Königin

29. Das Lager der englischen Streitkräfte bei Portsmouth. Zeitgenössischer Stich

30. Hampton Court. Zeitgenössischer Stich

31. White Hall in London. Stich von Wenzel Hollar. Gedruckt bei der Oxford University Press

Shetland-Ins.
Orkney-Ins.
Hebriden
Inverness
Aberdeen
SCHOTTLAND
Perth
St. Andrews
Stirling
Edinburgh
Dunbar
Douglas
Flodden
Ulster
IRLAND
Northumberland
Connaught
Man
Drogheda
Dublin
York
Munster
Cork
ENGLAND
Wales
Coventry
Leicester
Norfolk
Fotheringhay
Stratford
Norwich
Gloucester
Cambridge
Suffolk
Oxford
Somerset
London
Essex
Southampton
Kent
Cornwall
Plymouth
Portsmouth
Dover
Sussex
Wight
Calais
Brügge
Antwerpen
Boulogne
Brüssel
FRANKREICH

INHALTSVERZEICHNIS